ISBN 978-0-483-50554-4
PIBN 11291460

1 MONTH OF
FREE
READING

at

www.ForgottenBooks.com

By purchasing this book you are
eligible for one month membership to
ForgottenBooks.com, giving you
unlimited access to our entire
collection of over 1,000,000 titles via
our web site and mobile apps.

To claim your free month visit:
www.forgottenbooks.com/free1291460

English
Français
Deutsche
Italiano
Español
Português

www.forgottenbooks.com

Mythology Photography **Fiction**
Fishing Christianity **Art** Cooking
Essays Buddhism Freemasonry
Medicine **Biology** Music **Ancient
Egypt** Evolution Carpentry Physics
Dance Geology **Mathematics** Fitness
Shakespeare **Folklore** Yoga Marketing
Confidence Immortality Biographies
Poetry **Psychology** Witchcraft
Electronics Chemistry History **Law**
Accounting **Philosophy** Anthropology
Alchemy Drama Quantum Mechanics
Atheism Sexual Health **Ancient History**
Entrepreneurship Languages Sport
Paleontology Needlework Islam
Metaphysics Investment Archaeology
Parenting Statistics Criminology
Motivational

Inhalt.

Am Westfjord.

Eine norwegische Novelle.

———

Der Schauplatz dieser kleinen Erzählung ist eine Gegend, welche von den Novellisten gar selten in den Bereich ihrer Dichtungen gezogen wird, und die vielleicht kaum einer der Leser dieses Buches betreten hat. Wir reden von einem Theile der Nordwestküste Skandinaviens, und zwar von jener Küste Norwegens, welche südwestlich von den Finnmarken, der nördlichsten Provinz des Reiches, an jener gigantischen Meeresbucht liegt, die Westfjord genannt wird und von zahllosen kleineren Fjorden ausgezackt ist, wie alle jene schmalen Meeresbuchten heißen, die, von steilen Felsenabhängen umgrenzt, gewissermaßen die Thäler des sich bis schroff an's Meer emporthürmenden Kjölengebirges bilden, dieser Fortsetzung der lappländischen Berge.

Hier offenbart sich dem staunenden Blicke eine wunderbar prächtige, wildromantische Natur, die stellenweise erhabener und düsterer ist, als manche Scenerie der ungleich höheren Schweizer oder Tyroler Berge. Viele der zerklüfteten Felsenmassen des Gebirges, hoch oben zu schmalen Fjelden oder Bergebenen sich abplattend, auf denen weder Sträucher noch Gräser wachsen, senken sich bei zweitausend Fuß horizontal in das Meer, dessen breite, dunkelgrüne Wogen an ihrem Fuß gleichmäßig emporschnellen und schäumend zerstieben. Hier und dort an einigen Fjorden trennt die Flut von den wildgezackten Felsen ein schmaler grüner Landstrich, und dort ist's, wo die Bewohner dieser Gegenden mehr oder weniger vereinzelt ihre Asyle aufgeschlagen haben. Hinter diesen roh gezimmerten Holzhäusern, deren oft nur zwei oder drei in einem Fjord beisammen stehen, steigen dunkle Tannenwälder bergan, ragen mit Einsturz drohende Klippen hervor, auf denen verwegen die schlanke Birke wurzelt. Daneben dehnen sich Schluchten, die oft tief in's Land hineingeschnitten sind, und in denen zerrissene Felswände, übereinandergethürmtes Steingerölle und wild verwachsenes Gehölz den Blick wie den Fuß des Wanderers am Eindringen verhindern.

Der Norweger, der in diesen meist elenden Holzhäusern den kurzen Sommer wie den starren, eisigen Winter, welcher drei Viertel des Jahres umfaßt, gleichmüthig verbringt, und dessen zähe, kräftige Natur jeder Unbill des Klimas lachend zu trotzen weiß, hat von seinem Häuschen nur wenige

Schritte bis zum felsigen Strand, an dem sein
Boot sich an der Kette schaukelt, oder auf dem
es bei stürmischer Brise hinaufgezogen liegt.

Vor ihm blitzt fort und fort das Meer mit
seinen Riffen und malerisch sich hervordrängenden
kahlen Klippen, die Scheeren genannt werden.
Wirft er den Blick über das Flutgewimmel hinaus, dann sieht er in der Ferne die wunderlich
gestalteten Lofodden, diese vielgezackte, wildzerklüf-
tete Felsenkette, welche im Norden den Westfjord
abschließt und, in steiles Felsgestein und klippige
Inselchen sich verlierend, einen Theil des Horizontes
begrenzt. Und schaut nun der rauhe Sohn des
Nordens hinter sich, über das hinweg, was er
seinen häuslichen Herd nennt, dann gewahrt er
über diesen düstern Schluchten, den Tannenmassen,
den vielgestaltigen Felsen, ja, über den unwirth-
baren Fjelden die Zacken und Nadeln des Hochgebirges, von Gletschern und Schneefeldern um-
kränzt, und, über Alles hervorragend, die riesigen
Formen des Sulitelma mit seinem ewigen Eis.

Wenn die Sonne hinter den Bergen empor-
steigt, dann flammen wunderbare Farbenspiele an
den Lofodden auf, dann gleicht der ferne Spiegel
des Meeres einem großen Brande, und steigt sie
in den Ocean hinab, dann blitzen die Gletscher des
Sulitelma, und die Schneefelder des Hochgebirges stehen in Rosenglut, während die feuchten

Meeresnebel über den Fjords und den Schluchten
dampfen.

Was sind den Normannen, die hier am West=
fjord herum wohnen, alle diese erhabenen Natur=
schönheiten? Sie beachten kaum die Pracht ihrer
Heimat, denn es geht ihnen nicht allein der Sinn
für alles Ideale ab, sie haben auch ihr ganzes
Dichten und Trachten daranf zu richten, wie sie
in ihren unwirthlichen Einöden ihre Existenz sichern.
Das Meer aber, an dem sie wohnen, bietet ihnen
hierzn die Mittel, ja, bereichert verhältnißmäßig
Viele von ihnen. Wie sind die einsamen Löfodden
und die Küsten am Westfjord vom Februar bis Mai
belebt! An zwanzigtausend Fischer, meist hochge=
wachsene, breitschulterige, kräftige Menschen mit
blauen Augen und blondem Haar, haben sich in
tausenden von Booten und sonstigen kleinen Fahr=
zeuge zum Dorschfang eingefunden, hier wird der
Fisch, der später als Kabeljau und Stockfisch die
Runde um die Welt macht, auf den flachen Klip=
pen geschlachtet, eingesalzen, gedörrt, und zahl=
lose Hände rühren sich dabei, während aus den
rauhen Kehlen, die Branntwein und Grog ange=
feuchtet haben, tausendstimmig melancholische nor=
wegische Lieder ertönen. Ist die Fischfangzeit vor=
über, die den Leuten gewissermaßen ein Volksfest
bringt, eine lustige Abwechselung in ihr eintöni=
ges Leben, dann zerstreuen sich diese zu ihren ver=

schiedenen Fjords, jene führen die erbeutete und
zusammengekaufte Waare zu den südlicheren Han-
delsplätzen, und es wird wieder still an den Lofodden und den Küsten, die Bewohner derselben
haben wieder Zeit, ihren Hausbedarf zu beschaffen, und ihre einzige Zerstreuung besteht in der
Sonntagswasserfahrt zur vielleicht stundenweit entfernten Kirche, deren Sprengel bisweilen mehrere
Meilen umfaßt.

Der Leser ist jetzt mit der Oertlichkeit vertraut,
in welche wir ihn zu führen haben, er folge uns
zu dem vornehmsten der drei kleinen Häuser, welche
hart am Strande in einer Bucht liegen, von wo
aus man die großen, zu den Lofodden gehörigen
Inseln Ost- und West-Vaagen gerade gegenüber
erblickt. Zu der Zeit, in welcher diese Geschichte
beginnt, gehörte das größere dieser Häuser Clas
Sörensen, dem Sorenskriver, das heißt dem geschwor-
nen Schreiber, der in seinem Distrikte Richter erster
Instanz ist und dem aus zwölf Thingsmännern
gebildeten Thing oder Geschwornengerichte vorsteht.

Sörensen war nicht nur Sorenskriver, er hielt
auch eine Krämerei und versorgte damit die Fischer
der Umgegend auf viele Meilen; denn Alles was
der Küstenbewohner braucht, war bei ihm zu finden, vom unentbehrlichen Branntwein an bis zum
ebenso nöthigen kleinsten Werkzeuge oder Fischer-
geräth. Das alles hing oder stand übereinander-

gehäuft im Vorderraum seines Häuschens, der so
den Laden bildete.

Clas Sörensen galt in der ganzen Gegend für
einen reichen Mann; er hatte mindestens, so behauptet man, seine 10,000 Reichsbankthaler im
Geldkasten liegen.

Er war ein kräftiger Fünfziger, mit rothem,
vollen Gesicht, schlauen Augen und schneeweißem
Haar. Seine Schlauheit im Handel war sprichwörtlich geworden, daher traute man seinem ehrlichen Aussehen nicht sonderlich.

Die Frau und eine Tochter Sörensens waren
vor Jahren gestorben. Er hatte jetzt nur einen
Sohn noch.

Olaf betrieb die Fischerei, da sein Vater nur
noch dem Handel oblag. Waren eine zeitlang
nach dem großen Fischfang die Stockfische zur Beförderung nach den Abladeplätzen geeignet, dann
wurden sie in eine kleine, Sörensen gehörige Galeasse
verpackt, ein Fahrzeug mit großem und kleinem
Besahnmast. Olaf, dem einige Fischer beigegeben
wurden, die Knechtsdienste verrichteten, fuhr dann
nach Drontheim, Christiansand, ja selbst bis Bergen, die Waare zu verkaufen.

Jetzt lag die Galeasse in der Bucht vor Anker,
Gaffel und Topsegel waren eingereeft. Der Sohn
des Hauses war erst kürzlich heimgekehrt und hatte
gute Geschäfte gemacht.

An einem Freitage war's. Vater und Sohn
saßen gegen Abend in einem kleinen Zimmer, das
unmittelbar an den zum Laden umgestalteten Vorraum des Häuschens stieß, einander gegenüber.
Auf dem Tische, der sie von einander trennte,
standen zwei große Gläser, mit Grog gefüllt. Der
Alte und Olaf tranken abwechselnd ziemlich herzhaft von dem heißen starken Gemisch, bewahr-
ten aber dabei die wortkarge Weise des Nor-
wegers.

Olaf war ein großer, starker und, wenn man
die etwas rohen, nationalen Schönheitsbegriffe
seiner Landsleute als maßgebend annimmt, ein
sehr hübscher junger Mann. Er hatte ein blü-
hendes Aussehen, eine gewaltig breite Brust, flachs-
gelbes, glattes Haar, eine freie Stirne und licht-
blaue Augen, die, je nach den Umständen, bald
trotzig kühn zu funkeln vermochten, bald recht treu
und herzgewinnend umherblickten. Seine Haltung
war zuversichtlich, man sah recht deutlich, daß er
auf seine Kraft und seinen Muth große Stücke
hielt, wenn er gleich nicht anmaßlich in Wort und
Geberde war. Er trug die Kleidung der Seeleute
seiner Gegend, die lange Jacke aus grobem Zwilch
mit den riesigen Seitentaschen, in denen die kurze
Pfeife, ein Messer, der Kautabak und der Knaster-
beutel ihren Platz haben, und hatte die bis über's
Knie reichenden, mit Seehundsthran getränkten

Wasserstiefel nicht abgelegt, während sein Hut, ein
mit Wachstuch überzogener, breitkrämpiger Süd=
wester, auf der kleinen Bank neben ihm lag.

Beide Männer dampften schweigsam aus ihren
kurzen Pfeifen. Olaf schaute wie träumerisch vor
sich hin, Clas Sörensen aber warf von Zeit zu
Zeit einen heimlichen Blick aus den Winkeln sei=

Endlich nahm er einen tüchtigen Schluck Grog,
strich sich dann mit der äußeren Handfläche über
den Mund, legte die Pfeife hin, stemmte den Kopf
auf beide Fäuste und brummte: „Olaf, ich will
Dir was sagen."

„Ich höre, Vater!" antwortete der junge Mensch
lakonisch, indem er den Blick auf den Vater rich=
tete, ohne auch nur einen Zoll breit seine Stellung
zu verändern.

„Am Sonntag", fuhr Sörensen fort, „wenn wir
zur Kirche fahren, treffen wir wieder mit Lund=
greens zusammen."

„Das wird wohl so sein," versetzte der Sohn
phlegmatisch.

„Du warst nicht drüben bei ihnen, seit Du
von Bergen zurück bist?"

„Nein."

„So hast Du sie seit drei Monaten nicht ge=
sehen."

„Auf das wird's herauskommen."

„Drängt Dich auch nicht besonders, ihren guten
Grog zu verkosten, he?"

„Ihr meint wegen der Ilda, Vater? Nun, ich
kann mir denken, wie sie aussieht, — nicht viel
anders, als vor drei Monaten, frisch, hübsch und
kernfest!"

„Hoho! Wenn sie sich nun abgehärmt hätte
und hohlwangig aussähe, weil ein Bursche, den sie
sich in den Kopf gesetzt hat, sich nach der Heim-
kehr gar nicht nach ihr umthut?"

„Das ist Larifari, Vater," versetzte Olaf trocken,
nachdem er bedächtig eine mächtige Rauchwolke von
sich geblasen hatte, „unsere Mädchen sind nicht wie
die zimperlichen Stadtmamsellen von Bergen oder
Drontheim, sie sterben nicht so leicht vor Sehnsucht und werden eben so wenig mager davon."

„Ich will Dir sagen, Junge," erwiederte Sörensen auflachend, „Du redest wie einer, dem das
Mädchen nicht gefällt."

„Warum das?" war Olaf's gleichmüthige Antwort. — „Die Ilda ist schön und rührig, und lustig
ist sie auch. Sie gefällt mir schon, muß man aber
darum einer Dirne nachlaufen?"

„Das mögen die anderen Burschen unseres
Fjords schon denken," warf Sörensen mit lauerndem Blicke hin, „denn sie machen sich immer ein
Gewerb bei Lundgreen. Gib Acht, auf einmal wird's
heißen: Die schöne Ilda, die reiche Ilda heiratet."

„Und der, den sie heiratet, wird von Glück sagen können," antwortete Olaf so trocken wie zuvor und den Arm aufstemmend, „denn Ilda Lundgreen ist nicht allein hübsch, sondern auch brav, wie ich glaube. Hm, er wird zu beneiden sein!"

„So beneide Dich selbst, Eisbär!" rief Sörensen so heftig lachend, daß er husten mußte und kirschroth im Gesichte wurde.

„Wie das?" fragte der junge Mann, ohne auch nur in Miene und Geberde um ein Haarbreit von seinem Pflegma abzuweichen.

„Nun," versetzte Sörensen, listig zum Sohne hinüberblinzelnd, „während Du in Bergen warest, kam der Lundgreen herüber mit seinem rothköpfigen Jungen, dem Jan, und da haben sie mir beide vertraut, daß die Ilda Dich möcht', und gemeint, Ihr würdet ein stattliches Paar abgeben. Und das mein' ich auch."

„Ein netter Werber, der Jan!" bemerkte Olaf gelassen, aber spöttisch. — „Hab' ihm vor drei Monaten im Strandwirthshause beim Kartenspiel, wo er mich betrügen wollte, Eins versetzt, daß er die Stiefelsohlen in die Luft kehrte. Wie kommt's, daß er mich zum Schwager haben möcht'?"

„Ich denk'," antwortete Sörensen schlau lächelnd, „er hätt' gern die Schwester aus dem

Haufe, um mit dem Alten beffer umfpringen zu
können. Jetzt läßt's die Jlda, die Festigkeit hat
wie ein Mann, wenn's darauf ankommt, nicht
fo angehen."

„Ja, ja," fagte Olaf langfam halb vor fich
hin, „das hat fie, einen eifernen Kopf troh ihrer
Munterkeit. Hm," fuhr er lauter fort, den Alten
bedächtig anblickend, „und was habt Ihr den
Beiden gefagt, Vater?"

„Daß mir der Handel recht wäre und Dir
wohl auch, daß ich Dir die Sache vortragen wolle,
fobald Du zurückkommen würdeft, und wir dann
nächftfolgenden Sonntag nach der Kirchenftunde
die Sachen in Ordnung bringen könnten. Lund=
green hat was von 4000 Reichsthalern Mitgift
fallen laffen. Uebermorgen haben wir uns aus=
zufprechen. Ich möchte wiffen, wie Du darüber
denkft?"

Sörenfen, noch immer feinen weißhaarigen
Kopf mit beiden Fäuften ftützend, richtete feine
zwinkernden kleinen Augen feft auf den Sohn.

Diefer blies mit äußerfter Seelenruhe eine Ta=
bakswolke von fich, bevor er fich zur Antwort
anfchickte.

„Hm," fagte er bedächtig, „Ihr habt vorhin
ganz richtig bemerkt, Vater, daß mir der Handel
auch recht fein werde. Ich fehe nicht ein, warum
ich die Jlda nicht heiraten follte? Abgemacht!"

„Das heißt Sonntag nach dem Gottesdienst,"
versetzte Sörensen schmunzelnd, „denn es ist doch
noch Allerlei zu besprechen. So viel steht übri=
gens vorläufig fest, daß Ihr bei mir wohnt, es
ist da Raum genug für uns. Junge," setzte der
Alte mit vor Freude glühendem Gesichte hinzu,
„mir ist's lieb, daß Du Dich nicht lange bedacht
hast. Gib mir Deine Hand!"

Olaf reichte dem Alten seine kolossale Rechte
hinüber, ohne auch nur eine Miene zu verziehen.

„Ihr macht so viel Wesens daraus, Vater!"
sagte er trocken, indem er die Hand, nachdem sie
geschüttelt worden war, zurückzog, um phlegma=
tisch seine Pfeife auszuklopfen.

„Höre, Junge," versetzte Sörensen, „ich möchte
Dir aber doch wohl rathen, bei der Sache selber
etwas mehr Wärme aus Dir herauszuspinnen,
zum Henker, sie dürfen sonst drüben glauben,
sie hätten statt mit dem Sohne des Clas Sören=
sen mit einem Eisblock zu thun! Bis Sonntag
sind noch so und so viel Stunden hin, Du könn=
test also doch wohl, um nicht ganz den nüchter=
nen Liebhaber zu machen, inzwischen die Lund=
greens einmal besuchen, dem Alten und der Ilda
die Hände schütteln."

„Und dem rothen Jan sein Seehundsfell
klopfen, meint Ihr nicht?" antwortete Olaf la=
chend. — „Mir scheint, Vater," fuhr er fort,

„Ihr sähet es nicht ungern, wenn ich gleich heute
Abend hinüberrojen wollt'! Geht aber nicht. Seht
nur da hinaus, seit wir da schwatzen und Grog
trinken, ist draußen böses Wetter geworden, und
die See hat eine Deining! Zum Teufel, ich muß
hin, an die Galeasse eine zweite Kette legen, oder
wenn's sein muß, einen zweiten Anker in den
Grund peilen, und mit den Leuten die Boote auf
den Strand hissen."

Olaf sprang auf. So phlegmatisch wie er vor=
hin gewesen war, so behende war er jetzt, trotz
seiner kolossalen Gestalt. Mit einem Sprunge
war er im Vorraum des Häuschens, und im näch=
sten Augenblicke an der Thür. Er hatte in der
Eile sogar seinen Hut vergessen, jetzt flatterte sein
Flachshaar im Winde, wie er so über den Fjord
hinaus den Himmel prüfte.

Sörensen war dem Sohne nachgesprungen und
drängte sich jetzt an ihm vorbei.

„Element noch einmal," rief er, „das ist mehr
als vollhandig Wetter, das gibt einen Sturm."

„Ich dachte mir's beinahe vorhin schon," ant=
wortete Olaf, „denn der Wind krimpte auf von
West durch Süd nach Ost! Wir müssen an die
Arbeit, und uns vorsehen. In einer halben
Stunde haben wir den Spaß!"

„Holla, Jungens," brüllte Sörensen nach einer
Art kleinen Bretterverschlags hin, der an das

Haus lehnte und ein Fenster und eine kleine Thür hatte. — „Seid Ihr da? Swensen, Peter, Romsöe, es gibt Arbeit!"

Die drei angerufenen Knechte, welche beim Nachtessen waren, schoben aus dem Verschlag hervor, warfen einen Blick über sich und einen anderen auf die See, und trabten sogleich schwerfällig an's Ufer.

Olaf sprang ihnen nach.

„Sorrt auch die Fässer gut an die Klampen, daß sie nicht dwarreln!" rief ihnen Sörensen nach, der am Hause stehen blieb, da er nicht mehr gewohnt war, selbst mit Hand anzulegen.

„Wollen's schon kriegen!" rief Olaf zurück.

Die Arbeit war bald gethan, die Boote waren eingezogen und alle Vorkehrungen getroffen, dem Sturme zu begegnen.

Der Himmel hatte sich indessen verfinstert, furchtbare düstere Wolkenmassen thürmten sich mehr und mehr auf und hingen tief und verderbenschwanger über Meer und Felsgestein herab. Ein Orkan brauste über die Flut daher und wühlte die See auf, daß sie haushohe Wogen emporschleuderte. Tausend und aber tausend weiße Schaumköpfe blitzten über dem jetzt schwärzlichen, sturmgepeitschten Elemente auf und jagten einander in wilder Flucht. Die Bucht allein war vor dem Toben geschützt, hier war der Wellenschlag

wohl heftig, doch nicht der Galeasse und dem
sonstigen Eigenthum Sörensen's und dem der anderen daneben wohnenden Fischer gefährlich. Wohl
zwanzig Mann tummelten sich am Strande, auf
jedes Unvorhergesehene gefaßt.

Es war erst um die Dämmerungsstunde, aber
der losbrechende Sturm, der einen Regenguß den
Leuten in die trotzigen Angesichter schleuderte, ließ
mit seinen Wolkenungethümen Land und Meer
wie in Nacht eingehüllt erscheinen.

Die Weiber und Töchter der Fischer hielten
sich vor den Hütten auf, oder halfen mit ihren
Knaben den Männern. Neben Sörensen, an der
Thüre, stand die alte Edda, eine Verwandte des
Sorenskrivers, die seine Wirthschaft besorgte.

Plötzlich kreischte sie auf und streckte ihre Hände
nach der See aus. Ihr Auge, scharf wie das
eines Seeadlers, hatte dort erblickt, was den Anderen noch entgangen war.

„Eine Brigg!" schrie sie.

Alles, was am Strande herum beschäftigt
war, starrte über den Fjord hinaus auf das Flutgewimmel. Der Ausruf der alten Frau ging jetzt
von Mund zu Mund. Eine zweimastige Handels-
brigg, von den Wogen hin und hergeworfen,
ward in der Ferne sichtbar. Sie kam näher und
näher.

„Sie kann nicht die See halten," rief Sörenfen, „sie wird auf die Scheeren getrieben, sie muß stranden!"

„Was mag's für eine Brigg sein?" schrie er gleich darauf seinem Sohne zu.

„Eine dänische!" brüllte Olaf zurück.

„Sie hat schon den Klüverbaum verloren!" schrie einer der Fischer.

„Ich sehe jetzt den großen Mast nicht mehr!" rief Olaf unmittelbar hinterher. — „Sie haben ihn gekappt!"

Einige Augenblicke später flammte von der Brigg, die bald verschwand, bald emporgeschleudert auf der Höhe der Wogen schwebte, ein Blitz auf. Ein Donner folgte dem Blitz und tönte nur schwach durch das Sturmgeheul.

„Sie geben das Nothsignal," sagte Olaf mit finsterer Miene, „und wir können ihnen nicht beispringen, es wäre vergeblich, unsere Böte würden an den Klippen zerschellen! Das Einzige, was wir thun können, Leute, ist, daß wir Acht geben, sobald die Brigg auf den Scheeren auseinanderberstet, ob nicht welche von den Schiffern in die Bucht geschleudert oder hierhergespült werden."

„Hoho," rief der Knecht Romsöe, „es sind dänische Hunde!"

„Es sind Menschen, Du Schuft!" zürnte Olaf. „Leute," schrie er dann, „haltet Taakel bereit, daß man sie ihnen über die Brandung zuwerfen kann, wenn es ihnen gelingen sollte, im Boot bis hierher zu kommen!"

Die Brigg war jetzt der Bucht so nahe, daß man vom Strande aus in der Dunkelheit fast die Mannschaft unterscheiden konnte. Der kleine Besahnmast stürzte, ein Schrei der Fischer begleitete diesen Sturz. Und nun gewahrte man, wie in dem furchtbaren Gewoge mit unsäglicher Mühe die Böte des Schiffes ausgesetzt wurden. Die Fischer sahen eine dunkle Masse sich hineinwerfen, — die das Wrack in der Todesangst verlassende Bemannung. In der nächsten Minute schlug der Rumpf der Brigg, hoch emporgebäumt, auf ein Riff und verschwand zusammenbrechend. Mit der Brigg waren auch die Böte verschwunden.

Die Fischer am Straude schrien, die Weiber vor den Hütten murmelten ein Gebet.

„Habt Acht!" ertönte Olaf's donnernde Stimme, während der junge Mann auf dem felsigen Ufer an der Brandung dahineilte, zu erspähen, wo er Hülfe bringen könne.

„Hierher!" schrie er plötzlich.

Er gewahrte auf den Wogen das weiße Gewand eines Frauenzimmers, welches der Brandung zugeschleudert ward. Einige Fischer eilten mit Stricken zu Olaf.

„Schlagt mir den Taakel um den Leib! Ich

muß in die See springen und die dort zu erfassen suchen, sonst zerschellt sie sich am Ufer! Haltet fest!" rief der junge Mann.

Olaf, mit dem Strick umgürtet, dessen Ende drei Fischer hielten, stürzte sich im nächsten Augenblicke in die weiß aufschäumende Brandung.

Sein muthiges Wagestück gelang. Einige Minnten später sprang er triefend das felsige Gestade hinan. Der riesige junge Mann trug, leicht wie eine Feder, ein ohnmächtiges Mädchen auf seinen Armen.

II.

Der Sturm wüthete noch einen Theil der Nacht hindurch. Gegen Morgen hatte er sich völlig gelegt. Die gewaltigen Wassermassen, wie das immer der Fall ist, beruhigten sich freilich nicht so bald.

Es waren in der Nacht noch drei Matrosen und ein Schiffsjunge ans Ufer der Bucht geworfen worden, aber alle als Leichen. Am Morgen bedeckten Schiffsplanken, zertrümmerte Raaen und allerlei mehr oder minder beschädigte Kisten und

Ballen, die am Bord der Brigg gewesen waren,
den Strand. Die Waaren wurden geborgen, die
Leichen in einer ziemlich von den Häusern ent=
fernten Schlucht eingescharrt.

Das junge Mädchen, welches von Olaf nach
dem Häuschen seines Vaters war getragen worden,
hatte sich bald unter dem sorgfältigen Beistand
der alten Edda und einiger Weiber der Nachbars=
wohnungen von der Ohnmacht erholt. Die Frauen
entkleideten die Erschöpfte, versahen sie mit ge=
wärmter Wäsche und brachten sie in ein Bett,
das im Wohnzimmer Sörensen's aufgeschlagen
war. Das Mädchen entschlummerte, von Edda
bewacht.

Nun der Morgen angebrochen war, hatte sich
die Alte vom Lager der armen Geretteten fortge=
stohlen und war ihren häuslichen Verrichtungen
nachgegangen. Dagegen hatte sich im Zimmer
am Fenster geräuschlos eine kleine Gruppe gebil=
det, die aus Männern bestand. Es waren aber
blos Sörensen, sein Sohn Olaf und die beiden
Fischer, denen die Nachbarhäuschen gehörten.
Diese Männer warfen von Zeit zu Zeit prüfende
Blicke auf das junge Mädchen, die fest zu schlum=
mern schien, da sie ihre Augen geschlossen hatte
und regungslos dalag.

Die Gerettete war ein schönes Geschöpf von
etwa achtzehn Jahren. Sie hatte regelmäßige Ge=

sichtszüge. Die feingebogene Nase, das schwarze
Haar, das aufgelöst üppig über die Kissen quoll,
die dunklen, reizend oval geformten Augenbrauen
und die seidenen Wimpern, welche dicht und schwarz
bis zu den augenblicklich leise gerötheten Wangen
hinabreichten, gaben dem Antlitz ein orientalisches
Aussehen.

„Hört,“ murmelte Sörensen nach einem forschen=
den Blick auf die anscheinend Schlummernde, „ich
glaube immer, sie ist ein Judenmädchen!“

„Und ich sag’s auch!“ entgegnete Skineborg,
einer der Nachbarn, mit gedämpfter Stimme. —
„Und ist das der Fall, dann — Sörensen, Ihr
kennt ja die Gesetze unseres Landes!“

„Narr,“ versetzte Sörensen unwirrsch, „wofür
wäre ich denn Sorenskriver, wenn ich sie nicht ken=
nen sollte? Olaf hat die Dirne hierhergeschleppt!
Wenn wir ein Judenmädchen die Nacht beher=
bergt haben sollten, so kann ich nichts davor,
zum Henker! Wissentlich hätte ich meinem Hause
die Schande nicht angethan. Wenn sie ist, was
ich denke, da wollte ich lieber, der Olaf hätte die
Dirne sich am felsigen Strand zerschellen lassen,
statt sie mir in’s Haus zu bringen.“

„Oder sie mit einem Fußtritt in die Wellen
zurückgeschleudert!“ ergänzte Oesdal, der andere
Nachbar. — „Solch’ ungläubiges Gesindel ist
nichts besser werth, als ertränkt zu werden!“

„Das Schlimmste, was man ihnen anthun kann, ist noch zu gut für solche Heiden und Christusleugner!" setzte Skineborg mit finsterm Blick auf das Mädchen hinzu. — „Und ist die da eine Judendirne, so werdet Ihr sie doch nicht eine Stunde länger in unserem Fjord dulden, he Sörensen?"

„Natürlich nicht!" murmelte der Angeredete verdrießlich. — „Das ist eine dumme Geschichte!"

Olaf hatte, während diese Worte halblaut gewechselt wurden, das Antlitz des Mädchens mit Theilnahme betrachtet. Olaf war schon ziemlich weit herumgekommen, bis nach Kopenhagen, Hamburg, ja, nach London sogar, und hatte von der Aufklärung civilisirter Länder in sich aufgenommen, was sein natürlicher Verstand als gut und vernünftig erkannte. Er empfand keine Abscheu vor den Juden, sie waren ihm so gut Geschöpfe Gottes wie die Lappländer, die der Norweger fast so verachtet wie den Israeliten, und schlechter behandelt als Hunde. Aber Olaf wußte sehr wohl, daß die Reichsversammlung des Landes, das Storthing, meist aus unaufgeklärten nordisch starrköpfigen Bauern gebildet, den Juden jegliches Heimatsrecht in Norwegen versagte.

„Nun," sprach er nach einer kurzen Pause, „Ihr seid ja doch Eurer Sache noch nicht gewiß. Ich bin auf meinen Reisen Menschen genug begegnet,

die schwarzes Haar und eine gebogene Nase hatten,
und doch Christen waren. Spanier, Italiener,
Franzosen sind meist so, ja selbst einige gut bischöf=
lich Lutherische, wie wir, hab' ich in Kopenhagen
und Hamburg so gefunden. Müssen denn alle
guten Christen flachsköpfig sein, Skineborg?"

"Wir werden bald wissen, woran wir sind!"
versetzte dieser trotzig. — "Sie soll's uns sagen.
Wecken wir sie."

Der Fischer machte einen Schritt nach dem
Bette hin. Olaf hielt ihn zurück.

"Sie jetzt wecken," antwortete er in festem
Tone, "wäre eine Grausamkeit. Seht nur, wie
gut das Mädchen schläft. Laßt sie sich heute er=
holen, und erschreckt sie nicht mit Euren Fragen!"

"Aber zum Henker," murmelte Sörensen un=
geduldig, "ich will wissen, wen ich beherberge; ich
dulde keine Judendirne unter meinem Dache. Noch
bin ich Herr in meinem Hause!"

"Das macht Euch Niemand streitig, Vater,"
versetzte Olaf trocken. — "Aber Ihr habt das
Mädchen nun einmal zehn Stunden schon beher=
bergt, und ist sie eine Judendirne, so ist auch nach
der Ansicht, die bei uns gang und gäbe ist, Euer
Haus beschimpft, mögt' Ihr die Dirne jetzt gleich
vor die Thür setzen oder in achtundvierzig Stun=
den! Ich will Euch was sagen," — fügte er mit
Nachdruck hinzu — "als ich die Unglückliche aus

dem Waſſer gezogen hab', da blieb mir keine Zeit
zu überlegen, ob ſie eine Heidin ſei oder nicht, das
werdet Ihr begreifen. Ich that's mit gutem Her=
zen, und das fragt in ſolchen Augenblicken den
Henker darnach, was das Storthing ſagt. Und
ich thue nichts halb, das wißt Ihr auch. Ich hab'
die Kleine nicht aufgefiſcht und hierher getragen,
ſie quälen zu laſſen. Aber vereinbaren wir uns,
damit Jedem ſein Recht geſchehe. Laßt heute die
Dirne ruhig, und fragt um nichts. Morgen iſt Sonn=
tag, bis dahin wird ſie ſich erholt haben. Rüſten
wir uns zur Kirchenfahrt, und will ſie mit uns,
nun, dann werdet Ihr einſehen, daß ſie glaubt,
was wir glauben. Weigert ſie ſich aber uns zur
Kirche zu begleiten, nun, dann iſt ſie eine Juden=
dirne, wie Ihr meint, und Einer von uns nimmt
ſie am Montag im Boot mit ſich nach Bodöe,
von da mag Gott ihr weiter helfen; jedenfalls" —
fügte er mit einiger Bitterkeit hinzu — "werden
unſere guten Landsleute ſich ſchon beeilen, dies
zu thun!"

"Ich nehme ſie nicht in's Boot!" murrte Skine=
borg.

"Ich auch nicht!" grunzte Oefdal.

"So thu' ich's!" verſetzte Olaf trocken. — "Und
nun bitt' ich Euch, laßt uns hinausgehen. Die
Dirne hat im Schlaf ihre Kräfte zu ſammeln,
mag ſie nun jüdiſch oder gut lutheriſch ſein. Unſer

Babbeln könnt' sie aufwecken. Und ich dächt' auch,
wir hätten noch genug am Strand und bei unseren Fahrzeugen zu thun!"

Und ohne auch nur zu fragen, ob die Männer mit feinen Vorschlägen einverstanden seien oder
nicht, schob Olaf einen nach dem andern, selbst
feinen Vater, der ein halb ärgerliches, halb verdutz-
tes Gesicht schnitt, gelassen und lächelnd zur Thür
hinaus. Dann warf er einen langen, theilnahms-
vollen Blick auf die schönen, sanften Züge der
regungslos Daliegenden und folgte den Anderen.

Kaum hatte sich die Thür hinter ihnen geschlossen, als das junge Mädchen hastig die Augen
aufschlug. Ihr reizendes Antlitz überflog der Ausdruck namenloser Angst. Sie richtete sich mühsam halb im Bette auf und horchte. Sie vernahm
die schweren Tritte der sich entfernenden Männer.
Und nun das Geräusch schwächer wurde, faltete
sie die kleinen weißen Hände.

„Herr meiner Väter," stammelte sie mit bebenden Lippen, „stärke mich in meiner Verlassen-
heit! Oh mein Gott, inmitten der Feinde meines
Volkes allein, hülflos, eine Ausgestoßene durch
meinen Glauben! Läge ich doch, wo mein armer
Vater jetzt liegen wird, tief unten im Meere!"

Das arme Mädchen preßte ihre Hände gegen
ihr Antlitz und schluchzte heftig.

So krampfhaft weinend lag sie mehrere Mi-

nuten da, in ihrem furchtbaren Schmerze nur des
einen Gedankens fähig, des Gedankens an den
Vater, der von ihrer Seite im umschlagenden
Boote über Bord geschleudert worden, noch bevor
die Flut sie ergriffen hatte. Als sie in der Nacht,
durch die Hülfe Edda's und der anderen Frauen,
aus der Erstarrung zum Leben erwacht war, da
hatte ihr erster Schmerzensschrei dem Vater ge=
golten, und jetzt wußte sie schon lange, daß er
weder von den Fischern gerettet, noch seine Leiche
an's Ufer geschwemmt worden.

Erschöpft ließ sie endlich die Hände sinken; sie
hatte keine Thränen mehr. Ihr Antlitz, das vor=
hin, als sie scheinbar schlafend dagelegen, durch
die entsetzliche innere Aufregung eine leichte Röthe
bedeckt hatte, war jetzt tödtenbleich.

„Welchen Schicksalen werde ich in diesem Lande
entgegen gehen?" murmelte sie tonlos, indem ihr
Blick das kleine Zimmer durchirrte. — „Man
wird mich der Schaude, der Verachtung preis=
geben, mich zu Tode martern, ich hab's aus ihren
Worten entnommen. Du Gott Israels, soll ich
Dir dafür danken, daß Du dem Vater diese Fol=
tern ersparteſt? Wäre ich bei ihm! Eine Kette
von Leiden und Demüthigungen wird mir vorbe=
halten sein! Da ist nur Einer, dem ich wagen
darf zu vertrauen, der in mir nichts Anderes sieht
als die Unglückliche, die Hülflose! Mein Retter!

Oh, er ist edelmüthig! Aber wird er allein mich
schützen können, wenn es an den Tag kommt,
daß ich eine Jüdin bin? Und wird er mich schützen
wollen?"

Das junge Mädchen versank in dumpfes Brü=
ten, sie starrte vor sich hin, bis ihr vor Erschöpf=
fung die Augen zufielen. Ein wohlthätiger Schlum=
mer entrückte sie barmherzig ihrem qualvollen Zu=
stande. Sie schlief lange, als sie erwachte war es
fast um die Mittagszeit. Die alte Edda saß an
ihrem Bette, ihr Retter stand zu Füßen desselben
mit verschränkten Armen und schaute sie sinnend,
fast träumerisch an. Um seine Lippen zuckte es
wie tiefinnerstes Mitleid. Die Unglückliche er=
haschte mit ihrem ersten Blicke diesen Zug, ihre
ganze Seele klammerte sich daran. Sie faltete
unwillkürlich die Hände, und wandte den flehen=
den, dankbaren, schmerzerfüllten Blick nicht von
dem Manne, der, sie fühlte es in diesem Augen=
blicke, ihre ganze Zuversicht war.

Olaf schaute in diese großen, braunen, so un=
aussprechlich bewegt auf ihn gerichteten Augen.
Was ging in ihm vor? Der sonst so unerschütter=
lich kaltblütige junge Mann erröthete jetzt flüchtig.

"Gottes Segen über Sie!" hörte er von jenen
bleichen Lippen stammeln.

Und diese braunen Augen hatten einen über=
irdischen Glanz für ihn. Eine reine Seele leuch=

tete aus ihnen. Vermochten die Augen aller Mädchen am Westfjord, die er kannte, eine solche
Sprache zu reden, wie sie ihm aus denen der Fremden entgegenquoll? Was war es, das ihn nuwi-
derstehlich an dieses bleiche Antlitz fesselte, der Ausdruck des Unglücks, der kindlichen Dankbarkeit,
der Demuth oder der geistigen Ueberlegenheit, welcher sich trotz Noth und Jammer deutlicher in
diesen edlen Zügen ausprägte, als in den frischen,
lachenden, derben Angesichtern der Jungfrauen
Norwegens?

Olaf fühlte sich verlegen, er wußte selbst nicht
warum. Er ließ die Arme von der Brust herab-
sinken, und fragte in gedämpftem Ton: „Wie ist
Euch?"

„Besser!" flüsterte das junge Mädchen.

„Wollt Ihr nicht aufstehen und ein wenig an
die frische Luft hinausgehen?" brachte er mühsam
hervor — „Die Edda wird Euch helfen," setzte
er mit mehr Festigkeit hinzu, „und dann esset Ihr
mit uns."

Das junge Mädchen versuchte zu lächeln; es
war ein schmerzliches Lächeln.

Olaf umging still die Alte und trat an die
Seite des Bettes. Er ergriff, ohne daß er sich
sagen konnte, was ihn dazu antrieb, in einer un-
bewußten Ahnung dessen, was in dem Gemüthe
der Armen vorging, ihre noch immer gefalteten

Hände, beugte sich zu ihr, und sagte beinahe flü=
sternd: „Habt Muth und Vertrauen!"

Dann ließ er ihre Hände sinken und verließ
das Zimmer.

Das junge Mädchen kleidete sich an, die Alte
leistete ihr hülfreiche Hand. Keine Frage, die sie
hätte erzittern lassen, kam über Eddas Lippen.
Auf die alte Norwegerin gestützt, wankte sie in's
Freie hinaus. Die scharfe Seeluft that ihr wohl,
der Anblick des Meeres erschütterte sie. Aber ihre
geistige Kraft gewann die Oberhand über ihre
Empfindungen. Voll Resignation im Herzen und
im Antlitz trat sie bald darauf in das Zimmer,
wo der Tisch gedeckt war. Da stand der weiß=
haarige Sörensen und schaute sie störrisch und
argwöhnisch aus den Winkeln seiner kleinen Au=
gen an, und weiterhin am Fenster hielt sich Olaf
auf, der kühne, kräftige Mann wie zaghaft zu ihr
hinüber blickend. Und als nun der Alte, Edda
und Olaf an den Tisch traten, die Männer das
Haupt entblößten und die Hände zum Tischgebet
falteten, da begegneten die Augen des Sohnes
vom Hause dem scheuen Blick des Mädchens, und
es war ihr plötzlich so, als lese sie Furcht und
Hoffnung darin.

Zugleich vernahm sie seine Stimme. So weich
und sanft, daß sie erzittern mußte, sagte er:
„Wollt Ihr mit uns beten?"

Sie fühlte das Blut zu ihrem Herzen schießen, sie sah nichts deutlich, denn Thränen umflorten ihren Blick, aber sie schwankte zum Tisch, sie wußte nicht wie; sie betete mit den Christen.

Das Mahl war vorüber. Man hatte sie um nichts gefragt, weder um Glauben, noch Namen oder Stand. Sie erkannte darin den Einfluß ihres Retters. Sie hatte nur verstohlen zu ihm aufzublicken gewagt, wenn sie ihm über Tische für das dankte, was er ihr bot. War es eine Täuschung gewesen, als es ihr erschien, er athme jetzt freier als in jenem Augenblick, wo er sie zum gemeinschaftlichen Gebete aufgefordert?

Der Tag verging, man überließ sie fast sich selber. Sie sah in dem Allen die Fürsorge ihres Beschützers; sie hätte seine Hand ergreifen, sie mit Thränen benetzen, mit Küssen bedecken mögen, als er ihr am Abend eine „gute Nacht" bot und ging.

Und am andern Morgen war der Sonntag, der verhängnißvolle Sonntag! Olaf sah beinahe verstört aus, als er beim ersten Sonnenstrahle am Strande auf- und niederschritt. Hatte er die Nacht nicht geschlafen? Und warum getraute er sich noch immer nicht in's Haus, als schon die Frühstücksstunde da war? Er hatte seinen Schützling so wenig gesehen wie den Vater, und sollte nun binnen fünf Minuten vielleicht dem armen Mädchen eine Frage stellen, deren Beantwortung

sie möglicherweise einem ungewissen, grausamen
Schicksale preisgeben konnte. Fürchtete Olaf dem
entscheidenden Momente fest in's Auge zu blicken,
wie er jetzt so zaudernd daherschritt? War es tiefes Mitleid, war es mehr, was er für die Unglückliche empfand?

Da erschien die alte Edda, an der Thür des
Häuschens, und winkte ihm geheimnißvoll.

„Kommt," flüsterte sie schmunzelnd, „und seht
nach, wer mir geholfen hat das Frühstück bereiten!"

Olaf blickte fragend auf, der weißköpfige Sörensen kam vom Bretterschuppen hinter ihm d'rein,
wo er den ganzen Morgen Waaren sortirt hatte.
Die Männer traten in's Wohnzimmer und standen erstaunt.

Der Schützling Olaf's trat ihnen schüchtern
und erröthend entgegen. Das junge Mädchen
hatte ihr herrliches schwarzes Haar nach der Lan-
dessitte geflochten und trug die Tracht der Norwegerinnen. Sie war reizend in ihrer Verwirrung.

„Vergebt," stammelte sie zaghaft, „daß ich in
erborgten Kleidern vor Euch stehe. Aber ich wollte
Euch bitten, mich heute zur Kirche mitzunehmen,
daß ich dort für das Seelenheil meines armen
Vaters bete und für Euch, die Ihr mir Obdach
und Schutz gewährtet. Da hat die alte, gute Frau

gemeint, ich könne nicht in meinen verdorbenen Kleidern gehen und mich herausgeputzt."

„Mit Christinens Nachlaß, Deiner Schwester Sonntagsstaat, Olaf!" murmelte die alte Edda schmunzelnd — „He, nicht wahr, er steht ihr gut?"

Olaf hörte nichts von dem, was die Alte planderte. Er starrte auf die schmucke Erscheinung, in seinem Ohr klangen die Worte noch, welche sie schüchtern geflüstert hatte, und die ihm jetzt seine Zuversicht zurückzugeben schienen. Eine Freudigkeit kam über ihn, die sich in Blick und Mienen wiederspiegelte, er glich einem Menschen, der nach beklemmendem Traume erwacht, und dessen Brust sich froh hebt, wenn die Schattenbilder verflogen sind.

Nach der ersten Ueberraschung warf er einen Blick zur Seite auf den Alten und murmelte: „Nun, Vater, was sagt Ihr jetzt?"

Auch Sörensen war durch die unerwartete Erscheinung geblendet worden, der Sonntagsstaat, den sie trug, mahnte ihn an die verstorbene Tochter, die züchtig und zart gewesen war, wie jetzt die Fremde vor ihm stand. Ueber das Herz des alten Fischers kam es einen Moment lang wie Wehmuth, und er brummte: „Sie mag mit uns fahren!"

„Und mich soll Gott verdammen, Vater,"

brummte Olaf freudig zurück, „wenn ich von jetzt
an nicht Jeden zum Krüppel schlage, der es wagt,
sie zu verunglimpfen! Und nun Ihr die Kleider
der seligen Christine tragt,“ fuhr er laut fort,
sich zu der Schüchternen wendend, die jetzt den
Blick zu erheben wagte, „so setzt Euch auch zum
Vater, und thut wie zu Hause, Mädchen. Aber
sagt uns zuvor, wie wir Euch nennen sollen, daß
wir Euch weniger als Fremde betrachten dürfen.“

„Ich heiße — Alida!“ versetzte das Mädchen
zögernd und eine plötzlich aufsteigende Verwirrung
niederkämpfend, die nur Olaf gewahrte.

„Gut,“ antwortete er in herzlichem Ton, während sein Blick tief und mit eigenthümlichem For-
schen in ihre Augen drang, „wir heißen Euch als
Alida willkommen!“

Das Frühstück war beendigt, man rüstete sich
zur Fahrt. Herrlicher Sonnenschein lag über der
Gegend, die See glitzerte einladend und hatte ihren
gewöhnlichen leichten Wellenschlag. Vor den Hütten erschienen die Fischer mit ihren Frauen in der
Sonntagstracht. Das war ein Gaffen und Flüstern
als Alida erschien. Sie ging bescheiden und doch
fest an der Seite der alten Edda. Auf ihrem
Antlitz war ein Erröthen vor der Neugierde der
Leute mit dem Ausdrucke tiefer Schwermuth ge-
paart, der an ihr kaum überstandenes Unglück
erinnerte. Skineborg und Oefdal wechselten be-

troffen einige leise Worte mit dem Sorenskriver, der, Olaf neben sich, ein Dutzend Schritte hinter den Frauenzimmern, dem Strande zuschritt. Die Männer waren jetzt überzeugt, dem Mädchen Unrecht gethan zu haben, sie sahen das Gebetbuch Christinens in ihrer Hand, ihre stille ehrbare Miene, ihre gottesfürchtige Resignation, die sich über ihr ganzes Wesen verbreitete, und diese derben, naturwüchsigen Menschen, so starr und grausam in ihrem Haß, ihren Vorurtheilen, und doch wieder so treuherzig ehrlich, wo sie sich eines Fehlers bewußt wurden, zögerten nicht in Blick und Benehmen eine gewisse Reue zu zeigen, eine rauhe Gutmüthigkeit, in die, ihnen selber unbewußt, sich eine Art Ehrerbietung mischte, denn die rohen Naturen fühlten instinktmäßig heraus, daß dieses Mädchen mit dem feinen Anstand und den zarten Zügen, obwohl jetzt arm und hülflos, doch über ihren Weibern und Jungfrauen stehe. Und auch die Frauenzimmer des Fjords empfanden dies, aber nicht mit jenem Neid, jener Bitterkeit, jenem höhnischen Mißtrauen, mit welchen Gefühlen der Ungebildete in großen Städten den Gebildeten zu betrachten pflegt und dessen Ueberlegenheit anerkennt. Bald hatte Alida, ohne Etwas dazu gethan zu haben, die Theilnahme aller der Bewohner dieses Fjords.

Die Böte wurden losgekettet, man stieg ein.

3*

Es blieb faſt Keiner zurück, denn es war üblich,
nach der Kirchenzeit zu einem benachbarten Fjord
zu rudern, wo Mahlzeit gehalten wurde. Ein
Theil der Männer ſetzte ſich an die Ruder, man
ſtieß vom Ufer ab. Das war eine köſtliche Fahrt,
die Böte leicht geſchaukelt, im goldenen Sonnen=
ſchein, auf der blitzenden Flut, an rieſigen Fel=
ſenabhängen vorüber, unter vorhängenden Klippen
hinweg, an dunkelgrünen Tannenwäldern entlang.
Und nun tauchten aus den verſchiedenen Buchten
des großen Weſtfjord auch andere Böte auf, man
ſchwenkte die Hüte und Tücher hier und dorthin,
man jauchzte einander zu. Und alle dieſe Fahr=
zenge mit den fröhlichen, gepuzten Menſchen glit=
ten einer kleinen grünen Inſel zu, auf der von
Gebäuden nichts als ein weißes Kirchlein ſtand,
denn der Geiſtliche wohnte nicht am Hauſe Gottes,
das nur Sonntags der gläubigen Menge, die
meilenweit herkam, erſchloſſen ward, ſondern
ſchiffte in einem der Böte mit Einigen der Gemeinde
daher; hatte er doch hier und dort in einem Kirch=
lein den Gottesdienſt zu verſehen und mußte, wie
einſt die Apoſtel wanderten, durch mehrere Spren=
gel ziehen, wie das im hohen Norden ſchon ſo geht.

An der kleinen Inſel lagen ſchon einige Böte,
und hier und dort ſtanden gepuzte Menſchen in
Gruppen um die Kirche, die Ankommenden be=
grüßend.

Das Boot des Sorenskrivers langte an.

Ein dicker stattlicher Mann mit gemeinen aber
gutmüthigen Zügen schüttelte dem ans Land stei-
genden Sörensen und dessen Sohne die Hand.
Neben diesem Manne stand ein dralles, hochge-
wachsenes, üppiges Mädchen. Sie hatte flachs-
gelbes Haar, große blaue Augen, eine frische, rosige
Gesichtsfarbe, und wies zwei Reihen schneeweißer
Zähne, als sie die Kommenden anlachte. Sie war
hübsch, aber eine derbe, fast männliche Erscheinung. Das Mädchen erglühte, als sie Olaf sah,
der Alida die Hand bot, daß sie nicht ausgleite.

Rasch wurden zwischen den Fischern der verschiedenen Buchten einige Worte gewechselt über
den jüngsten Sturm und seine Verheerungen.
Alida horchte voll namenloser Angst auf die verschiedenen Mittheilungen der Leute; — in keiner
der anderen Buchten war Einer der Mannschaft
oder der Passagiere des gestrandeten Schiffes gerettet worden, nicht einmal Leichen waren dort
ans Ufer getrieben. Ihr Vater mußte also auf
dem Grunde des Westfjords begraben liegen oder
in's offene Meer hinausgetrieben sein. Jedenfalls
war er todt.

Das angstvoll lauschende Mädchen aber ward
bald der Gegenstand allgemeiner Aufmerksamkeit,
und was Sörensen von ihrer Rettung zu sagen
wußte, ging bald von Mund zu Mund. Auch

hier fand Alida allgemeine Theilnahme. Nur
eine der jungen Norwegerinnen hatte blos einen
flüchtigen Blick für die Fremde, sie starrte auf
Olaf, der sie kaum zu bemerken schien, und dessen
Augen selbst in diesem Gedränge beinahe träume=
risch und unverwandt auf Alida ruhten. Und
diese Eine war Ilda, das hochgewachsene, blonde
Mädchen, die Tochter des dicken Mannes, die Toch=
ter Lundgreens. Olaf hatte ihr die Hand gereicht
und sich dann betreten von ihr gewendet, denn
ihm kam jetzt erst wieder in den Sinn, was heute
nach der Predigt mit den Lundgreens verhandelt
werden solle.

Sörensen aber hatte dem alten Lundgreen nach
den ersten Worten der Begrüßung zugeflüstert:
„Der Olaf geht darauf ein!“

Die Gruppen traten auseinander, denn der
greife Pastor erschien und die Kirche ward ge=
öffnet.

Ilda stand hart neben Olaf. Er sah sie nicht.
Da drängte sich ein Fischer an ihn heran. Er
war ein schmalwangiger Mensch von etwa fünf=
undzwanzig Jahren. Das Haar hing ihm in ro=
then Büscheln struppig um die Schläfen. Sein
Gesicht, in dessen Zügen ein verbissener Hohn lag,
war von Blatternarben zerrissen und bleich. Der
Blick seiner grauen, tiefliegenden Augen war scharf
und tückisch. Dieser Blick bohrte sich gleich einem

Dolch in Olaf's Antlitz, als er grinsend die Hand
des jungen Mannes ergriff.

„Nun, Olaf," sagte er, „Du bist wieder von
Bergen heim? Ich hoffe, Du trägst mir von Bodöe
her nichts mehr nach, zumal, wie ich soeben vom
Vater gehört hab', zwischen Dir und der Jlda
Alles in Ordnung kommen wird!"

Olaf zog seine Hand zurück.

„Du glaubst?" sagte er kalt.

„Ei," fuhr der Andere fort, nach der Salba-
derei des Schwarzrockes da drinnen fahren wir ja
miteinander zu Jngwersen hinüber, und bringen
die Sache gleich in Richtigkeit!"

„Damit hat's noch Zeit, rother Hän!" versetzte Olaf eisig und wendete sich ab.

Jlda, die jedes Wort vernommen hatte, biß
sich in die Lippen, runzelte die Stirne und schritt
der Kirche zu. Der rothe Han aber folgte dem
Blicke Olaf's und sah, wie dieser kein Auge von
der Fremden abwandte, die jetzt, das Haupt gesenkt, in tiefem Leid der Kirche zuwankte.

„Steht es so?" murmelte der Bursche höhnisch
zwischen den Zähnen — „Du verwirfst meine
Schwester? Das wird Dich Etwas kosten, mein
stolzer Junge!"

Der Gottesdienst begann, die Kirche füllte
sich. Die Weiber nahmen die roh gezimmerten
Stühle ein, die Männer standen an den nackten,

weißen Wänden herum. Alida faß zunächſt der kleinen Kanzel, in erſter Reihe. Sie ſtimmte aus dem Gebetbuche der ſeligen Chriſtine die Lieder mit an, welche geſungen wurden, wenn ihr auch die Stimme unter Schluchzen halb verſagte; ſie hörte, tief erſchüttert, auf die Worte des greiſen Geiſtlichen, der, ſeine Predigt an den Sturm knüpfend, von der Vergänglichkeit alles Irdiſchen und der Ewigkeit des Jenſeits in ſchlichten, er- greifenden Worten ſprach. Die Jüdin flehte, in- mitten Chriſten, inbrünſtig zu Gott, der es ihr ja auch hier war, daß er dem armen Vater gnä- dig ſein möge. Und in ihr ſtummes, heißes Ge- bet war der Name Olaf verwoben. Sie rang ſiegreich mit ihrem Schmerz, und im kleinen, un- ſcheinbaren Tempel der Chriſten hoch oben im ſtarren, vereinſamten, unduldſamen Norden ward ihr zerriſſenes Gemüth getröſtet, und ſie fühlte es gehoben, als hätte ſie in der Synagoge ihres Volkes um Troſt gefleht, — denn Gottes Gnade leuchtet überall.

Olaf war während des ganzen Gottesdienſtes zerſtreut; er ſtand an einen Pfeiler gelehnt, und ſeine Blicke irrten, mehr als es in der Kirche hätte ſein ſollen, zu Alida hinüber, die keine Ah- nung davon hatte. Doch vier andern Augen ent- gingen die Blicke des jungen Mannes nicht; Ilda und der rothe Han beobachteten ihn. Und Alida

blieb eben ſo wenig unbeachtet, nicht allein von
dem Geſchwiſterpaar, ſondern auch, und zwar in
ganz anderer Abſicht, von Sörenſen und den Fi=
ſchern ſeines Fjords. Die glühende, ſchmerzdurch=
wobene Andacht der Fremden aber verſcheuchte
ſelbſt den Schatten eines Argwohns in ihnen.
„Seht nur, ſie iſt eine gute Chriſtin!" murmelten
ſie einander zu.

Der Gottesdienſt war vorüber. Man verließ
die Kirche. Die Leute bildeten, wie vorhin, ver=
einzelte Gruppen auf dem freien Platze am Ge=
ſtade. Olaf wartete auf Alida, um mit ihr hin=
auszugehen; ſie mußte an ihm vorüber. Der
rothe Han aber war ſchon draußen, und raunte
ſeinem Vater zu, was er beobachtet hatte. Dann
trat er bald zu dieſer, bald zu jener Gruppe hin,
und ließ ſpöttiſche und verdächtigende Bemerkun=
gen über die Fremde, Olaf und Sörenſen fallen.

Und jetzt kam auch der Sohn des Sorenſkri=
vers aus der Kirche. Er geleitete Alida zur alten
Edda, die mit einigen Weibern bereits vor dem
Boote Sörenſens ſtand. Dann trat er ohne Arges
und nachdenklich in die Nähe einer Gruppe, bei
welcher der Bruder Ilda's ſich ſchwatzend aufhielt.
Da fielen Worte in ſein Ohr, die ihn aus ſeinem
Sinnen aufrüttelten.

„Ich ſag's Euch," murmelte der rothe Han
halblaut und höhniſch grinſend, „es wird ſo was

mit der Dirne fein. Sie hat ein feines Aussehen,
und ist sicher kein dänisches Bauernkind. Da mö=
gen denn die Sörensens von ihrem Gut was am
Strand aufgefischt haben, vielleicht ihre Koffer,
und da's in ihrer Gegenwart mag geschehen
sein, so ließ sich's nicht unbemerkt auf die Seite
bringen."

„Glaubt Ihr's, Han?" bemerkte ein Anderer.

„Ich möcht' darauf wetten!" fuhr Han fort.
— „Da mag denn der habgierige Alte gesehen
haben, daß die feine Dirne vermöglich ist, und
läßt sie nicht los. Hätte er ihr sonst wohl die
Kleider der verstorbenen Christine angehängt, und
ließe er den Olaf mit ihr sponsiren, daß es eine
Schand' anzusehen ist? Gebt Acht, wie lang wird
es dauern, dann heiraten die Zwei einander, das
werden Vater und Sohn schon mitsammen abge=
kartet haben. Der Olaf hat freilich meiner Schwe=
ster die Ehe versprochen, aber was kümmert es
ihn? Und was wird er sich darum scheren, woher
die feine Dirne das Geld hat, ob's in Kopen=
hagen auf leichte Art, Ihr wißt schon, verdient
ist? Unter uns, sie sieht mir darnach aus. Aber
was kümmert es ihn? Er hat schon so Allerlei
von den Städtern gelernt!"

„Nichts, Du Schuft und Lästermaul, was ich
von Dir lernen könnte!" unterbrach ihn hinzu=
tretend Olaf, dessen Wangen in hellem Zorne

flammten. — „Wir haben das Mädchen aus Chri=
stenpflicht aufgenommen, sie hat nicht einen Heller!
Was Du von „abkarten" sprichst, ist eine Ge=
meinheit, die man allenfalls Dir und Deinem
Alten zutrauen könnte, denen die Habgier aus den
Augen leuchtet! Ich versprach Deiner Schwester
nicht die Ehe und ging ihr nicht nach, was Du
recht gut weißt, denn Ihr seid zu uns gekommen.
Und wenn ich sie Deiner Schwester jetzt vollends
nicht versprechen sollte, so geschieht es nicht aus
Mißachtung Jlda's, im Gegentheil, sie ist ein bra=
ves, schönes Mädchen, das erkläre ich, — sondern
weil ich keine Gemeinschaft mit ihrem Vater und
Bruder haben mag! So viel was uns betrifft,
und da ist's mit diesen paar Worten abgethan.
Wir verachten Dich und Dein Geschwätz! — Aber
Du hast ein Mädchen beschimpft, die Keiner hier
kennt, selbst Du nicht, ein Mädchen, das ohne=
hin unglücklich genug ist, das auf unsern Schutz,
unsere Christenpflicht angewiesen ist! Und Du hast
nicht sie allein beschimpft, sondern auch unsere
ganze Gemeinde, die dort mit ihr am Tische des
Herrn gebetet, ihren Schmerz geachtet, die Unglück=
liche freiwillig und ohne Bedenken zur gemein=
schaftlichen Andacht bei sich' aufgenommen hat.
Und für solchen Schimpf gebührt Dir mehr als ein
strafendes Wort!"

Und Olaf, dessen donnernde Stimme weithin

getönt hatte, ergriff jetzt den rothen Han mit her=
kulischer Kraft, spuckte ihm in's Gesicht, und schleu=
derte ihn von sich, daß er dröhnend zu Boden
stürzte.

Keiner der umstehenden Fischer rührte sich, sie
fühlten, daß Olaf recht gethan, so zu handeln.
Alida stand in der Ferne erbleichend und bedeckte
ihr Antlitz mit den Händen. Ilda aber, blutroth
im Gesichte, schaute einen Augenblick düster auf
den jungen Mann, und schritt dann fest und ent=
schieden dem Boote ihres Vaters zu. Dieser, der
ebenfalls jedes Wort des zürnenden Olaf vernom=
men hatte, trat zum rothen Han und riß ihn
empor.

„Ist das Deine Meinung von uns?" rief er
Olaf zu, der jetzt seine gewöhnliche Kaltblütigkeit
wiedererlangt hatte, und, die Arme über die Brust
kreuzend, verächtlich Vater und Sohn anblickte. —
„Nun denn, so höre, daß ich es bereue, mich mit
Dir und Deiner Sippschaft eingelassen zu haben.
So viel wie der Sorenskriver ist, bin ich auch,
das wissen Alle am ganzen Fjord herum, und daß
Ihr Unrecht gethan, ein vielleicht unüberlegtes
Wort des Han durch einen Schimpf zu erwiedern,
der auch mich und die Ilda trifft, das werdet Ihr
wohl bald gewahr werden. Unsere Zeit wird
kommen!"

Und Lundgreen zog den an der Stirne bluten=

den Han mit sich zum Boote, das Jlba bereits bestie=
gen hatte. Sörensen aber, jetzt auch zum heftigen
Zorn erwacht, zerrte Olaf zu seinem Fahrzeuge.
Die Knechte hielten die Ruder, Alida und die alte
Edda saßen schon, Olaf folgte dem zitternden Alten
ruhig und sicher in's Boot. Dieses stieß ab.

„Nach Hause!" rief der Sorenskriver in ver=
bissener Wuth.

In gleichem Augenblick stieß, hundert Ellen
von ihnen, das Boot Lundgreens vom Ufer.

Die beiden Alten schüttelten einander drohend
die Fäuste entgegen.

Dann versank Sörensen in düsteres Brüten.

Alida, bleich und kummervoll, wagte nicht den
Blick vom Boden des Fahrzeuges zu erheben.

Olaf starrte in die Flut und pfiff, kaum hör=
bar, ein Lied zwischen den Zähnen.

Ueber ihnen lag der Himmel noch immer so
blau und heiter ausgespannt wie zuvor. Auch die
grünen, glitzernden Wellen plätscherten so lustig
um's Boot, wie zwei Stunden früher. Und die
zackigen Klippen, die Tannenwälder, die Schluch=
ten und hoch oben die schneebedeckten Gipfel der
Gebirge umwob heiter und duftig der glänzende
Sonnenschein.

Es war eine seltsam schweigsame Fahrt!

III.

Der Montag war da und er ging auch zu Ende, ohne daß der alte Sörensen zu Olaf gesagt hätte: Warum machst du keine Anstalt, daß das Mädchen fortkommt?

In aller Frühe hatte die alte Edda ihr die Wochenkleider der verstorbenen Tochter des Hauses zurechtgelegt, und Alida hatte sie angezogen, ohne ein Wort zu verlieren, und war der Alten bei ihren häuslichen Verrichtungen an die Hand gegangen. Sörensen that als bemerke er sie gar nicht, und ging einsilbig seinen Geschäften nach. Er redete weder mit Olaf noch der Edda mehr als das Nöthige, und das mit gerunzelter Stirne. Aber er hatte seine kleinen, schlauen Augen überall, und es fiel ihm auch wohl auf, wie gewandt sich das Mädchen, so zart und fein sie auch anzuschauen war, in die Hausarbeit, selbst die gröbste, zu schicken wußte, wie sie unverdrossen thätig war, und zwar still vor sich hin, ohne viel Wesens davon zu machen, und ohne daß es ihr zu viel ward. Er schielte auf die weißen Hände Alida's und dieser heimliche Blick schien zu sagen: Die ist doch sicher nicht solche Arbeit gewohnt, und sie geht ihr dennoch von der Hand. Wollen sehen, wie lange das dauern wird!

Olaf war schweigsam und phlegmatisch, wie

gewöhnlich, dagegen zeigten sich seine Augen beredter als sonst; ohne Zweifel beobachtete er den Alten und Alida zugleich.

Das Mädchen fühlte eine Beklemmung, die ihre Brust zu zersprengen drohte. Wie der Montag begann, so war auch der Sonntag zu Ende gegangen, still und düster. Sie hatte die Nacht nicht geschlafen und am Morgen einen Entschluß gefaßt.

Und als nun Olaf nach dem Frühstück vor die Hausthür ging, da folgte sie ihm nach.

Sie trat mit schmerzerfüllter doch zugleich ergebener Miene an ihn heran. In ihren Augen glänzten Thränen.

„Was bewegt Euch?" fragte er mit sanfter Stimme, indem er, fast verlegen, die kurze Pfeife hinter sich hielt.

„Ich habe eine Bitte an Euch, Olaf!" sagte das Mädchen mit leiser, zitternder Stimme.

„Und was wollt Ihr?" antwortete der junge Mann, dessen Augen sich erweiterten.

„Bringt mich noch heute in Eurem Boot nach dem nächsten Städtchen, wenn's möglich ist," murmelte Alida in fast flehendem Ton, „oder tragt es einem Eurer Leute auf."

Ueber Olaf's Antlitz glitt eine leise Unruhe.

„Zum nächsten Städtchen?" sagte er beklommen. — „Das ist Bodöe. Aber dahin käme man heute nicht mehr, es liegt zu weit. Und — was wollt Ihr dort?"

„Ich weiß es selber kaum. Ein Unterkommen suchen."

„Wie?" fragte Olaf rasch und im Tone leisen Vorwurfs. — „Seid Ihr nicht bei uns? Aber ich begreife," fuhr er mit unsicherer Stimme fort, jedoch den Blick fest auf das Mädchen gerichtet, „Ihr trachtet in die Heimat zurückzukehren —"

„Ich habe dort keine Verwandten mehr!" ver= setzte das Mädchen traurig.

„Nun, so fühlt Ihr Euch hier vereinsamt, und sehnt Euch nach den Sitten und Gewohnheiten Eures Landes, nach Menschen, die Euch näher stehen an Bildung und —"

Olaf stockte. Er sah Alida heftig erröthen. Er hatte ohnehin nicht gewußt, wie das in Worte zu kleiden, was ihm im Sinne schwebte.

„Der gestrige Auftritt hat Euch abgeschreckt," fuhr er hastig fort, von dem ablenkend, was er hatte sagen wollen, „und nun fürchtet Ihr meine Landsleute. Aber ich sage Euch, die meisten sind rauh, doch gutherzig."

„Oh, unter rechtschaffenen Menschen zu leben, ist ja Alles, was ich begehre! Wie würde ich dem Himmel danken, wenn ich in diesem Hause blei= ben könnte!" versetzte das Mädchen mit leuchten= den Augen. — „Ich weiß, daß bei Euch Theil=

nahme, Zartgefühl, Nächstenliebe ist, und draußen
mich das Elend erwartet," — fuhr sie schmerzlich
fort — „aber ich muß gehen!"

„Und warum müßt Ihr?" fragte Olaf ernst.
— „Um undankbar zu sein?"

„Ich wäre es, wenn ich bliebe!" erwiederte das
Mädchen bebend. — „Olaf, Ihr habt mir das
Leben gerettet, meine Ehre vertheidigt, die Euri-
gen gaben mir Obdach und Nahrung. Und ich,
was that ich dagegen? Ich brachte, wenn auch
unwissentlich, Streit und Hader zwischen Eure
Nachbarn und Euch, und ich fürchte, den Unfrie-
den in's Haus. Euer Vater grollt Euch, Eure
Braut ist erbittert, über kurz oder lang werde
ich der Familie eine Last sein, — oh, ich beschwöre
Euch, führt mich nach Bodöe! Meine Entfernung
wird Alles wieder in's Geleise bringen!"

„Und sagt, treibt Euch sonst nichts von hier,
Alida?" fragte Olaf ruhig.

„Nichts!" stammelte das Mädchen.

„Nichts?" fuhr Olaf dringend fort, seinen Blick
mit seltsamem Ausdruck in ihre Augen versenkend.
„Bedenkt Euch wohl! Nichts?"

„Nichts!" flüsterte Alida, die Augen zu Boden
schlagend.

„Nun denn," sagte Olaf fest und fröhlich, „so
werdet Ihr bleiben. Des Vaters Weise darf
Euch nicht beirren. Schafft bei uns um, wie ich

es von Euch hab' beginnen sehn, und Ihr habt
in acht Tagen den Alten zahm, ich verstehe mich
darauf. Die Ilda Lundgreen hat kein Recht an
mich, und ich — möcht' keines an sie! Und was
die Last betrifft — die alte Edda braucht schon
längst einen Beistand — so wird sie nur Euch
treffen, nicht uns, denn wer möchte sich nicht lieber von Euch bewirthen lassen, wenn Ihr die
Hausfrau macht, als von der alten Edda? Ihr
bleibt also?"

Alida wollte erröthend antworten, doch Olaf
ließ ihr keine Zeit dazu.

"Abgemacht!" beantwortete er sich selber,
drückte dem Mädchen die Hand, wendete sich hastig
und eilte dem Strande zu. Alida blickte ihm nach,
fuhr mit der Hand über die Stirn und trat in's
Haus zurück.

Die Woche verging. Alida war im Hause des
Sorenskrivers des Morgens die Erste, die Letzte
des Abends, sie mühte sich standhaft und brachte
in wenig Tagen mehr Ordnung in's Hauswesen,
als die alte Edda hätte hinein bringen können,
würde der Tag achtundvierzig Stunden gehabt
haben. Sie hatte allerlei kleine Aufmerksamkeiten
für Sörensen, der diese nicht zu bemerken schien,
und dem sie doch nicht entgingen. Alida gönnte
sich keinen müssigen Augenblick, denn es galt,
ihren Schmerz um den Vater zu betäuben und

sich denen, die ihr ein Asyl und einen Wirkungs=
kreis gaben, dankbar zu bezeigen. Wohl war sie
für eine gewähltere Lebensweise erzogen, aber sie
fand sich auch in diese schlichte, begrenzte und in
die einfachen Sitten der wenig vom Dasein bean=
spruchenden Bewohner des Nordens.

Am Sonnabend schon nahm der Sorenskriver
seinen Sohn zur Seite und brummte: „Sag' der
Dirne doch, sie möge sich schonen. Sie nimmt
der Edda zu Vieles ab, die Alte soll nicht die
Hände ganz in den Schooß legen, zum Henker,
die Dirne ist nicht so stark wie unsere grobknochi=
gen Weiber!“

„Aber sie nimmt's doch mit ihnen auf,“ ent=
gegnete Olaf trocken, „also laßt sie nur. Ueber=
dies muß sie doch was dafür thun, daß sie Alles
bei uns hat!“

„Du bist ein engherziger, eiskalter Bursch!“
antwortete Sörensen und drehte seinem ruhig lä=
chelnden Sohn den Rücken.

Und am folgenden Morgen murmelte Sören=
sen während des Frühstücks: „Warum hast Du
nicht die Sonntagskleider der Christine an, Alida?
Du weißt doch, daß wir zur Kirche gehen?“

Und sie ging und putzte sich. Auch saß sie
im Boote neben dem Alten, und dieser blinzelte
auf der Fahrt zur Kirche mehr als einmal zur
Seite. Es war ihm, als habe die fremde Dirne

4*

mit den Kleidern der Verstorbenen auch die ganze
Tochter angezogen, so vertraut kam sie ihm vor.

Vor der Kirche und drinnen sah er wohl von
der Ferne den Lundgreen, die Ilda und den rothen
Han, doch er blickte fort und ärgerte sich kaum.
Er wunderte sich selber darüber.

Aber er bemerkte auch, daß die Fremde den
Lenten gefiel, und das sah Olaf, der sich ihm
zur Seite hielt, wohl noch mehr, und obendrein
auch, wie Alles an der Alida mehr Art habe als
bei den andern Dirnen, die gegen sie unbeholfen
erschienen. Doch er blieb, wie er die ganze Woche
gewesen war, wie ein unempfindlicher Pfahl
dabei; nur hatten seine Angen einen lebhaften
Glanz.

Die Kirchenfahrt lief gut ab, denn Lundgreens
gingen ihnen aus dem Wege; sogar, als gespeist
ward, blieben sie abseits. Und es war dem Sorenskriver bei der Rückfahrt, als sei ihm ein Stein
vom Herzen gefallen, er plauderte lustig, denn
er hatte ein Gläschen zuviel, und selbst mit der
fremden Dirne, die ihm gar nicht so fremd mehr
vorkam. Der Olaf aber blieb der kalte Coloß.

Und Woche auf Woche verging, und ein Monat nach dem anderen. Es kam aber allmälig,
wie es Olaf gesagt hatte, daß Alida nicht durch
Kunstgriffe, sondern durch ihre stille Tüchtigkeit
und ihr einnehmendes Wesen den Sorenskriver

völlig umstimmte. Je mehr ihr Schmerz um den
verlornen Vater in den Hintergrund trat, desto
mehr entfalteten sich, nun sie sich in den kleinen
Kreis eingelebt hatte, der sie umgab, ihre trefflichen Eigenschaften, desto heiterer aber auch ward
das breite Angesicht Clas Sörensens. Dann und
wann noch saß ihm eine Wolke auf der Stirn,
wenn er der Feindschaft Lundgreens gedachte, und
der reichen, schmucken Ilda, die noch immer für
Olaf zu haben gewesen wäre, wenn er nur hätte
wollen, aber diese Wolke blies ein Lächeln der
Dirne, die da jetzt im Haufe wie eine Tochter
schaltete und waltete, stets ohne viele Umstände
weg.

Aber wie kam es, daß Olaf die guten Eigenschaften des Mädchens nicht zu bemerken schien,
und doch mehr zu Haufe hockte als jemals? Und
was war die Ursache, daß Alida es vermied, mit
ihm allein zu bleiben, so zuvorkommend und
freundlich sie auch sonst immer gegen ihn sein
mochte? Und warum wich ihr Auge seinem Blicke
aus, der bisweilen, trotz der anscheinend phleg-
matischen Natur des Mannes, beinahe etwas fieberhaft Erregtes hatte?

Fünf Minuten vom Haufe thürmte sich hohes
Felsgestein auf und überragte, weit über das
schmale Ufer in's Meer hinausgeschoben, bei 300
Fuß die Flut. Der Scheitel des Gesteines war

kahl, ein Weg führte hinauf, man hatte hier und
dort schmale, unregelmäßige Stufen in den Felsen
gehauen, an andern Stellen kam man nur vor=
wärts, wenn man am Buschwerk sich in die Höhe
zog. Hoch oben war ein kleiner Sitz eingehauen,
die Fläche der Felsenplatte betrug kaum mehr an
Umfang als einige Schritte. Dort hatte man die
See und schauerlich gezackte Klippen und Felsen=
nadeln unter sich, aber zugleich auch eine zauber=
hafte Aussicht auf die Lofobden und das Meer.
Es war dieser Platz Alida's Lieblingssitz gewor=
den, sie kletterte dahin empor, so oft sie ein freies
Stündchen hatte.

Eines Abends, die Nebel dampften schon in
den Schluchten auf, saß sie dort, träumerisch zu
den Lofobden hinüberstarrend, das Antlitz schwer=
müthig.

Da vernahm sie ein Geräusch hinter sich. Sie
schreckte empor und schaute sich um.

Olaf stand hinter ihr.

Ihr schoß das Blut in die Wangen. Sie bebte.
Auch der starke, in seinem häuslichen Thun und
Treiben sonst so gelassene Mann schien wie um=
gewandelt.

„Warum zittert Ihr?" fragte Olaf traurig.
„Und weshalb geht Ihr mir immer aus dem
Wege? Wenn ich Euch zuwider bin, so sagt's mir
gleich mit Einemmal, dann ist's ein Schmerz,

und ich kann ehrlich mit ihm ringen. Aber gebt
es mir nicht tropfenweise, laßt mich nicht in Un-
gewißheit, — ich bin ein Mann, aber — ich liebe
Euch zu sehr! Ihr müßt's errathen haben, daß ich
Euch liebe!"

„Eure Blicke haben es mir gesagt!" versetzte
Alida geängstigt. — „Und eben deshalb gehe ich
Euch aus dem Wege, Olaf. Ihr dürft mich nicht
lieben!"

„Weshalb nicht?" murmelte Olaf mit gepreßter Stimme. — „Sagt es nur — Ihr haßt
mich!"

„Ich? Meinen Retter, meinen Beschützer, meinen Wohlthäter? — Ich — ich — Olaf, ich beschwöre Euch, dringt nicht in mich! Laßt mich
hinunter!"

Thränen stürzten über ihre Wangen, sie schluchzte
krampfhaft und rang die Hände. Olaf's breite
Brust zitterte. Er trat vom Ausgang des Fuß-
pfades fort, den er verdeckt hatte.

„Der Weg ist frei," sagte er dumpf, „Ihr
könnt geh'n. Aber — Ihr seht die Klippen dort
unten — geht Ihr, ohne daß ich von Euch erfahren habe, woran ich mit Euch bin, so seht
Ihr mich im nächsten Augenblick dort unten zerschellen, so wahr ich Olaf heiße!"

Das Mädchen schrie leise auf und legte ihre
Hände angstvoll auf Olaf's Arm, der über den

Abgrund ausgestreckt war. Ihr Antlitz überzog
jene Todesbläſſe, die es hatte, als Olaf ſie aus
der See trug.

„Oh droht mir nicht!" ſtöhnte ſie. — „Ich liebe
Euch, mehr als mein Leben! Und nun, ich be=
ſchwöre Euch, geht! Und möge unſer Bekenntniß
für ewig bei uns begraben ſein!"

„Alida," rief der junge Mann, das Mädchen
an ſich preſſend, „nun, — alle Welt am Fjord
ſoll's wiſſen, denn nun — wirſt Du mein Weib!"

„Unmöglich!" ſtammelte Alida, ſich aus ſeiner
Umarmung windend.

„Warum nicht? Wenn wir einander lieben?"
verſetzte Olaf heftig. — „Der Vater iſt Dir
gut —"

„Ihr werdet mich Alle haſſen, verachten, wenn
ich ein Wort ſpreche, ja, auch Du Olaf! Dringe
nicht in mich, und vergiß mich, — geh'!"

„So geh' ich bis an's Ende der Welt und
kehre nimmer zurück, wenn ſich hier nicht Alles
klar und deutlich zwiſchen uns entſcheidet!" mur=
melte Olaf ſchmerzlich.

„Oh das wäre vielleicht beſſer für uns Beide!"
ſchluchzte ſie. — „Nun denn," fuhr ſie mit beben=
den Lippen fort, ſich ermannend, „Du willſt, daß
ich rede, ſo höre. In Kopenhagen lebte ſeit Jah=
ren ein jüdiſcher Arzt. Er ſtammte aus Holland
und kam mit einer zweijährigen Tochter nach Däne=

mark. In Kopenhagen wohlhabend geworden,
faßte er den Entschluß, nach seiner Heimat zu=
rückzukehren. Vor fünf Monaten schiffte er sich
mit der Tochter ein. Das Schiff ward durch wid=
rige Winde gen Norden verschlagen, es scheiterte
in einem Sturm, der jüdische Arzt kam um, und
— ich — Olaf — ich bin seine Tochter!"

Das arme Mädchen drohte umzusinken, ihr
flehender Blick streifte Olaf's Antlitz. Von ent=
setzlicher Angst gefoltert, wagte sie kaum zu den=
ken, ob er in Schrecken und Schmerz, ob voll
Abscheu sich von ihr wenden werde?

Doch wie? War's ein Traum, eine Täu=
schung ihrer Sinne? Er zog sie an sich und lä=
chelte.

"Eine Jüdin!" murmelte er. — "Ich wußte es!"
Alida starrte ihn an.

"Wie?" stammelte sie. — "Ihr wußtet —?"
"Ich ahnte es, Mädchen!"

"Und doch —?" flüsterte Alida fast tonlos.

"Ich ahnte, daß Du nicht schliefest," fuhr
Olaf fort, "als Du, die Augen geschlossen, re=
gungslos auf dem Bette lagest, und der Alte und
die Nachbarn argwöhnisch Deine Zukunft berie=
then. Und da gaben mir Gott und mein Herz
ein, so zu sprechen wie ich sprach. Sie wird Dich
hören, sagt' ich mir, — denn ich sah verstohlen,
daß Deine Augen blinzelten — sie wird Dich

hören, und wenn sie den Wink benutzt, ist sie
gerettet, und — wird bleiben! Alida, Du hattest
mir's angethan, vom Augenblick an, wo Du in
der Nacht Deine großen braunen Augen aus der
Ohnmacht zu mir aufschlugst. Und fand ich mei=
nen Glauben in Deinen Augen wieder, warum
solltest Du nicht den Deinen in meinem Herzen
finden können? Wir lieben Gott und einan=
der, was kümmern uns die Formen, durch die
Dieser und Jener sich vorlügen möchte, sein Ge=
bet sei unserm Herrgott am wohlgefälligsten?
Was braucht es das, wenn wir nur beten und
lieben?!"

Alida schluchzte an der Brust des Geliebten.

„Und die Andern — Dein Vater — die Fi=
scher —?" stammelte sie.

„Was brauchen sie's zu wissen, daß Du Jü=
din bist?" versetzte Olaf — „Hier hoch im Nor=
den ist den Geistlichen die Erklärung zweier Men=
schen, daß sie einander angehören wollen, genug,
und Du giltst für eine Christin. Was wäre ge=
wonnen, wenn Du Dich als Jüdin bekennen
wolltest und taufen ließest? Man würde Dich im
Stillen doch als Jüdin betrachten, und bald hät=
ten wir Zank, Hader und Spott, und wer weiß
was noch Alles auf dem Halse, und vererbten es
den Kindern obendrein! Nein, was wir wissen,
Mädchen, bleibt unser Geheimniß, wir nehmen

einander, wie wir sind, und unser Herrgott wird
uns nach unseren Gefühlen richten!"

Alida klammerte sich fest an den starken Mann,
— so stark an Seelengröße, er, der schlichte Na-
turmensch des Nordens.

Sie hielten einander minutenlang umschlungen, hier auf schwindelnder Höhe, ferne von Er-
denlast, niederen Sorgen und Menschensatzungen.

Die letzten Strahlen der scheidenden Sonne,
die über Christen, Juden, Mohamedanern und
Heiden gleich liebevoll lächelt, warfen auch ihr Gold
auf das Paar.

„Wir müssen hinunter!" stammelte Alida
endlich.

Und Olaf trug die Verwirrte fast mehr den
Felsensteig hinab, als er sie führte.

———

IV.

Seit jener abendlichen Begegnung an Alida's
Lieblingssitze waren zwei Jahre verstrichen, und
Allerlei hatte sich inzwischen verändert. Alida
war Olaf's Frau geworden, und ihre Ehe ward
den jungen Paaren des ganzen Westfjord's als

Muster hingestellt. Alida machte sich beliebt bei
Jung und Alt, und ward nicht allein als Schwie=
gertochter des Sorenskrivers, sondern auch als
tüchtige Hausfrau geachtet. Sie erregte wohl hin
und wieder den Neid der Weiber, weil sie so ganz
anders war als die übrigen Frauen und Mädchen
der Gegend, unter denen sie an Kirchentagen und
Festen, trotz aller ihrer Anspruchlosigkeit, wie eine
vornehme Dame unter Bäuerinnen einherschritt,
aber so recht gram konnten ihr alle diese Neide=
rinnen doch nicht werden, weil sie sich überall
dienstfertig zeigte und theilnehmend, und an ihrem
Betragen kein Fleckchen haftete. Olaf fuhr nach
wie vor mit der Galeasse nach den südlicheren
Hafenplätzen und machte gute Geschäfte. Von
solchen Fahrten zurückgekehrt, ging ihm nichts über
sein Weib und seinen häuslichen Herd, den sie ihm
so traulich zu machen wußte. Und im zweiten
Jahre seiner Ehe konnte er schon, die Pfeife im
Munde, vor der Hausthüre sitzen, und den Jun=
gen auf den Knieen schaukeln, den ihm Alida ge=
boren hatte, einen kernigen Buben mit rothen
Pausbacken, und der Mutter gleich, Zug für
Zug. Aber der Junge hatte so braune, große
Augen und so dunkles Haar, daß Olaf oft im
Stillen denken mußte: Ein Glück ist's, daß unsere
Leute da herum nichts wissen, sie würden meinen
Augapfel „das Judenkind" heißen, und hätt' sich

die Alida zehnmal taufen laſſen! — Die alte Edda
war geſtorben, aber Clas Sörenſen kam doch im
Hauſe mehr zu ſeinem Recht, als wenn die Alte
noch mitgewirthſchaftet hätte. Der Sorenſkriver
lebte behaglich und betrieb noch immer ſeinen
Handel, aber er hatte dieſen bedeutend ausge=
dehnt, und ſpekulirte jetzt beſonders in Fellen,
die er von den Lappländern einhandelte, mit der
Galeaſſe nach den Hafenplätzen, ſogar bis Chri=
ſtiania, gehen ließ, wo ſie vortheilhaft verkauft
wurden. Mehrmals im Jahre kamen die Lapp=
länder in kleinen Caravanen aus den fernen Hoch=
ebenen zu ihm herab und brachten auf ſchwer be=
ladenen Rennthieren ihre Produkte, gegen die ſie
Branntwein, Geräthe und allerlei ſonſtige Dinge
einhandelten. Sörenſen hatte nach Olaf's Hei=
rat anfänglich mit Lundgreens in Feindſchaft
gelebt, aber ſich dann mit ihnen ausgeſöhnt; was
der Gedanke an die ehemalige Freundſchaft ſicher
niemals bewirkt hätte, war durch gemeinſames
Geſchäftsintereſſe bewerkſtelligt worden. — Lund=
green und Sörenſen verbanden ſich zu großen Fell=
lieferungen, um wechſelſeitiger Konkurrenz und
gegenſeitigem Schaden auszuweichen. So kamen
denn, obwohl dies Olaf keineswegs lieb war,
Lundgreen und ſein Sohn bisweilen in's Haus
des Sorenſkrivers, der rothe Han freilich nur, ſo=
bald ſich Olaf auf Reiſen befand. Alida zeigte

sich jedesmal freundlich, wenn Lundgreens vor-
sprachen, so konnten denn diese füglich auch nicht
anders sein, der rothe Han war sogar gegen die
junge Frau katzenfreundlicher als gegen irgend
wen sonst, obgleich er heimlich nur darauf lauerte,
etwas ausfindig machen zu können, woraus ihr
ein Ungemach erwachsen müßte. Er konnte es der
Fremden nicht vergessen, daß sie seine Pläne durchkreuzt hatte, denn Ilda war noch immer im Hause,
wollte von keiner Bewerbung etwas wissen und
war dem habgierigen Han so beim Vater im
Wege. Aber auch die Züchtigung vor der Kirche,
welche dem rothen Han von Olaf zu Theil geworden war, konnte der hämische Bursche nicht
vergessen, und somit hatte er doppelten Anlaß, auf
Rache zu sinnen. Der Sorenskriver hielt viel von
seiner Schwiegertochter, aber bisweilen, wenn er
durch Dieses oder Jenes verdrießlich geworden war,
ging es ihm doch durch den Sinn, daß die Alida
so gar nichts mit in's Haus gebracht habe. Der
rothe Han benutzte diese verdrießlichen Stimmun-
gen des Alten, allerlei in den Gedanken Sörensen's einschlagende Andeutungen fallen zu lassen,
aber er that dies mit großer Vorsicht, denn er
mußte wohl, daß Alida im Uebrigen zu gut an-
geschrieben stehe, als daß ihr so leicht die Gunst
des Alten hätte genommen werden können. So
standen die Sachen am Fjord.

Eines Nachmittags saßen in der kleinen Wohn=
stube des Sorenskriver's Lundgreen, der rothe Han
und der Herr des Hauses. Sie hatten Grog in
großen Gläsern vor sich und dampften aus ihren
kleinen Pfeifen. Man besprach Geschäftsangelegen=
heiten. Ein Felltransport, den man aus den
Bergen erwartete, war noch nicht eingetroffen,
und diese Verspätung der Lappländer, die schon
vor einigen Tagen ihre Waare hätten abliefern
sollen, gab Anlaß zu allerlei Debatten. Olaf war
mit der Galeasse auf der Rückreise von Christiania
begriffen, das Schiff konnte jede Stunde im An=
gesicht der Bucht erscheinen, und man harrte sehn=
süchtig der Eissteppenbewohner, um sogleich wie=
der nach Drontheim verladen zu können.

Alida ging ab und zu, mit häuslichen Dingen
beschäftigt. Sie war wohl zehnmal des Tages,
ihren Knaben auf dem Arm, den Felssteig hinauf=
geklettert, und hatte von der Felsplatte, wo sich
ihr Lieblingssitz befand, auf's Meer hinaus ge=
schaut, ob sich nicht die Galeasse in der Ferne
zeige. Eine angenehme Brise hielt andauernd auf's
Land zu, es stand also der raschen Annäherung
des Schiffes nichts im Wege. Aber es wollte sich
dieses noch immer nicht zeigen.

Der Sorenskriver und seine Gäste waren in
eifrigster Berathung, als ein Knecht des ersteren
in's Zimmer stürzte.

„Die Lappländer kommen!" rief er. — „Die Glocken der Rennthiere klingen schon in der Schlucht, und zwei der rothäugigen, schmutzigen Spitzbuben, die vorausgegangen sind, folgen mir auf dem Fuße. Da sind sie schon."

Der Knecht trat von der Thür, diese öffnete sich. Zwei Lappländer, klein und dürr, wie diese verkümmerte, im Absterben begriffene Race der Ureinwohner des Landes überhaupt ist, traten in ihrer rohen Kleidung aus Rennthierfellen de= müthig ein.

„Nun, zum Henker, Ihr Schelme," fuhr sie Sörensen an, „Ihr habt uns lange warten laffen!"

„Die Wege waren schlechter als sonst, Herr!" versetzte einer der Lappländer unterwürfig.

„Und bringt Ihr die gehörige Stückzahl?" fragte Lundgreen in barschem Ton.

„Noch etwas darüber," antwortete der vorige Sprecher, „wir werden uns wohl darum einigen, Herr!"

„Ausgesuchte Waare?" brummte der Soren= skriver, nachdem er sein Glas geleert und von sich geschoben hatte.

„Ausgesuchte Waare!" betheuerte der Lappe.

„Gut, wir werden sehen!" murmelte der So= renskriver.

Die drei Fischer erhoben sich vom Tisch.

„Geht hinaus, Ihr Schelme," herrschte Sören=
sen die Lappländer an, „Ihr verpestet mir mit
Eurem Thrangeruch das Zimmer! Wir kommen
schon!"

Die beiden Lappländer schlichen hinaus, die
Fischer folgten ihnen. Von der Hausthüre aus
konnte man den Zug der Rennthiere erblicken,
die mit Schellengeklingel bereits die nahe Schlucht
verließen. Es war ein stattlicher Zug schwerbe=
ladener Thiere, und ein Dutzend Lappländer etwa
geleiteten ihn.

Dem Zuge voran schritten drei Männer. Nur
zwei derselben trugen die lappländische Kleidung.
Der Dritte, ein Mann mit weißem Haar, dunklen
Augen und hageren, vogelartig scharfgeschnittenen
Zügen, hatte einen Pelz offen von den Schultern
niederhängen und trug darunter eine zerfetzte und
abgenützte städtische Tracht. Er stützte sich auf
einen Stock und keuchte mühsam daher. Nach
wenigen Minuten stießen die Männer zu den
Fischern.

Der Greis mit dem Pelz zog bescheiden seine
aus Fellen zusammengeflickte Kappe und blieb in
gebeugter Haltung stehen.

„Wen bringt Ihr denn dort?" fragte Sören=
sen verwundert, auf den fremdblickenden Alten
deutend.

In diesem Augenblick erschien Alida unter der

Thür, ihr Kind auf dem Arm. Ihr Blick fiel
auf die Gruppe der Ankömmlinge. Plötzlich ent-
färbten sich ihre Wangen, ihre Zähne schlugen
an einander wie im Fieberfrost, ihre Augen erweiterten sich schreckhaft. Sie starrte auf den Greis
im Pelz und vermochte, einer Ohnmacht nahe,
mit ihren zitternden Armen kaum das Kind zu
halten.

„Ein armer Jude ist's,“ beantwortete einer
der Lappländer vortretend des Sorenskrivers Frage,
„ein alter, gutherziger Mann, der nun bald zwei
und ein halbes Jahr unter uns lebte, und sich
uns in mancher Art nützlich machte. Wir haben
ihn mitgebracht, denn es treibt ihn zu seiner Heimat zurück, und da möcht' er Euch bitten, daß
Ihr ihn mitnehmen möchtet nach Christiania, oder
zu einer der großen Städte, wo Ihr anlegt.“

Die Fischer horchten auf. Skineborg und Oesdal,
die Nachbarn, waren, durch das Schellengeklingel
aus ihren Wohnungen gelockt, zu Sörensen getreten.

„Ein Jude!“ brummte der Sorenskriver, dessen
Antlitz einen finstern und grausamen Ausdruck
annahm.

„Ja, Herr, ein armer, hülfsbedürftiger Jude,
ein Mensch, der elend ist und in der Heimat
sterben möchte!“ stammelte der Greis.

Der alte, erschöpfte Mann erhob flehend den

Blick. Da schweiften seine Augen an den Fischern vorüber zur Thür.

„Gott Israels!" schrie er auf.

Er schwankte, an allen Gliedern bebend, sein Antlitz zuckte convulsivisch, der Stab entfiel seiner Haud, er streckte die Arme aus und schlotterte vorwärts.

„Recha!" lallte er athemlos, die aus dem Kopf hervortretenden, blutunterlaufenen Augen starr auf Alida gerichtet.

Diese letzte regungslos, todtenbleich, einer Bildsäule gleich, an dem Thürpfosten. Ihr Blick haftete, in unaussprechlicher Angst, flehend auf dem Greise.

Dieser wich einen Schritt zurück und stierte auf die norwegische Kleidung der jungen Frau und das Kind. Der um Erbarmen flehende Blick des Weibes drang bis in das Innerste seiner Seele, er verstand ihn. Und eine Haud an die Stirne pressend, wankte er zur Seite und hielt sich an der Schulter eines der Lappländer.

Der Sorenskriver und Lundgreen standen betroffen da. Skineborg und Oesdal wechselten Blicke mit einander. Der rothe Han aber drängte sich vor.

„Was heißt das?" rief er mit funkelndem Blick. — „Sörensen, der Jude kennt Eure Schwiegertochter? Ihr kennt den Alten?" fuhr er zu Alida gewendet fort.

Alida regte nichts als die bleichen, zitternden Lippen. Ihr Blick hing noch in tödtlicher Angst an dem Antlitz des Greises.

Dieser raffte alle seine Kräfte zusammen. Einige Sekunden lang schien er einen furchtbaren inneren Kampf zu bestehen, dann wurden seine Züge ruhiger, während sein Auge unstät umher schoß. Mit unsicherem Tritt näherte er sich Sörensen um einige Schritte.

„Jene Frau," sagte er mit beinahe tonloser Stimme, ohne aufzublicken, „ist — Eure Schwiegertochter, Herr?"

„Was fragst Du, Jude?" rief der Sorenskriver, dessen Antlitz sich röthete. — „Kennst Du sie?"

„Ich — ich — kenne sie nicht!" stammelte der Jude.

Alida's Brust hob sich keuchend, sie drückte ihr Kind krampfhaft an sich, ihr starres Antlitz war beinahe verzerrt.

„Aber Ihr nanntet vorhin einen Namen, und ginget der Frau dort entgegen?" rief Skineborg mit donnernder Stimme. — „Was sollte es damit, Jude?"

„Redet, und hol' Euch der Teufel, wenn Ihr lügt!" schrie der rothe Han mit wilder Geberde.

Der Greis richtete sich hoch auf. Sein Auge begegnete sekundenlang einem zweiten flehenden Blicke des Weibes an der Thür. Dann schaute

er die Frager fest und ruhig an. Aus seiner
Miene waren Schreck und Verzweiflung gewichen,
nur tiefer Kummer war ihr aufgeprägt.

„Verzeiht," sagte er, ohne daß seine Stimme
zitterte, „die Züge dieser Frau erinnern mich an
mein Kind, das mir vor Jahren durch den Tod
entrissen ward."

„Und wo starb es?" fragte der rothe Han
hastig.

„Viele hundert Meilen von hier, in Frankreich,
Herr!" antwortete der Jude fest.

„Seltsam!" murmelte Sörensen.

„Ja, seltsam," grinste der rothe Han, „denn
seht nur, wie Olaf's Frau sich entfärbt hat! Sie
vermag sich kaum auf den Füßen zu halten! Seht
Ihr's nicht?"

Des Sorenskrivers Augen starrten auf die
Schwiegertochter.

„Was hast Du denn, Alida?" fragte er mit
vor innerer Aufregung zitternder Stimme.

„Ich fühlte mich schon vorhin unwohl," stammelte die junge Frau, wie aus einer Erstarrung
erwachend, „und kam deshalb vor die Thüre hinaus, — da erschreckte mich — dieser Mann, und
nun, — nun ist mir todtenübel!"

„So geh' und lege Dich auf's Bett!" versetzte
der Sorenskriver. Und dann sich zu dem Greise
wendend, sagte er: „Und Du, Jude, packe Dich,

daß Dein verfluchter Anblick hier nicht noch mehr
Unheil anrichte. Mögest Du in den Schluchten
verrecken!"

Alida zuckte leise zusammen. Dann entleuch=
tete Entschlossenheit ihren Blicken.

„Ich will nicht die Ursache sein, Vater Clas,"
sagte sie mit dem Aufgebot ihrer letzten Kräfte,
„daß der unglückliche Mann in's Verderben ge=
stoßen werde. Olaf kommt morgen, vielleicht heute
noch. Bis dahin gönnt dem Manne ein Obdach.
Olaf denkt nicht so strenge wie Ihr, er wird ihn
nach Drontheim bringen!"

„Nun denn, in den Schuppen dort mit ihm,"
brummte der Sorenskriver finster, „weil die Alida
für ihn bittet. Dort mag er auf der Erde lie=
gen. Fort, Jude!"

Der Jude neigte sich, einer der Lappländer
drückte ihm den Stab in die zitternde Hand. Dann
wankte der Greis dem Bretterschuppen zu. Er
blickte nicht zur Thür, an der Alida noch immer
lehnte, er starrte vor sich hin, bis er verschwun=
den war.

Die Frau Olaf's aber sah dem Alten nach,
dann preßte sie ihr Kind an die Brust und trat
wankend in das Haus zurück.

Der Sorenskriver und Lundgreen hatten im
nächsten Augenblick vollauf mit den Lappländern
und ihrer Waare zu thun. Der rothe Han aber

zog Skineborg und Oesdal zur Seite und flüsterte
mit ihnen.

Die Nacht brach herein. Lundgreen und sein
Sohn waren geblieben, des Geschäftes wegen,
Lundgreen beim Sorenskriver, der rothe Han bei
Skineborg. Man hatte die Rennthierheerde in
einen Winkel des schmalen Landstriches getrieben,
sie wurde dort von den Lappländern und den drei
Knechten Sörensen's bewacht.

Die Nacht war finster. Etwa um Mitternacht
mochte es sein, da öffnete sich lautlos die Thüre
des Sörensen'schen Hauses. Eine Gestalt huschte,
gleich einem Schatten, hervor und verschwand in
den Bretterschuppen.

Kaum aber war sie dort eingetreten, als hin=
ter aufgethürmten Balken, die in der Nähe des
Häuschens lagen, mehrere dunkle Körper auftauch=
ten, und gleich darauf drei Menschen geräuschlos
zum Schuppen schlichen und sich lauschend an
die Bretterwand desselben lehnten.

In dem kleinen finsteren Raume aber tappte
eine Frauenhand umher und legte sich auf die
Schulter des am Boden ausgestreckten Juden.

„Vater!“ flüsterte Alida — „Du schläfst?“

„Wie kann ich schlafen?“ antwortete der Jude —
„Kind, wo bist Du? Wo?“

Alida sank in stummem Schmerz neben
dem Greis auf die Knie. Vater und Tochter

hielten einander lange und konvulſiviſch um=
ſchlungen.

Plötzlich machte der Alte ſich los.

„Was haſt Du gewagt, Recha!“ ſagte er
bebend. — „Wenn Jemand im Hauſe bemerkt
hätte, daß Du zu mir gegangen biſt!“

„Beruhige Dich, Vater, Niemand hat mich ge=
ſehen! Die Knechte ſind bei den Rennthieren,
die Alten drinnen ſchlafen feſt. Oh Vater, welch
ein Wiederſehen! Ich glaubte Dich todt, armer
Vater!“

„Als unſer Boot umſchlug, klammerte ich mich
daran; es ward meilenweit gen Norden getrieben
und dort mit mir an’s Ufer geſchleudert! Ich
irrte einen ganzen Tag lang in einer ſchrecklichen
Wildniß umher, bis ich auf einen Trupp Lapplän=
der ſtieß. Die Leute nahmen mich barmherzig
mit und führten mich zu ihren Fjelden. Und als
ſie erfuhren, ich ſei ein Arzt, da ließen ſie mich
nicht wieder fort, bis ich einen von ihnen in mei=
ner Wiſſenſchaft unterrichtet hatte. Erſt jetzt,
nach vielem Flehen, ward mir verſtattet, mit einem
der Transporte wandern zu dürfen. Oh mein
Gott, ich ahnte nicht, Dich hier zu finden, und
— ſo! Du biſt das Weib eines Fiſchers, biſt
Chriſtin?“

„Ich bin das Weib des beſten Mannes auf der
Welt, den ich grenzenlos liebe! Aber Chriſtin bin

ich nicht, mein Vater, — Olaf hat das nicht be=
gehrt."

„Was hör' ich? So lebst Du in wilder Ehe?"

„Wir sind lutherisch getraut, Vater."

„Kind, Kind, was hast Du gethan?!"

„Oh, Vater, ich war hülflos, allein, ich wähnte
Dich todt! Die Selbsterhaltung drängte mich zum
Schweigen, und endlich — die Liebe! Niemand
weiß hier, daß ich eine Jüdin bin, als Olaf, mein
Mann; — und wir sind glücklich!"

„So will ich Dein Glück nicht stören," stöhnte
der Greis, „und mit den Lappländern in die Berge
zurückkehren!"

„Nicht doch, Vater!" flüsterte die junge Frau
hastig und angsterfüllt. — „Olaf kommt sicher
morgen von Christiania, er wird Rath schaffen,
daß Du in meiner Nähe bleiben kannst, gewiß!
Kaun er Dich nicht scheinbar im Boote nach Bodöe
führen, und Dir irgendwo in einer nahen Schlucht,
wohin unsere Fischer nicht kommen, ein Versteck
bauen, wohin ich heimlich schleichen kann; und
wär's in der Nacht?"

„Kiud, was sinnst Du Thörichtes!" murmelte
der Greis hoffnungslos. — „Ihr könntet das
Geheimniß nicht lange verbergen, und würdet mit
mir zu Grunde gehen. Laß mich mit den Lapp=
ländern fort, sie nehmen mich gern mit, denn ich
heilte viele ihrer Kranken. Und droben in den

Eisfjelden wird der Gott unserer Väter auch meine
Wunde heilen, — für ewig! Euer Geheimniß
bleibt in meiner Brust begraben. Das einzige,
was zu einer Entdeckung führen könnte, der Paß,
den ich vor dritthalb Jahren in Kopenhagen, be=
vor wir die Brigg bestiegen, und den ich in mei=
ner Tasche fand, als ich dem Sturm entronnen
war, muß vernichtet werden, denn Du stehst darauf.
Ich hab' ihn dort, nimm ihn, verbrenn' ihn diese
Nacht noch."

„Oh laß nur, Vater, thu's selber morgen, wenn
Du glaubst es thun zu müssen! — Horch, was
war das?"

Die junge Frau schreckte zusammen.

„Es war mir, als flüstere man draußen in der
Nähe!" stammelte sie.

„Ja, ja!" murmelte der Greis angstvoll. —
„Stehle Dich fort!"

Die Erschrockene schlang ihre Arme um den
Vater und drückte einen langen Kuß auf seine
Stirne.

„Vergib mir," flüsterte sie dann, „daß ich jetzt
nichts für Dich thun kann! Aber es wird noch
Alles gut werden, ich rede morgen mit Olaf!
Leb' wohl!"

Die junge Frau huschte von dem Alten auf.

„Hier ist das Papier, Recha!" murmelte der
Greis.

Die Frau hörte ihn nicht, sie war schon ver=
schwunden.

Draußen blickte sie scheu umher. Sie sah Nie=
manden und schlich sich auf den Zehen in's Haus.

Und die Stunden bis zum ersten Tagesgrauen
vergingen schweigsam.

Aber als das Morgenroth die zackigen Gipfel
der Lofodden beleuchtete, kletterte Alida, ihr Kind
im Arm, zu ihrem felsigen Lieblingssitz hinauf.

Jetzt war sie oben und harrte, daß der Nebel,
der die Bucht und das Meer deckte, sich zertheilen
möge.

Und während sie auf das Dämmergewoge mit
pochendem Herzen hinabstarrte, schlichen drei Ge=
stalten zum Bretterschuppen. Ein leiser Schrei
ertönt von dort her, — der rothe Hau, Skine=
borg und Oefdal haben den Juden gebunden und
geknebelt. Sie schleppen ihn in's Zimmer des So=
renskrivers und lassen ihre Bürde auf den Boden
fallen.

Sörensen und Lundgreen stehen angekleidet da,
und werfen finstere Blicke auf den Unglücklichen.
Skineborg löst den Knebel vom Munde des
Greises.

„Sprich, Jude," fragt ihn der Sorenskriver,
dessen Antlitz tief geröthet ist, „kennst Du die Frau
meines Sohnes, die Du gestern gesehen hast?"

„Ich kenne sie nicht!" stöhnt der Greis.

„Wir reißen Dir das Fleisch stückweise vom
Leibe, wenn Du lügst!" — fährt der Sorenskriver fort — „kennst Du die Frau?"

„Ich kenne sie nicht!" ächzt der Jude.

„Haha!" — hohnlacht der rothe Han und
wühlt in des Juden Tasche. — „Vielleicht hat
das da ein besseres Gedächtniß! He, alter Hund,
was hast Du die Nacht so laut geplaudert?"

Und er zieht aus dem Rock des Greises ein
schmutziges Papier hervor und reicht es dem Sorenskriver. Dieser schlägt es auseinander und heftet
den Blick darauf. Es ist der Paß des Arztes.

„Gott unserer Väter," murmelt der arme Jude
verzweifelnd, „steh' ihr bei!"

„Es ist klar," sagt der Sorenskriver finster,
indem er das Papier fallen läßt, „sie hat uns
Alle betrogen, das heilige Sakrament der Ehe ge-
schändet, unsere Kirche entweiht!"

„Was verdient sie nach unseren Gesetzen?"
schreit wild der rothe Han.

„Den Tod!" rufen die Fischer, mit Ausnahme
des Sorenskrivers.

Dieser preßt die Hände vor's Gesicht. Er sieht
im Geiste die liebliche Erscheinung Alida's, die
sein Herz so eingenommen hat. Er stöhnt, wie
der Jude zu seinen Füßen. Aber der Zorn überwältigt bald seinen Schmerz. Sein guter Engel
flieht.

„Ruft ein Things zusammen, daß sie verur=
theilt werde!" sagt Lundgreen.

„Wie?" schreit der rothe Han — „Ihr wollt
zögern, bis der Olaf kommt und zu verhindern
sucht, daß der Schimpf, den sie Gott, der Kirche,
uns Allen angethan hat, gerächt werde?"

Der Sorenskriver kämpft einen Augenblick
mit sich.

„Thut, was Ihr wollt!" sagt er alsdann
dumpf und verläßt haftig das Zimmer.

Lundgreen eilt ihm nach, und zieht ihn zu den
Rennthieren. Han wechselt mit den drei Fischern
einen Blick. Dann stürzen alle Drei hinaus und
die Klippe hinan, die Alida zehn Minuten früher
erstiegen hat. Der Jude aber liegt gefesselt im
Zimmer und heult im Wahnsinn der Seelenangst.

Alida steht hoch oben auf dem Felsen. Der
Nebel hat sich vor dem ersten Sonnenstrahl zer=
theilt. Sie sieht die Galeasse in der Bucht, sie
sieht Olaf. Noch wenige Minuten, und er wird
an's Land springen. Außer sich, reißt sie ihr Tuch
vom Halse und winkt ihm. Er bemerkt sie nicht
und denkt, sie schlafe noch.

Da hört er am Ufer das Geheul des Juden.
Er springt zum Häuschen, in's Zimmer und starrt
den Juden zu seinen Füßen an.

„Was bedeutet das? Alida!" ruft er betrof=
fen — „Alida!"

„Rette mein Kind, Dein Weib!" stöhnt der Jude — „Sie morden sie — draußen — draußen!"

Olaf wird todtenbleich, er stürzt vor die Thür und blickt wild umher. Da sieht er die Drei den Felsen emporklimmen, den rothen Han voraus. Alida ist oben mit dem Kinde. Olaf stößt einen Schrei aus, er stürmt den Männern nach, und wie sie auch sich eilen, er rast die Klippe schneller hinauf, als sie, in furchtbaren, lebensgefährlichen Sprüngen. Aber schon ist der rothe Han oben.

„Fahr' zur Hölle, Judendirne!" schreit er und stößt die Mutter sammt dem Kinde hinab. Sie zerschellen an den Felsennadeln tief unten und rollen in's Meer.

Olaf starrt sekundenlang in die Tiefe, er sieht die Brandung über Weib und Kind schäumend zusammenschlagen. Dann brüllt er auf in wahnsinniger Wuth und stürmt weiter. Jetzt erreicht er die Felsenplatte und packt den rothen Han. Sie ringen mit einander. Han klammert sich mit der Kraft der Verzweiflung an seinen Gegner. Da gleitet Olaf aus — ein Schrei — beide Männer rollen, in einander verschlungen, den Felsen hinunter, und zerschmettern das Gehirn.

Vierzehn Tage später wurden der Sorenskriver, Skineborg und Oefdal in Ketten nach der Festung Friedrichshall gebracht.

Aus Siebenbürgen.

Ueberall wohin deutsche Auswanderer durch
die Ungunst feindseligen Geschickes aus ihrer Heimat verschlagen oder durch Aufforderung fremder
Herrscher bewogen wurden, ihren häuslichen Herd
zu verlegen, haben sie deutschen Fleiß, Gesittung,
Religiosität und jene Zähigkeit, Unverdrossenheit
und Ausdauer der Willenskraft mitgebracht, die
den schlichten Arbeiter der deutschen Gauen seit
Jahrhunderten kennzeichnet, und die ihm treu geblieben ist trotz aller Fährlichkeiten und in den
wechselvollsten Tagen eines mühseligen Lebens.

Unter allen Himmelsstrichen, in aller Herren
Ländern, hat sich der Charakter und die Denkungs-
weise der redlichen Deutschen nicht geändert, und
selbst ihre Nachkommen haben, zu Gottesfurcht
und Biedersinn angehalten, gekräftigt durch den
ihnen innewohnenden Trieb nach Unabhängigkeit
und persönlicher Freiheit, den verderblichen Ein-
flüssen oft barbarischer Völker Stand gehalten,

in deren Grenzmarken sich ihre Vorväter vor
längst vergangener Zeit eine neue Heimat grün=
deten.

Nicht allein das, diese Nachkommen haben sich
auch, fern vom Getreibe der Großstädte, die ein=
fachen Sitten und Gebräuche, die kindliche Ein=
falt, ja die altmodische Tracht der Voreltern be=
wahrt. Davon gibt das fern, jenseits des Oceans
in den Vereinigten Staaten von Nordamerika ge=
legene Pennsylvanien so gut Zeugniß, wie der
sächsische Theil Siebenbürgens.

Thätiger als die anderen Nationen, welche ge=
meinschaftlich mit den Deutschen das herrliche
Siebenbürgen bewohnen, haben diese sie seit Jahr=
hunderten überflügelt, vor allem im Ackerbaue
und Gewerbe, diesem Grundelemente und Haupt=
erfordernisse zum Wohlstande eines Volkes. Wäh=
rend die Dörfer der Ungarn und Szekler in Sie=
benbürgen neben vereinzelten stattlichen Herren=
häusern eine Unzahl schlecht gehaltener, unsaube=
rer und niedriger Gehöfte aufweisen, die Walachen
zum größten Theile ärmliche Lehmhütten mit klei=
nen Fenstern bewohnen, in denen oft das Glas
durch fast undurchsichtige Rindblasenhäute vertre=
ten ist, elende Hütten mit borstigen Strohdächern
ohne Schornsteine, so daß durch Dachritzen, Thür=
spalten und Fensterlöcher der Rauch sich einen
Weg bahnen muß, während die Juden, beinahe

im Schmutz verkommend, mit ihren zahlreichen
Familien sich neben diesen traurigen Behausungen
der ungarischen und walachischen Landbewohner
eben nicht besser angesiedelt haben, und die Erd-
hütten derjenigen Zigeuner, die nicht das ganze
Land rastlos durchstreifen, sondern sich, gleich
Schmarotzerpflanzen, an die Ortschaften des Landes anklammern, eher großen Maulwurfshügeln,
als menschlichen Wohnungen gleichen, lachen uns
schon von der Ferne die Dörfer und Marktflecken
der Sachsen freundlich, sauber und einladend entgegen. Da sieht man fast nur steinerne einstöckige
Häuser mit spitzen Giebeln, an denen sinnige Inschriften, kurze Sprüche des Erbauers Frömmigkeit verkünden; da schlingt sich der Wein zu den
weißen Mauern hinan und umrankt die grünen
Fensterladen, da gibt es überall vor den Häusern
und zur Seite derselben zierliche Beete, in denen
Aurikeln, Rosen, Levkojen prangen, da sind die
Gärten und ihre Wege mit Himbeer-, Johannis-
beer- und Stachelbeerhecken umzäunt, während
hinter Stall, Schuppen und Vorrathsgebäuden
Obstbäume im üppigsten Grafe stehen, da endlich
ist die breite Dorfstraße geebnet und rein, und
stundenweit ringsum das wogende, goldig blinkende Meer der Getreidefelder ein beredtes Zeugniß deutschen unermüdlichen Schaffens.

Wer ahnt, wenn er diesen Wohlstand der

deutſchen Colonien ſieht, und die Geſchichte des
Ländchens nicht kennt, welche Kämpfe die erſten
Anſiedler ſowohl, die ſchon vor 700 Jahren König
Geyſa II. aus den unteren Rheingegenden und
Weſtphalen hierher rief, wie ihre Nachkommen zu
beſtehen hatten, ſich dieſes Fleckchen Erde zu be=
wahren? Wie oft ward Alles, was ſie geſchaffen,
vernichtet, durch räuberiſche Horden, Bürgerkrieg,
durch Türken und Kuruzen. Ob aber auch zahl=
loſe Ueberfälle noch ſo verheerend wirkten, furcht=
bare Brände ganze Dörfer zerſtörten und maſſen=
haft ihre Einwohner in früheren Zeiten die Peſt
hinwegraffte, immer erſtanden dieſe Dörfer wieder,
ſtets anmuthiger und behäbiger; die Zähigkeit der
Sachſennatur wußte alles Ungemach zu überwin=
den. Jetzt, wo die Deutſchen zu den begütertſten
Inſaſſen Siebenbürgens gehören, erinnert nichts
bei ihnen mehr an jene Zeit der Schrecken, als
die in jedem Sachſendorfe auf einem Hügel gele=
gene Kirche, denn ſie iſt aus den Tagen der Drang=
ſale her mit feſtungsähnlichen Ringmauern um=
geben, in denen die Schießſcharten nicht fehlen,
mit Thüren, Baſteien und feſten Thoren, da in
Kriegsnoth nur die Weiber mit ihren Kindern
und den Heerden in die den wilden Horden un=
bekannten Schluchten des Karpathengebirges flohen,
die Männer aber mit dem Beſten der Habe und
wohlbewaffnet im Gotteshauſe ſich verſchanzten,

den Tempel des Herrn zu schützen und das zum
Leben unentbehrlichste Gut sich zu retten. Das
ist den Männern der Thatkraft denn auch oft ge=
lungen — die alterthümlichen, gothischen, mit Boll=
werk umgebenen Kirchlein geben es kund, und
der Wohlstand, der bald nach all' jenen räuberi=
schen Ueberfällen wieder stets bei ihnen empor=
blühte!

Doch auch Manche der freien Sachsen, deren
Privilegien kurz nach ihrer Einwanderung schon
bestätigt worden, verließen im Laufe der Zeit den
gesegneten Landstrich, sich und die Ihrigen den
vielen Heimsuchungen zu entziehen, die stets vom
Süden die Heimat überkamen. Sie zerstreuten
sich hie und dort in das Gebiet der Ungarn,
Szekler, ja selbst den Bakony=Wald durchdrangen
Einige. Aber nur im Nordosten Siebenbürgens
gelang es ihnen, ein zweites eigentliches Sachsen=
laub zu gründen. So finden wir deutsche Bauern
überall in Siebenbürgen, selbst solche, die ihr
Deutschthum in ungarische oder szeklerische Tracht
vermummt haben, aber das deutsche Gemüth ist
ihnen doch geblieben, der deutsche Fleiß, der Ord=
nungssinn, und vor Allem hängen sie unverbrüch=
lich fest am lutherischen Glauben, der ja ihre Vor=
fahren schon lehrte, standhaft, muthig und freu=
dig jeglichem Schicksal entgegenzugehen. Sie ha=
ben's nicht Alle so gut, wie ihre Brüder, die

Bauern des eigentlichen Sachsenlandes um Her=
mannstadt, aber sie halten in ihrer materiellen wie
politischen Beschränkung nicht weniger an den
höheren Gütern des Daseins fest und machen dem
deutschen Namen keine Schande, und wo man
in einem Dorfe, das der Mehrzahl nach von Un=
garn, Szeklern oder Walachen bewohnt ist, ein
Häuschen sich durch Reinlichkeit und Nettigkeit
auszeichnen sieht, da gehört es sicher einem
„Sachsen."

Unmittelbar am Flusse Alt oder Aluta, zwi=
schen Hermannstadt und Kronstadt, liegt das Städt=
chen Fogarasch im Thale gleichen Namens.

Wie reizend ist dieses Thal! Eine der trefflich=
sten Straßen Siebenbürgens zieht sich durch das=
selbe. Gegen Norden begrenzen es die nur 4 bis
700 Fuß sich über das Thal erhebenden Höhen
des Binnenlandes, während sich im Süden das
majestätische, bis über 6000 Fuß emporsteigende
Hochgebirge mit seinen schroffen Klippen, wilden
Schluchten, malerischen Hochwiesen, seinen Eichen=
und Rothbuchenwaldungen, seinen über diesen bis
zum nackten Felsgestein emporklimmenden Fichten=
wäldern daran entlang zieht. Wunderbar schön
ist der Contrast, den Gebirgskette und Ebene hier
entfalten, welch' letztere von den Alpen aus ter=
rassenartig sich ausdehnt, so daß die aus jeder der
zahllosen Schluchten hervorbrausenden Bäche das

Thal durchrauschend eine ganze Schaar weißglitzern=
der kleiner Wasserfälle bilden.

An diesen kryſtallhellen Bächen, die mit rei=
ßender Schnelligkeit zum Alutafluß dahinſtrömen,
liegen hier eine Papiermühle, dort eine Oelfabrik,
weiterhin eine Baumwollenſpinnerei, da und dort
verſtreut Glashütten und in großer Zahl Getreide=
mühlen. Auch armſelige walachiſche Dörfer tau=
chen zur Rechten und Linken der Fahrſtraße im
Thale auf, jene traurigen Lehmhütten, aus denen
der Rauch durch Thür, Fenſter und Strohdach
ſeinen Ausgang ſucht, und in denen Arbeitsſcheu,
geiſtige Verkommenheit und Schmutz ihren unver=
änderlichen Aufenthalt haben.

In der Ebene ſchweift der Blick über Kukuruz=,
Flachs= und Kornfelder, je näher man aber dem
Marktflecken Fogaraſch kommt, deſto mehr wer=
den ſie durch herrliche Tabakpflanzungen verdrängt,
die faſt unüberſehbar das Städtchen umgeben,
deſſen Bevölkerung, ein echt ſiebenbürgiſches Völ=
kergemiſch aus Ungarn, Armeniern, Sachſen,
Walachen, Juden und Zigeunern, in dem der
Sachſe die Minderzahl bildet, vom Tabakbau,
Brantweinbrennen, vom Handel und Gewerbe
lebt. Der Sachſe kann hier ſeinem Lieblingsbe=
rufe, dem Weinbau, nicht folgen, denn die Traube
gedeiht nicht ſo nahe dem Hochgebirge. Aber er
weiß auch hier vor den andern, neben ihm woh=

nenden Racen seine Tüchtigkeit als Landmann zu
bewähren, und die Gemeinschaft, in der er mit
denselben lebt, thut weder seinem Fleiße Abbruch,
noch seiner Religiosität, er arbeitet im Gegentheil
mit verdoppeltem Eifer und hält, so vielen frem=
den Glaubenselementen gegenüber, mit fast rüh=
renderer Standhaftigkeit an seinem Glauben fest,
als seine reicheren Landsleute, die südlich vom
großen Kokelflusse in durchweg protestantischen
Dörfern wohnen.

Es war ein Sonntag im Monat August,
und die Sonne sandte versengende Strahlen her=
nieder.

In einer der ersten Nachmittagsstunden ritt
ein junger Mann durch das Thal von Fogarasch.

Er hatte etwa drei Meilen vor dem genann=
ten Marktflecken eine jener Getreidemühlen ver=
lassen, welche an den Gebirgsbächen so malerisch
gelegen sind. Das Gehöfte, aus dem der junge
Mann hinausgeritten, war eines der stattlicheren
und die Mühle eine der größten und besteinge=
richteten der Umgegend. Beim Scheiden hatte er
von einer ältlichen, robusten Frau, die am Ein=
gange des Gehöftes gestanden war, lächelnd und
herzlich Abschied genommen. Jetzt war er bereits
zwei Stunden die Straße nach Fogarasch, trotz
der brennenden Hitze, bald in gestrecktem Galopp,
bald in fliegendem Trab dahingejagt, und ritt

nun langsam, den Ort unmittelbar vor sich, zwi=
schen den Tabaksfeldern hindurch.

Der jugendliche Reiter trug die Kleidung eines
ungarischen Seminaristen, Dolman und Kalpak
waren elegant und von feinem, schwarzen Stoff.
Kurz, man sah ihm den nyalka legény an, den
Stutzer.

Das Pferd, welches der hübsche junge Mann
ritt, war eines jener zottigen, unermüdlichen klei=
nen Bergpferde, die im Szeklerischen ihre Heimat
haben.

Nun der Reiter sein mit Schweiß und Schaum
bedecktes, aber immer noch muthiges Pferdchen
langsam gehen ließ, versank er, der zuvor wäh=
rend des tollen Rittes keck und lebensfroh um
sich geblickt hatte, in gewissermaßen träumerisches
Sinnen, es schien dies wenigstens nicht allein seine
nachlässige Haltung anzudeuten, sondern auch der
Ausdruck seiner schönen, regelmäßigen Züge. Die
dunklen Augen blitzten nicht mehr zuversichtlich
über die Strecke hin, welche noch bis nach Foga=
rasch zurückzulegen blieb, sondern waren gedanken=
voll und starr auf das die Häuser des Ortes über=
ragende Schloß gerichtet; das 1310 der Woywode
Ladislaus Apor erbaute, Fürst Gabriel Bethlen
um das Jahr 1613 zu einer noch festeren Cita=
delle umschuf, die jetzt von einer kleinen Garnison
besetzt ist.

Zu den vier Eckthürmen dieses Schlosses und demjenigen der unmittelbar hinter demselben gelegenen Kirche schweifte also des Reiters Blick, dann glitt dieser weiter zu der fernerstehenden, weiß und frisch erglänzenden Kirche der Reformirten, deren frommer Eifer erst seit einigen Jahren das schöne Gotteshaus bauen ließ.

Ein' Seufzer entrang sich den Lippen des jungen Mannes. Dann aber fuhr er aus seiner Träumerei empor, als habe ihn dieser sein eigener Seufzer aufgeschreckt.

Er zog eine kleine goldene Cylinderuhr hervor und schaute flüchtig darauf.

„Teremtette, die Zeit ist da, die mir Erzsébet bestimmt hat!" murmelte er in ungarischer Sprache vor sich hin — „Ich darf sie nicht warten lassen."

Er ließ die Uhr verschwinden und griff zu einer zierlichen Tschuttora, dem in Ungarn bei Vornehm und Gering beliebten, mit Füllenleder überzogenen Holzfläschchen, das er mit einem eleganten Riemen über die Schulter gehängt hatte. Hastig trank er einige Schlucke vom süßen und feurigen Ungarweine.

„Vorwärts, Szikra!" rief er alsdann seinem Pferde zu, indem er ihm die Sporen einsetzte.

Das kleine Roß machte einen Satz, knirschte

in's Gebiß, schlug aus und stürmte dann wild-
schnaubend mit seinem Reiter die Straße zwischen
den Tabaksfeldern entlang. Es machte seinem Namen Szikra — „der Funke" — Ehre!

Dicht vor dem Orte warf der junge Reiter
das weitausgreifende Pferdchen mit Gewandtheit
herum und bog mit Blitzesschnelle in einen Weg
ein, der zwischen den Tabaksfeldern und den an
diese stoßenden Hecken der Obstgärten hinlief,
welche rückwärts an den Häusern des Markt-
fleckens liegen.

Auf dem Wege begegnete ihm Niemand, die
Bevölkerung des Ortes war entweder zur Kirche,
oder gab sich, wenn dieses der Glaube nicht gebot, dem süßen Sonntagsnichtsthun hin. Wer
hätte auch um diese Stunde freiwillig dem glühenden Sonnenglanze trotzen mögen? Hier und dort
tauchte wohl aus den breiten Tabaksstauden zur
Linken der, troz der afrikanischen Glut mit der
gewohnten Pelzmütze bekleidete Kopf eines Walachen auf, dem die Nachmittagsrast im Freien
lockender als die ungewisse Erquickung auf har-
tem Lager der räucherigen Hütte erschienen war,
sonst aber ließ sich keine Seele blicken.

Das kleine Roß mochte etwa eine Minute
lang in gestrecktem Galopp an den Hecken vor-
übergeflogen sein, als der Reiter plötzlich die
Zügel an sich riß und einen leisen Pfiff ertönen

ließ. Das Pferd stand wie durch Zauber ge=
bannt.

Es war das hinter der ungewöhnlich hohen,
oben mit Dornenreisern belegten Hecke eines lan=
gen Obstgartens, in dem die Bäume in fußhohem
Grase standen. Die Rückseite des Hauses, zu dem
der Garten gehörte, schimmerte weiß und freund=
lich durch jenes Gewirre der Hecke, das nicht dem
Blicke undurchdringlich war. Der spitze Giebel
des Gebäudes, die frischgrünen Fensterladen, die
Nettigkeit der angrenzenden Stallungen und Schup=
pen verkündeten, daß hier die Besitzung eines
Sachsen sei.

Der jugendliche Reiter ließ die Zügel fallen,
richtete sich in den Steigbügeln auf und trachtete
über die Hecke hinweg zu schauen.

Während er dieses that, schlüpfte plötzlich,
ohne daß er es gewahrte, etwa eine Klafter von
der Stelle entfernt, auf welcher das Pferd mit
gesenktem Kopfe den dichten Rasen beschnüffelte,
eine schlanke Mädchengestalt aus einer Lücke hervor,
die in der Hecke sich fast am Boden befand.

Das junge Mädchen, die in solcher Weise auf
dem, das Tabaksfeld vom Obstgarten trennenden
Wege erschien, hatte kriechen müssen, um durch
die Hecke zu kommen, es war ihr dieses aber so
vollständig gelungen, daß der über das Reisig
spähende Reiter sie erst bemerkte, als sie nun rasch

und leise, kichernd an das bereits unbekümmert
grasende Roß herantrat und den Steigbügel mit
den Fingerspitzen berührte.

Ueberrascht blickte der junge Mann zu dem
Mädchen nieder, dann stieß er einen leisen Freudenruf aus, und schwang sich blitzgeschwind aus
dem Sattel. Ein leichter Handschlag brachte das
kleine Pferd, das jetzt zwischen dem jugendlichen
Paare stand, zur Seite; der Reiter aber zog das
sich züchtig sträubende und erröthende Mädchen zu
sich heran, und drückte sie leidenschaftlich an sich.

„Du bist so ungestüm, Istvan!" murmelte
sie im anmuthig singenden Dialekt der Siebenbürger Sachsen, indem sie zugleich unruhig über
die Schulter des jungen Mannes hinaus auf die
Tabaksfelder schaute — „Wenn uns nun da drüben
wer sehen thäte —!"

„Beruhige Dich," entgegnete der Reiter in dem
eigenthümlich klingenden Deutsch der Ungarn, —
„ich hab' vorhin schon umhergespäht und Niemen-
den gesehen. Wenn da herum irgendwo ein Wa-
lache oder Zigeuner unter den breiten Blättern
liegen sollt', so wird er nicht allein von der Hitze,
sondern auch vom Morgenrausch benebelt sein!
Ich sag's Dir ja, Erzsébet, ich habe nicht einmal
den Schatten eines Menschen da herum gesehen!"

„Ganz gut," versetzte Elisabeth lächelnd —
der Reiter hatte den Namen des Mädchens un-

garisch ausgesprochen — „aber mich hast Du zuvor auch nicht bemerkt, und ich war doch ganz
in Deiner Nähe! Du bist also nicht gar so zu-
verlässig, Istvan! Und sieh' nur, was Dein Ungestüm obendrein angerichtet hat — der schöne
Blumenstrauß, den ich vorhin für Dich pflückte,
ist nun ganz verdrückt!"

Der junge Reiter hielt die eine Hand des
Mädchens. Er ließ einen glühenden Blick über
die liebliche Erscheinung gleiten, der die altdeut-
sche, schmucke Sonntagstracht so überaus gut
stand.

Jetzt haftete dieser Blick auf dem üppigen Busen, und da steckte denn vor dem knappen, blitzenden Mieder der Blumenstrauß, von dem soeben
die Rede gewesen war. Freilich waren sie arg
verdrückt, diese frischen Rosen, Nelken und Nar-
cissen!

Aber dennoch streckte sich die Hand Istvan's
darnach aus.

„Ich nehme sie zur Strafe, wie sie sind!"
flüsterte der junge Mann — „Darf ich?"

Und sein verliebter Blick traf die blauen Ver-
gißmeinnichtaugen des drallen siebzehnjährigen Kindes, auf dessen Wangen jetzt schönere Rosen blühten, als die verdrückten am Busen mochten gewesen sein.

Die Hand Istvan's schien keine Antwort abwarten zu wollen; sie berührte bereits den Blumenstrauß.

Das Mädchen aber trat lächelnd mit einer leichten Wendung ihres Körpers einen Schritt zurück.

„Halt!" sagte sie. — „Schon wieder ungeduldig! Zu nehmen haft Du nur, was Dir gegeben wird! Und ich geb' Dir schon den armen Strauß. Was sollt' ich denn damit? Er ist einmal verdorben, und der Vater würd' mich fragen, wie so das gekommen? Kann ich's denn sagen, daß mein Liebster nicht bescheiden ist, wie's die deutschen Burschen mit ihrem Mädchen sind?"

Und dabei zog das hübsche Kind den zerknitterten Strauß aus dem Busenlatz hervor.

„Da nimm!" setzte sie lachend hinzu und reichte dem jungen Reiter die Blumen hin. — „Heut' geb' ich Dir keinen andern Strauß, das soll Deine Straf' sein!"

Istvan nahm die Blumen und zog die schmucke Sächsin wieder an sich.

„Ja, siehst Du, Erzsébet," sagte er. — „Eure deutschen Burschen haben Milch statt des Blutes in ihren Adern, aber — en magyar vagyok — ich bin ein Magyar! Das mußt Du halt schon gelten lassen, Erzsébet! Wo aber —" fuhr er plaudernd fort, indem er das zierliche Bärtchen der Oberlippe drehte — „bist denn Du hervorgeschlüpft,

daß Du so plötzlich da neben mir stehen konntest?
Ich hab' Dich dort hinter dem Hause im Obst=
garten auf der Lauer geglaubt, und gedacht, Du
werdest, wie gewöhnlich, auf die Straße hinaus
gehen und um die Ecke Eures Schuppens hierher
einbiegen."

„Siehst Du dort unten nicht die Oeffnung in
der Hecke, Istvan?" antwortete das Mädchen. —
„Ich habe da heute in aller Früh' die Zweige
durchbrochen, denn von der Gasse aus durch den
schmalen Feldweg zu Dir hieher kommen, ist doch
zu gefährlich. Der Michael, der Sohn unseres
Nachbarn gegenüber, starrt immer, wenn er Sonn=
tags nicht in der Kirche, oder Wochentags nicht
bei der Arbeit ist, vom Fenster aus auf unser
Haus. Und da könnt' er mir einmal nachschlei=
chen, wenn er mich fortgehen sähe! Du weißt's
ja, daß er gern um mich werben möcht', und dar=
nach trachtet, mit mir allein reden zu können!"

„Soll dem Mischko der Blitz den Schädel ein=
schlagen, adta németje!" murmelte Istvan, einen
Augenblick verdüstert. Dann fuhr er fort: „Aber
wie kommt's, daß Dein Vater, der die umsich=
tigen Augen überall hat, nicht heute schon den
Weg durch die Hecke bemerkte?"

„Ich hab' an der Seite des Gartens Reisig
vor die Oeffnung gelegt," versetzte das Mädchen,
„und entdeckt er sie noch, nun, dann haben die

Schweine der Walachen vom Weg aus das Loch in die Hecke gewühlt! Ich bin leider Gottes um Deinetwegen, Istvan, schon in's Sündigen hineingerathen, daß ich mich für eine Nothlüge nicht zu gut achten muß! Und zu was wird das alles führen, frag' ich?"

Die Züge Elisabeth's wurden ernst und traurig, sie senkte das rosige Antlitz mit beinahe trostlosem Ausdruck.

„Es ist wahr," brummte Istvan halb vor sich hin, „ich muß wie ein tolvaj — wie ein Dieb zu der Geliebten mich stehlen. Aber" — fuhr er auf — „das wird ein Ende nehmen, Erzsébet! Ich bin so wenig für heimliches Wesen, wie Du! Und es geht mir so Allerlei durch den Sinn, was ich Dir mittheilen muß. Aber sag' mir, ist Dein Vater schon so zeitig heute über die Brücke nach Galatz zum Bierhause?"

„Nicht doch, Istvan! Er hält noch Mittagsruhe!" entgegnete das Mädchen lächelnd — „Du glaubst wohl gar, der Deutsche sitze den ganzen Tag beim Gerstensaft? Du mußt ja noch von früherher wissen, daß der Vater in Allem mäßig ist. Und bei uns hat sich nichts geändert, seit Ihr aus unserer Nachbarschaft fortgezogen und auf der Mühle lebt —"

„Das heißt, die Mutter, Erzsébet," unterbrach sie Istvan — „denn ich bin ja nun schon seit

Jahren immer nur auf einige Wochen dorthin gekommen, das weißt Du. Mir gefällt's auch gar
nicht dort, wenn auch die Leute sagen, daß die
Mühle gar so schön und romantisch gelegen sei!
Hat nicht der gute Vater dort sterben müssen,
kaum daß wir hinüber gezogen waren? Und teremtette, ist die Mühle, die dumme Erbschaft vom
Oheim Lajos, nicht Schuld, daß der Vater das
Gehöfte neben Euch aufgegeben hat, und ich
meine liebe Jugendgespielin Erzsébet verlieren
mußte?"

„Nun," antwortete das Mädchen, — „Du
hättest ja auch von hier aus in's Seminar nach
Karlsburg müssen, Jstvan."

„Das ist noch die Frage!" gegenredete dieser
lebhaft — „Und es würde wohl Alles anders gekommen sein. Ich lasse mir's nicht ausreden, den
Vater hätte nicht das Fieber hingerafft, wäre er
hier geblieben, seinen Tabak fortzubauen. Und
auch meine Schwester, die Marischka, die nun
leider Gottes vor zwei Jahren doch hat sterben
müssen, wäre nicht als einjähriges Kind ebenfalls
so lebensgefährlich am Fieber erkrankt, daß die
Mutter in ihrer Herzensangst zu dem Gelübde
getrieben ward, mich dem geistlichen Stande widmen zu wollen, wenn die Marischka nur wieder
gesund würde. Ja, ja, und die Marischka hat
dann noch zehn Jahre gelebt, ich aber, der tolle

Bursche, hab' müssen in's Seminar wandern!
Und wie gern that ich's damals, trotzdem ich lieber
alles Andere in der Welt als Geistlicher geworden
wär', denn man sagte mir: Du weihest Dich ja
dem Himmel, weil Marischka Euch hat auf Er=
den bleiben dürfen! — Jetzt ist sie uns doch ge=
nommen worden, ich aber lebe längst in innerem
Zwiespalt mit mir selber, ich bin schon meinem
ganzen Wesen nach nicht für den Beruf geschaffen,
dem ich mich widmen soll! Und nun vollends,
Erzsébet — nun ich Dich wiedergesehen hab' und
in unseren Herzen die alte Kinderliebe sich zu
junger, lebensfrischer Leidenschaft umgewandelt hat,
nun fühle ich nicht die Kraft in mir, dem Rufe
des Gelübdes zu folgen! Und doch will man von
mir, daß ich binnen acht Tagen in's Stift als
Alumne eintrete! Das kann — das werde ich
nicht!"

Der Blick des jungen Mannes flammte trotzig
auf. Dann verschränkte er die Arme und starrte
düster vor sich hin.

Elisabeth aber legte bekümmert eine ihrer klei=
nen Hände auf seine Schulter und sagte im Tone
peinlicher Besorgniß: „Istvan, was willst Du
thun? Denk' an Deine Mutter, Du bist ihr ein=
ziges Kind! Willst Du ihr den Seelenfrieden
nehmen?"

„Wie?" rief Istvan auffahrend. — „Hat der

Himmel ihr Wort gehalten? Iſt nicht Mariſchka
todt? Und haben Eltern überhaupt das Recht,
über das geiſtige Sein ihrer Kinder zu verfügen?
Iſt die Seele eines Kindes ein Beſitzthum, das
ein Vater, eine Mutter für dieſen oder jenen
Zweck hingeben kann? Und wäre er ein noch ſo
heiliger, das können Eltern nicht! Glaubſt Du
ſelbſt, die Mutter werde ſich ihren Seelenfrieden
bewahren, wenn ſie ſich täglich ſagen müßte:
Mein Sohn iſt ein Diener des Herrn und trägt
weltliche Wünſche im Herzen?! — Eine Frau, die
wahrhaft ihre Kinder liebt, wie eine Mutter ſoll,
wird nicht um des leiblichen Wohls des einen
willen das geiſtige des andern opfern!"

„Iſtvan, Deine Mutter liebt Dich, hat Dich
nicht weniger als Mariſchka gehätſchelt, wie dieſe
noch lebte!" unterbrach ihn das Mädchen in ſanft
vorwurfsvollem Tone. — „Klage die Mutter nicht
an, ſie hat nach ihrem Begriff im beſten Glauben,
nach redlichſter Ueberzeugung gehandelt, denn mit
dem heißen Wunſche, ſich das eine kranke Kind
zu erhalten, weihte ſie das andere dem Dienſte
des Herrn, als dem würdigſten Berufe, den auf
Erden der Menſch ausüben kann, falls er ganz
von dem Geiſte der reinen Chriſtuslehre durch=
drungen iſt. Die gute Frau hat nur in Einem
gefehlt, ſo viel ich nach meinem ſchlichten Ver=
ſtande urtheilen kann: ſie hat Dir ſeit Deiner

Kindheit wiederholt, daß Du einem Gelübde Folge
leisten müssest und dieser Gedanke hat Deine Sinne
befangen, und Dich nach Deinen Begriffen einem
Märtyrer gleichgestellt. Man sagte Dir, Du
mußt entsagen, und glaube mir, Istvan, das
hat Deinen Widerstand erweckt!"

„Das ist es nicht, Erzsébet!" entgegnete der
junge Manu heftig erregt. — „Ganz andere Dinge
sind es, die mich mit Mißtrauen und Abneigung
gegen den Beruf erfüllt haben, dem ich mich widmen soll! Ich verbrachte meine erste Jugendzeit
hier in Fogarasch mit Euch und einigen lieben
Nachbarsleuten. Was dachte ich damals viel daran,
daß es einst Protestanten waren, die sich mir
liebevoll bezeigten, die mit mir spielten und kos'ten!
Ich folgte den Eltern zur Mühle an den Fuß
des Gebirges, von nun an umgab mich ein anderes Leben, aber die schönen Erinnerungen an
Fogarasch begleiteten mich überall hin, die ehrwürdige Gestalt Deines Vaters, Deiner seligen
rechtschaffenen Mutter, die liebe, reizende Erscheinung meiner kleinen Gespielin Erzsébet, und noch
manches vertraute, freundliche Gesicht! Sie wurden mir heilig, diese Erinnerungen, ich knüpfte
daran mein ganzes Jugendglück! So kam ich in's
Seminar. Hier stellte der Geist starrer Unduld-
samkeit sich meinen Jugendträumen entgegen. Hier
hieß es, die Protestanten seien Ketzer, die in ihrem

Unglauben des Himmels nicht theilhaftig würden,
und mit denen der katholische Christ keine Ge=
meinschaft pflegen dürfe! — Das predigte man
mir, der ich Euch in meinem Kindesherzen einen
Altar aufgebaut hatte. Warum solltet Ihr fluch=
würdig und schlecht und gering vor Gott sein?
Hatte ich nicht oftmals Eurer Andacht gelauscht,
und war diese nicht so fromm und gottesfürchtig
gewesen, wie diejenige der Leute unseres Glau=
bens? Wenn wir als Kinder bei einander gesessen,
Du, Erzsébet, und ich, hatten wir da nicht oft=
mals einander unsere Gebete im Austausch vor=
gesagt, und waren diejenigen der kleinen Protestan=
tin nicht von demselben Geiste der Liebe und
Ehrfurcht für den Höchsten erfüllt gewesen, als
die meinigen? Und wüßte ich nicht noch recht gut,
daß es in Fogarasch immer geheißen hatte: Die
Protestanten sind fleißige, stille Leute, ohne Lug
und Trug, und vor Allem die Deutschen muß
man achten, denn das Beispiel, das sie durch
Biedersinn und Thätigkeit geben, eifert an, und
der Wohlstand jeglichen Ortes, in dem sie einen
Theil der Gemeinde bilden, mehrt sich von Jahr
zu Jahr. — Und dennoch lehrt man mich Euch
verdammen! Sieh', Erzsébet, das gab mir zu
denken, und als ich größer ward und verständiger,
da las ich im Stillen wohl Manches, was ich
nach der Ansicht meiner Lehrer nicht hätte lesen

follen, aber ich kam dabei zur Erkenntniß, daß
Gott die ganze Menschheit mit gleicher Liebe um=
faßt, daß er für Alle, die ihn vor Augen haben
und Nächstenliebe im Herzen tragen, sein Him=
melreich bereit hält, mögen sie nun dieser oder
jener Confession angehören! Und nun dieser
Glaube in mir lebendig und unumstößlich ge=
worden war, obwohl ich nicht wagte, ihn Jenen
gegenüber laut werden zu lassen, die mich das
Gegentheil lehrten, nun standen auch die lieben
Gestalten aus meinen Jugenderinnerungen leuch=
tender als je vor meiner Seele, nun schwor ich
mir hoch und theuer, nicht einer der Verkünder
jener Lehre zu werden, welche die Menschensatzung,
die Form über das wahre Wesen des Christen=
thums erhebt! Ich kam hierher und sah Dich nach
Jahren wieder, Erzsébet, unsere Herzen fanden
einander, — was soll ich noch weiter sagen?
Glaube nicht, daß sich mein Sinn von Gott,
von meiner Religion abgewendet habe, aber er
gehört auch Dir, Mädchen, und Dir entsagen will
und kann ich nicht. Dein Vater hat mich immer
gern gesehen, und gibt er Dich mir zum Weibe,
dann wirst Du mein, mag selbst die Mutter sich
von mir wenden!"

Elisabeth schrak zusammen. Dann blickte sie
den geliebten Jugendgefährten traurig an.

„Das ist nicht schön gesprochen, Istvan,"

sagte sie langsam — „und ich glaube zu Deiner
Ehre, Du hast nur unbedachtsam herausgesagt,
wovon bei ruhiger Ueberlegung Dein Herz nichts
wird wissen wollen. Wie kann's ein Glück für
uns geben, wenn uns der Segen der Eltern fehlt?
Hast also doch, wie mir scheint, der Mutter schon
Alles entdeckt —?"

„Ich hab's," entgegnete Istvan grollend —
„und die Mutter hat meine Bitten und Vorstellun=
gen zurückgewiesen!"

„Und Du glaubst, mein Vater, so gern er Dich
hat, werde unter solchen Umständen in unsere
Heirat willigen?"

„Dein Vater ist ein frommer, aber auch ein
aufgeklärter Mann. Er wird einem Unrecht nicht
beipflichten, das an mir begangen werden soll!"

- „Ja, ja, Istvan, der Vater ist aufgeklärt, aber
eben deshalb, ich sag's Dir, willigt er so wenig
in unsere Heirat, wie Deine Mutter."

„Und warum nicht?"

„Sieh', Istvan, ich kenne den Vater wie mich
selber, denn er ist ja jederzeit gerade heraus, und
von ihm hab' ich gelernt, in seiner Weise zu
denken. Darum weiß ich auch, was er sagen
wird, wenn Du vor ihn hintrittst. Höre, Istvan,
wird er sagen, Du bist ein braver Bursch', und
wär'st mir schon recht für die Elsbeth, hast auch
just das Zeugs, sie glücklich zu machen, und genug

vom Glauben, mit ihr an unserm Herrgott fest=
zuhalten, wenn Du Dich auch aus dem Rechten,
das eigentlich dem Christenmenschen geziemt, hin=
ausstudirt haft, und weder ein Katholik in Dir
steckt, noch ein Protestant, aber sieh' — Du bist
ein Ungar, und die Elsbeth ist ein deutsches Mäd=
chen, da wird's einen Haken geben, Istvan! Als
Magyar wirst Du mehr zu Leuten Deines Stam=
mes halten, als zu denen Deiner Frau. Deine
Leute aber halten sich für besser als die Deutschen
und werden Dein deutsches Weib geringschätzig
behandeln."

„Teremtette! Das sollte Einer wagen!" fuhr
Istvan leidenschaftlich auf, indem er die Fäuste
ballte.

„Ruhig, Istvan! Laß mich zu Ende reden,
was der Vater Dir sagen wird. Sieh', guter
Istvan, wird er sagen, als Magyar bist Du ein
Hitzkopf, da wird's zu Anfang der Elsbeth wegen
mit Deinen Verwandten und Freunden Händel
geben. Das mag mit der Zeit aufhören, aber
wie Wassertropfen, die unausgesetzt auf den Stein
niederfallen, ihn endlich aushöhlen, so wird ein
verächtliches, wenn auch scheinbar absichtsloses
Wort, das Du alle Tag' hören, ein mißachtender
Blick, den Du täglich auffangen wirst, Dich am
Ende doch gegen Dein Weib aufreizen."

„Erzsébet —!"

„Einmal fällt solch’ ein Wort, solch’ ein Blick
doch auf einen fruchtbaren Boden, denn nicht alle
Tage gibt’s Sonnenschein in der Ehe, und dann
ist’s bald aus mit dem häuslichen Glück! Da
wirst Du finden, daß die ruhige Deutsche Dir
denn doch zu kalt ist, daß die Erzsébet für Dich,
den Studirten, nicht Bildung genug besitzt.“

„Du legst es darauf an, mich zu foltern, Mäd=
chen,“ unterbrach sie István lächelnd — „es ist
klar! Denn weiß ich nicht, daß Deine Erziehung
über Euern Stand hinaus geht, und die meisten
unserer Ungarinnen sich darin so wenig mit Dir
messen können, wie bei Verrichtungen in der Wirth=
schaft, um die sie sich gerade nicht sonderlich schee=
ren? Muß mir, dem Hitzkopf, wie Du sagst, nicht
obendrein ein Weib lieber sein, das meiner Leiden=
schaftlichkeit Ruhe und Sanftmuth entgegensetzt,
als eine heißblütige Ungarin, die nichts vom nach=
giebigen deutschen Gemüth hat? Die Weiber mei=
ner Race sind gut für gute Tage, aber die treue,
unverdrossene Deutsche ist das auch für böse Zei=
ten. Die wird aber keine Verwandtensippschaft
über uns bringen können, Erzsébet, denn der
liebt sein Weib schlecht, der weniger darauf hört
als auf Verwandte und Gevattersleute! Die Einen
und die Andern gehören nicht grade in die Wirth=
schaft, und man kann auch ohne sie leben! Geh,
gyöngyvirágom, wenn Dein Vater nichts Anderes

vorzubringen weiß, als Du, dann kann ich so gut
mit ihm fertig werden, wie mit Dir, Erzsébet,
die Du das Alles Dir gar so vernünftig haft
ausdenken können, daß mir ordentlich bange wer=
den müßt', wenn das, was Du da gesagt hast,
nicht blos die Ansicht Deines Vaters, sondern
auch die Deinige wäre!"

Das Mädchen blickte erröthend zu Boden.

„Ich bin aber mit dem Vater noch nicht zu
Ende!" sagte sie dann zögernd und beinahe kleinlaut.

„Ei sieh' doch," versetzte Istvan lächelnd, in=
dem er dem Mädchen unter's Kinn griff und so
ihr Köpfchen in die Höhe hob — „ist der Alte
noch nicht mit seinen Einwürfen fertig? Nun gut,
bringe Alles vor bis auf's Punktum, und ich will
Dir Alles widerlegen, just als hätt' ich Deinen
Vater vor mir, wenn's mir denn doch im Grunde
so scheint, als müsse der Alte herhalten, damit
Du mir mit guter Manier Deine eigenen Be=
denken sagen könnest! Aber nur zu!"

„Du lachst, Istvan," entgegnete das Mäd=
chen, von Neuem erröthend — „aber dennoch klingt,
was Du mir da lachend sagst, wie ein harter
Vorwurf! Du weißt, daß ich Dich über Alles lieb
hab', aber eben, weil Dir mein ganzes Herz ge=
hört, geht mir Dein künftiges Wohl über mein
Glück! Leg' mir's d'rum nicht als kaltherzig und
schlecht aus, wenn ich besorgt bin!"

„Jetzt ist's heraus!" antwortete der junge
Mann ernst — „Hinter dem Vater steckt die Toch=
ter! Ich hab's schon gehört und auch wo gelesen,
daß die deutschen Mädchen sich gern, wenn sie
lieben, mit allerlei Bedenken selber martern. Es
mag im Blute liegen, daß sie stets bereit sind,
in's eigene Fleisch zu schneiden, und die Entsagung
weiter zu treiben, als es die Liebe fordert! Aber
wenn Du das auch möchtest und könntest, Erzsé=
bet, ich lasse es nicht zu. Und so gewiß ich nie=
mals ein Pfaffe werde, so gewiß wirst Du mein
Weib!"

„Istvan," sagte das Mädchen ruhig — „Du
hast im Seminar weder die Landwirthschaft er=
lernt, noch ein Gewerbe. Wovon willst Du eine
Frau ernähren, wenn die Mutter sich von Dir
wendet, und Dir die Mühle nicht überläßt?"

Der junge Ungar blickte das Sachsenmädchen
durchdringend an.

„Und mit dieser Frage," versetzte er dann
lachend, „gesteh's, Erzsébet, hast Du den letzten
Trumpf des Vaters ausgespielt, nicht so? Nun
denn" — fuhr er ernsthaft fort — „auch hier will
ich Dir Antwort geben. Wer etwas Tüchtiges
werden und ein Mädchen sich erringen will, die
er über Alles liebt, den werden zwei Dinge uner=
schütterlich aufrecht halten und rastlos vorwärts
treiben, daß er das vorgesteckte Ziel erreiche: Das

Ehrgefühl und die Liebe! Ich habe meine Zeit im Seminar doch nicht unnütz zugebracht, Erzsébet, und der Wille, sich seine Existenz zu gründen, reicht hin, sie zu finden. Wirst aber auch Du Muth und Willen haben, Mädchen, dann ein Leben der Entbehrung mit mir zu führen, wenn ich Dir kein besseres würde bieten können?"

„Du fragst noch, Istvan?" flüsterte Elisabeth hingebend, indem sie sich an die Brust ihres Geliebten warf.

„Nun denn," flüsterte Istvan zärtlich dagegen, „ist Deine Liebe zu mir so stark, so wird sie Dich auch in meine Arme führen, möge meine Mutter mich verstoßen, Dein Vater sich gegen unsere Verbindung auflehnen. Schwöre mir, daß Du mir folgen willst, wenn dies geschehen sollte!"

Das Mädchen sah dem Geliebten gerade und ehrlich in's Gesicht. Ihre großen blauen Augen füllten sich mit Thränen.

„Das kann ich nicht schwören, Istvan," antwortete sie — „ich würde Dir kein Glück in's Haus bringen!"

„Du sollst Vater und Mutter verlassen und dem Manne folgen!" rief Istvan im Tone der Erregung.

„Du sollst Vater und Mutter ehren, auf daß es Dir wohl gehe und Du lange lebest auf Erden!" setzte Elisabeth sanft, doch mit fester Stimme hinzu.

„Erzsébet, Du liebst mich nicht, wie ich Dich liebe!" rief der junge Mann, in heftiger Leidenschaft alle Vorsicht vergessend, indem er zugleich den Blumenstrauß der Geliebten weit von sich warf.

„Oh mein Herrgott!" stammelte das Mädchen schluchzend, im Ausdruck unsäglichen Schmerzes das Antlitz mit den Händen bedeckend.

Da raschelte plötzlich die Hecke unmittelbar neben ihnen, und von jenseits derselben ließ sich eine Stimme vernehmen.

„Ihr Beiden da," klang sie trocken und bestimmt, „kommt doch einmal her zu mir, wenn's beliebt!"

Das Mädchen ließ die Hände vom Antlitz.

„Der Vater!" murmelte sie erschrocken.

Auch Istvan erschrak. Sein erster Gedanke war, sich auf das wenige Schritte von ihm grasende Pferd zu werfen und davonzujagen.

Aber er brachte diesen Gedanken nicht zur Ausführung, denn er stand wie festgebannt.

Das Paar starrte auf das dichte Gezweige der Hecke.

Sie sahen beide gar wohl einen Theil der Umrisse des kernfesten, gedrungenen Mannes. Sie wagten nicht, sich zu rühren.

„Nun," klang es wieder so trocken und gelassen wie vorhin — „was zaudert Ihr? Ihr glaubt doch nicht, ich werde zu Euch schwätzen, wie der Herr zu Moses aus dem feurigen Busch? Kommt nur, und kriecht mir da gleich durch das Loch in der Hecke, das — nun, das denn doch wohl die Schweine der Walachen gemacht haben müssen, weil's die Elsbeth so will! Vorwärts!"

„Er hat uns Alles abgehorcht!" murmelte Istvan dem Mädchen zu. — „In Gottes Namen denn!"

Und der junge Reiter setzte sich in Bewegung.

Er kroch durch das Loch der Hecke in den Obstgarten hinein.

Das Mädchen, roth wie eine Kirsche, rutschte ihm auf den Knieen nach.

Und nun standen sie beide im Obstgarten vor dem vierschrötigen Alten, den Blick zu Boden gesenkt auf das fußhohe Gras, in zaghafter Haltung, verwirrt, erglühend, ein Armesünderpaar.

Der Mann, welcher die Liebenden mit einem Gemisch von Ernst und Humor anschaute, dann mit seinen kleinen blauen Augen zwinkerte, beinahe schelmisch, während seine Gesichtszüge Strenge ausdrückten, war ein kräftiger Sechziger. Er trug die Sonntagstracht der sächsischen Bauern, doch war er jetzt in Hemdärmeln, zu deren blendender Weiße die Sauberkeit des ganzen Anzuges sich wohl schickte. Das volle Antlitz des Mannes strotzte von Gesundheit, keine Falte verkündete das

vorgerückte Alter, das nur die weißblonden Löck=
chen verriethen, die dem Haupte im Verein mit
den freimüthigen und zugleich energischen Zügen
ein ehrwürdiges Ansehen gaben.

Der Vater Elisabeth's hatte die derben Fäuste
in die breiten Hüften gestemmt und schien sich an
der Beklommenheit des Paares zu weiden, wenn=
gleich seine fest zusammengekniffenen Lippen darauf
hindeuten mochten, daß er keineswegs gesonnen
sei, die Sache, um die es sich hier handelte, so
leicht zu nehmen.

Nachdem er eine Weile das verblüffte Paar
angestarrt hatte, öffnete er den Mund.

„Istvan, wir haben vorerst ein Wort mit
einander," begann er trocken, in dem breiten Dia=
lekt seiner Vorväter — „und das kann nur ein
kurzes sein, denn alle die guten und sehr nütz=
lichen Sachen, die ich etwa bei so unerwartetem
Wiedersehen, wie dieses da, hätte vorbringen kön=
nen, hat mir die Elsbeth vor'm Munde wegge=
schnappt. Freut mich nicht gerade eben sonderlich,
daß ich erfahren hab', wie es zweierlei Arten Be=
suche gibt, eine für den Vater vor aller Welt,
mit dem Pferde an das Gatter des Vorgartens
angebunden, und die andere für die Tochter heim=
lich an der Hecke hinten; ist mir auch eben keine
angenehme Ueberraschung zu erfahren, daß meine
Tochter den walachischen Schweinen in's Hand=

werk gepfuscht, aber das soll nur so nebenbei ge=
sagt sein. Ist mir auch keineswegs darum zu
thun, zu fragen, ob während dieser Wochen, in
denen Du, Istvan, auf der Mühle zum Besuche
bist, der Gaul mehr vorn am Gatter, oder
hinten an der Hecke gestanden ist, denn wir haben
hier was Gescheidteres zu reden. Die Elsbeth
hat's freilich heraus, in meiner Weise zu denken,
und da sie für mich nicht übel den Advocaten ge=
macht hat, so mag ihr das Loch in der Hecke so
hingehen. Bist auch nicht schlecht im Widerlegen,
Istvan, und ist dabei so Allerlei zur Sprache ge=
kommen, was Dir nicht gerade zur Schande ge=
reicht. Aber Elsbeth's Spruch aus den Geboten,
und das ist der Punkt, den hast Du doch nicht
widerlegt, wie sich's gehört, und kannst Du's
nicht, nun gut, so geh' und hand'le darnach, und
kränke mir nicht das arme Kind dort, das Dich
mehr liebt, als mir's im Augenblick wohl recht
sein kann. Das aber sag' ich Dir, und nun merk'
auf — Du hast in einem Athem die Mutter drei=
mal verleugnet, wie Petrus unsern Herrn Jesus
Christus, so soll Dir auch geschehen, wie dem
Jünger des Herrn. Ging er nur ein zur Selig=
keit durch die Gnade des Gekreuzigten, den er ver=
leugnet, so sollst auch Du nur eingehen zum
Glücke durch Jene, deren Segen Du für über=
flüssig erachtet hast. Wenn Deine Mutter

um Elsbeth für Dich werben kommt, so
ist sie Dein, nicht eher! Und nun redet mir
nichts darein, wir haben hier keine Zeit mit Plaudern zu verlieren. Elsbeth, es ist die höchste Zeit,
daß Du die Wirthin machst, ich habe einen Gast,
der mit Sack und Pack gekommen ist, während
Du den Deinen hier erwartetest. Er will nur
eine Stunde bei uns bleiben, denn er fährt hinüber zur Mutter Istvan's."

Das Mädchen blickte vom Boden auf und
starrte den Vater an.

Istvan aber, der nach der Entscheidung des
Alten düster und niedergeschlagen dagestanden
war, fuhr fast erschrocken auf, wie von einer Ahnung erfaßt.

„Ein Freund meiner Mutter?" stammelte er.

„Wird wohl so was sein," antwortete der
Alte trocken, „denn er ist ihr Bruder."

„Der Oheim Józsi?" rief Istvan in heftiger
Bewegung, indem ein Blitzstrahl der Freude aus
seinen dunklen Augen aufflammte.

„Ja, ja, der würdige, lebenslustige Pater
Józsi!" versetzte der Vater Elisabeth's gelassen. —
„Sein Wägelchen hält vor der Thür und willst
Du mit dem Oheim zu der Mutter fahren, Istvan,
und Deinen Gaul hinten an das Wägelchen
des Paters binden, so krieche zurück, woher Du
gekommen und reite Dein Pferd um die Ecke vor

das Haus. Dort will ich Dir's nicht wehren,
nach Anstand und Sitte Elsbeth's Gast zu sein,
wenn sie doch den ihren haben muß, wie ich den
meinen. Komm', Kind!"

Der Alte blinzelte wieder so lustig mit den
Augen wie vorhin, während sein Angesicht auch
die gleiche vorige Strenge trug.

Er zog das glühende Mädchen durch das hohe
Gras mit sich fort.

Istvan aber kroch verwirrt durch die Hecke auf
den Weg zurück und that, wie ihm geheißen
worden. — —

Es mochte schon hübsch was mehr als eine
Stunde verflossen sein, da schritt durch den Vor-
garten der Besitzung unseres Sachsen ein kleiner
Zug Menschen dem hölzernen, lebhaft grün angestrichenen Gatter zu, vor dem das offene Wägelchen des Geistlichen hielt, wie es der Vater
Elsbeth's dem Paare zuvor im Obstgarten verkündet hatte.

Den kleinen Zug eröffnete ein Mann von
feister und zugleich kräftiger Gestalt. Ueber den
breiten, fast riesenhaften Schultern desselben wiegte
sich ein rundes, nahezu kahles Haupt. Das Antlitz dieses Mannes war stark geröthet, von der
Stirne bis zum Kinn herab, unter dem eine
schwabbelnde Fettmasse, das Unterkinn, gleich einem
kleinen Kropfe den Vordertheil des Halses voll-

ständig bedeckte. Die übermäßig dicken, schon ge= radezu braunrothen Wangen glänzten unter dem Strahl der Sonne beinahe so sehr, wie die klei= nen Blinzelaugen, die munter und zuversichtlich hier= und dorthin unter schwarzen, buschigten Brauen hervorblitzten. Aus den Zügen dieses mehr als wohlgenährten Antlitzes sprachen unver= kennbar ein herzliches Wohlwollen und Lebens= luft, wie aus den halb zusammengekniffenen Augen Verstandesschärfe und eine ewig heitere Laune.

Die Kleidung des Mannes, der den schwar= zen Filzhut in der Hand trug, verkündete den ka= tholischen Geistlichen. Wer wird daran zweifeln, daß es der würdige Pater Józsi war, der Oheim Istvan's?

Fast neben dem jovial blickenden geistlichen Herrn schritt der Vater Elisabeth's, ebenfalls ent= blößten Hauptes. Der Ernst des Angesichts, wel= cher zuvor den Liebenden gegenüber mit dem Hu= mor der kleinen blauen Augen schien gekämpft zu haben, hatte jetzt vor diesem ohne Zweifel längst seinen Rückzug genommen, denn es lag jetzt nichts als Sonnenschein und Heiterkeit in den treuher= zigen, biederen Zügen.

Hatte die noch immer versengende Hitze des Tages die Wangen des ehrenhaften Alten ein wenig lebhafter als gewöhnlich geröthet, oder war der Abschiedstrunk der beiden alten Freunde etwas

herzhafter Natur gewesen? Genug, das Antlitz
von Elisabeth's Vater, des jederzeit so mäßigen
Mannes, wie der ganze Ort hätte bezeugen kön=
nen, sah erhitzter aus als gewöhnlich.

Nach einem Aerger reicht freilich ein einziges
Gläschen Rebensaft hin, selbst eine ruhige Seele
wenn auch nicht zu berauschen, doch in eine ge=
wissermaßen gehobene Stimmung zu versetzen. Nach
einem Aerger, wie gesagt, warum nicht also auch
nach einer freudigen Ueberraschung? Freude und
Aerger sind beides ungewöhnliche Seelenzustände.
Und wer mag nun sagen, ob der ehrliche Sachse
bei jenem Auftritt an der Hecke Aerger oder Freude
empfunden habe? Vielleicht gar das eine und das
andere! Aus seinem Angesicht und Wesen hatte
sich das nicht herauslesen lassen; aber gesetzt nun,
dem wäre so gewesen, dann hätte ja ein Schlück=
chen feurigen Ungarweins ein doppelt leichtes Spiel
gehabt!

Die Tochter schlich hinter dem Vater drein.
Drinnen im Hause, vor dem Pater Józsi, war
kein Wort über die Begebenheit an der Hecke ge=
fallen, und doch konnte Elisabeth noch immer
nicht aus ihrer Verwirrung und dem Erröthen
herauskommen. Vielleicht eben deshalb nicht!

Aber es hatte auch der Pater Józsi sie und
Istvan zu verschiedenen Malen gar so eigenthüm=
lich und verschmitzt angeblickt! Und er konnte doch

nichts wissen! War nicht Jstvan von der Straßen-
seite auf seinem Pferde gekommen und sichtlich in
den Augen des Oheims ganz überraschend zufällig?

Elisabeth, als sie so ihrem Vater dicht auf
den Fersen folgte, dachte sich dies und noch Allerlei, und ob denn geistliche Herren nicht doch etwa
tiefer in die Augen der Menschen hineinblicken
könnten, als andere Sterbliche.

In solchem Fall hätte freilich Pater Józsi auch
sehen müssen, daß Elisabeth über ihren Vater im
Klaren sei, und über seine Absicht in Bezug auf
ihren Liebeshandel, und wie nur Gottvertrauen
ihr Hoffnung gebe auf einen Erfolg desselben, und
nicht unbescheidene Zuversicht auf ihren eigenen
Werth.

Nicht so Jstvan. Er verzagte. Er glaubte,
seine Mutter nur zu gut zu kennen. Der Ausspruch des Alten ließ ihn verzweifeln. Und auch
den Vater seiner Erzsébet glaubte er mehr gegen
als für sich gestimmt.

Bleich und düster wankte er hinter den Andern
drein.

Zuvor schon hatte er gegen den forschenden
Oheim seine Blässe und sein verstörtes Wesen durch
die Hitze des Tages und den scharfen Ritt recht-
fertigen müssen.

Wie gern wäre er jetzt allein an den wogenden Feldern dahingejagt, in tollem Ritte seinen Schmerz zu betäuben.

Aber da stand der Gaul schon; marschbe=reit mit langer Leine hinten an das Wägelchen gebunden. Und er selbst mußte sich ja unweiger=lich hinter den kutschirenden Burschen setzen, neben den Oheim, dem allzeit muntern und redseligen. Konnte er sich weigern? Mußte er nicht in den Angen des Oheim Józsi nach eigenem Ausspruch für einen Patienten gelten?

Und so stundenlang fahren. Welche Marter!

Ja, wenn er noch sein Herz dem Oheim aus=schütten könnte, ihn auf seine Seite ziehen! War er nicht ein jovialer, seelensguter, selbst toleran=ter alter Herr, dieser Oheim Józsi? Hatte er nicht den Istvan in sein Herz geschlossen, wenngleich er ihn nur selten zu sehen bekam? Denn Oheim Józsi wohnte fern von Fogarasch und Hermann=stadt in einem ungarischen Städtchen am nörd=lichen Ausgang der riesigen Puszten, die längs der Theiß sich erstrecken. Erweckte des Oheims Wesen nicht volles Vertrauen? Konnte er, der Mann klarer und praktischer Weltanschauung, die sich in ihm mit dem warmen Gemüth für seine Nebenmenschen verband, nicht andern Sinnes sein, als die Mutter Istvan's? War er doch nicht so strenggläubig, sondern 'weit eher ein gemüth=licher, heiterer Philosoph in geistlichem Gewande,

der alte Herr! Aber das war's, was dem armen
Istvan denn doch wieder durch den Kopf ging
und ihm den Muth benahm — das geistliche Gewand! Der Pater Józsi war just kein Heidenbe-
kehrer, aber doch immer der Pater Józsi, und
als solcher, sagte sich Istvan, werde er, trotz aller
Freidenkerei für sich selber, bei Andern in gewissen
Dingen keinen Spaß verstehen, vor Allem, wenn
es sich um einen halb und halb abtrünnigen Zög-
ling seiner Kirche handle, möge dieser auch immer-
hin sein geliebter Neffe sein!

Und so hieß es denn, sich schicken! Istvan's
Gemüth lag auf der Folter.

Und nun standen sie schon Alle bei einander
vor dem leichten, offenen Wägelchen des Pater Józsi,
das Janos, der ungarische Bursche des Geistlichen,
zu lenken hatte.

Da saß er bereits, der lange, dürre Janos,
die verschrumpften Beine in engen, blauen Tuch-
hofen, an den Füßen plumpe Csismen mit fin-
gerdicken Sohlen, die schnürenbedeckte Jacke lose
umgehängt wie einen Dolman, das Filzhütchen
auf dem rabenschwarzen, krausen Haar, das zotte-
lig um das gelbe, hagere Gesicht herniederhing,
aus dem die zigeunerhaften Augen rastlos über
das kleine siebenbürgische Gespann hinwegblitzten,
da saß er und hielt bereits die Zügel und die
lange Peitsche in den Händen, eines Winkes sei-

nes Herrn gewärtig. Neben ihm auf seinem Sitze
lagen der angebissene mákos kalács und seine
Tschuttora, die weder der Kanáß, oder der Csikós
der öden baumlosen Haidestrecken, noch der Gróf
entbehren kann, wenn er über Land fährt.

Oheim Józsi wendete sich zu dem alten Laud-
mann und schüttelte ihm die Hand.

„Es freut mich," sagte er mit wohltönendem
Accent und geläufig in deutscher Sprache, „daß ich
Euch so unverwüstlich frischauf gefunden hab', wie
ich selber noch bin, mein ehrlicher Winhold! Leider
haben wir uns den alten lieben Erinnerungen nur
ein Stündchen hingeben können. Aber wenn ich
von der Mühle die Heimreise antrete, muß ich ja
wieder hier durchkommen und da werde ich nochmals an Eurer Hecke hängen bleiben, wie die Wolle
des Schafes, das man vorüber treibt. Aber länger
als heute!"

Der alte Winhold lachte hell auf. Er hatte
bei dem Worte „Hecke" zu seiner Tochter und
István hinübergeblinzelt und das Mädchen erglühen, ihren Werber aber ein äußerst trübseliges
Gesicht schneiden gesehen.

„Habt Dank für Eure herzlichen Gesinnungen,
die Ihr noch immer für mich hegt, und Eure
Gastfreundschaft!" fuhr der Pater Józsi redselig
fort. — „Solltet Ihr einmal Lust verspüren, nach
Nordwesten bis zu meinem Nest kriechen zu wollen,

so werden Euch Küche und Keller und Vorraths-
kammer — Ihr wißt, ich habe von jeher etwas
auf diese gehalten, denn ich bin der Ansicht, daß
der Glaube da stark sein kann, wo der Leib nicht
schwach ist — wie gesagt, Keller und Vorraths-
kammer und was sonst noch Alles, zu Gebote
stehen. Aber Ihr werdet wohl nicht der Narr
sein, Euch solche Lust anwandeln zu lassen, bácsi,
denn ich sage Euch, der Weg von hier aus zu
meinem Tusculum ist ein Geschwisterkind jenes
Weges, auf dem die Tugend durch's Leben zu
wandeln hat, nämlich gerade hinreichend mühselig,
um Einem alle Knochen im wohlgenährten Leichnam wackeln zu machen. Vorerst von meinem
Städtchen aus durch nichts als Pußta, hier und
da eine elende szállás oder eine Csárda, in der
es für den Reisenden ewige Fasten gibt, weiterhin Morast, wenn's gut geht durch einen Storch
oder Kranich belebt, dann wieder endlose Sandflächen mit Staubwirbeln — futó homok — in
denen fernab eine putri oder gunyhó auftaucht,
und wo man selten nur eine semlyék antrifft mit
bunten Heerden und einem rothbraunen Burschen
in der bunda und an der Seite seinen szelindek.
Endlich klettert die Fahrstraße zu Eurer Gebirgs-
grenze hinauf, und da geht's bald am Marosflusse
entlang, bald durch Thäler oder über Bergrücken
hinweg, aber immer hübsch langsam für unser

ungarisch Blut, und unter Rippenstößen, die un=
sere Seele zum Himmel schicken müßten, säße sie
nicht gar so fest drinnen in dem Panzer, den
man, weiß Gott, für solche Fahrt nicht reichlich
genug im Voraus pflegen kann! Ich sag' Euch,
Freund, laßt Euch die Lust vergehen, wenn sie
Euch kommen sollt'! Und nun lebt wohl, mich
drängt's, die Schwester zu überraschen und ihr
in's Haus zu fallen, wie der Gebirgsbach in die
Räder ihrer Mühle. Auf Wiedersehen, Erzsébet,
und Gottes Segen mit Dir inzwischen. Wird
Dir wohl nicht schaden, daß ein katholischer Pfaffe
ihn Dir wünscht! Istvan, klettere vor mir auf
den Wagen, die leichtere Waare muß links kom=
men, denn das Fuhrwerk hat nach jener Seite
zu einen schwermüthigen Hang, und daran sind
Eure Gebirgspässe Schuld. Vorwärts, ich möchte
noch heut' Deiner Mutter ein „Jónapot!" zu=
rufen. So, und nun komm' ich —! Greift Ihr
doch Sr. Ehrwürden unter die Arme, Winhold,
und laßt Euch nicht dadurch abschrecken, daß die
katholische Christenheit Eurer protestantischen Nach=
hülfe bedarf, um flügge werden zu können!"

Der Vater Elisabeth's half lachend und ehr=
erbietig zugleich dem wackeren jovialen Diener des
Herrn auf den Wagen.

„Lebt wohl, lebt wohl, Ihr guten Leute!
Frissen, János!" rief Pater Józsi.

Janos schnalzte und hieb in die Pferde, daß
sie sich bäumten und dann blitzschnell vorwärts
schossen.

Man tauschte noch Grüße und Winke mit
einander aus, während das Fuhrwerk dahin=
rasselte, hinter dem „Szikra" munter an der Leine
galoppirte.

István hatte mit der Geliebten, die nun mit
dem Vater in das Haus zurückkehrte, noch einen
beredten Blick wechseln können. Dieser Blick war
von beiden Seiten nicht sonderlich hoffnungsreich
gewesen.

Der junge Mann saß niedergeschlagen und
wortkarg neben dem Oheim.

Aber als sie nun den Ort verlassen hatten
und durch die Tabaksfelder dahinfuhren, den Weg
entlang, welchen István vor nahezu zwei Stun=
den auf seinem Pferde gekommen war, und der
Oheim Józsi in liebreicher Munterkeit auf seinen
Neffen einzureden begann, da ward auch dieser
lebendig, da ging auch ihm unter der gewinnen=
den Vertraulichkeit des alten Herrn das Herz auf.

Sie sprachen viel mit einander auf der Fahrt
durch das Thal, das heißt, der Oheim Józsi
horchte mehr und ließ den Neffen reden, und das
mochte wohl über Dinge sein, die das Gemüth
des alten Mannes, wie das des jungen, unge=
wöhnlich beschäftigten, denn da lag ja plötzlich

vor ihren Blicken die malerisch an das felsige Ufer
des Waldbaches sich lehnende Mühle, und er=
staunt wußten sie nicht, wie das möglich sein
könne, sie glaubten nicht meilenweit gefahren zu
sein, und hatten auch nichts von dem Zauber des
reichgesegneten Thales und der angrenzenden Ge=
birgskette bemerkt, bis nun kurz vor der Mühle
Istvan verstummte und der Pater Józsi den for=
schenden, klugen Blick vom Neffen auf das Ge=
höfte warf. Was die Beiden auch immer mit ein=
ander geredet haben mochten, so viel stand fest,
daß der muntere Pater ein nachdenkliches Gesicht
machte, als das Fuhrwerk zu der Mühle heran=
rollte, und Istvan's Wangen geröthet waren,
indem zugleich seine Augen lebhaft blitzten.

Und jetzt waren sie am Ziele der Fahrt. Janos
rief den dampfenden kleinen Rossen ein energisches
„meggállj!" zu und pfiff auf eine eigenthümliche
Art; der Wagen hielt an der offenen Thür.

Im Innern des Hauses machte sich ein Ge=
räusch hörbar, als eile wer aus einem hintern
Zimmer zum Hauseingange.

Bevor indessen noch Jemand dort erschienen
war, warf der Pater Józsi einen schlauen Blick
auf seinen Neffen, neigte sich zu ihm und flüsterte
ihm etwas in's Ohr, worauf Istvan's Züge sicht=
lich sich veränderten und mehr einen ruhigen, ja
fast melancholischen Ausdruck annahmen:

Nun aber ließ der ehrwürdige Pater seine
Stimme fröhlich ertönen.

„Schwester Anikó!" rief er. — „Wo steckst Du?
Schwester Anikó, komm' heraus und schlage die
Hände über dem Kopf zusammen und wundere
Dich, — der Ehrwürden Józsi ist da!"

István war mit einem Satze vom Wagen
herunter.

Und im nächsten Augenblick erschien auch auf
der Schwelle des offenen Hauseinganges die ro-
buste Frau, von welcher der junge Gefährte des
Paters nach der Mittagszeit Abschied genommen
hatte — die Herrin des Gehöftes, die Mutter
István's.

Und das erste, was sie that, war gerade das,
was der würdige Pater in fröhlicher Laune aus-
gerufen hatte — sie schlug die Hände über dem
Kopf zusammen und wunderte sich.

István aber begrüßte die Mutter flüchtig und
war sogleich bereit, dem alten Herrn vom Wagen
zu helfen.

Pater Józsi aber stand noch auf dem Tritte
des Fuhrwerkes, da ward er schon von der derben
Frau umhalst, daß er sich ihrer erwehren mußte,
um nicht im eigenen Fette zu ersticken.

Und nun ging's an ein Händeschütteln und
Ausfragen, bei dem wiederum die Umarmungen
nicht fehlten, und während nun die Schwester den

geistlichen Herrn Bruder in's Haus zog, daß er
es sich bequem mache, hatten Istvan, Janos und
ein Knecht des Gehöftes vollauf damit zu thun,
die kleinen Siebenbürger auszuspannen und nebst
dem „Szikra" auf die angrenzende Weide zu jagen,
das Fuhrwerk in den Schuppen zu ziehen, das
Gepäck des Oheims Józsi abzuladen und in's
Haus zu tragen.

Der Abend brach inzwischen herein, und als
Alles abgethan war, und in der Küche die Hausfrau mit Hülfe einer Magd, und unter der sorgfältigen Ueberwachung und Zusprache des ehr-
würdigen Paters Józsi für das leibliche Wohl
desselben fast das Uebermögliche beschafft hatte,
da rückte die kleine Familie um den Tisch zusammen, und nach dem wohlschmeckenden Nachtmahl,
das obendrein durch die lustigen Einfälle des alten
Herrn gewürzt war; kam noch eine ganze Schaar
kleiner Mittheilungen zur Sprache, wie sie Verwandte für einander haben, die nach jahrelanger
Trennung einander wieder die Hände drücken. Doch
über Istvan's Angelegenheit ward auch nicht das
kleinste Wörtchen gesprochen, denn Frau Anikó
hütete sich wohl, mit der Thür in's Haus zu
fallen, und so ihrem Istvan, den sie doch über
Alles liebte, Strafpredigten von Seiten des Oheims
zuzuziehen, die nach ihrer festen Ueberzeugung von
einem Seelsorger nicht ausbleiben konnten, selbst

wenn er gesonnen war, so Manches aus Herzens=
güte gehen zu lassen, wie der Bruder Józsi. Und
mußte die gute Frau Anikó nicht auch darauf be=
dacht sein, vor der Hand wenigstens — wenn doch
eine Mittheilung des Conflictes mit Istvan nicht
verschwiegen bleiben konnte — Alles von dem lieben
Gaste fernzuhalten, was ihn unangenehm berüh=
ren konnte?

Istvan schwieg auch über seine Herzenswün=
sche, ob aus ähnlichen Gründen, wie diejenigen
der Mutter Anikó waren, wer mag das behaup=
ten? Er war überhaupt so ziemlich einsilbig, und
hätte er übrigens auch beredt sein wollen, wäre
er denn gegen den lustig schwatzenden Oheim zu
Worten gekommen?

Und der alte Herr schien gar nicht darauf be=
dacht zu sein, den Neffen über Dieses oder Jenes
auszufragen, auch war es, als bemerkten die klu=
gen, scharfblickenden, kleinen Augen durchaus nichts
von dem langen grämlichen Gesicht, das Istvan
mit einer gewissen Virtuosität fast den ganzen Abend
zur Schau trug.

Es war bereits tief in der Nacht, als die kleine
um den Tisch versammelte Gruppe sich zur Ruhe
begab, und der wackere Pater Józsi, durch den
trefflichen „Ausbruch" in die behaglichste Stim=
mung versetzt, unter Segenswünschen für die Sei=
nen mühsam zu dem himmelhohen Bette empor=

kletterte — denn die ungarische Hausfrau, die
etwas auf ihre Häuslichkeit hält, was nicht im=
mer der Fall ist, hat von den deutschen Frauen
Siebenbürgens längst gelernt, mit einem gewissen
Stolz durch zahllose, weißschimmernde Polster ihre
Betten in eine Art stattlichen Kissengebirges zu
verwandeln, das bestimmt ist, den Neid der we=
niger begüterten Nachbarinnen zu erwecken.

Seine Ehrwürden, einmal zu dem weichen,
milchweißen Gletscher dieses Hochgebirges empor=
gelangt, gaben sich unmittelbar darauf dem Schlafe
des Gerechten hin, der bis ziemlich spät in den
nachfolgenden Tag hinein dauerte, und nicht eher
sein Ende erreichte, als bis die Schwester Anikó
an das Bett trat und mit kräftiger Stimme dar=
auf aufmerksam machte, wie sehr es die Gemüth=
lichkeit und das Wohl des Menschen befördere,
wenn er sein Frühstück nicht zwei Stunden lang
auf dem Herde brodeln lasse.

Die Triftigkeit dieser Bemerkung einsehend,
erhob sich der Pater Józsi denn auch alsogleich
und sogar, in Anbetracht seiner Jahre und seines
Umfanges, mit ziemlicher Schnelligkeit.

Das Frühstück ward von ihm in Gemeinschaft
mit der Hausfrau und Istvan eingenommen.

Dann ging es an ein Besichtigen der Mühle
und sonstigen Fahrnisse der Mutter Anikó.

Istvan begleitete die Mutter und den Oheim.

Als sie aber an den Schuppen kamen, welcher den Wiesen zunächst lag, da pfiff er in eigenthümlicher Art und trat in denselben.

Kaum eine Minute später erschien er wieder, Sattelzeug und Zaum über dem Arm, und zwar in demselben Augenblicke, als „Szikra", der kleine zottige Szekler, von der Weide herantrabte, dem Pfiff seines Herrn gehorsam.

Die Mutter blickte ihren Sohn befremdet an, der ruhig das Sattelzeug auf den Gaul schnallte und ihn aufzuzäumen begann.

„Was soll das, Istvan?" fragte sie — „Du willst fortreiten?"

„Ja, Mutter," antwortete der Angeredete — „hinüber zum Török Janos, der, wie Du weißt, in einigen Tagen seine Eltern verlassen und wieder bei seinem Regimente einrücken muß. Ich habe versprochen, ihn zu besuchen, bevor er fortreist."

„Und da willst Du heute fort?" sagte Frau Anikó — „Du kannst ja um Mittag nicht wieder zu Hause sein, denn bis zur Mühle des alten Török ist's weit! Bleib' nur hier, wenigstens heute, wo der Oheim Józsi zum ersten Male bei uns speist."

Istvan stand unschlüssig da, und schielte verstohlen zum Oheim hinüber.

Dieser aber rief lachend: „Was hältst Du den Burschen zurück, Anikó? Es ist wohl ein lieber

Freund, den er auffuchen will, und der ihm vielleicht morgen oder übermorgen davon gegangen
fein wird, ohne daß er ihn noch einmal gefehen
hätte! Mich werdet Ihr ja doch nicht fobald los!
Wer ift diefer Janos?"

„Er war mit mir im Seminar, mein Mit=
fchüler," — entgegnete Istvan — „mein lieber
Kamerad! Seit einem Jahre hat man ihn feiner
Neigung zum Militär folgen laffen."

„Nun alfo," rief Oheim Józfi von Neuem —
„fo fperre Dich nicht, Anikó, und laffe den Bur-
fchen fortreiten. Was foll er da bei uns alten
Leuten herumhocken!?"

„Ich bin eine Stunde nach Mittag wieder
da, betheuerte Istvan — „und werde fchon beim
Török ein wenig Effen bekommen!"

„Nun denn, wenn der Oheim Józfi darauf
befteht," — brummte Frau Anikó — „aber —"

„Ja, ja, ich beftehe darauf," unterbrach fie
Pater Józfi lachend — „Doch kehre uns nicht fo
fpät heim, Istvan, es könnte uns die Grille kommen, daß wir hier= oder dorthin ausfliegen möchten, und da müßteft Du doch mit von der Ge-
fellfchaft fein, verftehft Du mich?"

Der ehrwürdige Herr blinzelte eigenthümlich
fchlau und fchelmifch zu dem Neffen hinüber.

Diefer erröthete lebhaft, fprang plötzlich zu dem
Oheim heran, umarmte ihn fo ftürmifch, daß der

9*

alte Herr aufschrie, küßte nun die Mutter
mit eben solcher Heftigkeit, war dann im Nu
bei seinem Pferde, schwang sich hinauf, und
sprengte pfeilgeschwind davon. Das kleine Roß
und der Reiter verschwanden bald in einer Staub-
wolke.

„Ein ungestümer Bursche!" murmelte die Mutter Anikó, indem sie ihr verdrücktes Busentuch
halb unwillig, halb lächelnd zurechtschob.

„Ja, ja!" entgegnete Pater Józsi auflachend.
— „Hat bis zur Stunde mehr von einem Hus-
zaren in sich, als vom Alumnen, wie mir scheint!
Aber das thut nichts, Schwester Anikó, wird sich
Alles schon finden! Und nun zeig' mir noch den
Rest Deiner Wirthschaft, bevor Du in die Küche
mußt!" — —

Die Mittagsstunde war da.

Pater Józsi saß im Wohnzimmer der Schwester Anikó am Tische gegenüber. Er sprach den
wohlzubereiteten Speisen und dem trefflichen Ungarweine wacker aber mit weiser Bedachtsamkeit
zu, wie das immer ein Feinschmecker zu thun
pflegt.

Die gute Hausfrau machte mehr die Zuschaue-
rin als die Esserin. Seiner Ehrwürden bei Tische
zuzuschauen, gewährte aber auch unzweifelhaft Vergnügen. Es ist eine Kunst, mit Anstand, Würde
und Behaglichkeit zu essen!

Man war in diesem Augenblick daran, eine delikat gebratene Gans abzuthun.

Da legte Pater Józsi, der seither voll liebens= würdigen Humors geplaudert, die Keule, an der er seit wenigen Minuten die Musterhaftigkeit fei= ner Zähne bewiesen hatte, auf den Teller, und wischte sich das Fett von Lippen und Wangen.

„Wahrlich," begann er, behaglich schwatzend — „bis jetzt ist mir Alles auf meiner Reise so gut ausgegangen, daß ich über die Befürchtungen lächeln sollte, welche mich beim Beginn meiner Fahrt überkamen, und — ich gestehe es, bis Fo= garasch kaum eine Minute verlassen haben."

„Wie so Befürchtungen?" fragte Frau Anikó, den Bruder verwundert anblickend.

„Der aufgeklärteste Mensch hat bisweilen seine Stunden," entgegnete der alte Herr lächelnd — „in denen er, trotz all' seiner gesunden Vernunft, abergläubisch wird. Als ich mein Städtchen ver= ließ, da ereignete sich etwas, das mir wie eine schlechte Vorbedeutung für meine Reise erschien, — und ich sag's Dir offen, Anikó, — ich quälte mich seitdem unterwegs beständig mit dem Ge= danken, Euch, oder andern lieben Freunden in der Gegend hier, möge irgend etwas zugestoßen sein!"

„Ja, was ereignete sich denn, als Du vom Hause wegfuhrst?" fragte Frau Anikó neugierig.

„Ich war schon mit meinem Wägelchen vor der
Stadt, da mußte ich wieder umkehren!" erzählte
Pater Józsi, dessen rundes, glänzendes Antlitz so
viel von einem wehmüthigen Ausdruck annahm,
als sich überhaupt in seinen feisten, gemüthlichen
Zügen kundgeben konnte. — „Man war mir nach=
gelaufen und holte mich an das Bett eines Ster=
benden, eines lieben Burschen, den ich in mein
Herz geschlossen, der Tags zuvor noch zu mir ge=
kommen war, mir zum Abschied die Hand zu
drücken!"

„Wie? Erkrankte der arme Bursche so plötz=
lich?"

„Nein. Er hatte sich eine Kugel durch die
Brust gejagt!" antwortete Pater Józsi, einen trüb=
seligen Blick auf das Gerippe der Gans richtend.

„Entsetzlich!" rief Frau Anikó — „Und des=
halb that sich denn der junge Mann so et=
was an?"

„Ach, das ist eine traurige Geschichte," ver=
setzte Pater Józsi — „die von dem Unverstand
des Vaters meines armen Imre Zeugniß ablegt!
Hätte der Bursche nur ein Wort zu mir von sei=
ner Angelegenheit gesprochen, mich seinen Kum=
mer errathen lassen, es wäre wohl Alles anders
gekommen, denn ich besaß immer einigen Einfluß
auf seinen Vater, und würde diesen wohl bekehrt
haben. Anikó, mein Glas ist leer!"

„Bekehrt? Wozu?" fragte die wackere Hausfrau, während sie das Glas des Bruders mit
dem edlen Ausbruch füllte.

Pater Józsi trank bedächtig, dann setzte er das
Glas hin und fuhr in seiner Mittheilung fort.

„Ja, ja, die Geschichte ist traurig!" sagte er
mit melancholischer Stimme, indem er dem vor
ihm auf einer Schüssel aufgehäuften Salat, ihn
mundgerecht zu machen, die nöthigen Ingredien-
zen beimischte — „Ich will Dir sagen, Schwester
Anikó, die Sache verhält sich so. Als der Imre,
der arme Bursche, von dem ich rede, noch ein
kleines Kind war, da ward seine Mutter, die nun
längst todt ist, gefährlich krank. Da that der
Vater das Gelübde, seinen Sohn der Kirche weihen zu wollen, wenn die Frau genese. Und sie
genas. So ward denn der kleine Bursche, das
einzige Kind, ob auch die Mutter wehklagen
mochte, mit zehn Jahren in ein Seminar gesteckt.
Und was hat der Herr Vater davon gehabt? He?
Nach zwei Jahren ist ihm richtig seine Frau gestorben, denn sie konnte die Trennung von dem
einzigen Sohne nicht ertragen, der alle Jahr nur
auf ein paar Wochen — wie der Istvan — nach
Hause kam. Du wirst Dir schon vorstellen können, Schwester Anikó, was das arme Weib gelitten haben mag, hast mir ja selber oft geklagt,
daß es Dir zu Herzen gehe, so allein ohne Dei-

nen Jstvan leben zu müssen. Haft freilich eine
gute Natur, Schwester Anikó! Dein Effig ift
beinahe zu ftark, ich muß noch mehr Oel darauf
geben."

Frau Anikó reichte dem Bruder die Oelflasche
hin. Die Hand der guten Frau zitterte dabei
merklich.

„Und wie hat es fo weit kommen können, daß
der arme Burfche —?" murmelte fie fragend, und
ftockte dann mitten in ihrer Rede, indem fie den
Bruder ängftlich anftarrte.

Pater Józfi goß fich phlegmatifch Oel auf feinen
Salat, rührte ihn um und nahm fich eine tüch=
tige Portion.

„Jetzt ift er gut!" fagte er dann kauend —
„Ja, fiehft Du —" fuhr er fort, zugleich dem
Salat zufprechend — „der arme Imre, der nun
todt ift, kam natürlich auch als erwachfener Burfche
immer auf einige Wochen nach Haufe, das mag
aber wohl gerade Zeit genug fein, fich zu ver=
lieben, wenn's fo fein foll, denn der Burfche ward
richtig in die Tochter des Nachbarn verliebt, wie
man fo fagt, bis über Nafe und Ohren. Und
weil er fich nun für den geiftlichen Stand fo ganz
und gar nicht berufen fühlte, aber weit eher fchon
für den Eheftand, da befchwor er denn feinen
Alten, den einen mit dem andern vertaufchen zu
dürfen. Jetzt gib mir einmal von der andern

Flasche, Anikó, ich möchte doch auch vom leich=
teren Wein probiren."

Frau Anikó war weiß geworden wie die Wand.
Sie befand sich in einer so großen Erregung, daß
sie das Begehren des Bruders überhörte.

„Und der Vater?" stammelte sie — „Der
Vater?"

„Der verweigerte seine Zustimmung und berief
sich auf sein Gelübde. Der Narr! Als ob ihm
nur deshalb der liebe Gott sein Weib wieder ge=
sund gemacht habe, weil ihm etwas dafür von
einem einfältigen Tropf versprochen worden, der
in seiner Beschränktheit nicht einmal bedachte,
daß man nur das geloben kann, was
man selber auch zu halten vermag, und
daß jedes andere Gelübde ein Frevel vor
Gott und seinem Nächsten ist! So verbot
der thörichte Alte dem Sohne denn, an das schmucke
Sachsenmädchen zu denken —"

„Ein Sachsenmädchen sagst Du, Bruder Józsi?"
stotterte Frau Anikó.

„Ja, eine Deutsche. Darin hätt' der ehrliche
Magyar nichts Uebles gesehen, denn er wußte
wohl, daß das Mädchen brav und wohlhabend
sei, und man's in Ungarn, wo Katholiken und
Protestanten so eng bei einander wohnen und zu
einander halten müssen, mit den Mischheiraten
nicht so genau nimmt, wie draußen. Aber das

Gelübde war sein Gespenst, und das ohne Ueber=
legung ausgesprochene Wort, durch das er sich
angemaßt hatte, über ein junges Leben vorweg
zu verfügen, das seine eigene Berechtigung hat,
galt ihm höher, als die gesunde Vernunft, die
unser Herrgott denn doch bei uns am liebsten
sieht, da nur sie uns zum wahren Glücke führt!
Er trat also dem Sohne entgegen, und dieser
ging und — tödtete erst seine Geliebte und
dann sich!"

„Allmächtiger Gott!" schrie Frau Anikó auf,
den Pater anstarrend.

Dieser aber fuhr gelassen fort: „Sag' mir
doch, Schwester, wie weit hat man bis zu jenem
Török, zu dem der Istvan geritten ist?"

Durch Frau Anikós Gehirn schoß ein entsetz=
licher Gedanke.

„Jesus Maria!" stammelte sie außer sich fast
tonlos. — „Wenn er nun zu ihnen hinüber
wäre —!"

„Nun, Du weißt es ja," unterbrach sie der
Pater Józsi trocken.

„Du verstehst mich nicht, Józsi!" rief die Frau
händeringend. — „Zu Winholds nach Foga=
rasch! Er liebt die Erzsébet, und — daß ich
nur Alles gestehe — sträubt sich gegen den geist=
lichen Stand!"

„Ei, ei! Du überraschest mich, Schwester Anikó!"

antwortete der alte Herr, indem er die Gabel nie=
derlegte und seine Schwester anscheinend verwun=
dert ansah. — „Nun erkläre ich mir das gestrige
Zusammentreffen mit ihm und seine Befangenheit!
Und Du billigst seine Wünsche, Anikó?"

„Oh mein Jesus, mein Heiland!" rief die Mut=
ter Istvan's, in furchtbarer Angst vom Sessel auf=
springend. „Es ist Alles so, wie das, was Du
vom armen Imre erzählt hast, und ich habe bis
hierher wie der Vater des Unglücklichen gehan=
delt. Wenn's nun den Istvan in seiner Ver=
zweiflung hinüber getrieben hätte zu dem Mädchen,
ihr und sich ein Leid anzuthun, wie es der arme
Bursche that —!"

Die Frau rang von Neuem die Hände.

„Oh mein Jesus, was beginnen!" schluchzte sie.

„Wenn's so ist, Schwester Anikó," entgegnete
der Pater Józsi ernst, „dann bleibt uns nichts
Anderes übrig, als augenblicklich anspannen zu
lassen, und zu Winholds nach Fogarasch zu
fahren!"

„Ja, ja!" kreischte die Mutter Istvan's und
stürzte zur Thür.

„Halt, Schwester Anikó!" sagte der alte Herr
sanft, indem er sich erhob, zu der geängstigten
Frau trat und ihre Hand ergriff. — „Wenn nun
Gottes Allgüte Deinen Istvan vor dem Schicksale
des armen Imre bewahrt hätte, wie ich zu hoffen

wage, wirst Du dann noch ferner handeln wollen, wie der Vater dieses Unglücklichen handelte?"

„Oh Heiland, oh barmherzige Mutter Gottes!" schluchzte die Frau — „Józsi, Bruder Józsi — mein Gelübde —!"

„Es war ein sündhaftes, Schwester Anikó, ich sage dies als Priester des Herrn!" antwortete der Pater ernst und milde — „Du konntest für Dich geloben, was Dir Dein Herz eingab, nicht für Dein Kind! Unser Herrgott will nicht die Erfüllung eines sündhaften Gelübdes! Und will der Jstvan kein Geistlicher werden, so mag er es unterlassen. Nur der ist dem Herrn als Verkünder seines Wortes wohlgefällig, der ihm im Geiste und in der Wahrheit dient! Und liebt der Jstvan die Erzsébet, nun so mag er sie heiraten. Du aber, Schwester Anikó, wirst das an Deinem Burschen begangene Unrecht wieder gut machen, indem Du mit mir fährst und selber beim alten wackern Winhold um seine Erzsébet für Deinen Jstvan anhältst. Wirst Du nicht, Schwester Anikó?"

„Alles, alles!" schluchzte die Frau an der Brust ihres Bruders — „Gott gebe, daß wir nicht zu spät kommen!"

Sie hielten einander umschlungen, die beiden alten Leute.

Da plötzlich vernahmen sie Pferdegetrappel.

Im nächsten Augenblick sprengte Istvan auf seinem lustig wiehernden Szekler in den Hof.

Frau Anikó schrie auf, riß sich von dem Bruder los und stürzte hinaus vor die Hausthür.

Als auch der Pater Józsi in den Hof hinaustrat, da war Istvan schon vom Pferde herunter und in den Armen der Mutter.

„Istvan, mein Istvan!" rief diese, und küßte den jungen Reiter außer sich auf Mund und Wangen.

„Was ist Dir, Mutter?" stammelte Istvan.

„Sie will Dir nur sagen," sprach lächelnd Oheim Józsi hinter ihnen — „daß Du Dein Pferd nicht abzusatteln brauchst. In einer halben Stunde fahre ich mit der Mutter zu Winholds hinüber nach Fogarasch, und Du mußt wohl oder übel mit von der Partie sein!"

Ein Abenteuer in Havanna.

Zwölf Tage waren vergangen, seitdem wir den Hafen des malerisch gelegenen Funchal ver= lassen hatten. Madeira, diese paradiesische Insel mit ihrer überaus wundersamen Vegetation, ihren Kaffeebäumen, Traubengeländen, Orangenbüschen und Bananen, beschäftigte noch lebhaft unsere Phantasie. Wir hatten uns in den ersten Tagen nach unserer Abreise von dort mehr als einmal nach Funchal zurückgesehnt, mit seinem buntbe= wegten, originellen Hafentreiben, seinen winkligen, berganstrebenden Gäßchen, seiner auf kahlem Fel= sen thronenden Citadelle und dem terrassenförmig emporsteigenden Hintergrunde, von dem hier und dort aus saftigem Gebüsch hervor die kleinen, in spanischem Styl erbauten Villen so anmuthig weiß herniederblicken.

Aber diese lieblichen Erinnerungen verwischte wie mit magischer Gewalt der als Utkiek auf der Vorbramsaling unserer Brigg reitende Matrose

Schirmer, Aus aller Herren Ländern I.   10

durch seinen längst erwarteten, gellenden Ruf:
„Land in Sicht!"

Nur derjenige, welcher sich wochenlang auf
dem unermeßlichen Ocean schaukeln ließ, rings vom
Schiffe aus, das ihn trug, nichts weiter erblickend
als das ewig rollende, glitzernde Meer, den darüber ausgespannten Aether und dann und wann
nur einen in der Ferne vorübersteuernden Segler,
wird die Lust begreifen, mit der Passagiere und
Seeleute nach dem Bugspriet des Schiffes sich
drängen, sobald der Ruf: „Land in Sicht!" ertönt.

So stand denn auch jetzt im Nu, dicht gedrängt um beide Gangspille, von der Mannschaft
so ziemlich ein Jeder, der im Momente nicht die
Hand in die Theertonne zu stecken hatte, das
heißt, der nicht just im Dienste thätig sein mußte,
vor dem Fockmaste im Vorderschiffe, und starrte
über die graugrüne Flut hinaus nach dem winzigen Punkte, den vor der Hand nur das geübte
Seemannsauge entdecken konnte. Ja, die Bam-
busen, wie der Seemann die angehenden Matrosen nennt, und die Schiffsjungen waren bis auf
die Regelinge gesprungen und einige von ihnen
balancirten selbst auf dem Klüverbaum, an den
ausgespannten Tauen der dreieckigen Stagsegel
sich haltend.

Wir Passagiere — wir waren unser fünf auf

der Brigg — fehlten natürlich nicht unter der
Schaar jener Neugierigen, die übrigens einige
Minuten später wieder nach dem Quarterdeck
und dem Gatt des Schiffes schob und sich ver-
theilte.

Unsere Brigg, ein stattlicher Zweimaster, der
180 Tonnen hielt, war ein guter Segler, und da
das Schiff jetzt flach vor dem Winde ging, dieser
natürlich äußerst günstig von hinten in die Segel
fiel und die Brise auch obendrein ziemlich vollhandig war, wie der Seemann sagt, so kamen
wir bald so weit vorwärts, daß wir Passagiere
ohne Fernglas die Insel, der wir zusteuerten, gewahren konnten.

Was wir in Sicht hatten, war Barbadoes,
die östlichste der karaibischen Inseln.

Nach einer raschen Fahrt erreichten wir den
Gegenstand unserer Neugier, der keineswegs das
Ziel unserer Reise war.

Uns erwartete hier nicht eine Scenerie, wie
sie uns Madeira geboten hatte. Die östliche Küste,
der wir zusegelten, war flach, und die Stadt Bridgetown mit ihren im europäischen Geschmack erbauten, unsauber blickenden Häusern machte keineswegs den ersten Eindruck, welchen wir von der
Insel erhielten, zu einem gefälligen.

Der Strand war mit Opuntien bedeckt, und
erst in einiger Entfernung von demselben standen

Cocospalmen, blütenübersäete Bignonien, Tama=
rindenbäume und blühende Ipomeen, die einen
freundlichen Anblick gewährten.

Die Brigg legte bei Bridgetown an, um
Waffer einzunehmen. Das Treiben am Strande
erst bot uns des Ueberraschenden hinreichend.
Dort lagen, kauérten, tanzten, jubelten ganze
Schaaren halbnackter Neger. Es herrschte dort
ein tolles Durcheinander, und wildes Geschrei tönte
uns entgegen.

Kaum war die Brigg vor Anker gegangen, da
schoß ein Theil dieser schnatternden, lärmenden
Kerle in Böten heran, sie umringten buchstäblich
das Schiff, sie kletterten daran empor; dieser bot
Cocosnüffe und sonstiges Obst an, jener seine
Dienste, alle waren sie zudringlich und nur mit
Mühe zu vertreiben.

Der Aufenthalt vor Bridgetown sollte sich
nicht über den Zeitraum von zwei Stunden hin=
ausdehnen, wir stießen daher in der Heckjolle der
Brigg ans Ufer, unsern Weg dorthin zwischen
den Böten der Neger hindurch mit Mühe er=
zwingend.

Einige Schooner lagen noch im Hafen und
rothhaarige Engländer machten sich am Strande
zu schaffen, auch spazierte in der Nähe einer der
„ginshops“, von welchen her das Gejohle der
Matrosen an unsere Ohren schlug, eine rothe

Uniform, gleich einem hochbeinigen Flamingo, auf
und nieder.

Drei meiner Reisegefährten wanderten einem
Delikatessenladen zu, ich aber, und mit mir ein
junger Hamburger, mein Landsmann, wir misch=
ten uns unter die Negergruppen, denn, zum ersten
Male unter dieser Zone, übte das Treiben
der schwarzen Burschen eine absonderliche An=
ziehungskraft auf uns, welches Interesse sich in=
dessen bald abkühlen sollte. Die Kerle drängten
sich heran, sie thaten für Geld, was wir begehr=
ten, — sie tanzten ihre Nationaltänze, das heißt
sie sprangen wie die Unsinnigen umher, stießen
mit den harten, wolligen Schädeln an einander
und sangen einige Lieder, dieses Alles zum Klange
eines elenden Dinges, das einer verunglückten Gui=
tarre glich und nur zwei Saiten hatte.

Nach einer Viertelstunde drohte uns das Trom=
melfell zu zerspringen. Wir entrannen den schwar=
zen Gesellen, die während des tollen Gesanges
ihre blendend weißen Zähne fletschten und die
Augen so weit aufrissen, daß man rings um die
schwarzen Pupillen das Weiße sah. Vom Strande
aus stiegen wir nun ein Stündchen umher, durch
Gassen voll Unrath, hier von langweiligen Eng=
ländern angestarrt, dort von Verkäuferinnen an=
gerufen, häßlichen Mulattenweibern, ein Gefolge
von schwarzen, bettelnden Tagedieben hinter uns.

An dem Fenster eines Hauses, vielleicht das des Gouverneurs der Insel, sah ich sekundenlang ein schönes Mädchen erscheinen, eines jener blonden, schmachtenden und interessanten Kupferstichköpfchen, wie man sie nur während der eleganten Spazier=fahrten im Londoner Regents=Park sieht.

Diese Erscheinung glich einer verlockenden Fata Morgana. Ach, warum entschwand sie nur so rasch?!

Mir blieb keine Zeit, unter dem Fenster dieser anglikanischen Schönheit zu träumen, denn der „Lovelace", unsere Brigg, schickte sich an, die Anker zu lichten.

Es war gegen Abend als wir Barbadoes verließen, um 140 englische Meilen weiter nach den Grenadainseln zu schwimmen. Eine herrliche Brise beschleunigte die Fahrt, schon am folgenden Morgen hatten wir etliche von den Inseln, deren Zahl 120, in Sicht. Wir segelten, bei ruhiger See, an den Porphyrfelsen der Grenaden vorüber, die viele sehr gefährliche Riffe bilden, und flaggten stolz an der romantischen Bucht von Georgetown hin, zu welchem Städtchen mit seinen schön ge=legenen Festungswerken mein Auge sehnsüchtig hinüberschweifte, als mir der erste Steuermann, eine alte, ausgedörrte Seeratte, im trockenen Tone, und ohne daß er eine Ahnung davon hatte, wie sehr er meine Phantasie aufreize, die Mittheilung machte, daß es auf Grenada Zucker=, Kaffee= und Baumwollpflanzungen gebe und in den Bäumen von Ast zu Ast in allen Farben schillernde Colibris hüpfen.

Aber was half die Sehnsucht? Unsere Bestimmung war, an Haiti und Jamaica vorüber, nach Havanna zu segeln.

Nach einer Fahrt von 720 englischen Meilen erreichen wir Haiti, das immergrüne Eiland, mit seinen 6000 Fuß hohen Gebirgen. In der Bucht von Jacmel, einem elenden Orte, legten wir an und steuerten nach kurzem Aufenthalte weiter. Und als wir die Berge Haitis aus dem Gesichte verloren, da tauchten diejenigen Jamaicas vor uns auf, die 8000 Fuß hohen blue mountains. Sie wuchsen mehr und mehr vor uns in die Höhe, aber nicht rasch genug für unsere Ungeduld. Endlich erreichten wir die Sandbänke und Riffe, die sich am östlichen Ufer der Insel hinziehen, ein Leuchtthurm blickte uns entgegen, an die Gefahr mahnend, die hier unter trügerischen, schaumglitzernden Wogen lauert. Aber schon steuerte, gleich flatternden Möven daherlavirend, mehr als ein Fahrzeug heran, das Lootsen brachte. Es war das eine Regattafahrt eigenthümlicher Art, welche die Konkurrenz hier ins Werk setzte. Derjenige Lootse, welcher die Brigg zuerst erreichte, durfte darauf rechnen, sie nach Portroyal, dem eine

Stunde von Kingston entfernten Hafen, führen
zu können. Und bald legte denn auch ein solcher
Wasserschutzgeist bei uns an, kletterte die Fallreep
im Nu empor, und machte unserm Kapitän, einem
jovialen alten Herrn mit kupferner Nase und leid=
lichem Schmeerbauche, welche beide Dinge verriethen,
wohin seine Gefühle sich zu neigen pflegten, sein
Kompliment.

Der Lootse brachte uns wohlbehalten nach
Portroyal. Zwei Stunden später wäre die Sache
nicht so glatt abgegangen, denn es stellte sich,
wie der Seemann sagt, ein rusiges Wetter ein,
das unserem Lootsen, und somit auch uns, an
den Riffen würde ganz tüchtig zu schaffen ge=
macht haben. Diese rusige Luft artete bald in
eines jener stürmischen Regenwetter aus, von
denen die Nordseite Jamaicas häufiger als der
südliche Theil desselben heimgesucht zu werden
pflegt.

Wir erhielten bald die Gewißheit, daß es für
uns rathsam sein werde, erst nach einigen Tagen
wieder in See zu stechen. Und so blieb uns denn
nichts anderes übrig, als in Sturm und Wetter
nach der eine Stunde vom Hafen entfernten Haupt=
stadt der Insel zu übersiedeln. Wir rückten, un=
geachtet des Zornes der wider uns verschworenen
Elemente, in das sandverschwemmte Kingston ein,
das trotz seiner breiten Straßen in hohem Grade

unrein ist, dessen einstöckige Ziegelhäuser uns
aber wenigstens durch ihre arkadenartigen Ver-
auden gestatteten, auf den Straßen während des
Regens, vor demselben so ziemlich geschützt, zu
spazieren.

Ein Hotel nahm uns auf; nicht besser und
nicht schlechter war es, als so manches in unserm
lieben Deutschland. Das Theater aber, welches
wir Abends besuchten, bot in den Leistungen seiner Künstler wo möglich noch Elenderes, als die
in deutschen Provinzstädten wohlbekannten, um-
herziehenden Banden, die man auch Meerschwein-
chen zu nennen pflegt.

Der Regen hatte doch sein Gutes, er vertrieb
uns zum Theil die Mosquitos, die sich hier bereits Tag und Nacht alle mögliche Mühe gaben,
als Stechvirtuosen dem Menschen das Leben zu
verbittern.

Drei volle Tage und eben so viele Nächte
blieb Kingston unser Asyl. Dann klärte sich
der Himmel auf, beruhigte sich das Meer und
kam schließlich die Ordre zum Aufbruch nach Portroyal.

Von meinen Reisegefährten waren mir zwei
untreu geworden, die auf Jamaika blieben. Die
beiden andern Herren, welche mit mir an Bord
des „Lovelace" zurückkehrten, waren ein ältlicher
Havanneser, der nach seiner Vaterstadt ging, und

der junge Hamburger, dessen ich bereits Erwähnung
gethan.

Daß ich mich mehr an meinen Landsmann
schloß, als an den Havanneser, versteht sich von
selber. Wir standen einander auch an Jahren nä=
her, denn der junge Hamburger zählte nur fünf
Jahre weniger als ich.

Er war ein hübscher, blonder Mensch von
vierundzwanzig Jahren. Seine regelmäßigen, ein=
nehmenden Züge hatten einen offenen, freimüthi=
gen Ausdruck, die Spannkraft ungeschwächten
Jugendmuthes verlieh ihm jene liebenswürdige
Sorglosigkeit, welche sicher ist, sich überall Freunde
zu erwerben. Seine Augen strahlten jenen Glanz
aus, der auf ein unverdorbenes Gemüthsleben
schließen läßt, und seine frischen, rosigen Wangen,
die Elasticität seiner Haltung und die straffen
muskulösen Glieder legten ein unzweideutiges Zeug=
niß dafür ab, daß er die entnervenden Zerstreun=
gen die Hamburg in verschwenderischer Fülle bie=
tet, nicht bis zur Neige durchgekostet habe.

Blauäugig, mit röthlich=blonden Haaren, war
Ferdinand Reimers in seiner Erscheinung der
Typus eines Deutschen, aber er hatte nichts
in seinem Wesen von deutscher Sentimentalität
und Träumerei. Er war lebhaft, zu Zeiten ein
wenig excentrisch sogar, und erfaßte, was ihn
interessirte, gewissermaßen mit südländischer Leiden=

schaftlichkeit. Er mußte sich deshalb auch nur wenig zu beherrschen, und da er jetzt gesonnen war, einige Jahre in Havanna zu verbringen, wo er beabsichtigte als Volontär in ein überseeisches Geschäft zu treten, so weissagte ich ihm Konflikte mit den heißblütigen Havannesern.

Nur zu bald sollte sich meine Weissagung in entsetzlicher Weise erfüllen, und zwar noch bevor Reimers Zeit gehabt hätte, sich in Havanna einzubürgern oder seinen Reisezweck zu erreichen.

Wir schieden von Portroyal und legten die 740 englische Meilen lange Fahrt in verhältnißmäßig kurzer Zeit zurück, wenn ich berücksichtige, daß der Wind zweimal umschlug und uns so eine Zeit lang ungünstig war.

Endlich tauchte das Cap San Antonio vor uns auf. Und nun gewahrten wir den Leuchtthurm Havanna's, der stolz von seinem Felsen auf das Meer hinausblickte.

Der Morgen, an dem wir die Hauptstadt Cuba's erreichten, wird mir unvergeßlich sein.

Der Aether, so weit das Auge rings sehen konnte, war tief blau, die Flut lag, ein glatter, blitzender Riesenspiegel, fast regungslos da, die Sonne vergoldete die byzantinisch geformten Umrisse der Kathedrale und die zahllosen Kuppeln der Kirchen Havanna's, dessen palastartige, steinerne Häuser mit ihren flachen Dächern, ihrer blau und

weißen Farbe, mit ihren zierlichen Balkons und
den zeltartig vorgeschobenen, gestreiften Rouletten
an den Fenstern ohne Glas, einen zauberhaften
Anblick gewährten. Zur Linken der schmalen Ein-
fahrt in den Hafen ragte die berühmte Citadelle
El Morro malerisch empor, zur Rechten lag das
kleinere Fort El Puntal; die Zinnen beider waren
ebenfalls in Sonnengold getaucht.

Wir jubelten, als nun der „Lovelace" im
Hafen vor Anker ging. Wir hatten jetzt die Stadt
zur Rechten und konnten den Augenblick, wo wir
sie betreten sollten, kaum erwarten. In Anbetracht
unserer Ungeduld dauerte es schon lange, bis die
Böte der Brigg ausgesetzt wurden und uns sammt
unserm Gepäck aufnahmen.

Unser havannesischer Reisegefährte, der ältliche
Herr, ein Don Leon d'Azevedo, verabschiedete sich
jetzt von uns, denn er kehrte nach seinem Hause
und seiner Familie zurück, wir aber wanderten zu
dem renommirten Fulton-Hotel. Don Leon gab
uns seine genaue Adresse und lud uns artig zum
Besuche ein. Insbesondere richtete er diese Aufforderung an Reimers, mit dem er sich während
der Reise vorzugsweise befreundet hatte.

Wir nahmen die Einladung mit Dank an —
sie sollte für meinen armen Landsmann unheilvoll
werden.

Das Fulton-Hotel lieferte uns ein vortreffliches

Frühſtück, aber wir nippten nur von dem ſpani=
ſchen Weine, den man uns vorſetzte, denn wir
fühlten uns ohnehin durch die übermäßige Hitze,
die auf Cuba herrſcht, vollſtändig in Glut ver=
ſetzt. Obwohl wir uns nun in ſolchem Zuſtande
befanden und auch die Promenadezeit noch fern
war, duldete es uns doch nicht länger im Hotel.
Wir zündeten uns Cigarretten an, und ſchlender=
ten durch die ſchmalen Gaſſen der Hauptſtadt.

Trotz der brennenden Sonnenglut herrſchte
dort ein ziemlich lebhaftes Treiben, das für mich
und meinen Gefährten um ſo pikanter wurde, als
wir beide der ſpaniſchen Sprache mächtig waren,
und uns Don Leon während der Reiſe einiger=
maßen in die Havanneſer Sitten eingeweiht hatte.

Männer und Weiber niederer Klaſſe durchzogen
die Gaſſen und boten mit lauter Stimme feil,
was ſie trugen: herrliche Orangen, eine Art Brot=
frucht, Ananas und allerlei mexikaniſches Obſt,
Gemüſe, Fiſche der verſchiedenſten Gattung und
vor Allem zierliche Confituren und das hier un=
entbehrliche Eis.

„Eis, Eis!“ ertönte es von allen Seiten.

Hier und dort, beſonders am Strande, waren
kleine ambulante Schenken errichtet, unter rieſigem
Sonnenſchirm oder luftigem Zeltdach, wo der
Arbeiter ſeinen Sorbet ſchlürfte, ſeine aus Waſſer,
Wein und Zucker bereitete sangria nahm, wo er

Melonen mit spanischem Pfeffer verspeiste und fo=
gar seine Hand nach gebratenen Enten und allerlei
sonstigen Fleischsorten, wie auch nach Fischen und
Backwerk ausstrecken konnte.

Die armen Wasserträger seufzten unter ihrer
Last an uns vorüber, ihre Krüge vor sich und
auf dem Rücken an Riemen tragend, die über
Stirn und Nacken gingen.

Auch mehr als einen Evangelisten entdeckten
wir, jene öffentlichen Schreiber, die am kleinen
Tische, meist halb vom darüber befestigten Son=
nenschirme verſteckt, dem Landvolke als Notar und
gar häufig den hübschen, schwarzäugigen Arbei=
terinnen der Cigarrenfabriken als postillon d'a-
mour dienen.

Und überall, namentlich in der Nähe der zahl=
reichen Kaffeehäuser und Zuckerbäckereien, die in
Havanna mit erstaunlicher Pracht und Eleganz
ausgestattet sind, so daß diejenigen von Paris
und Wien dagegen unbedingt den Kürzeren ziehen,
lungerte schon jetzt, während der heißen Tageszeit,
allerlei abenteuerlich blickendes, fadenscheiniges Volk,
unter dem es Manche gab, die ihre Dürftigkeit
mit einer gewissen kavaliermäßigen Nachläſſigkeit
trugen, jedenfalls ehemalige Havanneser Elegants,
welche dem fabelhaften Luxus, der hier mit Allem
getrieben wird, und der creolischen Spielmanie
zum Opfer gefallen waren. Unbedingt gehörten

fie in die Kategorie jener Wesen, auf welche der
Volksspruch: Der Vater Kaufmann, der Sohn
Spaziergänger, der Enkel Bettler! sehr wohl paßt.
Diese schäbig gentilen Dons hielten sich ohne
Zweifel in der Nähe ihrer ehemaligen Tummel=
plätze auf, um vermuthlich noch ein armseliges
Atom jener Freuden zu erhaschen, die sie zu Bett=
lern gemacht. Ich sah unter diesen Caballeros
Einige, deren wildblickende Physiognomien ziemlich
deutlich zu verstehen gaben, daß sie gegen ein paar
Flaschen Champagner und einige Thaler nicht ab=
geneigt sein würden, Jeden, den man ihnen be=
zeichnen möchte, durch einen Dolchstich — una
punalada — aus der Welt zu schaffen.

Das Schlaraffenleben, welches im Allgemeinen
in Havanna geführt wird, ist übrigens ziemlich
leicht erklärlich. Die Vorväter der Havanneser ar=
beiteten schon im Mutterlande Spanien nicht gern,
und so fühlen denn die Nachkommen, die auch in
diesem Punkte nicht aus der Art geschlagen sind,
nicht das Bedürfniß, unter einer tropischen Sonne,
die ohnehin allein dafür sorgt, daß ihnen Reich=
thümer aus dem Boden emporwachsen, anders
sein zu wollen, als ihre altcastilianischen Vorfah=
ren. Auch lebt in diesen Abkömmlingen der Hi=
dalgostolz der spanischen Nation, der in der Arbeit
etwas Entwürdigendes sieht. Und da ein heißes
Klima ohnehin alle Leidenschaften der Menschen

wilder entfesselt als der kühle Norden, so prassen und genießen die Havanneser und ihre reizenden, verführerischen Weiber, und schwelgen im süßen Nichtsthun, so lange es gehen mag, sie besitzen darin sogar eine Virtuosität, von welcher selbst der Pariser noch profitiren könnte.

Für ein solches Leben ist in Havanna Alles da, jeder Sinnengenuß kann auf der Stelle befriedigt werden. Schönere und reichere, mit allen Luxusdingen der ganzen Welt ausgestattete Läden als hier hat keine Großstadt Europa's aufzuweisen. Während ich an der Seite meines Landsmannes die Stadt durchstreifte, blendeten mich, den an großstädtisches Leben Gewöhnten, diese Schaustellungen. Aber mehr noch als diese, ich gestehe es ehrlich, interessirten uns jene, welche die anmuthigen Havanneserinnen in eigener Person veranstalteten.

Schon am Bord des „Lovelace" hatte ich erfahren, daß die Tagesbeschäftigung der schönen Havanneserinnen darin bestehe, in eleganter Toilette fast zu jeder Stunde an den Fenstern des Erdgeschosses zu sitzen; was wir jetzt sahen, lieferte uns den Beweis, daß man mir auf dem Schiffe kein Mährchen erzählt habe. Die niederen, mit Eisengittern versehenen Fenster ohne Glas gewährten uns einen Blick in das Erdgeschoß eines jeden Hauses, ohne alle Mühe vermochten wir dort bis in die innersten Gemächer, ja bei manchen Woh-

nungen bis in die Schlafzimmer der Damen zu
schauen. Und die holden Havanneserinnen dachten
in der That nicht im entferntesten daran, sich unseren neugierigen Blicken und denen der sonst noch
Vorübergehenden zu entziehen. In halbliegender,
koketter Stellung kauerten sie auf ihren Estraden
an den Fenstern, den blitzenden Fächer schwingend
und die Cigarrette an goldenem Zängelchen zum
Munde führend.

Wie sind sie zauberhaft, diese kreolischen Erscheinungen! Das bläulich schwarze, glänzende
Haar, die bald funkelnden, bald wundersam hingebend schmachtenden, tiefdunklen Gazellenaugen,
der blasse, matte Teint, die edlen, zartgeformten
und doch entschiedenen Umrisse der Züge, die wol-
lustvolle Ueppigkeit der geschmeidigen Gestalt, ja
selbst das zierliche Bärtchen, das wie ein leichter
Schatten über den rosigen, lüstern schwellenden
Lippen thront, hinter denen blendend weiße Per-
lenzähne des Augenblickes harren, wo ein ver-
führerisches Lächeln ihren reizenden Schmelz enthüllt, — das Alles macht die Damen von Havanna nicht allein pikant, sondern geradezu unwiderstehlich.

Sie verlassen ihre Fenster nur, um in die
Kirche zu gehen, deren Glocken fast unablässig
bis um Mittag ertönen, oder um zu speisen. Und
haben sie so den Tag über mit Grazie nachlässig

kokettirt, dann beginnt Abends ihre eigentliche
Herrschaft, wenn sie in zierlichen, luxuriös aus=
gestatteten, oft reich vergoldeten Volantes, zwei=
rädrigen mit einem Pferde bespannten Wagen,
unseren aus der Mode gekommenen Cabriolets
vergleichbar, in den mit Bäumen, Blumen und
Springbrunnen geschmückten Promenaden auf und
nieder fahren. Wir sollten uns noch am Tage
unserer Ankunft in Havanna dieses glänzenden
Anblickes erfreuen.

Die grenzenlose Hitze beschränkte unsere Wan=
derung. Kaum daß wir noch die mit den schön=
sten Gebäuden eingefaßte Plaza de armas sahen,
in deren Mitte die Statue Ferdinand VII. steht,
von Rasenplätzen und vier Königspalmen umgeben,
um die wieder Eisengeländer und Trottoirs sich
hinziehen. Hier geht, wie man uns mittheilte,
zwischen acht und neun Uhr Abends, während
die Militärmusikbande anziehende Weisen spielt,
die elegante Welt spazieren.

Jetzt aber, nun die Sonne versengend hernie=
derbrannte, war der schöne Platz verödet, und
wir flüchteten zu einem jener Etablissements, in
denen Eis und kühlende Getränke verabreicht wer=
den. Auch dort vermochten wir nicht lange aus=
zudauern, und wir kehrten bald zu unserem Hotel
Fulton heim, um in echter Weise der vornehmen
Antillenbewohner bis zum Diner zu ruhen und

nach demselben uns bis zum Abend der Siesta
hinzugeben.

Mein junger Freund war von Havanna weniger als von seinen reizenden Frauen entzückt.
Er plauderte von diesen in überschwänglichen Me-
taphern, während wir nach vollendeter Mahlzeit
in unserer gemeinschaftlichen Wohnung, die auf
den Hof des Hotels und eine rings denselben um-
gebende, gedeckte Gallerie hinausging, langaus-
gestreckt auf Ruhedivans lagen, und ohne alle
Frage in mehr indianischem als europäischem Ko-
stüme den Dampf unserer Cigarretten von uns
bliesen.

Ich ließ dem jungen Manne Zeit, seine Beredtsamkeit vollständig zu entwickeln, und erst als
er dieses zur Genüge gethan, unterbrach ich ihn.

„Lieber Reimers," sagte ich lächelnd — „ich
fürchte, Havanna wird für Sie ein gefährlicher
Ort werden!"

„Wie so?" antwortete mein Landsmann —
„man hat mir freilich gesagt, das Klima sei für
uns Ausländer ungesund, aber besitze ich nicht
eine kräftige Konstitution? Meine Natur ist zäh
und nicht für Krankheiten empfänglich."

„Desto empfänglicher ist Ihr Herz, mein
Freund."

„Ah, ich verstehe Sie jetzt erst. Sie sind der
Meinung, daß mir von den schönen Havanne-

ferinnen größere Gefahr drohe, als vom Klima
der Insel?"

„Ich bin der Meinung."

„Ich halte solche Gefahr für die Würze des
Lebens."

„Es kommt darauf an," war meine gelassene
Antwort — „von welchem Standpunkte aus man
das Leben betrachtet."

„Nun, ich betrachte es vom Standpunkte meiner
vierundzwanzig Jahre!" erwiederte Reimers auf=
lachend. — „Und da Sie nur fünf Jahre älter
sind, als ich, so glaube ich nicht, daß es Ihnen
jetzt mit Ihrer philosophischen Miene ernst sei!
Halten Sie in Liebe geträumte Stunden für ver=
loren?"

„In Liebe? Nein! In Liebeleien — ja! Man
hat mir gesagt, die Leidenschaft einer Kreolin be=
glücke so wenig, wie ein Feuerwerk dauernd be=
glücken kann!"

„Desto besser! Was suche ich vor der Hand
denn anders, als Zerstreuung?"

„Eine Zerstreuung, der wir uns auf Kosten
unseres besseren Selbst hingeben, tödtet uns phy=
sisch wie moralisch!"

„Mit Ihnen ist jetzt nichts zu reden," ver=
setzte Reimers beinahe ärgerlich — „die Hitze macht
Sie apathisch, geradezu unzurechnungsfähig, mein
Lieber! Wer wird dem Zauber der Schönheit ge=

genüber nur an ſich denken? -Ich laſſe ihn ſorglos auf mich wirken, wo ich ihn finde. Nur das
heiße ich leben!"

„Ich theile Ihre Anſicht nicht, lieber Reimers,
ohne gerade ein Mucker, ein Tartüffe zu ſein!
Sie geben ſich ohne weiteres dem Zauber der
Schönheit hin, ſagen Sie? Der Tiger und die
Schlange ſind aber auch ſchön, und Sie werden
ſich weder dem einen noch der andern nähern,
ohne an Ihre Sicherheit zu denken. Die Kreolinnen ſollen aber ſowohl etwas vom Tiger wie
von der Schlange in ſich tragen! Wenn ich Sie
alſo, den ich als ein wenig excentriſch kenne, vor
dieſen in der That wunderreizenden Havanneſerin-
nen warne, ſo geſchieht es nicht geradezu in einem
Anfalle von Pietismus."

„Ich danke Ihnen!" ſcherzte Reimers. — „Man
hat gegen Tiger und Schlangen Waffen, man
wird ſolche auch gegen gefährliche Kreolinnen haben.
Ich werde alſo, zu Ihrer Beruhigung, dieſen
nicht unbewaffnet gegenübertreten."

„Vertrauen Sie in dieſem Punkte Ihrem
Waffenglücke nicht mit allzugroßer Zuverſichtlich-
keit, mein Freund!" entgegnete ich ſo ziemlich in
dem Tone meines jungen Geſährten. — „Und
noch Eins!" — ſetzte ich ernſthaft hinzu — „vergeſſen Sie nicht, daß hier die Männer, Brüder,
Väter ſchöner Damen nicht minder rachſüchtig ſind,

als in Spanien, und daß ein scharfgeschliffener
Dolch sein Ziel so gut auf Cuba trifft, wie in
Sevilla oder Madrid!"

„Um Gottes willen," antwortete mein Gefährte,
nachdem er eine ungeheure Rauchwolke von sich
geblasen hatte — „legen Sie Ihrer Phantasie
einen Zügel an! Sie sind heute ein Schwarzseher!
Ich habe noch nichts weiter gethan, als die Reize
der hiesigen Damenwelt gepriesen, und schon sehen
Sie mich in blutige Händel verwickelt. Im Grunde
bin ich ja doch hier, das Cigarren= und Tabak=
geschäft zu studiren, und nicht, den Don Juan
zu spielen. Für romantische Abenteuer wird mir
wohl nicht allzuviel Zeit bleiben. Uebrigens sind
wir Hamburger praktische Naturen, — Sie, der
Sie ein deutscher Dichter geworden sind, vielleicht
ausgenommen — wir finden uns schon in jedem
Fahrwasser zurecht und ziehen nicht so leicht ir=
gendwo den Kürzern! — Was werden wir denn
diesen Abend beginnen?" — fuhr Reimers fort,
rasch von dem Gegenstande unserer Unterhaltung
abbrechend. — „Haben Sie Lust, in's Theater
Tacon zu gehen?"

„Nicht um die Welt!" war meine Antwort —
„die Hitze würde uns dort tödten! Den paseo
Tacon können wir allenfalls besuchen, uns auch
auf der plaza de armas umhertreiben, wo Sie
bei den Klängen einer Quadrille von Musard —

denn etwas anderes werden die Havanneser Mi-
litärbanden wohl nicht spielen — Ihr Herz gegen
die Angriffe kreolischer Blicke stählen können. Oder
schlendern wir gar vor die Stadt hinaus, zum
paseo de Isabel II., der sich anmuthig mit seinen
Bäumen und Blumen bis ans Gestade des
Meeres ausdehnen und die schönste und gesuch-
teste Promenade Havannas sein soll. Ist es
Ihnen genehm?"

„Gut. Gehen wir zum paseo Isabel!"

Rauchend und plaudernd verbrachten wir so
einige Stunden; wir konnten füglich als Neulinge
unter diesem tropischen Himmelszelte nichts anders
beginnen, wollten wir uns nicht für den paseo
untauglich machen.

Endlich verließen wir unsere Rohrdivans und
machten eine Toilette, wie sie Havanna ange-
messen ist, das heißt, wir kleideten uns vollständig
in die Farbe der Unschuld — Beinkleid, Weste
und leichten Paletot von weißer Leinwand — und
drückten einen zierlichen, bereits am Vormittage
erhandelten Panamastrohhut auf das Haupt, der
uns in Europa mindestens nur die Hälfte würde
gekostet haben.

So ausgerüstet, die herrlichen cigarros, von
denen man sich hier vollends nicht trennen kann,
im Munde, traten wir unsere Wallfahrt an.

Die Stadt Havanna hat nicht so riesige Di-

menfionen, daß man fich in ihr nicht ohne Führer zurechtfinden könnte. Auch brauchten wir nur
dem größten Menfchenftrome zu folgen, der dem
befuchteften paseo entgegenfchwoll. So erreichten
wir denn ohne Umwege das Ziel unferer Wanderung.

Als wir den paseo de Isabel betraten, da bot
er uns nicht allein durch feine anmuthige Be-
fchaffenheit, fondern auch durch das eigenthümliche Treiben, das auf ihm herrfchte, einen feen-
haften Anblick.

Was die Stadt an Reichthum, Schönheit und
Eleganz aufzuweifen hat, das war heute hier un-
ftreitig entfaltet. Zahlreiche Volantes, auf denen
Neger in reichgallonirten Livreen kutfchirten, rollten hin und her, mit verführerifcher Nachläffigkeit,
im höchften Putz, lehnten bezaubernde Löwinnen
des Tages in den blitzenden Wagen, hier und da
von Kavalieren umfchwärmt, die ihre kleinen Roffe
fpanifcher Abkunft mit nicht weniger Koketterie
zum Courbettiren zwangen, als die fchönen Damen
aufwendeten, ihre funkelnden Fächer zu fchwingen.

Ein Blumenduft zog uns faft betäubend zu
Zeiten entgegen — nicht allein, daß in vielen der
Volantes neben den ftolzen Schönheiten Riefen-
bouquets lagen, aus der herrlichen Flora der
Tropenwelt zufammengefügt, auch hier und dort
in den Alleen ftanden mit vollen Blumenkörben

zierliche Sträußchenverkäuferinnen in ihrer koketten
spanischen Tracht, das kurze Röckchen mit Schlei=
fen bedeckt, den kleinen schwarzen Schleier oder
das schwere westindische Kopftuch über das Haupt
geschlagen. Vor Allem aber waren es die Blu=
menparterre der Anlagen rings, die uns, von einem
Lüftchen berührt, das die Spiegelfläche des Meeres
leicht kräuselte, ihre Wohlgerüche sandten.

Die Menge, welche zu Fuß einherwogte, war
nicht minder elegant, als jene, die sich zu Roß
und in den Volantes auf und nieder bewegte.

Wir durchschnitten das Gewühl, hielten uns
aber stets in der Nähe der Wagen. Diese be=
wegten sich so langsam von der Stelle, daß wir
mit Muße die schönen Damen betrachten konnten,
welche aus ihren Fuhrwerken Theaterlogen mach=
ten und, wie es in solchen bei der beau monde
üblich ist, ein galantes Fächerspiel unterhielten,
kleine Intriguen durch Blick und Gebeerde an=
spannen, Grüße und Zeichen des Einverständnisses
hier und dorthin austauschten.

Reimers hatte seinen Arm unter den meini=
gen geschoben, um bequemer mit mir über das=
jenige plaudern zu können, was wir sahen.

Plötzlich blieb mein Gefährte stehen. Ich
ward dadurch gezwungen, den Schritt ebenfalls
zu hemmen.

Ich blickte Reimers fragend an und sah diesen

auf die erste der Volantes starren, die uns jetzt
entgegenkamen. Und als ich nun dem Blicke meines Freundes genauer folgte, da begriff ich, warum
er wie eingewurzelt stehen geblieben.

In dem Wagen saß ein Mädchen von bewun-
dernswerther Schönheit. Von all den reizenden
Kindern, welche wir bis jetzt gesehen hatten, war
diese etwa achtzehnjährige Grazie unstreitig die
schönste. Ihre Erscheinung hatte etwas — wie
soll ich mich ausdrücken? — Ueberwältigendes
für den, der sie unerwartet plötzlich vor sich auftauchen sah. Wenigstens ging es mir damit gerade
so, wie meinem Gefährten, der im Momente betroffen keines Wortes fähig war und überrascht
die Augen aufriß. Wir waren wie geblendet, und
gleichwie der Duft einer herrlichen Tropenblume
sekundenlang fast besinnungsraubend unsere Sinne
verzücken kann, so erging es uns beim Anblicke
dieser stolzen Zauberin, die zweifelsohne, was
ihre Toilette, ihr bordirter Neger, das vergoldete
Fuhrwerk und das kleine feuerschnaubende Roß
bewiesen, der Aristokratie Havanna's angehörte.

Die Dame fuhr weiter. Ich ward zuerst wieder vernünftig, und rüttelte lächelnd meinen noch
immer verblüfften Freund.

Dieser sah mich an und rief ziemlich laut: „Ein
himmlisches Geschöpf! Ein —"

Da ich ihm anmerkte, daß er nicht übel Lust

habe, auf dem paseo vor aller Welt eine be=
geifterte Rede zu halten, fo unterbrach ich ihn
haftig.

„Liebfter Freund,“ murmelte ich — „bereiten
Sie uns hier kein Auffehen. Sehen Sie nur,
unfere nächfte Umgebung findet Sie fchon ziem=
lich fonderbar.“

In der That fixirten einige Spaziergänger
meinen guten, exaltirten Landsmann. Zugleich
aber auch bemerkte ich, daß es der Mehrzahl der
Luftwandelnden — wenigftens denjenigen männ=
lichen Gefchlechtes — nicht viel beffer ergehe, als
uns, denn man folgte dem Fuhrwerke der fchönen
Havanneferin mit bewundernden Blicken.

Mein Freund Reimers aber glich einem Trun=
kenen.

„Kommen Sie,“ lallte er — „fchlagen wir
die Richtung ihres Wagens ein — gehen wir
nebenher —!“

„Sie find kindifch — was haben Sie davon?“

„Aber wir werden fie fehen, ift das nicht
genug? Um Gottes willen, kommen Sie, oder
laffen Sie mich! Wer weiß, ob das Mädchen nicht
jetzt fchon den paseo verläßt!“

Reimers befreite bei diefen Worten feinen Arm
von dem meinigen.

„Ich werde mit Ihuen gehen,“ fagte ich lachend,
— „denn auch ich bin von der Schönheit jenes

Mädchens entzückt, und ihr erster Anblick machte
mich gewissermaßen betroffen. Aber ich hoffe, mein
Freund, Sie mäßigen Ihren Enthusiasmus ein
wenig, sobald wir die Volante zur Seite haben
werden, denn ich möchte nicht, daß wir den Spott
der Dame erregten. Versprechen Sie mir, vernünftig bleiben zu wollen?"

„Ich verspreche es! Kommen Sie nur!"

Reimers ergriff wieder meinen Arm und zog
mich mit sich fort. Nach wenigen beflügelten
Schritten waren wir neben dem Wagen der blendenden Schönheit. Reimers starrte auf das Mädchen, wie etwa ein Nachtfalter auf die glänzende
Kuppel einer brennenden Lampe starren mag, die
er umflattert. Ich hatte genug zu thun, meinen
jungen, begeisterten Freund von den Rädern der
Volante fernzuhalten, unter die er vermuthlich
ohne mich würde gerathen sein, da die Doña
ihn auf Alles, was sonst noch auf der Welt war,
vergessen ließ.

Reimers machte seiner Extase auch durch allerlei abgerissene, leise hervorgestoßene Sätze Luft.

So folgten wir der Volante und der Schönen
Schritt vor Schritt über den ganzen paseo.

Ich muß gestehen, daß auch mich der Anblick
der Dame in eine Art Exaltation versetzt haben
würde, wäre nicht das Benehmen meines Gefährten für meine Empfindungen ein heilsamer Dämpfer

gewesen. Indem ich merkte, daß seine Begeiste=
rung ans Lächerliche streifte, bewahrte ich meine
Ruhe.

Da wir stets in geringer Entfernung von der
Volante neben derselben blieben, so konnte es
nicht fehlen, daß Freund Reimers bald der Doña
auffiel.

Sie saß nicht allein im Wagen, sondern hatte
eine ältliche Dame zur Seite.

Und als nun die Volante am Ende des paseo
wendete, um von Neuem durch die Allee zu
rollen, mein Gefährte aber, trotz meines Sträu=
bens, ebenfalls umkehrte und mich zu dem
Fuhrwerk zog, damit wir wiederum den ganzen
Corso entlang eine wandernde Seitenstaffage bil=
den könnten, da begann die schöne Havanneserin
hell aufzulachen und ohne weiteres mit dem glitzern=
den Fächer auf uns zu deuten, indem sie die
Matrone ihr zur Linken auf uns aufmerksam
machte.

Reimers gewahrte die keineswegs für uns
schmeichelhafte Lebhaftigkeit der Doña. Er er=
röthete tief.

„Da haben wir's,“ murmelte ich — „man
lacht uns aus! Thun Sie, was Sie wollen, ich
folge der Volante keinen Schritt mehr!“

Ich ließ meinen Worten die That folgen, in=
dem ich stehen blieb.

Mein Begleiter sah mich einen Augenblick ver=
wirrt an.

„Sie lacht jetzt,“ sagte er alsdann haftig —
„aber es wird ihr doch schmeicheln, daß ihre Er=
scheinung solchen Eindruck hervorbringt. Und
wenn man ihn rückhaltlos offenbart, wird man
nichts dadurch in ihren Augen verlieren. Kom=
men Sie!“

„Halt, mein Freund, noch auf ein Wort!“
entgegnete ich gelassen. — „Glauben Sie, eine
Dame von solcher Schönheit sei nicht gewohnt,
daß man sie anstaune?“

„Das schon —“

„Und denken Sie, daß man auf dem Wege
sei, ein Interesse einzuflößen, wenn man damit
beginnt, sich lächerlich zu machen?“

Mein Freund starrte vor sich hin.

„Sie haben recht,“ murmelte er nach einer
Pause — „bleiben wir zurück!“

Im nächsten Moment aber blickte er auf,
schaute der Volante nach, die schon zwanzig Schritte
von uns entfernt war, und sagte leidenschaftlich:
„Ich werde dieses Mädchen wiedersehen!“

„Daran zweifle ich keineswegs,“ erwiederte ich
launig — „vorderhand aber sorgen wir dafür,
daß dieses heute auf dem paseo nicht geschehe!“

Nicht minder lebhaft als vorhin zog mich jetzt
Reimers zur anderen Seite des Spazierganges.

Wir sahen später die Volante nicht mehr, die schöne Dame mußte den Corso verlassen haben. Meinem Freunde jedoch kam sie wohl nicht mehr aus dem Sinn, denn was ich auch anwenden mochte, ihn zu zerstreuen, er blieb heute ein wenig einsilbig, er hatte nur ein erzwungenes Lächeln für meine Scherze und betrachtete nur noch mit halbem Auge die übrigen Schönheiten des paseo.

Oh deutsche Natur, sagte ich mir — kannst du dich nicht verlieben, ohne sentimental zu werden?

Von meinem Helden wunderte mich das am meisten, denn im Grunde hatte er nun doch vom Deutschen nicht viel mehr, als das blonde Haar und die blauen Augen.

Der Corso begann sich zu lichten, und auch wir zogen ab. Wohin? In Havanna beantwortet sich diese Frage leicht, — dorthin, wo man sich gemächlich auf Rohrsesseln wiegt, köstliches Fruchteis auf dem Marmortischchen neben sich stehen hat, vor sich die Straße und vorüberrauschende, schwarzäugige Señoras, zur Seite Schönheiten und Kavaliere, welche die paseos oder das Theater verlassen haben, um sich gleichfalls der Cigarretta und des Eises zu erfreuen, und über sich den Theil einer Veranda, oder den tiefblauen, gestirnten Himmel, eine von Mondglanz erfüllte Zaubernacht.

Kaffeehäuser, die solche Freuden bieten, sind

in Havanna leicht gefunden. Wir verbrachten
vor einem derselben die halbe Nacht, — wer be=
schreibt das Feenhafte einer Nacht auf den Antillen?

Und als wir nun endlich, vom Mondduft um=
flossen, nach unserem Fulton=Hotel zurückkehrten,
da hatten wir die Rollen gewechselt, da war mein
Freund redselig und heiter, ich aber blickte träu=
merisch darein. Mir ging eine Tieck'sche Novelle,
romantischen Angedenkens, durch den Sinn, und
ich flüsterte in mich hinein:

> Mondbeglänzte Zaubernacht,
> Die den Sinn in Banden hält,
> Steig' auf in der alten Pracht! — —

Wir schliefen bis spät in den Tag hinein.
Während des Frühstückes machten wir Pläne für
die nächsten Stunden. Reimers erklärte, den
Don Leon d'Azevedo, der ihn so freundlich
eingeladen, aufsuchen und — auf gutes Glück
der interessanten Schönheit, die ihn am Tage
zuvor begeistert, nachforschen zu wollen. Es
fehlte nicht viel, so hätte er mir jetzt Vorwürfe
darüber gemacht, daß ich ihn gestern verhinderte,
der Volante zu folgen. Ich weigerte mich, mei=
nen Freund zu begleiten, und beschloß, eine Fahrt
in die Umgegend Havanna's zu unternehmen,
mir zuvor aber noch einige Sehenswürdigkeiten
der Stadt anzuschauen. Da Reimers auch willens
war, gleich heute einige Empfehlungsbriefe, die er

von Hamburg mitgebracht, abzugeben und sich
um eine Stelle in einem Handlungshause zu bemühen, so bestimmten wir erst für den Abend unsere Zusammenkunft.

Wir verließen das Hotel und trennten uns.
Ich begab mich zur Kathedrale, das Denkmal
des berühmten Christof Kolumbus in Augenschein
zu nehmen.

Als ich durch das riesige Portal in die Kirche
trat, glitt eine schlanke, weibliche Gestalt an mir
vorüber.

Ein Blick auf die Dame sagte mir, daß es
die reizende Doña vom paseo Isabel sei. Was
hätte mein armer Landsmann Reimers darum
gegeben, wäre er jetzt an meiner Stelle gewesen!

Die Dame trat gleich ein in die Kathedrale.
Sie trug den üblichen Kirchenanzug der Kreolinnen, — ein schwarzes Seidenkleid und eine zierliche Mantille mit breiten Spitzen, die, am Kopf
befestigt, über die Schultern fällt.

Eine alte, runzlige Dñeña folgte der Dame
in geringer Entfernung.

Als die schöne Unbekannte an mir vorüber-
rauschte, warf sie einen gleichgültigen Blick auf
mich. Dann schaute sie, während sie sich im Schiff
der Kirche einem Betstuhle näherte, eifrig forschend
umher. Ich schloß daraus mit ziemlicher Sicherheit, daß sie hier Jemanden zu sehen erwartete.

Ich trat ziemlich in ihre Nähe und betrachtete sie
verstohlen.

Plötzlich sah ich sie auf einen Pfeiler starren,
der sich in der Nähe befand. Mein Blick folgte
der Richtung des ihrigen.

An dem Pfeiler lehnte ein junger Mann.
Seine Haltung war stolz, ungezwungen und gra=
ziös, aber seine Kleidung völlig abgetragen. Er
glich in seinem Aeußeren vollständig einem jener
umherlungernden Vagabunden, die ich Tags zu=
vor in der Nähe der Kaffeehäuser bemerkt hatte.
Nie sah ich schönere, edlere, regelmäßigere
Züge, als diejenigen dieses jungen Mannes, nie
ein feurigeres, schwärzeres Auge, nie einen vollen=
deteren Wuchs. Aber seine Wangen waren bleich,
er sah vollständig verlebt aus, und ich zweifelte
keinen Augenblick daran, einen jener herabgekom=
menen jungen Wüstlinge, deren es in Havanna
so viele gibt, vor mir zu haben. Ich blickte von
dem schäbig kostümirten Kavalier auf die Dame,
und siehe — ich täuschte mich nicht — sie gab
ihm ein kaum bemerkbares Zeichen. Dann kniete
sie an einem Betstuhle nieder und schien ihre An=
dacht zu verrichten. Die runzlige Dueña kniete
weiter zurück, ohne anscheinend auf ihre Herrin
Acht zu geben.

Der junge Mann aber verließ die Säule und
pflanzte sich im Innern der Kirche am Portale

auf, dort wo die düſterſte Stelle des Ausgan=
ges war.

Armer Reimers, ſagte ich mir, du haſt jeden=
falls einen ſeltſamen und, wie ich nicht zweifle,
gefährlichen Nebenbuhler.

Ich muß bekennen, daß unter den gegebenen
Umſtänden mein Intereſſe für den Grabſtein des
genialen Kolumbus ſich bedeutend abkühlte, da=
gegen meine Phantaſie ſich lebhaft mit dem Paare
zu beſchäftigen begann, das ich jetzt ſo trefflich
betrachten konnte. Ich glaubte dieſes auch na=
mentlich im Intereſſe meines Freundes thun zu
müſſen. Daher ſchritt ich wohl zum Denkmal des
kühnen Seefahrers hinüber und widmete ihm auch
einige Aufmerkſamkeit, aber ich ließ doch dabei
die ſchöne Doña und den faſt noch ſchöneren Va=
gabunden am Portal nur wenig aus den Augen.

Es währte nicht lange, da erhob ſich die Fee
meines Landsmannes von ihrem Betſtuhle. Schein=
bar unbefangen machte ich im nächſten Augen=
blicke eine Schwenkung nach dem Ausgange der
Kirche hin.

Und als nun die Dame ſich mit Weihwaſſer
beſprengt hatte und unter das Portal trat, da
war ich dicht hinter der Dueña, die ihrer Herrin
folgte.

Die Letztere kam jetzt an dem jungen Manne
vorüber, der ſich völlig regungslos verhielt.

Da plötzlich ließ die reizende Kirchengängerin
ihren Fächer fallen. Er fiel dem jungen Manne
vor die Füße.

Dieser bückte sich blitzgeschwind und überreichte
ihn. Während die Dame den Fächer entgegen=
nahm, beugte sie sich zu dem jungen Manne vor.
Ich sah das Antlitz der Havanneserin nicht, konnte
daher auch nicht gewahren, ob sie dem Ueberreicher
dieses Fächers einige Worte zuflüsterte oder nicht.
Wohl aber sah ich die Hand des schäbigen Adonis
sich zurückziehen, und diese Hand, das bemerkte
ich nur zu deutlich, suchte ein kleines, zierlich ge=
faltetes Billet zu verbergen.

Die Dame verließ mit ihrer Dneña unge=
säumt die Kathedrale. Auch der junge Mann
entfernte sich aus derselben. Ich folgte ihm, ohne
daß ich mein Folgen auffällig machte. Er ging
der Dame nicht nach, sondern schlug eine der ihren
entgegengesetzte Richtung ein.

Vielleicht macht dieser Mensch nur den postillon
d'amour! sagte ich mir.

Die Dame bog jetzt um eine Ecke des Platzes
und verschwand. Sie hatte sich auch nicht ein
einziges Mal nach dem jungen Manne um=
gesehen. Dies bestärkte mich in meiner Ver=
muthung.

Nun aber hätte ich gern gewußt — ich konnte
mir nicht recht sagen, weshalb? — wohin das

Briefchen wandern werde. Beinahe inſtinktartig
folgte ich dem Träger deſſelben.

Dieſer verließ jetzt den Platz und trat in der
nächſten Gaſſe unter das erſte Hausthor, ich aber
an den gegenüber liegenden Laden. Von dort
aus konnte ich den jungen Menſchen wieder ſehen.
Er ſtand im Thorwege und öffnete das Billet.
Er las es. Er war zu ruhig, als daß ich glauben kounte, er begehe in dieſem Augenblicke eine
Indiskretion.

So waren alſo dieſe Zeilen an ihn gerichtet.
Eines der ſchönſten Mädchen Havanna's hatte ein
Verhältniß mit einem ſolchen Tagediebe, mit einem
herabgekommenen Subjekte, ja vielleicht noch etwas
Schlimmerem. Und das Mädchen war uns doch
in ihrem Benehmen keineswegs wie eine Leichtſinnige erſchienen.

Aber war ſie nicht eine heißblütige Kreolin?
Und mußte ich mir nicht geſtehen, daß dieſer Menſch
mit der vagabundenartigen Kleidung in eleganter
Toilette vielleicht der ſchönſte Kreole der Stadt
ſein würde?

Ich durfte nur verſtohlen von Zeit zu Zeit zu
ihm hinüberſchielen. Jetzt hatte er ſeine Lectüre
beendigt. Er lächelte, zerknitterte den Brief und
ſchob ihn nachläſſig in ſeine Taſche. Dann verließ er den Thorweg und ſchlenderte einer der
Hauptſtraßen zu. Ich folgte ihm von Neuem.

Er benimmt sich bei dieser Affaire wie ein großer Herr, der blasirt ist und sich lieben läßt! murmelte ich in mich hinein. — Ich glaube, es ließen sich hier auf der Straße „Geheimnisse von Havanna" ausfindig machen, wenn man sich nur halbwegs Mühe geben wollte!

Und ich war beinahe schon entschlossen, mir Mühe zu geben.

Der junge Mann, auf den ich noch immer mein Augenmerk richtete, trat in der Nähe eines der elegantesten Kaffeehäuser zu einer Gruppe, die aus alten und jungen Strolchen seiner Gattung zusammengesetzt war. Ich nahm unter der Veranda des Café's Platz und ließ mir ein Sorbet bringen.

In der Gruppe jener Müssiggänger gewahrte ich jetzt einen ziemlich keck blickenden Alten, mit dem ich bereits am Tage zuvor in Berührung gekommen war. Der Alte hatte mich nämlich in einer Weise angebettelt, die jedenfalls diese stolzen, herabgekommenen Hidalgos charakterisirt. Er war in derselben Straße, in der ich mich jetzt befand, mit vornehmer Nachlässigkeit zu mir getreten und hatte mich um Feuer für seine Cigarre ersucht, eine Bitte, die man so ziemlich in der ganzen Welt einem Jeden, der sie stellt, gewähren muß, wie auch sein Aussehen möge beschaffen sein.

Nachdem nun jener Alte das erbetene Feuer

von mir erhalten, hatte er ſehr artig gedankt und
mir hierauf mit vieler Grandezza geſagt: „Señor,
Sie ſind ein Kavalier im edelſten Sinne des Wor=
tes, man ſieht das auf den erſten Blick an Ihrem
ganzen Benehmen. Caramba, ich hoffe, Sie ſind
überzeugt, daß auch in meinen Adern blaues
Blut fließt!"

Nach dieſer Anrede hatte ich lächelnd erwiedert,
„daß ich überzeugt ſei, ſein Blut ſei ſo tadellos
blau, wie nur irgend eines in Havanna ſein
könne," worauf er mir denn mit ſehr vertraulichem
Kopfnicken und ebenfalls lächelnd erwiederte: „Ihre
gute Meinung von mir, mein Herr, iſt mir nicht
allein ſchmeichelhaft, ſie gibt mir auch die Ga=
rantie, daß Sie eine Bitte, welche ich an Sie zu
richten habe, nicht falſch deuten. Ich vergaß meine
Börſe zu Hauſe und möchte doch jetzt, aus chriſt=
licher Barmherzigkeit, dem armen Schelm, den
Sie dort an der Ecke ſtehen ſehen, einen Peſo
ſchenken. Der Arme iſt ein Kavalier, wie wir,
er gehörte früher zu meinen Connaiſſancen, aber
er ruinirte ſich durch das Spiel. Möchten Sie
mir nicht die genannte Bagatelle für den alten
Burſchen leihen, von dem es freilich heißen wird:
Wie gelebt, ſo geſtorben! der aber doch ein guter
Tropf iſt! Darf ich Sie beläſtigen?"

Obwohl ich nach dieſem an mich geſtellten Be=
gehren recht gut wußte, daß der alte Vagabund

— der sich mir nebenbei als ein Don Guzman
de Osado vorgestellt, was er auch ganz gut sein
mochte, denn un osado heißt „ein Verwegener" —
den Thaler nur für sich begehre, hatte ich mich
doch durch einen solchen lachend von ihm losge=
kauft. Er war mit einem: „Gehen Sie mit Gott,
mein Herr!" so kavaliermäßig von mir weg stolzirt
und um die Straßenecke gegangen, ohne den
„guten Tropf" eines Blickes zu würdigen, daß ich
noch heute, als ich meinen Don Guzman wieder=
sah, mich nicht enthalten konnte, ziemlich hell
aufzulachen.

Don Guzman hatte unstreitig mein Lachen
gehört und es war ihm bekannt vorgekommen,
denn plötzlich sah er zu mir herüber.

Er erkannte mich, verließ die Gruppe und
steuerte meinem Platze zu.

Hoho, sagte ich mir — sollte der schäbige
Hidalgo die Absicht haben, mir meinen Thaler
zurückzubringen? Das ist kaum glaublich! Viel=
leicht hat er wiederum seine Börse vergessen. Er
könnte mir aber wahrhaftig nicht gelegener kom=
men, als gerade jetzt!

Der Alte erreichte die Veranda und begrüßte
mich mit einer gewissen höflichen Zuversichtlich=
keit, indem er sich neben meinem Marmortische
aufpflanzte.

„Auf Ehre!" rief er — „das trifft sich glücklich,

Señor! Ich bin entzückt, Sie zu sehen! Sie lei=
steten mir gestern einen kleinen Dienst — wie es
einem Kavaliere geziemt — ich werde das nicht
vergessen. Hoffentlich unterhalten Sie sich in Ha=
vanna?"

„Sehr gut!" war meine Antwort. — „Sie haben
den armen Teufel gestern glücklich gemacht?"

Während ich diese Worte sprach, lächelte ich
in eigenthümlicher Art.

„Sehr glücklich!" erwiederte Don Guzman,
ohne die geringste Verlegenheit, aber auch ohne
daß er Miene machte, mir meinen Thaler zurück=
zuzahlen. — „Wenn Sie erlauben, so setze ich
mich ein wenig zu Ihnen. Die Zeit vergeht rasch,
wenn man plaudert."

Das war mir freilich nicht recht. Ich war
wohl völlig fremd in Havanna, aber dennoch hatte
ich keine Lust, vor einem der renommirtesten Kaffee=
häuser der Stadt in der Gesellschaft eines solchen
Menschen zu sitzen, wie mein Don Guzman ohne
Zweifel war.

Ich ließ ihm daher keine Zeit, sich einen Sessel
zu nehmen und antwortete rasch, indem ich mich
erhob: „Es thut mir leid, nicht mit Ihnen plau=
dern zu können, da ich sogleich einen Ausflug auf's
Land machen werde."

„Was der Tausend!" rief Don Guzman. —
„Bei dieser Hitze?"

„Ich bleibe nicht lange in Havanna und möchte
die Umgegend kennen lernen."

„Ah, ich begreife das! Wenn ich Ihnen meine
Dienste anbieten darf, mein Herr —?"

„Ich danke Ihnen, es werden mich einige Ha=
vanneser begleiten. Aber eine Gefälligkeit können
Sie mir erweisen."

„Ei, mit vielem Vergnügen, mein Herr!"
versetzte Don Guzman lebhaft.

„Es ist eine Kleinigkeit! Ich sah Sie vorhin
einige Worte mit dem schönen, jungen Manne wech=
seln, der dort in jener Gruppe steht. Wer ist er?"

„Sie reden von dem Kavalier, der augenblick=
lich seinen sombrero lüftet?"

„Ja."

Don Guzman blickte mich mit seinen scharfen
Späheraugen sekundenlang durchdringend an.

„Darf man fragen, zu welchem Zwecke Sie zu
wissen wünschen —?" begann er zögernd.

„Ach," sagte ich leichthin, indem ich mich einer
kleinen Nothlüge bediente — „der junge Mann
interessirt mich, weil ich vor Jahren in Hamburg
mit einem Havanneser bekannt war, der diesem
Herrn sehr ähnlich sah."

„So, so! Das mag der Bruder gewesen sein,
der nach Europa ging und dort starb. Dieser
junge Mann heißt Federico de Leonor und stammt
aus einem altadeligen Geschlechte."

„Ich glaube in der That, daß sich jener Herr, den ich in Hamburg kennen lernte, Leonor nannte —“

„So war es also sicher der Bruder. Soll ich Sie meinem jungen Freunde vorstellen? Es wird ihn freuen —“

„Nein, nein, jetzt nicht!“ unterbrach ich den Alten — „ich muß auf der Stelle fort. Ein anderes Mal. Doch apropos“ — setzte ich hinzu — „wenn ich nicht irre, so war jener Leonor reich —“

„Auch mein junger, schöner Freund, den Sie dort sehen, war noch vor einigen Jahren ein Millionär,“ bemerkte Don Guzman lächelnd — „und hatte Zutritt in die vornehmsten Häuser. Ich muß gestehen, er ist jetzt ein wenig reduzirt — Spiel und Weiber haben sein Vermögen aufgezehrt.“

„Er ist doch jetzt noch ein schöner Mann,“ warf ich hin — „er war wohl sehr beliebt bei den Damen.“

„Cuerpo de Dios!“ murmelte der Alte. — „Vor zwei Jahren war er noch der Bräutigam der reizendsten und reichsten Erbin von Havanna, der Tochter des dicken Don Leon d'Azevedo, der seit gestern, wie man mir sagte, von Europa zurückgekehrt ist.“

„Des Don Leon d'Azevedo?“ rief ich, indem

ich kaum im Stande war, meine Ueberraschung zu
verbergen, als ich den Namen unseres Reisege=
fährten vom „Lovelace" hörte.

„Sie kennen Don Leon persönlich?" fragte der
Alte. — „Vielleicht machten Sie mit ihm die
Ueberfahrt?"

„Nein!" antwortete ich kurz. „Aber die Firma
ist mir bekannt. Also das Mädchen" — fuhr ich
fort — „hat diesen schönen, jungen Mann nach
seiner Verarmung nicht mehr mögen?"

„Oh doch!" versetzte Don Guzman. — „Sie
soll sogar noch sterblich in ihn verliebt sein. Der
Vater des Mädchens war es, der das Paar trennte.
Und er that auch im Grunde recht daran, denn
Don Federico ist ein leichtsinniger, charakterloser
Mensch, ein Spieler und wüster Geselle, der sich
nie viel aus der reizenden Doña Carmelita
machte und stets noch andere Liebschaften hatte.
Man sagt, die Tochter d'Azevedo's sehe den Un=
verbesserlichen noch heimlich von Zeit zu Zeit —"

„Sagt man das?"

„Und noch mehr — sie unterstützt ihn auch
mit Geld! Er verspielt oft noch jetzt ganz hübsche
Summen — und woher hat er sie?"

„Von einem Mädchen Geld zu nehmen, — das
ist unwürdig!"

„Sehr unwürdig, Kavalier! Sehen Sie dort
jenen jungen Mann," — setzte er hinzu, auf einen

Menschen deutend, der zu der vorerwähnten Gruppe
trat — „der ist schon ein Anderer, cuerpo de Dios!
Er ist ein armer, aber ehrenwerther Schlucker, er
könnte eine reiche Partie machen, aber er will
nicht einem Frauenzimmer sein Glück zu verdan=
ken haben. Ich liebe diesen Stolz! Und der arme
Schelm hat doch so dringend einiges Geld nöthig.
Ich lieh ihm zuvor zwei Pesos, aber das dürfte
nicht ausreichen —"

„So geben Sie ihm noch diesen von mir!"
unterbrach ich den Alten, ihm einen Thaler reichend,
überzeugt, der ehrenwerthe Schlucker werde nie
etwas davon zu sehen bekommen. — „Leben Sie
wohl, Don Guzman."

Dieser grüßte ceremoniell, während ich mich
zum Gehen wendete, und flüsterte ein: „Auf Wie=
dersehen, mein Herr!"

Ich hätte den alten Tagedieb noch gern über
die Persönlichkeit der Doña Carmelita ausgefragt,
denn ich setzte mir in den Kopf, daß die schöne
Doña vom paseo die Tochter d'Azevedo's sei,
aber ich wollte dem Don Guzman nicht durch
solche Erkundigungen auffällig werden.

Und nachdem ich nun das Kaffeehaus ver=
lassen, nahm ich mir einen Wagen und verließ die
Stadt.

Ich fand nicht was ich erwartete, — ich sah
nicht eine einzige Tabakpflanzung, sie befinden sich

alle an der westlichen und südlichen Küste Cuba's. Was ich erblickte, waren niedere, kahle Hügel und mit Mais oder Betaten bepflanzte Felder. Auch Kokosnuß-, Dattel- und Brodfruchtbäume standen hier und dort. Die Fahrt war unstreitig für einen Europäer interessant, doch befriedigte mich der Besuch der eine ziemliche Strecke von Havanna entfernten Villa des Bischofs, die man mir gerühmt hatte, keineswegs. Ich machte da und dorthin Exkursionen und kehrte gegen Abend, von der Hitze des Tages fast aufgelöst, nach meinem Hotel zurück.

Mein Landsmann erwartete mich dort bereits. Er war in hohem Grade aufgeregt und fiel mir sogleich um den Hals.

„Ich habe meine Doña vom paseo Isabel gefunden!" rief er.

„Carmelita d'Azevedo!" ergänzte ich lächelnd.

„Wie? Sie wissen?" lallte Reimers erstaunt.

Ich erzählte ihm, was ich wußte, er aber schwur hoch und theuer, daß er die Neigung Carmelita's gewinnen müsse, denn ohne sie sei ihm das Leben werthlos. Er hatte das Mädchen gesprochen, nachdem sie vom Kirchgange nach Hause gekommen, er war nicht allein von ihrer Schönheit, sondern auch von ihrem Geiste entzückt, er geberdete sich vor mir wie ein Narr.

Reimers war ein reicher, junger Mann, d'Aze-

vedo wollte ihm wohl, darum machte er sich Hoff=
nungen, wenngleich ihn Doña Carmelita kühl
empfangen hatte, wie er gestand. Ich rieth ihm
ernstlich zur Vorsicht, und predigte tauben Ohren.

Von jenem Tage an sah ich meinen Lands=
mann nur selten. Er hatte einen Platz in einem
großen, überseeischen Geschäfte gefunden, verbrachte
seine Zeit aber mehr im Hause d'Azevedo's, wie
ich hörte, als im Komptoir. Ich war mit den
Studien von Land und Leuten beschäftigt und
hatte es verabsäumt, d'Azevedo's Einladung Folge
zu leisten. Traf ich mit Reimers zusammen, so
fand ich ihn meistens verstimmt, dann ließ er sich
nur sehr einsilbig über seine Stellung zu Carme=
lita aus. Er war von ihr abgewiesen worden,
trotzdem ihr Vater ihre Verbindung mit ihm
wünschte.

So standen die Sachen, als ich eines Abends —
ich war bereits vierzehn Tage in Havanna und
dachte daran, es bald wieder zu verlassen — die
Straße entlang schlenderte, um auf ein Viertel=
stündchen das Teatro Tacon zu besuchen.

Da sah ich plötzlich vor mir meinen Freund
Reimers in eine schmale Seitengasse einbiegen.
An seiner Seite ging ein junger Mensch in ziem=
lich abgetragener Kleidung. Auch er bog in das
Gäßchen ein.

Ich hatte Beide nur einen Moment gesehen,

und doch in dem Letzteren sogleich Don Federico
erkannt, den ehemaligen Verlobten Carmelitas.

Betroffen schlug auch ich den Weg ein, wel=
chen sie genommen hatten.

Obwohl die kleine Straße, in der ich jetzt den
beiden jungen Männern folgte, ziemlich finster
war, bemerkte ich doch, daß diese mit einander
angelegentlich plauderten. Auch hörte ich von
Zeit zu Zeit lachen.

Wie? sagte ich mir. — Ist es denn möglich?
Die beiden Nebenbuhler gehen miteinander, und
augenscheinlich in ganz vertraulichem, heiteren Ge=
spräche? Reimers weiß doch sicher, wen er neben
sich hat, denn ich zeigte ihm ja den Vagabunden
schon am Tage nach dem Zusammentreffen dessel=
ben mit Carmelita, das in der Kirche stattfand.
Er merkte ihn sich auch damals gar wohl, wie ich
ein anderes Mal gewahr ward. Ich warnte ihn
vor dem Menschen, und er versprach mir, auf sei=
ner Hut sein zu wollen. Und doch geht er jetzt
sorglos mit ihm! Wie ist er an den Tagedieb ge=
kommen, und wohin führt ihn dieser? Legt man
meinem jungen Freund eine Falle? Ist die Toch=
ter d'Azevedo's mit diesem Don Federico darüber
im Einverständniß, und hat der letztere sich viel=
leicht verpflichtet, seine Geliebte von einem lästigen
Anbeter zu befreien? Ein Dolchstich mehr oder
weniger, was heißt das in diesen Tropengegenden?

Und ist dieser Don Federico nicht sicher der Mann dazu, vor einer Gewaltthat nicht zurückzuschrecken?

Das waren meine Gedanken, als ich so hinter den Beiden darein schritt. Alle Hauptstraßen vermeidend, schlugen sie die Richtung nach dem einsamsten und ärmlichsten Theile der Stadt ein. Das erschien mir ganz besonders verdächtig. Ich zerbrach mir den Kopf, welches Vorhaben Reimers bewegen könne, dem Strolche in eine verrufene Gegend zu folgen, die in nächtlicher Stunde zu betreten bisweilen mit Gefahr verknüpft war. Auch überlegte ich, was ich wohl im Augenblicke thun könne, wenn sich mein Verdacht bestätigen sollte, denn ich war fest entschlossen, den Beiden zu folgen, so weit sie auch gehen möchten.

Einen Moment schien es mir gerathen, mich dem Paare zu zeigen, dann dachte ich aber wieder daran, daß mein Landsmann in letzterer Zeit weder mein Vertrauen oder meinen Rath in Anspruch genommen, noch meinen Umgang gesucht habe, und ward anderer Ansicht. Ich konnte mich ihm füglich nicht aufdrängen. Aber der wackere, junge, phantastische Mensch interessirte mich doch zu sehr, als daß ich ihn hätte in Stich lassen mögen, falls hier ein angezettelter dunkler Plan zur Ausführung kommen sollte. Ich folgte daher den eilig vorwärts Schreitenden in unbe-

deutender Entfernung, alle nur erdenkliche Vor=
ficht anwendend, um von ihnen, die bisweilen
flüchtig hinter sich schauten, unentdeckt zu bleiben.
Es gelang mir dieses.

Endlich machten die Beiden in der Mitte
einer elenden Gasse vor einem niedrigen Haufe
Halt.

Rasch schlüpfte ich in geringer Entfernung
in ein finsteres Gebäude und blieb im Eingange
lauernd stehen.

Don Federico pochte an das Häuschen. Ein
Frauenzimmer öffnete. Don Federico murmelte
einige Worte, die ich so wenig verstand, wie die
Antwort des weiblichen Wesens.

Sodann lud Federico meinen Landsmann
durch eine Geberde zum Eintreten ein. Dieser
— ich sah es deutlich — drückte dem Vagabun=
den die Hand, legte einen Finger auf den Mund,
und verschwand dann erst in das Häuschen.

Die Thür schloß sich hinter ihm, Don Fede=
rico aber schritt zur Mitte des öden Gäßchens,
spähte umher, und trat dann an den finsteren
Eingang des Hauses, das demjenigen gegenüber=
lag, in welchem ich lauerte.

Die Sache ward mir immer abenteuerlicher.

Ich hatte keine Zeit, mich in Vermuthungen
zu ergehen, denn nun vernahm ich einen leichten
Tritt und sah im selben Augenblicke Don Fede=

rico jenſeits der Gaſſe in die Finſterniß des Hauſes
hineinſchnellen.

Ich konnte nicht vortreten, um zu ſehen, wer
da komme, ohne mich meinem Gegenüber zu verrathen. Daher harrte ich regungslos, wo ich
ſtand.

Jetzt kam die Perſon, deren Schritt ich vernommen hatte, hart an meiner Thür vorüber.
Es war, ſo viel ich ſehen konnte, ein unſcheinbar
gekleidetes Frauenzimmer, das ſich feſt in Mantille und Schleier gehüllt hatte. Aber dieſe Haltung, dieſer Gang! Ich war keinen Augenblick
über jene Geſtalt in Zweifel, — dort ging, verkleidet, die Schönheit vom paseo Isabel, die reizende
Carmelita d'Azevedo!

Ich wartete jeden Augenblick, daß Don Federico, ihr Geliebter, ihr ein Zeichen geben, oder
zu ihr gehen werde. Das geſchah nicht.

Die Doña trat in das niedrige Haus. Sie
klopfte, ſie ward eingelaſſen. Jetzt erſt verließ
Don Federico ſein Verſteck. Er kicherte leiſe vor
ſich hin.

Wenn er das Häuschen betritt, ſo iſt es auf
einen Mord abgeſehen! ſagte ich mir. — Dann
folge ich dieſem Burſchen auf der Ferſe in das
Haus und ſchlage Lärm!

Ich hatte freilich keine andere Waffe bei mir,
als ein großes Taſchenmeſſer, das ſich allenfalls

als Dolch gebrauchen ließ. Und konnte ich denn
erwarten, daß mir das hier herum wohnende Gesindel beistehen werde, sobald ich Lärm schlug?
Aber was sollte ich sonst beginnen?

Ich starrte in furchtsamer Aufregung auf den
ehemaligen Verlobten Carmelita's. Dieser aber
machte keine Miene, das Häuschen zu betreten.
Er zog sich wieder zu dem Eingange zurück, der
ihn zuvor verborgen hatte, und lehnte sich dort
an den Thorpfosten.

Jetzt erreichte das Abenteuer für mich den höchsten Grad des Räthselhaften.

Zehn Minuten vergingen, ohne daß weder
Don Federico noch ich mich rührte. Da vernahm
ich plötzlich vom Häuschen her einen dumpfen
Schrei.

Ich zuckte zusammen, aber ich sah auch mein
Gegenüber eine Bewegung des Erschreckens machen.
Blitzschnell verließ Don Federico seinen Posten,
sprang die Gasse entlang und verschwand um
die Ecke.

Mir war es, als hörte ich die Stimme meines
Landsmannes durch die geschlossenen Fensterläden
des Häuschens dringen. Im Nu war ich drüben
an dem Häuschen. Da ward die Thür aufgerissen. Carmelita stürzte mir entgegen, bleich
und bebend, Schleier und Mantille in wilder Unordnung. Sie wollte an mir vorüber,

ich erfaßte einen ihrer Arme. Sie stierte mich düster an.

„Señora," schrie ich — „nicht von der Stelle! Ich kenne Sie — Sie sind die Tochter Don Leon d'Azevedo's, meines Reisegefährten! Was ist meinem Freunde, dem jungen Deutschen, hier geschehen? Leugnen Sie nicht, er ist in dem Haufe dort, ich bin ihm und Don Federico heimlich bis hierher gefolgt! Was ist ihm geschehen?"

„Zurück!" rief mir die Kreolin zu, indem sie ihren flammenden, stolzen Blick energisch, gleich einer empörten Löwin, auf mich richtete. — „Sie haben kein Recht, mich aufzuhalten! Dort drinnen ist ein Akt der Gerechtigkeit geschehen! Ein Schurke, den ich über Alles liebte und den ich hinfort über Alles hassen werde, lockte mich hierher und verkaufte seine Ehre um schnödes Geld an einen anderen Schurken, der im Finstern die Rolle meines ehemaligen Verlobten zu spielen gedachte! Ich bemerkte den Betrug und sträfte den Betrüger! Sagen Sie es der ganzen Welt, daß Carmelita d'Azevedo den Deutschen erstochen hat, und daß der ehrlose Federico de Leonor desselben Schicksals gewärtig sein darf, wenn er es wagt, sich mir je wieder zu nähern!"

Ich ließ entsetzt den Arm der Doña fahren. Diese machte eine leidenschaftliche Bewegung und stürzte dann fort. Ich aber sprang in das Haus.

Niemand folgte mir, denn das Geschrei hatte nur einige Leute an die Fenster der nahestehenden Häuser gelockt. Man war in dieser Gegend wohl an solche Scenen gewöhnt.

Im Häuschen kam mir ein altes Weib jammernd entgegen. Sie hielt eine Laterne in der Hand und leuchtete mir zu einem Zimmer des Erdgeschosses. Dort lag mein armer Landsmann blutend auf einem Sopha. Sein Antlitz war verzerrt und geisterhaft, er rang mit dem Tode. Er richtete einen herzzerreißenden Blick auf mich, als ich mich über ihn niederbeugte.

„Ich habe — mein Unglück — verschuldet!" — röchelte er. — „Meine Leidenschaftlichkeit — Sie — Sie warnten mich! — Oh — Gott — Carmelita!"

Ein krampfhaftes Zucken noch, und das Auge des Armen brach. Er hatte aufgehört zu sein.

Armer Reimers! Kein Schurke, nein, ein Wahnwitziger hatte geendet! — — —

Zwei Tage darauf begrub man meinen armen Landsmann. Einige deutsche Geschäftsleute und ich, wir waren die Einzigen, welche dem Unglücklichen die letzte Ehre erwiesen. Ich hatte es übernommen, die nöthigen Anstalten zur Beerdigung zu treffen und an die Verwandten des jungen Mannes nach Hamburg zu schreiben.

Carmelita und ihr Vater waren, als die Be-

erdigung stattfand, bereits nach einer im Innern
Cuba's liegenden Besitzung abgereist.

Und die Justiz? Sie hat in Havanna andere
Dinge zu thun, als die Erbin eines Millionärs
in Anklagestand zu versetzen.

Ob Carmelita in Bezug auf Don Federico
ihr Wort hielt?

Ich weiß es nicht. Zwei Tage nach der Beerdigung des armen Reimers ging ich nach Vera-
Cruz unter Segel.

Sur le pavé.

Es war im Jahre 1846. Ein fahler, nebel=
satter, grämlicher Tag hatte den Parisern alle
eisigen Schauer eines naßkalten Oktobers gebracht.

Die zehnte Abendstunde war vorüber, für pa=
riser Straßen, wenn Mond und Sterne leuchten,
in der That eine frühe Stunde. Doch der dich=
ter gewordene Nebel hatte das bunte Durchein=
ander des Volksgewühles selbst in den für gewöhn=
lich lebhaftesten Stadttheilen an jenem Abend aus
den Gassen verscheucht. Oede und lautlos, als
sei die Mitternacht längst über sie dahingerauscht,
lagen sie da, matt von den Gaslaternen erhellt,
deren Strahl ein Dunstkreis umwob und dämpfte
Dann und wann nur rasselte eine vereinzelte Equi=
page durch die aristokratischen Viertel, oder tappte
ein mürrisch blickender Fußgänger, den Shawl
über Ohren und Nase gezogen, unbehaglich schauernd
dahin, vorsichtig so gut wie möglich die Lachen
vermeidend, welche der Regen am Tage auf dem
schmutzigen Steinpflaster gebildet hatte, und die

den unsichern Dämmerschein des flackernden Gaslich=
tes hier und dort auf dem schlüpfrigen Boden zu=
rück warfen.

In dem alten Bezirk der Seinestadt, dessen
düstere und verwitterte Gebäude sich um das Pan=
theon schaaren, in der kleinen Straße Soufflot,
die geradenweges zu dieser Ruhmeshalle führt,
öffnete sich die Thür eines alten, durch Zeit und
Kohlendunst geschwärzten Hauses.

Ein elegant gekleideter Herr trat auf die Gasse,
ein Mann in dürftiger Kleidung hatte ihn bis
an die Schwelle begleitet und blieb dort stehen,
indem er die hagere, knochige Rechte auf den
Drücker der Hausthüre legte. Eine kleine Laterne,
welche dieser Mann in der Hand trug, warf ihr
röthliches Licht auf die Angesichter Beider. Die
Züge der Männer waren ernst und nachdenklich.
Der Jüngere, welcher auf der Gasse stand, mochte
kaum 28 Jahre zählen, seine Haltung war an=
muthig und selbstbewußt, sein Antlitz, das jetzt
Wehmuth beschattete, hatte edle Umrisse, deren
Gesammtausdruck zugleich auf wohlwollendes Ge=
müth und einen festen, entschlossenen Charakter
deutete. Der Andere mit der Laterne hingegen
war ein Mann in vorgerückten Jahren, in dessen
stumpfen Gesichtszügen Sorgen und Entbehrungen
tiefe Furchen eingegraben hatten. Dem Manne
war auf den ersten Blick der Fabrikarbeiter an=

zusehen, der arme, deutsche, demüthige Arbeiter, der
sich schüchtern und bescheiden, halb verhungernd,
fern von der geliebten Heimat mit beharrlichem
Fleiß ein Stückchen Brod sucht, und der lieber
unter Fremden verkümmert, die ihn ausbeuten
und doch zugleich verachten, als daß er in sein
Vaterland zu vielleicht minder beschwerlichem Tage-
werk zurückkehrt.

Auch der blonde, wohlgekleidete junge Mann
war ein Deutscher, uud sie wechselten nun in der
traulichen Heimatssprache einige Worte.

„Ich danke Ihnen, Herr Thomas," sagte der
Jüngere, „daß Sie, selber arm, sich meines unglücklichen Kunstgenossen während seiner letzten Schmer-
zensstunden so liebevoll angenommen!"

„Das war meine Schuldigkeit, Herr Werner!
Einem Landsmann mußte ich doch beistehen!"
entgegnete der Alte — „hätte meine Hülfe nur
ausreichend sein können; aber so fürchte ich, ist
der arme Mann eigentlich wohl verhungert!"

„Und warum kamen Sie erst zu mir, als es
schon zu spät war? Sie hätten doch mich oder
manchen bemittelten Deutschen sonst noch früher
hier auffinden können!"

„Ich habe Ihnen vorhin schon gesagt," murmelte der Alte mit düsterem Blick, „daß der Mann,
der da jetzt gestorben ist, zu stolz war, fremde
Hülfe in Anspruch zu nehmen. Er war mein

nächster Nachbar und klagte mir nicht seine Noth, und als ich sie errieth, mich ihm aufdrang, da war ihm schon kaum mehr zu helfen. Und dann — ich verschwieg es Ihnen, als ich zu Ihnen kam, — ich war, bevor ich Sie ansprach, zu einer Zeit, wo Hülfe noch Rettung bringen konnte, von mehreren unserer reichen Landsleute abgewiesen worden."

„Schmach über Jene," rief der junge Mann unwillig, „die mit fremden Sitten buhlen, die deutsche Natur den Ausländern gegenüber verleugnen, sich höfisch und vergötternd an sie drängen und den Landsmann neben sich verschmachten lassen! O die meisten unserer sogenannten deutschen Brüder sind einander gleich, in England, Frankreich, Amerika setzen sie die alte Zwietracht, das gegenseitige Mißtrauen fort, das in der Heimat alle Schichten der Gesellschaft durchdringt und das Volk vom Volke gleichen Namens trennt! Gemeinsinn, Nationalgefühl, für uns leere Worte, im Großen wie im Kleinen! Kein Engländer hätte in Paris seinen Landsmann verhungern lassen! Doch was rede ich," unterbrach sich der junge Mann bitter, „der Mann ist todt! Und wissen Sie, was er war? Ein Künstler ersten Ranges in seiner Heimat, den die Ungunst des Geschickes und — politische Verhältnisse von dort vertrieben. Er kam nach Paris, wie so Viele hierherkommen, die

wähnen, daß hier das Eldorado der Künstler sei,
und jedes wahre Talent auf Anerkennung rechnen
dürfe; — sie ahnen nicht, wie manches Genie in
diesem Babel, wo Einer den Andern zur Seite
drängt, unerkannt zu Grunde geht. Jener aber,
vor Allem der anspruchlose Deutsche, unrettbar
verloren ist, der vielfach enttäuscht im Leben und
schon mit halbgebrochener Manneskraft sich in den
rasenden Taumel dieser Jagd nach Anerkennung
hineinwagt! Der Maler, der dort neben Ihrer
Kammer starb, wäre, selbst wenn er hier in besseren
Verhältnissen gelebt hätte, eine viel zu schlichte
deutsche Natur gewesen, um sich in Paris durchzuringen. Er ist todt, wohl ihm! Und nun verbittern wir uns nicht länger diese ohnehin trüb-
selige Nacht, die mit ihrem dicken Nebel den Spleen
befördert. Ich habe Ihnen hinreichend Geld gelassen, die Beerdigungskosten zu decken, bis übermorgen werde ich eine ansehnliche Zahl von Kol-
legen angeworben haben, damit die Leichenfeier
des armen deutschen Künstlers wenigstens eine
würdige sei! Gute Nacht!"

Der junge Mann wollte sich entfernen, der
Mann mit der Laterne hielt ihn zurück.

„Nehmen Sie noch meinen Dank, bester Herr,"
brummte der Alte, „für die Unterstützung, welche
Sie obendrein mir —"

„Geht doch, alter Pechvogel! Das ist ja nicht

der Rede werth! Ihr werdet ohnehin nicht weit
damit kommen!" rief der junge Mann mitleidig
lächelnd.

Dann schob er die Knochenhand des Alten
von seinem Arme fort und entfernte sich mit raschen
Schritten. Der Arbeiter blickte dem jungen Künstler einige Sekunden lang nach, dann verschwand
er in's Haus, dessen morsche Thüre sich knar-
rend schloß.

Der junge Mann aber bog in die Straße
St. Jaques und schritt der Cité zu. Der Nebel
begann stärker niederzurieseln und verhüllte bereits
das erste Stockwerk der Häuser. Die Straße
St. Jaques war wie ausgestorben, hier und dort
nur verkündeten die bunten Laternen der Wein-
wirthe und Restaurants eine Einkehr in's Leben,
an unserem Wanderer strich nur höchst selten die
eine oder andere fröstelnde Gestalt vorbei, zähneklappernd und in aller Eile ein gastliches Obdach
aufzusuchen. Rüstig vorwärts schreitend starrte
der junge Mann eine Zeitlang nachdenklich, beinahe finster in den Nebel, dann lächelte er bitter
und murmelte in sich hinein:

Das ist der Lauf der Welt! Ich kann's nicht
ändern!

Sein Antlitz erhielt einen gleichmüthigeren Ausdruck, er blieb stehen, nahm eine Cigarre hervor und brannte sie an. Alsdann setzte er,

augenſcheinlich in beſſerer Stimmung, ſeinen Weg fort.

Ernſt Werner — ſo nannte unſer Wanderer ſich — war im Jahre 1840 nach Paris gekom= men, er hatte bedeutende Empfehlungen mitgebracht und bald in der Seineſtadt ſehr einflußreiche Gön= ner gefunden. Er war Aquarell=, namentlich Ara= beskenmaler und in dieſem Fache der Kunſt un= gewöhnlich begabt; ſeine Gönner hatten es binnen Kurzem dahin gebracht, daß er vom Könige Louis Philipp Aufträge erhielt, welche für die Samm= lungen des Verſailler Schloſſes auszuführen waren. Sein Ruf ward durch dieſe Arbeiten in Paris gegründet, und er hatte ſomit alle Urſache, mit ſeiner Stellung zufrieden zu ſein; hatte er doch ſpielend erreicht, wonach andere, nicht minder begabte Künſtler vergeblich ſtrebten. Die Aeuße= rung, welche er vorhin dem armen Fabrikarbeiter gegenüber ſo lebhaft gemacht hatte, war deshalb in keiner Weiſe auf ihn ſelber anzuwenden. Dieſe Erfolge aber hatten den jungen Mann keines= wegs zur Ueberſchätzung ſeines Talentes geführt, er war ſchlicht und anſpruchslos geblieben, liebens= würdig und zuvorkommend gegen Künſtler, die vom Schickſal nicht begünſtigt wurden, wie er.

Werner ging raſch an den zahlloſen Seiten= gäßchen und Gaſſen der Straße St. Jaques vor= über; bald war er bis zum Quai St. Mc ge=

langt, und das Rauschen der Seine traf bereits
sein Ohr.

Im Begriff um die Ecke auf den Quai zu bie=
gen, wäre er fast an ein Frauenzimmer gerannt.
Er trat hastig auf die Seite, doch konnte er nicht
umhin, einen zuversichtlichen Blick auf das junge
Mädchen zu werfen; ein Frauenzimmer, das sich
in nächtlicher Stunde allein auf einen Quai der
Seine wagt, pflegt keinen rücksichtsvolleren Blick
zu beanspruchen. Die Gaslaterne, welche unmit=
telbar über den Köpfen der fast aufeinander Ge=
prallten leuchtete, begünstigte das Unternehmen
Werner's. Ihm ward ein Anblick, den er nicht
erwartet hatte. Er sah ein schönes, regelmäßiges,
doch bleiches und hohlwangiges Antlitz, das von
jenem Zauber der Sittsamkeit angehaucht, der selbst
rohen Naturen Achtung gebietet, einen Ausdruck
unsäglichen Schmerzes trug.

Betroffen über den stillen Jammer, der in die=
ser zarten Erscheinung sich kundgab, wich der junge
Mann zurück, es war ihm, als habe er von den
zu Boden gesenkten Augen des armen Geschöpfes
Thränen über die blassen Wangen niederträufeln
gesehen. Er blieb stehen und blickte dem Mäd=
chen theilnehmend nach. Sie hatte ihn nicht
bemerkt und setzte ihren Weg über den Quai
de Montebello fort, anscheinend in schmerzlichem
Brüten.

Werner hatte hinreichend Zeit gehabt, den An=
zug des Mädchens zu prüfen. Dieser war arm=
selig genug. Ein abgetragenes Perkailkleidchen,
leicht und luftig wie Spinnenweb, eine kleine Man=
tille von schwarzem Orleans, ein dünner Schleier,
nach pariser Grisettenart um den Kopf gebunden,
war Alles, was das arme Kind der rauhen
Witterung entgegenzusetzen hatte.

Die Sünde geht in Paris besser gekleidet!
sagte sich Werner — hm, was mag das bleiche
Kind zu solcher Stunde auf dem einsamen Quai
wollen?

Die Phantasie Werners war kurz zuvor erst,
nachdem er die elende Wohnung eines dem Hun=
ger Erlegenen verlassen, mit düstern Bildern be=
schäftigt gewesen. Rasch kehrten sie jetzt beim An=
blick des Mädchens zurück. Ein entsetzlicher Ge=
danke durchzuckte den jungen Mann. Mechanisch
warf er seine Cigarre hin, wendete dem Quai
St. Michel den Rücken und folgte, fast instinkt=
artig vorwärts getrieben, langsamen Schrittes dem
Mädchen über den Quai de Montebello.

Die Quais entlang der Seine lagen öde und
unheimlich da, ihre Bäume streckten düster und ge=
spenstisch die nackten Aeste in den Nebel hinein;
die Steinbrüstung an der Flußseite glich einer
weithin sich dehnenden trübseligen Friedhofsmauer.
Hier und da erhellte eine Laterne auf wenige Schritte

den einsamen Weg. Ein Blick über die Brüstung
auf den Strom zeigte ein undeutliches Gewimmel
schwarzgrauer Wellen, die unaufhaltsam vorüber-
tosten oder an der Felsenmauer der Quais sich
geräuschvoll und schäumend brachen.

Das Mädchen war gesenkten Hauptes über
den Quai de Montebello gegangen, sie hatte weder
zur Seite oder hinter sich geblickt, noch sich der
Brüstung des Quais genähert. Werner sah sie
wie einen Schatten vor sich her gleiten. Oefter
schien es ihm, als zerfließe dieser Schatten in den
Nebel, dann verdoppelte er unruhiger seine Schritte,
bis er die luftige Erscheinung wieder deutlicher vor
sich sah.

Das Mädchen ging an der kleinen Brücke
de l'Archevêché vorüber und schritt über den Quai
de la Tournelle. An der Brücke gleichen Namens
blieb sie stehen; es schien, als stütze sie sich kraft-
los auf die Steinbrüstung. Auch Werner hemmte
seinen Schritt; er überlegte.

Ich werde mit ihr reden! murmelte er vor sich
hin. — Vielleicht habe ich mich da jetzt ganz ein-
fach mit unzeitiger Empfindsamkeit genarrt, —
doch gleichviel, ich ertrage dieses peinliche Gefühl
der Spannung nicht länger!

Der junge Deutsche setzte sich in Bewegung,
aber auch das Mädchen schritt im gleichen Augenblick wieder vorwärts. Hastig betrat sie die Brücke

und eilte bis zur Mitte derselben. Dort hemmte
sie plötzlich ihre Schritte und klomm an der Stein=
baluſtrade empor, eine nahe Brückenlaterne be=
leuchtete ſekundenlang mit falbem Schimmer die
luftige Geſtalt, welche hoch auf dem Simſe zu
ſchweben ſchien, — ein leiſer Schrei, ein Sprung —
und die Wellen des ſchwärzlichen, von dampfen=
den Nebelſchichten umkreiſten Stromes ſchlu=
gen über dem Haupte einer Selbſtmörderin zu=
ſammen.

Als das Entſetzliche geſchah, hatte Werner kaum
erſt den Fuß auf die Brücke geſetzt. Vom erſten
Schrecken überwältigt griff er bebend und athem=
los nach der ſteinernen Brüſtung, es war ihm,
als beginne das alte Gemäuer neben das Pflaſter
unter ihm zu wanken. Doch im nächſten Augen=
blick ermannte er ſich, riß den Oberrock herunter,
warf ihn und den Hut auf das Steinpflaſter, ſprang
behend auf die Baluſtrade und ſtürzte ſich ohne
Bedenken in die Seine.

Unweit der Stelle, wo er in der Flut ver=
ſchwand und der Giſcht der zerſchmetterten Wogen
emporſtiebte, tauchte ein Frauengewand auf, eine
weiße Hand ward ſichtbar, ein Nacken, ein bleiches
Antlitz — das arme Mädchen kämpfte mit den
raſtlos eilenden Wellen, der Inſtinkt der Selbſt=
erhaltung hatte den energiſchen Willen beſiegt,
ſie rang in namenloſer Todesangſt, halb beſin=

214

nungslos. Die Strömung erfaßte sie ohne Erbarmen und schaukelte sie einen Moment auf der Oberfläche des Wassers dahin. Im gleichen Augenblick erschien das blondlockige Haupt des jungen Deutschen über den Wellen. Das Auge des Schwimmers stierte spähend voraus, ein ungewisser Schimmer dämmert vor ihm auf den Wogen, er gewahrt die Hand, das Kleid der Unseligen, kraftvoll zertheilt er die Wellen, die Strömung erfaßt auch ihn, noch wenige Zoll und er kann das Gewand erreichen. Da versinkt das Mädchen vor ihm, die Flut brodelt und quirlt in flüchtigen Kreisen und wirft ihm eisigen Schaum auf Stirn und Wangen. Doch auch er taucht hinab, mit Blitzeseile, tiefer und tiefer, er fühlt unter seiner tastenden Hand weiche, elastische Streifen, die um seine Finger sich schlingen, es sind die aufgelösten Haare des Mädchens, er packt diese Haare, er empfindet den Druck eines Körpers, der sich krampfhaft an ihn klammert, und nun strebt er empor mit aller Kraft und Energie. Doch vergebens! Die Unglückliche hat in wildem Krampf seine Knie umschlungen, sie hindert seine Bewegungen, sie zuckt und zerrt und er fühlt, daß er trotz seiner fast übermenschlichen Anstrengungen bald den Schlamm der Seine erreichen muß. Er glaubt sich und das Mädchen verloren, seine Brust droht zu zerspringen, es braust ihm vor den Ohren, als ob tausend dumpfe

Glocken läuteten, das Wasser strömt in seinen angstvoll und willenlos halbgeöffneten Mund, er hat
das entsetzliche Vorgefühl, daß ihm in nächster
Sekunde die Sinne schwinden werden. Da rafft
er noch einmal die ganze Energie seiner Seele
zusammen, taucht tiefer — ein verzweifelter Ruck,
eine furchtbare Anstrengung, und er hat die Arme
des Mädchens von sich abgelöst, er ist unter ihr,
fühlt ihren Körper auf seiner Schulter, er steigt
— höher — höher — jetzt hebt sich sein Antlitz
über die Wellen empor, er athmet convulsivisch,
er fühlt sich neubelebt. Vor sich erblickt er
in geringer Entfernung den schaukelnden Perron
des Holzlandungsplatzes vom Quai St. Ber-
nard, er schwimmt wie ein Neufundländer Wasser-
hund, er packt einen Balken des Perrons und
zieht sich und das bewußtlose Mädchen empor —
sie sind gerettet!

Im gleichen Augenblick schritten zwei Holzknechte über die Brücke. Sie kamen aus einer
am Flusse gelegenen Schenke und wollten nach
ihren Kähnen sehen.

Einer der Knechte stieß mit dem Fuß an Werner's Hut, der mitten im Wege lag.

„Sapristi," rief der Bursche, „was ist denn
das? Sieh nur, Jean, da liegt ein Hut!"

„Und dort ein Rock!" entgegnete der Angeredete, indem er die genannten Gegenstände auf-

hob. — „Es hat sich also jedenfalls hier Jemand von der Brücke in's Wasser gestürzt!"

„Was der Teufel, und das Wasser ist jetzt verdammt kalt!" sagte gelassen der Erste und blickte über die Brüstung hinab in den Fluß.

Kaum aber hatte er hinuntergeschaut, als er ausrief: „Sapristi, da unten ist's lebendig! Ich unterscheide da Zwei! Komm, Jean, wir werden da nöthig sein!"

Die beiden Schiffer setzten sich in einen Trab und stolperten hastig zum Perron hinunter. Die Leute, welche an den Holzplätzen der Seine ihre Beschäftigung haben, sind roh, aber sie haben ein Herz, und nur selten pocht das Unglück vergeblich bei ihnen an.

Die Knechte sprangen dem vor Frost halber starrten, zähneklappernden Künstler zu Hülfe. Das Mädchen lag noch ohnmächtig auf dem Perron.

„Die Mutter Pinasse hat drüben ihre Schenke offen!" sagte Jean. „Hier sind Ihre Sachen, mein Herr, ziehen Sie Ihren Rock an, Sie klappern da eine keineswegs lustige Melodie zusammen. Wir tragen die Kleine da hinüber, die Mutter Pinasse wird alles zum Beistand Nöthige hergeben, sie ist ein braves Weib! Also vorwärts!"

Die Holzknechte trugen das leblose Mädchen an's Ufer und zur Schenke der Mutter Pinasse,

einer kleinen, kugelrunden und kupfernasigen Zwerg=
gestalt, die keineswegs durch den unerwarteten
Besuch angenehm überrascht schien, aber dennoch
sogleich dienstfertig bei der Hand war, zur selben
Zeit fluchend wie ein Grenadier. Unter dem Bei=
stand der dicken Alten erholte sich das junge Mäd=
chen schauernd von ihrer Ohnmacht. Sie schlug
die Augen auf, ihr erster Blick schien zu sagen:
„Was führt Ihr mich so eifrig in eine Welt des
Elends zurück?"

Ihr Retter, durch ein Glas Rum erwärmt,
war der Mutter Pinasse in banger Hast hülfreich
zur Hand gewesen und blickte nun voll reger Theil=
nahme in das, trotz der Erschlaffung aller Züge
so reizende Angesicht des Mädchens. Der dunkle
Teint, das bläulichschwarze Haar des schönen
Kindes verriethen ihm, daß er keine Pariserin vor
sich habe.

Das Mädchen dankte mit bebenden Lippen
und verstörter Miene für die Theilnahme, welche
man ihr erzeigte, aus ihrem ganzen Wesen sprach
der düstere Gedanke: „Wäre ich doch nicht geret=
tet worden!"

„Armes Ding," murmelte die Pinasse, „sie spricht
den Dialekt der Provençe, — und her nach Paris
zu kommen, um in der Seine enden zu wollen!"

Der junge Deutsche ergriff die kalte, schmale
Hand des zitternden Mädchens.

„Sie sind hier fremd?" flüsterte er.

„Ich bin aus der Gegend von Marseille!" stammelte das Mädchen.

„Haben Sie Verwandte in Paris oder Freunde?"

„Nein!"

„Wie lange sind Sie hier?"

„Sechs Wochen."

„So haben Sie eine Wohnung —"

„Seit heute nicht!" murmelte das Mädchen, die Augen niederschlagend, während Thränen über ihre Wangen perlten.

Der junge Mann besann sich einen Augenblick.

„Meine Hauswirthin ist eine wackere Frau," sagte er alsdann, „sie wird Ihnen jedenfalls für diese Nacht ein Obdach geben. Und morgen — für das Weitere will ich schon Sorge tragen, vertrauen Sie mir! Binnen vierundzwanzig Stunden," fügte er gutherzig hinzu, „finden Sie hoffentlich diese Welt, der Sie zu entrinnen trachteten, nicht so abscheulich mehr, vorausgesetzt, es war nur die Noth, welche Sie zu solchem Schritte trieb!"

Die junge Provençalin warf auf ihren Retter einen Blick, aus dem zugleich tiefer Schmerz und Dankbarkeit sprachen.

Jean hatte inzwischen einen Fiaker geholt. Werner zog seine Börse, doch die wackeren Knechte, wie auch die vom Branntwein aufgedunsene Pinasse, verweigerten standhaft, eine Bezahlung ihrer Dienste anzunehmen.

„Das wäre nicht übel, sich Christenpflicht bezahlen laffen!" brummten sie faft ärgerlich.

„Nun denn, so habt Dank!" rief der junge Künstler den Leuten zu, ihnen die Haud herzlich schüttelnd. — „Es giebt doch noch Menschen," murmelte er vor sich hin, „man trifft sie, wie gute Bücher, nur häufiger in unsauberem als in elegantem Einband."

Werner geleitete das schwankende Mädchen zum Wagen. Der Fiaker führte das Paar in die Straße St. Honoré, zur Wohnung des Künstlers. Diefer wußte noch immer nicht, was die Unglückliche zu dem verzweifelten Schritte getrieben, er hatte aus Zartgefühl nicht darum gefragt, und das Mädchen nichts enthüllt. Ihre ganze Erscheinung aber, der Seelenabel, den unverkennbar ihre jetzt so verstörten Züge trugen, sagten ihm, daß er nicht der Beschützer einer Ehrlosen, einer Verbrecherin geworden sei.

II.

Der Leser folge uns in die zauberischen Gefilde
der Provençe, an die malerischen Gestade des
Mittelmeeres, nach Marseille.

Seht, dort breitet sich die Stadt aus in einer
anmuthigen Flur, rings von hohen Bergen umgürtet, von denen tausend weißgetünchte, zierliche
Landhäuser, hier Bastides genannt, herniederschim-
mern. Amphitheatralisch klettern diese kleinen Som-
merresidenzen von den schattenlosen Höhen nieder,
zahlreicher und dichter je näher der Stadt. Hier,
nach Westen, gegen das Meer hin, senken sich die
Berge in reizender Wellenform und bilden jenen
prächtigen Golf, der einst, fünfhundert Jahre
vor der christlichen Zeitrechnung, die Phokäer
bestimmte, die griechische Kolonie Massilia zu
gründen.

Von der Nordseite des Hafens her wandern
wir durch die Altstadt. Durch schlecht gebaute,
enge, steile und winklige Gassen steigen wir nieder,
an den unansehnlichen, düstern Behausungen der
kleinen Gewerbsleute, an Fabriken und Maga-
zinen vorüber. Wir enteilen diesem dumpfen Labyrinth, und betreten staunend den Cours, jene
reizende Straße, welche Alt- und Neustadt mit
einander verbindet, schreiten dann zwischen schat-
tenreichen Bäumen dahin, an plätschernden Spring-

brunnen und blendenden Palästen vorbei, deren
zierliche Veranden und Altane ein Flor prächtiger
Blumen und eleganter, schwarzäugiger Frauen
schmückt. Wir drängen uns durch das Treiben
einer lebensprühenden Menge, eilen an dem Quai
St. Jean vorüber, wo Gewölbe sich an Gewölbe
reiht, in denen die Wunder und Schätze ferner
Welten feilgeboten werden, werfen einen flüchtigen
Blick auf den Hafen, in dem auf tausend Masten
die bunten Wimpel und Flaggen aller Länder lustig
im frischen Seewinde flattern, auf die Felsenketten,
die zur Rechten und Linken des Hafens in's Meer
hineinlaufen, die malerischen Festungswerke St. Ni=
kolaus, St. Jean und die Citadelle Notre Dame
de la Garde; unser wie zauberhaft gebanntes Auge
vermag sich nur zögernd von den fernher dunkeln=
den, glanzumsäumten Inseln If und Ratoneau
und dem seenhaften Anblick abzuwenden, den das
unermeßliche, weithin blitzende Meer uns bietet.
Aber wir müssen weiter und weiter, durch das
südliche Thor von Marseille, an die Küste, unser
Ziel ist eines der zierlichen Gartenhäuser unweit
der Stadt, auf einem Hügel gelegen, von dem
herab der fernschweifende Blick Ocean und Stadt
beherrscht, hart am Wege nach Toulon.

Diese kleine Villa ist im italienischen Styl er=
baut. Hohe Taxuswände drängen sich zwischen
die Gassenseite des Gebäudes und den Touloner

Weg. Gartenfronte und Veranda sind verschwen=
derisch mit wildem Wein überwuchert. Auf Ter=
raffen erheben in langer Reihe Orangenbäume ihre
dichten Kronen, daneben blühen Feuerlilien und
Rosen, deren Wohlgeruch mit dem frischen Mee=
resduft sich mischt. Und rings beschatten Lorbeer=
gebüsche, Mandel= und Feigenbäume die malerisch
vertheilten Anlagen.

Es ist Oktober, derselbe Tag sogar, an welchem
der junge Deutsche das Mädchen aus den Fluten
der Seine rettete. In Paris fanden wir nieder=
rieselnden Nebel, entlaubte Boulevards, fröstelnde
Menschen, hier lacht das weiße Sonnengold auf
Laub und Aesten, glitzert über den grünlichblau
schillernden Ocean, hier ist die saftige Vegetation
kaum von dem ersten Hauch des Herbstes berührt,
hier lassen Glut und Pracht der südlichen Zone
alles Leben voller pulsiren.

Vom Garten der Villa zum Strand hinab,
neben zerklüftetem Gestein, von dem Schlingpflan=
zen dicht niederhängen, senkt sich eine aus zer=
bröckelnden Steinen lose zusammengefügte Treppe.
Ihr Fuß berührt den feinen Sand, den der rast=
lose Wellenschlag des Meeres abgelagert hat.

Von der Veranda der Villa stiegen etwa um
die erste Nachmittagsstunde zwei junge Männer
in den Garten nieder. Der Eine war von ge=
drungenem Wuchs, hatte eine joviale Miene und

bläulichschwarzes, leicht gekräuseltes Haar. Der
Andere war schmächtig und hoch aufgeschossen. Die
geregelten Züge seines Angesichts waren schön doch
schwermüthig. Der breitrandige Panamahut, den
er trug, vermochte kaum seinen dürftigen Haarwuchs zu verbergen. Dieses dünne, blonde Haupthaar, die abgespannten Züge, der unsichere Gang
lassen errathen, daß der junge Vicomte Armand
von Cerigny kaum erst vom Nervenfieber erstan-
den sei.

Sein Freund hieß Charles de Randon und
war der Sohn eines Edelmannes, welcher eine
der südlichen Provinzen Frankreichs in der Deputirtenkammer vertrat.

Die Herren schritten langsam vorwärts. Am
Fuße der Veranda bot der muntere junge Kavalier dem siechen Freunde den Arm.

„Komm, Armand," sagte er mit gewinnender
Herzlichkeit, „stütze Dich auf mich, Du bist an-
gegriffener als Du glaubst! Gottlob, die Krankheit ist überstanden, und Deine jetzige Schwäche
wird die Meeresluft bald beseitigen. Setzen wir
uns auf jene Terrasse, von der man den Ocean
überschaut, lassen wir die Vergangenheit hinter
uns, plaudern wir von einer fröhlichen Zukunft.
Was hindert uns in dieser herrlichen Umgebung,
die reizendsten Luftschlösser aufzubauen?!"

Armand's Lippen überflog ein bitteres Lächeln.

Schweigend legte er seinen Arm in den seines
Gefährten. Langsam gingen sie zur Terrasse, Armand ließ sich dort auf eine Bank nieder, Charles
blieb bekümmert an seiner Seite stehen. Endlich legte
er seine Hand auf die Schulter Armand's und sagte:

„Armer Freund, ich gedachte nicht, Dich so
wiederzufinden! Voll übermüthiger Laune verließen
wir miteinander Paris, als echte Studenten die
Sommerferien zu verleben! Ich ging an die Ufer
der Rhone und suchte alle nur denkbaren Abenteuer auf, Du wandertest zu der väterlichen Villa,
mit dem festen Vorsatz, es mir im Uebrigen gleich
zu thun. Und nun bin ich am Schlusse der Ferien hierhergekommen, mit Dir nach Paris zurückzukehren, nun finde ich statt eines lustigen Casa-
nova einen abgezehrten, hohläugigen jungen Mann,
den Krankheit zu Boden geworfen, und den obendrein — leugne es nicht, Armand — ein geheim-
mes Seelenleiden drückt!“

Armand blickte zu seinem Freunde empor und
lächelte gezwungen.

„Du irrst, mein Freund,“ sagte er, „ich bin
durch die Krankheit geschwächt, aber mein Gemüth
ist so wenig zerrissen wie das Deine!“

„Nein, nein,“ entgegnete Charles fast uumu-
thig, „es ist da Etwas, was Du mir verbergen
willst, ein Ereigniß lastet auf Dir, ein Geheimniß,
ich lese es sogar in den scheuen Blicken Deiner

Eltern! Gestehe mir's, ein Unglück hat Dich jäh
überfallen, entsetzliche Dinge sind vor sich gegangen,
die Dich bis in den Grund der Seele erschütterten,
und jene furchtbare Krankheit heraufbeschworen, —
Dinge, deren Erinnerung Dein Gemüth noch, jetzt
vergeblich abzuschütteln trachtet!"

Armand senkte die Augen vor dem forschenden
Blick des Freundes, seine Lippen bebten, im erkünstelten Tone des Scherzes sagte er: „Charles,
wie kannst Du denken —?"

„Gut," unterbrach ihn dieser mit scharfer Be-
tonung, „ich bescheide mich. Es scheint, ich hatte
wohl nur in Paris ein Recht auf Dein Vertrauen.
Plaudern wir von etwas Anderem," fuhr er leichter fort, „doch verbinden wir das Angenehme mit
dem Nützlichen. Wir haben hier oben wohl eine
reizende Aussicht, aber das ist nicht genug für
einen Reconvalescenten. Du weißt, daß der ner-
venstärkende Seedunst nur vier bis sechs Fuß über
dem Meeresspiegel schwebt, steigen wir daher die
Treppe dort hinunter zum Strand. Sieh, dort
wo die kleine Bucht sich bildet, liegt ein aller-
liebstes Fischerhäuschen, wie ein Mövennest in
den Felsen eingezwängt, am Strande davor schaukelt sich in der Brandung ein Boot. Das Meer
ist spiegelklar, der Fischer wird uns gerne das
Boot überlassen. Nun denn, segeln wir in das
flüssige Blau hinaus! Willst Du?"

Randon fah den Freund auffordernd an und gewahrte, wie die schmalen Wangen desselben sich plötzlich mit Todesblässe überzogen, als sein Blick zu der Fischerhütte hinüberschweifte.

„Was ist Dir?" rief der junge Mann betroffen.

„Nichts!" stammelte Armand.

„Dein Aussehen straft Dich Lügen!"

„Laß' uns fort von hier — ich bin jetzt nicht in der Stimmung, den Anblick des Meeres zu ertragen!"

„Unbegreiflich!" entgegnete Charles kopfschüttelnd. „Die Erhabenheit der Natur erfrischt und beruhigt doch sonst das erregte Gemüth! Und wenn wir zu jener Hütte —"

„Rede nicht vom Meere, von jener Hütte, ich beschwöre Dich!" rief Armand mit dem vollen Ausdruck des Entsetzens. — „Wenn Du wüßtest —!"

„Also doch ein Geheimniß!" sagte Charles ernst. Dann fügte er herzlich doch mit Festigkeit hinzu: „Sei ein Mann, Armand, und vor Allem ein offener Freund! Sieh, ein Leid trägt sich leichter, wenn Zwei daran tragen!"

Armand gewann seine Fassung wieder. Er drückte des Freundes Hand.

„Du hast recht, Charles," antwortete er, „vergib, daß ich zögerte, Dir meinen Kummer

anzuvertrauen. Die troftlofe Sitte unferer Ge=
fellfchaft, alle tieferen Empfindungen zu befpöt=
teln, macht uns felbft gegen unfere Freunde mlß=
trauifch!"

„Du thateft mir Unrecht!" erwiederte Ran=
don. — „Ift auch ein großer Theil parifer Bla=
firtheit an meinen Schultern hängen geblieben, fo
weiß doch mein Herz nichts davon! Erzähle mir
alfo unverhohlen, was fich ereignet hat."

Randon fette fich zu feinem Freunde auf die
Bank.

„Ich brauche Dich nicht daran zu erinnern,
Charles," fo erzählte der junge Vicomte, feine
Mittheilungen von Zeit zu Zeit durch kleine Pau=
fen unterbrechend, je nach der Anftrengung, welche
ihm das Reden verurfachte, — „mit welchem
Jubel wir dem dunftigen, von der eleganten Welt
entvölkerten Paris den Rücken wandten! Ich kam
hierher, freudeftrahlend, ich fah zum Erftenmal
das vielbewegte Treiben der Seeftadt, zu der meine
Eltern feit dem Frühjahre überfiedelt waren, zum
Erftenmal hatte ich den entzückenden Anblick eines
gigantifchen Meeres vor mir. Du kannft Dir
denken, daß ich in dem Gedanken fchwelgte, Tag
für Tag im leichten Kahn den blitenden Ocean
befahren zu können. Gelegenheit war gleich zur
Hand, ein alter Schiffer, der jenes an den Felfen
gebaute Hüttchen bewohnte, hatte ein zierliches

15*

Segelboot. Er ward von mir einige Tage nach meiner Ankunft für meine Fahrten gedungen, und von da ab war ich oft vom Tagesgrauen bis in die Nacht hinein auf dem Meere. Bald hatte ich die Handgriffe der Seemanskunst inne, da fuhr ich denn öfter allein, entweder durch den Golf oder die Küste entlang, zu verschiedenen Felsen= grotten, die ich vom Boot aus skizzirte. Eines Tages unternahm ich allein eine Fahrt die Küste entlang, nach Martigues. Der alte Fischer Jean Godron hatte bei meiner Abfahrt auf ein weißes Wölkchen gedeutet, das am reinen Horizont auf= getaucht war, und mich davor gewarnt, meine Fahrt weit auszudehnen. Hatte mich der tiefblaue Aether über mir, die Ruhe des Meeres, die Wind= stille oder das Skizziren einiger interessanter Klip= pen, in das ich mich vertiefte, die Warnung des Alten vergessen laffen, ich weiß es nicht. Ich fand mich auf offener See, als plötzlich die Wogen sich kräuselten, mehr und mehr ein scharfer Wind sich erhob, der zuletzt die Flut sich bäumen machte. Ich that mein Möglichstes, das Ufer vor dem völligen Ausbruch des Wetters zu gewinnen, ver= gebens! Bald umtobte mich der Orkan mit allen seinen Schrecken und zerriß mein Segel, zerschmet= terte den Mast meines Bootes. Ich gewahrte in meiner Noth kein anderes Schiff, alle waren sie vor dem Sturme eingelaufen. Schon verzweifelte

ich, da sah ich ein Boot näher und näher schweben. Mein alter Schiffer befand sich darin und
ein Mädchen, das ich nicht kannte. Ihren unsäglichen Anstrengungen gelang es, mir fast auf
die Seite zu kommen, der Alte schrie mir zu, doch
der Sturmwind übertönte seine Stimme, er gab
mir Zeichen, die ich in meiner Todesangst nicht
begriff. Schon war das Boot dem meinigen so
nahe, daß mir der Alte das Ende eines Seiles
zuwerfen konnte, ich sah ihn hoch zum Wurf sich
aufrichten, da brauste eine Sturzwelle heran, über-
schlug mein Fahrzeug, der tosende Ocean riß mich
in seine Tiefe hinab — meine Sinne schwanden. —
Als meine Besinnung zurückkehrte, fand ich mich
in der Hütte des ehrlichen Jean Godron, die
ich zufällig nie zuvor betreten hatte. An dem
armseligen Lager, auf dem ich ruhte, saß ein
junges schönes Mädchen, deren Blick in ängstlicher
Spannung auf mir haftete. Als ich die Augen
öffnete, erschien sie mir wie ein Feenbild. Es war
dasselbe Mädchen, welche ich im Boote Jean Godron's erblickt hatte, es war mit einem Wort die
Tochter des Fischers. Meine erste Bewegung ent-
lockte ihr einen Freudenschrei, sie stürzte in die
Arme ihres Vaters, der zu Füßen des Bettes stand.
Stumm schlichen Beide, wie verstohlen, zu einem
Gnadenbild, das in der Kammer hing, und be-
teten, — ich werde diesen Augenblick nie vergessen!

— Nachdem ich mich erholt, kehrte ich in unsere
Wohnung zurück, aber ich suchte von nun an täg=
lich die Hütte Godron's auf. Meine Eltern be=
eilten sich, den wackern Fischersleuten reiche Ge=
schenke anzubieten, welche sie ausschlugen, meine
Mutter ließ das heldenmüthige Mädchen wieder=
holt zu sich kommen, und fand sie allerliebst. Mich
bezauberte Annettens natürliche Anmuth, ihr klarer
Verstand zog mich an, ich unterrichtete sie, der alte
Godron, den sein Gewerbe stundenlang fern hielt,
gab uns unwissentlich Gelegenheit zu ungestörtem
Beisammensein, kurz, eines Tages fand ich, daß
ich, der nicht unerfahrene Dandy, der angehende
Diplomat, der Sohn eines Pairs von Frankreich,
das arme Fischermädchen liebe. Du magst den
Kopf schütteln, Charles, aber es war so, ich liebte
wahrhaft, zum Erstenmal! Und Annette erwie=
derte meine Leidenschaft. Meine Eltern ließen
sich nichts von diesem Liebeshandel träumen, sie
wähnten mich auf dem Ocean, indeß ich bei der
schönen Fischerstochter saß. — Da geschah es, daß
der alte Godron eine längere Fahrt unternehmen
mußte. Am zweiten Tage dieser Fahrt erhob sich
ein Sturm — den folgenden Morgen trieb das
halbzertrümmerte Boot Godron's an den Strand,
den alten Schiffer hatte das Meer verschlungen.
Annettens Lage war eine trostlose, meine Mutter
entschloß sich, ihr ein Asyl zu bieten. Die Hütte

kam in andere Hände, Annette zu uns in's Haus,
und das ward entscheidend für unsere Zukunft.
Meine Mutter errieth bald unser Verhältniß, aber
der Zorn der strengen und stolzen Frau traf nicht
das arme Mädchen, welche sie lieb gewonnen hatte,
sondern mich, den sie als den alleinig Schuldigen
erkannte. Eines Tages ward ich in den Salon
meiner Eltern beschieden. Du weißt es, Charles,
daß ich mich längst in Paris, trotz meiner alt=
adeligen Abkunft, in meinen politischen Studien
mit Vorliebe den sozialistischen Ideen unserer Zeit
zugewendet habe. Mit den Waffen dieser An=
sichten kämpfte ich an jenem Tage energisch für
meine Liebe, — als ich das Zimmer meiner Eltern
verließ, dehnte sich eine weite Kluft zwischen uns.
Acht Tage vergingen. Ich hatte Annette nicht
sprechen können, meine Mutter bewachte jede mei=
ner Bewegungen; sie überhäufte das Mädchen mit
Freundlichkeit, Annette ahnte nichts. Da sah ich
die Geliebte eines Abends ungewöhnlich spät in
das Kabinet der Marquise verschwinden. Ich ahnte
Ungewöhnliches und blieb lauschend hinter der
nur angelehnten Thür meines Zimmers stehen.
Nach einer Stunde verließ Annette das Kabinet,
von der Mutter gefolgt. Ich vernahm, wie die
Marquise meine Geliebte zur Treppe begleitete,
sie küßte und ihr zuflüsterte: „Du armes, vor=
treffliches Kind!" — Dann ward Alles still. Ich

durfte es nicht wagen, mein Zimmer zu verlaffen, und fuchte forgenvoll mein Lager. Am folgenden Morgen war Annette fpurlos aus der Gegend verfchwunden; wenige Tage darauf meldete man mir, daß Schiffer der Nachbarfchaft die Leiche eines Frauenzimmers hätten in's Meer treiben gefehen. Ich verfiel in jenes heftige Nervenfieber, von dem ich jetzt erft langfam mich erhole. Seitdem habe ich erfahren, daß meine Eltern während meiner Krankheit, von Beforgniß um mich gefoltert, nach Annette, wiewohl vergeblich, hatten forfchen laffen. Mir ward aus Allem klar, daß ich im Grunde jenen entfetzlichen Schritt Annettens nicht meinen Eltern vorzuwerfen hatte. Du weißt nun Alles, Charles," — fo fchloß Armand feine oft mühevoll und in tiefer Erregung vorgebrachten Mittheilungen — „und fiehst, daß mir die Welt nichts mehr zu bieten hat!"

„Was Du mir vertraut," entgegnete Charles ernft doch milde, „ift wahrlich für Dich ein tief beklagenswerthes Ereigniß! Ich bedaure herzlich das arme Kind! Aber diefes Unglück berechtigt Dich nicht, allen Anfprüchen auf eine Welt zu entfagen, welche von Dir ein Leben voller Thätigkeit, Ringen und Aufopferung für höhere Zwecke fordern darf. Wäre ich ein kalter Egoift, ich würde Dir antworten: Mein Freund, Du haft einen kleinen fentimentalen Roman durchgemacht,

was weiter? Unsere Zeit ist nicht für die Sentimentalität, gehe auf die Börse und spekulire, die
Aufregung des Spiels wird Deiner Hypochondrie
ein Ende machen! — Armand, weit entfernt Deines Schmerzes zu spotten, erhebe ich nur meine
Stimme, ihm vernünftige Grenzen zu setzen! Ent-
reiße Dich dieser Unthätigkeit!"

„Was soll ich beginnen?" stöhnte Armand.

„Wer nicht den Muth hat," fuhr Charles mit
Festigkeit fort, „einen großen Schmerz zu ertragen,
der hat auch kein großes Glück verdient! Ein
Weib verblutet am Kummer, ein Mann lernt
an ihm seine Kraft erkennen. Sei ein Mann!"

Armand erhob sich aufgeregt und erfaßte heftig beide Hände seines Freundes, der ebenfalls auf-
stand.

„Charles," rief der junge Vicomte mit jener
Leidenschaftlichkeit, welche Nervenreizbaren so eigen
ist, „rette mich vor meinen Erinnerungen!"

„Du schleichst hier brütend," entgegnete Charles, „um alle jene Gegenstände herum, deren Anblick Dich an Entsetzliches mahnt, wie der Schmet-
terling um die Flamme schwebt, die seine Flügel
versengen wird, — so vergißt man nicht! Nur
ein Mittel gibt es! Auf nach Paris! Girardin hat
vor unserer Abreise einige in der That geistvolle Ar-
tikel von Dir in der „Presse" veröffentlicht und
Dich damals zu ferneren Arbeiten aufgemuntert,

— wohlan, der Fingerzeig ist gegeben! Du huldigst in Deinen politischen Ansichten der Opposition, nun denn, so weihe ihr Deine Talente! Wir stehen trotz der gleißnerischen Ruhe und Sicherheit, in die man uns einzuwiegen trachtet, auf einem vulkanischen Boden, so heiß, so verderbenschwanger wie der von 1789. Im Kampfe für die heilige Sache des Vaterlandes wirst Du Deinen Kummer vergessen lernen. Hat Dir alsdann die Welt nichts zu bieten, so biete Du Deinem Vaterlande, Deinen Mitbürgern ein Herz, das sich für Wahrheit, Gerechtigkeit und vernünftige Freiheit zu opfern weiß. Auf; nach Paris, eine erkaufte Majorität in den Kammern, eine schimpfliche Friedenspolitik sind zu bekämpfen, die Nation begehrt Wahlreformen — fürwahr, mein Freund, Frankreich wird Dich genesen machen!"

Armand's schmale Wangen überflog eine helle Röthe, sein Auge blitzte. Leidenschaftlich drückte er Charles an seine Brust.

„Ja," rief er begeistert, „Du hast recht, mein Freund! Laß unsere Koffer packen, sogleich, sogleich! Auf nach Paris!"

III.

Die Schutzbefohlene des jungen deutschen Ma=
lers verbrachte den Rest jener Nacht, in der sie
dem Wellentode entrissen worden, bei der Zimmer=
vermietherin ihres Retters, einer gutherzigen alten
Frau, die dem armen Mädchen alle Sorgfalt an=
gedeihen ließ, ohne sie weiter mit Fragen zu quä=
len. Was der Armen am nöthigsten that, Nahrung,
war ihr von der guten Alten verabreicht worden,
bevor noch die Unglückliche gebettet ward. Ob=
wohl diese mit verstörtem Sinne, doch schweigsam,
auf das Lager gesunken war, und es anfänglich
den Anschein hatte, als werde sie die Nacht wei=
nend und schlaflos verbringen, entschlummerte sie
doch bald — die Schwäche hatte sie übermannt,
die Natur ihr Recht gefordert. Am folgenden
Morgen schlummerte die Arme noch tief und ruhig,
als im Nebenzimmer bereits Werner und seine
Zimmerfrau lebhaft darüber debattirten, was mit
dem Mädchen anzufangen sei?

„Es ist nicht genug, daß ich sie aus dem
Wasser zog," sagte der junge Künstler, „ich muß
es auch möglich machen, daß sie auf dem Lande
existiren könne, sonst wäre meine Hülfe eine Grau=
samkeit gewesen!"

„Ganz gut," versetzte Madame Mouffelat, eine
kleine dürre Frau mit auffallend großer Brille

und noch auffallenderer Flügelhaube, „aber bevor
Sie Etwas für sie thun, müssen Sie doch überzeugt sein, daß Sie einen weiteren Beistand nicht
an eine Unwürdige verschwenden!“

„Sehr wohl, Madame Mouffelat. Doch hat
das Mädchen nicht ein Engelsangesicht? Ist nicht
ein Etwas in ihrem ganzen Wesen, das da sagt,
sie wisse kaum dem Namen nach, was Laster sei?“

„Herr Werner,“ entgegnete Madame Mouffelat, einen ihrer halbverdorrten Siebenmeilenfinger
an die fast durchsichtige spitze Nase legend, „bester
Herr Werner, Sie sind doch kein Kind mehr,
und sollten recht gut wissen, daß es in Paris auch
Schlangen mit Taubengesichtern gibt! Man muß
doch wissen wie und was, damit man nicht hinterher in Ungelegenheiten komme, mit allerlei Leuten, wohl gar der Polizei —! Ich möchte um
Vorsicht gebeten haben!“

„Ja, ja, aber auch ich um Schonung, liebe
Madame Mouffelat, denn wir haben auf alle
Fälle eine Unglückliche vor uns. Und ich setze
vorweg Vertrauen in diese Arme, ich möchte ihr
helfen, und ich werde es! Sie hat Ihnen gestern
Nacht also noch nichts anvertraut?“

„Nichts, ich bin ihr aber auch nicht mit Fragen zur Last gefallen, ich bin eine diskrete Frau!
Das Einzige, was ich von ihr zu wissen wünschte,
war, wie ich sie nennen solle? Da nannte sie mir

ihren Namen, sie heißt Annette — warten Sie,
— ja, Annette Godron. Das ist Alles, was
ich weiß!"

„Gut, wir werden heute sicher mehr erfahren.
Indessen, Madame Mouffelat, berathen wir, was
wir mit Annette Godron anfangen können?"

„Bei uns bleiben darf sie keinesfalls!" ent=
gegnete die Dame Mouffelat mit Würde — „Sie
werden einsehen, daß —"

„Ich verstehe, Madame, Sie wollen die dehors
beobachtet wissen, Sie haben recht! Ich werde
mich auch diesen Morgen noch nach einer Woh=
nung für das Mädchen umschauen."

Die gewissenhafte und ehrbare Madame Mouf=
felat, welche sich dem jungen Maler in dieser An=
gelegenheit nur deshalb so dienstfertig erwiesen
hatte, weil sie den ehrenwerthen Charakter und
die Solidität ihres Zimmerherrn seit langer Zeit
kannte, schickte sich gerade zu einer wohlmeinenden
Erwiederung an, als sie im Nebenzimmer, wo das
Mädchen sich befand, ein Geräusch vernahm. Die
gute Alte verließ eilig den improvisirten Familien=
rath und schlich in die Kammer.

Annette war erwacht. Der Schlaf hatte das
arme Mädchen sichtlich gestärkt, die Schrecken der
vergangenen Nacht erschienen ihr wie ein furcht=
bares Traumbild, an das sie nur schaudernd zu
denken vermochte. Der Gedanke an die nächste

Zukunft erfüllte sie mit Angst. Unter der Wucht
solcher Empfindungen trat sie nach wenigen Minuten an der Seite der Dame Mouffelat verwirrt
und zagend vor ihren Retter, unter Thränen ihren
Dank stammelnd. Werner und die brave Mouffelat erfuhren ihre traurige Geschichte, erfuhren
noch mehr, als der Leser bereits aus dem vorigen
Kapitel weiß, nur daß die arme Annette den theilnehmend Horchenden die Namen Derjenigen verschwieg, welche eine so wichtige Rolle in dem
Drama spielten, das sie enthüllte. Ihre Erzählung
war so schlicht und rührend, und trug so sehr den
Stempel der Wahrheit, daß die Dame Mouffelat
in Thränen zerfloß, und der junge Deutsche schwur,
das Mädchen sei eine Heilige. Annette hatte sich
für die Ruhe der Eltern des Vicomte zum Opfer
gebracht, freiwillig war sie gegangen, sich eine neue
Heimat zu suchen, nachdem die Marquise ihr enthüllt, daß sie um die Liebe ihres Sohnes wisse.
Annette hatte nichts mit sich genommen als
das Geld, welches aus dem Erlös des Hüttchens
stammte, und einen Ring, den die dankbare Marquise ihr beim Scheiden zum Andenken übergab.
Das Geld war dem armen Mädchen wenige Meilen von Paris entwendet worden, den Ring hatte
sie mit blutendem Herzen in der Seinestadt veräußern müssen, ihr Leben zu fristen. Durch sechs
Wochen war sie täglich von Magazin zu Magazin,

von einer Fabrik zur anderen geeilt, eine An=
stellung oder Arbeit zu finden, und als sie das
Fruchtlose ihrer Anstrengungen sah, als sie end=
lich, von Geld entblößt und obdachlos, nicht wußte
wohin sich wenden, da wollte sie verzweifelnd lie=
ber den Tod in den Wellen suchen, als der Schande
sich preisgeben.

Nachdem sie ihre Erzählung geendigt hatte,
umarmte die Dame Mouffelat das Mädchen und
schwur hoch und theuer, Herr Werner begehe ein
christlich Werk, solchem armen Wesen beizustehen,
und sie würde selber ihr Schärflein dazu beitra=
gen, wenn sie nur über ein solches verfügen könnte,
was leider nicht der Fall sei. Der junge Künstler
aber drückte Annetten die Hand und war mit
einem Sprunge auf und davon. Nach einigen
Stunden kehrte er zurück und verkündete fröhlich,
daß er für Annette eine hübsche kleine Mansarde
in der Straße des Faubourg du Temple gemie=
thet habe; er legte in die Hand des betroffenen
Mädchens eine Summe Geldes, betheuerte, daß
er ihr durch seine Familienverbindungen binnen
wenigen Tagen Arbeit genug verschaffen werde,
und führte im Verein mit der Dame Mouffelat
die unter Thränen Dankende in ihre kleine Be=
hausung. Dort hatte Alles bereits durch die rasche
Fürsorge des jungen Deutschen einen wohnlichen
Anstrich erhalten, es fehlte nichts zu einem freund=

lich bescheidenen Stillleben, sogar die Blumen an
den Fenstern waren da und im Käfig der muntere
Zeisig, dieser Sänger der Pariser Nähterinnen und
ihr unvermeidlicher Stolz.

Von nun an blieb die Noth Annetten fern.
Sie erhielt Arbeit und schaffte still und fleißig.
Werner kam täglich zu ihr, und von Zeit zu Zeit
die alte Dame Mouffelat, sonst Niemand. Annette
erholte sich augenscheinlich, die Frische und Farbe
der Jugend kehrten auf ihr Antlitz zurück, doch
blieb sie ernst und still, und war zu Zeiten träu=
merisch.

Werner hatte früher schon selten mit jungen
Leuten verkehrt, jetzt mied er sie völlig, und sogar
auch jene eleganten Kreise, die er ehemals bisweiꞏ
len genöthigt war, seiner Stellung halber aufzu=
suchen. Er brachte seine Mußestunden bei Annet=
ten zu, und unvermerkt stahl die Liebe zu dem
schönen Mädchen sich in sein Herz. Er hatte ihr
anfänglich nicht mehr sein wollen als ein Freund
und Beschützer, und fühlte schließlich, daß seine
Theilnahme sich in Leidenschaft verwandelt habe.
Aber er wagte nicht, Annetten sein Herz anzutra=
gen, sie jedoch errieth, was in dem jungen Manne
vorgegangen. Sie blickte ihn traurig an, sie konnte
ihrem Retter nur Dankbarkeit bieten, nicht Gegen=
liebe. Wer einmal geliebt, vermag vielleicht wie=
der zu lieben, wenn er den Gegenstand der ersten

Leidenschaft todt weiß oder seiner unwürdig. An=
nette konnte sich keines von Beidem sagen. Sie
sah Werner's Liebe wachsen und litt, und auch
Werner litt, denn er durchschaute ihr Gemüth.
Das Zartgefühl ließ Beide schweigen.

So war ein Jahr vergangen. Werner fühlte,
daß er Annettens Ruhe zerstöre, daß er als Mensch
sich aufreibe, als Künstler Rückschritte mache.
Und er faßte endlich einen raschen Entschluß. Er
hatte um jene Zeit den Auftrag erhalten, für die
Herzogin von Orleans ein Prachtwerk auszufüh=
ren, er entschloß sich, die Studien dazu in Italien
zu vollenden; fern von Annetten, in Arbeiten ver=
tieft, hoffte er die unerwiederte Leidenschaft in sei=
ner Brust zu ersticken. Er deponirte eine Summe
für Annette, damit ihre Existenz für alle Fälle in=
zwischen gesichert sei, und ging. In dem Brief
an das Mädchen, den er zurückließ, offenbarte er
nicht das innerste Motiv seiner Abreise, sie aber
errieth es wohl. Sie war erschüttert und ver=
mochte doch nichts in ihren Gefühlen zu ändern.
Trauriger und stiller als zuvor arbeitete sie in
ihrem Stübchen.

Und was war inzwischen mit Jenem geschehen,
dessen Bild noch ihr Herz erfüllte?

Der Vicomte Armand war in Gesellschaft sei=
nes Freundes nach Paris gelangt. Dort hatte er,
wie Charles es vorausgesagt, Beschäftigung genug

gefunden, welche ihn anregte, die Erinnerung
an seine ausgestandenen Leiden zurückdrängte, ihn
genesen ließ. Er hatte die Universität verlassen,
da ohnehin seine Studien fast absolvirt waren,
und ward in verschiedenen Journalen der Opposition ein Kämpfer für die Rechte des Volkes.
Auch seine Eltern waren nach Paris zurückgekehrt,
und der Marquis hatte seinen Sitz in der Pairskammer wieder eingenommen. Die einander ent-
gegenstehenden politischen Ansichten von Vater
und Sohn zerrissen die ohnehin gelockerten Bande,
welche den Letzteren bisher nothdürftig an die
Eltern geknüpft hatten; nach einer heftigen Scene
verließ Armand das väterliche Hotel des Faubourg
St. Germain, um nicht wieder dahin zurückzukehren. Er ward Journalist vom Fach, wies jegliche Unterstützung von Seiten seiner Eltern entschieden zurück, denn sie gehörten ja einer Partei
an, der er als Feind gegenüberstand, und sein
Stolz bestand darin, für die Zukunft Alles der
eigenen Kraft verdanken zu wollen, der sich gerade
jetzt in der Hauptstadt des Reiches ein weiter Tum-
melplatz darbot.

Wir müssen einen flüchtigen Blick auf die politischen Zustände Frankreichs werfen, so frisch
sie auch im Andenken unserer Leser sein mögen,
denn diese Zustände bilden gewissermaßen den Hintergrund unserer kleinen Erzählung.

Louis Philipp, 1830 durch die liberale und constitutionelle Partei, die Majorität der Nation auf den Thron gerufen, hatte im Verlaufe seiner Regierung alles Mögliche gethan, dieselbe unpopulär zu machen. Was ihm an Größe zum Monarchen abging, hatte er durch Gewandtheit in der Politik zu ersetzen gesucht, und diese Politik hatte es nicht verschmäht, selbst die innigsten Anhänger an den Thron von 1830 zu verletzen. Er unterdrückte mit Schlauheit die Partei der Republikaner, welche nicht aufhörten sich gegen ihn zu verschwören, ferner die Partei der Legitimisten, die während all' der Jahre durch passiven Widerstand, feindselige Neutralität Opposition machten, aber er manövrirte auch ebenso gegen die verschiedenen Nuancen der constitutionellen Partei, der er den Thron verdankte, und endigte damit, sich mit einer Oligarchie zu umgeben. Er hatte nicht die wahrhafte Démokratie des constitutionellen Systems begriffen, seine beredtsamen und geschickten Minister waren mehr Männer des Parlaments als des Staates. Und wie war es mit diesem Parlament unter Louis Philipp beschaffen? Da war eine Pairskammer ohne eigene Machtvollkommenheit, ohne Erblichkeit, der Schatten eines Senates, dessen Majorität der König jeden Augenblick nach seinem Willen durch neue Senatswahlen in seinem Sinne beherrschen konnte; ferner eine Deputirtenkammer, angefüllt mit Beamten und Kreaturen des Königs, jeder Korruption Raum gebend. So Meister der Parteien im Inneren Frankreichs, dem Auslande gegenüber jegliche Opfer bringend auf Kosten der Nation, die Tolerirung seiner Dynastie zu erwerben, erschien ihm und seiner Nachkommenschaft die Zukunft gesichert.

Das war der Zustand der Dinge bis zu Anfang des Jahres 1848. Das Land fing aber bereits an, sich Rechenschaft von der Hartnäckigkeit des falschen Systems zu geben, die Nation war auf der Oberfläche ruhig, doch im Innern tief aufgeregt, sie fühlte, daß man ihr nach und nach alle Wahrheiten von 1789 geraubt hatte, sie fühlte sich dem Geiste nach verrathen durch die selbstische Politik des Königs. So war dieser bei den Republikanern unpopulär durch den Thron, bei den Legitimisten durch die Usurpirung, bei der gemäßigten Partei durch die spanische Heirat des Herzogs von Monpensier, die rein dynastischer Zwecke halber einen Krieg hervorzurufen drohte, bei allen Parteien durch die Befestigung von Paris.

Der Volkswille sollte sich durch das Losungswort „Wahlreformen" und die politischen Bankette, die eine allgemeine Agitation von Paris bezweckten, Bahn brechen. Das Volk ging weiter als

die Wahlcomités es gewollt hatten, das bekannte
Ereigniß und die Demonstration auf dem Boule=
vard des Capucins gaben den Ausschlag, und
Louis Philipp, der sich durch die zahllosen In=
teressen der Besitzenden und Industriellen, die vor
einem Umsturz bebten, sicher geglaubt, und der
besonders der Nationalgarde vertraut hatte, sah
sich plötzlich von Allen verlassen, durch die öffentliche
Meinung gerichtet. Er floh, die Republik ward pro=
klamirt. Dupont de l'Eure, Lamartine, Cremieux,
Garnier=Pagés, Marie, Ledru=Rollin traten als
provisorische Regierung an die Spitze derselben.

Armand von Cerigny hatte an allen diesen
Debatten und Demonstrationen lebhaft Theil ge=
nommen, er hatte Girardin zu den Tuilerien be=
gleitet, als dieser in den König drang abzudanken,
hatte in jenen Scenen eine nicht unbedeutende
Rolle gespielt, welche nach der Flucht des Königs
im Hotel de Ville auf dem Greveplatz vor sich
gingen. Während sein Vater, der Marquis und
Expair, sich in sein Palais im Faubourg St. Ger=
main einschloß, hielt er donnernde Reden in den
Klubbs. Die Excentricität der Jugend, welche
so leicht das Maß überschreitet, führte den heiß=
blütigen jungen Mann, der mit der aristokrati=
schen Gesellschaft völlig gebrochen hatte, zum
Extrem, er schlug sich zu Denen, welche bereits
anfingen, der gemäßigten republikanischen Partei

gefährlich zu werden. Die junge Republik gerieth in Verlegenheiten, Blanqui, Barbés, Raspail, Cabet, Pierre Leroux und andere Kommunisten und Ikarier beuteten die Furcht vor dem Staatsbankerott, die Gerüchte vom Zwiespalt des Gouvernements, die Arbeiterfrage, welche durch Louis Blanc und seine Nationalwerkstätten ihren Höhenpunkt erreichte, und mehrere Fehler der provisorischen Regierung zum Vortheil ihrer verschiedenen Parteien aus, überall wurde gegen die bestehende Ordnung conspirirt. Demonstrationen tauchten auf, die alle möglichen Dinge zum Vorwand nahmen und mit Mühe unterdrückt wurden. In den Nationalwerkstätten bildeten sich antirepublikanische Factionen, besonders bonapartistische. Unter solchen Auspizien ward am 4. Mai die Nationalversammlung eröffnet. Am 15. fand bereits eine Manifestation gegen dieselbe scheinbar zu Gunsten der Polen statt. Sodann verschanzten sich fünftausend Menschen im Hotel de Ville, welche die Dictatur Barbé's, Blanqui's, Raspail's und anderer Gesinnungsgenossen begehrten. Einer ihrer Führer war Armand von Cerigny, der wie ein Rasender darauf drang, das Stadthaus mit Waffengewalt zu vertheidigen. Doch es ward ohne Widerstand genommen, man verhaftete fast alle Chefs, sie wurden in der Nacht nach Vincennes geführt.

Armand war entkommen, doch nur, um im
Clubb Raspail des Boulevard Bonne Nouvelle
wieder aufzutauchen und dort unerschrocken den
Aufruhr zu predigen. Es war, als ob der junge
Mann sein Leben vorsätzlich in die Schanze schlüge.
Wünschte er seit Annettens Verschwinden sich
den Tod? Hoffte er ihn auf der Barrikade zu
finden?

Eines Tages hatte er im Clubb des Impasse Ma-
zagran mit hinreißender Beredtsamkeit gesprochen
und seine Zuhörer, meist Arbeiter, enthusiasmirt.
Im Taumel der Begeisterung hoben sie den jungen
Mann auf ihre Schultern und trugen ihn aus
dem Saal bis zum Boulevard Bonne Nouvelle.
Armand lächelte düster, sein flammender Blick
überflog die jubelnd ihn umwogende Menge.

Da ertönte ein Schrei neben ihm. Auf dem Trot-
toir drängte man sich im nächsten Augenblick um
ein Mädchen, welche dort ohnmächtig zu Boden
gesunken war.

Armand blickte hin. Er entriß sich den Armen
der Begeisterten, er hatte das Gesicht der Arbei-
terin erkannt. Außer sich durchbrach er die Gruppe
Derjenigen, welche sie umstanden, hob die Leblose
empor, umschlang sie und rief, indem er ihre
Stirne und Lippen mit Küssen bedeckte: „Annette,
meine Annette!"

Er trug, von der staunenden Menge umringt,

die hülfreich zur Hand war, die Geliebte zum nahen Kaffeehaus. Dort erholte sich das Mädchen. Als sie die Augen aufschlug, überfiel sie ein heftiges Zittern.

„Armand," rief sie jammernd, „unsere Wege sind geschieden! Um Gottes Barmherzigkeit willen, laß mich in meine Verborgenheit zurückkehren!"

„Wie?" stammelte der junge Mann betroffen — „Du hättest —? Annette, Du lebst und — liebst mich nicht mehr?"

Annette richtete einen schmerzlichen und zugleich vorwurfsvollen Blick auf den Geliebten.

„Gott weiß es, daß mein Herz Dir ewig angehören wird!" sagte sie tonlos.

„So werden wir uns niemals wieder trennen!" jubelte Armand.

„Und Deine Eltern —?" murmelte die bleiche Annette bebend.

„Ich habe keine Eltern mehr" entgegnete Armand mit flammendem Blick. „Du warst ein Mädchen aus dem Volke und bist es geblieben, ich aber bin nicht mehr der Vicomte von ehemals, der Dandy der parfümirten Salons, der Stolz eines gräflichen Geschlechtes, ich bin arm wie Du, bin ein Mann der Arbeit, wie Jene da, die uns umringen, bin ein Kämpfer für Freiheit, Gleichheit, Brüderlichkeit, ein Mann des Volkes! Seht her," rief er den Umstehenden zu, indem er die

zitternde, staunende Geliebte umſchlang, „dieſes
ehrliche Mädchen aus dem Volke iſt meine Braut vor
Gott und der Welt! Am Tage, wo unſere heilige
Sache ſiegreich ausgefochten, wird ſie mein Weib!"

Die Blouſenmänner warfen ihre Mützen in
die Höhe.

IV.

Vier Wochen waren faſt vergangen, da kün=
digten alle Symptome an, daß demnächſt ein Auf=
ſtand ausbrechen werde. Zahlloſe Banden hatten
bereits an mehreren Abenden den Palaſt du Lou=
renbourg angegriffen, in dem die Regierung ver=
einigt war, über die Maßregeln zu berathen,
welche zur Fortſchaffung eines großen Theiles
der Arbeiter aus den gefährlichſten Nationalwerk=
ſtätten in die Departements erforderlich waren.
An dieſen Zuſammenrottungen, die hauptſächlich
Lamartine und Marie galten, betheiligten ſich
weder die Chefs der ſocialiſtiſchen noch der ultra=
republikaniſchen Partei, es war weniger das eigent=
liche Volk, ſondern der Mehrzahl nach das Ge=
ſindel, welches einen Aufruhr herbeiführte. Nach
und nach aber, durch die widerſprechendſten Ge=
rüchte aufgeſtachelt, ward auch der ruhigere Ar=
beiter mit in die tumultuariſchen Auftritte hin=

eingeriſſen. In aller Frühe des 23. Juni endlich
nahm die Bewegung einen gefahrdrohenden Charakter an. Acht- bis zehntauſend Menſchen er-
richteten auf dem Pantheonplaße und in den angrenzenden Straßen Barrikaden und drohten das
Louxembourg anzugreifen. Oberſt Quinot ward
mit einigen Bataillonen der 11. Legion und einer
Abtheilung Linientruppen den Aufrührern entge-
gengeſtellt. Dieſe zerſtreuten ſich, aufgeregte Volks-
maſſen des 12. Arondiſſements geſellten ſich zu
ihnen, der Ruf „Zu den Waffen!" verbreitete ſich
durch die am Ufer der Seine liegenden Stadtvier-
tel bis zur Faubourg St. Antoine und auf die
Boulevards, die Straßen füllten ſich, die Vor-
ſtädte ſtanden auf, die Arbeiter der Nationalwerk-
ſtätten, ihre Brigadiers an der Spiße, rückten von
den Barrieren herbei, unter Toben, Geſchrei, blinden Schüſſen, im Taumel der bis zur wilden Ra-
ſerei wachſenden Volkswuth wurden von den Barrieren von Charenton, Ménilmontant, Fontaine-
bleau, Bercy bis zum Herzen von Paris Barrikaden errichtet. Trommelwirbel ertönten, die Nationalgarde herbeizurufen, unentſchloſſen und lang-
ſam fanden ſich nur wenige ihrer Mitglieder ein,
die meiſten der volkreichſten Straßen waren der
Empörung preisgegeben.

Um dieſelbe Zeit, in der die Regierung zugleich mit dem General Cavaignac das Louxem-

bourg verließ, und sich zum Palast der National=
versamlung begab, die Vertreter des Landes schützen
zu können, rollte eine bestaubte Miethkalesche auf
der Landstraße von St. Denis der Hauptstadt zu.
In der Kalesche saß Werner, der junge deutsche
Künstler.

Sein Antlitz war gebräunt aber bleich, seine
Züge hatten einen düstern und zugleich sorgen=
vollen Ausdruck. Von Zeit zu Zeit trieb er den
Kutscher an, den Lauf der Pferde zu beschleunigen.

Werner kam von Deutschland. Er hatte in
Italien, meist in Rom, bis zum Februar des
Jahres 1848 gelebt; sich vielfachen Zerstreuungen
hingegeben, dann wieder fast im Uebermaß gear=
beitet, die Stimme seines Herzens zum Schweigen
zu bringen. Es war ihm nicht gelungen, der
Gedanke an Annette hatte ihn nicht verlassen. Doch
ihr geschrieben hatte er niemals, noch ihr sonst ein
Lebenszeichen von sich gegeben, seinem Vorsatze ge=
treu. Das Prachtwerk, an welchem er für die
Herzogin von Orleans arbeitete, näherte sich sei=
ner Vollendung, als Louis Philipp und mit ihm
die edle Herzogin vertrieben ward. Die Nachricht
von dem Falle einer Dynastie, deren Haupt sich
unserem Künstler so wohlwollend gezeigt, ergriff
ihn tief, die Gerüchte von ferneren Unruhen in
Paris ließen ihn für die Sicherheit Annettens
fürchten. Er konnte nun vor der Hand nicht daran

denken, an dem Werke fortzuarbeiten, da die Ver=
hältnisse seiner hohen Gönnerin sich geändert hat=
ten, und er würde schon damals sogleich nach
Paris geeilt sein, Annetten, die möglicherweise in
Noth gerathen war, Beistand zu bringen, wäre
nicht gerade um jene Zeit die Nachricht von der
schweren Erkrankung seines greisen Vaters bei ihm
eingetroffen. Er eilte an den Rhein in seine Hei=
mat, wo ihm nach drei Monaten das traurige
Loos ward, dem Sarge des Greises folgen zu
müssen. Nachdem er seine Angelegenheiten geord=
net, eilte er, Kummer um den Verlust, Sorge um
die Geliebte im Herzen, nach Paris. Er war mit der
Nordbahn bis zu einer der Stationen gelangt, welche
der Hauptstadt zunächst liegen, als ihm die Kunde
ward, daß man vor Paris die Schienen aufge=
rissen habe, und in der Stadt die rothe Republik
proklamirt sei. Angsterfüllt hatte er einen Wagen
gemiethet, seine Effekten zurückgelassen, und sogleich
die Fahrt nach Paris unternommen. Doch bereits
weit von der Barriere der Hauptstadt hielt der
Kutscher an, und war durch nichts zu bewegen,
die Fahrt fortzusetzen, er fürchtete für Pferd und
Wagen. Der junge Deutsche sah sich gezwungen,
zu Fuß vorwärts zu eilen, er kam zu der Barriere
St. Denis, fand Barrikaden und Aufruhr, und
gelangte nur auf Umwegen in die Straße Fau=
bourg St. Denis.

Noch hatte der Kampf in Paris nicht begonnen, aber Cavaignac bereits mit Energie alle Anstalten getroffen, ihn trotz des Truppenmangels
mit Erfolg aufzunehmen. Die Boulevards von
der Madeleinekirche bis zum Chateau d'eau und die
angrenzenden Straßen occupirte Lamoriciere. Vom
Chateau d'eau an erst erhoben sich die furchtbar-
sten Barrikaden der Empörer. In vielen Straßen der Stadttheile, die Lamoriciere beherrschte,
standen Detachements und waren Waffendepots
errichtet. Werner sah sich bald hier bald dort zurückgewiesen, nur durch List gelang es ihm, und
indem er durch ein Gewirre abgelegener, schmaler
Verbindungsgassen schlüpfte, bis in die Straße du
Temple vorzudringen, in der er vor zwanzig Monaten Annette eingemiethet hatte.

Vielleicht wohnt sie nicht mehr dort, sagte er
sich, aber man wird mir dann wohl dort angeben
können, wohin sie gezogen! In dieser allgemeinen
Verwirrung kann ich ohnehin ihren Aufenthalt
nicht anders auskundschaften!

Und Werner eilt die Straße du Temple entlang. Endlich erblickt er das Haus. In der Nähe
desselben versperrt eine Barrikade die Straße. Diese
Barrikade macht nach dem Boulevard, dem Chateau d'eau hin Front, der junge Deutsche befindet
sich also hinter derselben. Eine Schaar düsterer,
entschlossener Männer ist beschäftigt, sie noch mehr

zu befestigen. An Werner streifen unheimliche Ge=
stalten mit wilden, drohenden Mienen vorüber.
Er sieht nichts als Blousen ringsumher.

Er ist im Begriff, hart hinter der Barrikade
quer über die Gasse zu gehen, um in das Haus
zu eilen, das er vordem täglich betreten, Annette
zu sehen, als eine kleine zerlumpte Gestalt, ein wider=
lich häßlicher Rothkopf, ihm in den Weg tritt.

„Wohin?“ ruft der Rothe mit heiserer Stimme,
indem er die Spitze eines Bajonnetes, das er in
der Rechten hält, dem jungen Deutschen auf die
Brust setzt.

Werner starrt den Rothkopf betroffen an, er er=
kennt in ihm einen Farbenreiber, der ihn einst
bestohlen, und den er deswegen davongejagt hatte.

„Ich habe hier zu thun!“ entgegnet er kurz
und will seinen Weg fortsetzen.

„Halt!“ schreit der Rothkopf mit höhnischem
Grinsen. — „Jetzt erkenne ich Euch erst an der
Aussprache, mein schöner Herr! Keinen Schritt
weiter! Hab’ ich Euch endlich? Ich hatt’ es Euch
längst zugedacht! — Heda, Bürger, Brüder!“
brüllt der Elende, — „hier her! Der da ist ein
Spion, ein deutscher Hund! Herbei!“

Werner sieht ein Dutzend wilder Kerle vom
Barrikadenbollwerk niederklettern. „Ein Spion!“
Das Wort genügt, wenn auch von einem Schur=
ken ausgesprochen, Denjenigen dem Tode zu

weihen, der damit bezeichnet wird. Werner sieht
sich schon verloren, ungehört zum Tode geschleppt.
Er wird leichenblaß, doch die Gefahr leiht ihm
die Entschlossenheit der Verzweiflung. Außer sich
wirft er sich auf den Rothkopf, entreißt ihm das
Bajonnet, rennt ihn nieder, daß er kopfüber in die
Gasse stürzt, und fliegt dem Eingange des Hauses
zu, das sein Ziel ist.

Dort aber vertritt ihm plötzlich ein junger
blonder, in eine einfache Blouse gekleideter Mann
den Weg und ruft ihm, den Degen ziehend, ge=
bieterisch zu: „Ergebt Euch!“

Werner sieht sein letztes Stündlein gekommen.
Sterben soll er, ohne Annette noch einmal gespro=
chen zu haben! Da sieht er die wilden Kerle auf
das Straßenpflaster springen, in wenigen Sekunden
müssen sie ihn erreichen. Eine wahnsinnige Wuth
erfaßt ihn, er dringt auf den jungen Blousen=
mann ein, der ihm den Eingang versperrt — ein
kurzer Kampf, ein Ringen, ein Bajonnetstich und
ein gellender Schrei — der junge Mann sinkt ent=
seelt auf die Schwelle des Hauses nieder, Wer=
ner fliegt in toller Haft die Treppe hinauf bis
unter's Dach.

Dort sieht eine Thüre ihm entgegen, er wirft
sich darauf, sie gibt seinem Drucke nach, er springt
in eine Mansarde, ein Mädchen steht vor ihm und
stößt einen Schrei aus. Es ist Annette.

„Herr Ernst!" ſtammelt das Mädchen.

„Retten Sie mich, Annette!" keucht Werner. — „Ich kam hierher, Sie wiederzuſehen, — ich habe — verbergen Sie mich, man verfolgt mich!"

Ein Gepolter wird auf der Treppe hörbar, ein wildes Geſchrei tönt von unten herauf.

„Dort in jenes Kabinet!" ruft Annette entſetzt und drängt den jungen Deutſchen in ihre Schlaf-kammer.

Raſch ſchließt ſie die Thür hinter ihm ab und ſteckt den Schlüſſel ein. Dann tritt ſie auf die Schwelle der Manſarde. Ihr Antlitz iſt bleich, doch ihre Haltung ruhig.

Im nächſten Augenblick erſcheint auf dem Trep-penabſatze vor ihr ein halbes Dutzend Blouſen-männer, mit Aexten, Flinten, Säbeln bewaffnet.

„Mademoiſelle Annette!" ſchreit einer der Män-ner. — „Sahen Sie, wohin der Menſch ſich flüchtete?"

„Welcher Menſch?"

„Das Fenſter, das hier vom Boden auf's Dach führt," ruft ein Anderer, „iſt weder geöffnet noch zerbrochen! Er muß einen anderen Weg genom-men haben!"

„Vielleicht über den Hof und die Mauer!" brüllt ein Dritter — „Hölle und Teufel, wenn er uns entkäme!"

„Von wem redet Ihr?" ſagt Annette anſchei-nend ruhig zu den Leuten, welche ſich anſchickten, die Treppe hinunter zu eilen. „Was hat der Mann begangen?"

„Er ist ein Mörder!" ruft der Letzte fluchend. — „Er hat — er hat —"

Der rohe Arbeiter stockt und blickt das Mädchen mitleidig an. Dann murmelt er zwischen den Zähnen: „Arme Mademoiselle Annette! — Dort kommen Etienne und einige von unseren Leuten noch die Treppe herauf," — brummt er dumpf, mit dem Finger nach unten deutend, „die mögen's Euch sagen! — Arme Mademoiselle Annette!"

Und mit verdüsterter Miene folgt der Blousenmann den Andern.

Annette wird noch bleicher als sie vorhin schon war. Ein Schreck fährt jäh durch ihre Glieder. Was hatte der Mann sagen wollen? Was bedeutete sein Stocken, sein mitleidiger Blick?

Die Leute, welche die Treppe heraufkommen, gehen jedenfalls langsam, denn ihre Tritte tönen schwerfällig. Annette lauscht athemlos, ihr Herz pocht, sie kann sich einer unbestimmten Angst nicht erwehren.

Jetzt kommen die Leute an der Biegung der Treppe zum Vorschein. Sie tragen einen Todten. Annette schreit auf, als sei sie in's Herz getroffen, und stürzt konvulsivisch zitternd, mit stierem Blick den Leuten entgegen, — der Todte ist der junge Mann in der Blouse, ist Armand.

Sie legen ihn auf den Fußboden der Mansarde

und entfernen sich düster und schweigend. Annette wirft sich über die Leiche und schluchzt krampfhaft.

In der verschlossenen Kammer steht Werner, die brennende Stirne an die Thür gepreßt, verstört und zitternd. Er hat jedes Wort vernommen, das draußen gesprochen ward, sie nennt den Geliebten tausendmal beim Namen, während sie seine für ewig verstummten Lippen küßt und heiße Thränen auf ihn niederweint — der Name Armand zerfleischt tausendmal das Herz Werner's, er erkennt den ganzen Umfang des Ungeheuerlichen, das er ahnungslos begangen hat, er ist dem Wahnsinn nahe.

Und während Annette betet und weint und Alles um sich her vergessen hat, Werner in dumpfer Verzweiflung brütet, ist in den Straßen und am Chateau d'eau der Kampf entbrannt, tönt Flintenknallen, wildes Hurrah, Kartätschendonner, Heulen der Verwundeten bis hinauf in die Kammer.

Da plötzlich richtet Annette sich hastig auf. Ein Gedanke durchfährt wie ein Blitz ihr Gehirn, ihr Blick schweift wild und fieberhaft zu der Thür ihres Kabinetes, sie schaudert. Dann zieht sie den Schlüssel hervor und öffnet die Thür.

Sie schreitet zur Leiche, Werner folgt ihr. Sie deutet auf den Todten.

„Armand von Cerigny!" — das ist Alles, was sie zu sagen vermag.

Werner wirft sich vor ihr nieder.

„Annette," stammelt er vernichtet, „tödten Sie mich, überliefern Sie mich jenen Männern, die mich verfolgten!"

Annette starrt ihn mit düster glühendem Blick an.

„Sie retteten mir einst das Leben," sagt sie, „ich habe jetzt das Ihre erhalten. In der Straße kämpft man, Sie können ungehindert durch den Hof entfliehen" —

„Annette!" ruft Werner überwältigt, indem er aufspringt.

„Wenn Sie dieses Haus verlassen," antwortet sie dumpf, „sind wir quitt! Schwören Sie mir, daß Sie nach Verlauf einer Stunde in der vordersten Reihe der Soldaten erscheinen werden, welche die große Barrikade am Chateau d'eau bestürmen?"

„Ich schwöre es!" stammelt Werner.

„Wir werden uns dort finden!" sagt Annette mit fester Stimme und ehernem Blick.

Dann sinkt sie neben dem Todten auf die Kniee und betet. Werner aber wankt aus der Mansarde fort. Er kommt in den Hof, übersteigt die Mauer, springt in eine Seitenstraße hinab, taucht von dort in ein Gewinde schmaler Gäßchen; verstört und düster stürmt er weiter, Verzweiflung im Herzen.

Er sieht sich von Mobilgarden, Linientruppen und Nationalgarden umgeben, und weiß kaum, wie er zu ihnen gelangt ist. In einiger Entfernung

von ihm ragt die große Barrikade auf dem Plätze
des Chateau d'eau empor. Mechanisch rafft er
das Gewehr eines getödteten Nationalgardisten
auf. Er erblickt einen, ihm von ehemals her be=
freundeten Offizier, der ihn auf seinen Wunsch in
die vordersten Reihen der Soldaten bringt. Trom=
melwirbel rasseln, brüllend vor blinder Wuth
stürzen die Garden sich auf die Barrikade. Wer=
ner klettert daran empor, jetzt ist er oben.

Da taucht, ihm gegenüber, unmittelbar vor ihm,
eine weibliche Gestalt auf. Diese Gestalt trägt in
der Linken eine dreifarbige Fahne, in der Rechten
einen Degen, — es ist der Degen Armands.

Eine Sekunde lang starren der Deutsche und
die Provençalin einander in die glühenden Augen.
Dann senkt Werner das Bajonnet und bietet die
Brust dar, der Degen des Mädchens durchbohrt
sie, Werner stürzt hintenüber und rollt von der
Barrikade herab.

Im nächsten Augenblick Blitze und Knallen
von verschiedenen Seiten — Annette sinkt, von
einem Dutzend Kugeln getroffen, mit der flattern=
den, durchlöcherten Fahne zu Boden.

Ende des ersten Bandes.

Druck von E. E. Elbert in Leipzig.

Aus aller Herren Ländern.

Gesammelte Erzählungen und Skizzen

von

Adolph Schirmer,

Verfasser von „Lütt Hannes", „Wilford", „Familiendämon" 2c.

———

Zweiter Band.

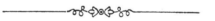

Leipzig.
Fr. Wilh. Grunow.
1866.

Inhalt.

Zwischen Vera-Cruz und Puebla.

Schirmer, Aus aller Herren Ländern. II.

Mexico*), das augenblicklich durch die Inva=
sion der Franzosen die Aufmerksamkeit von ganz
Europa auf sich gezogen hat, ist ein wundersames
Land.

Terrassenförmig zieht es sich in Osten von dem
riesigen Meerbusen, der seinen Namen führt, wie
in Westen vom stillen Ocean bis zu einer erstaun=
lichen Höhe über der Meeresfläche hinauf, und
bildet so durch diese eigenthümliche Beschaffenheit
seines Bodens drei Regionen, in deren einer, die
sich nur wenige Meilen über den Strand hinaus
in's Land hinein erstreckt, das Auge anfänglich
nichts als traurige, öde, oft stundenlang fast völlig
baum= und strauchlose Sandflächen erblickt, und
dann, schon nahe 3000 Fuß über dem Meere,
durch die Pracht tropischer Vegetation entzückt
wird, während in der anderen der Blick des Rei=

---

*) Der Eingeborne des Landes schreibt, wie der Spanier,
Mejico, spricht Mechiko.

ſenden, welcher auf der mühſam ſich bald durch
Schluchten und Thäler windenden, bald ſich ſteil
bergan ziehenden Straße die erſten Höhen des Cor=
dillerengebirges erreicht hat, über wunderbar end=
loſe Hochebenen hinſchweift, auf denen die Saaten
und Früchte Europa's neben manchen Gewächſen
der Tropenwelt gedeihen, und in der dritten end=
lich, die dort beginnt, wo die ſich über jene Hoch=
ebenen gigantiſch erhebenden Berge, deren uner=
ſteigliche Gipfel ewiges Eis bedeckt, wild zerklüf=
tet, anfänglich mit ſteinfarbigen Cacteen und düſte=
ren Fichten bedeckt, dann mit Mooſen und endlich nackt ſich aufthürmen, der Wanderer die ganze
Erhabenheit einer vulcaniſchen Gebirgswelt in
ihrer ſchauerlichen Schönheit ſieht, und von eiſi=
gen Stürmen umbrauſt wird.

Die erſte Region nennt der Mexicaner die
tierra caliente, die heiße Erde. Hier entfaltet
ſich, wie geſagt, da wo die meilenlange Sand=
wüſte des Strandes ihre Grenze gefunden hat,
im Oſten des Landes Alles, was die Tropenwelt
Erſtaunliches und zauberhaft Farbenſchillerndes
geſchaffen.

Iſt man, von Vera=Cruz kommend, nach fünf=
ſtündigem Ritt weſtlich über die Sandflächen des
Strandes hinaus und zu dem erſten Dörfchen ge=
langt, das wie die meiſten mexicaniſchen Dörfer,
aus Rohr= und Lehmhütten beſteht, ſo findet man

wohl üppige Vegetation, aber noch nicht die ganze
Pracht tropischer Zone. Man reitet zuvor noch
durch eine steppenartige, immer berganſteigende
Gegend, die mit Mimoſen, ſäulenförmigen Cactus=
arten, Opuntien, Agaven bewachſen iſt, und in
der ſich Baum= und Sträuchergruppen befinden,
und hier und dort große, ſchwarze Baſaltfels=
blöcke liegen. Nach fünfzehn Leguas*) erſt wer=
den die Bäume größer und ſind mit der barba
española bedeckt, jener Schlingpflanze, die gleich
einem Silberbarte in großen Büſcheln von den
Aeſten herabhängt. Einzelne Palmen zeigen ſich
im Gewirre rankender Schlinggewächſe, und ſie
ſowohl, wie die Pflanzen mit rieſigem Blattwerk,
auf die man jetzt trifft, Muſen, Helikonien, große
Aroideen und an ſtehenden Sümpfen, zwiſchen
denen hier und dort das Maulthier hindurch=
ſchreitet, Nymfäen und Pontedarien, ſowie die
Bambuſen oder Rieſengräſer, deren oft vierzig
Fuß hoher Stamm ſeine Zweige und Blätter trägt
und deren gebogene Spitzen wie Straußfedern
nicken, verkünden, daß nun das Reich der Tro=
penwelt mit ſeiner ganzen Ueberſchwenglichkeit
naht. Bald gewahrt man denn auch Tamarinden
mit gefiedertem Blattwerk, mit Lilablüten bedeckte
Elyſinenbäume, ſchlanke Cäſalpinien, Ingas mit

---

*) Die Legua hat ⁵/₄ Stunden.

büschelförmigen Blumen, Bombarbäume, die ganz
mit Stacheln beseßt sind, und vielfach auf den
Aesten der riesigen Waldbäume reizendblühende,
großknollige Orchideen, Bignonien, Convolvula=
ceen, Epidendriden und andere Schlingpflanzen, an
den dünneren Zweigen aber Tillandsien, die wie
ein grauer Schleier im Winde flattern.

Der Reisende durchreitet bereits hinter den
Savannen die immergrünen Wälder Mexico's.
Eichen, in der Landessprache encinos geheißen,
breiten ihr dunkles Laub aus, unzählige Yucca=
bäume blühen prächtig ringsum, Dracentien mit
ungeheueren Blättern, weißen Blüten und hoch=
rothen Früchten bedecken Felsen und Stämme,
zahllose Lianen schlängeln sich bis zu den Wipfeln
der Bäume hinauf, schaukeln sich herab von
den Zweigen und hängen gleich Blumengewinden
von Baum zu Baum.

Die erstaunlichste Pracht tropischer Formen
entwickelt die Natur aber erst in den barrancas,
jenen Schluchten, die alle von West nach Ost
das Land durchschneiden, oft 1200 Fuß tief und
vulcanischen Ursprunges sind. Diese barrancas
ziehen sich vom Cordillerasgebirge herab, alle in
gleicher Richtung nach Ost, und viele von ihnen
bereiten dem Reisenden, der direct durch das Land
von Süden nach Norden ziehen möchte, unüber=
windbare Hindernisse. Steile Klippen, an denen

oft nur ein fußbreiter Pfad in die Tiefe führt,
machen nicht selten das Auf= und Abklimmen zu
einem gefährlichen Wagniß, die oft undurchdring=
liche Vegetation, in die hinein man sich den Weg
mit der Holzart bahnen muß, und das mehr oder
weniger große und stürmische Gebirgswasser, das
jede dieser barrancas durchbraust, verursachen dem
Wanderer Aufenthalt und zahllose Anstrengungen.
Aber wie herrlich wird er für Mühen und aus=
gestandene Gefahr entschädigt, wenn er in die Tiefe
einer solchen barranca hinabgestiegen ist!

Ein fast betäubender, lieblicher Duft strömt
aus tausend und aber tausend reizenden Blüten=
kelchen ringsumher, wundervoll farbenreiche Blu=
men schießen überall aus dem Laub hervor, un=
geheure Bäume von Leguminosen, Laurineen, Cro=
ton, Bombaceen, seltenen Ficusarten stehen hier
dicht verzweigt und gestatten kaum dem Sonnen=
lichte einen Strahl bis hinab auf den Boden zu
senden, der mit fabelhaften Gräsern bedeckt ist,
und über den langblätterige Bromelien hinkriechen.
Wilde Feigenbäume, die Wurzelstämme umrankt
von blühenden Schlingpflanzen, lassen das dunkle
Gezweige bis zum Boden herabhängen und dort
Wurzel schlagen, so daß es Laubgänge bildet, so
herrlich gewölbt, als hätte diese die schaffende
Hand des Gärtners geformt. Wolfsmilch, Salbei,
in Europa nur niedrige Stauden, sind hier Bäume;

Farrenkräuter ragen bis zu 20 und 30 Fuß mit ihren riesigen Blattwedeln in die Höhe, und nicht weit davon wächst die Ananas und lacht aus dem verworrenen Buschwerk die Orange goldig hervor. An den wildzackigen Felsen ranken sich gewaltige Cereen und Euphorbien malerisch hinan, und bekränzen das schroffe düstere Gestein, das sich majestätisch und oftmals unheimlich über den Wald von Yuccas, Palmen, Eichen, Magnolien und Myrthen erhebt.

In diesen Schluchten, die bisweilen großen Thälern gleichen, haufen Jaguar und Tapir, ja zu Zeiten auch Löwen. Affen klettern von Ast zu Ast, buntfarbige Papageien wiegen sich auf den Lianenketten, das Armadill hüpft am Ufer des Bergstromes entlang und der rothe Löffelreiher streift daran hin; die Palanca, eine der giftigsten Schlangen Mexico's, ringelt sich durchs Farrenkraut; quer über sumpfigen Stellen, einem verdorrten Baumstamme gleich, lagert der Alligator, und über den Wipfeln der Bäume, in denen hier und dort der schimmernd blühende Lovanthus wurzelt, schwebt der weißköpfige Adler.

Aber das Wild ist scheu, es stutzt beim Erscheinen des Menschen, der sich hieher verirrt hat, und entflieht beim ersten Schuß. Nur die Palanca windet sich heimtückisch heran und ist gefährlich.

Nicht immer bewohnt die Thierwelt allein diese
märchenhaft zauberischen Schlupfwinkel, in mancher
barranca hausen auch Indianer. Sie leben in
Höhlen, die vor ihnen vielleicht der Jaguar inne
hatte, haben da und dort die Waldung gelichtet
und den Boden bebaut. Nur der braune Indianer vermag dort neben den Sümpfen auszuhalten, deren Ausdünstungen jenes schreckliche Fieber
erzeugen, das den Europäer, den Weißen überhaupt,
dort so gut in wenig Stunden hinweggrafft, wie
in Vera-Cruz und den sandigen Ebenen der tierra
caliente. Dem Abkömmling der Azteken aber scha-
det weder der giftige Hauch der Fiebergegend, noch
kümmern ihn die mosquitos oder die noch lästige-
ren garapatas, jene kaum sichtbaren Mücken, deren
Stich gefährliche Anschwellungen verursacht, er baut
in der lachenden, zauberhaften Region des Todes
seinen maguey*), trinkt sorglos aus der Kürbis-
schale zu seinem atolli**) seinen pulque***), den
er aus dem Saft der Agave bereitet, und liebt es,
wenn die Mädchen seines Stammes das glänzend-
schwarze Haar mit den weißen Blüten der caca-
losutschill schmücken, während er mit den Burschen seiner Race zur Musik der Trommel und

---

*) maguey, Mais.
**) atolli, Maisbrei.
***) pulque, ein berauschendes Getränk.

Rohrpfeife den baile de Motezuma*) tanzt. Trägt
er seine Früchte zum Verkauf zu den haziendas**)
und Ortschaften der Umgegend, dann klettert er mit
seinen Körben, in denen Ananas, Orangen, Sa=
potes, Bananen, Granatäpfel durcheinander liegen,
den schwindelnden Felsensteig seiner barranca hin=
auf, oft ohne weiteren Anhalt als die Wurzeln
der Seiba (ficus mexicana), die sich wie Riesen=
schlangen an den Felsen hinanziehen. Sein brau=
nes Weib, das Kind am Halse, folgt ihm, wie
er mit Körben beladen. Sie wissen nicht, was
Gefahr ist.

Die Ortschaften, welche hier im Bereiche der
Waldregion 4000 Fuß über dem Meere liegen,
ja selbst die Städte Huatusco, Cordova, Orizaba,
Jalapa haben nicht das verderbenschwangere Clima
von Vera=Cruz oder die tückische Fieberatmosphäre
der üppigen barranca-Gründe, wenngleich auch hier
die Tropengegend, fast wie in den Schluchten,
doch in anderer Art, ihren Reichthum entfaltet.
Die rothen Ziegeldächer der Häuser und Häuschen
schauen freundlich aus einem Labyrinth von Obst=
gärten hervor, rings um die Städte und Dörfer
erheben sich Zuckerrohr=, Tabak=, Kaffee= und Ca=
caopflanzungen, Reis=, Indigo= und Vanillean=

*) baile de Motezuma, Tanz des Montezuma.
**) hacienda, bedeutendes Landgut.

bau, stehen Granaten-, Orangen- und Magnolien-
bäume.

Höher hinauf sich wendend, gelangt man zu
Gebirgspässen, die zu den Hochebenen Mexico's,
auf das Plateau von Puebla führen, und die
zweite Region, die gemäßigte Zone, die tierra
templada beginnt. Mag man nun von Orizaba
aus über die Combresberge, oder von Jalapa
über las Vegas und am Vulcan Perote vorüber
dahin gelangen, — denn nur zwei Hauptstraßen
gibt es von Vera-Cruz nach Puebla und der Hauptstadt des Landes — überall zeigt sich in dieser
Höhe so ziemlich der gleiche Charakter der Gegend,
das sogenannte mal pais ausgenommen, eine Kette
ungeheuerer Lavamassen, durch die der steile und
beschwerliche Weg sich mühsam hinaufwinden muß,
um das Städtchen Perote am Ausgange des Pla-
teaus zu erreichen. Während der furchtbaren Regenzeit, die im Juni, oft schon im Mai beginnt,
sind beide Fahrstraßen, vor allem die letztere, grund-
los und unwegsam — die Franzosen haben bereits zu ihrem Nachtheil diese Erfahrung gemacht,
obwohl sie für ihre Expedition in das Innere Mexico's die bessere und weniger steile Bergstraße über
Orizaba wählten.

Die Hochebenen von Puebla sind in der Trocken-
zeit nichts als ungeheuere Sandwüsten, während
der Regenzeit aber mit üppigem Grün bedecktes

Flachland. Von dem kleinen Orte Canada de
Iftapan bis zu dem anſehnlichen Orte San Mar=
tin, dem Ausgangspuncte dieſer Hochebenen, zieht
ſich eine Reihe größerer und kleinerer Ortſchaften
hin. In dieſer Reihe, nur ſieben Leguas von
San Martin entfernt, liegt Puebla de los Angeles,
nach Mexico die größte Stadt des Landes. An
der Hauptſtraße, welche ſich durch die Hochebenen
von Ort zu Ort zieht, ſtehen Caſſien= und Sola=
neubäume, und hier und dort, aber nicht häufig,
zieht ſich Geſtrüpp den Weg entlang, das Räu=
bern einen ſicheren Verſteck gewährt, ſonſt iſt faſt
Alles auf dieſer, dem Auge unendlich ſcheinenden
Fläche zur Regenzeit wohlbebautes Feld. Kurz be=
vor dieſelbe eintritt, die durch Monate andauert,
vertraut der Bewohner der Hochebenen ſeine Saa=
ten der Erde an, ja ſelbſt während der Zeit, in
der dieſe von furchtbaren Gewittern begleiteten
Regengüſſe ſich täglich wiederholen, ſäet und pflanzt
er noch. Daher ſieht man in dieſen Monaten
zur Rechten und Linken der Fahrſtraße bis nahe
zum Horizont Feld an Feld mit Mais, Weizen
und Bohnen bedeckt, auch Agavenpflanzungen in
großer Zahl, und nichts anderes, was der Vege=
tation angehört, begegnet hier dem Blick, als die
Einzäunungen des Feldes von cereus hexagonus,
deſſen hohe, ſteife und ſtachelige Stämme wie Orgel=
pfeifen an einander gereiht ſtehen, und hier und

dort, wo sich etwas Wiesengrund findet, einige
Yuccas, Cactus und Opuntien. Selten steigt oder
fällt die Fahrstraße ein wenig, und nur zwischen
den Dörfern Chula und San Simon kreuzt sie
eine kleine, waldbewachsene Schlucht, die barranca
honda, welche auf der Hochebene als ein ziemlich
berüchtigter Räuberpunkt bekannt ist.

Verläßt aber der Reisende die Hauptstraße,
durchkreuzt er an den Feldern entlang die colossale
Ebene in der Richtung nach Ost bis zum Fuße
des riesigen Orizaba, oder nach West hin, wo der
fast 18,000 Fuß hohe Vulcan Popocateptl in wei=
ter Ferne sein schneebedecktes Haupt erhebt, dann
gelangt er endlich, nahe der Gebirgswelt, da wo
der Boden sich bereits zu erhöhen beginnt, zu jenen
potreros oder Weideplätzen, auf denen der vaquero,
der Hirt, das ganze Jahr hindurch mit seiner
zahlreichen Herde lebt. Diese potreros sind oft=
mals meilenweit mit sogenannten trockenen Mauern,
übereinander gerolltes Felsgestein, eingezäunt, und
außer dem Graswuchs sieht man dort wenig
mehr als seltsam geformte Cactusarten in großer
Zahl, hier und dort Gruppen von Yuccas und
dann und wann verworrene Gebüschstreifen. Die
vaqueros sind beritten und bewaffnet und sie wissen
die Fangschnur, den lazo, meisterhaft zu hand=
haben. Sie locken das Vieh mit dem Salz, das
im Beutel am Sattelknopfe hängt, und jagen den

coyote, den Halbwolf der Steppen, oder den Ja=
guar mit ihrem Lazo und dem Revolver. Ver=
wilderte, braune Gesellen sind's, diese vaqueros
und Pferdehüter, und sie gleichen, mit ihrer Flinte
in der Hand und dem machete, dem ellenlangen
Messer, im Gürtel, den Räubern der Heerstraße,
obwohl sie meist trotzige aber dennoch gutherzige
und ehrliche Burschen sind.

Die dritte Region, die tierra fria oder kalte
Erde, fängt in der Gebirgsgegend der Cordilleren
an, da wo sie sich 7000 Fuß über dem Meere
erhebt. Hier beginnt das Reich der Nadelhölzer,
und kein Gewächs der Tropenwelt ist ferner zu
erblicken. Man würde sich in den Schwarzwald
Schwabens mit seinen düsteren Fichten versetzt
wähnen, wären nicht die Bäume so riesengroß,
einzelne darunter bis zu 150 Fuß Höhe und zehn
Fuß Umfang, und starrte der Blick nicht betroffen
zu Tannen empor, die bis zu 200 Fuß Höhe
emporragen, und von sechs Männern kaum zu
umspannen sind. Bis zu 10,000 Fuß findet man
kleine Ortschaften und einzeln gelegene ranchos
oder Waldhütten, in denen Mestizen oder India=
ner hausen. Dann folgt unbewohnte felsige Oede,
der Pfad steigt durch Klippen im Zickzack höher
und höher, die Luftströmung wird eisig, bald
gähnt hier ein furchtbarer Abgrund, bald reckt
sich dort eine Felswand schroff empor, bald naht

man einem Paſſe mit überhängenden, verwitterten
Steinmaſſen, die mit Einſturz drohen. Das Na=
delholz wird verkrüppelter und ſchwindet zuletzt
gänzlich, die Alpenroſe zeigt ſich, wie auf den hohen
Bergen der Schweiz. Endlich hört jegliche Vege=
tation auf, die Eisfelder ſind in der Nähe. Und
dieſe zu überſteigen bis hinauf zur Felſenkuppe
der höchſten Krater, aus denen von jener Höhe
aus, wohl 15,000 Fuß über dem Meere, man eine
leichte Rauchſäule gen Himmel dampfen ſieht, iſt
bis zur Stunde noch Keinem gelungen.

Dies iſt ein Geſammtbild jenes kleinen Thei=
les der großen mexicaniſchen Republik, der mehr
noch als die eigentlichen Bergwerkdiſtricte und die
öden Prairien und Gebirge von Sierra madre,
Cohahuila, Sonora und Alt=Californien das Cha=
rakteriſtiſche des Landes ausprägt, denn hier iſt
es, wo im Umkreiſe von nicht mehr als ſechzig
und einigen Meilen alle Climate und Producte
der Erde beiſammen ſind, die Wüſte Africa's an
ein tropiſches Paradies grenzt, Europa's gemäßigte
Zone neben der ſtarren Gletſcherwelt Sibiriens
ihr Recht behauptet. Der Tod grinſt da neben
dem Vollgenuſſe des Lebens.

Und wie die Natur ſich dort in Gegenſätzen
zeigt, bei denen man indeſſen überall die Ueber=
gänge verfolgen kann, ſo auch die Bevölkerung
dieſes ſeltſamen Landtheiles. In den großen

Städten herrscht französischer Luxus, die Haupt=
stadt Mexico entfaltet eine Pracht, wie sie Paris
kaum aufzuweisen hat. In den breiten Straßen
der Hauptstadt und von Puebla de los Angeles
reiht sich ein Kaufladen an den andern, und alle
suchen sie einander an Größe der kostbaren Spie=
gelscheiben und raffinirter Eleganz zu übertreffen.
Das Innere der Paläste, welche den vornehmen
Creolen angehören, ist mit Frescomalereien, Mar=
mor und Gold geschmückt, in den Höfen, die diese
Paläste umschließen, plätschern Springbrunnen,
von der reizenden Pflanzenwelt aus den nahen
barrancas umduftet, und offene Galerien ziehen
sich rings an den Mauern dieser Höfe herum,
geschmückt mit herrlichen Vasen, aus denen schil=
lernde Blumenwunder der tierra caliente hervor=
leuchten. Das teatro nacional Mexico's ist das
schönste der Welt, die innere Einrichtung der
Kaffeehäuser, der Eis= und Zuckerwerklocale gibt
den europäischen nichts an verschwenderischer Aus=
stattung nach. Die jetzige Generation der reichen
Creolen hat die spanische Tracht und Grandezza
abgelegt, und kleidet und bewegt sich in allen
größeren Städten des Landes mit französischer
Eleganz. Daneben bewegt sich der Indianer im
primitivsten Zustande. Fern vom Gewühle der
Städte, an oder in einsamen Waldschluchten der
höheren Region, ist sein Eins und Alles die Agave

(Aloe), sie liefert ihm Speise und Trank, aus ih=
ren Stämmen baut er seine Hütte, die er mit ihren
Blättern deckt. Halbnackt und armselig lebt er
selbst in seinen, den Städten nächstgelegenen Dör=
fern, und der Verkauf der Früchte und Gemüse,
die er dort zieht und der Stadt zuführt, dient nicht
dazu, seine Lage zu verbessern, sondern ihn mehr
und mehr zu demoralisiren, die tiendas aufzusuchen,
die Kramläden, in denen man den mistela, den
süßen Branntwein schenkt, und den berauschenden
pulque, den er über Alles liebt. Ohne geradezu
geistig verkommen zu sein, ist er der Paria des
Landes, wie der Creole der Herr desselben, jener
wie dieser durch seine Hautfarbe. Er ist verachtet,
dieser arme Abkömmling der einstigen Herrscher
des Landes, fast so verachtet wie der Neger, dessen
Race, seit ihn die Republik 1824 freigesprochen,
nach und nach abgenommen hat und verkommt.
Der Mestize, der Mischling vom Creolen und
Indianer, steht zwischen ihnen, wie der Bürger in
Europa zwischen dem Aristokraten und dem Pro=
letarier, aber er hat nichts von den Tugenden
des europäischen Bürgerstandes, erwirbt er, so
vergeudet er mit spanischer Verschwendungslust,
und kommt er herab, so sinkt er tiefer als der
Indianer sinken kann, denn die Neigung des brau=
nen Azteken zum Entwenden und Trunke, steigert

sich in ihm zum Triebe nach sinnloser Völlerei, zur Raub = und Mordlust. So sind denn jene Horden, welche seit nahezu vierzig Jahren unter dem Deckmantel politischen Parteiinteresses das weite Gebiet Mexico's verwüsten, zum größten Theile aus Mestizen zusammengesetzt, die jedem Ehrgeizigen folgen, der ihnen Sold giebt und Plünderung verspricht.

Wie das Land seine Erdbebenlinie hat, von der oft die grauenhaftesten Verwüstungen aus= gehen, so hat die Bevölkerung Mexico's ihre Kette Habgieriger und Ehrsüchtiger, die Jahr ein Jahr aus politische Erschütterungen hervorrufen. Die vornehmen Creolen sind es, welche überall und immer von Neuem den Bürgerkrieg im Lande an= fachen, und keine Regierung des Landes, von Iturbide bis zu Santa Anna und dem Präsi= denten Juarez, war kräftig und populär genug, dem Treiben der Geistlichkeit, ihrer reactionären Helfershelfer und erkauften Söldlingsbanden, wie dem Unwesen der sogenannten republikanischen Generale, die alle nach dem Präsidentenstuhle trachteten, und im Grunde nichts weiter waren, als die Anführer einer Schaar Banditen, energisch Einhalt zu thun.

Der größte Theil derjenigen Bevölkerung Mexi= co's, die nicht beständig auf Umsturz des gerade Bestehenden sinnt, lebt in politischer Beziehung

in den Tag hinein, erkennt, gleich den heutigen
Regierungen Europa's, die faits accomplis als
unvermeidliche Uebel an und dankt dem Himmel,
wenn er nicht allzusehr in's Beileid gezogen wird.
Dieser Theil der Einwohner des Landes, wohl die
Mehrzahl im Reiche, verwünscht sowohl die in=
triguirende Geistlichkeit und ihre wenigen, aber
hier und dort einflußreichen, reactionären Anhänger,
welche die Monarchie wollen, als auch die repu=
blikanischen Wettkämpfer um den Präsidentenstuhl
und ihre Horden. Obgleich somit die überwiegende
Zahl der Mexicaner beinahe willenlos dem Strome
der Begebenheiten folgt, ermannt sie sich in Einem
zur entschiedensten Haltung, im Hasse gegen Spa=
nien, dessen tyrannische Herrschaft das Land drei=
hundert Jahre hat erdulden müssen, bis es dasselbe
hat abschütteln können, im Haß gegen das Aus=
land überhaupt, da wo dieses ein Gelüste zeigt,
sich in mexicanische Angelegenheiten zu mischen.
Die Franzosen, diese seit Louis Napoleon's Re=
gierung, wie es scheint, privilegirten Nationalbe=
freier und zweideutigen Volksbeglücker, haben das
in jüngster Zeit zur Genüge kennen gelernt, wo
das Kaiserreich, das sie installirt, jeden Augen=
blick gefährdet ist.

Und nun der Leser Land und Leute jenes
Theiles von Mexico kennt, der berufen ward, in
der politischen Geschichte des Tages eine Rolle

zu spielen, und der den Rahmen zu dieser Erzäh=
lung bildet, mag dieselbe beginnen. —

Es war im April des Jahres 1861, als das
englische Dampfschiff Triton, einer jener 2000 Ton=
nen haltenden, mit Maschinen von 4 bis 500 Pferde=
kraft versehenen Dampfer, welche von London direct
nach den mexicanischen Häfen gehen, zwischen den
Sandbänken hindurchfuhr, von denen die Bucht
von Vera=Cruz eingesäumt ist, und die hier meh=
rere Inseln bilden.

Um die Mittagszeit mochte es sein, die Sonne
brannte senkrecht herab, es herrschte eine drückende,
fast unerträgliche Schwüle. Ueber der Stadt,
welcher der Dampfer sich näherte, lag ein gelb=
licher Dunst, der Berg Orizaba und die Kuppen
der Cordillerenkette, die man bei reiner Luft als
Hintergrund des Festlandpanorama's erblickt, waren
völlig verhüllt, ein Zeichen, daß die Hitze der
Küstenatmosphäre so ziemlich den höchsten Grad
erreicht habe.

Ein leises, glühendes Lüftchen nur wehte land=
wärts, die Maschine des Dampfers arbeitete daher
nicht mit voller Kraft, sondern alle Segel waren
beigesetzt, die Maschine zu schonen.

Der Rauch, welcher dem Schlotte rabenschwarz
entquirlte, ward durch die Sonnenglut niederge=
drückt, und von der schwachen Brise*) so tief

---

*) Brise, leichter Wind.

über's Verdeck getrieben, daß er die Passagiere
letzter Classe, die dort am Bugspriet*) ständen,
und die Seeleute, die daselbst der Befehle des Steuer-
manns harrten, fast verschwinden ließ.

Matrosen standen an den Geitauen und Gordings**) der Segel, auf den Wevelingen***) und
Raaen, bereit zum Aufgeien und Festmachen der
Mars- und Bram-, zum Herablassen der Gaffel-
und Stagsegel.

Ueber das erhöhte Hinterdeck war ein soge-
nanntes Sonnenzelt ausgespannt. Die Passagiere der ersten Cajüte standen oder saßen darunter — einige Damen und eine größere Anzahl
Herren.

Jetzt schoß der Dampfer an der zur Linken
liegenden Insel Sacrificios hin, deren Castell San
Juan d'Ulloa auf seinen verwitterten Mauern noch
die Spuren der Beschießung durch die Franzosen
im Jahre 1838 trägt. In gleichem Augenblicke,
als sich das Fort der Seite des Dampfers gegenüber befand, blitzte ein Feuerschein am Bugspriet
des Schiffes auf, löste sich eine weißgraue Rauchwolke von dort ab und erschütterte ein Knall einen
Moment lang Seitenwände und Verdeck, einen

---

*) Bugspriet, schräger Mast am Schiff.
**) Geitaue und Gordings, Benennungen von Tauen, mit
denen die Segel aufgezogen werden
***) Weveling, Strickleiter

Theil der Passagiere erschreckend — der Triton
hatte das Fort salutirt.

Die Besatzung der nächsten Schanze ließ die
Artigkeit nicht unerwiedert, sie antwortete sofort
durch einen Kanonenschuß. Der Dampfer brauste
dem Landungsplatze zu, während der Steuermann
an der Seite des Capitäns vom Radkasten herab
den Matrosen den Befehl zum Reefen der Segel
gab und dem Manne am Helm die Ordre zurief,
das Schiff zum Beilegen zu wenden. Schrillpfei=
fender Dampf entströmte dem Ventil nächst dem
Tender, langsam näherte sich das Schiff dem klei=
nen Damme der garita — Thor und Zollamt —
wo Hafenarbeiter, cargadores, wie die Lastträger
heißen, Lohndiener und allerlei Volk einander
drängten, vor Allem jene zerlumpten Bursche mit
Galgengesichtern, jene Lazzaroni Mexico's, die sich
schon in jedem Städtchen des Landes finden, die
vagabundirenden leperos. Auch arrieros, die brau=
nen Maulthiertreiber in ihrer eigenthümlichen na=
tionalen Tracht — die mit Knöpfen übersäete
Jacke, die bis zum Knie geschlitzten und ebenfalls
vielknöpfigen ledernen calzoneras, der rothe Gürtel,
das lange Messer, der breitrandige gold= oder
silberbordirte Hut — standen hier und dort, auf

Aufenthalt weiter in's Land hinein zu pilgern be=
absichtigten.

Als so der Dampfer langsam dem Landungs=
perron zuschaukelte, stand eine Dame unter dem
Zelt des Hinterdeckes, halb an die Regelinge*)
des Schiffes, halb an einen jungen Mann gelehnt.

Die Dame mochte etwa achtzehn Jahre alt
sein. Das bläulich schwarze Haar und der dunkle
Teint des regelmäßig schönen Antlitzes verriethen
die Creolin. Die Züge dieses Angesichtes waren
kühn und stolz und hatten den charakteristischen
spanischen Schnitt, das dunkle Auge blitzte in je=
ner Glut, die nur den Blicken der Eingebornen
Mexico's eigen ist.

Der junge Mann an ihrer Seite dagegen hatte
nichts Castilianisches in seinem Wesen, obwohl sich
auch seine Wangen gebräunt zeigten, denn die gro=
ßen Augen waren blau, das leichtgekräuselte Haar
und der feine Schnurrbart blond. Er war ein
schöner Mann von etwa siebenundzwanzig Jah=
ren und sowohl schlank wie hochgewachsen, wäh=
rend der Wuchs seiner Gefährtin kaum die Mit=
telgröße erreichte.

Das anmuthige Paar trug elegante Reiseklei=
der, man sah es der Haltung der jungen Leute
an, daß sie der wohlhabenden, bevorzugten Classe
angehörten. Aber man brauchte auch eben kein

---

*) Regeling, obere Schanzverkleidung oder Einfassung
des Bordes.

besonderer Menschenkenner zu sein, um zugleich zu
errathen, daß der blonde Herr und die reizende
Mexicanerin erst seit Kurzem einander angetraut
seien, die Hingebung und Zärtlichkeit, welche sie
in Blick und Miene für einander hatten, verkün=
dete dies deutlich.

An der linken Seite des jungen Mannes stand
ein behäbig aussehender, corpulenter Herr, augen=
scheinlich ein Creole. Er hatte völlig weißes Haar,
aber Schnurrbart und Augenbrauen waren noch
schwarz. Er trug sich so elegant wie das Paar,
welches neben ihm stand, auch seine Haltung war
vornehm, trotz des beträchtlichen Umfanges, den
sein Körper zeigte, und die Vertraulichkeit, mit
der er auf die schöne Mexicanerin blickte, sowie
die ersten Worte, welche er jetzt zu ihr sprach,
nachdem der Schuß verhallt war, den das Castell
gesendet hatte, bewiesen, daß er zu dem Paare
gehöre.

„Du glaubst also nicht, Manuela,“ sagte er
— „daß wir dieses Fiebernest Vera=Cruz wieder
vor morgen mit Tagesanbruch werden verlassen
können? Du weißt, was man uns erzählt hat,
als wir in Jamaica anlangten, — das gelbe
Fieber soll seit Kurzem so furchtbar überall an der
Küste hier wüthen, daß die Mehrzahl der Vera=
Cruzer sich nach Jalapa hinauf hat flüchten
müssen!“

Die junge Mexicanerin lächelte.

„Um uns vor dem gelben Fieber zu schützen, Vater," antwortete sie, „wollen Sie also, daß wir bei dieser entsetzlichen Hitze in der Sandwüste ersticken? Da wir alle Drei das Fieber nicht fürchten, so wird es uns auch nichts anhaben. Brechen wir morgen in der Frühe schon um zwei oder drei Uhr auf, wenn Sie wollen!"

„Aber Dein Mann ist ein Deutscher, und Du weißt, daß für den Ausländer dieses Clima gefährlicher ist, als für uns Eingeborne!" bemerkte der Vater.

„Carlos hat die Hitze längs der Küste mehr zu fürchten, als einige Stunden Aufenthalts in dieser allerdings trostlosen Stadt," versetzte die junge Frau.

Und während sie also sprach, blickte sie mit einem Gemisch von Zärtlichkeit und Besorgniß auf ihren blonden Gefährten.

„Wie? Komme ich das Erstemal nach Mejico?" rief dieser lachend — „hat meine gute Natur nicht in Brasilien, auf Panama und gerade hier in Vera-Cruz schon längst die Feuerprobe bestanden? Daß zwischen meinem damaligen Aufenthalt in der heißen Zone und meinem jetzigen Erscheinen hier zwei Jahre liegen, was will das sagen? Manuelita hat recht, wir werden besser thun, in Vera-Cruz zu bleiben!"

„So sei es denn!" brummte der alte Herr vor
sich hin, augenscheinlich mehr seinethalben als der
Andern wegen beunruhigt.

Die kurze Unterhaltung war in spanischer
Sprache geführt worden, in der Sprache des Lan=
des, die der junge Deutsche geläufig, wenn auch
mit einem etwas fremdartigen Accent sprach.

Jetzt schwiegen die Drei und schauten mit jener
Erwartung zu dem Landungsperron hinüber, die
Denjenigen erfüllt, der nach längerer Seereise Land
erblickt, mag dieses Land auch, wie die öde Ge=
gend um Vera=Cruz, den grauenvollen Beinamen
„Küste des Todes" führen.

Und nun war der Dampfer am Ziel. Capi=
tän und Steuermann verließen den Radkasten, die
Matrosen, deren Arbeit bei den Segeln in der
Taakelasche bereits vollendet war, glitten an den
Wevelingen herab; während die vom Bord zum
Perron geschleuderten Trossen*) dort von Hafen=
arbeitern angeholt und um die Pfosten geschlagen
wurden, das Schiff an die Seite zu ziehen. Auf
dem Verdeck herrschte ein Durcheinander, denn
Alles drängte sich jetzt, mit Reisetaschen und aller=
lei Dingen beladen, zu den Passagiergütern, die
bereits in der Frühe auf Deck waren geschafft
worden und dort hinter dem riesigen Tender unter

---

*) Trossen, dicke Taue.

einer darüber gebreiteten Persenning*) lagen. Und
dieses Gewühl ward im nächsten Augenblick durch
alle Diejenigen vermehrt, welche über das vom
Perron zum Schiff geschobene Brett eilten, ihre
Dienste den Ankömmlingen anzubieten. Trotz der
unerträglichen Hitze zeigte sich Alles rührig, denn
Jeder trachtete danach, sobald wie möglich der ver-
sengenden Glut dieser senkrecht niederfallenden Son-
nenstrahlen entrinnen zu können.

Der junge Deutsche hatte seine Gattin der Obhut
ihres Vaters überlassen, und während diese Beiden
sich unter dem Sonnenzelte des Hinterdeckes zu-
rückhielten, besorgte er, hinlänglich mit dem Brauche
in überseeischen Häfen vertraut, das Nöthige zur
raschen Uebersiedlung vom Dampfer in's meson,
wie die Gasthöfe in Mexico heißen. Mit Hülfe
von Manuela's Zofe, einer braunen Mestize, die
jetzt neben dem Gatten ihrer Herrin auftauchte,
ward die Bagage gefunden und einigen Cargadores überliefert. Dann ging es fort, die junge
Frau am Arm des Vaters, ihr Gatte und das
Mestizenmädchen die Cargadores mit dem Gepäck
überwachend, denn ehrlich ist von den Dienste Lei-
stenden nur der, welcher überwacht wird. Bald
waren am Zollhause die officiellen Nachforschun-
gen abgethan, an der Garita die Pässe vorgewie-

---

*) Persenning, getheertes Segeltuch.

fen, und nun ging es in's Innere der Stadt
hinein, bei athemraubender Sonnenglut über den
großen unreinlichen Platz hinweg, der sich baum-
und schattenlos unmittelbar hinter der Garita bis
zu den Straßen ausdehnt.

Diese Straßen waren wie ausgestorben, die
Oede derselben bildete einen seltsamen Gegensatz
zu dem Gewühle am Dampfer.

Die breiten, menschenleeren, durch Unrath ver-
pesteten Gassen, in denen hie und dort nur ein
Hund dahinschlich oder eine Schaar von Zopilo-
tes, die Aasgeier Mexico's, ihr Wesen trieb, bot
einen trübseligen Anblick dar. Von den flachen
Dächern der schmutzgrauen Häuser mit der alter-
thümlich spanischen Bauart tönte dann und wann
der heisere Schrei solcher Geier herab; und ward
von der Straße aus durch Hundegeheul erwiedert,
sonst herrschte dumpfe Stille. Menschliches Leben
und Treiben war in dieser Tageszeit in das Innerste der Häuser geflohen, deren Jalousien und
Thüren sich fest verschlossen zeigten.

Der kleine Trupp Menschen — der alte Creole,
seine Tochter, ihr Gatte, die Dienerin und die
Cargadores — erreichte die plaza mayor, den
Hauptplatz der Stadt, an dem der Gasthof lag.
Dort herum nur zeigte sich nothdürftig einiges
Leben. Am Meson standen Arrieros, Maulthiere
und einige Pferde, da und dort schlichen verkom-

mene, verdächtige Gestalten, Leperos lungerten am
Hausthor, und aus dem alten Gebäude, das in
Europa kein Hôtel, sondern höchstens ein Einkehr-
haus für Fuhrleute gewesen wäre, ließ sich das
gewöhnliche Geräusch solcher Orte vernehmen.

„Eine herrliche Aussicht für den, der von
Paris und London kommt!" seufzte der dicke
Herr, als er mit den Anderen in den Thorweg
trat.

„Aber wir sind wenigstens auf dem Wege nach
Mejico, Vater, und das ist schöner als Paris und
London zusammengenommen!" rief die junge Frau
laut und mit blitzenden Augen.

„Das heiße ich patriotisch gesprochen, Señora!
Unsere liebe Frau von Guadelupe segne Sie dafür!" rief jetzt ein breitschulteriger Herr mit so-
norer Baßstimme, der weiter im Hausgange neben
einem Arriero stand, und zwar so, daß er den
eintretenden Reisenden den Rücken zugewendet
hielt.

Und nun er die Aeußerung der jungen Frau
so lebhaft und herzlich erwiedert hatte, drehte er
sich rasch gegen die Nähertretenden herum.

Beim Anblick dieses Mannes, der ein kräftiger
Sechziger mit freimüthigen, energischen Zügen
und großem Schnurrbart war, und der sich, trotz
der fast unerträglichen Hitze, nach der Sitte aller
Mexicaner von den Füßen bis unter das Kinn

in eine capa *) vom feinsten Tuche eingehüllt hatte,
wechselte die junge Frau des Deutschen plötzlich
die Farbe.

Der alte Herr, ihr Vater, aber stieß einen
Freudenruf aus, als er die wohlwollenden, scharf
markirten Züge des Mannes erblickte, die jetzt
Ueberraschung ausdrückten.

„Bustamente!" rief er — „Du hier? Das
trifft sich herrlich!"

Und er schloß den breitschulterigen Herrn in
seine Arme, bevor dieser noch Zeit gehabt hatte,
sich aus seiner Capa herauszuwickeln.

Während so der Vater der jungen Frau sich
freudig überrascht zeigte, war diese augenscheinlich
beklommen, ja gewissermaßen für einen Moment
bestürzt.

Ihr Gatte sah sie erblassen.

„Was ist Dir, Manuelita?" fragte er besorgt.

„Nichts!" entgegnete Manuela und begrüßte
den Herrn in der Capa lächelnd.

Sie beherrschte sich wieder vollkommen.

Der Herr aber, welcher Bustamente genannt
worden war, fand nun endlich Gelegenheit, seinen
mit Sammet ausgelegten spanischen Mantel aus=
einander zu schlagen, Manuela und ihrem Vater
die Hand zu drücken.

---

*) capa, spanischer Mantel.

„Ich erwartete wahrlich nicht, dem Don Pérez
de Guijar und feiner liebenswürdigen Tochter hier
zu begegnen," rief er — „obwohl man mir kurz
vor meiner Abreise von Mejico fagte, daß Briefe
von Euch aus Europa angelangt feien, die Eure
baldige Rückkunft in Aussicht stellten."

„Freilich, und ich schrieb obendrein der Tante
Josefita und Ihrer Concepcion mit ziemlicher Be=
stimmtheit den Tag, an welchem wir mit dem Tri=
ton von London abreisen würden, wie es denn
auch fo gekommen ist!" versetzte die junge Frau,
jetzt anscheinend ohne Verlegenheit und in fröh=
lichem Ton. — „Wie geht es meiner lieben Freun=
din, der muntern Concepcion," — fragte fie als=
dann — „und wie sieht es in Ihrem und unse=
rem Hause, und bei Verwandten und Freunden
aus, Don Lôpez?"

„Als ich Mejico vor acht Tagen verließ, um
in Puebla, Jalapa und hier einige Angelegenhei=
ten abzuthun," antwortete der Befragte, „befand
sich Alles wohl und war Alles in bester Ordnung,
auch in der Straße San Francisco, wo die Tante
Josefita statt Eurer nun schon fo lange hat resi=
diren müffen. Aber ich vergaß — leider bin ich
bisweilen jetzt fo vergeßlich —" fuhr er fort, in=
dem ein düsterer Ausdruck flüchtig über feine Züge
glitt, und dann wieder einem wohlwollenden Lä=
cheln Platz machte — „ja, ja, wie konnte ich nur

vergessen, was mir mein Kind, meine Concepcion,
mitgetheilt hat! Deine Manuelita, Freund Pérez,
hat ja nicht allein fremde Länder und Sitten ge=
sehen, sondern sich auch sogar — trotz ihres pa=
triotischen Gefühles, von dem ich vorhin eine
Probe erhalten, — dort in eine Ausländerin umge=
wandelt!"

Die junge Frau ward sichtlich einen Moment
verwirrt; sie erröthete tief. Aber sie faßte sich
sogleich.

„Sie fehlen im Ausdruck, Don Lôpez," sagte
sie lächelnd — „ich bin Mejicanerin mit Leib und
Seele geblieben, aber ich stehe im Begriff, einen
Ausländer in einen Mejicaner zu verwandeln!
Hier steht mein Gatte!"

Mit einem gewissen Stolz und einer mehr
erkünstelten als wahrhaften Entschiedenheit er=
griff Manuela die Hand des schönen jungen
Blondins, der während des Gespräches, das so=
eben stattgefunden hatte, rücksichtsvoll im Hinter=
grunde an der Wand des Thorweges stehen ge=
blieben war.

Jetzt trat er einen Schritt näher und grüßte
mit artiger Zuversicht.

„Mein Schwiegersohn, Don Carlos de Wag=
ner, aus Hamburg, den wir vor vier Monaten in
Paris kennen zu lernen das Glück hatten, ein
junger Mann von vielen ausgezeichneten Eigen=

schaften, gran negociante*) und gesonnen, sich in unserem Mejico zu etabliren!" erläuterte Don Pérez mit jener echt spanischen Grandezza, welche der Creole bei gewissen Gelegenheiten noch gern zur Schau trägt.

Don Pérez hatte das deutsche „Herr Earl Wagner" in das dem alten Freunde verständlichere und für den Mexicaner hochtönendere „Don Carlos de Wagner" umgeformt.

Bustamente starrte den ihm also vorgestellten jungen Deutschen einige Augenblicke auf eine fast befremdliche Art an, während das Antlitz der Tochter des Don Pérez, die verstohlen den Gesichtsausdruck des Don López auszuforschen schien, eine lebhaftere, innere Erregung verrieth, und selbst die Züge des Schwiegervaters unseres Deutschen offenbarten, daß der alte Herr sich bei dieser Vorstellung ein wenig genirt fühle.

Wen mag diese eigenthümliche, gewaltsam zurückgehaltene Erregung der beiden alten Herren und der jungen Frau wundern, wenn er den Grund derselben erfahren? Und dieser war folgender.

Bustamente's einziger Sohn Rodriguez war noch vor einem Jahre der Verlobte Manuela's. Der junge Bustamente besaß alle jene, den Creo-

---

*) gran negociante, großer Geschäftsmann.

len charakterisirenden Eigenschaften, wodurch sich
so viele junge vornehme Mexicaner zu Grunde
richten, im höchsten Grade. Kaum der Knaben=
zeit entwachsen, hatte er sich schon allen Ausschwei=
fungen der jungen Leute seines Standes hinge=
geben, war ein Verschwender geworden, ein leiden=
schaftlicher Spieler, ein Mädchenjäger. Gewandt
und schön, sowie kühn in Allem, was er unter=
nahm, hatte er den Blick Manuela's auf sich ge=
lenkt, und zwar nicht absichtslos, denn war er,
der charakterlose Mensch, der fast übersättigte ju=
gendliche Roué, auch nicht mehr fähig, eine tiefe,
aufrichtige Leidenschaft für irgend ein weibliches
Wesen zu empfinden, so hatten die Reize Ma=
nuela's seine Sinne doch derart entflammt, daß
sie für ihn der Gegenstand seiner heißesten Wün=
sche geworden war. Die Tochter de Guijar's, von
Rodriguez umflattert, verliebte sich in diesen, wie
eben ein junges Mädchen sich ohne sonderliche
Ueberlegung in den Ersten zu verlieben pflegt,
der ihr interessant erscheint und ihr zugleich Hul=
digungen darbringt. Rodriguez, dem es nur darum
zu thun war, das Mädchen zu verführen, stieß
auf Widerstand bei ihr, und da er sich zugeschwo=
ren hatte, daß das reizende Kind sein wer=
den müsse, so blieb ihm, auch schon der Freund=
schaft ihrer beiderseitigen Väter halber, nichts an=
deres übrig, als um die Hand Manuela's anzu=

halten. Diesem war wohl etwas von dem Leicht=
sinne des jungen Bustamente zu Ohren gekom=
men, auch de Guijar kannte einen Theil des schlech=
ten Rufes, den Rodriguez in der Hauptstadt hatte,
und der alte Bustamente verhehlte ihnen nicht,
daß er seinen thörichten, flatterhaften Sohn nicht
für die liebe Tochter seines treuen Freundes ge=
eignet halte, dennoch gingen sie Alle auf den Hei=
ratsplan ein, welchen Rodriguez leidenschaftlich
verfolgte, — Manuela sagte sich, sie werde schon
wissen, den Flüchtigen dauernd an sich zu fesseln,
und die alten Herren raunten einander dasselbe
zu. Die Liebe und eine glückliche Ehe werden ihn
bessern! hieß es. Die jungen Leute wurden ver=
lobt. Aber es war eben nicht die Liebe, was Ma=
nuela und Rodriguez für einander fühlten. Sein
Verhältniß zu der Tochter de Guijar's hinderte
den Leichtsinnigen nicht daran, wilde Zechgelage
aufzusuchen, sich durch das monte, das Lieblings=
hazardspiel der Mexicaner, in eine Schuldenlast zu
stürzen und galanten Abenteuern nachzugehen, die
zu Raufhändeln auf Degen und Revolver führ=
ten. Bald hatte der junge Thor sich und seine
Braut compromittirt, ihr Herz sich völlig ent=
fremdet, so daß es zu einem Bruche kam und die
Verlobung aufgehoben ward. Wenige Wochen
nach dieser Catastrophe erstach der Unverbesserliche
den Sohn des Staatssecretärs in einem Duelle,

das einer Buhlerin halber angezettelt worden, und
entfloh aus der Hauptstadt, die Rache des Man=
nes fürchtend, der um diese Zeit die rechte Hand
des Präsidenten Juarez war. Rodriguez kehrte
heimlich in das Vaterhaus zurück, aber Busta=
mente wies seinem Sohne empört die Thür; der
Tollkühne kletterte nächtlicher Weile im, eine Stunde
von der Hauptstadt entfernten Tacubaya, wo Gui=
jar eine schöne villegiatura, ein prächtiges Land=
haus besaß, zu dem Fenster Manuela's empor,
doch diese rief voll Abscheu die Diener zu ihrer
Hülfe herbei. Rodriguez floh, aber nicht ohne
zuvor in rasender Leidenschaftlichkeit, die das sonst
energische Mädchen mit Entsetzen erfüllte, der ehe=
maligen Braut zuzurufen: „Du wirst doch mein,
sei's früher oder später!" — Von da ab schien
Rodriguez spurlos verschwunden zu sein, aber es
hieß, er weile in der Hauptstadt und deren Um=
gebung, und verkehre mit verdächtigem Gesindel.
Aus diesem Grunde hatte der Vater Manuela's
mit seiner Tochter eine Reise nach Europa ange=
treten, um das Mädchen zu zerstreuen und aus
der Nähe des jungen Bustamente fortzuführen,
hoffend, dieser werde inzwischen ein klägliches Ende
finden, oder wenigstens den Gedanken an Ma=
nuela aufgeben.

Und nun so plötzlich und unerwartet im Haus=
gange eines Meson von Vera=Cruz Don López

dem Freunde und deſſen Tochter gegenüber ſtand,
dieſe glücklich, vermält nach ihrem Herzen, in das
die wahre, leidenſchaftliche Liebe eingezogen war,
mußte da nicht eine beklemmende Empfindung alle
Drei erfüllen, mußten ſie da nicht alle Drei des
unglücklichen Leichtſinnigen gedenken, den ſein ver=
dientes Schickſal vielleicht jetzt ſchon erreicht hatte,
und des ehemaligen Verhältniſſes zu einander, das
ſo ſchmählich zerſtört worden war? Mußte da
nicht Jeder von ihnen ſich ſagen, daß ſein Erſchei=
nen in dem Anderen Erinnerungen wachrufe, die
beſſer in der tiefſten Tiefe der Bruſt begraben
blieben?

Aber dieſer beklemmende Zuſtand dauerte nur
momentan, und nicht ſo lange, daß der neben
ihnen ſtehende Wagner, der arglos vom Einen
zum Anderen ſchaute, hätte errathen können, wie
hier ein Begegnen von Menſchen ſtattfinde, deren
Freude des Wiederſehens ein düſterer Gedanke ab=
ſchwäche. Und wie hätte er vollends eine Ahnung
davon haben können, daß ſeine Gegenwart gewiſ=
ſermaßen dazu beitragen mußte, dieſes Wieder=
ſehen im erſten Augenblick um ſo peinlicher zu
machen?

Manuela hatte ihm alſo nichts von ihrem
früheren Verhältniſſe geſagt. Weßhalb nicht, iſt
unſchwer zu erklären. Hatte es gegolten, eine un=
glückliche Liebe zu verſchweigen? Nein. Dieſe

würde sie freimüthig und stolz, ja gewissermaßen
herausfordernd bekannt haben. Aber ein Verhält=
niß beichten, in dem ihr Herz nicht betheiligt ge=
wesen, wie sie hinterher sich sagen mußte, beken=
nen, daß sie zugleich sich getäuscht und daneben
vernachlässigt und betrogen worden, daß sie nicht
Macht genug besessen, einen leichtfertigen Dandy
zu fesseln, das war zu viel für sie gewesen, da sie
doch immer, trotz ihrer besseren Gefühle, eine Creo=
lin war, das heißt eine heißblütige, stolze, eitle,
hochherzige, sinnliche, aufopfernde, verwöhnte, oft
grausam listige und zugleich offene Natur, Alles
nach Umständen und Alles durch jene seltsame
Erziehungsmethode der Creolen, die ihre Kinder
körperlich in Einem hin verweichlichen und abhär=
ten, und in geistiger Beziehung sorglos frühzeitig
sich selber oder der Dienerschaft überlassen, die
dem verschlagenen, wollustdurstigen, trägen und
selbstsüchtigen Mestizencharakter Ehre zu machen
pflegt. Manuela war besser als Tausende ihrer
Abstammung, und dieses Bessere verdankte sie ihrem
Instincte für das Edle; nichtsdestoweniger blieb sie
doch ein Kind ihrer Race.

Und Eins noch, warum sie gegen Wagner von
ihrem früheren Verhältnisse geschwiegen. Sie war
es, die den Gatten überredet hatte, mit ihr nach
Mexico zu übersiedeln. Hätte er um ihr ehema=
liges Verhältniß zu Rodriguez gewußt, würde er

da nicht, so sagte sie sich, haben denken können,
sie trachte nach der Heimat, um dort zu leben,
wo sich ihr vormaliger Bräutigam aufhalte?

Mag eine Creolin edel und gut sein, an das
blinde Vertrauen des Mannes zum Weibe glaubt
sie nicht, denn ist sie nicht in einem Lande aufge-
wachsen, wo der Mann sein Weib mit dem Dolche
bewacht, falls er sie liebt?

Wie anders denkt und fühlt da die Deutsche!
Und doch wie weit traut ihr der Geliebte und
Gatte von heutzutage? Nicht weiter als — sich
selbst.

Don López starrte, wie gesagt, dem Schwieger-
sohne seines Freundes in die schönen, offenen Züge.
Dann, durch die Freimütigkeit derselben sichtlich
angezogen, hielt er dem jungen Manne mit leuchtendem Blicke die Hand hin und sagte kurzweg,
ohne die castilische Gravität, mit der ihm Don
Pérez den Gatten Manuela's vorgestellt hatte:

„Ich schätze mich glücklich, auf der Reise nach
Mejico, die wir doch nun miteinander machen
werden, einen Mann kennen zu lernen, der unser
Landsmann werden will, und vorläufig den Anfang damit gemacht hat, das Herz der kleinen
Hexe dort zu erobern, was zuvor noch Keinem
hat gelingen wollen, und ich mir so schwierig gedacht habe —" fügte er lächelnd hinzu — „als
die Eroberung unseres Landes sein muß! Doch

fage mir, Freund Pérez, wann gedenkt Ihr zu reifen?"

„Morgen, mit Tagesanbruch."

„Vergeßt nicht, Freunde, daß es hier herum heißt: En tierra caliente ni caballos ni gente!"*)

„Manuela ift von der Seereife erschöpft!" brummte Don Pérez mit unerquicklicher Miene.

„Nun gut," verfetzte Don López — „ich habe noch heute fort wollen, ich werde bleiben. Machen wir mit einander die Foltern der hiefigen Küche durch, Du darfft Dir nicht viel davon versprechen, Freund Pérez. Der vereinte Dampf unferer Cigarritos foll uns hier bis morgen das gelbe Fieber vom Leibe halten. Laßt Euch Euere Zimmer anweifen, — ich fage Euch, fie find herzlich fchlecht — dort fteht fchon der Wirth und macht feine Complimente. Doch zuvor noch fage mir, wie fteht es um unfere Angelegenheiten mit dem Auslande? Haft Du in Paris Almonte gefehen, den Landesverräther, den verkappten Jefuiten?"

„Nein," antwortete Don Pérez finster, — „aber in London hat man mir gefagt, England, Spanien und Frankreich beabfichtigten, unter dem Vorwande, ihre angeblichen Forderungen einzutreiben, einen Vertrag mit einander abzufchließen, laut deffen eine vereinigte Flotte nach Vera-Cruz

*) Für die heiße Erde weder Leute noch Pferde.

absegeln solle. Eins dieser Schiffe soll uns den Almonte bringen —"

„Ich errathe!" unterbrach ihn Don López mit schneidender Schärfe, indem sein noch soeben wohl-wollendes Antlitz einen strengen, ehernen Aus-druck annahm. — „Man möchte aus unserer Haupt-stadt Mejico ein zweites Rom machen! Was weiter?"

Und der breitschulterige alte Herr lachte hell auf.

„Was weiter?" brummte Don Pérez. — „Wäre das nicht genug? Du lachst?!"

„Ich lache," versetzte Don López — „weil ich denke, die vereinigten Helden werden in unseren Bergen die Rolle jenes alten Weibes spielen, welche sich einmischen wollte, als Mann und Frau ein-ander in den Haaren lagen. — Mann und Frau fielen über das alte Weib her, und schickten sie jämmerlich zersaust heim. Doch still, hier in die-sem Höllen-Vera-Cruz sollen der Schurke Almonte und der Pfaffe Miranda Spionengesindel haben, und unter den Javachos*) sind so gut wie bei uns Kerle, die sich ohne Weiteres dazu hergeben, einige Leute unserer Gesinnungsart aus dem Wege zu räumen. Sieh' nur, dort schnuppert schon verdächtiges Gesindel um uns herum. Ist es doch so weit mit uns gekommen, daß der Bruder

*) Die Bewohner der Ostküste Mexico's werden von den Creolen so genannt.

dem Bruder, der Vater dem Sohne nicht mehr
trauen darf!"

Die letzten Worte sprach Don López mit ver=
bissenem Schmerz. Seine Stimme hatte einen
seltsamen, eigenthümlich zitternden Klang.

Einige der Leperos, welche am Portale des
Hauses gelungert und sich allmälig herangeschlichen
hatten, streckten ihm jetzt bittend ihre schmutzigen
Fäuste entgegen.

Don López wendete sich finster ab. Wagner
warf den Vagabunden einige tlacos*) zu.

Die Leperos murmelten ihr: Dios se lo
pague!**)

Don López aber sagte, jetzt wieder lächelnd,
zu dem Vater Manuela's und dem jungen
Paare.

„Gehen wir, die Cargadores sind schon mit
Eueren Sachen voran. Ueber unser armes Vater=
land läßt sich nur bei verschlossenen Thüren reden.
Ich sende Euch später meinen Arriero, das Nö=
thige für morgen mit Euch zu verabreden, und
dann komme ich selber. So gedulden wir uns
denn bis morgen vor Tagesanbruch in dieser —
ciudad de la muerte!"***)

---

*) Ein tlaco ist etwa 1¼ Silbergroschen.
**) Gott lohn's!
***) Stadt des Todes!

Die kleine Reisegesellschaft schritt dem Inneren des Hauses zu.

An dem Thorwege desselben aber trat einer der Leperos zu einem anderen.

„Haft Du's gehört?" flüsterte er. — „Vor Tagesanbruch. Es sind schon die, welche uns Don Rodriguez bezeichnet hat."

„Suchen wir ihn auf," entgegnete der Andere, ebenfalls flüsternd — „er wartet auf uns in der fonda del murciégalo!"*)

Die beiden Leperos entfernten sich eilig.

•

II.

Noch war am Morgen nach den vorstehenden Ereignissen die Sonne nicht am fernen Horizont des Meeres aufgetaucht, als ein Chinchorro, wie man in Mexico einen Zug Maulthiere nennt, die Stadt Vera-Cruz verließ.

Es war das ein atajo de mulos, fünfund= zwanzig Lastthiere, von einem Oberknechte und fünf Arrieros geleitet. Voran ritt, wie das bei

*) Gasthaus zur Fledermaus.

solchen Atajo's üblich, ein' Knabe auf einer schecki=
gen Stute, die eine Glocke am Halse trug. Der
voranklingelnden Stute folgen die mit Waaren
beladenen Maulthiere willig überall hin. Diese
Thiere tragen eine Last von ungefähr 400 Pfunden
oder sechzehn mexicanischen Arrobas, sollen sie
aber im Verein mit Pferden ihre Tagereise machen,
also rascher vorwärts, dann packt man ihnen nur
200 Pfund auf. Solche Tagereisen sind nicht sehr
lang, man legt nie mehr als fünf bis sechs Leguas
zurück, aber nirgend wird während des Marsches
angehalten.

Dem Atajo, der an diesem Morgen die Küsten=
stadt verließ, um sich auf der Hauptstraße über
Orizaba und Puebla nach Mexico zu begeben,
hatte sich ein kleiner Zug angeschlossen.

Zwei Maulthiere gingen eins hinter dem an=
deren, und trugen zwischen sich eine Sänfte, die
an Stangen hing, welche am Geschirr der Thiere
befestigt waren.

In der Sänfte saß eine junge Dame.

Neben dieser Sänfte ritt ein junger Mann in
leichten Nankingkleidern, den breiten sombrero*)
auf die blonden Locken gedrückt, ein kleines, mun=
teres mexicanisches Pferd.

Der junge Mann war gut bewaffnet. Er

*) Strohhut.

trug einen Dragonerſäbel an der Seite und hatte
eine mehrläufige Flinte am Rücken herabhän=
gen; aus den Halftern des altmodiſchen, ſpa=
niſchen Sattels, auf dem er ſaß, ſchauten zur
Rechten und Linken des Pferdehalſes Piſtolenkol=
ben hervor.

Die junge Dame unterhielt ſich am offenen
Fenſter der Sänfte mit dem Reiter, der ſtets ein
Lächeln und einen zärtlichen Blick für die ſchöne
Plauderin hatte.

Hinter den Maulthieren, welche die Sänfte tru=
gen, ritten zwei ältliche Herren, der dicke und weiß=
haarige in bequemer franzöſiſcher Sommertracht
auf einem Maulthier, der andere dagegen, der
breitſchulterige und augenſcheinlich rüſtigere von
den Beiden, auf einem Pferde und in der Reiſe=
kleidung vornehmer hacendados*) — breitrandiger
Hut mit bunter Schnur, weit umgeſchlagener Hemd=
kragen, vom ſeidenen bunten Halstuche leicht ge=
halten; über die Schultern die Serape geworfen,
die buntgewirkte Decke, am Schlitz, durch welchen
beim Regenwetter der Kopf geſteckt wird, mit
Gold= und Silberfranſen eingefaßt, ferner kurze
Jacke von feinem, braunen Tuch mit Stickerei und
vielen ſilbernen Knöpfen, bis zum Knie geſchlitztes
Beinkleid von gleichem Stoff, ebenfalls geſtickt

*) Gutsbeſitzer.

und mit Silberknöpfen besetzt, darunter hervor-
schauend und bis zu den riesig bespornten Halb-
stiefeln hinabreichend das feine weiße und faltige
Unterbeinkleid.

Diese beiden ältlichen, ebenfalls mit einander
plaudernden Herren waren, wie der junge Mann,
wohlbewaffnet.

Hinter ihnen folgten drei mit Reisegepäck be-
ladene Maulthiere.

Den Schluß dieses kleinen Zuges, neben dem
zwei Arrieros einhertrabten, bildeten eine Dienerin auf einem Maulthier und zwei kräftige und
gut bewaffnete Mestizen zu Pferde, unstreitig die
mozos oder Burschen der Reisenden.

Diese wird der Leser bereits erkannt haben —
Señora Manuela mit ihrem deutschen Gatten,
Don Pérez de Gnijar, Don López Bustamente,
Crispina, die Zofe der jungen Frau.

Von den Mozos war der rechts reitende der
Diener José, des Don López, der andere ein junger Mensch, der erst am Abend zuvor von Wagner war in den Dienst genommen worden. Der
Wirth hatte diesen Burschen, der sich Francisco
oder, nach mexicanischem Brauch abgekürzt, Pacho
nannte, mit großer Wärme und vielen Betheuerungen seiner Rechtlichkeit und Zuverlässigkeit empfohlen.

Das Antlitz dieses Burschen rechtfertigte die

Empfehlung nicht sonderlich, es hatte einen verwe=
genen Ausdruck. Auch der unstäte Blick der klei=
nen schwarzen Augen Pacho's war keineswegs Ver=
trauen erweckend, denn er schien Tücke und Ver=
schlagenheit zu verrathen. Wagner hatte den Me=
stizen aber dennoch als Mozo engagirt, weil ihm
während der kurzen Dauer seines Aufenthaltes in
Vera=Cruz keine Zeit blieb, einen Burschen zu
suchen, dem er besser als dem Pacho, nach seinem
Aussehen zu urtheilen, glaubte vertrauen zu dür=
fen. Und ohne einen eigenen Mozo reist es sich
noch schlechter als gewöhnlich in Mexico. Uebri=
gens zeigte sich Pacho anstellig, gewandt und
zuvorkommend mit fast kriechender Höflichkeit.

Wagner hatte sein Pferd und das Pacho's in
Vera=Cruz gekauft, und auch die Waffen für den
Burschen. Die kleine Reisegesellschaft hätte ohne
weitere Umstände mit der Post nach Mexico rei=
sen können, da aber die diligencia nur dreimal
wöchentlich geht, so hätte man in der ciudad de
la muerte, in der zur Zeit das gelbe Fieber furcht=
bar grassirte, noch einen Tag bleiben müssen. So
hatten sie es denn vorgezogen, sich auszurüsten
und dem Atajo bis auf Weiteres anzuschließen.
Fröhlich traten sie Alle die beschwerliche Reise an,
waren sie doch von den Folgen der Pestausdün=
stungen dieser traurigen Stadt, der sie jetzt den
Rücken wandten, verschont geblieben.

Der Zug ging am Meeresstrande entlang. Die Maulthiere versanken bei jedem Tritte einen Fuß tief in den Sand, der fast glühend heiß war, trotzdem das Morgenroth erst den fernen Horizont röthete.

Landeinwärts in dieser Einöde ohne Gras und Strauch zeigte sich nichts was Leben hatte, und an der sandigen Küste, welche der gleichmäßige Wellenschlag des Meeres bespülte, erblickte man nur hier und dort über Seetang, langsam rück= wärts wandernden großen Krabben, an's Ufer geworfenen Muscheln und allerlei faulenden Meer= gewächsen hinweghüpfend, den nach Mollusken haschenden Strandläufer, oder den grauen Pelikan, der beim Herannahen des Zuges schwerfällig die Flügel ausbreitete, eine Strecke weiter in die Flut zu tauchen.

Nach einer Stunde bog die scheckige Stute links in die Hauptstraße Mexico's ein, der Atajo und und sein Anhängsel folgten, von den Rufen der die Maulthiere anfmunternden Arrieros begleitet. Fünf Stunden später erst, nach trostlosem Marsche durch die unwirthbare, strauchlose Gegend, erreichte der Zug die Tienda des Dörfchens Santa Fe, hinter dem die Vegetation ziemlich reich, freund= lich und einladend beginnt.

Der Atajo hielt nicht an, da der Tagesmarsch in dem nächsten Dorfe, Passo de Ovejas, erst be=

enbet fein follte, und die Arrieros, wie früher
bereits erwähnt, nur an ihren Parajes oder Sta=
tionsplätzen raften.

Auch Don López und Don Pérez waren ent=
schloffen weiterzugehen.

„Diese Scheufe hier fieht elend genug aus,“
fagte der Letztere, der Hauptfeinfchmecker der Gefell=
fchaft, — „was wird man uns hier für eine Mit=
tagstafel bieten können? Die Javachos wiffen
nicht einmal in ihren Stadthotels ein Mahl her=
zuftellen! Holla, Mariquita oder Felipa, oder wie
Ihr fonft heißen möget,“ — rief er von feinem
derben Maulthiere herab einem Weibsbilde zu,
das in der Thür der Tienda ftand, und einigen
der Arrieros in aller Eile ein Glas Tepache reichte,
ein fchmutziggelbes, undurchfichtiges, aus mit Waf=
fer vermifchtem gegohrenen Zuckerfaft beftehendes
Getränk, in dem Ananasftückchen fchwimmen, und
das die Stelle des fchlechten Waffers in den Ort=
fchaften der tierra caliente vertreten muß, — „fagt
mir doch, was kann uns Eure Küche liefern?“

„Reis und Rindfleifch, ilustrissimo caballero!*)
antwortete das Weib.

„Kuhfleifch, oder allenfalls tasajo,**) wir ken=

---

*) Durchlauchtigfter Herr!
**) tasajo, in Riemen gefchnittenes, gefalzenes und ge=
trocknetes Rindfleifch.

nen das ja," murmelte. Don Pérez mit einem
Seufzer. — „Reiten wir weiter," fügte er hinzu,
sich an seine kleine Gesellschaft wendend.

„Nein, nein, Vater," versetzte Manuela, —
„laß uns hier Rast halten. Wahrlich, das Ant=
litz meines armen Carlos glüht, wie die Spitze
Deiner Cigarretta, und ich bin ermüdet von dem
ewigen Schaukeln meiner Sänfte!"

„Aber der Atajo geht weiter," brummte Don
Pérez.

„Was ist daran gelegen," erwiederte die schöne,
eigenwillige Creolin. „Wir haben hinter dieser
Schneckencaravane Zeit genug verloren, und holen
den Atajo ohnehin vor Passo de Ovejas ein. Ich
will nicht hoffen," — setzte sie sarkastisch lächelnd
hinzu, — „daß die Herren sich fürchten, die kleine
Strecke bis Ovejas allein zurücklegen zu müssen,
sie sind ja bis an die Zähne bewaffnet!"

Don López und Wagner lachten hell auf, Don
Pérez aber legte sein Antlitz in ernste Falten, und
warf seiner Tochter wegen des, nach seiner An=
sicht unpassenden Scherzes einen mißbilligenden
Blick zu.

Pacho, der vom Pferde gesprungen und in die
Tienda geeilt war, während die Herrschaft berieth,
ob sie bleiben solle oder nicht, kam zurück und
versicherte unter allerlei Schwüren, daß die Küche
der Wirthin im Staude sei, einen muy poderoso

Señor*) zufrieden zu stellen. Er griff zugleich
dienstfertig nach den Zügeln des Maulthieres, auf
dem der dicke, keuchende Don Pérez saß, und denen
des Gaules, welchen Wagner ritt.

Da die Betheuerungen des Mozo in der Erklärung Manuela's eine mächtige Stütze erhielten,
— denn in Mexico ist man fast so galant gegen
die Damen wie in den Vereinigten Staaten Nord-
america's, — so blieb man, um so schlecht zu
speisen, als man nur in den Tiendas oder Fon-
das speisen kann, die an der Hauptstraße nach
Mexico liegen. Einige Flaschen von dem Weine,
welchen Don Pérez aus Vorsicht von Vera-Cruz
mitgenommen hatte, und der Tortilla der Schenke,
der dünne Maiskuchen, machten das Beste der
Mahlzeit aus.

Während die Herrschaft tafelte so gut es gehen
wollte, und dann eine kleine Siesta hielt, blieben
die Mozos und die beiden Arrieros, welche die
kleine Gesellschaft begleiteten, bei den Pferden und
Saumthieren. Die schlechte Kost, die ihnen die
Wirthin dorthinbrachte, stimmte ihre Laune nicht
besonders herab; die niedere Classe in Mexico ist
nicht sonderlich verwöhnt, und hat sie nur das
eine oder andere berauschende Getränk, so ist
sie zufrieden. Crispina, die Zofe, blieb bei den

*) Großmächtiger Herr.

Burschen. Pacho warf sich zu ihrem Galan auf.
Der gewandte Bursche entwickelte überhaupt große
Lebendigkeit, er plauderte, scherzte, lachte un-
aufhörlich, und schenkte den Arrieros und seinem
Gefährten José mehr als nöthig gewesen wäre
vom süßen, starken Mistela ein, den er hatte kommen lassen. Crispina schien dem geschmeidigen,
redseligen Burschen mit dem lauernden Blicke so
wenig zu trauen, wie José, der Diener des Don
López, wenigstens beobachteten sie eine gewisse Zurückhaltung gegen ihn.

Unter dem verandaartigen, durch Balken ge-
stützten Dachvorsprunge der Schenke saßen, ebenfalls bei einem Imbiß und Branntwein, drei verwildert blickende, schlecht gekleidete Kerle, die Pistolen und Machete im Gürtel trugen. Sie schauten weder zu der zehn Schritte von ihnen entfernten Dienerschaft oder den Arrieros hinüber, noch
schienen sie überhaupt von etwas außer ihrem Mit-
tagsmahle Notiz zu nehmen. Als aber endlich
Wagner in der Thüre der Schenke erschien und
mit lauter Stimme rief, daß die Reise nun weiter
gehen solle, da machten sich die Drei einer nach
dem anderen davon.

Pacho war sogleich bei den Thieren beschäftigt,
die seiner Obhut anvertraut waren, und während
er ihre Zäume von den Eisenringen an der Mauer
des Wirthshauses losmachte, schritten die Arrieros,

die vom süßen Mistela des Pacho reichlich genossen hatten, schwerfällig zu den Maulthieren und der Sänfte.

Crispina aber trat rasch an den Mozo des Don López heran.

„Sie haben vorin die Drei,“ flüsterte sie kaum hörbar — „welche dort drüben an der Mauer ge=seffen und nun verschwunden sind, scharf beobach=tet. José, mir ist das nicht entgangen. Was halten Sie von diesen Leuten?“

„Hm, schlechtes Gesindel!“ murmelte José und schickte sich an, zu seines Herrn Pferd und dem seinen zu gehen, die ebenfalls an der Mauer standen.

„Noch auf ein Wort!“ flüsterte Crispina wei=ter. — „Aber blicken Sie nicht zu jenem Pacho hinüber, während wir reden.“

„Weshalb nicht?“

„Mir scheint, er schaut angelegentlich unter dem Halse seines Pferdes weg auf uns.“

„Und was soll das alles?“

„Trauen Sie diesem Pacho?“

„Nicht allzu sehr.“

„Nun denn, ich habe vorhin deutlich gesehen, daß einer der drei Männer zu Pacho hinüber=schielte, und dieser ihm ein Zeichen gab. Gleich darnach sind die Verdächtigen aufgebrochen.“

„Sie haben das gesehen?“

„Ich will es beschwören."

„Gut. Jene Leute können ehrliche, zu einer Hacienda ziehende Rancheros sein, denn die tragen oft genug Machete und Pistolen, wenn sie durch unsichere Gegenden müssen. Aber schriftlich haben wir doch nicht, daß es kein Raubgesindel ist, oder versprengtes Volk von irgend einer Streifpartei, auch nicht viel besser als Banditen. Seien wir daher auf der Hut! Ja, ja, ich traue dem Pacho nicht, wenn ihn auch der Wirth empfohlen hat."

„Reden Sie nicht so laut, José! Und verlieren wir nicht viel Worte hier, der Mensch beobachtet uns. Was können wir thun?"

„Sagen Sie Ihrer Herrin, was Sie gesehen haben. Ich werde meinem Don López, der ein alter Haudegen ist, ein paar Worte zuflüstern und den Pacho von nun an scharf und unvermerkt in's Auge fassen. Auf dem ganzen Wege, wie ich nur kann, bleibe ich ihm zur Seite, und sollten wir überfallen werden —"

„Gerechter Gott!"

„Still! Sollten wir überfallen werden und der Bursche nur eine verdächtige Bewegung machen, so jage ich ihm eine Kugel durch den Kopf. Ich bin Soldat gewesen, und verstehe mich auf das Handwerk. Jetzt, Mamsell Crispina, gehe jeder von uns seine Wege und habe während des Rittes die Augen offen. Wir sind unser sechs Män-

ner, aber freilich auf den alten Herrn, den Vater
Ihrer Herrin, gebe ich nicht viel, der wird bei
der Tafel besser einhauen, als in Räuberschlupf=
winkeln, und auf die beiden Arrieros ist auch
wohl nicht sonderlich zu rechnen, die hat der Pacho
— mit Absicht, davon bin ich jetzt überzeugt —
halb betrunken gemacht. Aber sie sollen nur kom=
men, die Halunken, mein alter Eisenfresser, der
junge Herr und ich, wir wollen ihnen gleich zu
schaffen machen, carajo!"*)

José, ein langer magerer Geselle von etwa
dreißig Jahren, dessen Körper aber muskulös und
durch ehemals ausgestandene Strapazen gestählt
war, trat nun auch zu den Pferden. Sein leder=
farbenes, hageres Antlitz zeigte jenen gleichgültigen
Ernst, der den Spanier vom Hidalgo bis zum
Bauer im gewöhnlichen Verkehr, da wo seine Lei=
denschaft nicht aufgestachelt wird, charakterisirt.
José befand sich in äußerst ruhiger Gemüthsstim=
mung, obwohl er so reichlich wie die Arrieros vom
süßen Mistela genossen hatte, seine Natur war
eben im Kriegsdienste der Republik bei Zeiten an
derlei Dinge gewöhnt worden. Und in diesem
Augenblicke war er um so wachsamer auf sich, als
er seinen Herrn liebte, der ehemals, bevor er ein
reicher Hacendado ward, sein Oberst gewesen.

---

*) carajo ist ein häufig gebrauchter spanischer Fluch.

Während die hübsche china, unter welchem Na=
men man in Mexico ein junges Meſtizenmädchen
bezeichnet, die Schwelle der Tienda überſchritt, um
ſich zu ihrer Herrin zu begeben, wendete ſich Pacho
lächelnd zu ſeinem trockenen Kameraden.

„Die Criſpina hat ja noch allerlei mit Euch
zu plaudern gehabt, Joſé!“ ſagte er. — „Mir
ſcheint, ſie hat etwas zu tief vom Miſtela genippt
und noch tiefer Euch in die Augen geſchaut.“

„Das glaube ich kaum,“ verſetzte der Angere=
dete mit äußerſter Seelenruhe — „denn ſoeben
noch hat ſie mir, mit etwas mehr Umſchweif als
gerade nöthig geweſen wäre, verblümt zu verſtehen
gegeben, daß ſie Euch für ſehr liebenswürdig, aber
auch für einen großen Verführer halte.“

„Hat ſie das gethan?“ rief Pacho ſelbſtgefällig
ſchmunzelnd — „Nun, nun, ich bin gerade kein
Koſtverächter, aber das ſind,“ fügte er mit einer
Art geringſchätziger Leichtfertigkeit hinzu — „cosas
que van y vienen!“*)

Fünf Minuten etwa vergingen. Saumthiere,
Sänfte und Pferde ſtanden bereit. Dann kam die
Herrſchaft und der Marſch ging weiter.

Criſpina hatte ihre Pflicht erfüllt und der Her=
rin ihre Beobachtung mitgetheilt, war aber von

*) Wörtlich: Sachen, welche gehen und kommen! (eitle
Dinge.)

der jungen Frau lachend eine Furchtsame geheis-
sen worden, die in ihrer Zaghaftigkeit Dinge
sehe, welche nicht existirten. Manuela war in der
That muthig, wie die meisten Creolinnen, und sie
glaubte hier an keine Gefahr, dennoch flüsterte sie,
während der Zug vorwärts ging, lächelnd ihrem
Gatten zu, was ihr die Zofe gemeldet hatte.

Die kleine Cavalcade bewegte sich in der früheren Ordnung. Die alten Herren ritten in geringer Entfernung hinter der Sänfte. Sie vernahmen nicht das Zwiegespräch des jungen Ehe-
paares.

Wagner's Züge wurden ernst, nachdem Manuela
ihm die Mittheilung gemacht hatte.

„Du nimmst die Sache zu leicht," versetzte er,
sich vom Pferde herab zum Fenster der Sänfte
beugend — „auch ich hege gegen diesen Pacho
Mißtrauen, sein Gesicht gefällt mir so wenig, wie
sein überfreundliches Wesen. Ich habe die Kerle,
welche vor der Schenke saßen, einen Moment in's
Auge gefaßt, bevor ich in das Haus trat, sie kamen auch mir einigermaßen verdächtig vor. Almonte hat hier herum, wie ich erfahre, einige
Anhänger, die immer mit Raubgesindel in Verbindung stehen. Sie lassen von diesem bisweilen
jene Ranchos und kleinen Haciendas überfallen,
deren Besitzer als echte Republikaner bekannt sind.
Warum sollten solche Wegelagerer nicht auf eigene

Fauſt arbeiten? Der Wirth, der uns dieſen Pacho
empfohlen hat, kann zu der Partei der Schwar=
zen *) gehören, und wird ſicher geſtern herausbe=
kommen haben, daß weder Dein Vater noch Don
López mit den Landesverräthern gemeinſchaftliche
Sache machen. Hier zu Lande ſteht es ja längſt
ſo, wie Don López ſagte, daß der Bruder dem
Bruder nicht mehr trauen darf!"

„Aber wenn Euer Verdacht gerechtfertigt wäre,
was dann beginnen?" murmelte Manuela ernſt,
doch ohne Aengſtlichkeit ihrem Gatten zu — „Schi=
cken wir den Pacho zurück?"

„Warum nicht gar!" entgegnete Wagner —
„Das würde die Sache höchſtens verſchlimmern.
Der Burſche iſt uns von dem Augenblicke an
nicht gefährlich, wo wir uns von ſeiner Seite einer
Argliſt verſehen. Aber er darf nicht ahnen, daß
wir einen Verdacht hegen."

„Dann darfſt Du ebenſowenig dem Vater ein
Wort davon ſagen," bemerkte Manuela. — „denn
der würde durch ſeine Unruhe Alles verrathen!"

„Ich werde mich mit Don López allein be=
ſprechen!" antwortete Wagner — „Du ſagſt, ſein
Mozo ſei zuverläſſig?"

„Criſpina verſichert es!"

Wagner brach das Geſpräch ab, ſetzte ſich im

---

*) Geiſtliche, Reactionäre.

Sattel zurecht und blickte anscheinend arglos hinter sich. Er sah, daß Pacho und Crispiña den kleinen Zug beschlossen, und daß der Bursche in ein lebhaftes Gespräch mit der zierlichen und schlauen China verwickelt sei.

Die Reisenden hatten Santa Fe verlassen. Sie befanden sich jetzt in allmälig aufsteigender, bald steppenartiger mit Buschwerk und Mimosen bewachsener, bald mit reicher Vegetation bedeckter Gegend. Hier war noch kein Ueberfall zu befürchten, wenn überhaupt einer beabsichtigt ward, sondern weit eher in den Wäldern, die noch in ziemlicher Entfernung lagen und nach denen der kleine Zug sich hinbewegte. Wagner säumte indessen nicht, die erste Gelegenheit, welche sich zur heimlichen Mittheilung seines Argwohns an Don López darbot, zu benützen, auch José wußte sich unter irgend einem Vorwande seinem Herrn zu nähern, während die gewandte Crispina instinctartig das Rechte traf, und den eitlen Mozo durch ihre Koketterie beschäftigte. So verständigten Don López, Wagner und José sich mit einander, ohne daß Pacho und der behäbige Don Pérez eine Ahnung davon hatten.

Die Landstraße schlängelte sich jetzt mehr als zuvor bergan, an einigen ihrer Krümmungen lagen kleine Gehölze mit verworrenem Gestrüpp. Noch bevor sie das erste derselben erreichten, war José dicht an der Seite des verdächtigen Mozo's.

Pacho plauderte lustig wie vorher. Aber bei dem dritten Gehölze, in das die Fahrstraße jetzt einlenkte, und das sich zur Rechten und Linken wohl eine Viertel-Legua weit hinzog, ward der Bursche plötzlich still. Entweder war er sorglos, oder er gab sich den Anschein es zu sein, denn seine Miene blieb unbefangen. Aber dem ehrlichen José entging nicht eine gewisse Unruhe Pacho's, die sich fast nur im Blick desselben offenbarte.

Und jetzt schielte der Bursche bald hier, bald dorthin nach dem Gestrüpp. José verfolgte seine Blicke; er gewahrte nichts.

„Was schaut Ihr denn immer so angelegentlich zur Seite, als gäb' es da etwas Besonderes?" fragte er gelassen.

„Nun," versetzte Pacho ruhig lächelnd — „ich überlege mir gerade, daß dieses Gehölz hier prächtige Lagerstätten für uns liefern könnte, die wir verdammt sind, in brennender Sonnenhitze daran vorüber zu reiten."

„So, so!" murmelte José. — „Wie mir scheint, regt Euch dieser Gedanke eigenthümlich auf, Freund Pacho!"

„Weßhalb meint Ihr das, Freund José?"

„Ihr schneidet ein so unruhiges Gesicht!"

„Ihr irrt, Freund José!" verſetzte Pacho lä=
chelud — „Ich habe da nur bisweilen ſo ein ner=
vöſes Muskelzucken, das iſt ein altes Uebel!"

„So, ſo!"

Die Unterhaltung ſtockte.

Etwa zehn Minuten weiter vorwärts verſchwand
der Fahrweg in einer Krümmung.

Pacho ſtarrte jetzt zu dem dort entgegenſtehen=
den Dickicht faſt eine halbe Minute lang unaus=
geſetzt hinüber. Dann änderte er raſch die Rich=
tung ſeines Blickes und begann mit gleichgültiger
Miene laut einen bekannten Bolero zu pfeifen.

Das ſcharfe Auge des ehrlichen José war
heimlich der erſten Richtung von Pacho's Falken=
blick gefolgt.

Was war das? Hatte dort nicht im Geſtrüpp,
gerade wo der Weg in zehn Minuten Entfernung
die Krümmung beſchrieb, ſecundenlang der Lauf
eines Revolvers geblitzt?

Der durch jahrelangen Guerillakrieg geübte
Blick des ehemaligen Soldaten bohrte ſich gewiſ=
ſermaßen in das ferne Dickicht hinein.

Jetzt war es ihm, als ſähe er dort hinter den
Baumſtämmen Geſtalten ſchleichen.

„Es iſt klar," ſagte er ſich — „man bereitet
uns da an der Ecke einen Hinterhalt!"

Und er begann noch lauter zu huſten als Pacho
pfiff.

Auf dieses Husten wendete Don López das
Antlitz flüchtig zu seinem Diener herum.

Hatte José ein verabredetes Signal gegeben?

Es mußte so sein, denn Wagner und der alte
Herr sprengten jetzt plötzlich vor die Sänfte.

José aber, der, ohne seine Haltung oder seinen
Gesichtsausdruck zu verändern, heimlich in dem
Halfter, welches rechts am Halse des Pferdes hing,
seine Pistole gerichtet hatte, wendete sich jetzt zu
Pacho.

„Das Pfeifen verschafft Euch wohl Linderung,
wenn Ihr Euer nervöses Muskelzucken habt, Freund
Pacho?" fragte er kaltblütig.

Dieser unterbrach die Melodie und schaute den
Frager listig und durchdringend an.

„Ihr habt es errathen!" sagte er dann mit
einem Anflug von Hohn. „Mein Pfeifen wird
aber doch wohl nicht gar Euren Husten verursacht
haben, Freund José?"

„Wie meint Ihr das, Freund Pacho?"

„Nun," versetzte der Mozo in gleichem Ton
— „ich habe einen Menschen gekannt, der niesen
mußte, wenn er einen Geigenstrich hörte, und einen
andern, der —"

Pacho brachte seinen Satz nicht zu Ende.

„Was ist das?" unterbrach er sich plötzlich, in=
dem er leicht die Farbe wechselte und hinter sich
horchte.

Auch José horchte auf und die beiden Reiter
vor dem Zuge, die nun ihre Rosse anhielten.

Man vernahm deutlich ein heftiges Pferdegetrappel.

Aber das Stampfen ertönte nicht von jener
Krümmung des Weges her, bis zu welcher der
Zug noch nicht gelangt war, sondern von dem Theil
der Fahrstraße, den die Reisenden zurückgelegt
hatten, und den diese ebenfalls nicht übersehen
konnten, da in einiger Entfernung hinter dem Zuge
der Weg eine Schlangenwindung machte.

Die Zahl der Reiter, welche sich so im Rücken
der kleinen Gesellschaft näherten, mußte ziemlich
groß sein, das gab der herüberschallende Hufschlag
deutlich zu erkennen.

Hatte sich José nur getäuscht, als er da vorn
im Gesträpp den Lauf eines Revolvers und Gestalten zu erblicken glaubte? Sollte ein Angriff
von der anderen Seite kommen? Oder hatte eine
ganze Schaar Wegelagerer ihnen den Weg vorn
und rückwärts verlegt? Aber weßhalb war der
Pacho so plötzlich blaß geworden, wenn diejenigen
seine Kameraden waren, welche sich von hinten
näherten?

Der muthige José riß die Flinte von der
Schulter herunter, spannte blitzeschnell den
Hahn derselben und warf sein Pferd herum. Zu
gleicher Zeit nahm er aber eine solche Hal-

tung an, daß er gegen Pacho kampfbereit sein
konnte.

Dieser aber machte keine Miene zu den Waffen
zu greifen.

Vorn hatten indessen, wie gesagt, Wagner und
Don López ihre Pferde zum Stillstand gebracht,
und, sowohl das Dickicht wie den Weg hinter
ihnen im Auge behaltend, ebenfalls ihre Flinten
ergriffen.

Der Hufschlag ward lauter, Waffengeklirre
ließ sich dazwischen hören.

Crispina stieß einen Schrei aus und galoppirte
mit ihrem Maulthier von der Seite Pacho's weg
zur Sänfte, hinter der Don Pérez bleich und bestürzt hielt, und unfähig, eines der Mordwerkzeuge zu ergreifen, mit denen er sich doch so reichlich versehen hatte.

Plötzlich braustn die ersten der Reiter, welche
man bisher nur gehört hatte, um die Ecke der
Straße — es waren mexicanische Lanciers, jene
Milizgattung, welche von vornehmen Reisenden
und Kaufleuten, die durch Atajos werthvolle
Waaren von einem Orte zum anderen führen
laffen, dazu benutzt wird, als Escorte durch die
berüchtigsten Gegenden zwischen Mexico und Vera-
Cruz zu dienen.

José athmete auf, Pacho ward bleicher als
zuvor, der dicke Don Pérez stieß unmittelbar hinter

einander einen Schrei der Freude und des Schreckens
aus, denn sein Herz füllte sich mit Jubel über
den Anblick der Miliz, aber sein kernfestes Maulthier verursachte ihm zugleich ein Grausen, denn
es bäumte sich und schlug dann hintenaus, als
es das helle Wiehern der herangaloppirenden Pferde
vernahm. Der arme Caballero, keineswegs ein so
kühner Reiter, wie seine Landsleute es zu sein
pflegen, umklammerte den Hals seines Langohrs,
während er ein „Benedito y alabado sea Dios!"*)
stammelte.

Im jetzt nur noch etwa acht Minuten von dem
haltenden Zuge entfernten Dickicht schien sich nichts
zu rühren.

Der muthige José hatte aber kaum bemerkt,
daß es sich rückwärts nicht um Wegelagerer handle,
als er, die Ankunft der Miliz nicht erwartend,
blitzgeschwind von Neuem sein Roß herumwarf,
ihm die riesigen Sporen in die Flanken setzte,
und, die Flinte in der Rechten, geradenwegs
jenem Dickicht entgegensprengte, das vorhin
Pacho's Blick in so verdächtiger Weise angezogen
hatte.

Der ehemalige Guerillasoldat, an den Saum
des Gestrüppes gelangt, bedachte sich nicht lange.
Rasch ließ er den sich bäumenden Gaul die natür-

---

*) Gesegnet und gepriesen sei Gott! –
Schirmer, Aus aller Herren Ländern II.

liche Hecke durchbrechen, daß die Dornen Roß und
Reiter ritzten.

Und er kam noch zeitig genug, etwa ein Dutzend
bewaffneter Männer, zwischen den Stämmen der
riesigen Bäume hindurchspringend, entweichen zu
sehen. Noch bevor der ehrliche Mozo seine Flinte
anlegen konnte, fielen Schüsse, sausten Kugeln um
ihn her. Doch keine dieser Kugeln, welche die
Fliehenden entsendeten, traf den Wackeren. Er
aber schoß und sah einen der Männer stürzen.

Im nächsten Augenblicke hatte José acht bis
zehn Milizsoldaten neben sich, die zu seinem Beistand herangaloppirt waren.

„Dort hinaus sind die Meisten!" schrie der
brave Mozo — „Carajo, Ihr bekämet sie Alle,
Freunde, könnte man ihnen zu Pferde nach! Thut
Euer Möglichstes, mein Herr wird Euch reich be-
lohnen! Ich habe jetzt eine andere Aufgabe!"

Wie ein Blitz war der Gedanke an Pacho dem
ehrlichen José durch den Sinn gefahren.

Er drehte sein Pferd und setzte ihm wieder die
Sporen ein. Mit wenig Sätzen war das Roß
auf der Fahrstraße. José sah noch, wie ein halbes Dutzend Reiter absaß, die Banditen zu verfolgen. Er selber aber sprengte auf den Zug los,
den etwa zehn andere Milizsoldaten umgaben.

Sein Blick suchte in dem Menschengewirre vergeblich den verdächtigen Mozo.

Und jetzt sah er, inmitten der Reiter, das ledige Pferd des Burschen.

„Wo ist der Pacho?" schrie er seinem Herrn und Wagner zu, welche, die Pistolen in der Hand, an der Sänfte geblieben waren.

Der Mozo war fort. Niemand hatte ihn entweichen sehen. Er hätte, ohne eingeholt zu werden, nicht zu Pferde entfliehen können, so hatte er dieses denn im Stich gelassen und sich in den Wald geflüchtet.

„Ich sagte es ja, daß er ein Verräther sei!" brummte José und jagte ohne ein Wort weiter zu dem Dickicht zurück.

Er drang von Neuem durch das Gestrüpp. Dort standen, zwischen dem Unterholze und dem eigentlichen Gehölze auf einer kleinen felsigen Fläche, hier und dort grasend, die solchen Dienst gewohnten Pferde der Milizsoldaten, und diese kehrten aus dem Wäldchen zurück. Sie kamen unverrichteter Sache.

Aber vier von ihnen schleppten den Kerl, welchen José niedergeschossen hätte.

Der Wegelagerer rang mit dem Tode.

Die Reiter legten ihn an dem Gestrüpp auf den Rasen.

José ritt an den Sterbenden heran und schaute auf die Züge desselben.

„Carajo!" rief der ehrliche Mozo plötzlich —

5*

„den Burschen dort habe ich an der Thür des
Meson in Vera-Cruz gesehen!"

Einer der Milizsoldaten neigte sich über den
mit dem Tode Ringenden.

„Zu welcher Bande gehörst Du?" fragte er.

„Ich bin kein Räuber!" stöhnte der Verschei=
dende — „Ich gehöre — zu den Truppen — des
Generals Marquez —"

„Des Landesverräthers," rief ein anderer Sol=
dat — „des Pfaffenfreundes, der unseren Präsi=
denten Juarez und mit ihm die Republik stürzen
möchte! Und was wolltet Ihr hier anders, als
rauben und plündern?!"

„Nein — nein!" ächzte der am Boden Lie=
gende.

„Was wolltet Ihr denn sonst? Wer hat Euch
hierher geführt?" rief José vom Pferde herab.

„Der Officier — unserer Abtheilung — Don
Rodriguez Bustamente —"

Ein Röcheln unterbrach die gewaltsam hervor=
gestoßenen Worte. Der Mann verschied.

Das lederfarbene, hagere Antlitz des treuen
José aber ward wachsgelb.

„Jesus Maria!" murmelte er erschüttert den
umstehenden Milizsoldaten zu — „Nennt um
Gottes willen nicht den Namen Rodriguez Busta=
mente, Freunde, wenn Ihr zu unserem Zuge zu=
rückkehrt. Mein Herr — keinen ehrlicheren Re=

publikaner hat Mexico aufzuweisen — ist der
Vater jenes Abtrünnigen, der diesen Namen
trägt!"

III.

Bald setzte sich der kleine Zug wieder geordnet
in Bewegung, er ward aber jetzt bedeutend durch
die Miliz vergrößert, die sich den Reisenden anschloß. Die Lanciers-Truppe bestand aus zwei-
undzwanzig Mann und einem Unterofficier, sie
war einige Stunden später als der Atajo von
Vera-Cruz aufgebrochen, wohin sie einen Silber-
transport escortirt hatte. Sie kehrte nun nach
Orizaba zurück, von wo aus sie detachirt worden war.

Don Pérez hatte sich, nachdem er sich einigermaßen von seinem panischen Schrecken erholt, fogleich mit dem Führer der Miliz in Verbindung
gesetzt und ihn bestimmt, mit seiner Schaar bis
Orizaba bei ihnen zu bleiben. Dem vorsichtigen
und ängstlichen alten Herrn war es gelungen, die
Einrede des ritterlichen Don López zu bekämpfen,

der darauf hingewiesen hatte, daß sie in Ovejas
ja den Atajo finden würden und sich diesem wie=
der anschließen könnten, und namentlich hatte die
sehr richtige Bemerkung des Vaters der schönen
Manuela, daß bei einem Kampfe mit Wegelage=
rern die Arrieros sich fast immer passiv verhielten,
also von einer Verstärkung ihrer Streitkräfte durch
die Leute des Atajo kaum die Rede sein könne,
den Ausschlag gegeben. So ging es denn mun=
ter vorwärts, nachdem Alles wieder in Reihe und
Glied war. Wagner ritt neben der Sänfte, hinter
derselben trabten die beiden alten Herren wie zu=
vor, an ihrer Seite der Führer der Truppe, Cris=
pinia war zu José zurückgekehrt, dieser hatte das
Roß Pacho's als Handpferd neben sich, den Zug
eröffneten und beschlossen die Milizen.

Die reizende Creolin hatte während des Aben=
teuers mehr Muth bewiesen als ihr corpulenter
Vater. Sie war keinen Augenblick ohnmächtig
geworden, was in solcher Situation wohl mancher
deutschen Dame geschehen sein möchte, ja sie hatte
sogar die Sänfte verlassen wollen, als José davon=
sprengte; es war augenscheinlich, daß sie, sobald
sie der Miliz ansichtig geworden, die ganze Affaire
fast wie eine Räubervorstellung in einem Kunst=
reitercircus ansah. Jetzt plauderte sie und lachte,
und als die Sänfte an jenem Dickicht vorüber
kam, hinter dem der Erschossene lag, den zu ver=

scharren man sich in echt amerikanischer Weise nicht
die Zeit genommen hatte, da schaute sie neugierig
in das Gestrüpp hinein, fast als bedauere sie, daß
die Sache ohne weitere gefährliche Romantik vor-
übergegangen sei.

Passo de Ovejas ward erreicht, und da die
Arrieros des dorthin vorangegangenen Atajo in
den Ställen und Schuppen der Tienda schliefen,
so fanden die Reisenden, während die Milizen im
Freien bivouakirten, in der letzteren ein Unterkommen, wenn auch freilich kein behagliches, denn
wo fände sich ein solches in einer der unsauberen,
aller Bequemlichkeit entblößten Schenken, die am
Wege von Vera-Cruz bis Mexico liegen? Und
wo würde dort auch nur ein Stündchen Nacht-
ruhe dem Reisenden zu Theil, der nicht darauf
bedacht gewesen wäre, sich eine Hängematte und
das fast unentbehrliche Mosquito-Netz mitzubringen?

Vor Tagesanbruch ward Ovejas verlassen, aber
die Milizen schwenkten jetzt mit dem kleinen Zuge
von der Hauptstraße ab, und es ging hinfort auf
näheren Seitenwegen weiter, über Steppen mit
schwarzem Basaltgestein, durch Urwälder hin, die
ersten Stätten jener tropischen Pracht, welche Ein-
gangs dieser Erzählung beschrieben ward, und an
wild zerklüfteten, in ihrer Tiefe eine Feenwelt ber-
genden Barrancas vorüber.

Auf colossale Eichenforste mit der reichsten

Waldblumenvegetation folgten herrliche Zuckerrohr-
felder verschiedener haciendas, wie Mirador und
Zacuapan, dann, höher hinauf, wilder Urwald, das
indianische Dorf Totutla, und hie und dort vereinzelte ranchos, schon 4000 Fuß über dem Meere.
Und nun ging es über Huatusco zur riesigen
barranca von San Juan, dort hinab und wieder
auf schwindelndem Bergstege hinauf zum Berg-
terrain und weiter bis zum Dorfe Tomatlan, wo
links ein Weg nach Cordova und rechts ein anderer nach Orizaba sich hinzieht. Der letztere
ward eingeschlagen.

Man hatte von Ovejas aus immer nur die
üblichen Tagereisen gemacht, und bald in einer
größeren, bald einer elenden Ortschaft, oder auf
einer hacienda übernachtet, wie es sich eben fügte.
Jetzt ging der Weg von Tomatlan zur barranca
gleichen Namens, dann über kleine Hochebenen
mit herrlichen Gebirgen ringsumher, durchschnitten
von der barranca von Metlaque, durch die ein
Gebirgsstrom braust. Der Strom ward von den
Reitern durchschwommen, während der furchtsame
Don Pérez, Manuela und ihre Dienerin, das Gepäck sowie die Sänfte auf jenen Flößen — bal-
sas — hinübergeschafft wurden, welche die Indianer überall in den frequenten Pässen der barrancas bereit halten, da man von Brücken dort
nur jene kennt, welche aus Tauen bestehen, die

über den Bergstrom ausgespannt sind, und ma-
romas genannt werden. Als nun die jenseitige
Höhe der barranca erreicht war, gelangte man
auf die Ebene, in der Orizaba liegt, und hielt
seinen Einzug in die genannte Stadt, die fünf
Vierteljahre später der decimirten französischen Oc-
cupationsarmee nach der vor Puebla verlornen
Schlacht als einziger Zufluchtsort dienen sollte.

Die Escorte der Reisenden ward am Thore
reichlich belohnt und freundlich entlassen.

Don Pérez athmete erst auf, als er auf seinem
stattlichen Maulthiere vor dem namhaftesten meson
Orizaba's hielt. Trotz der zahlreichen Miliz, die
ihn umgeben, hatte er sich immer nicht recht für
sicher gehalten. Bald war es ihm gewesen, als
sei hinter dieser Felszacke hervor ein wildes Gesicht
secundenlang erschienen, als habe in jenem Gebüsch
ein Flintenlauf geblitzt, oder sei in jene Schlucht
eine verdächtige Gestalt geschlüpft. In der That
schien dabei nicht ganz allein die Furcht des alten
Herrn im Spiel gewesen zu sein, denn auch der
nüchterne José erklärte, nicht nur an einer der
entfernten Felsspalten der barranca von San Juan,
sondern auch sogar noch am Gebüsche auf der Höhe
der barranca von Metlaque eine Gruppe bewaffneter Menschen erblickt zu haben, die nach dem
Zuge hingedeutet hätten und gleich darauf verschwunden seien.

Folgte eine kleine Bande der Söldlinge des
Landesverräthers Marquez den Spuren der Rei=
senden? Wußte Rodriguez Bustamente, nach der
hervorgeröchelten Aussage des Niedergeschossenen
der Officier jener Wegelagerer, daß sein Vater
und Manuela bei dem Zuge seien? Das Gespräch
jener beiden leperos am Eingangsthore des meson
in Vera=Cruz läßt dieses voraussetzen. Aber was
wollte er, wenn dem so war? Sich an Manuela
rächen, sie tödten und ihren Gatten mit ihr?

Don Pérez fühlte sich, wie gesagt, an der
Pforte des meson behaglich; war er, trotz seines
langen, schwarzen Schnurrbarts und in Folge
dessen seiner etwas martialischen Miene, in den
barrancas gerade kein Held gewesen, so ward er
es jetzt, als er, vom Maulthiere abgestiegen, durch
den ihm kratzfüßelnd an der Schwelle entgegen=
tretenden Wirth erfuhr, daß man in der Lage sei,
mit einer Olla aufwarten zu können.

Olla, dieses nationalste aller mexicanischen Ge=
richte! Wen sollte nicht in deutschen Landen ein
gastronomisches Schauern vor dieser Speise über=
laufen, sobald er erfahren, daß sie aus einem Ge=
misch von Hammel=, Rind=, Schweinefleisch, Kohl,
Birnen, Zwiebeln, Würstchen, Bananen, Schinken,
Sellerie, Huhn, Rüben, Petersilie, Coriander und
grünen Bohnen besteht?! Und doch ist diese Olla
ein herrliches Essen, wie die ihr an seltsamer Com=

poſition verwandten köſtlichen Dinge, welche man
in Hamburg Schwarzſauer und Aalſuppe nennt.
Einen Mexicaner von reinſtem Waſſer begeiſtern
ſtets dieſe letzteren beiden in der alt=jungen Hanſe=
ſtadt am Strand der Elbe.

Unſer Don Pérez nahm denn auch im Vorge=
fühle der Befriedigung Platz, als ſich endlich die
kleine Reiſegeſellſchaft an der Tafel verſammelte —
war doch unter ſeiner Aegide die Zuſammenſetzung
und Zubereitung der theueren Speiſe vollzogen
worden! Er zeigte jetzt zum Erſtenmale, was man
auf Spaniſch „un aire cariñoso" nennt, eine lieb=
liche Miene.

Aber dieſe ſollte bald verſchwinden, denn nach
der Tafel faßte man bei der Cigarretta den Ent=
ſchluß, ſobald wie möglich von Orizaba aufzu=
brechen, um ohne Zeitverluſt das Plateau von
Anahuac zu erreichen.

„Bis dorthin werden uns die hündiſchen Streif=
patrouillen des Marquez nicht zu folgen wagen,"
brummte Don López — „denn General Zaragoza
hat Regierungstruppen in Puebla, Amozoque und
San Auguſtin del Palmar gelegt, er beherrſcht
ſomit die Hochebenen."

„Entſetzliches Reiſen in dieſem Lande!" ſtam=
melte Don Pérez, ſeine Cigarretta zerbeißend —
„Das iſt doch anders in Europa!"

„Nicht doch, Freund," verſetzte Don López —

„das Faustrecht, dessen sich hier die America
prieta*) bedient, üben dort die Regierungen. Das
kommt so ziemlich auf Eins heraus!"

Man lachte; der Vater der muntern Manuela,
die so graziös am goldenen Zängelchen ihre Cigarretta hielt, wie nur irgend eine der Modebeherr-
scherinnen Mexico's, gab sich aber nicht eher zufrieden, als bis eine kleine Escorte bestellt ward,
die Reisenden bis zum nächsten Milizenquartier
zu begleiten.

Und unter dem Schutze dieser zehn Berittenen
brach man denn wirklich am nächsten Morgen
von Orizaba auf. Manuela hatte das Pferd ihres
Gatten bestiegen, dieser ritt den Gaul des ent-
flohenen treulosen mozo. Die Maulthiere mit der
Sänfte blieben im Zuge.

Es war ein herrlicher Ritt auf der gut ge-
pflasterten Straße, die stellenweise über moorigen
Grund zum zweiten Hauptpasse der Cordilleren
führt, zu den Combres-Bergen, von denen aus
der Reisende auf das Plateau gelangt.

Man trabte unter natürlichen Alleen von
Schinus molle und an Gruppen von Juniperus
mexicana hin, zwischen denen prachtvolle Solanen
und Ipomeen blühten. Die Atmosphäre war

---

*) America prieta werden die Guerillaschaaren der Mesti-
zen oder Creolen und Spanier genannt, eigentlich spottweise.

herrlich und rein, und hatte, wie auf der Hoch=
ebene von Puebla, die Wärme derjenigen südeuro=
päischer Länder. Das Thal lag reizend zur Rech=
ten und Linken des sich leise bergan schlängelnden
Weges, an den zunächst der Berge gelegenen Wäl=
dern blinkte hier und dort eine anmuthige hacienda
oder ein freundliches Dörfchen mit glitzerndem
Kirchthurm.

Fröhlich plaudernd erreichte man das Dorf
Aculzingo am Fuß der Combres, welche die Ver=
bindung der hohen Sierra del Orizaba und der
sich in Oaxaca aufthürmenden Bergkette bilden.
In Aculzingo ward Nachtlager gehalten, und
dann ging es weiter auf der jetzt im Zickzack ohne
Beschwerde bis zur höchsten, 6500 Fuß sich über
dem Meere erhebenden Kante der Combres füh=
renden Straße, wo sich die Grenzscheide der Staa=
ten Vera=Cruz und Puebla befindet. Jenseits des
Gebirges trabte man bergab zum Thale Puente
colorado, so genannt durch die daselbst über den
Fluß gebaute steinerne Brücke.

Don Pérez, den behäbigen Schritt liebend,
hielt sich dennoch dicht zu der berittenen Miliz,
denn hier führte der Weg wiederum durch eine
berüchtigte Gegend.

Der ängstliche, dicke caballero, der so feinem
Körper eine keineswegs willkommene Erschütterung
bereiten mußte, sah bereits wieder allerlei Gestal=

ten hinter den Gebüschen im Thale, dennoch kam
man wohlbehalten durch dieses hindurch und er=
reichte endlich, nachdem man die flachen, mit nie=
derem Gestrüpp bewachsenen Thäler der Cañada
de Iſtapan hinter ſich hatte, den kleinen Ort Iſta=
pan, der bereits in der Hochebene von Puebla ge=
legen iſt.

Hier mußte wiederum, wie in Aculzingo, die
Tagereiſe abgebrochen werden, obwohl die elende
tienda und die ſchlechten Häuſer Iſtapan's nichts
Einladendes hatten. Aber das inmitten unab=
ſehbarer Ebenen liegende San Auguſtin del Pal=
mar war noch zu fern.

Noch war indeſſen der Abend nicht da, was
alſo bis zur Nacht in dieſem traurigen Neſte be=
ginnen?

Don López rieth, man ſolle doch lieber gleich
aufbrechen und die Nacht, die hier endlos ſein
werde, zu Hülfe nehmen, um San Auguſtin zu
erreichen.

Wagner ſtimmte dem bei.

„Manuelita wird in der Sänfte ſchlafen,"
— ſagte er — „und wir ſind durchaus nicht er=
müdet!"

„Und je weiter wir in die Hochebene hineinge=
langen, deſto beſſer für uns!" murmelte Joſé im
Hintergrunde des Schenkzimmers, in dem die Be=
rathung ſtattfand.

Manuela war mit Allem einverstanden.

„Nur dieser tödtlichen Langeweile entfliehen!" rief sie. — „Also weiter, Señores!"

Don Pérez aber begann sich nun gegen den Vorschlag seines alten Freundes gewaltig zu sträuben.

„Wie," stotterte er voll Entsetzen — „während der Nachtzeit eine Gegend durchreisen, die schon am Tage nicht ohne Gefahr zu passiren ist?"

„Valgame Dios!"*) rief Don López lachend. — Haben wir nicht eine stattliche Leibwache?"

„Ganz recht," versetzte Don Pérez „aber die guardia wird wohl die Räuber davonjagen, doch nicht die Kugeln derselben aufhalten können, die sie uns unzweifelhaft senden, sobald sie uns überfallen. Ich habe keine Lust, wie ein durchlöchertes Sieb in unserem guten Mejico zu erscheinen. Ich bestehe darauf, daß wir bleiben!"

„So wird uns hier die Langeweile sämmtlich umbringen!" rief Manuela, indem sie mit komisch verzweiflungsvoller Miene zu einer Cigarretta griff.

In diesem Augenblicke trat der Wirth, ein kleiner verwachsener Mensch mit falschem Blick, in das Zimmer der tienda, zu melden, daß die bestellte merienda, das Vespermahl, bereit sei, da es fünf Uhr geschlagen habe.

---

*) Potz tausend!

Der Mann hatte die Worte Manuela's ver=
nommen.

„Wenn die ilustrissima Señora einer Unter=
haltung bedarf," begann er mit kriechender Höf=
lichkeit — „so ist diese leicht gefunden. Es han=
delt sich dabei nur um einen Ritt in's Gebirge."

„Was gibt es denn dort?" fragte die junge
Frau nachlässig.

„Im rancho islote"*) war die Antwort —
„der links von Istapan an den Schluchten und
auf dem Wege nach dem Gebirgsdorfe Tlacotepec
liegt, feiert ein junger ranchero seine Hochzeit. Er
stammt eigentlich von Istapan, darum sind auch
Viele von hier zu dem Feste hinüber. Dort geht
es jedenfalls lustig her, und Eure Herrlichkei=
ten werden den braven Leuten willkommene Gäste
sein!"

Manuela's Antlitz belebte sich freudig. Die
heißblütige, leicht erregbare Creolin klatschte in
die Händchen.

„Das ist herrlich!" rief sie. — „Eine Bauern=
hochzeit nach der Sitte des Landes — mich ver=
langt wahrlich darnach, wieder etwas von unserem
nationalen Treiben zu sehen! Nicht wahr, Carlos,
auch Dich wird das interessiren?"

„Gewiß, Manuelita!" versetzte der junge

---

*) islote, kleine Insel.

Deutſche lächelnd. — „Brechen wir nach der merienda zu dem rancho auf!"

„Werden Don López und der Vater von der
Partie ſein?" liſpelte Manuela.

„Freilich!" antwortete der Erſtere.

Don Pérez fuhr auf.

„Ihr wollt wieder in's Gebirge?" ſagte er
haſtig. — „Dem Schelmengeſindel in den Rachen
laufen?"

„Hier in der Gegend und auf dem rancho
leben nur ehrliche Leute, Señor!" bemerkte der
Wirth, ſcheinheilig die Augen verdrehend.

„Wir reiten dorthin, das iſt abgemacht!"
ſagte Manuela mit Beſtimmtheit. — „Unſere zehn
Mann Guardia begleiten uns, — die Leute wer=
den froh ſein, einem Hochzeitsfeſte beiwohnen zu
dürfen — und wir bilden ſo eine achtunggebie=
tende Macht! Der Vater mag nur hier in der
tienda warten, wo wir ohnehin doch die Maultefel
mit der Sänfte und dem Gepäck zurücklaſſen
müſſen. Alſo hurtig, Herr Wirth!"

Dieſer zog ſich zurück, die merienda aufzu=
tiſchen. Bevor er aber zu ſeiner Küche ſchritt,
trat er vor das Haus, neben deſſen Schuppen die
Milizſoldaten bivouakirten.

Der Wirth pfiff leiſe.

Ein ſchlecht gekleideter Burſche, ein Zambo,
wie die Mischlinge von Indianern und Negern

heißen, der, feit die Fremden die tienda betra=
ten, dort herumgelungert hatte, trat rafch an ihn
heran.

„Sie reiten zum rancho islote," flüfterte der
Wirth, „ich habe fie dazu überredet, fage das
Deinem Herrn, der Dich gefchickt hat. Aber fie
nehmen die Miliz mit!" fuhr er mit einem Sei=
tenblinzeln auf die Soldaten hinzu. — „Zehn
Burfche find's, fag' das auch Deinem Herrn."

„Don Rodriguez weiß das!" murmelte der
Zambo. — „Wir find ihnen ja von Drizaba aus
gefolgt, wie ich Euch zuvor mitgetheilt habe."

„Gut. In einer Stunde etwa werden fie
reiten!" brummte der Wirth, und trat in das
Haus zurück.

Der Burfche jedoch ftahl fich an den Soldaten
vorüber, von denen diefe plauderten, jene aßen,
und die Andern fich mit ihren Pferden befchäftig=
ten, Keiner aber den Wirth fowohl wie den Zambo
beachtet hatte.

Im Zimmer der tienda war indeffen von Don
Pérez mit ziemlich kläglichem Gefichte die Er=
klärung abgegeben worden, daß er leider wohl
von der Partie fein müffe, da er dem Wirthe
nicht recht traue, und keineswegs dort bleiben
möge, wo die Guardia fich nicht befinde.

Es war beftimmt worden, daß der ehrliche
Jofé und Crifpina bei den Arrieros und dem Ge=

päck bleiben sollten, der mozo aber hatte so dringend gebeten, die Herrschaft zum rancho begleitet zu dürfen, daß ihm sein Wunsch bewilligt worden war.

Nachdem die merienda abgethan, schwang man sich in den Sattel.

Vom kleinen Kirchthurme des Ortes erscholl die oracion, das Abendläuten, denn es war sechs Uhr; die Zeit des Ave-Maria-Betens.

Die guten katholischen Christen schlugen auf den Pferden das Kreuz, bevor sie zu den Zügeln griffen.

José murmelte sein „nuestro amo!" in düsterem Brüten.

Ein seltsames Vorgefühl sagte ihm, daß der Ritt keinen guten Ausgang nehmen werde. Dennoch wagte er nicht, seiner Herrschaft Vorstellungen zu machen.

Man verließ Iftapan.

Die zehn Mann Escorte folgten der kleinen Gesellschaft auf dem Fuße.

Es ging durch die dürre, sandige Ebene, welche in dieser Jahreszeit, wie früher schon erwähnt, nicht die leiseste Spur eines Anbaues zeigt.

Mit einbrechender Nacht erreichte man den Theil des Gebirges, in welchem der rancho liegt.

Dieser befindet sich im Auslaufe eines Waldes,

6 *

der sich in Schluchten hinein und an der abschüs=
sigen Gebirgskette entlang zieht.

Jetzt ritt man durch Wald und Gestrüpp und
vernahm nichts als den Gesang der tanagras,
der Nachtigall Mexico's, und das Knacken und
Rascheln des Gesträuches, das der Zug durch=
brach.

Dann aber drangen die munteren Klänge
mehrerer jaranas*), Jubelrufen und Gesang an das
Ohr der Reitenden, und gleich darauf sahen sie
durch das Waldesdüster Raketen**) aufblitzen und
am Abendhimmel zerplatzen.

„Dort ist der rancho, ich sehe die Lichter und
Fackeln!" rief Don López, der dem Zuge voran
an der Seite des Führers ritt, den man von
Istapan mitgenommen hatte.

Durch ein Dickicht noch ging es, dann sprengte
die kleine Schaar auf eine Waldwiese hinaus.

Ein wundersamer Anblick bot sich den Augen
der Reisenden dar.

Der rancho, aus einem halben Dutzend ziem=
lich ansehnlicher Hütten bestehend, lag am nörd=
lichen Ende der Waldwiese.

Zur Rechten und Linken der Hütten liefen die

---

*) Eine Art Guitarre.
**) Raketen werden bei allen Festen der Mexicaner abge=
brannt, selbst in den Gebirgsdörfern, auch dienen sie als Sig=
nale von Dorf zu Dorf bei wichtigen Ereignissen, Gefahren ꝛc.

beiden Arme eines Flüßchens dem abschüſſigen
Theile des Gebirges zu. Sie vereinigten ſich unter=
halb des rancho und bildeten ſo eine kleine Inſel,
weshalb der rancho den Beinamen islote erhal=
ten hatte.

Auf der ſo von dem ſeichten Gewäſſer umge=
benen Wieſenfläche vor den Hütten herrſchte jetzt
ein buntes, luſtiges Treiben, über das der bleiche
Glanz des Mondes und der rothe Schein hier
und dort aufgeſteckter Fackeln ein eigenthümlich
gemiſches Licht warf.

Der ganze Wieſengrund wimmelte dort von
fröhlichen Geſtalten. Hier lagen Gruppen von
Männern und Frauen neben Haufen von Eßwaa=
ren auf dem Raſen, dort ſprang eine Schaar jun=
ger Burſche und Mädchen wie toll nach den Klän=
gen der jaranas herum, die unermüdlich von den
Spielern geſchlagen wurden, zu deren Liedern die
ausgelaſſenen Tänzer und Tänzerinnen die estri=
billos*) mitjauchzten. Weiterhin waren petates
ausgebreitet, indianiſche Baſtdecken, auf denen die
Alten beiderlei Geſchlechtes dem Tanze zuſchauend
ſaßen, die Cigarretta in einer, das Trinkgefäß in
der andern Hand. Den Hütten zunächſt brannte
ein Reiſigfeuer lichterloh, Keſſel, mit dampfender
Flüſſigkeit gefüllt, hingen darüber an eiſernen

*) Schlußreim, Refrain.

Stangen, und Weiber knieten daneben, die irdene
Maisreibschale oder die Pfanne zum Backen,
molcachete und comale geheißen, in der Hand,
an schmackhaften Festkuchen das zu ersetzen, was
zwanzig Schritte von ihnen verspeist ward. Der
kochenden und brodelnden Gruppe gegenüber, von
den Reisigflammen grell beschienen, hockte, lag
und stand Jung und Alt, in mexicanischer Beweglichkeit mit der polaca beschäftigt, einer Art
Lotteriespiel, in dem es galt Messer, kleine Schmucksachen und allerlei sonstige Dinge zu gewinnen.
Gleich daneben aber sprangen Bursche hin und
her, um knatternde Raketen in die Luft sau-
sen zu lassen. Ueberall durch dieses Gewimmel
tummelten sich behende und schreiend halbnackte
Kinder, die auch zu den Pferden und Maulthieren hinsprangen, welche die Gäste hier und dort
außerhalb des fröhlichen Durcheinanders an Pflöcke
gebunden hatten.

Und rings in seiner nächtlichen Schwärze anscheinend undurchdringlicher Wald, hier und dort
nur schwach von Fackelschein und Mondenschim-
mer beleuchtet, und darüber hinwegragend an einzelnen Stellen zackiges Felsgestein, bald schroff,
bald gebüschbewachsen.

Das Ganze war ein eigenthümliches Bild wild-
romantischen Waldlebens.

Manuela jauchzte auf, sprengte jenem Arm des

feichten Flüßchens zu, der ihnen zunächst war, und ritt hindurch.

Die Anderen folgten.

Im Nu waren die Bewohner und Gäste des rancho in vollem Aufruhr; gehört doch ein Ueberfall in solchen Gegenden nicht zu den Seltenheiten, daher auch Viele zu den Festen einsam gelegener ranchos und haciendas mit Revolver und machete bewaffnet gehen.

Aber ein Blick, ein Wort genügte, jetzt die vorige Heiterkeit herzustellen. Die schöne Doña, ihre hidalgos und Trabanten wurden gastfrei und fröhlich aufgenommen.

Es waren Mestizen und Indianer, diese lustigen Leute.

Manuela, ihre Begleiter und die Milizen schwangen sich aus den Sätteln und mischten sich unter die Gruppen.

Nach der Sitte des Landes hatte sich die Gesellschaft mit allerlei kleinen Geschenken versehen, die sie jetzt dem Brautpaare, oder richtiger gesagt den vor wenigen Stunden Angetrauten überreichte.

Das Paar war jung und hübsch, sie eine muntere china, er ein kräftiger ranchero. Der übliche Hochzeitsschmuck stand ihnen wohl an, ihr der weiße Mousselinrock, der seidene Gürtel, das bunte Seidentuch um den Hals und der feine über

den Kopf gezogene rebozo*), ihm der braune Hut
mit Goldbörten, die blaue Jacke, die schwarze
Sammthose mit silbernen Knöpfen, die stattliche,
leicht über die Schulter geworfene manga**).

Die Lustigkeit der Menge ward immer toller.
Manuela gab sich dem originellen Treiben mit
creolischer Lebhaftigkeit hin, auch für ihren deutschen Gatten hatte dasselbe ein hohes Interesse.
Don López fühlte sich in die Zeit seiner Guerilla-

ren Leuten, Don Pérez hatte seine Furchtsamkeit
verloren, und saß behäbig auf einer petate, den
wilden Tänzern so gemächlich zuschauend, als
sitze er in Mexico im teatro nacional und schaue
von seiner eleganten Loge aus die Pirouettes und
Entrechats der Balletcoryphäen an. Seine Sorglosigkeit war das Resultat des Gedankens: „Hier
bin ich sicher, und wenn wir bei Tagesanbruch
den Rückmarsch antreten, wird unsere Escorte durch
die vielen braven Leute vermehrt sein, welche von
Iftapan hierher gekommen sind, wie wir!"

Der trockene José allein machte noch immer
ein nachdenkliches Gesicht, aber er sprach nichtsdestoweniger den guten Getränken zu, und hielt

---

*) paño de rebozo, Umschlagetuch der Mestizenweiber,
das Kopf und Schulter bedeckt.
**) manga, einfärbige Decke, gleich einem Mäntelchen ge-
tragen.

sich vorzugsweise dort auf, wo sie verabreicht wurden. Die Milizsoldaten dagegen sprangen munter zum Klange der jaranas mit den schmucken chinas und Indianermädchen herum, lachten, tranken und tollten wie die anderen jungen Bursche der Umgegend.

So waren einige Stunden vergangen.

Da lehnte sich Manuela an ihren Gatten.

Dieser blickte sie an und sah, daß ihre Züge abgespannt seien.

„Ist Dir unwohl, Manuelita?" fragte er besorgt.

„Nicht doch," antwortete die junge Frau lächelnd, „aber ich fühle, daß ich meinen Kräften zu viel zutraute. Ich bin erschöpft! Ein Stündchen Schlaf würde mich indessen stärken."

„Wirst Du bei diesem Lärmen hier schlafen können?"

„Ich glaube es kaum —"

„So setzen wir uns dort unten hinter den Pferden auf den Rasen, Du lehnst Dich an meine Brust und schlummerst."

„Wahrhaftig, das wäre eine unbequeme Situation für uns Beide, mein Freund!" rief die junge Frau auflachend, „da ziehe ich es doch vor, mich an die Mutter der hübschen Braut zu wenden, die wird wohl in ihrer Hütte eine Hängematte oder dergleichen haben!"

Und so war es denn auch. Die Ehrenmutter
des Festes, von dem Wunsche Manuela's unter=
richtet, führte die junge Frau und ihren Gatten
zu der größten Hütte, die hinter den andern hart
am Walde gelegen war. Eine Hängematte nahm
die ermüdete Manuela auf.

„Ich werde neben Dir wachen!" sagte Wag=
ner zärtlich.

„Dios de mi alma!*) Das wäre thöricht, mein
Freund!" antwortete Manuela lächelnd, indem sie
den vollen, schönen Arm unter das reizende Haupt
legte und mit halbgeschlossenen Augen zu dem
Gatten hinüberblinzelte. — „Du gehst mit der
braven Frau zu dem Feste zurück, das Dich in=
teressirt. Was kann mir hier geschehen? Du folgst
der Frau, Carlos, oder ich bleibe nicht hier, denn
ich will nicht, daß Du Deine Unterhaltung ver=
säumst!"

Wagner kanute das eigenwillige Naturell der
schönen Creolin. Ein Kuß, ein Lächeln und er
kehrte mit der Ehrenmutter zum Tummelplatze
des Festes zurück.

Dort gab er dem ehrlichen José einen Wink
und flüsterte dem Herantretenden einige Worte zu.

José nickte und schritt, das Gewehr über der

---

*) Wörtlich „Gott meiner Seele" — soviel wie „O mein
Gott!"

Schulter, den Hütten des rancho zu, und verschwand hinter denselben.

Das Fest nahm seinen Fortgang. Die Lust
ward lauter, der Tanz rasender. Die Burschen
begnügten sich nicht mehr damit, Raketen in die
Luft zu senden, sie luden ihre Flinten blind und
schossen lustig darauf los, daß das Echo von den
Felswänden wie Donnern widerhallte.

„Die arme Manuelita!" murmelte Wagner
lächelnd, indem er sich zum Don López wendete.
„Sie glaubt hier ein Stündchen schlafen zu
können!"

„Warum nicht?" versetzte der Angeredete lachend.
„Ein Creolenkind wird hier zu Lande zeitig an
Blitz und Knall gewöhnt!"

Es mochte wohl eine halbe Stunde vergangen sein, da tönte plötzlich ein gellender Aufschrei
durch das Geräusch der Lustbarkeit.

Der Schrei kam von den Hütten her.

Die Lustigen, welche sich dem rancho zunächst
befanden, starrten dorthin.

Sie sahen einen der Knaben des rancho, die
Hände erhoben, Angst und Entsetzen in den Zügen,
herbeistürzen.

„Mord! Mord!" schrie der Knabe athemlos.
Man umringte ihn.

„Wo? Was gibt's?" rief man ihm zu.

„Dort — dort — an Mutter Carmelita's Hütte!"

stammelte der Knabe, schreckhaft mit den Händen hinter sich deutend.

„Allmächtiger Gott, Manuelita!" schrie der sich hinzudrängende Wagner, und eilte, von Entsetzen erfaßt, den Hütten zu.

Don López folgte dem jungen Deutschen so rasch er es vermochte.

Alles sprang erregt durcheinander. Die Weiber, Mädchen und Kinder schrieen, die Männer griffen zu der ersten, besten Waffe, die Milizsoldaten eilten zu ihren zusammengestellten Carabinern.

Und nun fand ein allgemeines Stürmen nach dem rancho hin statt.

Wagner und ein Dutzend Mestizen und Indianer erreichten zuerst die im Hintergrunde gelegene Hütte der Ehrenmutter.

Der junge Deutsche schrie plötzlich auf, als sei er auf den Tod verwundet.

Neben der Schwelle der Thür, der sich auf fünfzig Schritte Entfernung ein Dickicht gegenüber befand, lag José entseelt.

Ueber sein hageres Antlitz rieselte das Blut nieder; er hatte eine Kugel durch die Stirn erhalten, der ehrliche mozo war auf seinem Posten gestorben.

Wagner stürzte in die Hütte, der Hängematte zu.

Er stieß einen Ruf der Verzweiflung aus —
die Hängematte war leer.

„Manuelita!" schrie er außer sich, die Hütte
verlassend — „Manuelita!"

Es drängten sich Mehrere an den Deutschen
heran. Unter ihnen der Knabe, der zuvor den
rancho allarmirt hatte.

„Die fremde Frau ist geraubt!" rief er. „Ich
kam zufällig hierher und sah, wie ein halbes
Dutzend Männer sie dort hineinschleppten!"

Und der Knabe deutete auf den Wald gegen=
über, dorthin, wo sich die Gebirgskette schroff
südöstlich hinabzog.

„Geraubt!" lallte Wagner.

„Geraubt!" hieß es ringsum.

„Geraubt!" murmelte Don López dumpf. „Und
mein armer José todt, mein treuer José!

Erschüttert beugte er sich zu seinem Diener
hinab. Eine Thräne rann über die Wangen
des alten Haudegens.

Dann ermannte er sich und richtete sich un=
gestüm auf. Sein Auge blitzte in düsterer Glut.
Der wohlwollende Ausdruck, den gewöhnlich sein
Antlitz trug, war verschwunden, die Züge dessel=
ben zeigten sich strenge, eisern.

„Es ist klar," rief er, „mein armer Bursche
ward von jenem Dickicht aus ohne weiteren Kampf
erschossen, die junge Frau im Schlafe geknebelt,

noch bevor sie die Hängematte verlassen und um Hülfe schreien konnte! Die Schüsse und der Lärm auf der Wiese ließen uns diesen Todesschuß hier überhören. Auf! Setzen wir den Schurken nach!"

„Ihnen nach!" brüllten rings die Mestizen und Indianer.

Der dicke Don Pérez taumelte heran. Seine vollen Wangen waren bleich, seine Züge verstört. In jeder Hand hielt er eine Pistole, und schwur hoch und theuer, daß er die elenden Räuber seiner Tochter vernichten werde. Dabei aber hielt er seine Mordwaffen mit äußerster Vorsicht weit von sich ab, er fürchtete sich augenscheinlich vor ihnen. Hatte er doch bis zur Stunde noch niemals eine Pistole losgedrückt!

Wagner's Schmerz war entsetzlich. Dennoch verlor der junge Deutsche seine Geistesgegenwart nicht. Hastig entwarf er mit Don López und den Männern, die bereitwillig sich zur Hülfe anboten, einen Plan zur Verfolgung der Räuber.

„Sie werden zu einer der südöstlichen Schluchten gezogen sein!" rief der ranchero, dessen Hochzeitsfest so blutig unterbrochen worden. „Die Burschen gehören sicher zu den Banden des Marquez, die schon zu verschiedenen Malen hier umherstreiften. Wir müssen ihnen zeigen, daß man sich nicht ungestraft feindselig unserem rancho nähern darf, denn thun wir das nicht energisch,

so galt es heute der fremden Dame und morgen
wird es unseren Frauen und Schwestern gelten!
Vorwärts also zu den Schluchten, und der edle
caballero, dessen armer mozo dort getödtet ward,
übernehme die Leitung des Ueberfalls, denn er
scheint mir der geeignetste Mann dazu zu sein!"

„Ja, ja!" hieß es ringsum.

„Wohl!" versetzte Don López: „Ich leite die
Expedition, so gut wie ein alter Soldat es vermag, aber als solcher fordere ich blinden Gehorsam. Kein Schuß falle ohne meinen Befehl, wir
müssen uns wo möglich den Elenden unbemerkt
nähern, sie umzingeln und gefangen nehmen, ohne
daß ihnen Zeit übrig bleibe, von ihren Waffen
Gebrauch zu machen, denn wir dürfen das Leben
der jungen Frau, die wir befreien wollen, nicht
gefährden! Und einige Burschen mögen hier bleiben, lachen, jubeln und Raketen steigen lassen
wie zuvor, daß die Schelme nicht glauben, der
rancho sei allarmirt!"

Alle stimmten bei, und was beschlossen worden, ward rasch ausgeführt.

Ein halbes Dutzend Indianer entledigte sich
jeglichen Kleidungsstückes, um als Späher schlan-
gengleich über den Boden hin durch's Gestrüpp
dem Zuge voranzukriechen, der, wohl sechzig Köpfe
stark und wohlbewaffnet, von Don López klug vertheilt wurde.

Und nun ging es fort, nach der Richtung hin, welche der Knabe angegeben.

Der junge ranchero hatte noch eine Umarmung für sein jungfräuliches Weib. Dann stahl er sich in das Dickicht, wie es die Anderen fast lautlos und ohne Waffengeklirre thaten.

Don Pérez hielt sich zu der Miliz.

„Was mag nur die Schurken bewogen haben, gerade die Manuela zu rauben?" murmelte er mit zitternder Stimme vor sich hin.

Der arme José hätte darauf Antwort geben können, wäre der Mund des ehrlichen mozo nicht für ewig geschlossen gewesen.

IV.

Kaum eine legua vom rancho entfernt, liegt eine schmale und kleine Schlucht, eigentlich richtiger ein Durchschnitt oder Felsenpaß, der eine nicht unbeträchtliche Erhöhung des Waldbodens spaltet.

Die Seitenwände dieses schmalen Passes sind schroffes, unerklimmbares Gestein, hoch oben waldbewachsen. Ein Pfad schlängelt sich durch diesen

Paß, und ein kleiner Wildbach durchrieselt ihn.
An der nördlichen Seite der durch die Natur be=
werkstelligten Felsbodensprengung, befindet sich
eine ziemlich bedeutende Aushöhlung des Gesteins,
die eine wildgezackte, hohe, aber nicht tiefgehende
Grotte bildet.

In und vor dieser Grotte lagerte einige Zeit
vor der Stunde, in welcher der größte Theil der
Gäste und Bewohner des rancho unter der Füh=
rung des Don López aufgebrochen war, eine kleine
Schaar bewaffneter Menschen.

Ein Feuer, das sie in der Grotte, wenige
Schritte vom Ausgange derselben entfernt, ange=
zündet hatten und mit dürren Aesten unterhielten,
warf seinen flackernden Schein auf das graue Ge=
stein, die seltsamen Risse und Vorsprünge der un=
heimlichen Höhle und die verwilderten Züge der
noch unheimlicheren Gestalten, von denen der Paß
an dieser Stelle sich belebt zeigte.

Es waren etwa sechzehn Mann, welche dort
herum lagen und standen. Sie trugen die ge=
wöhnliche Kleidung der Guerillabanden Mexico's.

Ein einziges Frauenzimmer befand sich in die=
ser mehr als verdächtigen Gruppe.

Dieses Frauenzimmer saß oder lag vielmehr
auf einem niedrigen, flachen Felsblocke.

Ihre Hände waren gebunden, ihr Mund war
mit einem Tuche verstopft, ein breites Band, das

hinten am Kopfe zusammengeknüpft sein mußte,
hinderte das Verschieben des Tuches.

Die kleine Schaar mußte soeben erst bei der
Grotte angelangt sein, denn mehrere der Männer,
von denen einige sicher das Frauenzimmer ge=
tragen hatten, schickten sich jetzt erst an, über dem
Feuer einen Kessel zu befestigen, also die Zube=
reitung eines Nachtmahles zu besorgen.

Während dieses geschah, hallte ein Schritt
vom felsigen Grunde des Engpasses näher und
näher.

Und nun trat eine hohe Gestalt zur Grotte
und in den Feuerschein.

Es war das ein schlanker, wohlgebauter jun=
ger Mann von etwa fünfundzwanzig Jahren.
Seine Züge waren bleich und verlebt, doch schön
und edel geformt, wenn auch hart. Sein großes
Auge blitzte in düsterer Glut, seine Haltung war
stolz, um seine schmalen Lippen zuckte ein ver=
ächtliches Lächeln.

Auch er trug Waffen, seine Kleidung war
aber besser und gewählter als diejenige der Män=
ner, welche sich um das Feuer geschaart hatten.

„Leute,“ sagte der Hinzutretende, „beeilt Euch
mit Eurem Nachtmahl! Wir dürfen nicht lange
hier rasten, sie werden uns ohne Zweifel vom
rancho aus folgen, sobald sie entdeckt haben, daß
die Taube geraubt und der Haushund erschossen

ift! Ihr hättet überhaupt nicht nöthig gehabt, hier ein Feuer anzumachen."

„Man kann es ja weder von den Ausgängen des Paſſes, noch von der Höhe aus ſehen!" brummte einer der bärtigen Geſellen. „Sollen wir etwa die ganze Nacht hindurch, ſolcher elenden rancheros halber, hungernd weitermarſchiren? Weiß Gott, es war hart genug für uns, Oberſt, daß Sie uns nicht geſtatteten, uns im rancho nach et= was Anderem noch, als die Señora dort, umzu= ſchauen!"

„Sie haben ja," murrte ein Zweiter, den Offi= cier faſt unverſchämt anblickend, „unſeren ſchlauen Pacho und Andrés an die beiden Ausgänge des Paſſes als Schildwachen geſtellt, was brauchen wir uns da eher von hier fortzumachen, als bis dieſe etwas Verdächtiges bemerken?"

Der junge Mann, welcher Oberſt genannt worden war, machte eine herriſche Geberde.

„Ihr habt nicht zu raiſonniren, ſondern zu thun, was ich, Euer Vorgeſetzter, Euch gebiete," ſagte er mit ſchneidender Kälte.

„Wir haben Ihren Willen gethan," verſetzte ein wildblickender Geſelle kaltblütig vom Feuer her, an dem er ſchürend ſaß, „thun Sie nun ein= mal den unſeren, Oberſt!"

Der junge Officier biß ſich in die Lippen.

Dann aber trat er an den Mann, der geredet

hatte, heran, legte die Hand auf seine Schul=
ter und sagte noch gelassener und eisiger, als
jener zuvor gesprochen: „Pedro, ein solches Wort
noch, und ich schieße Dir eine Ladung durch den
Kopf!"

Der Angeredete starrte finster in die Flam=
men und murmelte etwas vor sich hin. Auch
hier und dort murrte einer der Anderen, Nie=
mand sprach laut, aber mehr als eine Hand zuckte
unvermerkt und unwillkürlich nach dem machete
im Gürtel.

Es waren das eben Soldaten vom Geiste
mexicanischer Disciplin erfüllt, die freilich von
derjenigen des europäischen Militärs etwas mehr
als ein wenig verschieden ist und auch nicht anders
sein kann.

Der junge Officier beachtete nicht im Gering=
sten die einzelnen Laute, welche er recht gut ver=
nahm, er befahl den neben dem Feuer Sitzenden
sich weiter nach dem Ausgange der Grotte zurück=
zuziehen, und wendete dann der murrend gehorchen=
den Mannschaft stolz den Rücken.

Er schritt zu der gefesselten Dame, die mit
starrem Blick jede seiner Bewegungen verfolgte.

Ohne ein Wort zu verlieren, löste er die
Lederriemen, welche die zarten Hände fesselten,
und entfernte Band und Tuch vom Antlitz der
Dame.

Manuela — denn die schöne Creolin war es — richtete sich zu sitzender Stellung auf. ---

Sie war furchtbar bleich, aber ihre Züge verriethen weder Angst noch Schrecken.

Ihre funkelnden Augen hatten jetzt eine Schwärze, die ihnen einen fast dämonischen Ausdruck verlieh.

Eine wilde Entschlossenheit leuchtete aus diesem Blick, den sie fest auf ihr Gegenüber richtete.

„Manuela!" sagte der junge Mann, und in seiner Stimme lag ein seltsames Gemisch von Weichheit und Hohn. „Gestehe, Du hast nicht vermuthet, mich so wiederzusehen?"

„Ich hätte es von Rodriguez Bustamente erwarten sollen, daß er fähig sei, sich zum Wegelagerer, zum verworfenen Banditen zu erniedrigen!" antwortete Manuela voll Entschiedenheit.

Der junge Officier brach in ein beinahe krampfhaftes Lachen aus.

„Was ich geworden bin, ward ich durch Dich, Du schöne Tyrannin!" zischelte er. „Laß doch sehen, ob es mir gelingen mag, Dich des Wegelagerers würdig zu machen! Ward es Dir auch leicht, alle Gelöbnisse, welche Du mir einst gethan, zu vergessen, ich habe stets des meinigen gedacht, und sieh nur, wie ich es halte!"

„Rodriguez," verſetzte Manuela in energievol=
lem Ton, indem ſie ſich ſtolz erhob, „über das
Vergangene haben Sie nur ſich ſelber anzuklagen.
Ich gab Sie dann erſt auf, als es mit meiner
Ehre unverträglich ward, Ihnen ferner anzuge=
hören, als ich die Ueberzeugung gewonnen, daß
wir uns Beide in einander getäuſcht! Sie haben
mich ſo wenig geliebt, wie ich Sie liebte, Sie
ſelber zerſtörten meinen flüchtigen kindiſchen Wahn,
und mit meiner Losſagung von Ihnen ward Alles
abgethan! Jetzt aber treten Sie mir in den Weg,
überfallen mich im wehrloſen Zuſtande, laſſen
mich binden, erniedrigen mich vor dieſem Volke,
ſchleppen mich hieher! Was wollen Sie von
mir? Sich an mir rächen, weil ich Sie verachte?
Tödten Sie mich, wenn Sie den Muth haben,
auf eine Schandthat ein Verbrechen folgen zu
laſſen!"

Rodriguez kreuzte die Arme über der Bruſt
und lächelte, während er die junge Frau mit glü=
henden Blicken durchbohrte.

„Wie ſchön ſie iſt in ihrem Zorn, dieſes ver=
führeriſche Weib!" ſagte er dann. „Weiß Gott,
es verlohnte ſich, um ihren Beſitz ſich der Hölle
zu verſchreiben. Manuela, Du biſt ſchöner ge=
worden. Deine reizende Bläſſe und Deine ſchwar=
zen, teufliſch verlockenden Augen jagen von Neuem
das Fieber der Leidenſchaft in mir empor, das

mich verzehrt hat, seit Du mich verstoßen! Ich
Dich tödten? Nein, tödte Du mich im süßen,
rasenden Taumel der Sinnlichkeit, die aus jeder
Faser Deines Seins zu mir spricht, erdrossele
mich mit Deinen weißen schönen Armen, ersticke
mich durch glühende, leidenschaftliche Küsse dieser
rothen, wollüstigen Lippen! Ich bin es, der zu
sterben wünscht, und nicht zu tödten; aber in
Deinen Armen, Manuela, in wilder Befriedigung
des Durstes, den alle meine Sinne nach Deiner
Berührung fühlen! Du erwartest von mir, daß
ich mich räche? Dies sei meine Rache!"

Rodriguez hatte leidenschaftlich erregt und
doch zugleich voll Hohn gesprochen. Der Anblick
des schönen Weibes entflammte ihn, während er
sich triumphirend an der Machtlosigkeit derjeni=
gen weidete, von der er sich jetzt nicht allein ver=
achtet, sondern auch gehaßt wußte. Der Aus=
druck der Empörung, welche in ihren Zügen auf=
blitzte, der vernichtende Blick, den sie ihm ent=
gegenschleuderte, ihr fliegender Athem, die furcht=
bare Erregung ihres ganzen Wesens, das alles
übte auf den Verworfenen in diesem Augenblicke
einen größeren Reiz aus, als der Zauber ver=
lockender Hingebung ihm hätte bieten können.

Er trat der jungen Frau einen Schritt näher
und breitete die Arme aus.

„Hinweg von mir, Elender!" kreischte Manuela.

„Wage nicht, mich zu berühren und gib Raum. Ich bin die Gattin eines Mannes, den ich liebe, über Alles liebe, und eher gebe ich mir den Tod, als daß ich durch Deine Berührung mich entehren lasse."

Manuela hatte kaum mit fieberhafter Hast diese Worte hervorgestoßen, als sie plötzlich mit einem Sprunge dicht an Rodriguez war. Blitzgeschwind griff sie nach einem Dolche, der im Gürtel des jungen Mannes steckte, und riß ihn hervor.

Die Klinge funkelte secundenlang im Flammenschein, aber im nächsten Augenblick flog der Dolch aus der Haud der kühnen jungen Frau und schlug klirrend an der Felswand der Grotte nieder.

Rodriguez hielt beide Arme Manuela's gepackt.

Sie war wehrlos.

Die ehemals Verlobten starrten einander Aug' in Auge.

„So will ich Dich, meine reizende Löwin," flüsterte Rodriguez, „so bist Du meiner würdig! Mordgedanken im Blick, Haß im Herzen! Mein Triumph wird um so größer sein!"

„Rodriguez," murmelte die junge Frau dumpf, „ist keine Menschlichkeit in Dir?"

„Wozu," antwortete dieser in wilder Erregung,

„hätte ich seit Monaten Eure Diener in Mejico bestochen, mir Nachricht von Euch und Eurer Heimreise zu geben, wozu wäre ich seit Wochen um Vera-Cruz auf der Lauer gelegen, wenn ich jetzt die Stunde, die Dich mir in die Hände geliefert, unbenützt wollte vorübergehen lassen?! Ich habe es Dir in Tacubaja geschworen: Du wirst mein, sei's früher oder später!"

„Du wirst mich erdrosseln müssen, bevor Du mich besiegst, Elender!" keuchte Manuela.

„Ich habe nie Deine Seele begehrt!" murmelte Rodriguez wild auflachend.

„Mein Gatte, Dein eigener Vater werden mich rächen, Rodriguez!" rief Manuela außer sich. „Sie waren im rancho mit mir, sie werden Euch verfolgen und Dich richten!"

„Sie mögen kommen," entgegnete der junge Mann unter höhnischem Gelächter, „sie sollen mir willkommene Hochzeitsgäste sein!"

Und Rodriguez zerrte die mit rasender Gewalt sich Sträubende an den Kerlen vorüber, die seitwärts am Fener saßen, schmausten, zu ihrem Obersten und der Doña lachend hinüberschielten und zechten, er zerrte sie zur Grotte hinaus, zu den daneben im Engpasse liegenden, finsteren Gebüschen.

„Hülfe!" ächzte Manuela, die sich von den Armen des starken Mannes umschlungen fühlte.

„Sie iſt da!" rief plötzlich eine tiefe Baß=
ſtimme.

Und eine kräftige, breitſchulterige Geſtalt trat
aus dem Buſchwerk hervor, in der Hand eine
Piſtole.

Rodriguez ſchleuderte die junge Frau zurück,
daß ſie zu Boden ſtürzte, und ſtarrte die Geſtalt
betroffen an.

Die Männer der Bande aber zunächſt dem
Ausgange der Grotte ſprangen blitzgeſchwind in
die Höhe und griffen zu den Waffen.

Im nächſten Augenblicke blitzten ſechs Flinten=
läufe dem Manne entgegen, der ruhig vor dem
Gebüſche ſtehen geblieben war.

Einer der Meſtizen ſprang mit brennendem
Kienſpahne zu Rodriguez.

Dieſer wich einen Schritt zurück.

Er hatte beim Aufflackern der Flamme das
Antlitz des Mannes erkannt, der ihm aus den
Gebüſchen entgegengetreten war.

„Mein Vater!" ſtammelte er erbleichend.

Dann zuckte ſein Blick haſtig den Engpaß ent=
lang, und als er ſonſt Niemanden ſah, murmelte
er ſeinen Leuten zu: „Setzt die Gewehre ab!"

Die Männer gehorchten.

Der Ausgang der Grotte füllte ſich mit den
Uebrigen der Bande.

Don López aber ſchritt kaltblütig zu der ſich

aufrichtenden, einen leisen Freudenschrei ausstoßenden Manuela.

Er reichte ihr die Hand.

„Kommen Sie, Señora,“ sagte er laut und mit fester Stimme, „Sie stehen unter dem Schutze des Don López Bustamente!“

Rodriguez ermannte sich.

„Was soll hier geschehen, Vater?“ fragte er heftig, indem er mit blitzenden Augen und wilder Geberde vorsprang.

„Ich habe keinen Sohn mehr!“ antwortete Don López eisig. „Kommen Sie, Manuela!“

„Nun denn,“ rief Rodriguez, „so erkläre ich hiermit, daß Don López Bustamente durch die Kugeln meiner Leute fallen wird, wenn er es wagt, die Frau dort fortzuführen.“

Die eisernen, strengen Züge des alten Mannes nahmen einen furchtbaren Ausdruck an.

„Don López, der Ehrenmann,“ antwortete er, „Don López, der Patriot und Republikaner, hat nur ein Wort für den Nichtswürdigen, den Mörder, den Ueberläufer, für die Creatur eines Marquez und Almonte!“

Und der Greis riß die Pistole in die Höhe und drückte ab.

Ein Blitz — ein Knall — der Sohn des Mannes, welcher geschossen hatte, stürzte röchelnd und entseelt zu Boden.

Manuela stieß einen Schrei des Entsetzens aus.

Die kleine Guerillaschaar stand betäubt da. Dann wollte sie sich auf Don López stürzen.

Dieser aber pfiff.

Und im nächsten Augenblicke ertönte Kriegs- geschrei und Waffengeklirre von den nahen Bü- schen, den Ausgängen des Engpasses zur Rechten und Linken, hoch oben von den buschbewachsenen Felsen herab. Und überall blitzten Flinten und Säbel.

„Wir sind verrathen," murmelte Einer der Guerilla dem Andern zu, „man hat unsere Wachen heimlich überrumpelt, wir können nicht entwei- chen, — ergeben wir uns!"

Von beiden Seiten des Engpasses stürmten Mestizen, Indianer und Milizsoldaten heran.

Sie schleppten zwei gefesselte Menschen mit sich. Einer von diesen war Pacho, der ehemalige mozo Wagner's.

Der junge Deutsche und Don Pérez brachen sich Bahn durch die Menge.

Wagner riß sein Weib an sich.

„Manuelita! Manuelita!" rief er außer sich in einem Gemisch von Freude und Angst — „Dir ist nichts geschehen?"

„Nichts!" stammelte die junge Frau. Doch schaudernd wies sie auf den Leichnam und mur- melte: „Sieh dorthin, Vater!"

Don Pérez wankte vorwärts.

Im Flammenschein des Reisigfeuers erkannte er die Züge des Getödteten.

„López, López," rief er entsetzt, „was hast Du gethan?!"

„Ich habe einen Landesverräther erschossen!" antwortete dieser mit lauter Stimme, während kein Muskel seines eisernen Antlitzes zuckte. „Nehmt die Anderen gefangen!"

Der uneigennützige Freund.

Humoristische Skizze.

Zahllose Gasflammen blitzten rings im Salon und warfen einen blendenden Glanz auf die marmorglätten, goldgezierten Stuccaturwände, die anmuthig geschweiften Nischen, in denen reizende Statuetten von epheuumrankten Piedestalen hernieberblinkten, auf die schweren, golddurchwirkten, dunkelgrünen Vorhänge, die in gefälligem Faltenwurf die Fenster verhüllten, auf den flimmernden Parketboden, der die Formen all jener lieblichen, stolzen, zauberhaften Gestalten wiederspiegelte, die im lustig wirbelnden Tanze dahinwogten, oder zu Gruppen vereinigt die fröhlich entfesselte Pracht überblickten.

Das zahlreich besetzte Orchester, hatte einige der verlockendsten Tänze gespielt, die sirenenhaften Klänge waren verrauscht.

Es feierte also die Musik, welche einst ein Philosoph einen gefälligen Spektakel nannte, in dem Methode sei. Die geschmückte Menge durchwogte den Ballsaal, man schlenderte auf und

nieder, man plauderte, lachte, begrüßte einander,
man musterte die Toiletten, warf fröhliche, abge=
messene, feurige, stolze, schüchterne, höhnische Blicke
umher, man medisirte, bewunderte, belächelte, be=
neidete, entfaltete allen Zauber der Koketterie,
alle Langeweile geschraubter Vornehmthuerei und
selbstgefälligen Eigendünkels, alle Pikanterien einer
neckisch anmuthigen Laune, alle Naivität einer
sich harmlos dem Taumel der Freude hingebenden
Lebenslust, alle Unleidlichkeit eines blasirten Gecken=
thums.

Hoch oben von der Gallerie, welche sich um
den Saal zog, hatte man ein eigenthümliches Ge=
sammtbild von dem Ballfeste. Von dort aus glich
die Damenwelt, als noch der Cotillon seine Zau=
ber entfaltete, einer farbenreichen Blumenkette, die
in reizenden und wunderbaren Verschlingungen sich
wand, löste, sich wieder verband, und gleich einem
chromatropischen Farbenspiel durcheinander glitzerte.
Das ganze luftige und duftige Treiben würde
von dort oben aus wie eine märchenhafte Fata Mor=
gana erschienen sein, hätten nicht die schwarzbefrack=
ten Herren jeden Augenblick daran erinnert, daß
man sich auf einem Wohlthätigkeitsballe in einem
der elegantesten öffentlichen Lokale der Residenz,
auf einem halb und halb exclusiven Feste, zu dem
jeder der Anwesenden durch Protektion, Standes=
befugniß und ein voll edler Resignation darge=

brachtes Geldopfer in höchst prosaischer Weise war
zugelassen worden.

Ueber die Brüstung der erwähnten Gallerie
lehnte seit einer Stunde etwa ein junger, mit
äußerster Sorgfalt gekleideter Kavalier.

Nach Art der vornehmen Dandies schaute
er mit ziemlich gleichgültiger Miene auf das schim-
mernde Durcheinander herab.

Die Haltung des jungen Mannes war zuversichtlich, aber keineswegs anmaßend. Seine feinen,
regelmäßigen Gesichtszüge drückten nicht gerade
jene eckle Blasirtheit und Abspannung aus, welche
sehr häufig die jugendlichen Roués großer Resi-
denzen auf hundert Schritte kennzeichnet, aber sie
ließen doch gewahren, daß er so ziemlich die Zerstreuungen der fashionablen Existenz eines Lebe-
mannes durchgekostet habe. Sein etwas blasses
Aussehen machte ihn jedenfalls den Damen um
so interessanter, als es zugleich seinen blitzenden
Augen, den zierlich gedrehten Schnurr- und Kne-
belbart, und das natürlich gelockte, reiche, glänzende
Haupthaar noch dunkler erscheinen ließ, als es
war. Schlank und hoch gewachsen, imponirte seine
Gestalt ohne alle Frage, die Eleganz und Anmuth
seiner Bewegungen trug wesentlich dazu bei, seine
Erscheinung einnehmend zu machen.

Obwohl, wie gesagt, seine Miene einen ziemlich
gleichgültigen Ausdruck hatte, beobachtete er die

wogende Menge doch aufmerkſam. Ihn beſchäf-
tigte dieſe Muſterung ſogar derart, daß er den
kleinen corpulenten Herren nicht gewahrte, der ſeit
etwa zehn Minuten auf der dicht von Zuſchauern
beſetzten Gallerie neben ihm ſtand und ihn von
Zeit zu Zeit verſtohlen anblinzelte.

Dieſer kleine Herr ſpielte eine drollige Figur,
man konnte ihn nicht anblicken, ohne über ihn
zu lächeln. Seine winzige Geſtalt war kugelrund
und dabei in eine ſtutzerhafte Kleidung ſo zu ſagen
eingezwängt. Die weiße, tadellos gefaltete Halsbinde, welche er trug, preßte das doppelte Unterkinn und die fleiſchigen, überhängenden, bartloſen
Wangen, deren dunkle Röthe durch die in's bläuliche
ſchillernde rothe Schattirung der kolbenartigen,
wie ein unförmlicher Fleiſchklumpen zwiſchen die
Wangen hineingequetſchten Naſe überboten ward.
Der einer Waſſermelone gleichende Kopf war nur
ſpärlich mit Haaren bedeckt, dieſe aber hatte der
kleine Herr mit großer Geſchicklichkeit und Hülfe
einer Stangenpomade ſo über den kahlen Scheitel
vertheilt und geklebt, daß man die Dürftigkeit
der Hauptzierde nicht auf den erſten Blick gewahrte.
Ein martialiſch langer, etwas röthlichſchwarz ge-
färbter Schnurrbart, unſtreitig eine Errungenſchaft
aus dem 48ger Jahre, ſah ſo aus, als ſei er nicht
auf ſeiner Lippe gewachſen, ſondern künſtlich dort
befeſtigt, jedenfalls paßte er ganz und gar nicht

in das aufgedunsene Gesicht, dessen gutmüthige
Züge zugleich einen lustigen, verschmitzten Ausdruck
hatten. Diesen Ausdruck fand man auch in den
kleinen schwarzen Augen wieder, die rastlos hin
und her rollten, wie denn überhaupt das Männchen
in seinem ganzen Wesen eine beinahe fieberhafte,
possirliche Beweglichkeit entwickelte.

Der kleine Herr hatte noch eine halbe Stunde
zuvor den Tanzsaal durchtrippelt, nach allen Rich=
tungen der Windrose in der Art eines Ballons
umherschnellend, der dicht über den Erdboden hin=
gleitet. Dann war ihm plötzlich der junge Mann
auf der Gallerie zu Gesicht gekommen, eine freu=
dige Ueberraschung über seine schwammigen Züge
gestreift, und mit dem gemurmelten Ausruf: „Das
ist ein glücklicher Zufall, die Sache läßt sich hier
ganz süperb einleiten!" hatte er augenblicklich Kehrt
gemacht und war der Treppe zugesteuert, die zur
Gallerie führte. Eine hübsche Weile hatte es ge=
dauert, bevor es ihm gelungen war, auf der dicht
bevölkerten Gallerie bis an die Seite des jungen
Kavaliers zu gelangen. Und nun er neben ihm
stand, und sich durch Räuspern und einige Ah's
und Oh's und Bravos und Charmant's sowie
durch allerlei Bewegungen vergeblich bemerkbar zu
machen gesucht hatte, da sah er bald ein, daß er
zu einem wirksameren Mittel schreiten müsse, seine
Existenz dem Nachbar zu verkünden.

„Wahrhaftig, ich merke schon, ohne einen Rip=
penstoß wird es nicht gehen!" flüsterte er in sich
hinein.

Das Männchen bedachte sich nicht lange, und
schob einen feiner runden Ellbogen dem jungen
Mann ziemlich herzhaft in die Seite.

Der Gestoßene blickte den kleinen Herren nicht
eben freundlich an.

Dieser aber verzog sein melonenhaftes Antlitz
zu einem harmlosen Lächeln.

„Verzeihen Sie, mein Herr," begann er mit
einer Stimme, die wie eine Kindertrommel klang,
— „daß ich Sie unfreiwillig ein wenig unter dem
Druck der Verhältnisse habe leiden lassen. Man
machte es mir in denselben Augenblicke nicht besser,
im Gegentheil, der Stoß, den mir meine Nach=
barin versetzte, und den mich das Gesetz der Schwere
zwang. Ihnen mitzutheilen, war für mich bei wei=
tem ausgiebiger, — Sie werden das begreifen,
wenn es Ihnen belieben sollte, den spitzen Ellbo=
gen der hageren Dame und den meinigen zu
prüfen!"

Diese sonderbare, frischweg hervorgeschwatzte
Entschuldigung und die drollige Art, in der sich
der kleine dicke Herr dabei benahm, verscheuchten
sofort das Unmuthswölkchen von der Stirn des
jungen Mannes.

„Die Sache hat nichts auf sich," versetzte er

lächelnd — „man ift in folchem Gedränge in der
That nicht Herr feiner Bewegungen!"

„Freilich nicht!" fchwaßte das Männchen wei=
ter. — „Und hier auf der Gallerie fühlt man wahr=
haftig fein Herz an den Rippen des Nebenmen=
fchen pochen! Wenn das nur immer anmuthige
Rippen wäre! Mein Gott, man muß jedes Ding
nehmen, wie es ift, fagt der Philofoph. Ich geftehe,
daß es fich doch der Mühe verlohnt; hier hinauf=
geklettert zu fein, und fich ein wenig drücken zu
laffen. Wie gut überfieht man da den ganzen ge=
pußten Schwindel. Man hat das vor fich wie
auf einem Präfentirteller. Sie müffen fchon ent=
fchuldigen, mein Herr, ich ftelle gern Beobachtun=
gen an, vielleicht haben Sie auch diefe Paffion?"

„O ja," erwiederte der junge Mann, den das
Männchen zu beluftigen anfing — „befonders
wenn mir irgend ein origineller Kauz in den Weg
kommt!"

„Da fehen Sie," kicherte der kleine Herr —
„gerade fo geht es mir. Die originellen Käuze
gehören freilich in unfern Tagen zu den Raritäten,
aber das thut nichts; man findet auch fo Unter=
haltung genug, wenn man Beobachtungen anftellt,
und befonders auf einem Balle, obgleich fich da
die Meiften nicht geben, wie fie find. Man trägt
in Gefellfchaften, was man vom Kauzthum in fich
hat, verkappt mit fich herum, man glaubt es ganz

ſicher verſteckt; aber ſiehe da, ein kleiner geringfügiger Anlaß, eine Bagatelle und man zeigt ſo gut, was man vom Narren in ſich hat, wie der unbefangenſte Thor. Mir macht es Spaß, aus Jedem den Kauz herauszufinden, der in ihm ſteckt! Ihnen nicht auch?"

„Bisweilen! Es wird Einem nicht immer grade ſchwer gemacht!" antwortete der junge Mann mit ironiſchem Seitenblick auf den corpulenten Nachbar.

„Da haben Sie recht!" betheuerte dieſer, mit der größten Unbefangenheit lächelnd, während er liſtig ſekundenlang zu dem Andern hinüberſchielte. — „Man ſpielt oft bereits mit den Schwächen eines Menſchen, während dieſer glaubt, er ſpiele mit den unſeren! Doch apropos, Sie tanzen wohl gar nicht?"

„O doch!"

„Pardon, ich habe geglaubt, Sie gehören zu unſerer blaſirten Jugend!"

„Nur halb und halb!"

„Deſto beſſer für Sie! Es ſind hier heute viele reizende Mädchen. An Ihrer Ausſprache erkenne ich den Landsmann, da wird Ihnen hier auch wohl manche der tanzluſtigen Schönheiten bekannt ſein."

„Sie irren, mein Herr. Ich war einige Jahre von der Heimat abweſend. Die wilde Haſt, mit der heut zu Tage alles betrieben und abgethan

wird, hat auch längst die tanzende Welt ergriffen,
— wer heute tanzt, denkt in zwei Jahren nicht
mehr daran, dies zu thun. Wir sind also die
hübschen Kinder, welche ich seit einer Stunde dort
vorüberpolken und walzen gesehen habe, völlig
fremd, sie gehören einer mir neuen Genera=
tion an!"

„So, so! Und Sie fühlen nicht den Beruf
in sich, mit dieser Generation sich vertraut zu
machen?"

„Ich kann nicht ja und nicht nein sagen! Vor
der Hand bleibe ich auf meinem Beobachterposten."

„Und wenn Sie erlauben, so leiste ich Ihnen
noch ein wenig hier Gesellschaft!" schmunzelte das
Männchen. — „Ich bin zuvor im Ballsaal leid=
lich herumgestoßen worden und habe einige un=
freiwillige Entrechats machen müssen, das ist für
mich vorläufig genug. Aber wahrhaftig" — fuhr
der kleine Mann mit großer Zungengeläufigkeit
plaudernd fort. — „Sie haben mit Ihrer neuen
Generation nur theilweise recht, denn ich sehe da
mehr als eine Grazie, die zur alten Garde gehört!"

„Ich habe in der That auch einige bekannte
Gesichter im Saale bemerkt, aber es ist mir nicht
besonders darum zu thun, mich ihnen zu nähern!"
warf der junge Mann nachlässig hin.

„Ja, ja, ich begreife!" schwatzte der kleine Herr
fort. — Erinnerungen, welche geniren —"

„Wie meinen Sie das?" fragte der junge Mann
haftig, indem er leicht erröthete. — „Ich sprach
von einigen Herren, die —"

„Ah so!" unterbrach das Männchen, wiederum
verstohlen einen listigen Blick auf den Anderen
werfend. — Aber lassen wir doch die Herren, uns
kann heute nur das schöne Geschlecht beschäftigen.
Es gibt uns ohnehin vollauf zu thun. Da sehen
Sie nur jene drei Damen, die kurz vor dem Orche=
ster Kehrt machen und einander an den Händen
halten, weil die fabelhaften Crinolinen ihnen das
vertrauliche Arm in Arm gehen unmöglich machen.
Die Eine ist wahrhaftig mehr als wünschenswerth
durchsichtig und die beiden Anderen sind leider
dem Uebermaß der Vollsäftigkeit geopferte Erschei=
nungen. — Sie bemerken hoffentlich, wie delikat
ich „spindeldürr" und „schwülstig" ausgedrückt
habe — die Mädchen wären sonst nicht übel, ich
kenne sie, es sind Beamtentöchter. Man drängt
sich nicht sonderlich um sie, denn die Blicke einer
Jeden sagen zu deutlich: Ich habe zwar weder
Diamanten noch Perlen, obwohl ich mich auch
daran gewöhnen könnte, und weniger als Men=
schenbegehr heut zu Tage, aber ich habe die schön=
sten Augen, und diese müssen wir womöglich einen
Gefährten für das ganze Leben schaffen, denn der
Vater ist ein fehr braver Mann, aber er wartet
noch immer auf Beförderung und richtet sich in=

deſſen für unſere Toiletten zu Grunde. Den armen
Vater aber zu ruiniren verbietet uns die Kindes=
pflicht, darum ſuchen wir uns Gatten dazu! —
Das ſind nun wohl recht achtungswerthe Gefühle,
mein junger Freund, aber ſie ſind nicht nach Jeder=
manns Geſchmack! — Und ſehen Sie, welch ein
Gegenſatz zu den Dreien! Bemerken Sie die run=
den, orientaliſchen Frauengeſichter, die jetzt hinter
dem Kleeblatt auftauchen?"

„Die geputzten Jüdinnen?" fragte der junge
Mann lächelnd.

„Ja, ja! Da iſt nichts Begehrliches, Haſtiges,
kein Ringen nach einem unbeſtimmten Ziel, wie
bei den Beamtentöchtern, Alles iſt leidenſchaftslos,
Alles iſt befriedigt, beſonders die Eitelkeit. Wir
haben einen ſüdlichen Teint vor uns und ſchwarze
Augen, aber dieſen Teint durchſchimmert nicht der
tropiſche Glutſchein eines leidenſchaftlichen Tem=
peramentes, die ſchwarzen Blick eirren umher, wie
eingeſchläferte Blitze, wir ſehen gefrorene Spanierin=
nen vor uns, — das deutſche Klima und der Er=
folg des Börſenſpieles der Väter und Gatten ver=
wiſchten den Schmelz von den ſchönen Töchtern
Iſraels. Sie ſind fett und kurzathmig, wie Hamlet
geweſen ſein ſoll, aber ſie grübeln nicht wie dieſer,
ſie haben. Haben iſt freilich eine gute Sache, mein
junger Freund!"

Das kugelrunde Männchen blickte zu ſeinem

Nachbar empor, und lächelte bedeutungsvoll. Dieser konnte nicht umhin, laut aufzulachen.

„Eine sehr richtige Bemerkung!" sagte er.

Der kleine possirliche Mann ließ aber schon wieder die im Saale lustwandelnden Schönen die Revue passiren.

„Lassen wir die sieben fetten Jahre des Agios vorüberrauschen," plauderte er lustig — „und sehen wir, was ihnen nachfolgt. Aha, da haben wirs. Dort kommen schon die sieben mageren hinterdrein! Was sagen Sie zu jener hübschen jungen Dame? Ich meine die mit der einfachen Balltoilette. Das sind sicher Bürgerstöchter, die nicht viel auf Putz zu verwenden haben."

„Aber die Mädchen sind nichtsdestoweniger elegant und reizend!"

„Freilich! Mit wenigen Mitteln erreichten sie mehr als die pomphaft aufgeputzten „gefrorenen Spanierinnen." Das zeugt von Geist und Schönheitssinn. Wie es heißt „le style c'est l'homme," so sollte man sagen „die Toilette ist die Dame." Nicht wahr? Arme Kinder, sie werden schon glücklich sein, wenn man ihnen heute ein Souper zahlt! Aber schauen Sie sich doch jene Großhändlersfrauen an, die stolz daherrauschen und ein Vermögen am Halse blitzen lassen, und daneben die Gattinnen kleiner Industrieller, die es mit ihrem unechten Flitterwerk und Bronceschmuck den ersteren

gleich thun möchten. Was halten Sie von diesen
Damen und ihren niedlichen Töchtern, die sich
dort weiterhin im Saale, unter dem zweiten Kron=
leuchter, am Arme ihrer Tänzer umhertreiben?"

„Die Töchter werden vermuthlich Gänschen
sein, damit ist gesagt, wofür ich die Mütter
halte!" versetzte der junge Mann lächelnd. —
„Doch blicken Sie gefälligst dorthin," — setzte er
hinzu, auf eine Gruppe stolzer Schönheiten deutend,
„die unfern von ihnen sich fast unter der Gallerie
aufhielt. — Sie scheinen mir alle Welt zu kennen.
Ist Ihnen jene Dame dort bekannt?"

„Welche Dame?" schnarrte das dicke Männchen,
und lehnte sich, so viel es ihm seine Corpulenz er=
laubte, über die Brüstung.

„Jene Dame dort im blauen Atlaskleide und
mit der fast gebieterischen Haltung. Sie ist nicht
mehr jung, ihre Reize stehen nicht mehr in voller
Blüte, dennoch ist sie ein herrliches Weib, ihre
üppigen Formen sind majestätisch, sie gleicht einer
triumphirenden Juno. Sehen Sie dieses Selbst=
bewußtsein in Blick und Geberde! Diese Dame
stieß gewiß niemals in ihrem Leben auf Wider=
spruch!"

„Sie glauben?" kicherte das Männchen. —
„Nun denn, jene Dame ist die Baronin B. —
ihre einzige Tochter ist vor drei Monaten unter
die Primadonnen gegangen, und singt jetzt mit

großem Beifall unter fremdem Namen auf den
Bühnen Italiens. Die Mutter hat sich von ihrem
einzigen Kinde losgesagt, es verwünscht, enterbt,
und nun — steht sie da und lächelt, und hat soeben die Quadrille mitgetanzt!"

„So, so! Und das schöne blasse Mädchen neben
ihr? Das Rosakleid, das sie trägt, läßt ihre Blässe
scharf hervortreten. Wie aristokratisch sind ihre
Züge geschnitten, wie reizend und ebenmäßig ist
ihr Profil, wie ruhig und unbefangen der Ausdruck ihres Antlitzes! Sie gleicht einer Elfen-
königin, deren Herz das Treiben der Welt mit
seiner Lust und seinen Schmerzen nicht berührt!"

Das Männchen zuckte leicht die runden Schultern.

„Nicht berührt?" war seine fast spöttische Ant-
wort. — „Wie man es nehmen will! Dieses junge
Mädchen ist eine Baronesse F. — Den vergangenen
Sommer verbrachte sie auf einem Landgute ihres
Vaters. Als sie im Herbst zur Residenz zurückkehrte, um sich mit dem Freiherrn von R. zu ver-
loben, erschoß sich ein junger Förster in einem
Walde, der an das Gut des Barons grenzt. Die
Baronesse nahm, so sagt man, als sie kaum erst
nach der Residenz zurückgekehrt war, Morphin, —
doch nur sehr wenig, wie es scheint, denn — sehen
Sie — auch sie lächelt ihrem Tänzer zu, der sie
zu der Gruppe führt."

Der junge Mann blickte einige Sekunden nach=
denklich auf die Damen nieder.

„Hm!" sagte er dann — „Wer ist denn die
schöne junge Frau dort, die mit sorglos lachendem
Blick an der Hand des Herrn von D. daher=
rauscht? Kennen Sie ihn nicht, den alten Stützer?"

„Freilich! Wer kennt ihn nicht?"

„Ihr Antlitz strahlt von Glück und Zufrieden=
heit, in ihrer Miene, ihrem Benehmen liegt nichts
Berechnendes, sie scheint mir ein unbefangenes Ge=
müth zu besitzen!"

„Unbefangen?" näselte der kleine Herr — „Sie
ist die Gattin des Banquiers E. Als sie heiratete,
machte sie zuvor contractlich aus, daß es ihrem
Gatten nur gestattet sei, sie zur Dinerzeit zu sehen,
und daß er ihr bei einer etwaigen Trennung
einen Jahresgehalt von 40,000 Thalern auszu=
setzen habe."

Der jugendliche Nachbar des Dicken blickte
diesen lächelnd an.

„Wahrhaftig," sagte er — „Sie plaudern wie
ein Mephistopheles. Und es scheint, Sie kennen
sämmtliche Geheimnisse der Residenz, wenigstens
der hiesigen Damenwelt. Weiß Gott, wenn ich
die Absicht zu heiraten hätte, ich könnte nichts
Gescheidteres thun, als mich um Ihre gütige Pro=
tektion zu bewerben. Ich liefe da wenigstens nicht
Gefahr, an ein Wesen zu kommen, über dessen

Eigenschaften und kleine Verirrungen ich erst nach den Flitterwochen aufgeklärt würde!"

„Wohl gesprochen, junger Mann!" versetzte der kleine Herr schmunzelnd. — „Sie sehen mir aber nicht wie Einer aus, der Lust hätte, auf Freiersfüßen zu gehen!"

„Nun, nun, es kommt darauf an! Was Sie mir soeben über jene Damengruppe gesagt haben, ist freilich geeignet, auch den Muthigsten, dem ganzen schönen Geschlechte gegenüber, ein wenig kopfscheu zu machen."

„Lassen Sie's gut sein, es gibt noch immer junge Damen, die keine Geheimnisse haben. Ich selber kenne einige solcher Schönheiten, die ganz das sind, wofür sie sich geben, auf deren Unbefangenheit ich unbedingt Vertrauen setze!"

„Vielleicht beweist das Letztere nur, daß jene Damen noch vorsichtiger als die anderen, und Sie nicht allwissend sind, mein Herr!"

Der Kleine zuckte die Achseln.

„Wohl möglich!" sagte er lächelnd. — „Sie scheinen mir übrigens ein großer Zweifler zu sein! Für einen solchen ist es jedenfalls das beste, eine reiche Partie zu machen. Auf alle Fälle bleibt da, wenn alle Illusionen schwinden sollten, immer noch etwas angenehm Reëlles, das sich nicht ableugnen läßt. Apropos, Sie sind schon zeitig auf den Ball gekommen?"

„Vor einer Stunde. Ich war im Theater und
soupirte dann, bevor ich Toilette machte, mich hier=
her zu verfügen."

„So, so. Wenn ich nicht irre, so gab man
heute Kabale und Liebe?"

„Ganz recht."

„Nun, eine ganz charmante Vorstellung. Unser
jugendliche Liebhaber ist freilich ein etwas corpu=
lenter, aber dennoch braver Ferdinand. Gescheidt
ist er übrigens doch nicht!"

„Wie so?"

„Die Luise Miller in dem Schiller'schen Stück
da ist wohl eine recht hübsche Person, wie
kann man aber ein armes Mädchen heiraten
wollen?"

Der junge Mann lächelte.

„Ah, meine Aeußerung belustigt Sie!" — fuhr
der kleine Herr eifrig fort. — „Könnten Sie thö=
richt genug sein, ein Mädchen zu ehelichen, die
keinen Heller hat?"

„Vielleicht, — wenn ich einen Engel an Ge=
müth finden sollte, ein geistvolles Mädchen, ein
reizendes Geschöpf —"

„Sehr wohl," unterbrach das Männchen den
Anderen so eifrig wie zuvor — „wenn nun aber
ein solcher Engel obendrein Thaler hat, mein Herr,
viele Thaler, könnte dieser Umstand Ihr Nerven=
system verletzen?"

Schirmer, Aus aller Herren Ländern. II.

„Durchaus nicht!" war die lachend gegebene
Antwort.

„Nun also! Wollen Sie solch einen Engel
sehen, ein solches reizend bekapitalisirtes Geschöpf,
ein Wesen mit einer ungeheuer geistvollen Rente
und einem äußerst rentablen Gemüth? Blicken Sie
dorthin, rechts vom Orchester —"

„Ah, jene Dame im weißen Kleide, die sich
nach der Mitte des Saales —"

„Ich bitte, rechts vom Orchester, — die Dame
sitzt, lassen Sie Ihren Blick über die Divans hin-
schweifen, welche sich die Wand entlang ziehen —
warten Sie — eins, zwei, drei, vier — die siebente
Dame ist's, vom Orchester aus, ein himmellanger
Herr, eine dürre Hopfenstange, steht neben ihr —
der ist ihr Vater — sehen Sie die Dame jetzt?"

„Ja, ja! Sie trägt ein Kleid von Tüll d'Illusion
mit reichem Spitzenbesatz —"

„Richtig!"

„Wer ist die Dame, wenn ich so indiskret sein
darf zu fragen?"

„Fräulein Rosa Halbmeier. Damit ist aber
noch so gut wie nichts gesagt, mein Lieber. Sie
hat — doch sagen Sie mir zuvor, wie finden Sie
die Dame?"

„Sie ist wahrhaftig nicht übel!"

„So! Nicht übel — Sie finden sie nicht übel, —
das ist sehr herablassend von Ihnen. Er findet

sie nicht übel! Wissen Sie, was das Mädchen für Eigenschaften besitzt? Vorerst ist sie häuslich, sehr belesen und dabei doch bescheiden, dann hat sie ein Herz, o Gott, sie könnte keiner Ameise auf den Fuß treten, — und endlich gehören ihr jetzt schon, von ihrer seligen Mutter her. dreißigtausend Thaler jährlicher Einkünfte! Herr, Sie finden dieses Mädchen, die ohnehin alle Welt für sehr hübsch erklärt, nur nicht übel? Ah, das ist nicht übel!"

„Dreißigtausend Thaler jährlich!" murmelte der junge Mann, seinen zierlichen Schnurrbart drehend. — „In der That, ich sah das Antlitz des Mädchens zuvor nur im Profil, ich sehe sie jetzt besser, wahrhaftig, sie ist ein reizendes Geschöpf!"

„Sie sehen sie jetzt besser? Aha, ich hab' es mir gedacht. Er wird das reizende Geschöpf immer besser sehen, sobald ich es ihm in's rechte Licht stelle. Sie bemerken den langen Kleiderstock, den Vater der Dame?"

„Er ist nicht wohl zu übersehen —!"

„Freilich, der Kerl ist so lang, daß er stets niederknieen muß, wenn er sich das Halstuch umbinden will. Gut, dieser unendliche Vater, der noch vor einigen Jahren mit Zucker, Kaffee, Häringen und Käse handelte, und dann die Spezerei mit dem Rentierthum vertauschte, ist ein Millionär, in des Wortes verwegenster Bedeutung! Das Mäd-

9*

chen, das einzige Kind dieses Kleiderstockes, ist also eine kolossale Partie!"

„Ich begreife das!"

„Er begreift das, — das ist wenigstens schon etwas! Sie sind also doch kein so hartgesottener Sentimentalist, daß Sie nicht so lebenspraktische Eigenschaften zu schätzen wüßten."

„Und Sie sagten, das Mädchen sei überdies liebenswürdig und geistreich?"

„Wollen Sie sich von der Wahrheit meiner Behauptung überzeugen?"

„Wie kann ich das? Der Vater kennt mich nicht, und die jungen Damen, vor Allem wenn es Erbinnen sind, pflegen, so viel ich mich noch von früher her erinnere, auf den in diesem Lokale veranstalteten öffentlichen Bällen mit keinem Unbekannten zu tanzen."

„Ich stelle Sie vor. Der Herr Halbhuber — halt, er heißt Halbmeier — mit den Namen geht mir's schlecht, mein Lieber, ich bringe sie gewöhnlich verkehrt heraus, hab' ich sie auch noch so oft gehört. Es ist eine Schwäche von mir. Ich halte mich stets an die Sache und nicht an den Namen. Also der Herr Halbhuber wird erfreut sein, wenn ich Sie ihm vorstelle."

„Ah, als flotten Tänzer?"

„Nein, sogleich als flotten Heiratskandidaten."

„Was der Teufel!"

„Nachdem Sie mir die Erklärung abgegeben,
daß eine Million nicht Ihr Nervensystem ver=
letze —"

„Aber ich bin Ihnen ja völlig unbekannt!
Ueberhaupt, wie wollten Sie mich vorstellen? Sie
wissen ja noch nicht einmal meinen Namen!"

„Das ist wahr!" versetzte der corpulente Herr
schmunzelnd und mit einem verschmitzten Seiten=
blick. — „Wenn's beliebt, so tauschen wir sogleich
unsere Karten aus. Hier ist die meine."

Das Männchen zog blitzgeschwind eine Brief=
tasche hervor, die nach seinem Maßstabe, also um=
fangreich war. Er entnahm ihr eine Visitenkarte
und überreichte sie dem jungen Manne. Das
Portefeuille verschwand dann so rasch, wie es er=
schienen war.

Der Andere hatte indessen ebenfalls eine Karte
hervorgezogen und hielt sie lächelnd seiner neuen,
originellen Bekanntschaft hin.

Die Herren begannen zu gleicher Zeit zu lesen.
„Emerentius Müller."
„Karl, Baron Wandelstern."
„Element," flüsterte der dicke Herr, „Sie sind
Baron, junger Mann? Sie haben die dreißig=
tausend Thaler Renten und das Uebrige schon
so gut wie in der Tasche! Kommen Sie, verlas=
sen wir diese Gallerie. Bevor der nächste Tanz
beginnt, muß ich Sie dem langgestreckten Mil=

lioneſer und dem rentablen Gemüthe vorgeſtellt
haben."

Die Herren wanden ſich mit einiger Anſtrengung
durch die Menge, welche die Gallerie beſetzt hielt,
und begaben ſich in den Tanzſaal.

Während ſie dieſes thaten, dachte der Baron:
Mein Gefährte iſt ein ganz eigenthümliches Weſen.
Was kann er nur daraus haben, mich mit ſolcher
Haſt einer Millionärin zuzuführen? Er iſt jeden=
falls ein Original. Aber wahrhaftig, durch eine
reiche Heirat ließen ſich am beſten meine etwas
verwickelten Angelegenheiten ordnen!

Um dieſe letztere Reflexion des Barons zu ver=
ſtehen, iſt es nöthig, daß wir einen flüchtigen
Blick auf ſeine Vergangenheit werfen.

Der Baron hatte, kaum mündig geworden,
ſeine Eltern verloren, die nicht in der Lage ge=
weſen waren, ihm ein großes Vermögen zu hin=
terlaſſen. Der junge Mann, der ein vortreffliches
Herz beſaß und auch nicht ohne Geiſt war, hatte
aber eine Erziehung erhalten, wie ſie jenen ſeiner
jugendlichen Standesgenoſſen, die Reichthümer zu
erwarten haben, theilhaftig zu werden pflegt, er
war alſo in vollſtändig kavaliermäßigen Gewohn=
heiten aufgewachſen. Erſt nach dem Tode ſeines
Vaters, der wenige Monate nach dem Ableben
ſeiner Gattin ſtarb, ſah der junge Mann, daß er
ſtatt ein reicher Erbe zu ſein, wie er es ſtets ge=

glaubt hatte, nur auf ein Kapital angewiesen sei,
dessen Interessen auch nicht im entferntesten hin=
reichten, die Kosten seiner gewohnten Lebensweise
zu decken.

Aber was war jetzt zu thun? Er besaß nicht
Willenskraft genug, seine kostspieligen Zerstreuun=
gen abzubrechen, seine eleganten, vornehmen jun=
gen Freunde, die noch verschwenderischer als er
lebten, aufzugeben. In jugendlichem Leichtsinn
vergeudete er daher nicht allein sein bescheidenes
Vermögen, sondern bürdete sich obendrein eine
Schuldenlast von ungefähr vierzigtausend Thalern
auf. Seine Gläubiger hatten dienstfertig herge=
liehen, weil ihnen bekannt war, daß der junge
Mann bestimmt sei, eine alte, schwer reiche Tante
zu beerben.

Aber dieses geschah nicht, die Tante starb, und
da sie sich kurz vor ihrem Tode mit dem Neffen
überworfen hatte, so sah sich dieser nach Eröffnung
ihres Testamentes enterbt.

Nun kam eine böse Zeit für den jungen Mann.
Seine Gläubiger bedrängten ihn von allen Seiten.

Um dem Schuldenarreste zu entgehen, machte
er sich aus dem Staube, das heißt, eines Tages
verbreitete sich die Nachricht, er sei in's Ausland
gereist, in einem Bade seine angegriffene Gesund=
heit herzustellen. Daß er zugleich in der Zerstreuung
vergessen, die vorerwähnten vierzigtausend Thaler

zu berichtigen, war ein Umstand, der freilich dabei
ebenfalls zur Sprache kam, und die Herren Gläubiger, die nichts als Wechsel in Händen hatten,
bedeutend entsetzte.

Der leidende Zustand des jungen Mannes
mochte sich wohl mit hartnäckiger Langsamkeit
gebessert haben, denn volle drei Jahre waren
vergangen, bis er wieder in der Vaterstadt auftauchte.

In Wahrheit hatte er sich im Auslande in
seiner Lebensweise eingeschränkt und auf ehren-
hafte Art durch die Welt geschlagen, er war mit
einem Worte durch die Schule des Lebens aus
einem leichtsinnigen ein solider junger Mann geworden.

Aber es hatte ihm draußen das Heimweh keine
Ruhe mehr gegeben, und so war er denn nach
der Heimat gekommen, auf die Gefahr hin, unmittelbar nach dem Bekanntwerden seiner Rückkunft auf längere Zeit in den Schuldenarrest wandern zu müssen.

Und nun war er schon vierzehn Tage in der
Residenz, aber noch hatte keiner seiner Gläubiger
ein Lebenszeichen von sich gegeben, das will sagen,
Niemand war ihm mit den verhängnißvollen, pro-
testirten Wechseln an seine Wohnung gerückt. Und
doch war er schon mehr als einem seiner Gläubiger auf der Straße begegnet. Die Herren hat-

ten bei seinem Anblick sehr höflich gegrüßt und
waren ihrer Wege gegangen. Das versetzte ihn
in grenzenloses Erstaunen.

„Es kann doch Niemand in aller Stille meine
Schulden bezahlt haben!" sagte er bisweilen. —
„Und es ist doch auch, weiß Gott, nicht denk=
bar, daß Gläubiger ein schlechtes Gedächtniß für
unbezahlte Wechsel haben, oder plötzlich mit
ihrem Schuldner ein menschliches Rühren fühlen
sollten!"

Er hütete sich wohl, wenn er einem der Her=
ren begegnete, ihn anzureden und um die Lösung
des Räthsels zu befragen.

Aber ihn überfiel zu Zeiten ein leises Grauen
vor der nächsten Zukunft, und während er sich
um irgend eine Anstellung bewarb, hatte er be=
ständig das Gefühl, als ob ein Damoklesschwert
an einem Haare über seinem Haupte schwebe.

So viel genügt, um das aufzuklären, was der
Baron überlegte, indem er an der Seite seines
dicken Gefährten die Gallerietreppe zum Ballsaale
hinunterstieg.

Die Tanzpause war noch nicht vorüber, somit
ward es den beiden Herren nicht schwer, im Saale
bis zu dem Divan vorzudringen, auf welchem die
glückliche junge Besitzerin von dreißigtausend Tha=
lern Renten und einem noch mehr versprechenden,
liebenden Vater saß.

Der Baron Karl hatte, bevor er noch bemerkt
wurde, Gelegenheit, rasch und in der Nähe die
Züge und sonstige Erscheinung von Vater und
Tochter zu prüfen.

Die Haltung der jungen Dame war in der
That sehr graziös und ihr Benehmen sichtlich
weit entfernt von jener Arroganz, die jungen
Mädchen häufig eigen zu sein pflegt, deren
Väter sich vom Krämer zum Hausbesitzer und rei=
chen Manne emporgeschwungen haben. Dazu
kam noch, daß ihre Toilette, einen geläuterten
Geschmack erkennen ließ, ihr üppiger Haarwuchs
von einem bezaubernden Goldblond und der Teint
des Antlitzes wie der schön gemeißelten Schultern
und Arme von blendender Weiße war, die feinen
Züge ein mit sinnlichem Anflug gepaartes Schmach=
ten ausdrückten, das jedenfalls geeignet ist, ein
Interesse des Pikanten einzuflößen, und daß schließ=
lich die blauen Augen unter langen dunklen Wim=
pern und fast immer ein wenig gesenkten Lidern
träumerisch reizend aufdämmerten.

Dagegen sah man dem Vater Kleiderstock auf den
ersten Blick an, daß er im schwarzen Frack und
der weißen Halsbinde sich nicht so heimisch fühle,
als dieses früher im fettigen Comptoirrocke der
Fall gewesen. Obwohl man ihm somit den Em=
porkömmling sogleich anmerkte, hatte er doch nicht
eigentlich etwas von der sprichwörtlich gewordenen

lächerlichen Anmaßung eines solchen, sondern gab
sich ziemlich schlicht und nur ein wenig steif, da
es doch der Eitelkeit des guten, beschränkten Mannes erklecklich schmeichelte, unter so vielen vornehmen Herrschaften als ein Krösus umherspazieren
zu können. Seine hageren Züge, die ein stets
verbindliches Lächeln — vermuthlich stammte dieses stereotype Lächeln aus der Krämerzeit her und
war nicht mehr zu verwischen — in eine respek-
table Fratze verzog, drückten zur Genüge den be-
haglichen Seelenzustand des Mannes aus.

„Das Mädchen ist reizend," flüsterte Baron
Karl dem corpulenten Gefährten zu — „und ich
glaube, der lange Vater wird auch zu ertragen
sein und Einen in guter Gesellschaft durch sein
Wesen nicht gradezu auf die Folter spannen. Ich
vermuthe, das schöne Kind hat einen Hang zur
Schwärmerei."

„Gratuliren Sie sich dazu, Herr Baron!" lispelte das Männchen dagegen. — „Sie werden
Fräulein Rosa Halbmeier um so leichter für sich
gewinnen. Sie sind Baron, Sie tanzen sicher wie
ein junger Gott, blaß sind Sie auch, haben einen
interessanten schwarzen Schnurrbart und noch in-
teressantere Augen, es kann Ihnen nicht fehlen.
Sprechen Sie von Reisen, die Sie nicht gemacht
haben, von Abenteuern und Gefahren, die Sie
während derselben bestanden, und dieses zarte Ren-

tenherz wird Ihnen zufliegen! Ihnen den Vater
günstig zu stimmen, das ist meine Sache!"

„Aber, mein Gott, Sie denken allen Ernstes
daran, daß ich —?"

„Still, mein junger Freund, man bemerkt
uns!" —

In der That wandten sich jetzt die Blicke des
langen Herrn und seiner Tochter dem ungleichen
Paare zu.

Der Millionär Halbmeier hatte kaum den kleinen kugelrunden Emerentius Müller erblickt, als
er diesem eine seiner Riesenhände entgegenstreckte,
ihn zu sich zog, wie man einen Spielball an sich
nimmt, und dabei so verbindlich lächelte, als stehe
er hinter dem Ladentische einer Kundschaft gegenüber.

Baron Karl folgte dem Männchen, indem er
die junge Dame sowie den Exkaufmann grüßte,
und zwar mit einiger Befangenheit, wie sich nach
dem Gespräche denken läßt, das er soeben mit
seiner neuen Bekanntschaft geführt hatte.

„Ah, Müller, Sie müssen aber auch überall dabei sein!" schnarrte der verschrumpfte Millionär-
und Tochterbesitzer das Männchen an, während
Fräulein Rosa ihren dämmernden Blick über die
Gestalt des hübschen jungen Herrn hingleiten
ließ. — „Hat Sie der Kukuk wieder auf einem
Balle? Sie tanzen doch nicht, sollte man glauben!"

„So wenig wie Sie, Herr von Halbhuber!" kicherte das Männchen.

„Um Gotteswillen!" rief der lange dürre Herr pathetisch. — „Laſſen Sie mir doch meinen ehrlichen Namen!"

„Den ſollen Sie behalten!" ſchwatzte der Kleine fort. — „Alſo Sie tanzen ſo wenig wie ich, und ſind doch auch hier!"

„Ah, nur wegen meiner Tochter, ſollte man glauben!"

„Und ich wegen meines Sohnes."

Herr Halbmeier riß die Augen auf und ſtarrte abwechſelnd den Baron und den kleinen Herrn an.

„Ah," antwortete er. — „Sie waren ja nie verheiratet, lieber Müller, und ſind es noch nicht, ſollte man glauben —"

„Dieſer Herr iſt auch nur der Sohn meiner Phantaſie," fuhr das Männchen lachend fort — „das heißt, mein Herz hängt mit wahrhaft väterlicher Begeiſterung an dem jungen Manne, den ich Ihnen und Fräulein Roſa hiermit als einen der liebenswürdigſten und geiſtvollſten Cavaliere vorſtelle, die unſere Reſidenz aufzuweiſen hat, Baron — ich bin wahrhaftig, was Namen anbelangt, ein rechter Confuſionsrath — Baron Fixſtern —"

„Wandelſtern!" verbeſſerte der junge Mann.

„Richtig! — Alſo Baron Wandelſtern — Herr

Halbhuber — Fräulein Rosa — ausgezeichnete Familie, alter Adel, sehr geistreiche junge Dame, ehemaliger Geschäftsfreund, Rentenbesitzer — die Vorstellung ist abgemacht."

„Herr Müller hat eine eigenthümliche Art, Leute mit einander bekannt zu machen!" bemerkte das junge Mädchen, indem sie lächelnd auf den Baron blickte, dessen Erscheinung sie zu interessiren schien.

„Er hat einen glücklichen Humor!" antwortete Baron Karl, der nicht recht wußte, was er sagen sollte. — „Jedenfalls glücklich für mich" — setzte er verbindlich hinzu — „indem ich es diesem Humor verdanke, daß ich hier stehe." —

„Mein Freund, der Baron," unterbrach ihn der kleine Mann hastig — „hat nämlich nicht tanzen wollen, weil er sich nicht getraute, die in seinen Augen reizendste Tänzerin ohne weitere Vorstellung aufzufordern. Hoffentlich wird er jetzt den Muth haben, seine Wünsche anzubringen. Mein Fräulein, wenn Sie es meinem intimen Freunde, dem ritterlichen jungen Baron Polarstern abschlagen —"

„Wandelstern!" schob Karl ein.

„Also meinem lieben Freunde Abendstern abschlagen, eine Polkafrançaise oder dergleichen an seiner Hand zu tanzen, so müssen Sie sich mit mir schießen, auf Blicke. Der arme junge Mann"

— fuhr er fort, sich zu der Tochter Halbmeiers
vorüberneigend, indem er, nur ihr verständlich, das
Weitere rasch flüsterte — „ist seit drei Monaten
wahnsinnig in Sie verliebt —"

„Herr Müller!" — murmelte Rosa erröthend
und ein wenig vorwurfsvoll lächelnd.

„Er umschleicht seit eben jener Zeit täglich
Ihr Haus," fuhr der kleine Mann in gleich leisem
Tone unermüdlich und unbekümmert fort — „aber
er ist übertrieben bescheiden, und hat mich vorhin
fast fußfällig gebeten, die Bekanntschaft mit Ihnen
zu vermitteln. Er ist so schüchtern, daß Sie ihn
gewiß nie in Ihrer Nähe bemerkt haben werden.
Er verdient einige Berücksichtigung, parôle d'hon-
neur!"

Fräulein Rosa erröthete tiefer.

„Sie sind ein sonderbarer Mensch!" stammelte sie.

Sie stand im Begriff noch einige Worte hin-
zuzufügen, als plötzlich das Orchester eine der lieblichsten, verführerischesten Tanzweisen zu spielen begann.

Der Baron trat an die junge Dame heran,
und verneigte sich, einen brennenden Blick in ihre
schmachtenden blauen Augen versenkend.

Rosa erhob sich in einiger Verwirrung.

Die Nähe eines schönen jungen Mannes soll,
wie man behauptet, auf eine ebenfalls junge, ge-

fühlvolle Dame dadurch ganz besonders sympatisch
wirken, daß man dieser heimlich mittheilt, sie sei
längst im Stillen der Gegenstand der Träume
desselben, wenn sich die Sache auch nicht so ver=
hält.

Rosa hing sich an den Arm des so überaus
bescheidenen Barons, dem übrigens eigentlich eine
so subtile Schüchternheit keineswegs aus den
schwarzen, blitzenden Augen hervorschaute. Sie
schlug ihre blauen Augen vor dem jungen Manne

Emerentius Müller lächelnd mit dem Finger zu
drohen.

Dann flog sie mit ihrem Cavalier in die Schaar
der Tanzenden hinein.

Herr Halbmeier und das corpulente Männchen
blickten dem dahinwirbelnden Paare nach.

„Sie tanzen recht gut mit einander, sollte man
glauben!" näselte der lange Herr nach einer kur=
zen Pause. — „Wer ist eigentlich dieser Baron
— dieser — wie heißt er doch?

„Baron Wackelstern!" antwortete der Kleine
zuversichtlich und setzte dann gelassen hinzu: „Ich
muß Sie dringend bitten, sich endlich den Namen
zu merken, schon in meinem eigenen Interesse, lie=
ber Halbhuber."

„Was Teufel, lassen Sie mich mit Huber zu=
frieden!"

„Sehr wohl, mein bester Halbleitner. Sie wollen also Näheres über meinen Baron wissen?"

„Ja, sollte man glauben!"

Ich sage Ihnen, das ist ein vortrefflicher Mensch! Ich kenne ihn von Kindesbeinen an, er betrachtet mich auch als seinen väterlichen Freund. Ich machte ehemals für seinen Vater Geldgeschäfte, das war ein vornehmer, feiner Herr, wie überhaupt die — die Morgensterne fürstliches Blut in ihren Adern haben!"

„Alle Wetter, fürstliches Blut?"

„Ja, das wissen Sie nicht einmal? Der junge Baron ist von großen Reisen zurückgekehrt, er hat im Auslande höhere Diplomatik studirt, man hat ihm hier sogleich einen Gesandtschaftsposten ange=tragen, — in zwei Jahren ist er Minister, das gebe ich Ihnen schriftlich!"

„Minister!" rief der Exkaufmann erstaunt.

Sein breiter Mund verzog sich zu einem wohl=gefälligen Schmunzeln. Herr Halbmeier schwamm in stillem Entzücken darüber, daß seine Tochter in diesem Augenblicke mit einem künftigen Minister tanze.

„Das ist wahrhaftig ein vielversprechender jun=ger Mann!" näselte er. — „Ich hab's ihm gar nicht angesehen, sollte man glauben. Wird der Herr Baron hier bleiben?"

„Ja, er hat den Gesandtschaftsposten ausge=

schlagen. Und wissen Sie weshalb? Seit vier
Monaten ist er hier, seit drei Monaten liebt er
Ihre Tochter."

„Meine — Tochter?" stotterte Herr Halbmeier,
und riß die Augen so weit auf wie den Mund.
— „Meine Tochter und ich haben den Herrn aber
doch heute zum Erstenmale zu Gesicht bekommen,
sollte man glauben!"

„Das denken Sie nur! Schon seit drei Monaten
umzingelt er Sie und Ihre Tochter, ohne daß Sie
Beide etwas davon gemerkt haben; erkennen Sie
daran seine hohe Befähigung für die Diplomatie!"

„Er liebt meine Tochter, und denkt an eine
Verbindung mit ihr?"

„Das ist sein sehnlichster Wunsch. Ich rathe
Ihnen, lassen Sie sich einen solchen Schwiegersohn
nicht entgehen. Es wird den Glanz des Hauses
Halbhuber erhöhen, wenn es heißt: Die Tochter
ist Baronin und angehende Ministerin! — Die
Glorie breitet sich dann auch jedenfalls über den
Vater aus!"

„Ei, ei, ei!" schnarrt eder lange, hagere Halb=
meier vor sich hin, seine Augen begannen zu leuch=
ten und suchten Rosa und ihren Tänzer unter
der hüpfenden Menge. — „Sie sind aber bestimmt
der Meinung, lieber Müller," — fuhr er fort —
„der junge Baron, der mir sehr wohlgefällt, sei
eine gute Partie?"

„Ohne alle Frage! Ich glaube wohl, daß das Studium der Diplomatie ihn viel Geld gekostet haben mag, aber das wird er schon wieder ein= bringen —"

„Geld! Davon ist nicht die Rede! Wir haben!" näselte Herr Halbmeier, sich ein wenig in die Brust werfend. — „In den Adern des jungen Mannes fließt etwas von fürstlichem Blute, gut, ich statte meine Tochter fürstlich aus, sollte man glauben! Aber, mein Gott, was faseln wir da, mein guter Müller, auf Rosa kommt ja Alles an —"

„Wenn das der Fall ist," raunte der kleine Herr seinem langen Nebenmanne lächelnd zu, — „so möchte ich behaupten, daß die Hochzeit der jungen Leute schon binnen einigen Wochen statt= finden werde. Sehen Sie nur, der Tanz ist zu Ende, dort kommt unser Paar. Sie verstehen sich doch auf Physiognomien, Herr Halbleiter, was sagen Sie zu den Blicken, die Ihre Fräulein Toch= ter und mein Baron mit einander wechseln?"

„Und sie plaudern schon ganz vertraulich mit einander, sollte man glauben!" versetzte Herr Halbmeier lebhaft, und lächelte das sich nähernde Paar äußerst huldvoll an.

Und Herr Halbmeier hatte recht. Der Baron war bereits von dem Geiste und der Anmuth sei= ner Tänzerin entzückt, und diese sagte sich heim= lich, daß der junge Mann von jenen Kavalieren,

die sich seither um sie bemüht, der liebenswürdigste
sei, und daß er tadellos tanze.

Diese vortreffliche Meinung, welche Beide von
einander gefaßt hatten, ward im Verlaufe einiger
Quadrillen und Walzer, die sie mit einander tanz=
ten, noch erhöht, besonders als es schließlich im
Nebensaale zu einem gemeinsamen Souper kam, zu
dem Herr Halbmeier den Baron und seinen ori=
ginellen Gefährten eingeladen.

Und als nun der Ball in früher Morgen=
stunde zu Ende ging, da durfte der Baron die
junge Dame an die Equipage geleiten, und er=
hielt vom Papa eine Einladung auf den folgenden
Tag. —

Der Wagen rollte von dannen. Der junge
Mann und der dicke Herr verweilten noch einige
Augenblicke unter dem Portale des Gebäudes.

Der Baron fiel dem kleinen Herrn um den
Hals, und schüttelte ihm alsdann herzhaft die
Hände.

„Mein lieber Herr," begann er leidenschaftlich,
— „dieses Mädchen ist ein Engel! Ich fühle, daß
ich Ihnen das Glück meines Lebens verdanken
werde! Aber um Gottes willen, was haben Sie
dem Vater der liebenswürdigen Rosa alles über
mich gesagt? Ich wäre beim Souper einige Male
wahrhaftig recht in Verlegenheit gerathen, hätten
Sie nicht immer noch zu rechter Zeit ausgeholfen.

Und dem Fräulein müssen Sie ebenfalls allerlei
von mir vorgeschwatzt haben, es könnte sonst un=
möglich sein, daß ich so — daß —"

„Daß Sie solchen Eindruck gemacht haben
würden, he?" lachte der kleine Mann. — „Nun,
ich sagte dem Mädchen, daß Sie seit drei Mona=
ten sterblich in sie verliebt seien und als ein be=
scheidener Jüngling nur auf eine passende Gelegen=
heit harrten, ihr dieses zu gestehen. Still, mein
Freund, der Vater weiß auch bereits darum, und
Sie haben gesehen, wie gewogen er Ihnen ist.
Verfolgen Sie Ihr Glück!"

„Mein Herr, Sie setzen mich in Erstaunen!"
stammelte Baron Karl.

„Sehr schmeichelhaft!"

„Was veranlaßte Sie, mir so ausgezeichnete
Dienste zu leisten? Mir, der ich Ihnen doch völlig
fremd bin?"

Der kleine Herr kniff die Augen zusammen
und lächelte verschmitzt.

„Still, mein Lieber!" antwortete er. — „Sie
fragen, weshalb ich es mir angelegen sein lasse,
Sie mit der schönen Millionärin zu verheiraten?
Sie werden das an Ihrem Hochzeitstage und zwar
nach der Tafel erfahren. Nützen Sie die Ein=
ladung des alten Herrn, und jetzt — schlafen Sie
wohl, man bekommt hier auf dem Steinpflaster,
wenn man stehen bleibt, kalte Füße."

„Wir werden einander doch wiedersehen, Herr
Müller? Darf ich Sie besuchen?"

„Ich bin den ganzen Tag in Geschäften vom
Hause abwesend, Sie würden sich vergeblich zu
mir bemühen. Aber wir werden einander schon
das eine oder andere Mal bei — Ihrem künftigen
Schwiegervater treffen. Ich sage Ihnen, Herr
Baron, nützen Sie die Gelegenheit und machen
Sie meine Bemühungen nicht zu Schanden! Gute
Nacht!"

Der kleine dicke Herr wackelte hastig von
dannen.

Der junge Mann aber, dem das ganze Abenteuer wie ein Märchen vorkam, blickte dem sich
Entfernenden, bis dieser um eine Straßenecke verschwand, verwundert nach.

„Unbegreiflich!" murmelte er vor sich hin.

Dann schlug er, bald von entzückenden Gefühlen bewegt, bald nachdenklich, den Weg nach
seiner Wohnung ein. —

Drei Monate waren seit jener Ballnacht vergangen.

Ungefähr um die Mittagsstunde stand der
Baron Karl in dem einfachen kleinen Salon seiner Wohnung.

Er war festlich gekleidet, sein Diener beschäftigte sich damit, den Frack, die Weste und das
Schnupftuch seines Herrn mit einer angenehm duf-

tenden Essenz zu benetzen, während der Baron
sich die lichten Glacéhandschuhe anzog.

Nachdem beides abgethan, überreichte Johann
seinem Herrn den Hut, und trat respektvoll zur
Thür, sie dem Baron zu öffnen.

Dieser blickte flüchtig auf seine Uhr.

„Wahrhaftig, es ist Zeit, daß ich fahre," mur=
melte er — „meine Braut, der Schwiegervater
und die Gesellschaft werden mein Erscheinen schon
ungeduldig erwarten!"

Dann wendete er sich zu dem Diener.

„Der Kutscher weiß doch," fragte er — „daß
er nicht sogleich von hier zur Kirche zu fah=
ren hat, sondern zum Hause des Herrn Halb=
meier?"

„Er weiß es, Herr Baron!" war die Ant=
wort.

„Nun gut, vorwärts also!"

Der Diener stand im Begriff, die Thür aufzu=
reißen, als die Wohnungsglocke ziemlich stark an=
gezogen ward.

Der Baron hemmte seinen Schritt.

„Sehe nach, wer kommt, und weise Jeden ab,
falls es nicht etwa ein Bote meines Schwieger=
vaters sein sollte. Aber rasch, ich muß mich be=
eilen, von hier fortzukommen!"

Der Diener verschwand.

Gleich darauf ließ sich im Vorzimmer ein leb=

haftes Geräusch hören. Eine quiekende und eine
rauhe Stimme wurden laut, dazwischen ertönte
ein Protestiren Johanns.

Der Baron schickte sich an, ungeduldig den
Salon zu verlassen, als heftig an die Thür dessel=
ben gepocht ward.

Im nächsten Augenblick schlüpfte ein kleiner
hagerer Herr herein.

Dieser verneigte sich hastig, zeigte aber eine
determinirte Miene.

„Was wünschen Sie, mein Herr?" fragte der
Baron unmuthig.

„Ah," quiekte der Eingetretene, — „der Herr
Baron erkennen mich nicht mehr, oder wollen mich
nicht erkennen? Thut nichts zur Sache. Kann
dem Gedächtniß des Herrn Baron nachhelfen!
Bin der Schieferkopf aus Feldberg — werden sich
darauf besinnen, kleiner Wechsel, achthundert Tha=
ler, vor drei Jahren bereits protestirt. Hab' erst
gestern Abend Ihre Anwesenheit in der Residenz
erfahren, habe heute in aller Frühe die Eisenbahn
benutzt. Bitte höflichst um mein Geld. Hier ist
der Wechsel."

Der hagere Herr zog ein Papier aus der Tasche
und entfaltete es vor dem Baron. Dieser wechselte
kaum merklich die Farbe.

„Herr Schieferkopf," sagte er betreten — „Sie
werden Ihr Geld erhalten, in einigen Tagen. Ich

stehe augenblicklich im Begriff, in die Kirche zur Trauung zu fahren —"

„Weiß ich," quiekte das Männchen dagegen — „hab' ich gestern schon erfahren, daß Sie heiraten — hab' auch soeben den Wagen unten halten gesehen — Sie machen eine reiche Partie, Fräulein Halbmeier, Millionärin, — werden mich um so leichter auf der Stelle befriedigen können!"

„Auf der Stelle? Unmöglich, lieber Herr! Aber in acht oder vierzehn Tagen, darauf verpfände ich Ihnen mein Wort!"

„Bedaure, Herr Baron! Vor drei Jahren sind Sie mir auch unversehens abgefahren, wie es hieß, in's Bad. Ich weiß, vornehme Herrschaften pflegen unmittelbar nach der Trauung eine Hochzeitsreise anzutreten, die Ihrige könnte vielleicht andere drei Jahre dauern. Muß um sofortige Einlösung des Wechsels ersuchen."

„Aber ich habe jetzt kein Geld, mein Herr!"

„Senden Sie durch Ihren Diener einen Zettel an den Herrn Schwiegervater! Wir können warten!"

Ich kann nicht warten, mein Herr, die Hochzeitsgäste harren meiner! Und dem Schwiegervater kann ich unmöglich unmittelbar vor der Trauung mit solchen Dingen kommen. Wenn er jetzt erführe — er wäre im Stande die Heirat rückgängig zu machen — Sie werden begreifen —"

„Ich begreife, daß ich auf der Stelle mein Geld haben muß, oder —"

„Zum Teufel, Herr, ich werde Sie dieser Tage bezahlen. Lassen Sie mich jetzt in Ruhe, sonst wird mein Diener —"

„Habe das vorausgesehen, Herr Baron!" quiekte der hagere Herr, entschlüpfte dem Baron, der sich ihm aufgebracht näherte, und riß die Thür auf. — „Herr Executor" — schrie er — „thun Sie Ihre Schuldigkeit!"

Ein großer, vierschrötiger Mann trat vom Vorzimmer in den Salon.

Mit gleichgültiger Amtsmiene wies er dem Baron einen Verhaftsbefehl vor, den der hagere Herr gegen seinen Schuldner erwirkt hatte.

Alle Versprechungen und Bitten des armen Barons fruchteten nichts. Nach einigem Hin- und Herreden sah er sich genöthigt, dem Vollstrecker des Gesetzes zu folgen.

„Ich kann unmöglich den Schwiegervater von diesem Unfall benachrichtigen!" murmelte der Baron vor sich hin, als er die Treppe des Hauses hinabging. — „Es wird so wie so zu einem Skandal kommen! O mein Gott — arme Rosa!"

Vor dem Hause hielt hinter dem Hochzeitswagen ein Fiaker. Diesen letzteren bestiegen der Baron und sein amtlicher Cerberus.

Eine halbe Stunde später öffneten sich dem

troſtloſen jungen Kavalier die Pforten des Schul=
denarreſtes.

Welches Schickſal! Im eleganten Hochzeitsfrack
der Bewohner eines ſo ominöſen Logis zu
werden!

Der Baron warf ſich in der Zelle, die ihm
angewieſen worden, auf eine Bank. Er achtete
nicht auf ſeine neugierige Umgebung, die übrigen
Mitgefangenen. Er verſank in düſteres Brüten.

Aber dieſes ſollte nicht lange dauern.

Nach zehn Minuten öffnete ſich die Thür der
Zelle.

Ein Aufſeher trat höflich vor den jungen Mann.

„Herr Baron,“ ſagte er — „Sie ſind frei.
Ein Herr, der ſich raſch wieder entfernte, war im
Bureau und brachte den ſchriftlichen Befehl, Sie
ſofort zu entlaſſen. Der Herr läßt Ihnen ſagen,
Ihr Wechſel ſei bezahlt, Sie möchten ſich ſogleich
des Wagens bedienen, der vor unſerer Thür hält.“

Der Baron fuhr erſtaunt in die Höhe.

„Wie ſah der Herr aus?“ fragte er haſtig.

„Er war klein, dick und hatte eine Stimme wie
eine Kindertrompete!“ antwortete der Aufſeher.

„Emerentius Müller!“ ſtammelte der Baron —
„Seltſam!“

Er ſtürzte fort. Er fand den Hochzeitswagen
vor der Seitenthüre des Schuldengefängniſſes ſeiner
harren. Haſtig ſtieg er ein, der Kutſcher hieb in

die Pferde. Zehn Minuten später betrat Baron
Karl den glänzenden Empfangssalon seines künftigen Schwiegervaters, als ob nichts geschehen sei.

Er küßte seiner reizenden Braut die Hand, und
entschuldigte sein spätes Erscheinen bei dem lächelnd
schmollenden Halbmeier und der Gesellschaft durch
irgend einen improvisirten Vorwand, der bereit-
willigst als triftig angenommen ward.

Und als man nun sofort aufbrach, um zur
Kirche zu fahren, da ließ der Baron den Blick
über sein zahlreiches Gefolge gleiten.

Richtig, unter der Schaar watschelte auch sein
kleiner dickbäuchiger Schutzgeist umher, und seine
freundliche, harmlose Miene drückte so ganz und
gar nichts von dem aus, was nur er vor einer
Viertelstunde ausgeführt haben konnte, daß der
Baron sich bei seinem Anblicke kaum zu beherrschen vermochte.

Wenn ich nur wüßte, dachte er — was dieser
kleine Mann an mir finden mag, daß er mir
gegenüber die Rolle einer gütigen Vorsehung übernommen hat! — Aber ich werde es ja nach der
Tafel erfahren, wie er mir verhieß, — bis dahin
also Geduld! — —

Und die Trauung war vorüber, die glücklichen
Neuvermählten saßen freudestrahlend auf ihrem
Ehrenplatze an der Tafel, die unter der Last kost-
barer Blumenvasen, reicher Silber- und Kristall-

gefäße, sowie duftender Speisen und herrlicher
Delicatessen, vor Allem aber unter der Wucht zahl=
loser, langhalsiger Flaschen zu brechen drohte.

Toast folgte auf Toast, man kam zum Dessert,
der Champagner floß in Strömen, die ganze Ge=
sellschaft schwamm in Wonne.

Den fröhlich erhitzten jungen Ehemann aber
duldete es nicht länger auf seinem Platze. Er
mußte sich unbeachtet von demselben fortzustehlen.

Der kleine Emerentius Müller saß in der Reihe,
an der er vorüberhuschte.

Hastig tupfte er auf die Schulter des Männchens
und schlüpfte dann in das an den Salon grenzende
Kabinet.

Eine Minute darauf stand der kleine Herr vor
ihm. Er hatte die Thür, die zum Salon führte,
hinter sich zugezogen.

Das schwammige, runde Antlitz des Männ=
chens glühte wie eine Feuerkugel, seine Augen
blitzten und zwinkerten schelmisch.

„Mein bester Herr Baron,“ begann er — „ich
sehe, daß Sie sich noch jenes Ballabends erinnern,
der uns zusammenführte.“

„O nie werde ich ihn und Sie vergessen!“
versetzte der Angeredete lebhaft — „Sie sind es,
vortrefflicher Mann, dem ich —“

„Halt, mein Bester,“ unterbrach ihn der Kleine,
— „ich sagte Ihnen damals, daß Sie an Ihrem

Hochzeitstage nach der Tafel erfahren würden, was mich bewogen, Ihnen so eifrig zu dienen."

Und der dicke Herr zog ein großes Packet aus der Tasche.

„Ich habe Gemüth, mein Lieber," fuhr er fort — „das ist nun einmal ganz sicher, sehr viel Gemüth sogar, aber vor Allem bin ich denn doch Geschäftsmann. Ich hörte schon vor drei Jahren von Ihnen und Ihren kleinen Verlegenheiten, und als ich nun zufällig früher als Ihre Gläubiger Ihre Rückkunft erfuhr, da baute ich eine kleine Spekulation auf Ihre persönlichen Vorzüge, Ihr vortheilhaftes Aeußere und Ihren Baronstitel. Ich brachte Ihre Wechsel — auf den Schieferkopf, der mir fast die ganze Spekulation vereitelte, hatte ich freilich vergessen — an mich, da sind sie!"

Herr Müller wies das Packet lächelnd vor, der Baron starrte es verdutzt an.

„Ich mußte freilich den dritten Theil des Nominalwerthes für diese Wechsel zahlen," setzte das Männchen hinzu — „aber was thut man nicht für einen so liebenswürdigen Kavalier! Die Wechsel sind in aller Ordnung protestirt, Herr Baron, und es steht mir darauf hin jeden Augenblick frei, Sie an jenen Ort schaffen zu lassen, aus dem ich Sie heute unmittelbar vor Ihrer Trauung zu befreien die Ehre hatte. Ich hoffe aber, Sie werden nicht wünschen, Ihre Flitterwochen und noch

eine leidliche Zeit darüber hinaus im Schulden=
arreste zu verbringen, und mir daher die Kleinig=
keit von 40,000 Thalern, den Gesammtnennwerth
dieser Wechsel berichtigen. Ich gewähre Ihnen
dazu Termine und lasse Ihnen sechs Monate
Zeit.

Nach diesen Worten steckte der kleine Herr sein
Packet phlegmatisch ein.

Der Baron starrte das Männchen in höchster
Ueberraschung an. Er stand im Begriff, eine Ant=
wort zu geben, als die Thür, welche zum Speise=
salon führte, sich plötzlich öffnete.

Man hatte im Saale den Neuvermählten
vermißt.

Der Schwiegervater und einige Gäste über=
schritten die Schwelle des Kabinetes.

„Ei, was geschieht denn hier?" rief der lange
Halbmaier in fröhlicher Weinlaune.

Der Baron faßte sich rasch. Er ergriff die
Hand des kleinen Herrn Emerentius Müller.

„Mein dankbares Herz," antwortete er mit
einer etwas süßsauren Miene — „drängte mich,
den eigentlichen Urheber meines Glückes in aller
Stille zu umarmen!"

„Bravo!" riefen Schwiegervater und Gäste,
und schoben den jungen Ehemann und das dicke
Männchen in den Saal zurück.

Dort aber ergriff der Baron sein mit Cham=

pagner gefülltes Glas, warf einen vielsagenden
Blick auf den kleinen Herrn, und rief:

„Es lebe Herr Emerentius Müller, der un-
eigennützigste aller Freunde!"

Primadonna.

Erstes Kapitel.

Eine Soirée musicale.

Es war eine laue Nacht.

Der Duft des Mondenglanzes wob um die zahllosen Kuppeln der Kirchen und Kapellen Venedigs, warf hier und dort matte Streiflichter in das labyrinthische Gewirre der schmalen, alterthümlichen Gäßchen mit den unheimlich düstern Bogengängen, verwitterten Altanen und hier und dort in die glitzernde Flut tauchenden fahlgrauen Steintreppen.

Auf dem Marcusplatze wogte eine zahllose Menge.

Unter den Colonaden der Procuratien entfalteten alle Kaufgewölbe im blendenden Gaslichte die blitzende Pracht ihrer Auslagen.

Vor den Caffeehäusern, bis weit hinein in die Promenade der auf und nieder schlendernden Ve=

netianer, wiegten ſich die Dandies der Lagunen=
ſtadt auf leichten Rohrſeſſeln, bald die vorüber=
rauſchenden Frauengeſtalten muſternd, bald dem
Genuß der Cigarre oder des kühlenden Sorbets,
Träumereien oder heiterer Plauderei ſich hin=
gebend.

Doch während in dieſem bei Tag und Nacht
belebten Viertel hier Fäden der Intrigue geſpon=
nen wurden, dort glühende Blicke verheißend wink=
ten, Flüſtern und Schäkern ertönte, und weiterhin
unter den Säulen des Dogenpalaſtes fröhliche
Paare im Schatten tändelten, oder am Molo zu
Waſſerfahrten ſich anſchickten, waren die andern
Viertel Venedigs faſt verödet, und boten, in blei=
chen Mondenſchein gehüllt, den Anblick eines
ausgeſtorbenen, geſpenſterhaft erſcheinenden Stein=
koloſſes.

Die ganze Bevölkerung Venedigs ſchien dem
Marcusplatze zugeſtrömt zu ſein. Selbſt der ariſto=
kratiſche Canal Grande zeigte ſich minder belebt
als ſonſt, aus ſeiner Flut ragten die gigantiſchen
Paläſte geiſterhaft erhellt empor, und nur die hohen
Bogenfenſter eines derſelben ſtrahlten im Giran=
dolenglanze.

Ein Dutzend mit Wappenſchildern geſchmückter
Gondeln, welche neben der mit koſtbaren Tep=
pichen belegten Treppe lagen, Lakaien in präch=
tiger Livree, die dort am Eingang lehnten, und

einige andere elegante Fahrzeuge, die von der
Richtung des Palastes Foscari, sowie unter der
Rialtobrücke hervor dem erleuchteten Palaste zu-
steuerten, ließen leicht errathen, daß dort eine
Soirée einen Kreis Vornehmer versammle.

Eine der zuletzt anlangenden Gondeln war
wenige Minuten vorher von dem naheliegenden
ehemaligen Palazzo Grassi, jetzt das Hotel zum
„Kaiser von Oesterreich," abgestoßen. Ein etwas
corpulenter, sehr elegant gekleideter Herr verließ
dieselbe hastig und stieg, so rasch es sein schwer-
fälliger Körper erlaubte, die mit Mosaik ausge-
legte und mit Statuen geschmückte Marmortreppe
hinauf.

Am Eingang einer gewölbten Vorhalle empfing
ihn der reich gallonirte Thürsteher.

„Hat das Concert schon begonnen?" fragte
der Herr keuchend.

„Ja, Excellenza!" entgegnete der Thürsteher
und wies den Herrn zur Garderobe.

Dort entledigte dieser sich seines Paletots, und
wanderte sodann, nachdem er im riesigen Wand-
spiegel des Vorzimmers sein scharfgeschnittenes
Gesicht, die auffallend schwarze Perrücke und seine
Toilette flüchtig gemustert hatte, durch eine Reihe
hoher, glänzend beleuchteter Gemächer, deren alter-
thümliche Pracht der Decorirung mit dem anderen
Meublement derselben contrastirte.

„Das ist fatal," murmelte der dicke Herr, während er so dahinschritt, „vielleicht hat sie schon gesungen und ich komme zu spät! Die Schurken im Hotel sagten mir eine falsche Stunde! Ich hätte mich auch im Fenice nicht so lange aufhalten sollen!"

Er betrat den Concertsaal. Ein Lichtmeer strömte ihm entgegen. Der mit verschwenderischem Luxus im altvenetianischen Styl ausgestattete Saal war mittelgroß und fast überfüllt.

Eine erlesene Gesellschaft hatte sich bei der Marchesa Tiepolo, der Dame des Hauses, versammelt. Die kunstsinnige Marchesa sah wöchentlich an einem bestimmten Abende einen Kreis von Musikverehrern um sich. Dilettanten, meist von vornehmer Geburt oder hervorragender Stellung, hielten in den Soiréen der liebenswürdigen Dame ihre Talente zur Verfügung, und man drängte sich, Zutritt in einen Salon zu erhalten, in dem Schönheit, Geist, Reichthum und Genie durch ihre glänzenden Repräsentanten vertreten waren. Diese Soiréen bildeten gewissermaßen einen Sammelpunkt des venetianischen Adels, der seit längerer Zeit begonnen hatte, sich so viel wie möglich vom allgemeinen öffentlichen Verkehr zurückzuziehen, sich in einer Art starrer Exclusivität den neueren politischen Verhältnissen gegenüber zu verhalten.

Der dicke Herr überflog mit stechendem Blick

die Verfammlung und entdeckte die Marchefa unter
den von Diamanten ſtrahlenden Schönheiten. Auch
die hochgewachſene, ſchmächtige Dame mit den
feingeſchnittenen ariſtokratiſchen Zügen hatte den
Eintretenden gewahrt, und winkte ihn zu ſich
heran.

Er drang bis zu der Dame des Hauſes vor.
Dort ſtammelte er einige Entſchuldigungen wegen
ſeines ſpäten Erſcheinens.

„Ich ſollte Ihnen zürnen, Carlatti,“ entgeg=
nete die Marchefa, „denn Sie haben bereits zwei
Nummern unſerer kleinen Akademie verſäumt! Ich
möchte aber nicht, daß Sie von Venedig ſchieden,
ohne durch eigene Ueberzeugung eine gute Mei=
nung von unſerm muſikaliſchen Treiben mit ſich
nach Florenz zu nehmen. Sie kommen zum Glück
noch zu rechter Zeit, das Wunder meiner Soiréen
kennen zu lernen. Sie, Maeſtro, einer der ge=
diegenſten Muſikkenner Italiens, hätte ich ungern
heute vermißt! Ich bin in der That auf Ihr
Urtheil über unſer angeſtauntes Wunder ge=
ſpannt!“

Der dicke Herr machte, ſo gut es ihm möglich
war, eine zierliche Verbeugung.

„Frau Marchefa,“ entgegnete er verbindlich
lächelnd, „ein Impreſario, wie ich es bin, iſt
immer nur zu leicht geneigt, ein Talent ungerecht
zu beurtheilen, wenn es nicht die praktiſchen Be=

dingungen erfüllen sollte, die ein Theaterdirector
vom Sänger begehrt. Ich versichere Sie, in sol=
chem Fall geräth öfter der Impresario in mir
mit dem Kunstkenner in Conflict, und, ich gestehe
es zu meiner Schande, der Erstere geht aus sol=
chem Kampfe meist siegreich hervor!"

„O, die schöne Gräfin Julia Amalfi," ver=
setzte die Marchesa heiter, „wird Ihr Impresario=
bewußtsein nicht zu einem Conflicte drängen! Doch
kommen Sie, ich stelle Sie der Gräfin vor."

Der dicke Herr verneigte sich.

Die Marchesa, welche während des Gespräches
dem Flügel, der in der Mitte des Saales stand,
den Rücken wendete, hatte nicht gewahrt, daß in
demselben Augenblick eine Dame von einem Ca=
valier dorthin geleitet ward.

Diese Dame war eine junonische Erscheinung.
Ihre regelmäßigen, feingemeißelten Züge hatten
einen lebhaften, geistreichen Ausdruck. Ihre dunk=
len, großen Augen glühten in verhaltenem Fener.
Jede ihrer Bewegungen athmete Grazie.

Als die junge Dame zum Flügel schritt, ging
ein Murmeln freudiger Bewunderung durch den
Saal.

Die Marchesa drehte sich herum.

„Ah," sagte sie lächelnd zum dicken Impresario,
„Sie kommen überall zu spät, dort steht bereits
unser Wunder!"

„Das ist also die Gräfin?" erwiederte dieser, die imposante Erscheinung mit lauerndem Blick prüfend — „Hm, herrliche Theaterfigur, bei Gott, Repräsentation, Adel, wie für eine Norma geschaffen!"

„Ich sehe," flüsterte die Marchesa spöttisch, „daß Sie, seit ich Florenz verlassen, ein Impresario comme il faut geworden sind, mein Lieber!"

„Man wird Geschäftsmann, Frau Marchesa," entgegnete Carlatti achselzuckend, „und lernt Alles durch die Brille des Theaterdirectors betrachten!"

Die Gräfin nahm ein Notenblatt zur Hand; ein Herr setzte sich an den Flügel. Das Flüstern verstummte.

Die Marchesa ging zu ihrem Platz und winkte den Impresario zu einem leeren Sessel neben sich.

Die Introduction zu einer Arie aus „Semiramis" begann.

Die Gräfin Amalfi sang mit glockenreiner Intonation, staunenswerther Kunstfertigkeit, hinreißender Leidenschaft. Ihre Stimme hatte jene Frische und Fülle des Tons und der Ausdrucksweise, welche überwältigend wirken und unwiderstehlich zum Herzen dringen. Mit glänzender Virtuosität verband sie jenen künstlerischen Tact, der alle Nuancen im Gesange richtig zu vertheilen weiß, ihrem Vortrag war jener poetische Zauber

eigen, der einer Gesangsleistung den Stempel der
Genialität aufdrückt.

Jemehr sie sang, desto lebhafter begannen die
Gesichtsmuskeln des Impresario zu zucken, seine
Augen vergrößerten sich und ließen rings um die
Pupillen herum das Weiße blicken, seine Hände
zitterten convulsivisch, seine Lippen regten sich, als
schnappten sie nach Luft, die ganze gedrungene
Gestalt ward von Unruhe erfaßt. Der kleine
Mann rückte in höchster Aufregung auf seinem
Sessel hin und her, er glich einem gefüllten Bal=
lon, der, vom Seile zurückgehalten, den Augenblick
des Emporschnellens nicht erwarten kann.

Die Arie war zu Ende. Ein enthusiastischer
Beifall, wie ihn nur Italien kennt, und den kund=
zugeben selbst die Aristokratie dieses Landes nicht
unter ihrer Würde hält, ward der schönen Sän=
gerin von allen Seiten gespendet.

Die Gräfin nahm jene Huldigungen mit vor=
nehmer Anmuth auf.

„Nun, Carlatti,“ wendete die Marchesa sich
zu dem Impresario, „haben Sie an Ihrem Thea=
ter solche Sängerin? Was sagen Sie über das
Talent der Gräfin?“

„Eine Million,“ stammelte der Impresario,
„könnte ich verdienen, wenn ich eine solche Pri=
madonna hätte!“

„Sie sind unverbesserlich!“ entgegnete die Mar=

chefa lächelnd. „Während alle Welt hier durch
die Gesangsfertigkeit dieser reizenden Frau der
Prosa des Lebens entrückt ist, träumen Sie davon, wie viel Ihnen jenes geniale Talent tragen
könnte! Schämen Sie sich!"

„Weshalb, meine Gnädige?" erwiederte Carlatti, der sich bereits von seiner Ueberraschung erholt hatte, verschmitzt lächelnd, „Ich bin hier der
einzige Theaterdirector, und als solcher habe ich
das Recht, meine Begeisterung nach meinen Begriffen zu formuliren."

„Aber Sie sind doch Musiker von Fach und
glühen für die Kunst, so viel ich weiß!"

„Das that unser große Rossini, der Schwan
von Pesaro, ebenfalls von jeher, ohne daß sein
Speculationsgeist durch die Begeisterung gelitten
hätte! Erweisen Sie mir die Gnade, mich der
Gräfin vorzustellen!"

„Sie wollen doch nicht etwa einer Contessa
Amalfi Engagementsanträge machen?" scherzte die
Marchesa. „Die Gräfin Julia ist bereits im Besitze jener Millionen, nach denen Ihr Impresario-
gelüste trachtet!"

„Leider beträgt das Brillantencollier der schönen
Gräfin, das ich an ihrem Halse sehe, zehnmal so
viel, als ich ihr an Jahresgage bieten könnte!"
entgegnete Carlatti in drollig kläglichem Tone.
„Es ist traurig! Aber, mein Gott," fügte er mit

schlauem Lächeln hinzu, „jedes Glück ist wandel-
bar! Millionen gehen heutzutage leichter verloren,
als Geist und Talente. Ich kenne mehr als eine
vornehme Dame, welche die Nothwendigkeit zwang,
ihr Gesangstalent zu verwerthen!"

„Sie täuschen sich, mein Lieber," erwiederte die
Marchesa mit einem Anflug verächtlichen Spottes,
„wenn Sie glauben, die Gräfin Julia würde in
mißlicher Lage auch nur einen Augenblick vergessen,
was sie ihrer Geburt und Stellung schulde. Wenn
andere schwachherzige Frauen unseres Standes
dies vermochten, die Gräfin Julia könnte es sicher
nicht, ich kenne ihre Gesinnung, ihren Charakter,
sie ist weniger stolz auf das Talent, das ihr die
Natur verliehen, oder die Reichthümer, welche ihr
durch ihre Heirat zu Theil geworden sind, als auf
ihre Abkunft und den unbefleckten Namen des
alten Geschlechtes, den sie trägt!"

Diese Worte wurden gewechselt, während die
Marchesa und der Impresario sich langsam dem
Gegenstande ihres Gespräches näherten.

Carlatti entgegnete nichts, doch seine Lippen
umspielte ein ironisches Zucken. Er folgte jeder
Bewegung der von Enthusiasten umringten Gräfin,
und gewahrte nun unmittelbar an ihrer Seite
einen alten sehr häßlichen Herrn, der mit einer
gewissen Berechtigung einen Theil der Huldigungen entgegenzunehmen schien, welche der schö-

nen Sängerin von der Gesellschaft dargebracht
wurden.

„Wer ist jener Herr?" flüsterte Carlatti der
Marchesa zu, mit dem zwinkernden Blick auf den
Cavalier deutend.

„Er ist der Gatte unseres Gesangswunders!"
war die Antwort.

„Vermuthlich ein sehr geistreicher und liebens=
würdiger Mann, da er ohne äußere Vorzüge sich
in den Besitz eines so vollendeten Wesens zu setzen
wußte?" fuhr der Impresario lauernd fort.

„Sie sind im Irrthum. Der Graf ist weder
geistreich noch liebenswürdig. Die Gräfin wählte
nicht nach ihrem Herzen. Uns scheint überhaupt
bis zur Stunde, als ob die Natur, welche diese
schöne Frau mit so verschwenderischen Gaben aus=
stattete, ihr ein Herz, mit einem Wort, die Fähig=
keit zu lieben vorenthalten hätte."

„Sie glauben? Ich bin nicht Ihrer Meinung,
Frau Marchesa. Wer so leidenschaftlich wie diese
Dame zu singen versteht —! Hm — Hat sie
Kinder?"

„Nein!" war die Antwort. „Sie ist —"

Die Marchesa konnte ihren Satz nicht vollen=
den. Die Gräfin Julia hatte die Dame des
Hauses bemerkt und eilte ihr entgegen. Sie kam
mit anmuthigem Tact den Complimenten zuvor,
mit denen die Marchesa sie überhäufen wollte und

begann eine pikante Plauderei, sich auf solche
Weise zugleich den Huldigungen der Gesellschaft
entziehend, die sie zu belästigen schienen.

Carlatti ward vorgestellt. Die Gräfin nahm
seine enthusiastischen Lobsprüche mit einem kühlen
Lächeln entgegen.

Andere an der Soirée Theilnehmende produ-
cirten sich im Gesang wie Pianofortespiel. Meist
Unbedeutendes ward geboten.

Man plauderte während der Pausen über
Kunst und tausend andere Dinge.

Carlatti wendete sich vorzugsweise an die Gräfin,
deren Anmuth und Urtheil er zu bewundern Gelegenheit fand; er schien sich während der Unterhaltung die Aufgabe gestellt zu haben, angelegentlich den Charakter der schönen Frau in unauffälliger Weise zu studiren. Der Impresario war
gewöhnt, sich in vornehmer Gesellschaft zu bewegen, er war ein scharfblickender und gewandter
Mann, dessen speculativer, vor keinen Hindernissen
zurückschreckender Geist sich hinter der Larve der
Bonhommie und der Alltäglichkeit verbarg. Er gab
sich in der Regel den Anschein, nichts als ein
wenig Musik und die Handgriffe des Bühnen-
wesens zu verstehen. In Wahrheit aber standen
ihm Menschenkenntniß, Schlauheit und ein kalei-
doscopartiges Wissen zu Gebote, er gehörte obendrein zu jenen gefährlichen, egoistischen Menschen,

denen alle Mittel zur Erreichung ihrer Zwecke
recht sind, und die um so gefährlicher werden, je
natürlicher sie im geselligen Verkehr die Maske
harmloser Oberflächlichkeit zu tragen wissen. Carlatti schien leicht zu durchschauen, und eben darum
ergründete ihn so leicht Niemand, während er
mit Denen um so eher in's Reine kam, die es
nicht der Mühe werth hielten, vor ihm auf der
Hut zu sein.

Der schlaue Impresario hatte bald das innerste
Wesen der schönen stolzen Gräfin herausgefunden,
jene ideale Erregung der Seele, welche der Künst-
lernatur eigen ist, die aber hier sich in den Schleier
der Convenienz hüllte, und, in sich versenkt, jede
Annäherung selbst verwandter Elemente vornehm
verschmähte. Die Gräfin Julia erschien darum
bei aller gesellschaftlichen Liebenswürdigkeit kalt
und zurückhaltend, man bewunderte sie, ihre Schönheit, ihr staunenswerthes Talent, aber wie man
ein Kunstwerk bewundert, das in sich abgeschlossen ist.

Die Soirée, in deren Verlauf die Gräfin noch
einige Lieder mit echt dramatischem Ausdruck gesungen hatte, war zu Ende, die Gesellschaft
brach auf.

Als die Gondel des Theaterdirectors den Canal
Grande durchschnitt, beachtete der speculative dicke
Herr weder das malerische Durcheinander der

reichgeschmückten Fahrzeuge, welche vor, hinter und
neben ihm die übrigen Gäste der Marchesa heim=
führten, noch die reizende Mondnacht, deren Zau=
berglanz Alles ringsumher dämmerhaft verklärte.
Er brütete vor sich hin, sein Geist war augen=
scheinlich seiner Umgebung weit entrückt.

„Eine Million ließe sich verdienen,“ murmelte
er, „das ist nun einmal unzweifelhaft! Und was
hindert mich daran? Das schöne Weib zeigt in
der That Kälte und Stolz, — doch gibt es nicht
ein Mittel, das diese beiden Dinge zu besiegen
vermag? — Sie ist jung, kinderlos, liebt ihren
Gatten nicht, ist eine Natur, die noch keine Ab=
geschlossenheit erlangt hat, obgleich sie sich den
Schein einer solchen geben möchte! — Hm, es ver=
lohnt sich der Mühe, über die Sache reiflich nach=
zudenken!“

Zweites Kapitel.

Der spanische Graf.

Etwa vierzehn Tage nach jener Soirée, in der die Gräfin Amalfi durch ihr Gesangstalent geglänzt hatte, besuchte sie eine Vorstellung des Theaters Fenice.

Man gab Donizetti's „Lucia" mit erlesenen Kräften. Eine neue Sängerin debutirte in der Titelrolle.

Das Haus war überfüllt, ein Kranz schöner Frauen schmückte die Logen, es hatte sich überhaupt ein sehr gewähltes Publikum eingefunden, die elegante und vornehme Welt schien sich an jenem Abend in den Räumen des Opernhauses ein Rendezvous gegeben zu haben.

Die Sängerin gefiel, aber sie erregte keinen Enthusiasmus, ein großer Theil des Publikums, namentlich desjenigen der Logen, verwendete da-

her kaum auf die Vorstellung so viele Aufmerk=
samkeit, als auf jene kleinen Vorgänge im Zu=
schauerraum, welche nirgend fehlen, wo eine
regsame Menge sich versammelt, in der Viele
nicht allein schauen, sondern auch gesehen sein
wollen.

Die Gräfin Julia hingegen widmete den Leistun=
gen der Künstler ihre volle Aufmerksamkeit, die
glänzenden Toiletten und das nichtige Geplauder
zur Rechten und Linken hatten für sie nichts An=
ziehendes.

Sie vertiefte sich in den Zauber der weichen,
leidenschaftlichen Melodien Donizetti's, sie sang
im Geiste mit.

Und so gewahrte sie während des ersten Actes
eine Erscheinung nicht, die bereits seit geraumer
Zeit in geringer Entfernung von ihr die Auf=
merksamkeit mancher der reizenden venetianischen
Damen erregte.

Es war ein junger Mann in einer der Pros=
ceniumslogen des ersten Ranges, der mehr und
mehr von dem schönen Geschlechte, ja sogar von
der Herrenwelt beobachtet wurde.

Dieser junge Mann war in einfacher, schwarzer
Kleidung, er trug ein Ordensband im Knopfloche,
und bekundete durch seine zuversichtliche Haltung,
die weit entfernt von Anmaßung war, den echten
Cavalier.

Er lehnte sich selten vornüber, schien die
Aufmerksamkeit nicht zu gewahren, welche er erregte, sondern der Darstellung sein Interesse zuzuwenden.

Manche der Damen richteten von Zeit zu Zeit
ihre Lorgnetten und Operngläser auf ihn.

Diese bewunderte insgeheim, Jene ohne Rück-
halt die chevalereske Anmuth des jungen Fremden,
Alle aber fesselte ganz besonders ein gewisses schwer-
müthiges Etwas, das feine regelmäßigen Züge
umwob.

Er war ein Typus creolischer Schönheit, hoch
gewachsen, schlank, mit schwarzen Augen, dunklem
und blassem Teint, bläulich schwarzem, gelocktem
Haar.

Der erste Act der Oper war vorüber.

Auch die Gräfin Julia musterte jetzt die elegante Versammlung im Zuschauersaale.

Sie wechselte einige Worte mit bekannten Damen der nächsten Loge und mehreren Cavalieren,
welche ihr während des Zwischenactes die Auf-
wartung machten.

Die Gräfin war im Theater nur in Begleitung
ihrer Gesellschaftsdame erschienen; der Graf hatte
sich genöthigt gesehen, einer Unpäßlichkeit halber
das Zimmer zu hüten.

Als die Introduction des zweiten Actes begann, verabschiedete die schöne Frau voll Anmuth

12*

jene Cavaliere, welche des Vorrechtes theilhaftig geworden waren, in ihre Loge treten zu
dürfen.

Sie schickte sich an, der Oper von Neuem
ihre Aufmerksamkeit zuzuwenden.

Da neigte eine der ihr zunächstsitzenden Damen,
eine umfangreiche Blondine mit kokettem Wesen,
sich zu ihr.

„Ist Ihnen der junge Mann dort bekannt?"
flüsterte die üppige Schönheit.

Die Gräfin sah ihre Nachbarin an, und suchte
dann der Richtung zu folgen, welche das Augen-
blinzeln der corpulenten Donna andeutete.

„Welcher junge Mann?" fragte sie zugleich fast
gedankenlos.

„Nun, jener Herr dort in der Prosceniumsloge, der seit einiger Zeit die allgemeine Aufmerksamkeit erregt, wie mir scheint!" fuhr die Blondine fort. „Ist Ihnen das entgangen?"

„Ja!" warf die Gräfin kurz hin, während sie
ihren Blick auf die angedeutete Loge richtete.

„Sehen Sie nur," plauderte die üppige Dame
hinter ihrem blitzenden Fächer weiter, „er starrt
den Vorhang wie ein Träumender an. Entweder
ist er erstaunlich blasirt, oder unglücklich, denn
er nimmt von dem lachenden Treiben um sich her
so gut wie gar keine Notiz. Sie kennen ihn also
nicht?"

„Nein!" verſetzte die Gräfin. „Der Herr wird
ein Fremder ſein."

„Jedenfalls iſt er ein ſchöner, intereſſanter
Mann, nicht wahr?" lispelte die blonde Nachbarin.

Die Gräfin antwortete nicht ſogleich.

Der junge Mann, welcher in der Prosceniums=
loge ſaß, wendete den Kopf, ſein dunkles Auge
begegnete dem Blicke der Gräfin. Es lag ein
wunderbar feſſelnder Ausdruck in dieſem ſchwer=
müthigen Blicke des Fremden; die Gräfin fühlte
ſich davon eigenthümlich berührt.

Sie wendete ſich ab.

„Der Herr ſcheint ſich im Theater zu lang=
weilen!" antwortete ſie der blonden Dame in
gleichgültigem Ton.

„Das kann wenigſtens jetzt nicht der Fall ſein,"
erwiederte die überaus üppige Schönheit, „denn
er betrachtet Sie augenblicklich unverwandt!"

Die Gräfin lächelte eiſig.

„Vielleicht ſieht er mich ſo wenig, wie er den
Vorhang nicht zu bemerken ſchien, den er vorhin
anſtarrte!" entgegnete ſie, indem ſie ihr Opern=
glas auf die Scene richtete, vor der ſoeben die
Courtine in die Höhe gezogen ward.

Die Gräfin Julia ließ, ſie wußte ſelber nicht wie
es kam, nach einiger Zeit den Blick von der Bühne
fort zu jener Loge gleiten, in welcher der Unbe=
kannte ſaß.

Dieser hatte noch immer sein melancholisches Auge auf sie gerichtet, und nahm durchaus keine Notiz mehr von der Darstellung.

Obwohl als schöne Frau daran gewöhnt, Gegenstand der Beobachtung von Seiten aller Männer zu sein, welche in ihre Nähe kamen, fühlte sich die Gräfin doch durch die Aufmerksamkeit des Fremden beirrt.

Sein Blick hatte so gar nichts von jener dreisten Neugierde, die verletzt, dagegen leuchtete jenes sympatisch Geistige daraus hervor, das, Interesse erweckend, auf ein mildes Gemüth, ein ungewöhnliches Seelenleben schließen läßt.

Die Gräfin bemerkte wohl, daß der junge Mann sie nicht gedankenlos anstarre, sondern mit einer ernsten Bewunderung und Theilnahme betrachte.

Sie eröthete flüchtig.

Und von nun an schien sie mit verdoppelter Aufmerksamkeit dem Verlauf der Oper zu folgen, in Wahrheit aber begann der Unbekannte mehr und mehr ihre Phantasie zu beschäftigen.

Ihr Blick verirrte sich bis zum Schluß der Vorstellung nicht wieder zu der Prosceniumsloge, aber sie fühlte gewissermaßen instinctartig, daß der junge Mann kein Auge von ihr verwende.

Der Vorhang rauschte zum Letztenmale nieder,

die Zuschauer drängten sich in buntem Gewimmel hinaus in's Freie.

Die Gräfin fand an der Schwelle ihrer Loge mehrere Cavaliere, welche einander an Galanterie zu überbieten suchten.

Das kleine Gefolge von Anbetern begleitete die stolze Schönheit zu ihrer Equipage. Beim Einsteigen in dieselbe ließ die Gräfin einen flüchtigen Blick über die Menge gleiten, welche rings das Theater umwogte; es war, als suche sie secundenlang nach einem Gegenstand, den sie sicher hier zu finden erwartete.

Der junge Fremde war verschwunden. —

Nach ihrer Gewohnheit erschien die Gräfin Julia täglich auf dem Marcusplatze um jene Stunde, in der die elegante Welt dort zu lustwandeln pflegt.

Durch acht Tage begegnete ihr dort jedesmal der Unbekannte; er hatte stets in unauffälliger Weise einen Blick stummer Ehrerbietung für sie, und suchte niemals sich in ihre Nähe zu drängen, ja, er vermied es sogar, ihr auf der Promenade zweimal entgegenzukommen.

Am neunten Tage besuchte die Gräfin eine Soirée der Fürstin Romano.

Was Venedig an vornehmen Einheimischen und Fremden aufzuweisen hatte, war dort versammelt.

Gräfin Julia rauschte an der Seite der Fürstin durch den Salon.

„Sie werden heute einen interessanten jungen Mann bei mir sehen," sagte die alte geistreiche Fürstin, „wenigstens hat er mir zugesagt, sich einfinden zu wollen, obwohl er den geräuschvollen Zerstreuungen abhold ist!"

„Vermuthlich ein bedeutender Musiker, Hoheit?" fragte die Gräfin.

„Wohl schwerlich!"

„Sie wissen, Hoheit, daß mich eigentlich nur die Musik interessirt."

„Ich weiß, liebe Gräfin. Aber ich bin ebensowohl überzeugt, daß Sie mein Protegee, der Graf Juan de Riego, interessiren werde, wie er aller Welt Interesse einflößt. Er stammt aus den spanischen Colonien, und weiß wunderbare Dinge von Mexico, Australien, von fast allen Theilen der Welt zu erzählen. Er ist geistvoll in seinen Mittheilungen, liebenswürdig im Umgang, ein vollendeter Weltmann, trotzdem er, wie Sindbad der Seefahrer, sich auf dem Meere umhergetrieben hat."

„So ist er erst seit einigen Tagen hier?" fragte die Gräfin gleichgültig. „Ich bin einem solchen Grafen," setzte sie hinzu, „seither nirgendwo begegnet!"

„Acht Tage etwa mag er in Venedig sein,"

antwortete die Fürstin, „er kam mit einigen vortrefflichen Empfehlungen, aber er liebt die Einsamkeit, ihn scheint ein Kummer zu drücken!"

Die Mittheilung der Fürstin ward durch das Erscheinen des Grafen de Riego unterbrochen. Die Fürstin stellte ihn der Gräfin vor, — diese erkannte in ihm den jungen Mann von der Prosceniumsloge.

Graf Juan ließ durch sein Benehmen keineswegs verrathen, daß er die Gräfin Julia zuvor gesehen. Sein Blick aber schien ihr zu sagen: Es ist unsere Bestimmung, daß wir uns einander nähern sollen!

Die Gräfin, die stolze Schönheit, empfand zum Erstenmale eine unklare Regung, deren Deutung fast dasselbe gesagt haben würde.

Die alte Fürstin zeichnete den Grafen sichtlich aus, seine geistreiche, vom feinsten Tact geleitete Art sich zu geben, und seine interessante, lebensprühende Unterhaltung rechtfertigten diese Auszeichnung vollkommen; die Gräfin Julia und er bildeten bald den Mittelpunkt der Soirée.

Als die Gesellschaft sich spät in der Nacht trennte, da mußte die sonst so spröde Julia sich gestehen, daß der junge Spanier von allen Männern, welche ihr seither sich genähert hatten, der vielleicht gefährlichste sei.

„Wenn ich zu lieben vermöchte," hatte sie sich

gesagt, „so — aber eine solche Schwäche wird
mein Herz wohl schwerlich jemals überwältigen!"

Von nun an sahen Julia und der Graf de
Riego einander häufig in den eleganten Kreisen
des venetianischen Adels, die sich ihm um so be-
reitwilliger erschlossen, als er weder Deutscher noch
Franzose war.

Graf Juan fand überall eine ausgezeichnete
Aufnahme, besonders bei den Damen, doch unter
allen diesen Schönheiten wandte er seine Aufmerksamkeit nur einer Dame zu — Julien. Diskret
und zurückhaltend in seinem Benehmen, ließ er
nur Julien errathen, daß sie einen tiefen Eindruck
auf ihn mache.

Wenige Wochen vergingen und der Graf de
Riego gehörte zu den Auserwählten, denen der
Zutritt in den Salon der Gräfin Amalfi zu jeder
Tageszeit gestattet war

Anfänglich schien er, obwohl durch ihre Schönheit, ihren Geist angezogen, nur mit Widerstreben
sie aufzusuchen, er ward oft still, träumerisch, zurückhaltend in ihrer Gegenwart, dann war es, als
ob der geheime Kummer, den zu Zeiten sein blasses
Antlitz abspiegelte, ihn überwältigte, unmittelbar
darauf aber zeigte er sich wieder lebensprühend,
geistvoll, blendend. Julien, der alle diese Wand-
lungen nicht entgingen, schien es, als ob sich des
jungen Spaniers eine Leidenschaft zu ihr mit un-

widerstehlicher Gewalt bemeistere und über seine
ernstesten Vorsätze triumphire.

Die widerstreitendsten Empfindungen bemäch=
tigten sich ihrer Seele. Noch liebte sie nicht,
glaubte wenigstens nicht zu lieben, sondern wähnte
nur ihr Interesse für den jungen Mann gewachsen,
und sie sah darin, daß sie es ihm, wenn auch mit
einiger Zurückhaltung, kundgab, kein Unrecht, sie
empfand Mitleid mit ihm, sie wollte nicht einen
neuen Schmerz zu dem verborgenen Kummer fügen,
den er unzweifelhaft in der Brust trug, wohl aber
diesen Kummer zu erforschen trachten, den jungen
Mann trösten und dann seine Leidenschaft zu ihr
in Freundschaft wandeln. Sie nahm sich vor,
ihm gegenüber sich ein gewisses mütterliches Ueber=
gewicht zu bewahren — ein gefährliches Wagniß
für eine junge Frau, die noch nicht geliebt hat!

Und wenn sie nun inzwischen Vergleiche an=
stellte zwischen ihrem Gatten und dem jungen
Manne, in dem sie einen Freund sich zu erwerben
hoffte? Doppelte Gefahr! Jener alt, siech, verlebt,
dieser ein Ideal männlicher Schönheit, jener be=
schränkt, voller Launen, ohne Geschmack, ohne
Sinn und Verständniß für die schönen Künste,
welche das Leben zieren, dieser welterfahren bei
aller Jugend, liebenswürdig, ein begeisterter Lob=
redner der Musik und Poesie, und vor Allem ein
Mann von Kopf und Herz!

Eine geraume Zeit verstrich, ohne daß sich der
Gräfin eine Gelegenheit geboten hätte, ihre Absicht
auszuführen. Sie war zu tactvoll und ehrenhaft,
und empfand wiederum auch zu viele Theilnahme
für den jungen Spanier, als daß sie einen solchen
Moment, in dem sie nach ihrem Entschlusse Riego's
Leidenschaft mit, wie gesagt, gewissermaßen müt-
terlichem Uebergewicht in die Bahn einer warmen,
achtungsvollen Freundschaft lenken mußte, selber
hätte herbeiführen mögen. Eine Kokette hätte
ohne Weiteres ein gefährliches Spiel begonnen,
Julia aber besaß Grundsätze, und war zugleich
doch, obwohl ihr Aeußeres und ihr Benehmen
dies keineswegs verriethen, ein leidenschaftliches
Weib. Wenn sie jetzt zögerte, es zwischen dem
jungen Spanier und sich zu einer Erklärung kommen zu lassen, so geschah es ohne Zweifel in einer
ahnungsvollen Anwandlung von Zagen und Furcht
vor ihren eigenen unklaren Empfindungen, die
möglicherweise in einem solchen Moment, wo Herz
und Phantasie bei ihr heftiger als sonst erregt
werden mußten, aller Schranken der Lebensklugheit, ja langgehegter Grundsätze spotten konnten.

Noch fühlte Julia sich sicher, und sie war es
doch bereits nicht mehr.

Da ereignete sich ein Umstand, der ihr ganzes
Wesen von einer ihr bisher unbekannten Angst
erzittern ließ und sie zu dem trieb, was, nach

ihren mehr und mehr für den jungen Spanier
aufdämmernden Gefühlen, früher oder später doch
so kommen mußte.

Julia gewahrte, daß Graf de Riego's Besuche
im Palaste Amalfi spärlicher wurden, daß er zer-
streuter ward, und es zu vermeiden suchte, mit ihr
allein zu sein.

„Wie," sagte sie sich, „ich habe einen Menschen
gefunden, mit dem ich sympathisire, den ich achte,
und jetzt soll ich ihn verlieren, durch eine, vielleicht
zu weit getriebene Zurückhaltung? Die Damenwelt Venedigs macht ihm Avancen, während ich
ihm sicher scheu, und, was mehr noch ist, gleichgültig erscheine, ich, die ich nur seine Freundin sein
möchte! Warum verberge ich meine Theilnahme
und lasse sie durch die Galanterie anderer Frauen
in Schatten setzen? Er wird mich verkennen, er
glaubt mich ohne Herz, wie es die Menge von
mir wähnt, er wird sich von mir abwenden! Und
wenn er nun, ohne den Anhalt einer Freundin
zur Seite, in die Netze einer Unwürdigen fallen
sollte, vor der eben meine Freundschaft ihn hätte
bewahren können? Welches Unrecht begehe ich,
wenn ich ihm enthülle, was er mir ist? Habe ich
von einem edlen Manne eine unlautere Auslegung
meiner uneigennützigen Gefühle zu befürchten?"

So überlegte die Gräfin. Sie ahnte weder
die Sophistik, noch das Gefährliche dieser Logik.

Die Eiferſucht iſt der Freundſchaft ſo wenig fremd
als der Liebe, ſie verwandelt nur zu oft unver=
merkt die erſtere in die letztere. Die Gräfin Julia
wähnte freundſchaftliche Beſorgniß um Riego zu
empfinden, und es war im Grunde nur eine auf=
dämmernde Eiferſucht, was ſie empfand. Auch
das edelſte Weib bleibt Weib in den Regungen
ihres Herzens. Und die Gräfin war obendrein
eine Italienerin!

Von nun an zeigte ſie ſich gegen den jungen
Spanier weniger zurückhaltend, durch gewiſſe kleine
Vertraulichkeiten, die, wie ſich bei dem Charakter
einer Julia Amalfi von ſelber verſteht, in den
engſten Grenzen der Weiblichkeit blieben, gab ſie
ihm zu verſtehen, daß ſie eine Annäherung wünſche,
welche die Etikette des geſellſchaftlichen Lebens
hinter ſich laſſe, ſie gab ihm Anlaß, einen Blick
in ihr Gemüth thun zu können, und floh, mit
einem Wort, nicht mehr jene Gelegenheit zu einer
gegenſeitigen aus der Tiefe des Herzens quellen=
den Mittheilung, ſondern ſuchte ſie zu fördern.
Sie wußte es ſo anzuſtellen, daß Riego bisweilen
mit ihr unter vier Augen bleiben konnte. So
ging ſie geradenwegs einer Erklärung des jungen
Mannes entgegen, deſſen Leidenſchaft ſie mit weib=
lichem Inſtincte längſt errathen hatte, ſie trat bei=
nahe ſorglos mit dem Bewußtſein zu dieſer heran,
daß es ſich ja nur um einen Herzensbund handle,

der mit einer Liebesintrigue nichts gemein habe.
Und sie rechnete zuversichtlich darauf, daß Riego's
Gefühle für sie geistig genug seien, auf einen sol=
chen Bund einzugehen.

Doch seltsam! Je mehr sie die Nähe des jungen
Mannes suchte, desto mehr trachtete er darnach,
sie zu fliehen. Der Gräfin allein gegenüber war
es, als dränge sich seine Seele in ihre verborgen=
sten Tiefen zurück. Es war nicht Kälte, was er
zeigte, es war eine Unruhe in Blick und Geberde.
Er sprach entweder einsilbig oder mit unnatür=
licher Hast, und zog sich zurück, sobald es nur
irgend die Schicklichkeit erlaubte.

Dieses räthselhafte Benehmen stachelte die Grä=
fin auf. Die Unruhe, welche Riego zu empfinden
schien, theilte sich ihr mit, und ging nach und
nach in einen fieberhaften Zustand über. Sie be=
gann zu ahnen, daß der Mann, welcher ihr jetzt
auswich, ihrem Herzen mehr sei, als sie gewähnt
hatte, aber sie besaß jetzt nicht die Kraft mehr,
dieses Herz zu beherrschen. Ihre Zuversicht hatte
sich auf das Uebergewicht gegründet, das sie seither
über Riego's augenscheinlich aufflammende Liebe
zu besitzen wähnte, jetzt sah sie eine solche Neigung
überhaupt in Frage gestellt, oder durch ein uner=
klärliches Etwas niedergedrückt.

„Wodurch?“ fragte sie sich. Sie blickte um=
her. Keine der blendenden Schönheiten Venedigs

konnte sich rühmen, den liebenswürdigen Fremd=
ling, zu fesseln.

Riego war, bevor sie in Blick und Wort rege,
ungekünstelte Theilnahme für ihn hegte, zu Zeiten
träumerisch und scheu gewesen, und sie hatte sich
sein Benehmen zu erklären gewußt. Aber woher
jetzt, nun sie seinen Wünschen entgegenzukommen
wähnte, dieses bisweilen beinahe schreckhafte Zurück=
beben vor ihr? Sie mußte sich darüber Aufklä=
rung verschaffen.

Wenige Tage nachdem die Gräfin diesen Ent=
schluß gefaßt hatte, reiste ihr Gemal nach Verona,
doch nur auf kurze Zeit. Julia athmete auf.
Nicht etwa, daß sie durch die Abwesenheit ihres
Gatten einer lästigen Beaufsichtigung enthoben
worden wäre, denn der Graf war nicht eifersüch=
tig, er legte seiner schönen jungen Frau nichts in
den Weg, — er war, wie alle Welt in Venedig,
davon überzeugt, daß das Herz seiner Gattin nicht
fähig sei, für irgend einen Gegenstand, die Kunst
ausgenommen, zu erglühen. Trocken und pedan=
tisch, ein Aristokrat nach dem Zuschnitt des ver=
gangenen Jahrhunderts, ließ er seine Gemalin
jederzeit gewähren, und betrat nur ihr Empfangs=
boudoir, nicht sie argwöhnisch zu beobachten, son=
dern gewissermaßen sein Theil von den Huldigun=
gen hinzunehmen, welche die Besucher ihr dar=
brachten. Er war eben stolz auf seine schöne,

talentvolle Frau, wie er stolz war auf seinen Namen, seinen Reichthum.

Die Gräfin Julia empfing somit während der
kurzen Abwesenheit des Gemals ihre Besuche ungehindert wie sonst. Und so geschah es auch wenige Stunden nach der Abreise des Grafen.

Unter Denen, welche sich im Salon der Gräfin eingefunden hatten, befand sich auch der Gräf
de Riego.

Er sah an diesem Tage bleicher aus als gewöhnlich, er hatte fast einen verstörten Blick.

Er sprach nur zu der Herrin des Hauses, wenn
es unumgänglich nothwendig war, und dann auch
schien er zerstreut, zurückhaltend.

Sein Lächeln war ein erkünsteltes, seine Stimme
hatte einen leicht vibrirenden Klang, aber unter
den im Salon Anwesenden war es nur Julia,
welcher diese Symptome einer innern Erregung
nicht entgingen, denn nicht allein ihr Auge war
verstohlen mit ihm beschäftigt, sondern auch ihr
Herz.

Und sie nahm, von Unruhe gefoltert, sich vor,
die Abwesenheit ihres Gatten zu benutzen, und
sogleich zur Ausführung ihres Vorhabens zu
schreiten.

„Ich werde ihn unter irgend einem Vorwande
zurückhalten, sobald er sich mit den Uebrigen ver-
abschiedet!" sagte sie sich.

Es bedurfte dieser Vorsicht nicht, denn der
junge Spanier, der seit Kurzem sich anscheinend
geflissentlich jederzeit mit den letzten der Besucher
entfernt hatte, welche den Salon verließen, blieb
heute aus eigenem Antrieb, als der kleine Kreis
von Damen und Cavalieren aufbrach. Riego
konnte bleiben, ohne den weltmännischen Tact zu
verletzen, denn es war ja ein vormittäglicher
Besuch.

Als er sich mit der Gräfin allein sah, trat er
ehrerbietig an sie heran.

„Gnädige Frau," sagte er, und es schien dabei, als verursache es ihm Anstrengung, den kühlen, förmlichen Ton der Etikette anzuschlagen,
„vergeben Sie mir, daß ich gezögert habe, Sie
heute zu verlassen. Aber da ich heute noch in
aller Stille von Venedig abzureisen gedenke, so
konnte ich vor den soeben Anwesenden nicht erklären, daß mein Erscheinen mit einem Abschiedsbe-
suche identisch sei!"

Die Gräfin wechselte secundenlang leicht die
Farbe. Aber der Ausdruck ihrer Züge verrieth
so wenig wie ihre Haltung, daß ihr Inneres
durch die Worte des Grafen schreckhaft berührt
ward.

„Wie, Herr Graf," sagte sie im Tone der
Befremdung, der ihr indessen so schwer ward, wie
die Sprache der Etikette dem jungen Spanier ge-

wörden zu fein ſchien, „Sie ſtehen im Begriff,
Venedig zu verlaſſen?"

„Ja, gnädige Frau!"

Riego ließ ſeinen melancholiſchen Blick auf
dem Antlitz der Gräfin ruhen.

„Unſere Lagunenſtadt beſitzt alſo nichts," fuhr
Julia fort, deren Stimme leiſe zitterte, „das fähig
wäre, Sie hier zu feſſeln? So viel ich weiß, iſt
man dem Grafen de Riego in allen unſeren Krei-
ſen mit ungewöhnlich lebhafter Theilnahme entgegengekommen, hat man nichts unverſucht gelaſſen, einen Cavalier von ſo glänzenden Eigenſchaf-
ten bleibend für unſere Geſellſchaft zu gewinnen!"

„Gnädige Frau, ich weiß die Theilnahme
Ihrer Landsleute gebührend zu ſchätzen. Es hieße
Güte mit Undank lohnen, wollte ich je auch nur
einen Augenblick vergeſſen, mit welcher Liebenswürdigkeit man mich, den Fremdling, unverdien-
termaßen in Venedig aufgenommen hat. Und eben
deshalb ſcheide ich ſo zu ſagen heimlich von hier,
weil ich nicht den Muth haben würde, mich von
allen Denen beurlauben zu können, die mir wohl
wollen!"

„Ah, Herr Graf," verſetzte Julia erzwungen
lächelnd, „ſo darf ich es keineswegs als eine Be-
vorzugung anſehen, daß Sie gekommen ſind, ſich
von mir zu verabſchieden, und ich muß aus dieſem
Grade Ihres Muthes ſchließen, daß Sie von den
13*

Bewohnern des Palais Amalfi eine weniger gute
Meinung mit sich hinwegnehmen, als von allen
den Anderen, denen das Glück zu Theil geworden,
an Ihnen eine Gastfreundschaft zu üben, durch
welche sie nur gewinnen konnten!"

"Sie sind grausam, gnädige Frau!" entgeg=
nete der Graf ernst und traurig. "Ich bin ge=
kommen, weil ich es als ein Verbrechen ansah,
auch vor Ihnen zu verschwinden, ohne Ihnen zu=
vor meinen Dank für die schönsten Stunden dar=
gebracht zu haben, welche ich in dem unvergeßli=
chen Venedig durchlebte, Stunden, deren Erinne=
rung mich einzig und allein dafür entschädigen
können, daß mich ein unerbittliches Schicksal von
hier vertreibt!"

Der Gräfin Wangen färbten sich lebhaft, sie
athmete tiefer, ihr Busen begann sich rascher zu
heben und zu senken.

"Ein unerbittliches Schicksal? Sie sagen das
so feierlich, Herr Graf," erwiederte sie nach einer
kurzen Pause, indem sie einen vergeblichen Anlauf
nahm, so unbefangen wie möglich und in leichter
Weise zu plaudern, "so feierlich reden Sie, als
hätte das Schicksal in Wahrheit mit Ihrer schleu=
nigen Abreise zu schaffen! Gestehen Sie doch offen,
daß Sie das düstere, verfallene Venedig und uns,
die beaux restes ehemals weltgebietender Geschlech=
ter, herzlich satt haben, daß Sie sich nach Ver=

änderung sehnen, und die Courtoisie so weit trei=
ben, sich mir gegenüber beim Abschied in das
Deckmäntelchen eines unerbittlichen Schicksals zu
hüllen!"

„Sie thun mir Unrecht, Frau Gräfin!" ver=
setzte der junge Mann hastig und mit vorwurfs=
vollem Blick. „Vergessen Sie nicht, daß ich Spa=
nier bin, und kein leichtfertiger Franzose, dessen
Worte luftig sind, wie der Wind, dessen Gefühle
im Handumdrehen wechseln, der die heiligsten Be=
theuerungen vergessen hat, so wie er den Rücken
wendet! Man nennt uns Spanier die hochmüthigste
Nation der Erde, und eben dieser Tadel, den wir
vielleicht mit Recht verdienen, verwandelt sich nach
anderer Seite hin in Lob für uns, — denn der
Hochmuth verschmäht die Lüge! Wenn ich gesagt,"
setzte er langsam und traurig hinzu, „daß mich
mein Schicksal erbarmungslos von hier verbanne,
so habe ich nur eine bittere Wahrheit gesprochen!
Gnädige Frau, ich bin unglücklich!"

Riego sagte die letzten Worte mit bebender
Stimme; er schlug dabei den Blick zu Boden. Die
sonst so kühne, selbstbewußte Haltung des jungen
Mannes schien für einen Moment gebrochen, die
Züge seines blassen Angesichts drückten ein tiefes
Leid aus.

Die widerstreitendsten Empfindungen stürmten
auf die Gräfin ein.

Sein Schmerz ist wahr! flüsterte es in ihr. Und woher stammt er? Ist es Liebe zu mir, der Gattin eines Anderen, was ihn mit Gram erfüllt, und will er in der Flucht sein Heil vor einer Leidenschaft suchen, der seine edle Gesinnung einen unseligen Ausgang voraussagt? Oder zuckt ein langgehegter, mühsam zurückgedrängter Kummer jäh aus seinem Herzen empor, und verjagt ihn aus der Nähe aller Derer, die ihm theilnahmvoll entgegentreten, aus der Nähe des Glückes und der Freude? Ward er schwer geprüft, betrogen, und darum von Mißtrauen gegen die Welt erfüllt, die ihn jetzt zugleich anzieht und abstößt, wie es mir scheint? Vielleicht ist es beides, was den Armen antreibt, sich freiwillig zu verbannen!

Diese Gedanken waren blitzschnell vor ihrer Seele aufgestiegen. Und jetzt empfand sie zu der Theilnahme für den jungen Mann ein Mitleid mit ihm, ein Mitleid, das geeignet war, gefährlicher für sie zu werden, als jene Theilnahme. Indem diese Gedanken sie durchzuckten, begab sie sich bereits, ihr selber unbewußt, zum großen Theil jenes Uebergewichtes, mit dem sie entschlossen gewesen war, Riego's Gefühle gewissermaßen mütterlich zu beherrschen. Sie wollte ihm eine Freundin werden, und schon begann das liebende Weib in ihr sich zu regen.

Tief bewegt und faſt verwirrt blickte ſie in die edlen, ſchönen Züge des jungen Spaniers.—

„Sie ſind unglücklich?" hauchte ſie. „Umgibt Sie nicht überall hier Glanz und Freude? Sie ſind unabhängig, jung, und erfreuen ſich einer bevorzugten Stellung in der Geſellſchaft, in der Sie überall reuſſiren. Was wollen Sie mehr?"

„Gnädige Frau," antwortete Riego ernſt, „ich zähle achtundzwanzig Jahre, ich bin kein Jüngling mehr, der ſich ſorglos der Welt und ihren ſcheinbaren Freuden hingibt, ich habe die erſtere verachten, die Nichtigkeit der letzteren durchſchauen gelernt, und erkannt, daß nur Derjenige allenfalls einen gewiſſen Grad äußerlicher Unabhängigkeit erlangen kann, der ſeine Mitmenſchen an Egoismus übertrifft. Eine traurige, zweifelhafte Unabhängigkeit, die nicht beglückt, für die meine Natur nicht geſchaffen iſt! Ich fühlte tief, nur allzu tief, und eben darum vermochte ich nicht glücklich zu werden!"

„Sie liebten unglücklich?" ſagte die Gräfin kaum hörbar.

„Ja, gnädige Frau. Mir ward die Lehre, daß auch ein Engelsantlitz auf Erden die Larve eines Dämons ſein könne!"

„Und hatten Sie mit der Liebe kein Glück, warum verſcheuchen Sie. — die Freundſchaft?"

„Gnädige Frau, ein Freund war es, der

meine Geliebte bethörte, ein Freund, der mich um mein väterliches Erbtheil gebracht hat!"

„Und bedachten Sie niemals, daß wahre, heilige, aufopfernde Freundschaft heut zu Tage fast nur noch eine Frau zu fühlen vermöge? Erschlossen Sie einer solchen niemals Ihr Vertrauen, Ihr verwundetes Herz?"

„Ich ward seither nicht des Glückes theilhaftig, gnädige Frau," antwortete Riego wehmüthig, „ein solches reines, edles Wesen zu finden, das an meinem Schicksale Antheil hätte nehmen mögen!"

Eine dunkle Glut überflog die Wangen der Gräfin. Weibliches Zartgefühl und eine wonnige, stürmische Empfindung, deren Tragweite sie in ihrer Verwirrung nicht zu ermessen vermochte, kämpften mit einander in ihrem Herzen. Aber dieser Kampf währte nur wenige Secunden.

„Und wenn nun," sagte sie dann, erglühend und zaghaft zugleich, „eine Frau sich finden würde, die fähig und bereit wäre, Ihnen eine solche aufopfernde Freundin zu werden?"

„Dann — ja dann würde mein guter Stern mir wieder leuchten!" antwortete der junge Spanier lebhaft. „Dann würde ich ferner nicht verzagen, wie jetzt!"

„So nehmen Sie mich als solche Freundin an!" lispelte die Gräfin erregt, dem jungen

Manne eine ihrer weißen, zarten Hände entgegen=
streckend.

Julia erwartete mit hochklopfendem Herzen,
daß der Graf ihre Hand lebhaft ergreifen werde.

Doch wie? Was war das? Er trat haftig
einen Schritt zurück, seine Augen starrten schreck=
haft faßt auf die Gräfin, seine Züge drückten Be=
stürzung aus.

„Nimmermehr!" rief er. „Gnädige Frau, ich
beschwöre Sie, nehmen Sie diese Worte zurück!"

Julia wechselte die Farbe.

„Wie?" stammelte sie betroffen.

Sie hatte im erften Momente ihre Fassung
verloren. Unmittelbar darauf aber regte sich die
stolze Venetianerin in ihr.

Die junonische Erscheinung richtete sich voll
edler Würde empor.

„Ich biete Ihnen meine Freundschaft, und Sie
verschmähen dieselbe?" begann sie mit dem An=
schein überlegener Ruhe, während ein leichtes Zit=
tern ihrer Stimme den aufgeregten Zustand ihrer
Seele verrieth. „Hat, was ich Ihnen angetragen,
so geringen Werth für Sie, Herr Graf?"

„O mein Gott," rief dieser leidenschaftlich
und im Tone des Schmerzes, „was soll ich Ihnen
entgegnen, gnädige Frau!? Sie sehen meine Ver=
zweiflung! Ein Blick auf mich muß Ihnen längst
Alles gesagt haben! Das Geschenk Ihrer Freund=

schaft, das für jeden Anderen eine Gnade des
Himmels sein würde, was könnte es mir sein,
als eine Quelle namenlosen Elends, — mir, der
ich mich aus Venedig verbanne um — Ihretwillen,
der ich Sie liebe mit der wahnsinnigen Glut des
Unglücklichen; dem noch einmal nach so vielen
zerstörten Hoffnungen ein neues, schönes Leben
zu lächeln schien. Ihre edle Hoheit rang mir, der
ich im Begriffe stand, Alles zu verachten, was sich
Weib nennt, Bewunderung ab, Ihre Theilnahme
entflammte mein Gemüth! Ich wähnte in Ihrem
Herzen mehr zu lesen, als Freundschaft für mich!
Vergeben Sie dem Kühnen! Nun bin ich Ihrer
Freundschaft unwerth, nun vermöchte ich, was
ich für Sie fühle, diese entfesselte Leidenschaft,
nicht mehr zur stillen besonnenen Hingebung eines
Freundes herabzustimmen! Vergebung, Gräfin,
Sie zwangen mich zu einem Geständniß, das, ich
fürchte es, Sie verletzt, Ihren reinen Sinn von
mir, dem Unseligen, abwendet! Doch erschrecken
Sie nicht, meine rasende Liebe soll Sie nicht be-
helligen, ich verlasse Sie, um nimmer wiederzu-
kehren! Sagen Sie mir, daß Sie mich bemitleiden,
und ich will, fern von Ihnen, mein düsteres Geschick ohne Murren bis an's Ende tragen!"

Der junge Mann trat hastig zur Gräfin heran,
ergriff ihre Hand, die sie nicht zurückzog, und preßte
wiederholt seine glühenden Lippen darauf.

Dann sah er sie fragend und schmerzlich an.
Julia fühlte sich tief erschüttert, überwältigt.
Ihr Antlitz verhehlte dies nicht. Sie hatte nicht
erwartet, einer so stürmischen Leidenschaft gegen=
über Stand halten zu müssen, die Flammen der=
selben züngelten jetzt durch ihr Gemüth und ent=
zündeten den Brennstoff, den längst ihr Herz ver=
borgen hegte.

Vor ihrem Geiste stand jetzt klar, was ihr der
junge Spanier sei.

Aber gegen ihre aufwogenden Gefühle stemmte
sich, wenn auch nur schwach noch, der Gedanke an
ihre Pflicht.

„Leben Sie wohl!“ war Alles, was ihre beben=
den Lippen zu stammeln vermochten.

Riego's Züge drückten kummervolle Ergeben=
heit aus. Er neigte sein Antlitz nochmals über
die Hand der schönen Frau. Die leise Berührung
seiner Lippen brannte Julien von der Haud bis
in's Herz.

Dann sah sie, in einer Art Betäubung, wie
Riego sich ehrerbietig verneigte und sich zum Gehen
wandte.

Die junge Frau fühlte es wie fieberhaft zu
ihren Schläfen steigen; ihr Athem stockte, ihr Herz
war fast ohne Pulsschlag.

Ihre Augen standen plötzlich in Thränen, ein
leises Schluchzen rang sich gewaltsam und krampf=

haft aus ihrer Brust empor. Die Liebe brach den Stolz der schönen Venetianerin, wie der Sturm eine Lilie knickt.

Riego war zur Thür gewankt. Dort schaute er noch einmal zurück.

Sein schwermüthiger Blick begegnete ihrem flammenden.

„Juan," flüsterte sie, Alles außer ihm vergessend, der eine neue Welt in ihrem Herzen wachgerufen hatte — „können Sie — mich verlassen?!"

Der junge Mann stieß einen leisen Schrei aus, stürzte vor, und umschlang das reizende, bebende Weib.

Drittes Kapitel.

Die Flucht und ein Leben der Entbehrung.

Von jener Stunde an, in der es zwischen der
Gräfin Julia und dem Grafen de Riego zu einer
Erklärung gekommen war, hatten die Liebenden
oftmals in der Wohnung einer ehemaligen ver-
trauten Dienerin geheime Zusammenkünfte. Graf
Amalfi war von der Reise zurückgekehrt. Julia
und Riego mußten im gesellschaftlichen Umgang
mit der äußersten Vorsicht zu Werke gehen, um
somehr, da nicht allein auf die schöne Frau wegen
ihrer Stellung und Talente die Augen Aller gerichtet waren, sondern auch auf den jungen, eleganten Cavalier, den sie liebte, und um dessen
Huldigungen sich manche sonst spröde und hoch-
müthige Schönheit der Aristokratie Venedigs bewarb.

So sahen sich Beide genöthigt, die Kunst der

Verstellung fast täglich zu üben, und namentlich
Riego war es, der sich seiner schwierigen Aufgabe
mit glänzender Virtuosität entledigte. Er mußte
der Welt gegenüber nach wie vor als ein Mann
erscheinen, den zu Zeiten ein räthselhafter Kummer
beschlich, jene gewisse Melancholie, die ihn nebst
seinen sonstigen geistigen wie körperlichen Eigen=
schaften den Damen interessant gemacht hatte.
Und diese fanden denn auch, daß der junge Spa=
nier, der, galant und liebenswürdig gegen Alle,
sich für Keine, selbst nicht für die glänzende Gräfin
Amalfi, zu erwärmen schien, bisweilen trüber und
verstörter als ehedem vor sich hinstarre und sich
öfter auf wenige Stunden mit einer Art Menschen=
feindlichkeit aus den Kreisen zurückziehe, die ihn
zu fesseln suchten.

Julia war es, die schon in ihrer ersten heim=
lichen Zusammenkunft mit Riego, den jungen, von
Glück strahlenden Mann beschworen hatte, sein
jetzt zur Freudigkeit umgewandeltes Wesen vor
der Welt zu dämpfen.

„Die geringste Veränderung in Deinem Be=
nehmen,“ hatte sie gesagt, „würde selbst im Ver=
kehr mit Anderen unsere Umgebung stutzig machen,
und sie darauf leiten, der Ursache Deiner Um=
wandlung nachzuforschen!“

„Ich werde mich zu beherrschen wissen,“ hatte
er geantwortet, „wenngleich es schwer halten wird,

auch nur auf Augenblicke jenen Ernst und Kum=
mer zu erheucheln, die in Wahrheit, an eine düstere
Vergangenheit mahnend, mich überschlichen, bevor
Dein süßes Geständniß der Gegenliebe mich neu
aufleben ließ!"

Und er hatte Wort gehalten. Er war, wie
gesagt, im Verkehr mit der Welt bisweilen plötz=
lich ernst, träumerisch, in sich gekehrt, wie er es
vordem gewesen.

Doch wie? Bedünkte es nicht der Gräfin nach
einiger Zeit, als halte Riego mehr Wort, als sie
es für nöthig erachten mochte? Sein dann und
wann zur Schau getragener Trübsinn erschien ihr
zu natürlich sich zu äußern, als daß sie ihn
hätte für durch Vorsicht bedingte Komödie halten
können.

„Wie," sagte sie sich betroffen, „sollte ein
Mann sich in solchem Grade verstellen können?
Wahrlich, dann hätte ich Ursache, Riego zu fürch=
ten! Doch nein, er ist ein ehrenhafter Charakter,
er ist zu stolz, selbst nicht die Liebe würde ihn
zum Heuchler machen können! So drückt ihn also
in Wahrheit ein Kummer. Füllt seine Liebe zu
mir sein Herz nicht aus? Vermag er nicht jene
Täuschungen zu vergessen, deren Opfer er einst ge=
worden? Oder beschleicht den so oft Betrogenen
wider seinen Willen von Zeit zu Zeit der Argwohn,
auch ich könne ihn dermaleinst hintergehen?"

Und nun betrachtete die Gräfin in ihren geheimen Zusammenkünften den Geliebten mit der Schärfe des liebenden Weibes, in dem Mißtrauen erwacht ist. Was ihr in glückseligem Rausche entgangen war, gewahrte sie jetzt — ein momentanes Unbefriedigtsein, ein schwach verhehltes plötzliches Aufschrecken einer augenscheinlich schmerzlichen Empfindung, einer oft nur secundenlangen düsteren Zerstreutheit Riego's, die fast unerwartet oft den glühenden Liebesbetheuerungen des jungen Mannes folgten.

„Was ist Dir, Juan?" sagte sie eines Tages. „Du fühlst Dich betrübt! Und dennoch schwörst Du mir, daß Du glücklich seiest! Wie soll ich mir dieses räthselhafte Wesen erklären?"

„Du täuschest Dich!" entgegnete Riego sichtlich erregt und mit beinahe fieberhafter Hast, — „hat Deine Liebe mich nicht Alles vergessen gemacht, was ich früher gelitten, bin ich durch sie nicht beglückt, wie ich es nie zuvor gewesen?"

„Sei offen, Juan!" versetzte Julia dringend und zärtlich. „Selbst durch das, was Du mir da sagst, mich zu beschwichtigen, geht ein Mißton Deiner Seele, ich fühle es, denn eine Frau, die liebt, wie ich Dich liebe, täuscht sich nicht!"

Riego starrte seine Geliebte an. Sie sah, wie seine Züge sich veränderten. Der Ausdruck eines wilden Schmerzes durchzuckte dieselben.

„Nun denn," rief der junge Spanier leiden=
schaftlich, „da Du errathen haft, daß mich eine
innere Folter drückt, so will ich reden! Ich ver=
möchte den Zustand, in dem ich mich befinde,
ohnehin kaum länger zu ertragen!"

„Was werde ich hören?" stammelte die Gräfin
erschreckt.

„Du liebst mich, Julia," versetzte Riego heftig,
„aber Du gehörst mir nicht ganz und ungetheilt
an! Ich darf Dich sehen, an mein Herz drücken,
aber nur auf Augenblicke! Gleich einem Verbrecher
muß ich zu und von Dir schleichen, ich, der ich
Dich stolz vor aller Welt die Meine nennen
möchte! Wähnst Du, ich vermöge es gelassen zu
ertragen, wenn ich sehe, wie Dein Gatte Dir
Zärtlichkeiten erweist, wie er gewissermaßen mit
den Rechten triumphirt, welche das Gesetz ihm
zuspricht?"

„Thörichter," flüsterte Julia schmerzlich lächelnd,
„was können wir gegen Verhältnisse beginnen, die
bestehen, die unumstößlich sind? Ist es Dir nicht
genug, daß mein Herz nur für Dich schlägt?
Du weißt durch mich, was mir der Mann ist,
dem ich angetraut bin, was er von jeher mir
war!"

„Aber er steht doch zwischen Dir und mir!"
fuhr Riego düster fort. „Wenn ich Dich weniger
liebte, in unserem Verhältniß nur ein galantes

Abenteuer ſähe, würde mein Sinn leicht über das Alles hinweg hüpfen, es würde mir genug ſein, mit einer ſchönen Frau heimlich tändeln, einige Stunden in ſüßem Rauſche mit ihr durchträumen zu können. Aber Du biſt mir Alles, Julia, mein Rettungsengel, der mich herbe Erinnerungen vergeſſen lehrte, biſt meine Zuverſicht auf künftige ſchönere Tage, mein eigentliches, beſſeres Ich! Begreifſt Du da nicht, daß meine Lage jetzt eine unſelige iſt? Ich fühle die Qualen der Eiferſucht, die Marter eines Zuſtandes, der unnatürlich iſt, ich fühle — o vergib! — daß die zugleich wonnige und peinliche Heimlichkeit unſeres Verhältniſſes unſere Liebe entheiligt!"

Die Gräfin zuckte zuſammen. Eine brennende Röthe flammte in ihrem Angeſicht, eine heftige Angſt ſtieg in ihrem Herzen auf.

„Ich würde Dich beſchwören, mit mir zu fliehen, Julia," begann Riego von Neuem, „aber ich bin arm, mir blieben nur die Trümmer eines ehemaligen Reichthums. Ich weiß, Du warſt ohne Vermögen, als Du den Grafen heirateteſt, Dein Stolz kann Dir nur verbieten, mit Dir hinwegznnehmen, was Du dem Grafen verdankeſt, wie mir meine Ehre, mit Dir von dem zu leben, was der Graf verpflichtet wäre, Dir auszuſetzen, falls Du Dich von ihm entferneteſt. Du biſt gewohnt, glänzend aufzutreten, Du würdeſt an meiner Seite

entbehren müſſen. Wie könnte ich da von Dir
begehren, Dein Schickſal mit dem meinigen zu
verknüpfen? Aber wie vermöchte ich auch noch
länger die Folter zu ertragen, der in unſerem
jetzigen Verhältniſſe mein Herz zu erliegen droht?
Ich finde keinen andern Ausweg als den," ſetzte
er dumpf hinzu, „daß wir einander entſagen!"

Die Gräfin ſtieß einen leiſen Schrei aus.

„Entſagen?!" murmelte ſie erſchüttert.

Sie ſtarrte lange vor ſich hin.

Ihre Leidenſchaft für Riego kämpfte gegen alle
jene Rückſichten an, welche eine nicht völlig charak=
terloſe Frau ſich vorhalten wird, in der zum
Erſtenmale der Gedanke an eine Flucht mit dem
Geliebten wachgerufen wird. Hätte Riego ihr
eine ſolche Flucht vorgeſchlagen, ſie würde mit
bebendem Herzen ſein Anſinnen zurückgewieſen
haben. Jetzt war er es, der ſolchen Gedanken
edelmüthig von ſich wies; der auf ein Glück ver=
zichtete, das nur zu erlangen war, wenn Julia
die Meinung der Welt und Alles beiſeite ſetzte,
was dieſe Welt für Glück erklärt. Er war be=
reit, ein großes Opfer zu bringen, ſollte ſie, ſo
ſagte ſie ſich bebend, gegen ſeine Opferwilligkeit
zurückſtehen? Was war ihr die Meinung der Ge=
ſellſchaft, die, ſie mußte es wohl, mit Grundſätzen
prahlt, welche ſie insgeheim zu überſchreiten ge=
wohnt iſt, was ein todter Luxus gegen das Glück,

14*

das ihr Riego's Liebe verhieß? Und fühlte sie nicht, daß die Art des Verhältnisses, in der sie zu ihrem Geliebten stand, für die Dauer doch unhaltbar sein müsse?

Der Kampf in ihrem Innern ging zu Ende — die Leidenschaft hatte gesiegt.

Julia klammerte sich heftig an ihren Geliebten, der wehmüthig und schweigend zu ihr hinübergeblickt hatte.

„Glaubst Du, ich vermöge Dir zu entsagen?" flüsterte sie. „Auch Du vermagst es nicht mehr, Juan! Du denkst nicht niedrig von mir, nun denn, so mußt Du auch wissen, daß ich um unserer Liebe willen werde entbehren können! Verlasse Venedig, aber nicht ohne — mich!"

Riego preßte die schöne Frau stürmisch an sich, er versuchte ihr Vorstellungen zu machen, doch sprach er im Taumel des Entzückens und wie ein Mann, der widerlegt sein will. —

Während der nächsten heimlichen Zusammenkunft beriethen die Liebenden bereits, wie ihr Entweichen zu bewerkstelligen sei.

Und dann kam ein Abend, düster und regnerisch. Der Himmel war bleifarben, die Dünste und Nebelschichten Großbritanniens schienen sich zwischen den italischen Aether und die alte Dogenstadt gelagert zu haben.

Der Graf Amalfi war allein zu einer Soirée

gegangen, die ein Nobile veranstaltet hatte, die
Gräfin dagegen, eine Unpäßlichkeit vorschützend,
im Palaste zurückgeblieben. Sie hatte sich in das
innerste ihrer Gemächer zurückgezogen und ihre
Dienerschaft zeitig entlassen.

Gegen zehn Uhr mochte es sein.

Wind und Regenschauer peitschten die sonst
spiegelglatte Fläche des Canal Grande zu krausen
Wellen auf, die sich in schmutziggrauem Gewimmel
und mit eintönigem Geräusch an den Granit=
quadern der Palastmauern brachen.

Wenige Gondeln nur glitten mit der Strömung
pfeilschnell dahin oder kämpften gegen die erregten
Wogen derselben an. Es zog eben eine jener
Nächte herauf, in denen Keiner gern die heimische
Stätte ungezwungen verläßt, denn der Südländer
scheut mehr die Unbill des Wetters als der rauhe
Sohn des Nordens.

In solchen Nächten mag vordem der vom eifer=
süchtigen Gatten gedungene Bravo die winkligen
Gäßchen und öden Canäle belebt haben, um mit
scharfgeschliffenem Dolche den kühnen Galan zu
erwarten, der im Sturm und unheimlichem Düster
um so sicherer zum Altane der angebeteten Frau
wähnte emporklimmen zu können, in solchen Näch=
ten mögen die bewaffneten Söldlinge des heim=
lichen Gerichtes ausgezogen sein, die Bleikammern
des Dogenpalastes mit Unglücklichen zu bevölkern,

die, aus dem bunten Getreibe Venedigs plötzlich
wie räthselhaft verschwindend, niemals wieder das
Licht der Welt erblicken und in unterirdischen,
grauenhaften Kerkern, bis zu den Knieen im
Wasser, von Ratten und giftigen Molchen angefressen, wimmernd ein elendes Dasein verhauchen
sollten.

Und eine solche Nacht war dazu ersehen, mit
ihrem naßkalten, düstern Schleier die Flucht zweier
Liebenden zu verhüllen, die Flucht einer ehemals
tugendhaften Frau, die noch vor Wochen als eine
kalte, empfindungslose, stolze Schönheit bezeichnet
ward, und die nun durch eine jegliche Klugheit,
alles Bedenken und Pflichtgefühl über den Haufen
stürzende Leidenschaft vorwärts getrieben, zur Ehe-
brecherin geworden.

Dort, wo die riesigen Paläste des Canal Grande
durch ihre Schatten das Flutgewimmel schwärzlich
erscheinen ließen, schoß eine einzelne Miethgondel
um die vorbemerkte Stunde pfeilschnell dahin.
Ihr Lenker vermied mit Gewandtheit und Kraft
die granitnen Vorsprünge und in die Flut hinab-
tauchenden Marmorstufen der Steinkolosse, wenngleich das Fahrzeug hart an ihnen vorüberflog.

An einem der dunklen Paläste hemmte der
Gondolier den Lauf seines schmalen Schiffes, doch
nicht an der prächtigen, erleuchteten, wenn auch
jetzt von der Dienerschaft verlassenen Haupttreppe

des Gebäudes, sondern fern davon an einem un=
scheinbaren, verschlossenen Seitenthürchen desselben.

Als die Gondel, heftig geschaukelt, anlegte,
tauchte neben dem Schiffer eine Gestalt aus der
schwarzen Hütte des Fahrzeuges auf.

Diese Gestalt starrte zu einem dunklen Fenster
oberhalb der verschlossenen Thür empor.

Es war, als flatterte dort hinter den Scheiben
plötzlich zum Zeichen ein weißes Tuch, von un=
sichtbarer Hand bewegt.

Und wenige Secunden später, leise, lautlos
fast, drehte sich die Thür in ihren Angeln.

Eine, in einen Mantel gehüllte, dicht verschleierte
Dame erschien auf der Schwelle, zu der die schäu=
menden Wellen zwischen der Granitmauer und
dem Rand der Gondel hinaufspritzten.

Auf diesen Rand schwang sich jetzt die Gestalt,
welche neben der Gondel aufgetaucht war.

Sie umschlang die zitternde Frauenerscheinung,
und hob sie in das Fahrzeug.

Der Schiffer schloß vorsichtig die Thür und
stieß unmittelbar darauf die Gondel von der Mauer
des Palastes ab. Das schwanke Schiff hob und
senkte sich heftig, und bog dann, von der kräf=
tigen Hand des Gondoliers regiert, in das auf=
zischende, schwärzlichgraue Flutgewimmel hinein.

Die Gräfin Amalfi und Riego aber, denn sie
waren jene beiden verhüllten Gestalten, schlüpften

jetzt in die Hütte der Gondel, und wagten nun
erst mit einander zu flüstern, während der Regen
in Strömen auf das Dach über ihnen nieder=
prasselte und der Sturmwind an den dünnen
Wänden ihres Versteckes vorübersauste.

Es war eine unruhige Fahrt für die angst=
volle, schöne, fliehende Sünderin, die Elemente
ließen das Boot und heftige Aufregung ihr Herz
erzittern.

Bald aber war die Gondel am Ziel. Das
flüchtende Paar betrat festen Boden, und beflügel=
ten Schrittes eilten sie durch die Nacht, dem nahen
Perron der Eisenbahn zu, die über die Lagunen
führt.

Schon spie das Ungethüm Locomotive Dampf
und Funken, ertönte der schrille, markdurchschnei=
dende Signalpfiff.

Wenige Minuten darauf donnerte der Zug,
der die Liebenden entführte, über den dröhnenden
Viaduct dahin, unter sich das wogende, finstere
Meer, über sich dichtgeschaarte, dahinstürmende
Wolkenschichten, die einem zweiten rastlos beweg=
ten Meere vergleichbar.

Fort ging es, von Station zu Station, von
Stadt zu Stadt.

Das Paar ließ die Grenze der österreichischen
Lombardei hinter sich. Nun erst athmeten sie
leichter.

Aber Riego drängte weiter und weiter.

Die Nacht verging. Mailand ward erreicht. Selbst dort verweilten sie nur wenige Stunden. Dann ward die Fahrt nach Genua angetreten. Hier nahm ein Dampfboot sie auf. Florenz sollte das Ziel der Flucht sein, Florenz, dieser reizende Aufenthalt, der für die Flitterwochen der Liebe wie geschaffen ist, diese statuengeschmückte Stadt, über der sich schon der wahrhaft italienische, tief azurne Himmel wölbt, den weder Venedig noch Verona, Mailand oder Genua kennen.

Und endlich waren sie dort.

Wenige Tage verstrichen, dann erfuhren sie durch Zeitungen, daß den Grafen Amalfi der Schlag gerührt habe. Sterbend hatte der alte Cavalier noch so viele Kraft gehabt, eine letzt= willige Verfügung zu treffen, und durch diese Ver= fügung war Julia vollständig enterbt worden.

Die Nachricht vom Tode ihres Gatten erschüt= terte die junge Frau, eine peinliche Selbstanklage begann sich in ihrem Herzen zu regen. War sie nicht unzweifelhaft die Ursache dieses plötzlichen Todes?

Riego ließ die Geliebte nicht zur Besinnung kommen, er verdoppelte seine Zärtlichkeit für sie, er bekämpfte mit den Waffen der Liebe das auf= dämmernde Gewissen Julia's.

„Jetzt erst bist Du frei, jetzt erst wahrhaft mein!" jubelte er. „Spricht nicht aus dem, daß wir ein=

ander finden mußten, daß der Tod so rasch ein
unnatürliches Verhältniß löste, dessen Fortbestehen
stets einen Schatten auf unseren Liebesbund würde
geworfen haben, die Vorsehung deutlich genug?
Sie wollte zwei für einander geschaffene Naturen
unauflöslich vereinigen!"

Wie bereitwillig ließ Julia ihr Gewissen be=
täuben! Und waren die Eindrücke, welche sie zu
gleicher Zeit von außen empfing, das neue Leben,
in welchem sie sich jetzt bewegte, nicht geeignet,
Alles aus ihrem Herzen zu verdrängen, was einen
Mißton in ihrer Seele hätte erwecken können?

Und die Enterbung?

Durfte sie diesen Act der Rache ihres Gatten,
so sagte sie sich, nicht gewissermaßen als eine
Handlung ansehen, die ihr Vergehen nahezu aus=
glich? Sie hatte sich dem Greise geopfert, für sei=
nen Reichthum — er entzog ihr denselben, sie
waren quitt!

So suchte sie die innere Stimme zu beschwich=
tigen, und es gelang ihr, — Julia, die junge
Frau von ehemals reinem Charakter, hatte eben
durch den ersten Schritt zur Sünde jenen Pfad
betreten, der naturgemäß unbemerkt von einer
Wandlung der Gesinnung zur anderen führen
muß, bis er dorthin ausläuft, wo er entweder in
den Abgrund unsäglicher Reue, oder in den Pfuhl
der Verworfenheit mündet.

In dem paradiesisch schönen Lande, das einem
einzigen, endlosen, duftigen Garten glich, wandel=
ten die Liebenden Arm in Arm, beseligt; und bald
die jüngste Vergangenheit vergessend, an den stolzen,
schimmernden Palästen, den blitzenden Caskaden
vorüber, sie mischten sich unter die lebensprühende,
fröhliche Menge, welche dieses Paradies auf den
Promenaden, vor den öffentlichen Localen und an
den malerischen Ufern des Arno bevölkert.

Niemand kannte sie hier, sie konnten überall
hin sich wenden, fröhlich, sorglos, ohne Scheu.
Sie schlürften mit Wollust und in langen Zügen
aus dem Becher, der ihnen die Freiheit bot, denn
jetzt waren sie aller Bande ledig, die in Venedig
ihre Folter gewesen. Sie durften nicht heucheln
mehr, kein Verrath lauerte hier, den sie zu fürchten
gehabt hätten. — Selige Stunden! — Nach Ablauf
der Trauerzeit sollte ein gesetzliches Bündniß sie
vereinigen. Inzwischen beschlossen sie, fern vom
Getreibe der glänzenden Welt, ein reizendes Stil=
leben zu führen. Waren sie einander nicht genug?

Und sie mietheten eine bescheidene Wohnung
außerhalb der Stadt.

Es war ein kleines Haus nur, aber wie wunder=
bar anmuthig war es gelegen.

Die Fenster umrankt von wildem Wein, der
bis über's Dach hinwegkletterte, lehnte es an einem
Hügel; vorn eine kleine Terrasse, mit Orangen=

bäumen bepflanzt, dazwischen stolze Lilien, Rosen
und Nelken in prächtigen Farbenbüscheln, hinten
das aufsteigende Gärtchen mit Lorbeergebüsch,
glänzendblättrigen Mandelbäumen und von der
Höhe dieses Gärtchens, aus dem Rahmen eines
bretternen Lusthäuschens, die herrlichste Fernsicht
auf die Stadt mit ihren im Sonnenglanz blitzenden Thürmen, ihrem Knäuel von Palästen, ihrem
Gassengewirre, auf den gleich einer riesigen Sil-
berschlange sich windenden Arno und die Villen
dies- und jenseits, die aus frischgrünem Laub hervor und von bewaldeten Hügeln herab blinkten.

Julia, obwohl gewohnt durch Prunkgemächer
zu schreiten, jubelte auf. Die Einfachheit der kleinen Zimmer hatte einen Reiz für sie, den sie nie
zuvor geahnt.

Sie fühlte sich sogleich heimisch in dieser winzigen Behausung. Hatte sie nicht erfahren, daß
das Glück nicht immer in Palästen wohnt?

Nicht allein das Bedürfniß, abgeschieden von
der Welt, nur ihrer Liebe zu leben, hatte Julia
und Riego bestimmt, sich ein bescheidenes, heimliches Asyl zu wählen, sondern auch die Klugheit.

Die Gräfin war ihrem Geliebten gefolgt, wie
sie ging und stand. Sie hatte weder ihre Bril-
lanten noch sonstigen Kostbarkeiten mitgenommen,
sie war zu stolz gewesen, auch nur eines der Ge-
schenke ihres Gatten zu behalten. So besaß sie

nichts als wenige Schmucksachen, welche ihr als
Mädchen schon gehört hatten, und die Kleidung,
in der sie geflohen war. Riego war im Besitz
von tausend Ducaten, seiner eleganten Toilette
und einiger Prätiosen; das war Alles. Es hieß
also, sich einschränken und jene glänzende Gesell=
schaft meiden, der sich anzuschließen Beide durch
Geburt und Gewohnheit berechtigt waren.

Und in ihrer Glückseligkeit mieden sie gern
diese Kreise, welche doch nur geeignet sein konn=
ten, ihnen gesellschaftlichen Zwang aufzuerlegen.

Nachdem sie sich in ihrem romantischen Ver=
steck häuslich eingerichtet hatten, kauften sie ein,
was für Beide dringend nöthig war, und lächelnd
wies Julia Alles zurück, was Riego über das
Nothwendige für sie bestimmen wollte.

„Wir müssen uns in unserer jetzigen Lage ein=
schränken lernen, mein Freund!“ sagte sie, als sie
wieder in ihrem traulichen Asyl beisammen saßen.
„Und an die Zukunft mußt Du denken, Juan!“

„Du hast recht!“ entgegnete der junge Spa=
nier. „Unsere tausend Ducaten werden sich nicht
vermehren! Ich habe mir mein künftiges Leben
bereits vorgezeichnet, — es wird ein Leben der
Thätigkeit sein!“

„Und was willst Du beginnen?“ fragte Julia
gespannt.

„Du hast seither nur meine kleinen gesell=

schaftlichen Talente kennen gelernt," verſetzte Riego
lächelnd, „und ahnſt keineswegs, daß ich eine Gabe
beſitze, die dem Menſchen weder eine ſorgfältige
Erziehung noch die Wiſſenſchaft oder der Umgang
mit Leuten von gutem Ton verleihen kann, ſon=
dern die ein Geſchenk des Himmels iſt, ein Ge=
ſchenk, das freilich durch gründliche Kenntniſſe,
Erfahrungen und den Verkehr mit der Welt,
namentlich mit ſchönen, geiſtreichen Frauen, ſich
erſt bedeutungsvoll entwickeln kann."

„Ei, ſo biſt Du wohl ein Künſtler, ohne daß
ich darum wußte?" rief die Gräfin überraſcht.

„Ich bin ſo etwas wie ein Dichter, mein Kind,
wenn auch kein ſolcher, der mit ſeinen Werken
bereits vor die Oeffentlichkeit getreten Was ich
ſeither auf meinen Reiſen niederſchrieb, iſt nur
Fragmentariſches, ſind Erinnerungen von da und
dort, unvollendete Skizzen, Verſe und Aufzeich=
nungen verſchiedener Gattung. Ich fand Gefal=
len daran, meine Erlebniſſe und während eines
mehr oder weniger abenteuerlichen Cavalierlebens
und Vagabundirens durch die Welt geſammelten
Eindrücke auf's Papier zu bringen, ohne zu ahnen,
daß dieſe Spielereien mir einmal von Nutzen ſein
könnten. Es genügte mir damals, was ich em=
pfand und ſah, loſen Blättern flüchtig anzuver=
trauen, denn ich verband, damals reich und
unabhängig, keinen weiteren Zweck damit, als

einige Stunden, in denen ich mich gründlich hätte langweilen müssen, mit guter Manier todtzuschlagen. So hat sich Sue's Talent und dasjenige mancher Andern entwickelt, die als Dandies und Lebemänner zu Grunde gehen mußten, um sich als Schriftsteller Gold und Ruhm zu erwerben. Warum soll ich nicht versuchen, auf gleiche Weise wenigstens das Erstere zu erlangen?"

„Kann sich der Graf de Riego dazu verstehen, den Troß der Literaten zu vermehren?" rief Julia, in deren Blick ein gewisser Stolz flüchtig aufzulodern begann.

„Warum nicht?" antwortete der junge Spanier lächelnd. „Sind mein Landsmann Martinez de la Rosa und der Portugiese Espaceiros, Beide hervorragende Staatsmänner, nicht auch ruhmgekrönte Poeten? Haben die Herzogin von Abrantes, Chateaubriand, Graf Volney nicht Werke veröffentlicht? Ist Friedrich der Große nicht unter die Schriftsteller und ein König von Baiern nicht unter die Dichter gegangen? Hat die italienische Literatur nicht manchen Edelmann aufzuweisen, und Louis Napoleon nicht vor Zeiten Publicistik getrieben? Ich befinde mich, wie Du siehst, in guter Gesellschaft, wenn ich unter die Literaten gehe. Die Schriftstellerei und die Kunst" — Riego betonte die letzteren Worte in eigenthümlicher Weise, indem er einen flüchtigen, forschenden

Blick zu der Gräfin hinübergleiten ließ — „stehen heut zu Tage in so allgemeiner Achtung, daß weder ein Cavalier noch eine Dame von Welt Anstand zu nehmen braucht, sie auszuüben! — Und was sollte ich beginnen? Als Spanier werde ich hier in Italien schwerlich eine meinem Range entsprechende Anstellung erlangen — es sei denn beim Militär —"

„Wie —?" rief Julia erschrocken.

„Wenn ich mich in die piemontesische Armee einreihen ließe," fuhr Riego gelassen fort, „dann würdest Du schwerlich mir folgen können, — wozu wärest Du dann von Venedig mit mir geflohen? Und in die Reihen der päpstlichen Truppen einzutreten —"

„Ich bin Italienerin, Juan!" unterbrach ihn Julia mit leuchtendem Blicke und leidenschaftlicher Geberde.

„Nun also!" war Riego's ruhige Antwort. „Ich würde ohnehin nicht daran denken," setzte er hinzu, „mich als Söldling für eine Sache herzugeben, die wir Alle als eine verlorene betrachten! — Gut denn, was räthst Du mir?"

Die Gräfin sann einige Augenblicke ernst nach.

„Juan!" rief sie alsdann leidenschaftlich. „Was Du auch unternehmen mögest, uns unsere Zukunft zu sichern, es darf nichts sein, was uns auch nur auf kurze Zeit von einander trennen könnte, ich be-

schwöre Dich! Gewiß, Du wirst mich nicht pein-
lichen Befürchtungen, der Angst um Dich überliefern. Ich habe Alles aufgegeben, mein Leben
an Deines zu ketten, ich habe Dich um den Preis
meines Rufes mir errungen, ich könnte es nicht
ertragen allein zu sein, allein mit — meinem Gewissen! Dein Lächeln, Dein zärtlicher Blick verscheucht die Vorwürfe, die ich mir machen könnte!
O vergib, daß ich so rede, das liebende Weib
spricht aus mir, das da fürchtet, Du könntest Dich
einst in einsamer Stunde darauf besinnen, daß ich
verbrecherisch gehandelt, um namenlos glücklich zu
werden!"

„Liebe, thörichte Julia!" entgegnete Riego mit
Wärme. „Werde ich jemals vergessen können,
nach welchen Kämpfen wir einander errungen
haben? Durch diese Kämpfe ist unsere Liebe ge-
heiligt worden! Wie könnte ich je eine Verbrecherin in Derjenigen sehen, die nur eine Märty-
rerin der Liebe ward?! Und die Liebe ist das
höchste Gesetz in der Schöpfung, das Gesetz, dem
alle Herzen unterthan sind, die feurig schlagen.
So lange noch ein Pulsschlag in dem meinigen
lebt, wird es nur dieses Gesetz anerkennen, und
nicht die hohlen Begriffe, die der Mensch sich geschaffen, es zu umgehen und sich namenlos elend
zu machen!"

Riego drückte die junge Frau an sich.

„Wir werden einander also, zu Deiner Be=
ruhigung, keinen Augenblick verlassen," flüsterte
er lächelnd, „auch nicht dieses verborgene Asyl
hier, das wir beide so rasch liebgewonnen haben;
um uns aber dieses Fleckchen Heimat, dieses stille
Glück zu bewahren, muß ich darauf bedacht sein,
uns sorglose Unabhängigkeit zu schaffen."

„Und Du wähnst, die Schriftstellerei könne
Dir eine solche gewähren?" versetzte Julia. „Wohl
bist Du unserer Sprache mächtig, wie kein Aus=
länder, den ich vor Dir gehört. Aber vergiß
nicht, daß jetzt im ganzen Lande die Gemüther
nur Eines begeistert — die Sache des gemein=
samen Vaterlandes, der Gedanke an nationale
Freiheit, ein ungetheiltes Italien. Alles, gering
und vornehm, lebt und webt nur für die Lösung
unserer politischen Fragen. Poesie, Kunst, Wissen=
schaft, sie alle müssen sich dem Drange unter=
ordnen, der jetzt die Nation erregt. Wer hat jetzt
Sinn für die Träumereien eines Dichters, und
wären sie noch so anmuthig? Der Sturm des
glühenden Nationalgefühls reißt Alles mit sich
fort. Wie willst Du in einer Zeit, wo man
nicht liest, sondern handelt, auf einen Erfolg
Deines Schaffens zu hoffen wagen? Wo einen
Verleger, wo ein Publikum finden?"

„Ich werde das Alles finden," entgegnete
Riego zuversichtlich, „indem mein Schaffen der

Strömung der Geister folgen wird. Das natio=
nale Drama, der nationale Roman, sie Alle lie=
gen in der Zeit, und ich fühle die Kraft in mir,
sie zu dichten, denn, obwohl Ausländer, bin ich
doch Herr Eurer Sprache, begeistert mich, was
Deine Nation erfüllt, mit der ich durch Dich ver=
bunden bin! Nun denn, ich setze meine Kraft
daran, und reicht sie nicht hin, mir einen Lorbeer
zu erringen, so wird sie doch wohl genügen, uns
unsere Unabhängigkeit hier und unser stilles Glück
zu sichern!"

Julia lächelte. Als Frau von Geist erkannte
sie wohl, wie leicht Riego's Patriotismus wiege,
dessen Kern die Selbsterhaltung bilden sollte, aber
er verletzte die Italienerin nicht in ihr, — hatte
sie doch Eines nur vor Augen: den Geliebten an
diesen von der großen Welt abgesonderten Aufent=
halt zu fesseln, der ihr die sicherste Garantie für
ein dauerndes Glück zu bieten schien.

Würde die glühende Leidenschaft nicht ihren
sonst so klaren Verstand umnebelt haben, wäre
es ihr da wohl entgangen, daß Riego, trotz seiner
Betheuerungen, nicht der Mann unerschütterlicher
Grundsätze sein könne, daß seine Begriffe von
Liebe, Ehre, Achtung, mit denen er vorhin ihre
plötzlich und momentan aufgetauchte Selbstan=
klage bekämpft, ihr aufzuckendes Gewissen beschwich=
tigt hatte, mehr auf die Sophistik eines gewand=

15*

ten Geistes, als auf innere Ueberzeugung sich ba=
sirten?

Aber sie dachte jetzt ja nur mit ihrem Herzen,
und dieses Herz sah in Riego den schönen, geist=
reichen Mann, der vor ihr seinen Seelenadel da=
durch bewährt hatte, daß er ihr aus so lauteren
Motiven, wie er sie kundgegeben, in einem Augen=
blicke hatte entsagen wollen, in welchem sie ihm
entgegengekommen war.

Die ersten Wochen vergingen dem jungen Paare
in süßem Taumel. Von Venedig vernahmen sie
nichts weiter, und selbst aus Florenz erfuhren sie
wenig mehr, als den Stand der Dinge in Italien,
denn sie knüpften keine Bekanntschaften an.

Endlich machte Riego sich an die Arbeit, welche
dazu dienen sollte, den Liebenden in Zukunft ihre
Existenz zu sichern.

Er begann vorerst mit einem socialen Roman,
dessen Plan er und Julia gemeinschaftlich erson=
nen hatten. Es war das eine Arbeit von Mo=
naten.

Die junge Frau nahm regen Antheil an dem
Schaffen ihres Geliebten. Und dieser schrieb fleißig.
Sie aber besorgte inzwischen mit Hülfe einer Magd
den kleinen Haushalt, so gut das für eine Dame
gehen wollte, die zuvor von der Art und Weise
solcher Verrichtungen keine Ahnung gehabt hatte.

Die Stunden der Muße verträumten sie süß,

dann sang Julia mit glockenreiner Stimme und hinreißendem Zauber.

Riego ruhte nicht, bis ein Piano gekauft war, und nun schleppte er vollständige Opernauszüge herbei, die beliebtesten Repertoirwerke der italienischen Theater.

„Welche Ausgaben mein Freund!" schmollte die Gräfin lächelnd, so oft der Geliebte also belastet erschien.

„Wie?" entgegnete dieser. „Ich sollte Dich, in engherziger Aengstlichkeit um die Zukunft, eines Genusses berauben, nach dem Deine Seele sich täglich sehnen muß? Wer auf der Höhe musikalischer Künstlerschaft steht, wie Du, dem ist die Ausübung der Musik Bedürfniß, wie Luft und Licht den Blumen. Soll ich Dich, meine Rose, verkümmern lassen, und Dein herrliches Gesangstalent, das mich entzückt und erfrischt nach meinem Dichten und Grübeln? Singe Du, ich arbeite, mein Fleiß und mein erster Erfolg werden das wieder einbringen, was für Dich nicht verausgabt zu haben ein Verbrechen an Dir und mir gewesen wäre!"

Und Julia sang. Sie studirte mit der Zeit vollständig die glänzendsten Opernpartien der Primadonnen Italiens ein. Sie lebte nur im Reiche der Töne und für den Geliebten. Sie vergaß alles Andere um sich her, und keine Erinnerung

an den freiwillig geopferten Glanz von ehemals
drängte sich störend in ihre selige Gefühlswelt
hinein. Sie war glücklich!

Mit der Gesellschaft kam sie nur flüchtig in
Berührung, sobald sie in Florenz die Oper besuchte. Riego führte sie dorthin, obwohl sie ihn
lächelnd mahnte, das kleine Capital sorgsam zu
Rathe zu ziehen — doch selbst im Theater beachtete sie nicht die gepußte Menge, denn ihr
Denken und Fühlen ging über in die Bühnenwelt,
die ihr entgegenblitzte, in den melodischen Zauber,
der um und in ihr erklang.

Und jetzt hatte Riego sein erstes Werk vollendet. Welche Freude!

Mochte es kein Meisterwerk sein, Julia's durch
Liebe zu dem Verfasser befangenes Urtheil bezeichnete ihr die Arbeit als ein solches.

Riego ging, das Werk in Florenz zu verwerthen. Es war die höchste Zeit dafür, denn
schon hatten sich die tausend Ducaten bis auf
etwa zwanzig verringert.

Wie war das so rasch gekommen, nach kaum
einem halben Jahre? Hatte das Paar sich nicht
Entbehrungen allerlei Art aufgelegt? Freilich wohl,
doch nur nach Begriffen, welche sie, die an Ueberfluß Gewöhnten, von einer Entbehrung haben
konnten — was ihnen als ein eingezogenes Leben
erschienen war, würde von Tausenden als eine

Existenz voll Luxus und Wohlleben angesehen
worden sein.

Riego war in der Frühe gegangen. Um Mittag
kehrte er nach Hause zurück.

Seine Miene war verdüstert. Die Zuversicht,
mit welcher er Julia verlassen, hatte sich in Nie=
dergeschlagenheit verwandelt.

Die junge Frau, die ihm lächelnd entgegen=
geeilt war, forschte besorgt und ahnungsvoll in
den Zügen ihres Geliebten.

„Was ist Dir?" fragte sie haftig. „Man hat
Deine Arbeit zurückgewiesen?"

Riego zog statt der Antwort sein Manuscript
hervor und warf es auf den Tisch.

Dann sank er auf einen Sessel nieder, stützte
den Kopf und blickte Julia entmuthigt an.

„So warst Du überall?" fuhr diese fort. „Bei
allen Buchhändlern der Stadt?"

„Bei allen nicht," begann Riego endlich, „doch
die bedeutenderen suchte ich auf. Keiner wollte
auch nur einen Blick in mein Manuscript werfen.
Man hielt es nicht der Mühe werth, mein Werk
zu prüfen. Schreiben Sie politische Brochüren,
sagte man mir überall, die werden gelesen. Für
Romane hat man in dieser Zeit der Bedrängniß
und Kämpfe weder Empfänglichkeit noch Geduld.
Ja, hätten Sie als Schriftsteller bereits einen
Namen! — Ich hoffe ihn mir eben durch meine

Arbeit zu machen, war meine Antwort — Alles
was politische Brochüren nur in flüchtigen Um=
riſſen bringen können, iſt in meinem Werke im
Gewande der Erzählung behandelt! — Man zuckte
die Achſeln und ließ mich reden. Ein Einziger
war erbötig das Werk zu verlegen."

„Nun alſo!" rief Julia. „Und weshalb haſt
Du ihm nicht Dein Manuſcript überlaſſen?"

„Jener Einzige ſagte mir ſehr artig, daß er
bereit ſei, ſeine Firma auf das Buch zu ſetzen,
falls ich die Druckkoſten des Werkes im Vorhinein
bezahlen wolle, es ſei das ſo üblich bei ſchrift=
ſtellernden Cavalieren, die eben als Dilettanten
ſonſt wohl kaum zu einem Verleger kommen
würden!"

„Und auch dieſer wollte nicht einmal Dein
Werk leſen?"

„Auch dieſer nicht. Ein paar Buchhandlun=
gen zweiten Ranges blieben mir noch aufzuſuchen
übrig. Aber welche Hoffnung darf ich nach ſol=
chen Erfahrungen in ſie ſetzen?!"

Riego ſtarrte finſter vor ſich hin.

Da wo es ſich um Exiſtenzfragen handelt,
beſitzt oft eine Frau größere Widerſtandskraft
und mehr Muth der Ausdauer als ein Mann,
der um ſo leichter verzagt, je ſanguiniſcher zu=
vor ſeine Hoffnungen waren, und je weniger
er gewohnt iſt, das Leben mit ſeinen täg=

lichen Plackereien von der ernstesten Seite auf=
zufassen.

Julia trat daher mit aufmunterndem Lächeln
an ihren Geliebten heran.

„Wie?" sagte sie. „Die ersten Versuche schrecken
Dich schon ab? Muß Dein Werk denn in Florenz
erscheinen? Gibt es nicht noch Städte in Italien
genug? Hast Du heute und morgen keinen Erfolg,
so wirst Du ihn in einigen Wochen haben! Du
sendest Deine Arbeit nach Mailand, Genua, und
sei es nach Neapel. Irgendwo wird sich doch ein
unternehmender Kopf finden, der Dein Werk zu
schätzen weiß!"

„Ich sehe vor der Hand im Geiste sich überall
nur dasselbe wiederholen, was ich hier erfahren
habe!" versetzte Riego niedergeschlagen.

„Du darfst aber so nicht sehen, Juan, denn
Du vernichtest dadurch das Vertrauen auf Dich
selber. Nur bei dem kehrt das Glück ein, der
muthig darauf baut, wenn es auch nicht gleich
zu winken scheint!"

„Ganz gut," entgegnete Riego mit einem An=
flug von Bitterkeit, „aber gesetzt den Fall, man
gehe darauf ein, mit mir über das Manuscript
zu unterhandeln, werden nicht Monate vergehen,
bis ich eine Gewißheit über das Schicksal desselben
erhalte? Und ist nicht unsere Casse in einigen
Wochen bereits erschöpft?"

„Du wirst nicht unthätig den Erfolg der einen
Arbeit abwarten!" antwortete Julia lächelnd.
„Schreibe inzwischen Brochüren, wie es diese Leute
wollen."

„Ich könnte da nur die finanziellen und politischen Fragen berühren und darauf hinzielende
Vorschläge machen, aber ich bin dazu weder Po-
litiker noch Finanzmann und Publicist genug!"

Die Gräfin sann einen Augenblick nach.

„Nun, so versuche es mit dem Theater!" sagte
sie dann lebhaft.

Riego's Augen begannen zu sprühen. Seine
Zuversicht kehrte zurück.

„Das werde ich!" rief er aufspringend. „Durch
das Theater erringt man sich rasch Geltung, und
bringe ich ein Stück, das jetzt die Gemüther bewegt, so wird man mein Drama nicht zurück-
weisen!"

Die Liebenden umarmten einander, die Niederlagen des Tages waren vergessen.

Am folgenden Morgen verließ der junge Spanier von Neuem das Haus, um mit seinem Ma-
nuscripte eine Wanderung durch Florenz anzutreten. Er kehrte auch von dieser Jagd nach einem
Verleger erfolglos zurück. Das Manuscript ward
eingesiegelt und nach Mailand gesendet. Unmittelbar darauf aber machte sich Riego an den Ent-
wurf zu einem Drama.

In so reizend idyllischer Umgebung, an der
Seite eines schönen Weibes, deren Gesang fähig
war zu begeistern und die Seele gen Himmel zu
tragen, was hätte da nicht ein Dichter von Got=
tes Gnaden Herrliches schaffen können!

Ein solcher war aber unser spanische Cavalier
freilich nicht, sein weltmännischer Geist, seine viel=
seitigen gesellschaftlichen Kenntnisse und Lebens=
erfahrungen, die er sich während eines unstäten
Wanderns durch aller Herren Länder erworben
hatte, und die ihn in den venetianischen Kreisen
als eine blendende Erscheinung hinstellten, ersetzten
nicht, was ihm zum Poeten abging.

Aber Julia fühlte das nicht, Julia, deren Künst=
lernatur ihr das Wesen des Geliebten verklärte.

Und Riego?

Wenn er gescheidt genug war, sich nicht für
einen Dichter zu halten, so ließ er es sich wenig=
stens nicht merken.

So ward denn nach Wochen ein Drama zu
Stande gebracht, auf das Julia mit Stolz, Riego
anscheinend voll froher Zuversicht blickte.

Sie mußten um so mehr ihre Hoffnungen auf
dieses Werk concentriren, als von Mailand keine
Antwort gekommen war, und ihr ganzes Capital
nur noch einen Ducaten betrug.

„Unsere Lage wird sich binnen Kurzem ändern!“
sagte Riego triumphirend, als er die von Julia's

Hand sauber angefertigte Abschrift des Drama's in die Tasche schob, um den wichtigen Gang zum Director des Florenzer Theaters anzutreten. „Man hat mir gestern, als ich Erkundigungen einzog, den Impresario der hiesigen Bühne als einen Mann geschildert, der freilich nur Musiker sei, daher höchstens große Summen auf Oper und Ballet verwende und das Schauspiel nicht sonderlich pflege, aber doch Verstand genug besitze, auch ein solches beurtheilen zu können, und hinreichend Unternehmungsgeist, ein Drama aufführen zu lassen, falls sein Scharfblick ihn auch nur einigermaßen einen Cassaerfolg davon hoffen lasse."

„Und wie heißt dieser Mann?" fragte Julia.

„Carlatti."

„Mir ist, als hätte ich diesen Namen schon irgendwo gehört."

„Das kann sein. Im Theater mag er oft genug neben uns genannt worden sein, ohne daß wir darauf achteten."

„Nicht doch. Es scheint mir, als hätte ich schon in Venedig —"

„Wohl möglich! Der Ruf eines tüchtigen Impresario dringt bis über die Grenzen der Stadt hinaus, in der er wirkt. Und nun, leb' wohl! Ich gehe mein Glück versuchen!"

Und Riego verließ Julia, deren Wünsche ihm folgten.

Nach einer Stunde kehrte er mit strahlendem Antlitz zurück.

Julia vermochte in heftiger Erregung kaum seine Antwort abzuwarten.

„Ich darf hoffen!" lautete diese. „In Carlatti habe ich einen Mann von Bildung und Kenntnissen gefunden. Er hat mein Drama entgegengenommen, und mir versprochen, daß ich noch vor Ablauf von vier Wochen eine Antwort erhalten werde."

„Vor Ablauf von vier Wochen?" stammelte Julia bestürzt. „Weißt Du nicht, daß in wenigen Tagen unser Geld bis auf den letzten Denaro verausgabt sein wird?"

„Dann werde ich Rath zu schaffen wissen!" entgegnete Riego lächelnd. „Wenn mir, dem Fremden, unter den jetzigen Zeitverhältnissen auch nicht so leicht Jemand borgen sollte, so besitze ich ja noch Einiges von Werth — Uhr und Ringe, werthvolle Waffen — das ich veräußern kann."

Julia blickte unruhig auf den Geliebten.

„Das wäre hart!" flüsterte sie. „Du wolltest verschleudern, was —"

„Nun denn," unterbrach sie Riego in sorglosem Ton, „so lasse ich die Sachen auf's Versatzamt tragen."

„Entsetzlich!" rief die junge Frau.

„Was ist's denn weiter?" fuhr Riego fort.

„In einigen Wochen werden diese Dinge, deren ich jetzt recht gut in unserer Zurückgezogenheit entbehren kann, wieder in meinen Händen sein, ich zweifle keinen Augenblick daran. Von Mailand muß doch auch endlich eine Antwort kommen!"

Den nächsten Tag schickte Riego sich an, Uhr und Ringe, sein Pistolenkästchen und sonst noch Einiges, wie er gesagt hatte, forttragen zu lassen.

Julia hatte unruhig die Nacht zngebracht. Für eine Dame, wie sie, die in Glanz und Ueberfluß gelebt hatte, war der Gedanke, ein Versatzamt in Anspruch nehmen zu müssen, schon gewissermaßen eine Schmach, eine Erniedrigung.

Aber hieß es hier nicht, sich in die Nothwendigkeit fügen?"

Als Riego sich am Morgen entfernen wollte, da zitterte sie.

Begann sie bereits insgeheim daran zu zweifeln, daß ihr Geliebter in der Schriftstellerei eine Erwerbsquelle finden werde?

Erröthend trat sie an ihn heran.

„Behalte wenigstens Deine Uhr, Juan," murmelte sie kaum hörbar, „und nimm dagegen, was ich an Schmuck mit mir genommen habe."

„Nicht um die Welt," rief der junge Mann heftig, „wie, ich sollte Dich des Einzigen berauben, was Du besitzest?"

„Hast Du nicht selber gesagt," entgegnete Julia

dringend und mit flehentlichem Blick, „daß Du
binnen wenigen Wochen in der Lage fein werdeft,
das wieder einzulöfen, was Du jetzt im Begriff
ftehft fortzugeben? Nimm!"

Und die junge Frau hielt ihrem Geliebten ein
Käftchen hin.

„Es ift Alles, was Du haft!" erwiederte diefer abwehrend. „Es demüthigt mich, Julia, von
Dir zu nehmen!"

„Werde ich Dir ohne diefe Spangen weniger
gefallen?" verfetzte fie lächelnd. „Geziemt es fich
für unferen idyllifchen Aufenthalt nicht eher, daß
ich mich mit Blumen fchmücke?"

Ein kurzer, zärtlicher Streit entfpann fich, der
damit endigte, daß die junge Frau ihren Willen
durchfetzte.

„Wohlan," fagte Riego, indem er das Käftchen nahm, „ich gebe diefes zu dem Uebrigen, damit Du getroft der nächften Zukunft entgegenfehen
kannft!"

Riego fagte die an und für fich fo zuverficht-
lichen letzten Worte, indem er einen fchwer-
müthigen, faft mitleidigen Blick auf die Geliebte
heftete.

Was ging in feinem Innern vor?

Er entfernte fich mit fichtlichem Widerftreben.

Was Riego davontrug, ficherte auf acht Tage
die Exiftenz des Paares.

Dann langten das Manuscript und ein Schreiben von Mailand an. Der Roman wurde mit
der Bemerkung abgelehnt, daß sich schwerlich für
dieses Conglomerat von Leitartikeln und endlosen
Liebesscenen in ganz Italien ein Verleger finden
werde.

Riego warf den Brief in's Feuer, aber auch
das Manuscript, bevor ihn seine Geliebte daran
verhindern konnte.

„Was hast Du gethan?" rief Julia erbleichend.
„Der Erfolg Deines Stückes hätte den Leuten
über diese Arbeit die Augen geöffnet! Jetzt hast
Du Monate an Zeit und Mühe verloren!"

„Julia," antwortete Riego leidenschaftlich, „ich
würde an mir selbst verzweifeln, bliebe mir nicht
die Aussicht auf mein Drama! Aber drei Wochen,"
fuhr er düster fort, „heißt es noch auf den Ausspruch des Impresario warten, volle drei Wochen!
Ich that unrecht, keine Bekanntschaften unter Cavalieren hier anzuknüpfen. Leute meines Standes helfen einander oft genug aus momentaner
Verlegenheit."

„So knüpfe Bekanntschaften an!" murmelte
Julia beklommen.

„Wenn ich auftreten könnte, wie es sich für einen
Cavalier geziemt! Doch so —! Von morgen an
werde ich mich um was immer für eine Anstellung
bemühen."

Riego brach ab, und blieb den Tag über meist in sich gekehrt.

Am nächsten Morgen verließ er zeitig das Haus.

Als er zurückkehrte, drückte die Geliebte ihm Gold in die Hände.

Sie hatte heimlich ihr Piano verkauft.

„Du haft jetzt,“ lispelte sie, „was Du brauchst, um Dein Entrée in der Gesellschaft machen zu können. Geh'! ich verzichte darauf, Dich stets um mich zu sehen!“

Riego fuhr zurück. Und als sie ihm nun gestand, was sie für ihn gethan habe, da bebte er.

„Wie,“ rief er, „Du haft Dein Piano veräußert? Du haft Dich der einzigen Freude beraubt, die Dir noch in unserer beschränkten Lage geblieben war? Armes Weib!“

Und es war, als habe Riego einen inneren, heftigen Kampf durchzuringen, als stehe er im Begriff mehr zu reden, als wolle er sich der Geliebten zu Füßen werfen.

Sie gewahrte eine furchtbare Angst in seinen Zügen, während er den Blick vor ihr zu Boden schlug. Sie fühlte aus seinem Wesen heraus, daß ein Etwas mit einer Centnerwucht auf seinem Herzen laste.

Sie hatte ihn nie zuvor so gesehen.

Und jetzt drückte sein Antlitz die Qualen eines
marternden Schuldbewußtseins aus.

Wie ein armer Sünder stand er zitternd vor ihr.

„Was ist Dir?" rief sie in banger Zärtlichkeit.

Und wieder war es, als ob Riego sich auf-
raffe, in Worte zu fassen, was ihn augenscheinlich in tiefster Seele erschütterte.

Aber kein Laut kam über seine bebenden
Lippen.

Dann warf er mit der Miene des Abscheues
das Gold auf den Tisch, und sank auf einen
Sessel nieder.

Er preßte die Hände vor das Gesicht.

„Ich bin ein Elender!" stöhnte er.

„Um Gottes willen, Juan, ermanne Dich!"
flüsterte Julia, sich zu ihm niederbeugend, indem
sie ihm besorgt und sanft die Hände vom Antlitz
fortzog.

Sie blickte in von heftigem Schmerz verzerrte
Züge.

„Ich habe Dich betrogen," stammelte er, „um
Alles betrogen — um Deine Ruhe, Deine Ehre,
Deine Zukunft, — ich habe Dich aus Verhält-
nissen fortgelockt, für die allein ein edles Wesen
Deiner Gattung geschaffen ist, — habe Dich Fol-
tern erdulden lassen, die Dir zu bereiten mein
Inneres mehr und mehr mit Verachtung gegen

mich selber erfüllt, — und das Alles habe ich
Elender gethan, für — "

„Halt ein!" unterbrach ihn Julia in zärtlicher
Leidenschaft, „fahre nicht fort, Dich anzuklagen!
Bin ich Dir nicht freiwillig gefolgt?"

„O Du ahnst nicht —!" murmelte Riego
fast tonlos.

„Still!" beschwor ihn Julia mit einem Blick
voll heißer Liebe. „Höre auf, Deine edle Natur
zu lästern! Sie zog mich unwiderstehlich Dir nach,
ich mußte Dir folgen, und hättest Du mich zu-
rückgestoßen! Es war meine Bestimmung! Und
ist sie es, Dich zu lieben, so muß sie es auch sein,
für Dich zu entbehren!"

Riego wollte reden, sie verschloß seinen Mund
durch glühende Küsse.

„Kein Wort, als das der Liebe, komme ferner
über Deine Lippen!" rief sie dann. „Keine Anklage gegen Dich selbst! Schwöre mir's!"

Riego entwand sich den Armen seiner Geliebten. Wie vernichtet sank er zu ihren Füßen nieder und umklammerte ihre Kniee.

„Glaubst Du, daß ich Dich liebe? Wahrhaft
liebe? Daß Du meine ganze Seligkeit bist, Julia?"
stammelte er in fieberhaftem Ton.

„Wie kannst Du fragen?" antwortete die junge
Frau, durch die fieberhafte Erregung ihres Geliebten beinahe erschreckt.

16*

Dieser aber sprang auf und stürzte aus dem
Zimmer fort. Als hätte er vor den Schrecknissen
der Hölle die Flucht ergriffen, so war er geflohen.

Und wie nun Julia wenige Minuten später
nach ihm forschte, da hatte er das Haus verlassen.

Was hatte ihn fortgetrieben?

Empfand er Gewissensbisse, und hatte Julia
unwissentlich ein Geständniß unterdrückt, das ihr
mehr enthüllt haben würde, als sie sich auch nur
im Entferntesten träumen lassen konnte?

Lag wirklich eine so entsetzliche Last auf seinem
Herzen, hatte die Anklage gegen sich, die er nicht
zu vollenden wagte, und die Julia kurz abgeschnitten, eine noch tiefere, noch geheimnißvollere
Begründung, als jene war, welche die junge Frau
darin erblicken mußte?

Und wohin hatte Riego so eilig sich entfernt?

Als Julia ihn am Abend wiedersah, da war
er düster, still, ja scheu fast. Ihre zärtlichen Auf-
munterungen schienen ihm eher Schmerz als Linderung zu verursachen.

Er wagte es kaum, seine Geliebte anzublicken,
sein ganzes Benehmen war das eines Mannes,
der sich seiner Geliebten gegenüber einer großen
Schuld bewußt ist, und der nicht wagt, diese rückhaltlos zu bekennen.

Von Zeit zu Zeit fragte er sie mit glühendem

Blick und fieberhafter Hast: „Liebst Du mich?
Wirst Du mich ewig lieben, was auch immer ge=
schehen möge?"

Und hinterher versank er in dumpfes Brüten.
Unruhe und Scheu aber kennzeichneten von jetzt ab
jederzeit sein Wesen.

„Er fürchtet, daß mit unserer wachsenden
Noth meine Liebe zu ihm erkalten möge!" sagte
sich Julia.

Und sie schwor sich, alle Entbehrungen, selbst
die härtesten, lächelnd zu ertragen.

So verging ein Tag nach dem andern.

Riego hatte das aus dem Verkauf des Pianos
gelöste Geld an sich genommen. Es reichte nicht
lange aus.

Kleine Schulden wurden auf Schulden in der
Nachbarschaft gehäuft, ein Gegenstand nach dem
andern verschwand aus dem Häuschen; die Dürf=
tigkeit kehrte in dasselbe ein.

Endlich erschien der Termin, bis zu welchem
Carlatti, der Impresario, zugesagt hatte, sich über
Annahme oder Ablehnen des Drama's auszu=
sprechen.

Julia war anscheinend voll froher Zuversicht.
Sie lächelte, als Riego niedergeschlagen fortwankte,
den Ausspruch des Directors entgegenzunehmen.

Warum gab er sich nicht der Hoffnung hin, nun
der Tag da war, der eine solche erfüllen konnte?

Klammert sich nicht selbst der Ertrinkende noch voll Hoffnung an das morsche Brett, das die Meereswogen ihm entgegenschleudern?

Nach einer Stunde kehrte Riego zurück. Er war sehr bleich.

„Der Impresario hat Dich auf später vertröstet, einen Bescheid hinausgeschoben?" fragte Julia, ihm beklommen entgegentretend.

„Er hat — mein Drama abgelehnt!" brachte Riego mühsam hervor.

„Abgelehnt!" stammelte Julia verzweiflungs-voll. „Er kann es nicht gelesen haben!"

„Es ist ein leibliches Opernsujet — hat er ge-sagt — aber kein Drama," fuhr Riego fort, in-dem er sich Gewalt anthat zu reden, „machen Sie ein Libretto daraus und senden Sie es Verdi nach Paris, vielleicht daß dieser sich entschließt, es zu componiren! — Und somit — wurde ich abgefer-tigt. Ich — deutete dem Manne meine verzwei-felte Lage an, und er —"

„Und er?" wiederholte Julia, ängstlich und haftig fragend.

„Sie haben Anstand und ein hübsches Aeußere, junger Mann, gab mir der Impresario zur Ant-wort, vielleicht auch eine hübsche Stimme. Sie können damit Ihre Existenz sichern, wer weiß, sich ein Vermögen erwerben. Gehen Sie zum Theater. Sie sind ein Cavalier, ein Graf, wie Sie sagen —

das darf Sie nicht hindern. Nehmen es doch heut zu Tage selbst hochgeborne Damen nicht so genau mehr, — ist nicht die Piccolomini fürstlicher Abkunft und die Ristori nicht eine Marchesa? Gehen Sie zum Theater!"

„Zum Theater?" lallte Julia, ihren Geliebten überrascht anstarrend. „Das hat er gesagt?"

„Das hat er gesagt!" murmelte Riego mechanisch und beinahe tonlos.

Sodann warf er das Manuscript des Drama's auf einen Sessel und trat, die Lippen krampfhaft aneinander gepreßt, zu einem der Fenster.

Dort drückte er die bleiche, feuchte Stirn an die Scheibe. Sichtlich mühte er sich, Fassung zu gewinnen.

Während er gesprochen hatte, war seine Miene die eines Verurtheilten gewesen, hatte sein Blick keine Secunde den Fußboden des Zimmers verlassen.

Julia aber war hoch aufgerichtet stehen geblieben. Sie starrte jetzt vor sich hin.

Ihr Busen wogte heftig — ein Durcheinander der verschiedenartigsten Gefühle bestürmte sie in diesem Augenblick.

„Zum Theater!" murmelte sie wiederholt und wie träumerisch, ohne daß sie es zu wissen schien. „Ja, ja — die Ristori — die Piccolomini —!"

Riego schien seine ganze Seelenkraft aufzubieten,

als er sich jetzt vom Fenster ab und seiner Geliebten zuwendete.

Er begann zu reden, aber den Blick gesenkt,
wie zuvor.

Julia fuhr auf als er sprach, und heftete ihre
Augen flammend auf ihn.

„Als Schriftsteller,“ begann er mit derselben
Anstrengung wie vorhin, ist mir also jegliche Hoffnung auf Erwerb abgeschnitten. Und des Impresarios Rath klingt wie Hohn — ich habe weder
Stimme, noch Talent für die Bühne!“

„Und doch,“ rief Julia, deren Antlitz jetzt ein
energischer Entschluß röthete, ein Entschluß, der
gleich einem plötzlich aufzuckenden Sonnenstrahl die
Nacht ihres Innern erhellte, „doch hat uns jener
Carlatti den Weg gezeigt, den einzigen, der uns
dem Elend entreißen kann!“

Riego blickte seine Geliebte an, aber nur flüchtig,
scheu, verstohlen.

Seine Züge vibrirten krampfhaft.

„Was sagst Du?“ fragte er in fast athemloser
Spannung.

„Nun denn,“ fuhr Julia fort, während ihr
Auge blitzte und ihre junonische Gestalt sich zu
vergrößern schien, „wenn Dir die Natur Stimme
und Talent für die Bühne versagte, hat sie nicht
mir solche Gaben verliehen? Sind nicht die berühmtesten Gesangmeister Venedigs meine Lehrer ge-

wesen? Und habe ich nicht in allen Soiréen unserer
haute volée mit einem Erfolge gesungen, der mich
selber in Erstaunen versetzte? Seit Jahren steht
mein Sinnen und Trachten nach der Kunst, gehen
mir musikalische Genüsse über Alles! Und ich glaube
kaum, daß ich das Urtheil eines wenig nachsich=
tigen Publikums, einer Menge, die für das ge=
zahlt hat, was der Künstler bietet, zu fürchten
brauche. Wohlan, was zögere ich da noch, mich
der Bühne zu widmen?"

„Wie? Du wolltest — Du —?" warf Riego
ein. „Du könntest Dich überwinden, einen schlüpf=
rigen Boden zu betreten, den —"

„Den vor mir — jener Carlatti hat recht —
altadelige Damen betreten haben, deren Kunst=
fertigkeit man jetzt anstaunt, die Lorbeeren und
Gold in Ueberfluß erringen, Achtung und Begei=
sterung überall ernten, wohin sie sich wenden, die
selbst der Adel mehr fetirt als zuvor, da sie noch
nicht die Vorurtheile ihres Standes abgestreift
hatten! Und hat die Welt nicht längst erkannt,
daß die hohe, herrliche Kunst den Menschen erst
wahrhaft adelt? Du selber, Juan, hast mir Aehn=
liches gesagt, als Du den Entschluß faßtest, zur
Feder zu greifen. Soll ich die Gabe, welche
mir Gott verlieh, leichtsinnig und in falschem
Stolze unbenutzt lassen, zumal sie uns vor Er=
niedrigung und allen jenen Kränkungen und bit=

teren Erfahrungen schützt, die — ich fühle es nur
zu tief — die Armuth in ihrem Gefolge hat? O
ich begreife es kaum — der Ausweg aus unserer
Noth liegt so nahe, und doch mußte ihn ein Carlatti mir erst zeigen! Und läßt sich nicht ohne Verzug
handeln? Habe ich nicht hier noch die namhaftesten
Primadonnenpartien eines guten Opernrepertoires
einstudirt? Du selber, Juan, brachtest alle jene
Partien, und warst ahnungslos die Ursache, daß
ich jetzt ohne Aufschub vor die Oeffentlichkeit treten
kann. Liegt nicht darin schon ein Fingerzeig der
Vorsehung?"

„Ahnungslos!" murmelte Riego, den Blick vor
der Geliebten zu Boden schlagend.

„Nun denn," fuhr Julia begeistert fort. „Alles
ruft mich zur Kunst, mein innerer Beruf, der Gedanke an unser materielles Wohl, die Vorsehung
selber! Führe mich zu Carlatti, Juan!"

Riego fuhr wie aus einer momentanen Geistes-
abwesenheit auf.

„Julia," sagte er mit gepreßter Stimme, „Dein
Entschluß ist schön und edel, und er wird Dir zu
Reichthümern und Ruhm verhelfen. Aber wenn
Du ihn ausführst, dann habe ich nichts für Dich
gethan, dann wirst Du die ganze Fülle des Ueber-
flusses, der Dir zuströmen muß, nur Dir allein
verdanken, ich aber werde mit dem beschämenden
Bewußtsein vor Dir stehen, daß ich Dich nicht

einmal vor Mangel schützen konnte, daß es die
Geliebte ist, die mich erhält. Wenn ich dies an=
nehmen kann, dann — wirst Du mich verachten!"

„O sprich nicht also!" rief die junge Frau, den
Hals des Geliebten umschlingend. „Fragt wahre
Liebe, wer gibt und wer empfängt?"

„Und wenn Du nun je Deinen Entschluß be=
reuen solltest, aus — was immer für welchen Mo=
tiven?" stammelte Riego.

„Ich werde ihn nie bereuen!" antwortete
Julia leidenschaftlich. „Kann ich denn je bereuen,
mein Dasein an das Deinige gekettet zu haben?"

Riego zuckte leicht zusammen.

Ihre Augen begegneten einander. Riego's Blick
vermochte kaum den liebeglühenden der reizenden
Frau auszuhalten.

Dann sank der Spanier zu ihren Füßen.

„Ich liebe Dich! Ich kann nicht mehr ohne Dich
leben!" rief er in einem Tone, den Wonne und
Schmerz zugleich durchschauerten.

„Steh auf!" lispelte die junge Frau, sich zu
ihm neigend, „Du bist so erregt! Wir werden ein=
ander ja ewig angehören! — Und nun — führe
mich zu Carlatti!"

Viertes Kapitel.

Eine Enthüllung.

Das Begehren Julia's war erfüllt worden — sie hatte sich dem Impresario durch Riego vorstellen lassen, ja, mehr noch, vor Carlatti eine Probe ihrer musikalischen wie dramatischen Befähigung abgelegt.

Diese Probe war über alle Maßen glänzend ausgefallen.

Der Impresario sowohl wie der Opernregisseur hatten einander schon nach den ersten Tönen, die Julia sang, freudetrunken angeblickt, und waren nach der ersten Passage in lauten Jubel ausgebrochen.

Die angehende Primadonna hatte ein Repertoire vorgelegt, das in hohem Grade befriedigte, und durch Vorträge aus verschiedenen Opern nicht allein ihre Bravour und Sicherheit im Gesange, son-

dern auch den dramatischen Ausdruck desselben, die
Reinheit ihrer Tonbildung, den staunenswerthen
Umfang und die Ausdauer ihrer Stimme bewiesen.

In Folge dessen hatte ihr Carlatti ein En=
gagement angeboten, mit einer Jahresgage, deren
Höhe selbst die kühnsten Erwartungen Julia's
noch bedeutungsvoll überstieg.

Und man war übereingekommen, diesen Con=
tract unmittelbar nach dem ersten Auftreten der
jungen Frau zu unterzeichnen.

So mußten alle Sorgen der Liebenden ein
Ende nehmen.

Es stand zu erwarten, daß Julia binnen kur=
zer Frist eine der gefeiertsten Gesangsgrößen Ita=
liens sein werde.

Schon jetzt durfte sie mit Sicherheit voraus=
sagen, daß sie sich im Zeitraum weniger Jahre
ein nahezu fürstliches Vermögen erwerben werde.

Julia schwelgte in Wonne, freudestrahlend, mit
klopfendem Herzen sah sie dem Augenblicke ent=
gegen, an dem sie zum Erstenmale die Bühne be=
treten sollte. Ihr bangte keine Secunde davor,
denn sie fühlte in sich den Muth des Bewußtseins,
ihrem inneren Berufe zu folgen, sie empfand jene
Sicherheit des Selbstgefühls, welche die Ueberzeu=
gung verleiht, seiner Aufgabe gewachsen zu sein,
eine Ueberzeugung, die sehr wohl mit der Be=
scheidenheit Hand in Hand gehen kann.

Nicht weniger aber fühlte sich Julia durch den
Gedanken beglückt, daß nun am Himmel ihrer
Liebe die Sonne ungetrübt glänzen werde, daß
alle jene drückenden Sorgen des alltäglichen Lebens, die nur zu oft den Aufschwung des Geistes
hemmen, das lebenskräftigste Dasein allmälig
untergraben, Phantasie und Talent abtödten und
selbst liebende Herzen einander mit der Zeit entfremden, für ewig gebannt seien.

Riego zeigte, wie sehr der Erfolg seiner Geliebten auch ihn mit Freude und Stolz erfülle,
aber es war, als sei sein Entzücken nicht rein und
ungetrübt, als laste, trotz aller Wonneäußerungen,
ein geheimes Weh auf seiner Seele. Noch jetzt gab
es für ihn Momente, in denen er nur mit dem
äußersten Aufwand seiner Seelenkräfte fähig zu
sein schien, der jungen Frau grade in's lachende
Antlitz zu blicken.

Der beseligten Julia entgingen diese Momente,
— wie hätte sie dieselben während ihres jetzigen
Triumphes, in ihrer jetzigen Stimmung auch nur
ahnen können?

Als sie vor Carlatti erschienen war, da hatte
sie diesem einen anderen Namen als den ihrigen
angegeben. Sie war vom Impresario mit Höflichkeit, aber als eine ihm völlig fremde Dame
empfangen worden.

Erinnerte er sich der Gräfin von seinem

Ausfluge nach Venedig her so ganz und gar
nicht?

Hatte diese stolze, ungewöhnliche Erscheinung,
die ihn damals doch frappirte, und ihr wunder=
sames Gesangstalent nur einen flüchtigen Ein=
druck auf ihn gemacht?

Und doch war er in jener Soirée eine ganze
Stunde an ihrer Seite gewesen, hatte mit ihr ge=
plaudert, ihr Wesen, ihren Charakter im Fluge
studirt, er, der feine und gewandte Menschenkenner,
der nie ohne Ueberlegung handelte und sich auch
des geringfügigsten Umstandes nach Jahren noch
zu erinnern pflegte.

Und doch hatte er, als er beim Verlassen der
Soirée an die Gräfin und ihr staunenswerthes
Talent dachte, sich gesagt: Eine Million ließe sich
verdienen! Und warum nicht? Es verlohnt sich
der Mühe, darüber nachzudenken!

War dies Alles aus seinem Gedächtniß ge=
schwunden?

Wer hätte darüber mit Gewißheit Aufschluß
geben können, wenn ihm nicht ein Blick in das
Innere des geschmeidigen Impresarios vergönnt
gewesen wäre?

So viel stand fest, daß Carlatti weder beim Ein=
treten Julia's noch während und nach der Probe
ihres Talentes, oder bei Nennung jenes Namens,
den es ihr gefallen hatte sich beizufügen, auch nur

durch eine Miene, einen Blick, eine Bewegung zu
erkennen gegeben hatte, daß ihm die junge Frau
keine fremde Erscheinung sei. Nicht eine Secunde
war der Ausdruck des Triumphes über seine
schlauen Züge gegangen, als Julia durch ihren
Geliebten ihm vorgestellt worden. Nur als sie
ihn in Begleitung Riego's verließ, da war dem
Blicke des Letzteren der stechende Carlatti's auf
einen Moment begegnet, und zwar mit einem so
eigenthümlichen Ausdruck, daß Julia von diesem
Blicke überrascht worden wäre, hätte sie ihn ge=
wahrt.

Und wie stand es denn mit der Gräfin
Amalfi? Hatte sie den Impresario wieder er=
kannt?

Es läßt sich dies mit Bestimmtheit verneinen.
Die Persönlichkeit Carlatti's war nicht geeignet
gewesen, in jener Soirée so sehr ihre besondere
Aufmerksamkeit zu erregen, daß sie sich nach Mo=
naten noch derselben hätte erinnern müssen.

In ihr bescheidenes Asyl zurückgekehrt, gab
Julia sich vorerst ihrer Freude hin. In acht Ta=
gen, so w. verabredet worden, sollte sie ihre erste
Rolle fingen, die „Norma."

Eine Stunde, nachdem sie und Riego nach
Hause zurückgekehrt waren, sandte Carlatti einen
Vorschuß von hundert Louisd'ors, in einem dieser
Sendung beigefügten, zierlich abgefaßten Billet

mit großer Delicateſſe andeutend, daß er aus der
Lage Riego's, der ja mit ihm des Drama's halber
verhandelt, diejenige ſeiner künftigen Primadonna
errathen habe.

Julia war von der Aufmerkſamkeit des Im-
preſarios entzückt, ihr Geliebter eilte mit einem
Theile des Geldes fort, das Piano zurückzukaufen,
deſſen die Debutantin nun dringender als zuvor
bedurfte. In einer Stunde ſtand das Inſtrument
auf ſeinem alten Platze, — wer beſchreibt die Seligkeit der jungen Frau?! Weinend und lachend
zugleich ſank ſie an die Bruſt Riego's.

„In acht Tagen werde ich einen glänzenden
Contract unterſchreiben!" ſagte ſie unter Freudenthränen. „Und dann, am folgenden Morgen,
einen andern, der mich noch mehr beglücken wird,
— erräthſt Du nicht, welchen? Du Böſer haſt
vergeſſen, daß ſeit Monaten ſchon meine Trauerzeit verfloſſen iſt — aber wie hätteſt Du, Aerm-
ſter, unter Sorgen und Entbehrungen auch darauf denken können?! Nun all unſer Leiden ein
Ende hat, nun darf ich Dich drängen, Juan,
mich zu Deinem rechtmäßigen Weib zu machen!
Auf den Abend, der mir hoffentlich eine Reihe
von Erfolgen und Ehre ſichert, ſoll ein Tag
folgen, der unſer Glück, will's Gott, für ewig
begründet! Aber dann — nicht wahr, Juan? —
werden wir in dieſem reizenden kleinen Verſtecke

nach wie vor verbleiben und einander genug
sein, und so wenig mich die Huldigungen der
Menge Dir entfremden sollen, so wenig wirst Du
Dich von meiner Seite weg nach den lauten Zer-
streuungen der Welt sehnen, — nicht so? Willst
Du mir das geloben?"

„Ich gelobe es Dir!" antwortete Riego leidenschaftlich. —

Und von nun an gab es in dem kleinen Häuschen durch jene nächsten acht Tage, nach deren
Ablauf Julia debutiren sollte, viel zu schaffen.
Arbeiterinnen waren da, die nöthigen Costüme
anzufertigen. Riego ließ in's Haus bringen, was
während der Nothlage hatte verschwinden müssen; was versetzt worden war, erschien wieder —
der Schmuck Julia's, Riego's Bijouterien und
Waffen.

Der junge Mann war bald fröhlich, bald so
seltsam ernst und niedergeschlagen, wie seit einiger
Zeit schon. Julia aber lachte und sang den
ganzen Tag hindurch.

Und nun begannen die Bühnenproben.

Riego begleitete die angehende Primadonna
in's Theater, und holte sie von dort ab.

In der ersten Probe schon entledigte sich Julia
ihrer Aufgabe mit staunenswerther Sicherheit.

Sie versetzte das anwesende Künstlerpersonal
in Begeisterung, das heißt die Herren, während

die Damen, lächelnd und Beifall spendend, von
giftigem Neid erfüllt wurden.

Unter diesen Damen befand sich Signora Trappola, die seit einigen Jahren erklärte Geliebte des
Impresarios. Bis in jüngster Zeit hatte diese
etwas reife Schönheit als Primadonna tyrannisch
das Repertoir beherrscht und keine andere Sängerin neben sich aufkommen lassen. Dem Publikum hatte sie schon längst nicht sonderlich mehr
gefallen, ihre Leistungen waren nur noch durch
die reichlich bezahlte Claque gefeiert worden.

Carlatti war ein viel zu guter Geschäftsmann, als daß er der Dame seiner Neigung die
Reputation und die Cassenerfolge seines Theaters
auf die Dauer zum Opfer gebracht haben würde,
er hatte daher der Signora unumwunden erklärt,
daß sie mit nächster Gelegenheit aufhören müsse,
die Primadonna seiner Bühne zu sein, dagegen
stets mit demselben Gehalt die „Donna principale"
seines Herzens bleiben werde.

Signora Trappola wohnte den Proben der
Oper, in welcher Julia auftreten sollte, als Zu-
schauerin bei. Sie ward nicht allein durch Kunstfertigkeit und Stimme belehrt, daß sie nun nicht
wagen dürfe, ferner die Florenzer Bühne zu betreten, sondern sie fürchtete auch in anderer Beziehung vor der so siegreich auftretenden schönen
jungen Frau weichen zu müssen, denn sie gewahrte,

daß sich Carlatti dieser mit einer Begeisterung nähere, welche ebensowohl ihren körperlichen Reizen wie ihrem genialen Talente gelten konnte. Und sie glaubte Carlatti genugsam zu kennen, um von solcher Begeisterung Alles erwarten zu dürfen.

Julia war daher noch nicht vor dem Publikum erschienen, als sie bereits Verehrer und Neiderinnen in Fülle, vor Allem aber eine gefährliche Feindin hatte, deren ränkesüchtiger Geist schon längst der Schrecken aller Mitglieder der Florenzer Oper gewesen.

Wie ein Lauffeuer war die Nachricht durch die Stadt gegangen, daß ein Gesangswunder sich demnächst als „Norma" werde hören lassen. Der industrielle Carlatti hatte obendrein in allen Journalen das erste Auftreten Julia's als ein Ereigniß austrommeln lassen. So war denn die Erwartung des Publikums auf's Höchste gestiegen.

Und nun war der Tag da, an welchem dieses Ereigniß vor sich gehen sollte.

Die Generalprobe hatte stattgefunden und Julia, wie man in der Recensentensprache zu sagen pflegt, sich selber übertroffen. Das enthusiasmirte Orchester hatte der genialen „Norma" zum Schluß ein Vivat und einen Tusch gebracht.

Carlatti hatte ihr beim Fortgehen die Hand geküßt und ihr lächelnd gemeldet, daß bereits alle Plätze für die Vorstellung vergriffen seien.

Riego erwartete Julia vor dem Theater und geleitete sie nach Hause.

Julia befand sich in erregter Stimmung, aber sie war zugleich voll froher Zuversicht.

In wenigen Stunden sollte sich ihr Schicksal als Primadonna entscheiden.

Sie brachte den größten Theil dieser Stunden damit zu, ihre Garderobe für den Abend zu ordnen, diese und jene Fioritur vor sich hinzuträllern, und hier und dorthin durch Haus und Garten zu schlüpfen. Sie nahm bald dieses, bald jenes in der Erregung vor, die denjenigen naturgemäß beherrschen muß, der sich bewußt ist, in kürzester Frist einem wichtigen Momente seines Lebens entgegenzugehen.

Riego verließ das Haus, für die Geliebte ein reizendes, aus seltenen Blumen zusammengefügtes Bouquet vom nächsten Kunstgärtner zu besorgen.

Der junge Spanier war kaum eine Viertelstunde fort, da ward Julia ein Brief überreicht.

Als sie die Aufschrift dieses Briefes las, erstaunte sie.

Die Aufschrift lautete: An die Frau Gräfin Julia Amalfi aus Venedig.

Der Brief trug keinen Poststempel, er kam also aus Florenz.

„Wer kann hier meinen Namen wissen?" sagte sich Julia. „Die Handschrift ist mir fremd!"

Julia öffnete den Brief und überflog den In=
halt desselben.

Sie begann die Farbe zu wechseln. Je weiter
sie las, desto bleicher ward sie.

Ihre Züge nahmen allmälig den Ausdruck
eines furchtbaren Schmerzes an. Ihr ganzer Kör=
per begann convulsivisch zu zittern, ihre Augen
erweiterten sich schreckhaft, während sie das Blatt
anstarrte, das jetzt in ihren bebenden Händen flog.

Dann stieß sie einen leisen Schrei aus und
sank halb bewußtlos auf einen Sessel nieder.

Sie war allein, aber dennoch rief sie nicht
um Hülfe.

Sie glich jetzt mehr einer Leiche als einer
Lebenden.

Was hatte sie gelesen? Ihr mußte eine ent=
setzliche Nachricht geworden sein.

Und dem war so.

Der Brief enthielt Folgendes:

„Frau Gräfin!

Sie stehen im Begriff sich der Bühne zu wid=
men und einen Contract mit dem Theaterdirector
Antonio Carlatti abzuschließen. Sie ahnen nicht,
daß dieser praktische und unternehmende Geschäfts=
mann mit jenem Herrn, der sich Juan de Riego
nennt, und in dessen Begleitung Sie, Frau Gräfin,
aus Venedig entflohen sind, bereits vor längerer
Zeit einen andern Contract eingegangen ist, dessen

Inhalt Sie überzeugen muß, daß Sie das Opfer
einer schändlichen Intrigue wurden. Wollen Sie
diesen Contract kennen lernen, so erbrechen Sie
in Abwesenheit Ihres Geliebten seine Schatulle
oder seinen Koffer. Sie werden dort jedenfalls
irgendwo den Vertrag finden. Er muß schon des=
halb noch in den Händen des sogenannten Herrn
de Riego sein, da die Summe, welche ihm im ge=
nannten Contracte zugestanden ist, erst nach dem
Abschluß Ihres Engagements von Carlatti aus=
gezahlt wird, der ein vorsichtiger Mann ist. Er=
fahren Sie zugleich, daß jener junge Cavalier,
dem Sie Ihr Herz geschenkt, Ihre glänzende Stel=
lung, Ihre Ehre geopfert haben, für den Sie sich
anschicken, die Vorurtheile Ihres Standes hintan=
zusetzen, weder aus den spanischen Colonien stammt,
noch de Riego heißt, sondern ein verarmter Ade=
liger aus dem Neapolitanischen ist, ein gewandter
Abenteurer, den Carlatti zu seinem Emissär machte
und mit allen Mitteln ausstattete, Sie, Frau
Gräfin, die er in Venedig in einer aristokratischen
Soirée gehört hatte, durch einen satanisch ange=
legten Plan aus Ihren glänzenden Verhältnissen
hinweg zu locken, Ihnen jede Rückkehr zu den=
selben abzuschneiden, und so allmälig seinem Thea=
ter Ihr Talent dienstbar zu machen, von dem
er sich goldene Berge versprochen. Was Ihnen
als eine Kette von Zufälligkeiten, oder wenn Sie

wollen als eine Fügung des Himmels erschienen
ist, war somit nichts weiter als eine schlaue Ma=
nipulation, die das Werkzeug Carlatti's nach
Vorschrift geschickt ausgeführt hat. Die Woh=
nung, welche Sie innehaben, war von Carlatti
für seinen Zweck gemiethet, bevor Sie noch nach
Florenz kamen, die Schriftstellerei des angeblichen
Spaniers und seine Mißerfolge waren nur zum
Schein, Ihre Grundsätze und Ansichten umzu=
formen, Sie gewissermaßen auf natürlichem Wege
zu dem Entschlusse zu drängen, Ihre Gesangs=
gabe zu verwerthen. Carlatti ließ Sie verarmen,
Ihrer um so sicherer zu sein.

„Daß die Schreiberin dieser Zeilen Ihnen dieses
Alles entdeckt, geschieht, weil sie Mitleid mit Ihnen
empfindet, weil sie fühlt, daß es genug des un=
würdigen Spieles sei, das man mit Ihnen treibt,
weil sie es als eine Ungerechtigkeit ansieht, daß
ein Elender — denn das ist derjenige, den Sie
seither geliebt haben — die Früchte Ihres Ta=
lentes mitgenießen soll!

„Schieben Sie nicht diesen Zeilen den Zweck
einer böswilligen Verleumdung unter, diese hüllt
sich stets in den Deckmantel der Anonymität.
Die Schreiberin dieses Briefes aber gibt sich Ihnen
ohne Weiteres zu erkennen, sie ist die Geliebte des
Impresarios, der ihr in einer schwachen Stunde,
wenn Sie es so nennen wollen, im Aufwallen

einer Eitelkeit, von der auch vorsichtige Männer der Speculation nicht immer frei sind, einst seine weitgehenden Pläne vertraut hat.

„Indem Schreiberin dieser Zeilen Ihnen ent=
hüllte, was sie weiß und verbürgen kann, ist sie überzeugt, Sie, Frau Gräfin, die Sie im Begriff stehen, sich mit einem Ehrlosen unauflöslich zu verbinden, vor einem entsetzlichen Schicksal bewahrt zu haben, wenn es ihr auch nicht vergönnt sein dürfte, Ihnen eine grausame Enttäuschung zu er=
sparen, welche indessen die Zeit, die alle Wunden heilt, Ihnen weniger schmerzhaft wird erscheinen lassen.“

Dieses Schreiben trug die Unterschrift: Teresa Trappola.

Julia erholte sich von ihrem Zustande, der nahe an Bewußtlosigkeit grenzte.

Sie gab sich nicht den Ausbrüchen einer wil=
den Verzweiflung hin. Ihre fieberhaft glänzenden Augen hatten selbst keine Thränen.

Sie war eine jener stolzen Naturen, deren Herz brechen kann, ohne daß sie wehklagen, wie schwache Weiber.

Ihr Schmerz war riesengroß, aber noch größer ihre Empörung.

War das, was dieser Brief sagte, den sie in Händen hielt, nicht die Ausgeburt eines intri=
guanten Geistes, sondern buchstäblich wahr, dann

hatte sie ihr ganzes Erdenglück an einen Schurken
geopfert, dann gab es für sie kein anderes Heil
mehr, als den Tod.

Sie verschmähte es, den Rath der Schreiberin
zu befolgen — sie ging nicht, Riego's Schatulle
oder Koffer zu erbrechen.

Konnte er nicht doch schuldlos sein?

Aber sie wagte nicht daran zu glauben.

Sie erklärte sich nun sein in ihrer Gegenwart
oft seltsames, scheues, bedrücktes Wesen — es be-
stätigte jetzt seine Schuld. So verhärtet war doch
sein Gemüth nicht gewesen, daß er nicht Gewissensbisse empfunden hätte, Mitleid mit ihr, die er
täuschte, nach Vorschrift systematisch täuschen
mußte.

Mitleid für sie! Und nicht Liebe?

Vielleicht hatte er sie lieben gelernt, und in
der letzteren Zeit Qualen erduldet, so unsäg-
liche, wie jene, die augenblicklich ihr Herz zer-
fleischten.

Und wenn er sie jetzt liebte, war er darum
weniger ein Schurke?

Das sagte sich Julia in ihrem finsteren, unseligen Brüten.

Und jetzt ging die Thür. Riego kehrte zurück. —

Lächelnd trat er ein, ein wunderreizendes Bouquet in der Hand.

Er konnte lächeln! Es durchrieselte Julia's
Herz.

Sie richtete sich hoch auf, geisterbleich, aber
stolz, majestätisch.

Das Lächeln verschwand von Riego's Lippe.
Er ließ das Bouquet fallen und starrte die Ge=
liebte betroffen an.

„Was ist Dir?" stammelte er.

Sie hielt ihm den Brief entgegen.

„Lies!" war Alles, was sie sagte.

Riego nahm das Billet. Er entfaltete es, er
las nur wenige Zeilen.

Dann entfärbte sich sein Antlitz.

Mit verzweiflungsvoller Geberde stürzte er zu
Füßen der jungen Frau.

„Du weißt Alles," rief er in herzzerschneiden=
dem Ton, „aber Du kennst nicht die Martern, die
mich seit lange foltern, Julia! Ich ward zum
Scheusal, zum Verbrecher, als ich auf die Pläne
Carlatti's einging, ich wähnte als herzloser Egoist
die vorgezeichnete Rolle durchführen zu können,
ich ward namenlos bestraft für meine Unthat,
denn ich liebe Dich, der allmächtige Gott ist mein
Zeuge, seit wir in Florenz sind, seit Deine Auf=
opferung mir die ganze Größe Deiner Leidenschaft
für mich, den ganzen Edelmuth Deines Herzens
gezeigt hat, ich liebe Dich seit jener Zeit mit dem
Bewußtsein, daß ich ein Elender sei, den Du einst

verachten werdest! Ich darf nicht auf Deine Ver=
gebung hoffen, denn Du wirst meinen Schwüren
keinen Glauben mehr schenken!"

Julia trat mit entsetzlicher Ruhe von dem jun=
gen Manne zurück, der den Saum ihres Kleides
erfassen wollte.

Es war die starre Ruhe einer Frau, die
ausgerungen hat und auf diese Welt Verzicht
leistet.

„Sie haben recht, mein Herr!" sagte sie.
„Aber ich vergebe Ihnen, um der Liebe willen,
die ich einst für Sie gehegt —"

„Julia —!" schrie der junge Mann, sich vom
Boden aufraffend.

„Ich vergebe Ihnen," fuhr diese im eisigen
Tone fort, „doch unsere Wege sind hinfort ge=
schieden! Seien Sie glücklich, wenn Sie es kön=
nen! Und nun — verlassen Sie mich!"

Julia streckte ihre Hand gebieterisch nach der
Thür aus.

„Ist das Dein letztes Wort?" stammelte der
Unglückliche. „Julia, ich vermag nicht mehr ohne
Dich zu leben! Stoße mich nicht von Dir! Ich
will hinfort nicht wagen, mein Auge begehrlich
zu Dir zu erheben, laß mich Dein Diener, Dein
Knecht, der Letzte Deiner Umgebung sein, aber
gewähre mir den Trost, Dir beweisen zu können,
daß nicht Alles an mir Lug und Trug ist, wie

Du jetzt glauben mußt! Sei barmherzig, stoße mich nicht von Dir!"

Julia blieb regungslos stehen. Kein Zug ihres bleichen Antlitzes zuckte.

„Ich kann einem Ehrlosen vergeben," sagte sie mit fester Stimme, „aber mit ihm Gemeinschaft pflegen — niemals! Leben Sie wohl!"

„O Gott," rief der Unglückliche in wahnsinnigem Schmerz, „so scheide ich denn, Julia. Aber scheidend werde ich Dir den Beweis geben, daß ich mich mehr verachte, als Du mich verachten kannst, daß ich Dich nicht weniger liebe, als Du mich geliebt hast! Leb' wohl!"

Und er wankte zur Thür hinaus.

Julia bedeckte ihr Antlitz mit den zitternden Händen.

So stand sie lange, lautlos, einer Statue gleich.

Plötzlich fuhr sie zusammen und stieß einen Schrei aus.

Ein Schuß krachte vom Nebenzimmer her.

Voll Entsetzen sprang sie dorthin.

Ihr Geliebter lag entseelt auf dem Boden.

Ein Blutstrom quoll aus seiner Brust hervor.

Der Arme hatte sich durch's Herz geschossen.

Julia warf sich über die Leiche.

Jetzt hatte sie Thränen, jetzt brach sie in abgerissene Worte wilder Verzweiflung aus. Jetzt

küßte sie ihm die Stirn und die bleichen, krampf=
haft verschlossenen Lippen.

Aber das währte nur wenige Momente. Be=
vor noch ihre Dienerin das Zimmer betreten
konnte, raffte sich Julia von der Leiche auf,
stürzte fort um Hut und Shawl zu holen, und
verließ die Wohnung. — —

— — Seit zwei Stunden umwogte die Menge
das Opernhaus.

Kurz bevor die Vorstellung beginnen sollte,
rasselten zahllose Equipagen nach einander unter
das Portal des Gebäudes.

Ein glänzender Zuschauerkreis versammelte sich
im Saale.

Dicht an einander geschaart, Kopf an Kopf,
faß die Menge.

Ein lautes Murmeln gespannter Erwartung
lief durch den weiten Raum.

Die Stunde des Beginnens der Vorstellung
schlug.

Die Musiker waren versammelt. Aber kein
Zeichen zum Anfang der Ouverture ward von der
Bühne aus gegeben.

Das Publikum fing an unruhig zu werden,
man vernahm Scharren, Klopfen, einzelne Ausrufe
der Ungeduld.

Plötzlich und unerwartet rauschte der Vorhang
in die Höhe.

Lautlose Stille folgte unmittelbar.

Was war das? Die Wald= und Felsendecora=
tion des ersten Actes zeigte sich, aber keine Norma,
keine Schaar von Priesterinnen.

Ein Flüstern des Erstaunens ging rings durch
den Zuschauerraum.

Und nun, wer war der corpulente Mann im
schwarzen Frack, der hinter der ersten Coulisse her=
vorwankte?

„Der Impresario!" murmelte man betroffen
hie und dort im Saale.

Carlatti trat bis zu den Lampen vor.

Seine Miene war verstört, Todesbläse deckte
seine scharf markirten Züge.

Und jetzt begann er zu sprechen.

Es ward so still im Saale, daß man das
Rascheln einer Maus hätte hören können.

„Ein beklagenswerthes Ereigniß," sagte Car=
latti mit unsicherer Stimme, „macht die heutige
Vorstellung unmöglich. Die Cassiere sind ange=
wiesen, dem verehrten Publikum das Eintritts=
geld zurückzugeben. Soeben kommt mir die Nach=
richt zu, daß die junge Dame, welche heute die
„Norma" singen sollte, sich das Leben genommen
habe. Man hat ihre Leiche aus dem Arno her=
vorgezogen!"

Der Impresario trat ab, der Vorhang rauschte
nieder. Die bestürzte Menge verlief sich.

Wenige Tage nach diesem Abende verließ Carlatti, von der öffentlichen Meinung gebrandmarkt, die Stadt.

Man hatte bei der Leiche Julia's den Brief der Geliebten des Impresarios gefunden.

Ende des zweiten Bandes.

Druck von C. E. Elbert in Leipzig.

Aus aller Herren Ländern.

Gesammelte Erzählungen und Skizzen

von

Adolph Schirmer,

Verfasser von „Lütt Hannes", „Wilford", „Familiendämon" 2c.

———

Dritter Band.

Leipzig.
Fr. Wilh. Grunow.
1866.

Inhalt.

Ein Drama in der Luft.

———

Schirmer, Aus aller Herren Ländern. III.

Wenige Monate ist es her, da schlenderte zeitig an einem Nachmittage ein junger Herr im Palais Royal neben der Fontaine auf und nieder.

Seine elegante, graziöse Haltung, die tadellose Toilette verkündeten den Cavalier und Stutzer der vornehmsten Salons des französischen Kaiserreiches.

Auf den ersten Blick war leicht zu erkennen, daß der junge Mann kein Lustwandelnder, sondern ein Harrender sei — eine gewisse Ungeduld in den Bewegungen, rastlos umher schweifende Blicke, leicht zusammengezogene Brauen und fest aneinandergepreßte Lippen verrathen selbst dem gedankenlosen Laien in der tiefsinnigen Kunst des Beobachtens nur allzu dienstfertig, in welches Stadium der Geduldsprobe wir zu treten im Begriff sind.

Diese untrüglichen Anzeichen einer abschiednehmenden Langmuth offenbarten sich denn auch zur Genüge an dem, seit einer halben Stunde

unermüdlich auf und nieder schreitenden Cavalier,
der, wie seines Gleichen, gewohnt die Straßen
von Paris im zierlichen, rennerbespannten Coupé
oder Tilbury zu durchfliegen, nach und nach
sämmtliche Foltern der Ungeduld durchzukosten
schien. Bietet gleich das Palais Royal Zerstreu=
ung genug, blitzen auch in den anmuthigen Galle=
rien dieses wunderbaren, erinnerungsreichen Schlos=
ses aus zahllosen Schmuckkästchen, sonst Maga=
zins genannt, die verführerischen Schätze eines
zauberischen Luxus wie diamantenfunkelnde Träume
persischer Märchen hervor — was hat der ver=
wöhnte Pariser Dandy damit zu schaffen? Er
sieht hier nur unsaubere, verwitterte Steinmassen,
die ihn das aus Sammet und Gold gewobene
liebliche Boudoir einer reizenden Berühmtheit des
Tages nicht vergessen machen, das bunte Gassen=
gedränge mit seinen Werktagsgesichtern, seinem
plumpen Ueberstürzen, seiner unschönen Hast ver=
letzt ihn, statt ihn zu zerstreuen; zu seinen aristo=
kratischen Sinnen spricht nur das glänzende Durch=
einander im Foyer der italienischen Oper oder auf
der Promenade von Longchamps.

Zum hundertsten Mal schritt der junge
Mann von der Fontaine zum Café de la Ro=
tonde und von dort zurück zur Fontaine, ein Ge=
misch von Unruhe und Verstimmung dämmerte
leise in den feinen, geistvollen Zügen seines durch

eine zarte Bläſſe melancholiſch angehauchten Antlitzes auf.

Er hemmte ſeinen Schritt vor der Fontaine
und ſtarrte lange in den ſpärlichen Waſſerſtrahl,
deſſen kaum ſichtbarer Staubregen ſeine Kleider
zu netzen begann.

Feſſelte dieſer armſelige Springbrunnen mag-
netiſch ſeinen Blick, den zu andern Stunden weder
die prächtigen Waſſerkünſte von Verſailles noch
St. Cloud zu locken vermochten?

In Wahrheit, unſer Held ſah ſo wenig die
raſtloſe, glitzernde Fontaine, ſo wenig er die winzigen Perlchen ihres Staubregens auf ſeiner Wange
fühlte — er war tief in Gedanken verſunken, Gedanken, die ſein Gemüth auf's Lebhafteſte zu bewegen ſchienen, und ſeine braunen Augen ſtarrten
den Springbrunnen an, wie ſie in dieſem Augenblicke die ganze Welt mit all ihren Wundern würden angeſtarrt haben — träumeriſch, regungslos,
gleichgültig, ja glanzlos faſt.

So mochten einige Minuten vergangen ſein,
als ſich dem Sinnenden von der Gallerie d'Orleans aus ein junger Mann näherte.

Dieſer junge Mann, kaum fünfundzwanzig
Jahre alt, hatte nur einen Arm, war bis zur
äußerſten Sorgfalt elegant gekleidet und trug das
Band der Ehrenlegion im Knopfloche.

Sein Auge blitzte leidenſchaftliche Lebensglut

sein Antlitz war gebräunt, jeder Zug desselben
kühn und liebenswürdig — man sieht dergleichen
stolze, lebensfrische Köpfe auf Horace Vernets
Schlachtenbildern.

Beim Anblick des Träumers brach er sofort
in ein helles, munteres Lachen aus.

Jener schreckte aus seiner Zerstreuung empor.

„Ach, Eugène, endlich! Ich erwarte Dich hier
schon seit hundert Jahren!" begann er halb scherzend, halb verdrießlich.

„Charmant!" entgegnete der Angeredete lächelnd,
— „und um Dich vor den centnerschweren Phan-
tasien einer erdrückenden Einsamkeit zu schützen,
nimmst Du ein Douchebad unter freiem Himmel!
Indessen verzeihe mir, daß ich so spät komme, ich
hatte mich durch tausend allerliebste Gefahren bis
zu Dir durchzuschlagen!"

„Wie? Und zu wie viel Fahnen schwurst Du
heute schon?"

„Man fragt dergleichen einen pensionirten
Hauptmann nicht. O Freund, wie ist Paris so
groß und die Zeit ein so flüchtiges Gut!"

„Das ließest Du mich diese halbe Stunde vergessen."

„Verzeih' mir, aber ich mußte an zehn Orten
Visite machen, bevor ich zu Dir gelangen konnte.
Man läßt mich nicht zu Athem kommen."

„Armer Freund, vor Puebla Belagerer, in

Paris Belaggerter. Vom Regen in die Traufe,
haha!"

„Und doch beneidet uns die Pariſer Jugend
um das eine, wie um das andere!"

„Dem Helden gehört die Welt! Ihr Soldaten
tragt ſelbſt in Paris über unſere ſtolzeſten Salon-
helden den Sieg davon."

„Bah, als Invaliden höchſtens, Freund. Mein
zerſchoſſener Arm iſt der einzige Trumpf, den ich
auszuſpielen habe."

„Und ich wette, an dieſem verlorenen Arm
hängt manches verlorene Herz!"

„Was willſt Du? Jeder Erfolg macht unge-
nügſam, — für mein vollkommenes Glück habe
ich noch einen Arm zu viel!"

„Du redeſt frivol!"

„Ich neige mich vor Deiner Frömmigkeit!
Doch ſage in aller Welt, was hat Dich bewogen,
mich hierher zu trommeln, hierher zu einer unglücklichen Fontaine, die ewig weint, weil ſie ſich
ewig zum Mittelpunct ſentimentaler Rendezvous
hergeben muß?"

„Die Nothwendigkeit, Freund, — denn ein
Frühſtück iſt eine Nothwendigkeit."

„Ah, ich begreife, und da die Verys, Vefours
die Frères Provençaux das Palais Royal beherrſchen —"

„Errathen!"

„Und woher ist Dir so plötzlich der erhabene
Einfall gekommen, mit mir heute frühstücken zu
müssen? Gesteh' nur, Du hast mich, wie alle
Deine Freunde, in letzterer Zeit ein wenig ver=
nachlässigt. Foltert Dich Abtrünnigen indessen
wahrhafte Reue, so komm in meine Arme, das
heißt in drei Viertel derselben, und ich will Dein
Gast sein, sei's auch nur auf zwanzig Schüsseln
und gefrornen Cliquot!"

„Lieber Eugène, ich weiß weder von Vernach=
lässigung, noch Reue, doch ich habe mit Dir von
ernsten Dingen zu reden."

„Von ernsten Dingen? Dann müssen wir frei=
lich frühstücken gehen. Ich kann über ein Stünd=
chen verfügen, Freund Arthur. Wohin führst
Du mich?"

„Ich denke zu Very."

„Gut, gehen wir zu Very."

Die beiden Freunde schritten Arm in Arm zum
Könige der Pariser Restaurants.

„Bleiben wir nicht, wo alle Welt sitzt!" sagte
Arthur beim Eintreten in den geheiligten Tempel
der Gastronomie — „Garçon, wir müssen ein
Cabinet haben und in fünf Minuten das Aus=
erlesenste Ihrer Küche!"

„Ein Cabinet für den Herrn Baron von Ran=
say!" näselte der Fürst des Hauses mit nachläs=
siger Protectormiene hinter einer hoch aufgethürm=

ten Pyramide von auserlesenem Obst und Gebäck
hervor, dem Kellner zu.

Der niedliche Miniatursalon des Etablissements
und schwellende Fauteuils empfingen die jungen
Cavaliere und in wenig Augenblicken prangte vor
ihnen eines jener lucullischen Dejeuners, die Very's
Namen unter die Sterne der Civilisation versetzten.

Man nahm die köstliche Suppe mit Befriedigung, die räthselhaften Entremets mit Genug-
thuung, das indische Geflügel, die Majonnaisen,
Pasteten und zahllosen, lieblich duftenden kleinen
Raffinements der Küche, von denen unsere Welt-
weisheit sich nichts träumen läßt, mit Bewunderung hin, schlürfte vom Champagner Rosé und
tauchte Biscuit, so leicht und zart wie verzuckerte
Sonnenstäubchen, in das perlende Naß.

Man scherzte und lachte, und noch immer offenbarten sich nicht jene ernsten Dinge, mit denen
Ransay gedroht hatte.

Er gab sich indessen der Heiterkeit nicht völlig
unbefangen und unbedingt hin, es war, als ob
etwas auf seinem Herzen laste, das weder Peri-
gords Zaubergewächse, noch Chalons Flammen-
nectar in Vergessenheit zu lullen vermochte, und
er schien nach dem schicklichen Augenblick zu haschen,
der seine tiefsinnigsten Empfindungen zu Tage fördern und ihm Gelegenheit geben konnte, die Aus-
gelassenheit des Freundes ein wenig herabzustim-

men, ihn für die ernste Mittheilung, die er für ihn in Bereitschaft hielt, empfänglich zu machen.

Der junge Officier dagegen war in glücklichster Laune, doch Pariser Weltkind genug, die kaum sichtbare Unbehaglichkeit seines Gefährten ihrem vollen Umfange nach zu errathen.

Kommen wir ihm zu Hülfe! dachte er.

Er wischte daher mit der Serviette die Bis- cuitstäubchen, einige Champagnertropfen und ein Lächeln, alles in einem, von der Lippe.

„Arthur,“ begann er bedächtig und mit einer Seelenruhe, die nur dem zu eigen wird, der bei Very gespeist hat, und den sonst nichts drückt — „Arthur, Du hast mit mir von ernsten Dingen zu reden?“

„Allerdings.“

„Gut. Ich muß Dir bekennen, daß mich das freut, denn seit vierzehn Tagen schon habe ich die Absicht, mit Dir ein Gleiches zu thun.“

„Du? Was könnte Dich, den lachenden Kriegsgott, zur Ernsthaftigkeit stimmen?“

„Eine Deiner Thorheiten!“

„Ah, das wäre! So vermag ich mehr über Dich, als Du selber, mein Freund. Du setzest mich in Erstaunen. Und welcher meiner Hand- lungen hast Du Deine väterliche Mißbilligung zugewendet?“

„Lieber Arthur, lassen wir einen Augenblick

den Humor, ich habe Dir ohnehin längst ange-
merkt, daß er Dir heute, aus was immer für
einem Grunde, nicht aus der Seele kommt. Aber
ich verstehe, Du traust mir nicht den rechten Ernst
zu und fürchtest, ich werde Dich mit Phrasen der
Porte St. Martin abfertigen, oder mit einem
wohlfeilen Calembourg die Situation verderben.
Sei indessen versichert, daß ich zu dieser Stunde
und dieser Zusammenkunft einen größeren Ernst
mitgebracht habe, als mein lachendes Gesicht Dich
glauben machen könnte."

„Ich glaube Dir, was Du willst, Eugène,
und bin bereit, jede Epistel über mich ergehen zu
lassen. Du magst beginnen."

„Dir käme freilich das erste Wort zu, da Du
mich zur Besprechung ernster Dinge hierher beschieden, doch mag es sein, wer weiß, wozu es
frommt. Arthur, ein gewisses Verhältniß hat
Dich seit einiger Zeit den Salons, Deinen Gewohnheiten, Deinen Freunden sogar entfremdet.
Seit sechs Wochen sehe ich Dich heute zum ersten
Male — erlaube mir, daran meine Betrachtungen
knüpfen zu dürfen."

„Und das Resultat derselben?"

„Du hast mit Deiner schönen Spanierin gebrochen —?"

„Du irrst!"

„Nun, um so schlimmer. Laß mich offen mit

Dir reden. Ich beweise Dir nicht allein meine
Achtung und Freundschaft dadurch, daß ich Dir
blindlings in das gelobte Land der Trüffelhors-
d'oeuvres folgte, ich sage Dir auch schon nach
dem dritten Glase die Wahrheit, unbekümmert
was daraus entstehen möge. Arthur, Du bist
auf dem besten Wege, Dich völlig zu Grunde zu
richten!"

„Du täuschest Dich — Dolores kostet mich
keinen Sous!"

„Wer redet davon?! Ich wiederhole, Du bist
auf dem besten Wege, Dich zu Grunde zu richten,
— moralisch unterzugehen, in den Augen der
guten Gesellschaft und, was noch mehr ist, in den
Augen Deiner Freunde. Du bist ein Mann von
Welt, ich kenne keinen vollendeteren Cavalier, ich
weiß Niemanden, dessen Herzensadel, dessen edle
Eigenschaften ihn mehr als Dich berechtigten,
einen geachteten, einen hohen Rang in der Gesellschaft zu behaupten. Aber seit einiger Zeit
erkenne ich den Arthur de Ransay nicht mehr, der
mir stets als ein nacheiferungswürdiges Vorbild,
als ein Muster weltmännischer Tadellosigkeit erschienen. Arthur, halte der aufrichtigen, der innigen Freundschaft diese Sprache zu gut. Du
glaubst nicht, wie sehr es mich schmerzt, Dir alles
dieses sagen zu müssen — aber ich hatte es mir
längst vorgenommen Dein Verhältniß zu der

schönen Spanierin koſtet Dich mehr als Du wäh=
nen magſt und mehr, als Dir die Liebe zu erſetzen
vermag, — Deine Reputation. Man wird Dich
in der Geſellſchaft für todt erklären.“

„Was kümmert mich die Geſellſchaft!“

„Aber Du biſt in ihr aufgewachſen, glaube
mir, jede Faſer Deines Seins iſt eng mit ihr
verknüpft, eine Exiſtenz wie die Deine iſt ohne
ſie nicht denkbar — Arthur, man ſchüttelt ſeine
Heimat nicht ungeſtraft wie den Staub von ſeinen
Füßen!“

„Aber ich liebe!“

„Ich fürchte es faſt, denn nur eine blinde, lei=
denſchaftliche Liebe treibt einen Mann zu ſolchen
Extremen. Hätte man mir vor einigen Monaten
geſagt: Eugène, Du mit Deinen fünf und zwan=
zig Jahren wirſt Dich gezwungen ſehen, die ge=
wöhnlichſten Lehren einem Manne zu geben, der
Dich an Geiſt und Erfahrung überragt, der mehr
gelebt als Du, der tauſend Fallſtricken mit ſicherer
Gewandtheit entgangen, tauſend Thorheiten den
Lebensnerv mit ſeinem Tact zerſchnitten, noch be=
vor Du in das Gaukelſpiel der eleganten Welt
eingeweiht wurdeſt — ich — ich würde aufrichtig
den Kopf geſchüttelt haben. Und jetzt? Soll ich
ernſtlich an Dir erfahren, daß ein kurzes Fieber=
ſchauern der Leidenſchaft ein ganzes, geregeltes,
erfahrungsreiches Daſein über den Haufen zu

werfen vermöge, daß man selbst in der Kunst zu
leben nie zur Meisterschaft gelangen könne?"

„Mein Freund, ich habe nur ein Wort der
Entgegnung für Dich — ich liebe — und der Mann
von zwei und dreißig Jahren liebt anders als der
von fünf und zwanzig."

„Gut. Gestehen wir selbst dieser Liebe eine
Berechtigung zu — wenngleich ich nie einer Leidenschaft traue, die uns zum Leben in eine schiefe
Stellung drängt. Nun gut, Du liebst und ein
Mädchen, das außerhalb unserer Kreise steht, ja
außerhalb der bürgerlichen Gesellschaft — das
haben Viele vor Dir gethan, der Eine eine Tänzerin, der Andere eine Dame des Cirque Olym-
pique u. s. w. — für Niemanden aber entstand
die Nothwendigkeit einer Verbannung aus den
Kreisen der großen Welt daraus. Doch man
hüllt seine Liebe in den Schleier der Heimlichkeit,
man opfert den Grazien in der Stille, man ver-
träumt liebliche Stunden — und zeigt dennoch der
Welt ein Antlitz voll makelloser Gleichgültigkeit!"

„Das Alles paßt auf Deine fünf und zwanzig
Jahre, mein Freund. Du nimmst die Liebe als
Tändelei, wie Du sie jetzt nur begreifen kannst, wie
ich sie in Deinem Alter nur begriff. Aber man
scheut weder das Tageslicht noch die Welt, wenn
man endlich wahrhaft liebt!"

„Schon recht, doch nur wenn man dieser Welt

zeigen kann, daß man durch die Wahl seines Her=
zens sich selber ehrt."

„Dolores ist ein ungewöhnliches Mädchen! Sie
ist tugendhaft!"

„Es handelt sich hier weder um ihre Tugend=
haftigkeit, noch ihre außergewöhnlichen Gaben,
aber sie ist eine Kunstmacherin, eine Seiltänzerin,
eine Luftschifferin, eine was weiß ich — das wollest
Du nicht vergessen, mein Freund!"

„Sind wir nicht in Paris?"

„In der That, Paris ist Paris, man darf
sich hier mehr erlauben als irgendwo sonst in der
civilisirten Welt. Jeder von uns weiß das zur
Genüge. Aber ein Scandal bleibt überall ein
Scandal, mein Freund, und Paris vergiebt nur
Excesse, die aus Leichtsinn begangen werden, für
andere Motive hält es den Fluch des Lächerlichen
bereit, wenn es nicht etwa den Sünder am guten
Ton aus seinen Listen zu streichen beliebt."

„Mag Paris thun, was ihm gut dünkt — ich
bin ein unabhängiger Mann!"

„Und Du benutzest diese Unabhängigkeit, eine
Luftspringerin des Hippodrom im offenen Tilbury
in Longchamps an Herzoginnen vorüberzuführen,
deren Soiréen Du stets zur Zierde gereicht hast,
sie in die italienische Oper und den Concertsaal
zu begleiten, um dort ringsumher bekannten, vor=
nehmen Gesichtern zu begegnen, die Dich aus An=

laß der Gesellschaft, in der Du vor ihnen erscheinst, mit leicht zu enträthselnden fremden Blicken anstarren."

„Ich gehe sogar noch weiter, Freund Eugène. Dolores unternimmt heute ihre letzte Luftfahrt, und ich — werde mit ihr die Gondel besteigen."

„Im Hippodrom, vor aller Welt — charmant! So bleibt Dir nur noch eine Tollheit zu begehen übrig."

„Und die wäre?"

„Die kühne Luftschifferin Dolores zur Baronin von Ransay zu machen!"

„Nun, so werde ich morgen den Gipfelpunkt meiner Narrheit erreicht haben. Morgen um diese Zeit wird ein glückliches Paar die Kirche St. Roche verlassen. Zugleich benachrichtige ich Dich, daß ich mir heute diese Stunde nicht allein von Dir erbat, um noch ein kleines vertrauliches tête à tête mit Dir vor meiner auf morgen angesetzten Abreise von Paris zu haben, sondern Dich auch zu ersuchen, mir morgen um ein Uhr als einer der beiden Zeugen dienen zu wollen, deren ich zu meiner Trauung mit der Doña Dolores de Costa Leite bedarf — der andere dieser Zeugen wird der Marquis d'Avremont sein."

„Arthur, Du siehst mein Erstaunen! Ich finde nicht Worte —"

„Alles was Du mir entgegnen kannst, weiß

ich, Eugène — für ein Mädchen vom Stande der
Dolores kann man sich ruiniren, doch heiraten
darf man sie nicht, sein Herz darf man ihr geben,
doch nimmer seinen Namen — und vieles der=
gleichen — o mein Freund, Du weißt, ich kenne
das Leben hinreichend, um mir selber alles das
sagen zu können, was eine ganze Facultät von
Lebemännern mir vorzuhalten vermag."

„So habe ich nichts mehr zu sagen, und ich
bitte Dich nur, mir meine Freimüthigkeit zu ver=
geben."

„Du wärest nicht mein Freund, hättest Du
anders gesprochen."

Die beiden jungen Leute blickten eine bange
Minute sinnend vor sich hin.

Arthur's Blick schien sich einen Moment zu
verdunkeln, über seine blassen Wangen ging es
wie der flüchtige Schatten einer aufdämmernden
Empfindung, die er zu unterdrücken strebte.

Dann fuhr er über die Stirne und leerte
haftig sein Glas.

Eugène lehnte sich in die Kissen seines Fau=
teuils zurück und zündete sich eine Cigarre an.

„In der That," begann er nach einigen Zü=
gen — „ich bedaure jetzt, schon um Deinetwillen,
daß ich vor Kurzem die Gelegenheit versäumte,
mich der schönen Doña vorstellen zu lassen. Ich
gestehe zu, sie muß ein wunderbares Mädchen sein

— ein Schwarm von Elegants hat sich vergeblich
um sie bemüht, wie ich höre, das will in Paris
und ihrer Lage viel sagen!"

„Mein Freund, kenntest Du Dolores!" ent=
gegnete Arthur rasch. — „Als sie noch nichts be=
saß, bot ihr ein gewisser Herzog, den ich jedoch
nicht nennen will und der unserm Kaiser sehr
nahe steht, ein Palais und zweimalhunderttausend
Franken jährlicher Einkünfte — sie wies den Her=
zog von ihrer Schwelle."

„Welche Du bereits betratest —?"

„O nein, ich lernte Dolores acht Tage später
kennen und — lieben!"

„Und diese Liebe ist unerschütterlich?"

„Unerschütterlich, denn es ist die erste wahre
Liebe eines Mannes, der viel gelebt hat, die erste
glühende Leidenschaft eines erwachten Herzens, das
sechzehn Jahre in gefälligem Schlummer vertändelte.
Und dann" — setzte er ernst und langsam hinzu
— „sind es nicht allein die Bande des Herzens,
die mich an die schöne Spanierin fesseln, auch das
Schicksal hält mich durch eine merkwürdige Ver=
kettung von Umständen unwiderruflich an sie ge=
bannt!"

„Hoho!" rief der junge Officier halb lächelnd,
halb erstaunt — „das nimmt ja einen Anlauf zum
Romantischen! Was hat das unwandelbare Fa=
tum mit Deinem Verhältnisse zu schaffen?"

„Ich will Dir erzählen, was ich noch Niemandem mitgetheilt habe," entgegnete Arthur mit fast düsterem Ernst — „vielleicht gelingt es mir, durch diese Erzählung Dir meine jetzige Handlungsweise in einem anderen Lichte erscheinen zu lassen. An der Meinung der Welt liegt mir nicht mehr, als sie verdient, daß man von ihr halte, ich habe lange genug in dieser Welt gelebt, die Aussprüche einer blinden, oberflächlichen Menge nach ihrem Werthe abwägen zu lernen. Ihr gegenüber habe ich kein Wort zu verlieren. Doch die Freundschaft hat andere Rechte an mich. Höre also!"

„Du siehst mich auf's Höchste gespannt!"

„Nun denn! Vor zehn Jahren ging ich auf einer französischen Corvette von Marseille nach Gibraltar. Nachdem ich diese wunderbarste aller Festungen in Augenschein genommen hatte, verweilte ich etwa acht Tage in Cadix, und, angelockt durch die paradiesischen Reize der Umgegend, entschloß ich mich zu einer Reise durch die ganze pyrenäische Halbinsel. Mein erster Ausflug sollte Sevilla und Barcellona gelten. Ich verließ Cadix bei Nacht, denn die glühende Sonne dieses Landes macht das Reisen bei Tage beschwerlich. Ich hatte einen Platz im Innern des Postwagens; neben mir, so viel ich im zweifelhaften Dämmerlichte der Nacht zu erkennen vermochte, befand sich ein Mann, der einem ehrsamen Krämer der lebensprühenden

Handelsstadt glich, die wir im Rücken hatten. Mir
gegenüber saß ein ältlicher, kurzer, gedrungener
Herr mit mächtigem Schnurrbart und ausdrucks=
vollem Gesicht. Dieser Herr begann ein Gespräch
mit mir, das mich bald lebhaft fesselte; seine
Worte waren voll Geist, Anmuth und Lebenser=
fahrung, doch zog, wie mir schien, eine gewisse
Ironie, ein sarkastischer Hohn sich hin und wieder,
gleich einem rothen Faden, durch seine Rede, als
sie um gewisse Verhältnisse und Zustände meines
Vaterlandes und seine Stellung zu Spanien sich
zu drehen begann. Alle Schlummerlust, die sich
im Anfang meiner bemeistern zu wollen schien,
war im Verlaufe der Unterhaltung von mir ge=
wichen, und ich empfand, vielleicht auch erhitzt
durch die kleinen Debatten, zu denen mich der sa=
tyrische Schnurrbart reizte, doppelt die Schwüle
des engen Raumes, in dem wir saßen. Ich schlug
daher dem Herrn vor, mit mir einen Platz außer=
halb der Kutsche einzunehmen. Der Vorschlag
ward angenommen, der Postillon mußte halten,
der Conducteur, die einzige Person, welche sich
auf der Kutsche befand, stieg ab und nahm einen
unserer Plätze ein, wir kletterten zu den schwan=
kenden, luftigen Sitzen empor, und fort ging es
in frischem Trab. Eine jener herrlichen, unbe=
schreiblichen Nächte, die nur dem zauberhaften
Süden eigen, umflutete uns, ein Duft ging rings

umher, wie von taufend Blumenkelchen, und ein
leifer, kühlender Hauch füßte mir Wangen und
Schläfe, wie das Fächeln fammetweicher Schwa=
nenfedern. Ich athmete voll Luft alle jene Reize
diefer tropifchen Natur in mich ein, fchaute mit
trunfenen Sinnen nach den Sternen, die dem
tiefblauen Grunde meteorengleich entfunfelten, und
auf das Land, das wie ein elegifcher, verförperter
Traum fich vor meinen Blicken ausbreitete. Denfe
Dir meine Gefühle, die Gefühle eines zweiund=
zwanzigjährigen Herzens! — Mein Gefährte fchien
diefe Empfindungen nicht zu theilen, er plauderte
fort und fort und hatte mich bald der fchwär=
merifchen Stimmung, in die meine jugendfeurige
Seele tauchen wollte, entrückt; er verwickelte mich
nach und nach in ein Gefpräch, das die Politif
Frankreichs und Spaniens zum Gegenstand hatte,
vom gewöhnlichen Plaudern gingen wir zur ern=
ften Debatte über, nationaler Ehrgeiz mifchte fich
in die anfangs harmlofe Unterhaltung, wir er=
eiferten uns, wir glühten, eine farfaftifche Be=
merfung folgte der andern, und bald loderte ein
heller Streit aus unferen Reden hervor."

Die leßten Worte fprach Arthur mit großer
Beflommenheit, er fchien bleicher geworden zu
fein, und feine Stimme bebte faft. Es war einen
Augenblick, als ob er unfchlüffig fei, wie er feine
Erzählung fortfeßen folle — er ftockte.

„Und dann —?" fragte Eugène mit wachsendem Interesse.

Arthur fuhr mit der Hand über die Stirne.

„Dann — weiß ich doch kaum wie es geschah — fiel eine boshafte Bemerkung meines Gefährten über meine Nation — mit Blitzesschnelle fuhr ich empor — da sah ich den Spanier wanken und vornüber zwischen die Pferde stürzen."

Eugène schaute seinen Freund scharf an, der seine Augen vor dem durchdringenden Blicke des jungen Officiers zu Boden schlug.

„Wie?" rief Eugène nach einer kurzen Pause.

„Der Schlag hatte ihn gerührt!" entgegnete Arthur fast tonlos.

Er fuhr von Neuem mit der Hand über die Stirne und sagte dann ruhiger:

„Du wirst begreifen, daß die Erinnerung an diese Situation mich noch jetzt in eine eigenthümliche Stimmung versetzt. Doch weiter! — Ich schrie auf, der Postillon hemmte den Lauf seiner Pferde, doch zu spät — der schwere Postwagen war über den Spanier hinweggegangen, blutend, besinnungslos, mit gebrochenen Gliedern lag er auf der Landstraße. Ich stürzte neben ihm nieder, mit welchen Gefühlen, vermag ich Dir nicht zu schildern, — ich — sah mich als den Urheber seines Todes an, mein Wunsch hatte den ältlichen Mann verleitet, die Höhe der schwankenden Post-

kutsche zu besteigen, ein unüberlegtes Wort viel=
leicht ihm das Blut in die Schläfe getrieben, der
Zorn den Sanguiniker schwindeln gemacht und
— die entsetzliche Katastrophe herbeigeführt. Ich
war kaum meiner Sinne mächtig!"

Hier stockte Arthur von Neuem einen Augen=
blick und ein leises Schauern durchzuckte ihn, als
bebte seine Seele vor einem Schreckensbilde zurück.

Eugènes Blicke hafteten unbeweglich auf dem
blassen Antlitze seines Freundes.

Arthur fuhr fort:

„Die nächste Station, ein armseliges Dorf,
war nicht weit von dem Orte dieses unglücklichen
Ereignisses entfernt, wir schleppten den Zerschmet=
terten zum Wagen und in wenigen Minuten öff=
nete uns eine elende Schenke ihr unsauberes Thor.
Hier erst, auf einem traurigen, morschen Bette,
kehrte die Besinnung des Unglücklichen wieder —
ich kniete neben ihm, ich weinte bittere Thränen,
ich verzieh ihm tausendfach im Herzen, daß er mich
reizte, und bat ihm mit verstörtem Sinne flehent=
lich meine Heftigkeit ab, die so unselige Folgen
nach sich zog. Er lächelte bitter und sagte mit
matter Stimme: Mein Herr, ich bin ein ehe=
maliger Officier, ich gehöre einer Partei an, die
noch nicht wagen darf, wieder frei und offen mein
schönes Vaterland zu betreten, als ihr Emissär
reise ich seit einem Jahre unerkannt in Spanien

umḥer. Ich habe eine Tochter, ein Kind von acht Jahren, die ich in London bei fremden Leuten zurückließ, — schwören Sie mir, dieses Kind aufsuchen zu wollen. — Ich schwur, dieses Mädchen als meine Schwester, als mein eigenes Kind betrachten zu wollen. Er lächelte seltsam. Gut, flüsterte er, setzeu Sie sich, ich werde Ihuen einen Brief an mein Kind dictiren. — Ich that, wie er mir geheißen, und er richtete an seine Tochter mit halbgebrochener Stimme Worte voll väterlicher Ermahnungen, die ich niederschrieb."

„Und dieser Brief enthielt keine Sylbe Eures Streites und seiner Folgen?" fragte Eugène rasch.

„Keine Sylbe, es hieß darin nur: ich sterbe, und der Ueberbringer dieser Zeilen ist derjenige, der mir die Augen zugedrückt hat, er wird für Dich sorgen! — Nachdem der Brief beendet war, mußte ich dem Unglücklichen die Feder reichen; mit unsäglicher Anstrengung und schwacher, bebender Hand schrieb er einige Worte unter den Brief und siegelte ihn selbst. Dann mußte ich ihm auf das Kreuz schwören, das Schreiben nur von seiner Tochter erbrechen zu lassen. Sein Auge blitzte freudig, als ich den Schwur geleistet, er ließ mich mehrere Papiere verbrennen, gab mir die Adresse der Kleinen, sagte, daß das Kostgeld für sie auf drei Jahre im Voraus bezahlt sei, und sie kein Vermögen besitzen werde. Ich erneuerte meine Betheuerungen, die er ruhig anhörte, ohne mir auch nur ein Wort zu erwidern, dann schloß er die Augen und verfiel eine halbe Stunde darauf in Convulsionen. Der rasch herbeigerufene Arzt eines nahen Fleckens fand nur noch eine Leiche."

Arthur schwieg düster, auch Eugène schien in ernste Betrachtungen versunken zu sein, — er hatte zu rauchen aufgehört.

„Und dann?" fragte endlich Letzterer.

„Du wirst mir glauben," fuhr Arthur fort — „daß ich nicht daran dachte, meine Reise nach Barcellona fortzusetzen, ich eilte nach Cadix zurück, und von dort auf dem kürzesten Wege nach London. Ich fand das von der Adresse bezeichnete Haus, doch von den Leuten verlassen, denen das Kind des Unglücklichen anvertraut worden. Der Mann hatte sich im Spiele ruinirt und war nach Amerika entwichen, die Frau sich dem Trunke ergeben und war dann, arm und siech, nach ihrem Geburtsorte, einer kleinen Stadt der Grafschaft Wales, mit der Kleinen gewandert. Im Fluge war ich auch dort, ich fand die Spur der Alten, sie war als Bettlerin gestorben und hatte das Kind fremden Vagabunden überlassen, die längst nicht mehr im Orte verweilten. Was war zu thun? Ich bot die Polizei der Grafschaft auf,

durchſtreifte ganz England, erließ Aufforderungen
in allen Londoner Blättern — vergebens! Dann
kehrte ich nach Paris zurück und erneuerte von
Jahr zu Jahr die Annoncen in Betreff des Mädchens — vergebens! Der Brief blieb in meinem
Portefeuille. Der Hang zu den Naturwiſſenſchaf-
ten trieb mich in ferne Länder, ich ſah die Cap-
ſtadt, Indien, Braſilien, den ſtillen Ocean, das
Polarmeer — der Brief wanderte mit. Reiſemüde
kehrte ich nach Paris und zu den vergoldeten Sa-
lous zurück, das Vermächtniß des Armen begleitete mich — ich hegte es wie ein geheiligtes Klei-
nod. Vor zwei Monaten —“

„Ich errathe!“ rief Eugène.

„Vor zwei Monaten, weißt Du, tauchte im
Hippodrom die wunderbare Erſcheinung auf, welche
in wenigen Tagen Paris von ſich reden machte,
die kühne Luftſchifferin Señora Dolores. Der
Ruf ihrer Schönheit, verbunden mit ihrer beiſpiel-
loſen Waghalſigkeit, gründete binnen Kurzem ihr
Glück, und ließ mehr als einen vornehmen Cavalier ſich, wiewohl vergeblich, um ſie bemühen.
Ich ſah das ſeltſame junge Mädchen zufällig, ſuchte
ihre Bekanntſchaft, und erhielt, wie alle Welt,
einen Korb. Ich weiß nicht, was mich an dieſes
Mädchen bannte, vielleicht ihr Widerſtand, vielleicht
ein unerklärliches Etwas, vielleicht daß ſie eine
Spanierin — genug, ich warb unausgeſetzt um

ihre Gunst und in diesem Werben offenbarte sich
mir der edle, stolze Reichthum eines Frauenher=
zens, den ich hier nicht erwartet hatte. Dolores
zwang mich, sie troß ihres abenteuerlichen, verru=
fenen Standes zu achten, und von der Achtung
zur glühenden, unbegrenzten Verehrung und Liebe
war nur ein kurzer Schritt. Sie sah in mir zum
ersten Male einen Mann der guten Gesellschaft,
der sich ihr mit ehrerbietigen, uneigennüßigen,
edlen Gefühlen näherte, ihr Herz erschloß sich nie=
geahnten Regungen, sie liebte mich heiß, inbrün=
stig, edel, als sie noch glaubte mich nur zu achten,
bevor sie noch ihrer tiefen Empfindungen sich völ=
lig bewußt ward. Kurz, es kam zu einem Be=
kenntniß unserer gegenseitigen Gefühle und — Du
wirst errathen haben — zur endlichen Enthüllung
eines Geheimnisses, dem ich so lange vergeblich
nachgeforscht — denn Dolores ist die Tochter des
vor zehn Jahren vor meinen Augen verunglückten
Spaniers."

„Und wie nahm sie die Nachricht von dem
Tode ihres Vaters auf? Sagtest Du ihr mehr,
als er Dich schreiben hieß?"

„Nein. Bevor sich die gewissenlose Kostgeberin
der Kleinen entäußerte, hatte sie ihr den Tod des
Vaters vorgespiegelt, ohne zu wissen, daß sie nur
allzu sehr die Wahrheit rede. Dolores war also
gewöhnt, sich ihren Vater todt zu denken. Sollte

ich dieser trüben Erinnerung ein unvergängliches
Bild des Schreckens hinzufügen?"

„Und jener Brief?"

„Ich übergab ihn ihr am Tage nach unsrer
stillen Verlobung., und entfernte mich aus Deli-
catesse noch bevor sie ihn öffnete — ich wollte sie,
jenen traurigen Verhältnissen gegenüber, nur den
heiligen Erinnerungen ihrer Kindheit überlassen.
O wie tief ist Dolores zu empfinden fähig! Ich
kehrte am folgenden Tage zu ihr zurück, sie konnte
mich nicht sehen — sie war krank — der Brief
mußte sie tief erschüttert haben!"

„So, so!"

„Erst drei Tage später war es ihr möglich,
mich zu sehen. Sie trat mir lächelnd entgegen,
doch war sie blaß, hatte verweinte Augen, und
ihre Hand zitterte, als ich sie drückte."

„Und seit jener Zeit —?"

„Seit jener Zeit sind acht Tage verflossen. Sie
ist ruhig und lächelnd, kein Wort, das ihren Vater
betrifft, kommt über ihre Lippen, ihr Gemüth
scheint noch von einer stillen Schwermuth erfüllt
zu sein, die selbst der Gedanke an unsere nahe
Vermählung nicht völlig zu bannen vermag. Ich
ehre die Gefühle einer Tochter! O Freund, wüßtest Du, was ich diese zehn Jahre hindurch gelitten! Diese Ehe ist meine einzige Hoffnung, ich
betrachte sie als die Sühne einer düsteren Ver-

gangenheit, als eine Nothwendigkeit, vor der alle
Einsprüche der Gesellschaft verstummen müssen!
Eugène, wirst Du mich noch schonungslos ver=
dammen?"

Eugène reichte seinem Freunde bewegt die
Hand.

„Laß mich schweigen, Freund, und — Dich be=
klagen!" sagte er — „Du bist in einer Lage, der
gegenüber die Meinung eines Andern, selbst die
des redlichsten Freundes, nur leicht in die Wage
fällt! Gott gebe, daß diese Ehe Deine Hoffnun=
gen erfülle!"

Arthur erhob sich rasch von seinem Sitze.

„Es ist vier Uhr!" rief er — „Dolores er=
wartet mich. Kann ich mich morgen auf Dich
verlassen?"

„Du kannst es!" versetzte Eugène aufstehend.

Die jungen Leute verließen das Kabinet; Ar=
thur zahlte. Sie gingen schweigend neben ein=
ander.

In der Rue Vivienne blieb Eugène stehen.

„Leb' wohl!" sagte er — „ich muß in dieses
Haus, zu meinem Agenten."

„Leb' wohl, Freund, auf morgen also!"

„Auf morgen! — Noch eins! Ich habe etwas
auf dem Herzen, das mich beunruhigt."

„Nun?"

„Die Luftfahrt —"

„Es ist die letzte, die Dolores unternehmen
wird."

„Muß es sein?"

„Sie ist contractlich dazu verpflichtet."

„Du kannst Franconi einen Schadenersatz
geben."

„Sie wollte nicht."

„Und Du mußt sie begleiten?"

„Es ist der Wunsch, den sie gegen mich ge-
äußert hat. Und dann — welchen köstlichen Anblick werde ich haben!"

„Arthur, ich bitte Dich inständigst, unterlasse
die Fahrt!"

„Du bist thöricht, mein Freund! Dolores ist
so geschickt wie kühn."

„Das ist es nicht, — ich weiß nicht, was mich
um Dich besorgt macht —!"

„Soll sie an meiner Entschlossenheit zweifeln?"

„Nun gut. Leb' wohl! Auf morgen, um
ein Uhr!"

„Leb' wohl!"

Die Freunde trennten sich.

Eugène trat in das von ihm bezeichnete Haus,
Arthur eilte in die Rue de la Chaussée d'Antin.

II.

Im erſten Stock eines Hauſes der Straße
Chauſſée d'Antin ſaß Dolores in ihrem Boudoir.

Ein reizender, erleſener Luxus umgab die
ſchöne Bewohnerin dieſes kleinen Gemaches.

Die weiß und ſilberlackirten Meubles waren
mit himmelblauem Sammt und weißer Seide in
zarten Arabesken überkleidet, rings an den Wän=
den herum lief ſtatt der Tapete eine phantaſtiſche,
zeltartige Draperie aus blau und weißer Satin=
Chine mit Silberſtickereien, und um die Fenſter
erhob ſich, ſtatt der üblichen Gardinen, eine reiche
Compoſition Valencienner Spitzen. Die neuere
franzöſiſche Schule blickte in farbenſprühenden Ge=
mälden von den Wänden herab, und unter einem
mächtigen Trumeau, deſſen breiten Goldrand zier=
liche Liebesgötter, aus verſchlungenem Laubwerk
ſich emporwindend, in Basrelief ſchmückten, erhob
ſich auf vergoldeten Satyrfüßen ein Tiſchchen,
deſſen Moſaik Vögel, Blumen und Früchte bildete,
und welches koſtbare, ſeltſam geformte Flacons in
in Gold, Silber und bunten Kryſtallen trug.
Den Kamin von cararischem Marmor zierten als
Randausschmückung liebliche kleine Engel, mit
goldig angehauchten graziöſen Guirlanden ſpie=
lend, und auf der glänzenden Platte deſſelben
prangten Vaſen von Sevres, China und Indien,

denen eine Fülle der herrlichsten duftenden Blu=
men entquoll.

Hätten Leute aus der Provinz sich dem an=
muthigen Zauber dieses kleinen Boudoirs gegen=
über befunden, sie würden darauf geschworen haben,
hier müsse wenigstens eine Herzogin wohnen.

Und doch thronte hier nur eines jener jeden=
falls stets eigenthümlichen und interessanten Wesen,
deren vage Existenz sich auf die Launen einer Masse
gründet, die morgen vergessen hat, was sie heute
vergöttert.

Darum gleichen auch solche Wesen Meteoren,
— sie glänzen, versprühen und im nächsten Augen=
blicke bleibt nichts von ihnen als — Schlacken.

Ausgenommen — ein Mann von Stand be=
gehe eine Thorheit ihrethalben und gebe ihnen eine
Stellung in der Gesellschaft.

Nur Paris kennt das Wunder solcher Erschei=
nungen, die gestern noch im tiefsten Dunkel vege=
tirten und heute alle Welt von sich reden machen
— die Begeisterung des Parisers ist gleich fertig,
gleichviel ob für Kriegshelden oder Kunstmacherin=
nen, und eine heroische That umgiebt nicht rascher
mit ephemerem Ruhm und Glanz als ein kühner
Luftsprung. —

Dolores saß an einem mit Seidenstickerei ver=
zierten Schreibtische von rothstreifiger Jacaranda.

Sie trug ein Kleid aus perlgrauem Atlas mit

33

breiten Volants. Ihr schwarzes, reiches Haar
hatte jenen bläulichen Schein, der nur den Südländerinnen eigen ist, und fiel in kunstloser, anmuthiger Wellenform um ihre Schläfe. Das schöne,
ebenmäßige Antlitz umgab eine zarte Bläſſe, die
indeß nicht jene leichte dunkle Färbung des Teints
zu verdrängen vermochte, welche ebenfalls die feurigen Kinder des Südens charakterisirt.

Dolores hatte den Kopf gestützt, ein offener,
vergilbter Brief und ein Medaillon lagen vor ihr.

Das Medaillon trug die Züge Ransays.

Das schöne Antlitz der Doña war über jene
beiden Dinge geneigt, eine tiefe Schwermuth verlieh den zauberisch gemeißelten Zügen dieses klaſſiſch
vollendeten Kopfes einen unbeschreiblich weichen
Ausdruck und dämpfte die leidenschaftliche Glut
der großen braunen Augen.

Fast unmerklich zuckten die Lippen.

Dann perlte eine Thräne um die andere auf
das Bild nieder.

Doch nur wenige Augenblicke währte diese
Aeußerung einer schmerzerfüllten Seele.

Die Stärke, die Entschlossenheit dieser Seele
war nur auf Momente zu bewältigen, sie begann
sich allmälig von Neuem klar und entschieden in
diesen reizenden Zügen wiederzuspiegeln und nahm
ihnen die kaum erst angehauchte Weiche.

Stolz und Festigkeit beherrschten die blasse

Schirmer, Aus aller Herren Ländern. III.   3

Stirn, ihre schmalen Lippen umzog wieder jener
kühne Ausdruck, der den blasirten Parisern zu
imponiren gewußt hatte, und der dem edlen Antlitze
einen wunderbar energischen Character verlieh, ihre
Blicke flammten, — die Tropenblume hatte den
nächtigen Thau von ihren Wangen abgeschüttelt.

„Es muß so sein!" murmelte sie vor sich hin.

Sie erhob sich und überschritt einige Male rasch
das Zimmer.

Dann trat sie zum Schreibtische zurück und
schellte.

Eine Dienerin erschien.

„Zünde im Kamin ein Feuer an!"

„Ein Feuer?" fragte das erstaunte Mädchen.

„Sogleich! Was stehst Du und gaffst?"

„Im Juli —"

„Du wirst die Gefälligkeit haben, mir sogleich
zu gehorchen!" entgegnete die Herrin in gewisser=
maßen gereiztem Ton.

Das Mädchen beeilte sich — nach wenig Augen=
blicken prasselte ein lustiges kleines Feuer im
Kamin.

„Jetzt geh!" sagte Dolores zu dem harrenden
Mädchen — „Ich bin für Niemanden außer für
den Baron von Ranfay zu sprechen, doch auch
dieser darf nicht unangemeldet vorgelassen werden."

Dolores trat zum Kamin und starrte in die
Glut.

Die Dienerin entfernte sich schweigend, kopf=
schüttelnd.

Einige Minuten vergingen, die schöne Spanierin
war in tiefes Sinnen verloren.

„Warum mußte ich ihn lieben lernen, bevor
dieser unselige Brief in meine Hände kam!" mur=
melte sie vor sich hin. — „Warum trieb mich die
Vorsehung, den Mann anzubeten, den zu haffen
sie mich durch die Bande der Natur bestimmte!
Sein Anblick macht mich schauern, und dennoch
liebt ihn meine Seele fort und fort! O ich bin
namenlos elend!"

Sie trat zum Schreibtische und blickte kummer=
voll die halberloschenen Worte an, welche ihr Vater
unter jenen Brief schrieb, den er Arthur dictirte —
ihre Energie schien von Neuem gebrochen.

„Vater! Vater!" begann sie fieberisch schluch=
zend, und ihre Thränen flossen wieder — „hättest
Du in Deiner Sterbestunde geahnt, welchen Jam=
mer Du über Dein armes Kind heraufbeschwören
werdest, Du hättest Deine zitternde Hand sinken
lassen, statt jene entsetzlichen Worte zu schreiben!
O mein Gott," — fuhr sie fort, ihre Thränen
trocknend — „Du weißt, was der schreckliche Ent=
schluß mich gekostet hat, zu dem das unerbittliche
Schicksal, die grauenvolle Nothwendigkeit, das
Gebot eines unglücklichen Vaters mich drängt!
Werde ich mich emporraffen können und ausführen,

was ich mir gelobte, wenn der Augenblick gekom=
men? Großer Gott, gedachteſt Du dieſer Stunde,
als Du dem Kinde ſo viel männliche Entſchloſſen=
heit in die Wiege gabſt, und ſeinen Muth durch
Noth und Gefahren ſtählteſt? Aber es iſt über=
menſchlich, was ich ausführen ſoll — übermenſch=
lich, und ich bin doch nur ein ſchwaches Weib,
und ein liebendes Weib!"

Dolores ſank in einen Seſſel und verbarg ihr
Antlitz in die Hände. Thränen perlten durch die
bleichen, ſchmalen Finger; ſie weinte bitterlich.

So ſaß ſie einige Zeit, es war als ob ein
Krampf durch ihren Körper ginge, der ihr Herz
zu zerreißen drohe.

Endlich ließ ſie die Hände ſinken, ihr Auge
war trocken, ihr Antlitz bleich, doch ruhig.

„Es muß ſo ſein!" ſagte ſie faſt tonlos. —
„Nirgend ein Ausweg, wohin ich blicken mag! —
Armes Herz, eine Welt voll ſüßer Liebesfreuden
erſchloß ſich Dir, und nun ſollſt Du brechen, Du
träumteſt von einem Himmel auf Erden, bevor
der Brief kam! Ich könnte dieſen Brief vernichten,
doch werde ich auch mit ihm die Kenntniß jener
furchtbaren Vergangenheit zerſtören können? Kann
ich Arthur liebeglühend umfaſſen, indeß meine
Seele ſich ſchaudernd von ihm wendet, kann ich
lächelnd ihm die Hände drücken und ihm ſelig,
voll Hingebung in die dunklen Augen ſchauen,

wenn es in mir flüstert: Arthur, an Deinen Fingern klebt das Blut meines Vaters, aus Deinen
Blicken nachtet die Schuld mich an?!"

„Nein! Nein!" fuhr sie bebend auf — „für
mich ist Alles dahin, Alles! Und Er — sollte er
Ruhe, Zufriedenheit, Glück an meiner Seite gewinnen? Nein, nein! Düsteren Schatten gleich
würden wir neben einander wanken und einander
durch ein ärmliches Lächeln belügen! Die Schuld
lastet auf seiner Seele, wie ihre Kenntniß auf der
meinen, und unsere heiligsten, feurigsten Empfindungen würde sie zu Grabe tragen!"

„Es muß so sein!" fuhr sie, mit wachsender
Energie ihre Seelenangst bekämpfend, fort — „hinweg mit den süßen Träumen von Frühling, Liebe
und Glückseligkeit! Was bin ich ohne ihn, den ich
schaudernd nur zu nennen wage?! Mein Entschluß
ist gefaßt!"

Ihre Blicke leuchteten, ihre Züge wurden fest,
beinahe ehern für ein Frauenantlitz.

Sie erhob sich mit rascher Bewegung und eilte
zum Schreibtische.

Eine verborgene Feder sprang unter dem Drucke
ihrer Finger, ein geheimes Fach öffnete sich; sie
nahm ein Päckchen Briefe daraus hervor, die Ransays Handschrift trugen, preßte leidenschaftliche,
heiße Küsse auf sie und das Medaillon, und —
fort ging alles in die Flammen.

Ein Seufzer entbebte ihren bleichen Lippen,
als sie Bild und Briefe hell auflodern und ver=
glühen sah.

Dann drückte sie ihre Hand auf das Herz,
ihr schönes Antlitz verrieth keine Spur einer Auf=
regung mehr, — sie hatte ausgekämpft, und alles
war still im kleinen Gemache. — Die Dienerin
meldete den Herrn Baron von Ransay.

Der Brief des unglücklichen Spaniers war vom
Schreibtische verschwunden, Dolores hatte ihn in
das Busentuch geschoben.

Lächelnd empfing sie den Geliebten.

Nur ein Weib versteht es, mit gebrochenem
Herzen zu lächeln, ja zu scherzen.

„Du kommst spät, mein Freund!" sagte sie —
„wärest Du weniger Cavalier, ich hätte längst
besorgen müssen, Du fürchtest dieses Stelldichein!
Du mußtest ja, daß ich heute mit Dir in gefähr=
liche Regionen fahren werde, in denen die Kühn=
heit sogar der Geschicklichkeit nachstehen muß."

„An Deiner Hand ginge ich mit Freuden zur
Hölle, um so sicherer werde ich also entzückt mit
Dir gen Himmel schweben. Und dann — soll ich
fürchten, was mir täglich Dein Herz eröffnet? Ich
gelange heute auf einem anderen Wege dahin, das
ist alles!"

„Ich weiß, der Herr Baron von Ransay ist
nie um eine anmuthige Wendung verlegen!"

„Seit die verkörperte Poesie mir verstattet, ihr huldigen zu dürfen. Doch wie? Du bist heute so bleich?"

„Es ist nichts! Ich habe die Nacht schlecht geschlafen."

„Hm! — Man hat hier ein Feuer angezündet? Und es ist etwas in der Luft hier —! Womit parfümirst Du Deine Salons?"

„Ich will Dir sagen, was Du denkst — mit Liebesbriefen, die der künftigen Gattin würden unbequem geworden sein."

„Ich rechne zu meinen Fehlern weder Eifersucht noch Indiscretion."

„So wirst Du das Muster aller Ehemänner sein. Doch es ist spät, mein Freund. Man darf eine Menge nicht warten lassen, die ihr Vergnügen bezahlt. Celine!"

Die Dienerin erschien mit einem reizenden Florentiner Hütchen und einem weißen Shawl, dessen zartes Gewebe wie Silberwellen niederfloß.

„Gestatte mir, in Deiner Gegenwart meine Toilette beendigen zu dürfen."

„Gestatte mir zuvor, liebe Dolores, Dich einen Augenblick durch andere Dinge zu beschäftigen."

„Wie, mein Freund?"

Arthur antwortete nicht, er schritt zur Thür, öffnete sie und rief einem seiner Diener, der ihn

bereits eine Stunde beim Portier erwartet hatte
und ihm dann bis in den Vorsaal gefolgt war.

Der Diener erschien mit einem umfangreichen
Carton und verschiedenen kleinen Etuis, und entfernte sich sogleich, nachdem der Baron ihm alles
abgenommen.

„Ich habe mir erlaubt," begann Arthur, den
Carton öffnend, — „nach einem Deiner Kleider
etwas anfertigen zu lassen, das sich hoffentlich
Deinen Beifall erringen wird."

Ein herrliches Kleid von weißem, silberdurch-
wirkten Moiré mit kostbarem reichen Besatz von
wunderbar schönen Brüsseler Spitzen und einer
zarten Liliengarnirung, aus der Diamanten gleich
Thautropfen hervorblitzten, entquoll dem Carton.

„Dein Brautkleid!" flüsterte Arthur.

Dolores bebte leise, fast unmerklich, sie
schwankte und mußte sich an der Lehne eines Ses-
sels halten.

Doch das war nur ein Augenblick, Arthur
sah nichts davon in der Freude seines Herzens.

„Mein Brautkleid!" stammelte sie, in tiefster
Seele erschüttert.

„Und hier," rief Arthur froh bewegt, ein Etui
öffnend — „ist ein Schmuck. Doch wenn Du ihn
trägst, so schlage den Blick zu Boden, Deine Bril-
lanten nicht durch die Edelsteine Deines Angesichts
zu beschämen!"

Dolores sah weder die funkelnden Diamanten, noch hörte sie die einschmeichelnden Worte des Mannes, an dem ihre ganze Seele hing.

Das sonst so starke Mädchen rang einen Moment vergeblich nach jener Fassung, die sie bis jetzt in Gegenwart ihres Geliebten so energisch sich bewahrt hatte.

„Mein Brautkleid!" stammelte sie von Neuem und sank schluchzend auf Arthurs Schulter.

Armer Arthur! Er nahm den letzten Ausbruch eines qualerfüllten Herzens für Freudenthränen. Er küßte die Hände, den Hals, die Lippen seiner Braut, er schwelgte in Wonne.

Und Dolores?

Auch dieser letzte Kampf ging vorüber. Sie ward ruhig, nicht einmal die Wimper ihres schönen Auges zuckte mehr — sie lächelte wieder.

„Du thust so viel für mich, Arthur, zu viel!" begann sie.

„O trübe meine Seligkeit nicht durch solche Worte!" flüsterte er. — „Dolores, ich bin unendlich glücklich! Doch fort von Paris! Hier regiert nur der Sinnenrausch oder das sarkastische Lächeln. Die Atmosphäre der Salons, das kaltherzige Treiben einer ungläubigen, gleichgültigen Menge umstarrt die tiefe, leidenschaftliche Glut einer reinen, süßen Liebe. Hier berechnet man die Empfindungen nach Effecten und treibt mit den heiligsten Ge-

fühlen ein gleißnerisches, frevelhaftes Spiel. Fort
von hier! Unsere Liebe soll unter Blumen tändeln, in die geheimnißvollen Schatten des Waldes
tauchen, auf Bergeshöhen im Glanze der Abendröthe sich sonnen! Ich habe eine Villa am Co-
mersee gemiethet, aus Lorbeer- und Orangenbüschen
blickt sie nieder auf die sanfte Flut, und ein Himmel lächelt darüber hin wie stille blaue Verklärung.
Dort laß uns lieben und träumen!"

Welcher Sterbliche litte nicht Qualen des Tan-
talus in der Lage der armen Dolores?

Doch auch dem Schmerze sind seine Grenzen
gesteckt, und Dolores hatte mit sich abgeschlossen.
Jegliche Empfindung in ihr trug nur noch die
Farbe eines verzweifelten Entschlusses, doch auf
den Lippen hatte sie ein Lächeln für alles —
Arthur hätte ihr ein Paradies zu Füßen legen
können, sie würde mechanisch gelächelt haben.

Und Arthur ahnte nichts — er war zu lebhaft mit seinem Glücke beschäftigt.

Auch der erfahrenste Beobachter täuscht sich
leicht da, wo sein Herz mit im Spiele ist — das
Herz ist nichts weniger als die Mutter objectiver
Ruhe.

„Ein schöner Traum," sagte Dolores lächelnd
— „zu schön für diese Erde!"

„Er verwirklicht sich in wenig Tagen, und diese
Wirklichkeit wird schöner sein als der Traum!

Doch ich vergesse" — fügte Arthur hinzu, fast un=
muthig und gewaltsam eine Fülle der lieblichsten
Empfindungen unterbrechend — „daß Du heute
noch die Sklavin des vielköpfigen Ungeheuers Paris
bist — Paris erwartet Dich!"

„Du hast recht," sagte Dolores — „wir haben
keine Zeit mehr zu verlieren!"

Sie umarmte den Geliebten und — lächelte.

Der Carton schloß sich, mit ihm eine Welt
zauberischer Gefühle, die holde Phantasie eines
süßen Liebesrausches.

Die Toilette der Doña war rasch beendet.

„Du hast noch keine Anstalten zur Abreise
getroffen, bemerke ich!" sagte Arthur, während sie
die breite Stiege des Hauses hinuntergingen.

„Ich werde nur mit leichtem Gepäck reisen,
mein Lieber, und das ist in einem Augenblicke zu=
sammengelesen."

„Und Deine Meubels, Deine kleinen Schätze?"

„Ein Agent, an den ich alles verkaufen werde,
ist auf Morgen zu mir beschieden."

Die Equipage des Barons, ein graciöser Til=
bury mit herrlichen Schimmeln bespannt, hielt im
Portale. Ein kleiner Neger in reicher Livrée grinste
am Schlage.

Ranfay stieg ein, Dolores folgte ihm, das
kleine schwarze Ungethüm kletterte mit der Ge=
wandtheit eines Affen auf den Dienersitz, und fort

ging es im Galopp über die Boulevards des Capucins und Madelaine.

———————

III.

Auf dem Platze de la Concorde, in den Champs
Elysées, bis hinauf zur Barrière de l'Etoile wogte
eine bunte, unabsehbare Menge.

Selbst der Triumphbogen war mit Menschen
übersäet, und bis zum Boulogner Wäldchen sogar
fluteten die Wogen des Volksgedränges.

Man hatte drei Tage lang an allen Straßenecken von Paris die colossalen Anschlagezettel gelesen, welche verkündeten, daß Señora Dolores
zum letzten Male mit dem Riesenballon „Mexico"
aufsteigen werde; Veranlassung, halb Paris um
das Hippodrom zu schaaren.

Das Wetter war einer Luftfahrt nicht allzu
günstig, die Sonne lachte wohl hernieder, doch
erschien der Himmel nicht völlig klar, und eine
starke Luftströmung in den höheren Regionen trieb
lange Wolkenstreifen mit rasender Eile von Osten
nach Westen.

Der Eingang zum Hippodrom ward bestürmt

— Alles drängte, zerrte, tobte — noch nie hatte dort ein größeres Gedränge stattgefunden. Corpulente Herren, angsterfüllte Damen schwankten händeringend in diesen tosenden Menschenwellen, ohne mit ihren Füßen den Boden berühren zu können, Hunde wurden zertreten, an Kindern fast buchstäblich der Ausspruch Salomo's vollführt, kreischende Mütter übertönten die Donnerrufe nach Billets, Mantillen und Kleidersäume wurden zerknittert und zerfetzt, von Fracks verschwanden die Schöße, von Köpfen die Hüte, Wehklagen, Gelächter, Schreien, Zanken, Jubeln durchbrauste die Stickluft, die wie Nebelqualm das tolle Gewirre umkreiste.

Im Hippodrom fand eine Festvorstellung statt; mit reißender Schnelligkeit überwogte der Menschenstrom Logen, Sperrsitze, Amphitheater, keine Fußbreite Raumes blieb unbesetzt, der Circus glich einem mächtigen unbedeckten Treibhause.

Inmitten des Rundtheiles, um den sich die Rennbahn zieht, schwankte gleich einem Trunkenen der Ballon, durch starke Stricke an den Boden gehalten. Um das Ungethüm waren Diener des Hippodrom beschäftigt, und ordneten dieses und jenes.

Um das Ankleidezimmer der Amazonen, die vor der Luftfahrt ihre üblichen Wettritte halten sollten, schaarte sich eine Anzahl Verehrer und

Sportsmen, dieser mit Blumen, jener mit Zucker=
werk und gefüllten Bonbons. Man scherzte, lachte
und verabredete Partien für den Abend.

Zierliche Grooms führten die schnaubenden
Renner auf und nieder.

Endlich ward das Zeichen zum Beginn der
Vorstellung geben.

Die Amazonen braußten dahin, zahllose Rufe
folgten ihnen, ein wildes Kreuzfeuer von Bravo's
schallte ihnen von allen Seiten anspornend entgegen.

Die Siegerin ward mit Hurrah und Beifalls=
klatschen begrüßt.

In diesem Augenblicke hielt Ransay's Tilbury
an jenem kleinen Eingange, der ausschließlich für
die Mitglieder des Hippodrom bestimmt ist.

Dolores entschlüpfte dem Wagen, Arthur warf
dem Schwarzen die Zügel hin und folgte ihr in
den Circus.

Die schöne Spanierin schritt rasch zum Bal=
con, man erkannte sie, ein Murmeln, gleich der
Brandung des Meeres, lief rings umher und
ward zu lautem Beifallsjubel.

Dolores achtete dessen nicht.

Sie prüfte ernst den Ballon, das Ventil, die
Gondel, die Stricke, den Füllapparat, und ertheilte
ihre Befehle an die geschäftigen Diener.

Sie legte selbst Hand mit an — in wenigen
Minuten war alles zur Luftfahrt geordnet.

Arthur blieb an der Seite seiner Geliebten,
eine eigenthümliche Empfindung hatte sich seiner
bemächtigt, gewissermaßen eine bange Erwartung,
doch lächelte er bei den Zubereitungen und sein
Antlitz trug den ruhigsten Ausdruck.

Und nun bestieg Dolores mit Arthur die
Gondel.

Ein Flüstern ging rings umher.

„Wer ist der junge Mann?"

„Ein Bruder vielleicht!"

„Nein, ein Engländer, der geschworen hat,
auf irgend eine Weise den Hals brechen zu
wollen."

„Ein Anbeter, der sich über seine Nebenbuhler
erheben will."

Einige der eleganten Zuschauer erkannten
Ransay.

„Was Teufel," hieß es, — „er wird dieses
Weibes halber den Verstand verlieren!"

„Und sein Vermögen obendrein!"

„Sie wird es ihn als Ballast betrachten
lehren!"

„Das gibt ein Bild für den Charivari!"

„Ein devilish kluger fellow," sagte Lord Mut-
ton — „er wird jedenfalls haben ein Rendezvous
ohne Zeugen!"

In einiger Entfernung stand der einarmige
Hauptmann Eugène, der Freund Arthurs. Er

hatte sich's nicht versagen können, den Circus in aller Stille aufzusuchen.

„Also doch!" murmelte er vor sich hin und schüttelte den Kopf.

Arthur saß, Dolores stand hoch aufgerichtet in der Gondel. Sie hatte Shawl und Hut entfernt, ihr reizendes Antlitz war bleich, wie das einer Marmorstatue, ihr Blick flammte kühn in die Runde.

Ein gebieterisches Wort, ein Wink — die Stricke lösten sich, und der Ballon erhob sich pfeilschnell in die Luft.

Beispielloses Jubelgeschrei ertönte aus hunderttausend Kehlen vom Hippodrom und den Champs Elysées. Aus den Logen, von der Höhe des Triumphbogens, in den Promenaden, selbst von den Fenstern der angrenzenden Häuser aus schwangen unzählige Damen ihre Taschentücher, und eine Armee von Operngläsern und Lorgnetten setzte sich in Bewegung.

Der Ballon erhob sich fast senkrecht bis zu einer Höhe von etwa zwölfhundert Fuß.

Noch immer stand Dolores hoch aufgerichtet da, ein Lächeln des Triumphes schwebte auf ihren Lippen, ihre Wangen waren leicht geröthet.

Arthur schaute mit sprachlosem Erstaunen in die Tiefe hinab.

Dort unten lag die colossale Arena, die sie

vor wenigen Secunden erst verlassen, zu einem
kleinen Fingerring zusammengeschrumpft. – Die
bunte Menge des Hippodroms und seiner Umgebung glich tausendfarbigen Punkten, die, kaum
dem Auge sichtbar, massenhaft durcheinander wim-
melten. Aus den hohen, üppigen Laubdächern
der Champs Elysées, des Tuileriengartens, wie
des Boulogner Wäldchens waren liebliche Rasen-
plätze geworden, deren frisches Grün sich kaum
von der Erde abhob. Die ineinander verschlun-
genen Promenaden, die fernhin sich durchkreu-
zenden Chausseen, erschienen wie ein zartes Gewirre drappfarbener Bänder auf tiefgrünem Sam-
metteppich. Und der stolze Triumphbogen an
der Barrière de l'Etoile, an der soeben noch der
Ballon vorüberstreifte, wie die kühne Pyramide
von Luxor des Eintrachtsplatzes und der majestätische Dom der Invaliden, sie alle waren
durch die schwindelnde Höhe, von der Arthur
niederschaute, zu winzigen Spielereien herabge-
demüthigt.

Doch vor allem gewährte Paris einen unbeschreiblichen Anblick, Paris mit seinen zahllosen
Giebeln, seinem düstergrauen Häusermeere, seinen
labyrinthartigen Gassen, seinen Palästen, Kirchen,
Plätzen, Monumenten, Quais, Brücken, Festungswerken und Boulevards. Ueber allem lag ein
leichter Duft, wie Abendnebel in feuchten Thälern,

und durch alles hin schlängelte sich, einem Sil-
bergürtel gleich, die prächtige Seine, blitzend
im Sonnenglanze, der lieblich verklärende Reflexe
auf diese Wunder der zauberischen Weltstadt
warf.

Und rings umher, wie mit sanften, laubigen
Kränzen umwoben und vom Sonnenlichte vergol-
det, tauchten in bläulicher Ferne Neuilly, St. Cloud,
Versailles, Montmorency, Auteuil, Passy und viele
kleine Ortschaften auf.

Es war ein feenhafter Anblick!

Arthurs Lippen entrang sich ein leiser Ausruf
der Bewunderung.

Dann pries er begeistert die Schönheit dessen,
was er sah.

Dolores war beschäftigt, den Ballon zu lenken,
der, in leiser Strömung schwankend, über Paris
dahinschwebte.

Ein Summen und Brausen, das dem Geräusche
glich, welches eine ans Ohr gehaltene Muschel
verursacht, tönte von dort herauf.

Dolores schaute nicht hinunter, sie prüfte ernst
den Lauf der nahe über dem Ballon hinstürmen-
den Wolken, die eine nordwestliche Richtung verfolgten.

Hastig warf sie Ballast aus, der Ballon stieg,
bis er fast den Saum der untersten Wolkenschicht
berührte, und folgte dann plötzlich, von der hef-

tigen Luftströmung erfaßt, schnell wie der Blitz, dem rasenden Laufe der Wolken.

Arthur klammerte sich an die Gondel; die rastlose Schnelle, mit der das Luftschiff sich fortbewegte, benahm ihm fast den Athem und ließ ihn kaum mehr die Gegenstände tief unten erkennen, die er soeben noch bewundert hatte, und von denen sie sich auffallend rasch entfernten.

Dolores saß ihm gegenüber — das stereotype Lächeln umspielte wieder ihre Lippen.

Paris war unter ihnen in nebelgrauer Ferne verschwunden, St. Denis zur Rechten, St. Germain zur Linken folgten der Hauptstadt mit Windeseile, und die Seine blieb ihre Gefährtin, gleich einer riesigen, glänzend sich dahin windenden Schlange.

Doch auch sie, fast der einzige Anhaltspunct des umherirrenden Auges, sollte bald vor Arthurs Blicken erlöschen.

Dolores warf von Neuem Ballast aus, der Ballon verschwand in den Wolken und undurchdringlicher Nebel umhüllte die Segler.

Arthur gewahrte nichts um sich her, nicht einmal die kühne Geliebte, deren Antlitz doch nur eine Elle etwa von dem seinigen entfernt war.

Dem sonst so entschlossenen jungen Manne begann das Herz hörbar zu klopfen.

„Dolores," sagte er, nach ihrer Hand tastend

— „biſt Du geſonnen, mich in den Mond zu führen?"

„Wir müſſen dieſe Wolkenſchichte durchkreuzen!" ſagte ſie ernſt.

Nach wenigen Augenblicken ſchwebte der Bal= lon wieder im klaren, tiefblauen, unendlichen Aether. Die ſcheidende Sonne warf all' ihr Gold auf die Liebenden.

Unter ihnen aber wogte und ſchäumte jetzt das weiße, glitzernde Wolkenmeer, weithin in den wunderbarſten Geſtaltungen, mächtige Riſſe enthüllten ihnen von Zeit zu Zeit die ferne Erde, die gleich einem matt beleuchteten Panorama faſt nebelhaft in unbeſtimmten Farben herauf= dämmerte.

Der Ballon hatte nicht die Strömung ver= laſſen, die ihn mit Sturmeseile nach Nordweſten trug.

Arthur ſchwelgte im Vollgenuſſe aller der Herr= lichkeiten, die ſein trunkener Blick zu erſpähen ver= mochte. So gewaltig ergriff ihn die Erhabenheit der majeſtätiſchen Schöpfung, daß er, keines Wor= tes mächtig, zuſammengekauert daſaß, ſtaunend, ſelbſtvergeſſend, verzückt, das Herz voll ungeahnter, wunderbarer Empfindungen.

Stunden ſtrichen mit raſchem Fittig an ſeinem Haupte vorüber — er ahnte es nicht.

Dem kleinlichen Erdentreiben weit, weit ent=

rückt, erhebt sich die Seele auch über Zeit und
Raum.

Und Dolores saß schweigend dem Manne
ihrer Liebe gegenüber, schweigend, ernst, hoffnungslos.

Für sie war nicht das Gold der Sonne, nicht
das Paradies der hehren Schöpfung — sie starrte
nach Nordwesten, all' ihr Sinnen, Trachten, Spä-
hen ging dorthin.

Plötzlich zertheilten sich die sturmgepeitschten
Wolken unter ihnen mehr als vordem, ein großer
Theil der Erde ward sichtbar und mit ihm der
blitzende Schlangenlauf der Seine, an deren einer
Krümmung es sich wie felsiggrauer, compacter
Schatten ausdehnte.

„Was ist das?" rief Arthur, nach jenem Schatten deutend. — „Jetzt ist es dort — weit, weit
hinter uns schon! Siehst Du? Was ist es?"

„Ronen!" versetzte Dolores.

„Ronen?! Wie ist es möglich? Rouen ist fünf
und dreißig Lieues von Paris!"

Dolores wies stumm auf die untergehende Sonne.

„Mein Gott!" rief Arthur erstaunt, „hab' ich
geträumt? Wie kann es sein —? Die Sonne
sinkt —!"

„Den Parisern ist sie bereits untergegangen!"
entgegnete Dolores, sich hastig aufrichtend. —
„Wir müssen ihren letzten Strahl erhaschen!"

Und sie warf massenhaft Ballast aus, der Ballon verließ die furchtbare Strömung und erhob sich in unglaublich kurzer Zeit zur schwindelnden Höhe von elftausend Fuß.

In leichte Nebel gehüllt lag, einer Landkarte gleich, tief unten das schöne Frankreich.

Dolores starrte, ängstlich fast, nach Nordwesten.

Ein Silberstreifen zeigte sich am Horizont.

Dieser Streifen erweiterte sich mehr und mehr.

Eisige Ruhe kam über das Antlitz der Spanierin.

Betroffen starrte Arthur nach jenem Silberglanze hinüber, der sichtlich an Ausdehnung gewann.

„Was bedeutet dieser Glanz, der dort wie ein funkelnder Spiegel sich auszubreiten beginnt?" fragte er hastig.

„Es ist der Canal La Manche, der atlantische Ocean!" sagte Dolores ruhig.

„Um Gottes willen!" rief Arthur in höchstem Erstaunen — „wohin gerathen wir denn? Dort ist das Meer, die Sonne sinkt —! Wie lange noch soll diese Luftfahrt währen?"

„Sie ist zu Ende!" sagte Dolores mit dumpfer Stimme.

Arthur blickte seine Geliebte an — jetzt erst gewahrte er den unbeschreiblichen Ausdruck todesmuthiger Entschlossenheit in ihren Blicken, die geisterhafte Bläffe ihres Antlitzes, ihrer Lippen.

„Was ist Dir, Mädchen?" rief er beunruhigt.

„Ich gedenke meines Vaters!" fagte Dolores mit fester Stimme.

Arthur entfärbte sich.

„Deines Vaters?" stammelte er — „in diesem Augenblicke —?"

„Du warst der Zeuge seines Todes," fuhr Dolores langsam fort — „haft Du vergessen, daß heute fein Sterbetag ist?"

„Sein Sterbetag!" murmelte Arthur, den plötzlich alle Fassung zu verlassen schien.

„Du sahst fein brechendes Auge, Du hörteft fein letztes Röcheln. Und ihn rührte der Schlag, fagst Du?"

„Ja, ja!" lallte Arthur verstört.

„Arthur," fagte Dolores mit faft strengem Ernst — „wir schweben zwischen Himmel und Erde, jede Secunde kann uns Verderben bringen, jeden Augenblick müffen wir bereit fein, vor Gott treten zu können!" Sag' — traf meinen Vater der Schlag, haft Du die Wahrheit geredet?"

Arthur schien nach Entschlossenheit zu ringen, er bebte.

Dann entgegnete er mit leifer, unficherer Stimme: „Die Wahrheit!"

„So strafe den Lügen, der diese Zeilen schrieb!"

Und Dolores nahm den Brief ihres Vaters vom Busen. Sie entfaltete das Schreiben und hielt es dem Geliebten hin.

„Da lies!" sagte sie.

Arthur empfing das Blatt mit zitternden Händen.

Die Sonne war im Ocean untergesunken, brennende Abendröthe hatte den Horizont in Glut gesetzt, verklärte den Aether rings umher und leuchtete von tausend fernen Wölkchen wieder.

Auch das vergilbte Blatt, das Arthurs Hände krampfhaft preßten, war rosig angehaucht.

Auf dem Blatte aber stand, unter Arthurs Schriftzügen, von der Hand des Spaniers:

„Tochter, meine Augenblicke sind gezählt. Ich liege hier mit zerschmetterten Gliedern, mein Mörder wird mir die Augen zudrücken, er bringt Dir den Brief, aber er weiß nichts von diesen Zeilen. Bei meinem letzten Lebenshauche, bei der Seligkeit Deiner Mutter beschwöre ich Dich — räche mich!"

Arthur las, seine Knie schlotterten, seine Lippen zuckten, sein Auge umflorte sich, ihn schwindelte, er stürzte, sinnlos fast, zu den Füßen seiner Geliebten nieder.

„Dolores," stöhnte er, während ein kalter Schweiß über seine Stirne rann und verzweiflungsvolles Schauern ihn rüttelte — „Dolores, verdamme mich Unglückseligen nicht, ohne mich zu

hören. Eine traurige Verkettung von Umständen
führte das Schreckliche herbei. Dein Vater reizte
mich, der ältere Mann den heißblütigen Jüngling,
er beschimpfte meine Nation — der Zorn über=
mannte mich — ich — ich —"

„Du —"

„Weh' mir! Ja, ja — in rasendem Zorn
wollte ich ihn erfassen und stieß — stieß ihn vom
Wagen hinunter unter die Pferde. O Dolores,
weinend, in tiefster Seele zerknirscht rang ich an
seinem Sterbebette die Hände, ich flehte zu Gott,
daß sein Blitz mich vernichte. Ich würde mir
verzweiflungsvoll das Leben genommen haben,
hätten nicht die letzten Worte des Sterbenden Dich
an mich verwiesen. Trotz unsäglicher Seelenqua=
len hatte ich den Muth, die Kraft zu leben —
für das Kind meines Opfers zu leben! Ich fand
Dich nicht. Bitterer Schmerz, namenlose Foltern
ließen mich nirgend rasten, unstät wanderte ich
von Land zu Land, doch mit mir zog die Erin=
nerung an jene entsetzliche Stunde und stand grell
vor meiner Seele, mochte ich Trost suchen im Ge=
bet oder Vergessenheit im Rausche betäubender
Genüsse!"

Arthur schwieg erschöpft und rang die Hände.

Dolores blickte erschüttert zu Boden, alles Blut
war aus ihren Wangen gewichen, doch das arg=
lose Abendroth verklärte mit rosigem Hauche ihr

Schmerzensantlitz — so glänzt oft ein lebensfrischer Blütenstrauß an gramerfüllter Brust.

„Ich fand Dich," fuhr Arthur bebend fort —
„und eine Liebe zog in mein Herz, jene heiße,
unnennbare Liebe, die Gott zu Lust und Qualen
geschaffen, die Paradies und Hölle auf Erden ist.
Und als sich mir enthüllte, wer Du seiest, als
mir das Geständniß Deiner Gegenliebe ward —
o Dolores, da klammerte sich meine Seele an die
einzige Hoffnung auf Sühne des Vergangenen,
da nahm ich Deine Liebe als den Palmenzweig
des Friedens, den der Geist Deines Vaters durch
Dich mir bot, als ein Zeichen des Himmels, daß
mir noch Vergebung lächeln werde!"

Er schwieg von Neuem und sein angsterfüllter
Blick haftete an den Lippen seiner Geliebten.

„Arthur," begann Dolores mit fester Stimme,
„höre mich! Seit jenem Tage, da dieser Brief in
meine Hände kam, habe ich die schrecklichsten Martern der Verzweiflung empfunden, — entsetzlich
litt ich, litt wie Du leidest. Arthur, es giebt
nichts Unseligeres auf Erden, als Du und ich.
Ich liebe Dich, kein Weib hat so geliebt, wie ich
Dich liebe — aber hier ist meine Sendung die.
Liebe nicht — ich gehöre mir nicht mehr an —
ich darf nur noch das Werkzeug der Rache sein!"

„Was willst Du beginnen?"

„Ein Leben fordert das andere. Ich bin eine

Spanierin. Ich muß das Gebot eines ster=
benden Vaters erfüllen. Du darfst nicht lebend
zur Erde zurück."

„Tödte mich!" rief Arthur außer sich — „tödte
mich — doch nein, nein! Beflecke nicht Deine
reinen Hände mit meinem schuldigen Blute! Ein
Wink von Dir und ich stürze mich aus der Gon=
del hinab!"

„Und Du wähnst, ich könne leben ohne Dich?"
rief Dolores leidenschaftlich — „ich werde ein elen=
des Dasein hinschleppen, dem ein trübseliges Schick=
sal seine Kränze raubte? Arthur, kein Weib hat
so geliebt, wie ich Dich liebe! Du mußt sterben
— aber ich sterbe mit Dir!"

„Dolores!" schrie Arthur entsetzt.

„Blicke hinab, Geliebter! Von dort unten
schimmert es bläulich herauf — das ist der Ocean,
dort ist unser Ziel. Bete zu Gott, daß er unsern
Seelen gnädig sei!"

Dolores erhob sich, ihr Blick strahlte seltsam,
sie raffte von der Gondel ein scharfes, verborgen
gehaltenes Messer auf.

„Halt ein, Unglückliche!" schrie Arthur mit
dem Tone des Wahnsinns, umschlang die Ge=
liebte und preßte sein Angesicht krampfhaft an
ihre Brust.

Dolores küßte seine Stirn.

„Du wolltest einen Himmel mit mir theilen,"

rief sie — „ich — ich theile die Hölle mit Dir!" —

Mit Blitzesschnelle zerschnitt sie den Strick, der die Gondel an den Fallschirm knüpfte. — —

Hochauf bäumten sich die schäumenden Wogen des Meeres und der wildkochende Gischt blitzender Kreise dehnte sich, gleich einem tobenden Strudel, weiter und weiter.

Am folgenden Tage trieb eine zerschmetterte Gondel bei Dieppe ans Land — Matrosen fischten sie auf.

Vierundzwanzig Stunden später stand in den Pariser Zeitungen, daß die kühne Luftschifferin Dolores und der Baron von R... auf einer Luftfahrt verunglückt seien.

In Paris ward eine halbe Stunde davon geredet.

Ein deutsches Mädchen.

.

In einem der Wohnzimmer eines unscheinbaren, doch gut gehaltenen Vorstadthauses einer süddeutschen Residenz saß am Sonntagsmorgen ein altes Ehepaar. Ordnung und Reinlichkeit herrschten in dem kleinen Gemache, das eine gewisse bescheidene Wohlhabenheit zeigte. An den spiegelhellen Fenstern blühten wohlgepflegte Rosen, standen, in kleinen Sträußchen, die ersten Veilchen des Thales. Am Fensterkreuz hing ein Käfig und darinnen schaukelte sich das gelbe Canarienvögelchen, dessen schmetternder Sang von Zeit zu Zeit das Summen der Kirchenglocken übertönte, die draußen den Tag des Herrn verkündeten.

Im altmodischen Glasschranke, von der Sonne beleuchtet, standen Schalen und Kännchen aus Porzellan, mit nur mehr halb sichtbaren Goldrändern und theilweise verwischter Malerei, dann Gläser mit Inschriften und frommen Sprüchen, sämmtlich Mahner an vergangene, stille, häusliche

Freuden. Dazwischen befanden sich, unter Glas und in allerlei Rahmen, Kränzlein, Herzen, Altäre, Heilige mit Versen geziert, einfache und doch so beredte Liebeszeichen. Und alle diese kleinen Schätze aus längst verflossener Zeit flimmerten und blinkten, als verkläre sie die Erinnerung an jene fröhlichen Stunden, denen sie gedient.

So bot dieses kleine Stillleben, mit seinen Möbeln in altväterlichen Formen, ein Bild der Vergänglichkeit, doch zugleich auch der Ordnung, der Sauberkeit und des Friedens dar; die beiden alten Leute jedoch saßen einander gegenüber, stumm und mit kummervollen Mienen. Für sie schien heute nicht das Frühlingslächeln, noch der festliche Klang der Kirchenglocken zu sein. Der Mann hatte das silberhaarige Haupt gesenkt, die treuherzigen Züge verdunkelte ein tiefer Gram. Sie saß mit gefalteten Händen da, der Morgenschimmer traf ihr gefurchtes Antlitz. Bald zaghaft, bald ermuthigt ruhte ihr thränenfeuchter Blick auf dem Alten.

Nach langem, bangen Schweigen stand sie auf, trat zu ihrem Manne hin und legte eine Hand auf seine Schulter. Ueber ihre Züge war eine unnennbare Milde und Weichheit gekommen, ihr ausdrucksvolles Auge suchte voll Zärtlichkeit den Blick des Greises.

„Josef,“ sagte sie, „laß uns hoffen und vertrauen! Es kann sich noch Alles zum Besten wenden!"

Der Greis erhob das Haupt, sein Auge ruhte fest auf dem seines Weibes.

„Du willst mich trösten," antwortete er lang= sam, „und glaubst doch selber nicht an Deine Worte, Mutter!"

Die Frau senkte verwirrt den Blick.

„Siehst Du, Mutter, wie es um Deine Zu= versicht steht?" fuhr er fort, die Hand der Frau ergreifend. „Gott hat uns in unsern alten Tagen eine schwere Prüfung gesendet, doch Du hast recht, der Mensch soll nicht verzagen, und ob auch alle Hoffnung schwinde, er soll gerüstet sein, das Schwerste zu ertragen. Wo ist die Resi?"

„In der Kirche!" stammelte die Frau.

„Und der Franz?"

„Er ist auf seinem Zimmer und wartet, daß ich ihn rufe."

„So rufe ihn, Mutter."

Die Frau ging langsam bis zur Thür. Dann kehrte sie zurück, ergriff beide Hände ihres Mannes und sagte mit leiser, bebender Stimme: „Josef, thu ihm nicht zu weh!"

Die beiden Eheleute schauten einander in die alten, innigen Züge, Aug' in Aug' lasen sie in diesem schweren, bangen Augenblick so die Lust

und das Herzeleid, die sie schon mitsammen ge=
tragen, doch auch die tiefe, unwandelbare Liebe zu
dem einzigen Sohne, dessen Lebensglück sich heute
entscheiden sollte.

„Geh, Mutter, geh," sagte der Alte bewegt
und schob sanft die Hände der Frau zurück.

Und sie ging. Er aber faltete die Hände,
blickte zum Bilde des Gekreuzigten unter dem
Spiegel und dann in den lichten Sonnenschein.
Er betete. — — —

Nach einer Minute kehrte die Alte zurück, ihr
folgte der Sohn, ein hübscher, kräftig und hoch
gewachsener junger Mann von achtundzwanzig bis
dreißig Jahren.

Er näherte sich dem Greise mit bescheidener
Festigkeit. „Sie haben mit mir zu reden, lieber
Vater?" sagte er nach freundlichem, ehrerbietigen
Gruß.

Der Alte reichte seinem Sohne die Hand.

„Komm her, Franz," begann er, „setze Dich
einmal neben mich, und Du, Mutter, nimm Deinen
alten Platz. Sieh, was ich Dir zu sagen habe,
ist kurz und schlicht gefaßt; Du bist ein braver
Bursche und hast uns niemals wissentlich Kummer
verursacht."

„Wo soll das hinaus, lieber Vater?"

„Höre mir geduldig zu!" fuhr der Alte sanft
fort. — „Ich gab Dir eine, unserem Gewerbs=

ſtande angemeſſene Erziehung und prägte Dir vor
Allem jene Grundſätze ein, die mich durch ein
langes, erfahrungsreiches Leben auf rechtſchaffenen
Wegen treu und ſicher leiteten."

„Ich werde Ihnen ewig dafür dankbar ſein!"
unterbrach Franz ſeinen Vater mit Wärme.

Der Alte blickte liebevoll auf ſeinen Sohn.

„Den Dank dafür habe ich tauſendfach ein=
geerntet," ſagte er, „denn ſchon frühzeitig begannſt
Du allen meinen Erwartungen zu entſprechen.
Wir ſahen Dich zum biederen, fleißigen Burſchen
aufwachſen, und als Du in die Fremde gingſt, da
ſegneten wir Dich in der Ueberzeugung, daß unſer
Franz den ſicherſten Schutz gegen eine verderbte
Welt in ſich ſelber trage."

Der Alte athmete tief auf, Franz ſchaute ſeinem
Vater freimüthig in's Geſicht. Die Mutter aber
war zum Glasſchrank getreten, ſie durchlebte das,
was der Alte geſprochen, noch einmal, ſie ſchluchzte
heimlich.

„Acht lange Jahre," begann der Vater wieder,
„entbehrten wir Dich, doch die lieben Nachrichten,
die über Dich von Zeit zu Zeit zu uns kamen,
erquickten unſere Herzen, und machten uns ſtolz,
ja ſtolz kann ich wohl ſagen! Und endlich, vor
einem halben Jahre, drückten wir Dich wieder an
unſere Bruſt, und einen wackeren Menſchen brach=
teſt Du in Dir dem Vaterhauſe zurück. Ich über=

5*

gab Dir mein Gewerbe und rüstig griffst Du zu,
die Alte da und ich, wir schauten heiter drein,
und einer frohen Zukunft entgegen."

„Und nun?" fragte Franz beklommen.

„Franz, Du weißt, ich bin nicht an Ungerad-
heit gewöhnt — was soll ich noch viele Worte
machen? Seit Kurzem bist Du anders geworden,
nicht in Fleiß und Rechtschaffenheit, doch Deine
Fröhlichkeit ist hin, und der Muth, mit dem Du
Dich durch die Welt schlugst. Bald sitzest Du da
und brütest und träumst, bald überkömmt Dich
eine tolle Lebendigkeit, die wohl dem früheren Froh-
sinn gleichen möchte, dann wieder schlägst Du den
sonst so freien Blick nieder zur Erde — wie jetzt!
Ja, ja," fuhr er fort, indeß sein helles Auge forschend auf dem Sohne ruhte, „Du bist nicht mehr
der Franz von sonst, denn — Du bist verliebt!"

„Es ist so, Vater!" sagte leise der erröthende
junge Mann.

Die Mutter war näher getreten, der Ausdruck
der Sorge und Bekümmerniß lag auf ihrem
Gesichte.

„Wir haben den Augenblick herbeigewünscht,"
begann der Vater von Neuem — „an dem Du
mit dem Bekenntnisse zu uns treten werdest, daß
sich ein braves Mädchen gefunden, dem Dein Herz
angehört."

Franz blickte wechselweise auf Vater und Mutter.

„Sie sagen das so ernst und feierlich, so traurig fast," murmelte er mit unsicherer Stimme, „und die Mutter hat rothverweinte Augen! Wie soll ich glauben, daß Sie sich über mein Bekenntniß freuen?"

„Glaube es auch nicht, Franz," versetzte der Greis mit trübem Blicke, „glaube es nicht, wenn — wenn Du die Resi liebst!"

Der junge Mann starrte seine Eltern an.

„Wie?" sagte er klanglos, „ist die Resi nicht Euer Einziges und Alles, Euer Augentrost? Ist sie nicht Euer zweites Kind, das Ihr hätschelt und liebkost, Eure Zuversicht, die Freude in Eurem Alter? Ist ihr Gemüth," fuhr er lebhaft und erglühend fort, „ihr Herz nicht rein? Und gibt es Einen, der mit dem Finger auf sie deuten, und sagen könnte: Dieses Mädchen ist ohne Ehre?!"

„Du hast recht, Franz," entgegnete der Vater, „Deine Ziehschwester ist ein braves Geschöpf. Zehn Jahre sind es nun, seit ihr Vater starb und wir sie in's Haus genommen, und in allen zehn Jahren hat sie uns nur Liebes und Gutes bereitet."

„Das hat sie!" betheuerte die Mutter bewegt. „Sie ist aufmerksam, herzig, bescheiden und sittsam, sie weiß uns Alles, was uns Freude machen kann, an den Augen abzusehen, und gelt, Vater,

eine Tochter könnte uns nicht lieber sein, als die
Resi?"

„Es ist schon so, wie die Mutter es sagt," be=
gann der Alte, mühsam nach Worten ringend,
„die Resi ist uns an's Herz gewachsen, aber Du,
Franz, bist es uns auch, darum trifft es uns
schmerzlich, daß — daß Du gerade dieses Mäd=
chen heiraten willst!"

Franz saß in banger Erwartung sprachlos da.

Endlich faßte er sich und fragte kaum hörbar:
„Und warum schmerzt es Euch?"

„Erinnere Dich," fuhr der Alte mit unsicherer
Stimme fort — „woran die Mutter und alle
Geschwister der Resi starben — schau in die blei=
chen, abgespannten Züge des armen Mädchens, und
verhehle Dir nicht, daß sie jetzt schon den Tod in
sich trägt, jene schreckliche, verheerende Brustkrank=
heit, die von der Mutter auf Kind und Enkel
sich vererbt, und namentlich ein Weib schonungs=
los in der Blütezeit des Lebens in das Grab
wirft!"

„Ich habe mir nichts verhehlt," entgegnete
Franz dumpf. — „Aber, Vater, kann ich mir
denn anders helfen? Ich liebe sie mehr als mein
Leben!"

„Franz, Du bist verständig, ich glaube fest
von Dir, daß Du nicht blos flüchtigen Eindrücken
folgst, und auch die Zukunft mit Dir berathen

haft. Doch ein Herz voll Liebe sieht Alles schim=
mernd und rosig, es glaubt und hofft und belügt
die nüchterne Vernunft. Was weißt Du von
Resi's Herzen?"

Franz schwieg und blickte verwirrt zu Boden.

„Sieh, mein Kind," fuhr der Alte fort —
„ich weiß, Du haft der Resi noch nicht Deine
Liebe gestanden. Ihr seid zu treuherzige, gerade
Naturen. Die Mutter und ich, wir wüßten
Beide längst davon, wäre es geschehen. Und es
ist gut so, daß noch kein Wort über Deine Lippen
gekommen, denn noch kannst Du entsagen!"

„Entsagen?" rief Franz leidenschaftlich. „Nur
wenn ich wüßte, daß meine Liebe unerwiedert ge=
blieben, sonst nimmermehr!"

Der Alte nahm sanft die Rechte seines
Sohnes.

„So würdest Du nicht glücklich sein ohne das
Mädchen?" sagte er herzlich.

„Nein, Vater!"

„Doch glaube mir, noch unglücklicher wirst Du
mit ihr, nicht allein Du, auch sie und Alles, was
Du glücklich und liebevoll Dein Eigen nennen
möchtest, Alles, woran jetzt schon Deine Seele
hängt, muß es werden. Du wirst ein abgezehr=
tes Weib an Deiner Seite haben, das Dich mit
einem stillen Lächeln zu trösten und zu belügen
sucht, indeß sie den Tod in ihrem Herzen fühlt;

sie wird Dir Kinder gebären, die frisch in die
Welt hineinlachen, aber abwelken, wenn Du ihrer
Liebe, ihres Trostes am meisten bedarfst. Du
wirst Dein Weib mit zerrissenem Herzen von diesen kleinen Geschöpfen scheiden sehen, und im
Voraus den furchtbaren Schmerz empfinden, der
Dich dereinst an den Leichen Deiner lieben Kinder niederwirft. Und wir — sag', Mutter, mit
welchem Gefühle willst Du die kleinen Enkel auf
Deinem Schooße herzen, wenn Du weißt, daß es
nur kranke Blüten sind, die der Tod abschüttelt,
noch bevor Dein eigenes Auge sich schließen und
Dein Graukopf unter'm Rasen liegen wird? O
Franz, bedenke es wohl, noch ist der Schritt nicht
gethan! Du leidest für Dich allein, wenn Du
entsagst; thust Du es nicht, so bist Du verantwortlich für die Leiden Derer, denen Du Liebe
und das Leben giebst, wie für den Jammer Deiner tiefgebeugten Eltern, die Dich rettungslos
verkümmern sehen und Dir nicht helfen können!"

Franz saß bleich und bebend da. Die Mutter
stand in einer Ecke und weinte still vor sich hin.

Der Alte legte die Hand auf die Schulter
seines Sohnes.

„Fasse einen herzhaften Entschluß, Franz,"
sagte er milde — „Du bist eine schlichte Natur,
bist kein Träumer — überwinde! Dein verständiger Sinn wird Dich der Nothwendigkeit gehor-

chen lehren — arbeite und blicke feſt in die Welt
hinein! Der Frühling iſt da mit Sonnenſchein
und Lebensluſt, und, wir wiſſen ja, manch hüb=
ſches Auge lacht Dich verſtohlen an. Sieh, friſche
junge Mädchen gibt es genug, warum muß es
gerade die arme, kranke Reſi ſein? Gib Acht, Gott
wird Alles anders fügen, als Du jetzt denkſt, und
Du wirſt nicht verzweifeln! An dieſe ernſte Stunde
wirſt Du wie an einen ſchweren Traum denken,
wenn muntere Kinder Dich umſpielen und ein
kerniges, rechtſchaffenes Weib Dir die Falten von
der Stirne ſtreichelt. Dann mögt Ihr die arme
Reſi in ihren letzten Stunden pflegen wie eine liebe
Freundin, und ſie halten wie einen Engel, den
Gottes Wille berufen hat, auf Erden zu ent=
ſagen!"

„Liebe Eltern," entgegnete der Sohn mit be=
benden Lippen, „ich möchte Euch gern in Allem
gehorſam ſein, aber verlangt von mir nicht mehr,
als ich ertragen kann. Ich weiß kaum ſelbſt, wie
mein Herz zu der Reſi gekommen ſein mag, aber
das weiß ich, daß die leichtſinnige Fröhlichkeit der
andern Mädchen mir nie ſo recht zum Gemüthe
geſprochen hat. Hättet Ihr früher ſo wie jetzt
mit mir geredet, wer weiß, ob ich nicht hätte ent=
ſagen können — nun iſt es zu ſpät! Jetzt gibt
es nur zwei Fälle, die mich beſtimmen könnten,
nach Eurem Wunſche zu handeln — entweder

die Resi hätte mich nicht gern, oder sie wäre kein braves Mädchen. Das Letztere ist nicht möglich, das Andere werde ich noch heute erfahren!"

„Du willst mit ihr reden?" forschte ängstlich die Mutter.

„Was geschehen muß, mag bald geschehen," versetzte Franz; „soll ich Euch wie mich noch länger so quälen?"

„Und Dein Entschluß steht fest?" fragte der Alte bekümmert.

„Ja, lieber Vater. Sie kennen meinen Charakter und achten ihn. Ich bin gefaßt, selbst das Schlimmste mit Geduld zu ertragen — doch bevor ich die Resi gesprochen, habe ich zum Entsagen nicht die Kraft."

„Willst Du die Hoffnungen Deiner greisen Eltern vernichten?"

„O mein Gott!" stöhnte Franz, mit den Händen das Gesicht bedeckend.

„So geh," fuhr der Alte erschüttert fort, „mache Dich, die Resi, uns elend! Ich habe kein Wort mehr, um Dich zu überreden!"

Da ließ sich ein leises Geräusch an der Thür vernehmen. Es schien, als ob ein Körper, der auf sie gedrückt, von ihr gewichen wäre, zugleich auch, als ob ein Kleid im Gange rausche.

„Was ist das?" rief Franz bestürzt. „Wer ist draußen?" Er eilte zur Thür und öffnete sie.

Der Gang und die Treppe waren leer.

„Sollt' ich mich getäuscht haben?" murmelte er.

„Wo ist die Resi?" fragte er nun.

„In der Kirche."

„Gott sei mit ihr und Dir, mein Kind!" seufzte der Alte. „Und nun kein Wort mehr davon. Thu', was Du nicht laffen kannst!"

II.

Im erften Stocke des kleinen Haufes, über einen Gang, nach dem Hof hinaus, ist die Kammer Resi's.

Aus der Kirche zurückgekehrt, nach ihrem Zimmerchen gehend, hatte das Mädchen im Gange ihren Namen im Gemache der Pflegeeltern nennen gehört und Franzens Stimme erkannt. Sie war lauschend an der Schwelle stehen geblieben, und hatte Alles — Alles vernommen.

Athemlos, bleich, zitternd lehnte sie an der verhängnißvollen Thür.

Ein wilder, tiefer Schmerz ging bei jedem Worte, das der Vater sprach, durch ihre Seele.

Sie liebte Franz mit stiller Leidenschaft; nicht
lange war es erst, als sie dieses sich selber schüch=
tern gestand.

Jedes der Worte, die dort vom Zimmer her
leise in ihr Ohr hallten, schien die Kluft, die sie
plötzlich zwischen dem Herzen des jungen Mannes
und dem ihren aufgerissen sah, zu erweitern.

Sie hatte nie über sich und ihren krankhaften
Zustand so recht nachgedacht. Wie einen Bruder
hatte sie Franz vor einem halben Jahre aufge=
nommen, ihn, der in ihren Kinderträumen schon
webte und lebte, der ihr, bevor er die Heimat
verließ, tausend kleine Freuden bereitete, der einst
mit ihr gespielt, als sei er selber noch ein harm=
loses Kind, und sie wie ein älterer, theilnahms=
voller Bruder belehrte, ermahnte, zum Guten
leitete.

Doch diese geschwisterliche Zärtlichkeit war un=
vermerkt im traulichen Umgange gewachsen; die
Briefe des Franz hatten durch die vielen Jahre
nicht vermocht, irgend einen andern Gedanken in
ihr zu wecken, doch der Umgang mit ihm ver=
wandelte mehr und mehr ihre Empfindungen, und
vor sich selber erröthend, gestand sie sich nach
einem friedenvollen, glückseligen halben Jahre, was
der junge, bescheidene, gemüthstiefe Mann ihr sei
und ewig sein werde.

Arglos hatte sie sich diesen süßen Empfin=

bungen hingegeben, selbst ohne den Grund ihrer
Berechtigung dazu geprüft, oder die Zukunft genau
bedacht zu haben — sie hatte geliebt und geträumt
und nicht weiter gedacht.

Wie ein Blitz aus heiterem Himmel traf sie inmitten ihrer seligen Träumerei der ernste, kummervolle, zerschmetternde Ausspruch des alten Mannes.

Kalte Schauer drangen ihr zum Herzen, es
flimmerte ihr vor den Augen, sie fühlte sich einer
Ohnmacht nahe. So wankte sie hinauf in ihre
Kammer, so brach sie erschöpft, bebend, hoffnungslos, elend auf einem Stuhl zusammen.

Da saß sie am Tische, hielt den Kopf in den
Händen, den starren Blick vor sich hin gerichtet.

Kein Laut, kein Seufzer kam über ihre Lippen,
aber heiße Thränen perlten durch ihre Finger auf
den Tisch. —

So blieb sie regungslos eine bange Minute.
Dann erhob sie sich schwankend und trat vor
einen Spiegel.

Ein mildes, liebliches, doch abgezehrtes Antlitz
schaute ihr wehmütig daraus entgegen. Ein bläulicher Schatten umzog die sanften, ausdrucksvollen
Augen, die Schläfe waren vertieft; selbst der verzweifelte Schmerz, der eine fahle Blässe ihr auf
Stirn und Wangen legte, hatte nicht vermocht,
die leise aufdämmernde, fliegende Röthe in diesen
Wangen auszulöschen.

„Es ist schon so, wie sie sagen!" stammelte
sie, zum Stuhl zurückwankend. — „Wie konnte
ich nur so verblendet sein, es nicht zu ahnen.
Diese Schmerzen in der Brust! — Es ist nur zu
gewiß. O mein Gott, mein Gott!"

Resi sank matt in den Stuhl zurück.

Dann nahmen ihre Gedanken eine andere
Richtung.

„Und er liebt mich!" flüsterte sie.

Der Gedanke breitete Verklärung über ihr
Angesicht, doch nur wie der flüchtige Sonnenstrahl.

Resi gedachte der Verzweiflung der Pflegeeltern, wenn sie und Franz dem Zuge ihrer Herzen
folgen würden, sie gedachte aller der Hoffnungen,
welche die alten Leute auf ihren einzigen Sohn
setzten, aller der fröhlichen Zukunftsträume, die
sie mit einem einzigen Schlage vernichten konnte!
Sie gedachte der entsetzlichen Schilderung, die der
alte Mann, ohne es zu ahnen, vor ihr entwickelt
hatte, und erschüttert wendete sich ihr tief verwundetes Gemüth von den Bildern ab, die eine ge-
schäftige Phantasie ihr vormalte.

Dem armen, gefolterten Mädchen erschien ihre
Liebe fast wie ein Verbrechen an der Zukunft eines
warmen, frischen Menschenlebens.

Trostlos rang sie die Hände, leer und düster
starrte sie das Leben an, sie fühlte sich hinausge-

stoßen in eine Nacht unendlichen Jammers, ohne Hoffnungsstern!

Und in dieser erschütternden Lage schimmerte seine Liebe in ihre qualerfüllte Seele, wie dem Gefangenen das Blau des Himmels durch's eisenvergitterte Kerkerfenster.

„Du mußt entsagen!“ rang es sich tief aus ihrem Innern empor. „Mußt Du?“ flüsterte sie bebend. — „Wer kann sagen, daß keine Hülfe für mich sei?“

Ein Hoffnungsstrahl durchflammte ihr Gemüth.

„Ja, ja!“ rief sie heftig, „ich muß Gewißheit haben! Noch darf ich hoffen, und kann ich das nimmermehr, o Gott, so lehre Du mich standhaft dulden.“

Resi stand auf, ihre Haltung und ihr Gang waren fest und entschieden, aus ihrem matten Antlitze leuchtete eine gewisse Energie.

Sie schlug hastig das Tuch, das ihr entfallen war, um die Schultern, knüpfte das Band ihres Hutes, das sich gelöst hatte, und verließ eilig ihre Kammer.

Vorsichtig schlüpfte sie die Stiege hinunter, damit sie Niemand höre.

Sie gelangte unbemerkt an das Hausthor, athmete freier auf und eilte durch ein rechts vom Hause sich öffnendes Seitengäßchen.

In weniger als einer Viertelstunde befand sie
sich in der Wohnung eines der berühmtesten Aerzte,
eines Professors und Hofrathes.

Sie zog die Glocke. Ihr Herz klopfte hörbar.

Ein Diener erschien.

„Was ist Ihnen gefällig?" fragte er.

„Kann ich nicht sogleich den Herrn Professor
sprechen?"

„Der Herr Hofrath sind im Begriff auszu-
gehen, auch ist jetzt nicht die Ordinationsstunde.
Kommen Sie gefälligst zwischen drei und vier Uhr
Nachmittags wieder."

„Sagen Sie dem Herrn Hofrath," stammelte
Resi flehentlich, — „daß ich ihm nur zehn Worte
zu sagen habe und daß es sich um Tod und Leben
handle."

Der Diener entfernte sich kopfschüttelnd.

Gleich darauf kehrte er zurück und führte Resi
in ein geräumiges Zimmer, wo rings an den
Wänden zahlreiche Bilder berühmter Männer
hingen.

Hier ersuchte der Diener das junge Mädchen
zu warten und entfernte sich wieder.

Resi trachtete vergeblich darnach, ihre Aufregung völlig niederzukämpfen.

Nach wenigen Augenblicken trat der Professor
ein, unrasirt, in einen alten Pelz gehüllt, dessen
Kragen von Mäusen angefressen zu sein schien,

ein Cigarrenstümpfchen im Munde hin= und her=
schiebend, das lange Haar unordentlich zurück hin=
ter die Ohren gestrichen, mit einem Worte in jenem
Aufzuge, den die Studenten lieber an ihm sahen,
als die selten zur Schau getragene geschniegelte
Toilette. Sie wußten, daß seine Vorträge nur
dann genial zu sein pflegten, wenn er so vernach=
lässigt wie möglich erschien.

Der unscheinbare Mann mit dem europäischen
Rufe warf einen flüchtigen Blick auf das junge
Mädchen, der dem Meister in der Krankheitser=
kenntniß genügte, um zu wissen, was Resi zu ihm
führe.

Dennoch fragte er trocken: „Sie wünschen?"

„Verzeihen Sie mir, Herr Professor, daß ich
so ungestüm zu Ihnen dringe. Ich bin brust=
krank!" begann Resi zaghaft.

„Wissen Sie das so genau?"

„Alle Anzeichen sprechen dafür, Herr Professor.
Auch habe ich es heute erst durch Andere unzwei=
deutig erfahren."

„Das war thöricht von den Andern! Man
wird Ihnen Angst gemacht haben. Ich sehe, Sie
sind in großer Aufregung, beruhigen Sie sich."

Der Arzt trat zu Resi, horchte an ihrer Brust
und forschte nach allen Anzeichen ihres Leidens.

„Sind in Ihrer Familie ähnliche Fälle vorge=
kommen?" fragte er dann.

Schirmer, Aus aller Herren Ländern. III.

„Mutter und Geschwister starben an derselben
Krankheit!" versetzte Resi, die mehr Hoffnung ge=
wonnen hatte.

„Nun," sagte er kurz, „es ist freilich nicht
Alles, wie es sein sollte, Ihre Brust ist leidend.
Aber lassen Sie den Muth nicht sinken. Ich werde
Ihnen etwas verschreiben."

„Ich danke Ihnen, Herr Professor," entgegnete
Resi hastig, „doch weiß ich nicht, ob ich einer
Arznei bedarf, es sei denn, daß Sie zuvor die
Güte gehabt hätten, mir eine Frage zu beantwor=
ten, derenthalben allein ich eigentlich hierherge=
kommen bin."

„Nun?"

„Bin ich unheilbar krank oder nicht?"

„Sie fragen sehr bestimmt, mein Kind!"

„Und ich bitte Sie recht herzlich um eine eben
so bestimmte Antwort, Herr Professor!"

„Vermeiden Sie den Tanz, erhitzen Sie sich
nicht, arbeiten Sie nicht zu lange in vorgebeugter
Haltung, mit einem Worte, schonen Sie sich so
viel Sie können und es ist möglich, daß — sogar
wahrscheinlich —"

Resi erhob flehentlich die gefalteten Hände.
Thränen perlten über ihre Wangen.

„Herr Professor," begann sie bebend, mit halb=
erstickter Stimme, „ich beschwöre Sie bei Allem,
was Ihnen heilig ist, nur jetzt keine ausweichende

Antwort! Geben Sie mir Wahrheit, volle, lautere Wahrheit! Ich bin nicht das Mädchen, das nicht die Kraft hätte, sie zu hören!"

„Mein Kind," versetzte der Doctor betroffen und theilnahmsvoll, „der Arzt soll nicht dem Körper allein, er soll auch der Seele zu Hülfe kommen, den Verzagenden trösten, aufrichten, und wenn ich Ihnen —"

„Hier ist Wahrheit Barmherzigkeit!" unterbrach sie lebhaft die Rede des Arztes. „Ueben Sie diese Barmherzigkeit an mir, mein Herr, ich habe alle Zuversicht auf Sie gesetzt. — Bei der Mutter Gottes — reden Sie die Wahrheit! Und wissen Sie denn, der nächste Augenblick soll über meine Zukunft entscheiden, Ihr Ausspruch wird mich lehren, ob ich eine Braut werden darf, oder entsagen muß, das Glück, die Zukunft eines rechtschaffenen, fröhlichen jungen Mannes, einer innig von mir verehrten Familie, eines greisen, edlen Paares, das jetzt schon heimlich, kummererfüllt vor meiner Entscheidung zittert, nicht zu zerstören!"

Resi's bittender Blick haftete in namenloser Angst auf den Lippen des Arztes.

Dieser schwieg einen Augenblick, nachdem das junge Mädchen geredet hatte. Dann sagte er langsam, bewegt: „Und Sie lieben?"

„Ich liebe," versetzte Resi erröthend, „und eben

weil ich wahrhaft liebe, will ich Wahrheit! Seien
Sie barmherzig!"

„Sie sind ein außerordentliches Mädchen!" sagte
der Arzt ergriffen. „Nun denn, wollte Gott, ich
hätte ein tröstlicheres Wort für Sie — aber ich
darf Sie nicht belügen — fassen Sie sich — unsere Wissenschaft kennt kein Mittel, das Sie vor
einem frühzeitigen, allmäligen Hinsiechen retten
könnte."

Resi's Antlitz veränderte sich nicht bei dem
Ausspruche des Arztes, nur ihre bleichen Lippen
bebten eine Secunde.

Dann, bevor es der Arzt verhindern konnte,
ergriff sie seine Hand, küßte sie, hauchte aus tiefster Seele ein leises: „Vergelt' es Ihnen Gott!"
und eilte davon.

Auf dem grünen Glacis angelangt, warf sie
einen schmerzerfüllten, hoffnungslosen Blick gen
Himmel. Das heitere Blau lachte sie an, der
Sonnenstrahl küßte ihr Stirn und Wangen. Ein
wunderbares Gefühl durchzog ihre Brust. Ihr
Blick ward freier, sie athmete hoch und höher auf.
Heilig durchschauert streifte ihre Seele alle irdischen
Regungen ab.

„Herr Gott, Dein Wille geschehe!" flüsterten
ihre blassen Lippen.

Ihr Entschluß stand fest, sie hatte mit sich, mit
der Welt, mit ihrer Liebe abgeschlossen.

Hastig schritt sie einer andern Vorstadt zu.

Dort eilte sie zu einer Frau, die Stickerinnen in ihrer Wohnung beschäftigte, und für die eine Freundin Resi's längere Zeit gearbeitet hatte.

„Sie haben vor einigen Tagen," sagte sie ihr, „in der Zeitung angekündigt, daß Sie Stickerinnen gegen Kost und Quartier aufzunehmen suchen. Ich bin gezwungen, meine Verwandten zu verlassen — würde ich sogleich bei Ihnen Aufnahme finden können?"

Die Antwort war bejahend.

Resi machte nicht viele Worte, sie besprach mit der Frau, was dringend nöthig war, und eilte nach Hause.

Unbemerkt schlüpfte sie wieder in ihr Zimmer.

Dort schloß sie sich ein, und schrieb folgenden Brief an ihre Pflegeeltern.

„Liebe Eltern!

Verzeiht mir, daß ich Euch seit längerer Zeit hintergangen habe. Darum wage ich auch nicht, Euch jetzt unter die Augen zu treten. Ich liebe einen jungen Mann, und werde binnen Kurzem mit ihm vor den Altar treten. Bis dahin ist es sein Wille, daß ich bei seiner Schwester bleibe. Ich danke Euch von ganzem Herzen für die Liebe und Sorgfalt, welche Ihr mir stets erwiesen, nie werde ich sie vergessen.

Eure Resi."

Nachdem sie diesen Brief gesiegelt, that sie ihn zur Seite, machte ein kleines Bündelchen aus dem Nöthigsten ihrer Wäsche und Kleidungsstücke, und verbarg auch das.

Sie ahnte, daß Franz bald kommen werde, und so war es auch.

Ihr Angesicht verklärte eine fromme Ergebung. Sie schrak nicht zusammen, als leise an die Thür gepocht wurde. Franz trat ein.

Sie empfing ihn mit einem freundlichen Lächeln, als sei ihr Inneres voll Frieden, voll heiterer Ruhe.

Er aber näherte sich beklommen.

„Resi," sagte er, „ich habe mit Dir zu reden, und weiß nicht, wie ich es sagen soll!"

„Was ist Dir?" fragte Resi, als sei sie völlig arglos. „Du bist so verlegen! Bringst Du mir eine böse Nachricht, Franz?"

„Ob gut, ob böse, Du magst es entscheiden!" versetzte der junge Mann. — „Denn," fügte er fast zaghaft hinzu, „hast Du nicht bemerkt, daß seit Kurzem eine Veränderung mit mir vorgegangen ist?"

„Ja doch," antwortete Resi, als ob sie nachsinne, — „es ist wahr — Du gehst seit einiger Zeit zerstreut umher. Ich getraute mich nicht, Dich um die Ursache zu fragen. Bist Du gekommen, mich jetzt darüber aufzuklären?"

„Ja, Resi — ich liebe! —"

„Wie?" rief sie, mit fröhlicher, erstaunter Miene die Hände erhebend — „Du liebst? O das ist herrlich, Franz! Wie oft habe ich im Stillen gewünscht, Du mögest ein munteres, lebensfrisches, braves junges Mädchen finden, das so recht zu Deinem fröhlichen Gemüthe, Deinem redlichen Herzen passe. Wie freue ich mich, daß mein Wunsch nun sich erfüllt! Sei versichert, Dein Mädchen soll mir eine liebe, liebe Freundin werden! Kenne ich sie schon?"

„Du selber bist es, die ich liebe!" stammelte er.

Resi zuckte zusammen.

„Dich liebe ich innig und wahr!" fuhr Franz leidenschaftlich fort. — „Von Deinem Ausspruche hängt mein Glück, meine Zukunft ab. Aber ich fürchte jetzt," setzte er schmerzlich hinzu, daß ich einer bittern Täuschung mich hingab, als ich glaubte, Du hättest mit mir das gleiche Gefühl — es scheint, daß ich Dir nichts bin, nichts sein kann!"

Resi trat ruhig ihrem Ziehbruder näher und ergriff seine Hände. „Franz," sagte sie sanft, „Du bist ungerecht gegen mich! Ich liebe Dich herzlich und treu, ich habe von Kind an wie eine Schwester für Dich gefühlt, und werde Dich ewig wie eine Schwester lieben. Ist Geschwisterliebe Dir nichts?"

„Haft Du kein anderes Wort für mich?" sagte der junge Mann bebend.

„Höre mich!" antwortete Resi, und sie errö= thete vor der Lüge, die von ihrer Lippe gehen sollte. — „Auch ich muß Dir mein Herz erschlie= ßen! Ihr Alle glaubtet mich offen, ohne Arg, ich aber verbarg meine innersten Gefühle vor Euch: Auch ich liebe seit einem Jahre!"

Er trat erschüttert einen Schritt zurück.

„Wie?" sagte er kaum vernehmbar.

„Es ist so," fuhr Resi ruhig nnd milde fort. — „Ich liebe einen Offizier. Da wir Beide ohne Vermögen sind, würden Deine Eltern unser Ver= hältniß nicht gebilligt haben, darum verheimlichte ich es. Jetzt hat mein Bräutigam seinem Stande entsagt und bewirbt sich um eine Anstellung, die er binnen Kurzem erhalten wird."

„Und Du" — stammelte Franz — „Du wirst glücklich werden?"

„Unendlich!" antwortete sie mit einem verklär= ten Blick gen Himmel. „Franz," sagte sie, seine Hand drückend — „Du siehst, Gott hat es ge= wollt, daß wir Geschwister bleiben, entsage thö= richten Hoffnungen und gedenke meiner wie einer lieben Schwester, so treu, rein und herzinnig, wie ich Dein gedenken werde!"

Thränen schossen in die Augen des sonst so männlichen, entschlossenen Jünglings.

„Gott sei mit Dir," sagte er mit fast erstickter Stimme und verließ die Kammer.

Resi's Standhaftigkeit hatte bis hieher angehalten. Leise schluchzend sank sie in den Stuhl und hielt die Hände vor die Augen. Es waren die letzten Thränen um ihr irdisches Glück, die niederperlten. Dann erhob sie sich fest und entschieden. Sie legte den Brief auf den Tisch, ergriff ihr Bündelchen, nahm ein kleines Kreuz von der Wand, das über ihrem Bette hing, küßte das Bild des Heilands und steckte es zu sich. Noch einmal blickte sie in dem stillen Kämmerchen umher.

In tiefster Seele bewegt kniete sie nieder und betete leise und inbrünstig. Dann huschte sie unbemerkt davon, lautlos, ohne Klage die Heimat ihrer stillen Freuden fliehend.

III.

Zwei und ein halbes Jahr sind seit jenen verhängnißvollen Auftritten verflossen. Resi ist seit jenem Sonntagsmorgen nicht wieder in das Haus der Pflegeeltern zurückgekehrt. Sie ist verschollen. Doch nicht im Gedächtnisse der Alten.

Oft sitzt das greise Paar beisammen und schweigt, sinnt und träumt. Die guten alten Leute möchten vor einander verbergen, woran sie denken, aber sie können es nicht. Damals, als sie den Brief in Resi's Kammer fanden, da jubelten sie und dankten Gott in Thränen und Gebet. Aber Resi kam nimmer wieder. Und nun sitzen die Alten stumm da, wenn sie allein sich wissen, und die beredten, ernsten Blicke gleiten verstohlen zu dem Plätzchen am Fenster dort, neben den Blumen, die nicht so üppig wie sonst emporschießen, und zu dem gelbgefiederten Vogel, der schon lange sein lustiges Zwitschern verlernt hat und das Köpfchen hängen läßt.

Das leere Plätzchen dort war das ihre seit vielen, vielen Jahren und nun — nun schweifen in stillen Stunden wehmüthige Blicke verstohlen darüber hin. Dann pflegt der Alte vor sich hin zu murmeln: „Könnt' ich nur sagen, sie sei nicht undankbar; aber in ihrem Glücke hat sie uns nicht mehr heimgesucht!"

Die Frau aber schleicht dann lautlos davon, zu einem düstern Winkel des Hauses, und weint. Ahnt ihr von einer armen, bleichen Dulderin?

Und Franz?

Nach jenem Sonntagsmorgen sprach er mit

den Eltern kein Wort mehr über die Resi, doch
arbeitete er rastlos vom Tagesgrauen bis in die
späte Nacht; mit einer gewissen Hast drängte er
sich in das bunte Leben, als fürchte er die Einkehr in sein Herz. In stillen Nächten ging wohl
Trauer durch seine Seele, aber die Welt lockte ihn
wieder mit fröhlichen Verheißungen.

Und kennt Ihr das Leben, kennt Ihr das
Menschenherz, die Ihr von „ewiger" Klage redet?
Sehet, jene Mutter hat ihr Kind begraben, dieser
Jüngling seine Braut, der Mann dort seine stolzen Träume von Ruhm und Ehre — sie Alle begehren jetzt wohl nichts vom Dasein mehr; und
dennoch — laßt nur eine kurze Zeit vorübergehen
und blicket hin — die Einen lächeln wieder, der
Andere ringt und hofft von Neuem! Das düstere
Grab, welches das Aschenhäufchen birgt, dem
wir nachweinen, ist zugleich die segensreiche Erde,
aus der die lieben Blumen wachsen, deren Duft
und Glanz uns Trost und Lebenslust geben
werden!

Und Franz hat Eltern, die ihn liebevoll mah-
nen an Gottvertrauen und freudige Zuversicht,
hat greise Eltern, die er in ihren alten Tagen
glücklich, zufrieden sehen möchte, Franz weiß, daß
Resi nur Schwesterliebe für ihn hat. Fröhliche
Mädchengesichter umlachen ihn voll Unschuld und
gewinnender Treuherzigkeit, und die Natur, die

aus Vergänglichem und Vernichtung stets neu
verjüngt sich erhebt, haucht verjüngte Hoffnungen
auch in sein Gemüth.

Und es erfüllte sich, was einst in ernster Stunde
der Alte sprach: „Gib Acht, Gott wird Alles
anders fügen, als Du jetzt denken magst, und Du
wirst nicht verzweifeln."

Franz hat ein frisches, munteres Weib sich
genommen, dieses Weib wird einem Kindchen das
Leben geben und das Lächeln dieses Kindes
wird eine trübe Vergangenheit in seiner Seele
auslöschen.

Und diese Stunde ist gekommen.

Zwei und ein halbes Jahr sind seit jenem
Sonntagsmorgen vergangen.

Er ist da, der vierundzwanzigste December, der
heilige Christ steht vor der Thür.

Die Freude geht sinnig von Haus zu Haus,
sie leuchtet von tausend rosigen Kinderwangen,
aus tausend Elternblicken, von tausend fröhlich
blitzenden Kerzen und Goldschaumflittern der geschmückten Tannenbäumchen.

Im ersten Stocke des kleinen Vorstadthauses
aber sitzt der Alte. Mit ängstlicher Miene geht
Franz in bangen Sorgen auf und ab, denn neben
ihm, im Kämmerchen, das einst Resi bewohnte,
liegt sein Weib, und erwartet voll kindlicher Ergebung eine schwere Stunde.

Und Franzens Mutter ſitzt im Kämmerchen zu Häupten des Bettes mit ſorgenvollem Blicke, und ihre Lippen regen ſich leiſe zum Gebete.

Da tritt die Magd zu ihr heran, und heißt ſie hinaus kommen.

Ein armes Weib ſteht draußen — das Weib kommt vom nahen Spitale.

„Eine Sterbende verlangt nach Ihnen,“ keucht dieſes Weib, „haben Sie die Güte, mir zu folgen.“

Mutter Anna erbebt.

„Wie kann ich?“ flüſtert ſie — „Drinnen liegt das Weib meines Sohnes in ſchweren Geburts= wehen!“

Die arme Botin des Spitals wickelt ſchwei= gend etwas aus einem bunten Tuche und drückt es der alten Frau in die Hand. Es iſt Reſi’s Kreuz mit dem Heilande daran.

„Die Sterbende hat es geküßt,“ ſagt die Bo= tin, und hat dabei geſtammelt: „Sage der Mutter, ſie zu ſehen ſei mein letzter, einziger Wunſch!“

Mutter Anna hat das Kreuz erkannt, ſie iſt tief erſchüttert. Lautlos tappt ſie zum Schranke, hüllt ſich in ihren Mantel, gibt der Magd ein Zeichen und folgt dem armen Weibe auf die Gaſſe. Welche Gefühle foltern ihr Herz bei jedem Schritte auf dem kniſternden Schnee!

Sie kommen zum Spital, ſie durchwandern

mehrere Höfe, die alte Frau tritt in einen langen matterhellten Saal.

Sie steht vor einem Schmerzenslager, sie sieht ein durch Leiden entstelltes Antlitz, aber die sanften himmlischmilden Augen sind dieselben — sind die Augen ihrer Resi!

Weinend küßt sie die Arme.

„Mutter," haucht kaum vernehmbar die Sterbende, „vergeben Sie mir, daß ich Ihren Frieden störe — aber ich sterbe — ich kann nicht mit einer Lüge auf dem Herzen scheiden!"

„O Gott, ich habe es immer geahnt!" schluchzt jammernd die alte Frau.

„Ich sagte Euch Allen die Unwahrheit," flüstert Resi matt — „zu unser Aller Besten — Mutter, nun ist es bald mit mir vorbei — nun kann ich's sagen — ich habe Euer Gespräch an jenem Sonntagsmorgen belauscht, Euern Schmerz gehört — und entsagt!"

„Großer Gott!"

„Ich habe Niemanden geliebt — als Franz" — stöhnt Resi mühsam — „aber er — darf es nicht wissen, beileibe nicht, Mutter — ich weiß, er ist glücklich — doch dem Vater sagt's, und grüßt ihn — und jetzt — jetzt segnet mich, Mutter!"

Schluchzend legt die Matrone ihre zitternden Hände auf das Haupt der Sterbenden.

Ein Seufzer noch — und Refi ift nicht
mehr. — —

In felber Stunde aber hebt im kleinen Vor=
ftadthäuschen ein junger Vater feinen Erftgebore=
nen jubelnd in die Höhe.

In feinen Jubel mifcht fich, er hört es nicht,
der leife, zitternde Klang eines Glöckleins, — es
ift das Todtenglöcklein Refi's.

Vom nordamerikanischen
Kriegsschauplatze.

Humoristische Skizze.

————

Schirmer, Aus aller Herren Ländern. III.

Erstes Kapitel.

Wiener in New York.

Es war ein schöner Apriltag des Jahres 1863, der goldige Sonnenschein überflutete den stolz seine glitzernden Wogen rollenden Ocean und die Küsten Nordamerika's.

Eines jener regelmäßig zwischen Bremen und New York verkehrenden Paketschiffe, ein ungefähr 2000 Tonnen haltender und mit Maschinen von 4—500 Pferdekraft versehener Dampfer pflügte durch die grünlichgraue See der Bay von New-York zu.

So weit das Auge reichte, spannte sich ein tiefblauer, fast völlig wolkenloser Himmel aus, keine Dunstschichten verschleierten den Horizont des Meeres oder die Gestade, welche erst begonnen hatten, sich mit dem frischen Grün des Frühlings zu schmücken.

Hier und dort schimmerten weißblinkende Segel,
zogen stattliche Dreimaster und Dampfböte nach
verschiedenen Richtungen hin, glitten Schifferböte
an den Küsten vorüber; ein reger Verkehr herrschte
an der Mündung der Lower-Bay und in den
Narrows, der zum Hafen der Weltstadt führen-
den Meerenge.

Der vorerwähnte Bremer Dampfer qualmte
unablässig seiner Bestimmung zu. Es befanden
sich viele Passagiere an Bord, sie standen jetzt, dicht
zusammengedrängt, meistens im Vorschiffe, gespannt
und freudig bewegt nach dem nahen Land hinüberstarrend, das sich mit seinen Ortschaften, Cottages
und weißen Framehäusern, die da und dort zwischen
Holzungen, Wiesen und Hügeln auftauchten, vor
den sehnsüchtigen Blicken der Reisenden ausbreitete.

Endlich hatte der Dampfer die innere Bay erreicht, er steuerte zwischen den mit Vertheidigungs-
werken versehenen Bedlows-, Governors- und Ellis-
inselchen hindurch; hier aber enthüllte sich den
überraschten Blicken der Passagiere das weithin
sich dehnende New York, voran die mit Bäumen
bepflanzte Terrasse, Battery genannt, zur Seite
rechts und links, da wo der Hudson und Eastriver
das endlos erscheinende Häusermeer begrenzen, in
den Piers der Werften oder Landungsplätze ein
Gewühl von Fluß- und Oceandampfern, Fähren,
Jollen und riesigen Klipperschiffen, über deren dicht

gedrängten Mastenwald hinaus der gothische Thurm
der Dreieinigkeitskirche in den Dunst hineinragt,
der selbst an den sonnigsten Tagen die Dächer
großer Städte wie ein duftgehauchter Nebelschleier
umwogt.

Die Passagiere des Dampfers waren zum
großen Theile arme deutsche Auswanderer, die
ihre Heimat verlassen, ihr Glück in Amerika zu
suchen, — fürwahr sehr zur Unzeit, denn der
Bürgerkrieg der Vereinigten Staaten war im voll=
sten Zuge. Es befanden sich auf dem Schiffe übri=
gens noch Reisende der ersten und zweiten Kajüte,
von einem Ausfluge durch Europa nach Amerika
zurückkehrende Yankees, einige englische Familien
und etliche Deutsche. Während die armen Aus=
wanderer und ein Theil der Passagiere sich neu=
gierig und erregt in das Vorschiff gedrängt hatten,
waren die meisten Passagiere der ersten Kajüte unter
dem Sonnenzelte des Hinterdeckes geblieben, das
der arme Zwischendeckreisende nicht betreten darf.

Hier standen in jenem Momente, als der
Dampfer sich seinem Landungsplatze näherte, zwei
Herren und eine Dame beisammen. Sie blickten
bald voll Bewunderung auf die unermeßliche Welt=
stadt und das Gewühl der Schiffe, bald auf das
jenseitige Ufer des Hudson, wo das lieblich gele=
gene Hoboken und Jersey City sich ausbreiten.

Die Dame mochte wohl achtzehn Jahre alt sein,

sie war eine üppig und zugleich schlank gewachsene Blondine und hatte feine, interessante Züge, die Freimuth und Gutherzigkeit verkündeten. Man sah es ihr auf den ersten Blick an, daß sie keine Amerikanerin sei — denn die jungen Ladies der Vereinigten Staaten sind fast durchweg äußerst ätherische Erscheinungen, haben einen beinahe durchsichtigen, blassen Teint und eine Physiognomie, welche an die zarten Frauenporträts auf englischen Stahlstichen erinnert, der Typus der Südländerinnen des neuen Welttheils aber ist mehr oder weniger der kreolische. War nun das junge Mädchen mit dem lichtblonden, reichen Haare und den großen, lebensprühenden, rehbraunen Augen eine Deutsche, so konnte sie unbedingt nur eine Wienerin sein, denn wo sonst als in der alten Kaiserstadt fände sich in einer Deutschen so viele ungekünstelte Grazie vereint mit anmuthiger Toilette, liebenswürdiger Herzlichkeit und schalkhaftem Wesen beisammen? Und alle jene genannten bezaubernden Eigenschaften besaß die junge Dame, um welche es sich hier handelt, und die in der That eine Vollblut=Wienerin war, in hohem Grade. Sie lachte und plauderte so unbekümmert, daß man ihr wohl anerkennen konnte, sie setze eine Ehre darein, dem altbekannten Spruche:

Leicht ist mein Herz, leicht mein Sinn,
Dafür bin ich 'ne Wienerin,

auch in der Heimat der puritanischen Yankees die
umfassendste Geltung zu verschaffen.

Den etwa fünfundvierzigjährigen kleinen korpulenten und vollbärtigen Herrn, der neben der Dame
stand, brauchte man wahrlich nicht erst zu fragen, ob
er der Vater derselben sei, denn seine Züge und sein
lebhaftes Wesen verriethen dies sofort. Den Oesterreicher auch in der Kleidung herauszukehren, trug er
einen eleganten Steireranzug, in dem das fettleibige,
behäbige Männchen sich freilich ein wenig possierlich
und keineswegs wie ein echter Nimrod ausnahm.

Neben diesem beweglichen Herrn stand der
zweite, zu dieser kleinen Reisegesellschaft gehörige
Mann. Sein Aeußeres bildete den entschiedensten
Gegensatz zu dem vorbeschriebenen Paare, denn er
sah sehr conservativ aus, was nicht mit konservirt
zu verwechseln ist. Er trug einen schwarzen An-
zug, einen Frack sogar, eine weiße Halsbinde und
einen hohen Cylinder, war ein hagerer, langer
Mann von etwa fünfzig Jahren und hatte ein
sehr ernstes, faltenreiches, völlig bartloses und
keineswegs schönes Antlitz, er sah mit einem Worte
aus wie die personifizirte Reaktion, wie ein Mann
des abgenutzten Systems, während sein corpulenter
Reisegefährte mit der jovialen Miene und der
urwüchsigen Aufgewecktheit in Blick und Benehmen ohne Zweifel das „aufgeklärte" neue Fortschritts-Wien repräsentirte.

Herr Huber, der Mann im Steireranzuge, und
Gruber, der Mann des schwarzen Frackes und Ch=
linders, waren ehemalige Schulkameraden und trotz
ihrer Meinungsverschiedenheit in politischen und
vielen anderen Dingen wohl aus dem einfachen
Grunde sehr gute Freunde, weil der Erstere in
seiner Urgemüthlichkeit wegen der guten Eigen=
schaften, die Gruber besaß, die Eigenheiten und
reaktionären Ansichten des Freundes geduldig in
den Kauf nahm und ihn gewähren ließ, Gruber
aber ebenfalls den alten Kameraden hoch schätzen
mußte, obwohl er ihn für einen sich in Exzentri=
zitäten verrennenden Liberalen erklärte. So war
es denn gekommen, daß Beide trotz der hitzigsten
Wortgefechte, die öfter zwischen ihnen stattgefun=
den, einander zugethan geblieben, und daß sie so=
gar eine gemeinschaftliche große Reise unternommen
hatten, Jeder insgeheim von der Hoffnung beseelt,
den Andern in der neuen Welt durch die unmittel=
bare Anschauung der dortigen Zustände zu seiner
Ansicht bekehren zu können.

Freilich war die Reise durch einen anderen
Grund veranlaßt worden. Herr Gruber hatte
eines Tages die Nachricht erhalten, daß sein vor
vielen Jahren nach Amerika ausgewanderter Bru=
der als ein reicher Junggeselle in New York ge=
storben und ihm sein Vermögen, das meist aus
liegenden Gründen bestand, hinterlassen habe. Um

nun nicht von den Yankees, denen er nicht traute,
übervortheilt zu werden, hatte er sich entschlossen,
den Verkauf der ererbten Besitzungen selber zu
leiten. Huber aber, das bewegliche Männchen,
und ein Vergnügungszügler par excellence, hatte
kaum von diesem Vorhaben vernommen, als er
sich entschloß, auch sammt Tochter einen Blick auf
Amerika zu werfen, wie er das im Jahre zuvor
auf Jerusalem und zwei Jahre früher auf Paris
und London gethan. Und dem hageren, reak=
tionären Freunde war diese Reisegesellschaft um
so erwünschter gekommen, als er nur das Eng=
lische radebrechen konnte, Huber und Tochter es
hingegen mit Volubilität sprachen. Auch mochte
der ängstliche Herr Gruber eingesehen haben, daß
ihm, der noch niemals „draußen" war, der rührige,
befreundete Tourist bei solchem Unternehmen von
größtem Nutzen sein könne. Er hatte ihn denn
auch während der Reise nach Bremen und auf
der See gewissermaßen beständig als einen Stütz=
punkt und Rettungsanker betrachtet.

Der Dampfer schoß also, wie erwähnt, dem
Landungsplatze zu.

Die beiden Herren und Fräulein Rosa blickten
in großer Spannung auf das Gewühl, das dort
herrschte.

„Das wird wieder eine schöne Geschichte wer=
den," sagte Gruber mit einiger Beklommenheit,

einen feiner langen dürren Zeigefinger nach der
Menſchenmaſſe ausſtreckend, — „dort kommt uns
ſicher wieder eine ganze Rotte von Kerlen auf
den Hals, wie bei Neu-Brighton, oder wie der
Ort hieß, wo wir einige Augenblicke wegen der
Quarantaine anhalten mußten. Der Kapitän hat
uns ganz beſonders vor dieſen ſogenannten Agen=
ten und Dienſtfertigen gewarnt, die hier den
Fremden anfallen. Seien wir auf der Hut,
Huber!"

„Beruhige Dich, Freund," verſetzte der Ange=
redete lachend — „zeige Dich nur nicht immer ſo
ängſtlich! Mich betrügen? Das gibt's nicht! Ein
echter Wiener kennt ſich überall aus, und wär's
im Hottentottenreiche! Und dann — man hat
ſicher wieder einmal übertrieben, wie man in Eu=
ropa Alles übertreibt, was Amerika betrifft, das
ſollſt Du ſehen —"

„Ah, im Lande des Schwindels darf man dar=
auf gefaßt ſein —"

„Rede mir nicht ſo einſeitig! Ich freue mich
auf das Land perſönlicher Freiheit! Hier kann
man endlich einmal aufathmen!"

„Hier? Wo ſie einander im Congreſſe vor den
Kopf ſchießen? Wo es keine Gensd'armen geben
ſoll —!"

„Höre mir auf, um Gottes willen, Du Geſpen=
ſter ſehender Rückſchrittsmann!"

„Mit folchem rothen Republikaner, wie Du
bift, läßt fich kein verftändiges Wort reden!"

„Es ift auch beffer, Du fchweigft vorderhand
und gibft auf unfer Gepäck Obacht, denn fieh
nur, da ftürzt fchon Alles an Bord!"

In der That legte jetzt das Dampffchiff an,
drängte fich über das kaum vom Landungsperron
zum Bord gefchobene breite Brett eine ganze Schaar
elegant und ordinär gekleideter Menfchen auf das
Schiff, die Auswanderer aller Klaffen in fliegender
Haft umringend.

„Vorwärts!" rief Huber der Tochter und dem
Freunde zu, — „erft einen Kofferträger und dann
fogleich in ein Hotel!"

Zweites Kapitel.

Ein gefälliger Landsmann.

————

Herr Huber stellte sich an die Spitze seiner kleinen Gesellschaft und begann sich durch die Menge zu zwängen.

Plötzlich fühlte sich der kleine dicke Mann von einem anständig gekleideten, ziemlich riesenhaften Menschen an's Herz gedrückt und beinahe in die Luft gehoben.

„Grüß' Sie Gott, Bruder Landsmann!" donnerte eine Bärenstimme im reinsten österreichischen Dialekt durch das Geräusch, das die Menge verursachte.

Als Huber sich so von dem riesenhaften Unbekannten emporgehoben fühlte, da verging ihm fast der Athem. Er zappelte gewaltig mit den kurzen

Beinchen, bis er wieder - auf den Schiffsplanken
stand.

Und nun kam er eigentlich erst dazu, sich seinen
Mann näher anzuschauen.

Der Riese war recht anständig gekleidet. Seine
Züge flößten nicht geradezu Mißtrauen ein. Sie
hatten im Gegentheil in diesem Augenblicke sogar
einen unverkennbar gutherzigen Ausdruck. Ein
breites Lächeln zog sich über das ganze, fast vier=
eckige Gesicht hin, das ein nach amerikanischer
Weise gezogener massenhafter Backenbart bis zum
Kinn einrahmte.

Herr Huber riß die kleinen Augen ziemlich weit
auf. Er erinnerte sich nicht, diesen Mann jemals
zuvor gesehen zu haben.

„Mein Herr," begann er zögernd — „ich habe
wirklich nicht die Ehre —"

„Ei, was brauchen wir da noch eine Ehre?"
versetzte der Koloß mit dem österreichischen Dialekt,
indem er auflachte. — „Eine Vorstellung in bester
Form ist gut für den Graben oder Kohlmarkt,
beim Daum oder gar im Redoutensaal, tausend
Meilen weiter weg aber, sollt' ich meinen, müß=
ten alle Etikettenbedenklichkeiten schwinden, wenn
der Oesterreicher auf den Oesterreicher trifft, ihm
die Hand entgegenstreckt und herzlich sagt: Na
so segen's! Sein mir a do?"

Bei diesen Worten streckte der Riese in der

That eine seiner großen Hände gegen unseren
Reisenden mit etwas unbeholfener und drolliger
Gutmüthigkeit aus.

Huber konnte nicht umhin, sich die Hand schüt=
teln zu laffen. Aber er war noch der vorsichtige
Mann, besonders da der hagere, hinter ihm
stehende Reisegefährte, der in jedem Unbekannten
einen Gauner zu sehen wähnte, ziemlich heftig an
seinem Paletot zupfte.

„Weiß Gott, ich glaube, Sie sind ein Wiener!"
begann Huber lächelnd. — „Freut mich sehr, —
aber Sie verzeihen, man drängt hier so, und wir
müssen —"

„Ob ich einer bin!" fiel ihm der Koloß in's
Wort. — „Von der Wieden, sehr guter Leute
Kind! — Man drängt Sie? Werden sogleich Platz
haben!"

Das Kind sehr guter Leute breitete die unge=
heuren Arme aus und dehnte den gigantischen Kör=
per, — ein halbes Dutzend Andrängender sahen
sich zur Seite geschoben.

„Sehen Sie, so muß man es hier machen!"
fuhr der Mann fort. — „In Amerika heißt es:
Behaupte fest Deinen Platz, sonst schiebt man
Dich zur Seite! Jedermann ist hier seines Glückes
Schmied. — Ach, die junge Dame ist wohl die
Fräulein Tochter? Hab' mir gleich gedacht, muß
eine Wienerin sein, das Liebenswürdige, Fesche

läßt sich nicht verleugnen. — Bin auch wie so
Mancher auf gut Glück nach Amerika gegangen,
hab' auch erreicht, was ich wollte, fehlen mir nur
noch ein Gulden und fünfundsiebzig Kreuzer zum
Rentier —! Der Herr dort hinten gehört wohl
auch zur Gesellschaft? — Ich glaube, habe einmal in Wien die Ehre gehabt, — vielleicht im
Severinusverein —?"

Gruber, in dessen Arm sich Rosa gehängt hatte,
zog ein langes Gesicht und stotterte Unverständ-
liches.

Die junge Dame und ihr Vater lachten hell
auf.

„Du bist erkannt, Gutgesinnter! flüsterte der
kleine, kugelrunde Fortschrittsmann dem Gefährten
zu. — „Warum mußtest Du auch Deinen schwarzen Frack und Deine weiße Halsbinde über's Meer
spazieren führen! Mein Herr," — fuhr er in
guter Laune fort, sich an den amerikanischen
Oesterreicher oder österreichischen Amerikaner wendend — „wenn mir Ihr Dialekt nicht sofort gesagt hätte, daß Sie ein Landsmann von uns
seien, Ihr guter Humor würde mir das jetzt
verrathen —"

„Ich bitte meines Ungestümes wegen um Vergebung, meine Herrschaften," plauderte der Goliath
weiter, der mit seiner Zunge gelenkiger war als
in seinen Bewegungen, — „aber ich kann nun ein-

mal nicht anders! Obgleich ich zwanzig Jahre
unter den Yankees verbracht habe, steckt mir doch
noch die Wiener Gemüthlichkeit im Blute, und da
ich — Spaß bei Seite — hier in New York wirk=
lich als eine Art Rentier lebe, also mit überflüf=
figer Zeit in Hülle und Fülle versehen bin, so
treibt es mich immer auf die Dampfer, die von
Europa kommen, denn ich sage mir: 'S ist viel=
leicht irgend ein respektabler Landsmann unter den
Passagieren, dem Du die Hand schütteln und den
Du vor dem oft recht anständig gekleideten und
gebildet redenden Gesindel warnen und schützen
kannst, das sich auf die Schiffe drängt, den Frem=
den auszubeuten und zu betrügen. — Haben Sie
viel Gepäck? — Ja, Sie können mir glauben, —!
Fräulein, die Seereise gut bekommen? — Was
sagte ich doch! Ja, bei diesem Gesindel sind fast
alle Nationen der Erde vertreten, die Kerle bilden
eine vollständig organisirte Bande, die immer dem
Auswanderer, ihn zutraulich zu machen, einen
Landsmann auf den Hals schickt. Ich ward auch
auf diese Art geprellt, denn leider — bitte, Fräulein,
halten Sie im Gedränge Ihren Shawl fest, und
geben Sie auf Ihre Taschen Acht, meine Herren,
— leider finden sich hier auch Deutsche und
Oesterreicher sogar, die selbst gegen den Lands=
mann die Biederkeit und Ehrlichkeit ihrer Nation
verleugnen!"

„Ich danke Ihnen, mein Herr," versetzte Huber
lebhaft — „man warnte uns schon in Europa,
und ich gestehe, daß ich — daß wir im ersten
Momente einiges Mißtrauen —"

„Gegen mich hegten! Ganz erklärlich!" fiel
ihm der Koloß in's Wort. — „Aber selbst auf
die Gefahr hin, verkannt zu werden, mußte ich
Leuten aus meiner guten Vaterstadt Gruß und
Handschlag bieten und freundlichen, uneigen=
nützigen Rath ertheilen. — Sieht wohl noch im=
mer lustig in der alten Kaiserstadt aus, — hab'
gehört, Stadterweiterung, Geldklemme, Baum=
wollenfabriken purzeln, wegen unseres Krieges,
— he? — Sind wohl zum Vergnügen hierher
gekommen? Recht so, geht Alles seinen rechten
Gang in New York, man merkt nicht, daß zwei
Tagereisen weiter die blutigsten Schlachten ge=
schlagen werden. — Lassen Sie den ersten Andrang
zum Ufer vorüber sein, rath' ich, — haben es
dann bequemer. — Wollen vielleicht etwas vom
Kriegsschauplatze sehen? Gehen Vergnügungszüge
genug ab, — aber seien Sie vorsichtig, nehmen
Sie nicht Billete vom Ersten, Besten, der Sie
Ihnen anträgt — Alles Falsifikate! — Werden
aber doch ein paar Tage in New York bleiben?
Oder geht's direkt weiter zur Ansiedlung?"

„Soll mich Gott bewahren!" stammelte der
hagere Gruber.

„Wir bleiben eine Zeit lang in New York,“ fiel sein Freund lächelnd ein, — „denn Herr von Gruber will hier ein Geschäft —“

Gruber's hagere Fauſt zupfte energiſch an einem der Paletotzipfel des Reiſegefährten.

„So, ein Geſchäft!“ ſchwatzte der Koloß — „da heißt es wieder vorſichtig ſein —!“

„Eine Erbſchaftsſache!“ ſetzte der Wiener Fort= ſchrittsmann hinzu, obwohl Gruber nicht übel Luſt zu haben ſchien, ihm den Rockzipfel völlig abzu= reißen.

„Eine Erbſchaftsſache!“ antwortete der Rieſe — „da heißt es vorſichtig ſein! Es gibt in New York Anwälte, Notare, die füglich Räuber heißen ſollten! Haben Sie einen Geſchäftsfreund hier?“

„Ein Doktor Botherwell ſchrieb mir in jener Angelegenheit!“ bemerkte Gruber zögernd.

„Rechtſchaffener Mann,“ verſetzte der Koloß — „iſt aber vor acht Tagen geſtorben. Führe Sie zu meinem Notar, können ihm die nöthigen Voll= machten ausſtellen und während er Ihre Ange= legenheiten betreibt — geht nicht ſo raſch hier zu Lande — getroſt ſich mit Ihrem Freunde den Kriegsſchauplatz anſchauen, — ſehr unter= haltend!“

„Bei Gott, das iſt eine glänzende Idee!“ rief Huber entzückt.

Er vernahm im nächsten Augenblicke ein Kra=
chen seiner Paletotverlängerung.

„Was treibst Du denn?" murmelte er, sich
halb nach seinem hageren Gefährten umwen=
dend.

„Ich — ich — gehen wir!" stotterte Gruber
leise — „Du wirst mich verstehen!"

„Du bist ein Narr!" flüsterte der Dicke. —
„Danken wir dem Himmel, daß wir einen ehr=
lichen Landsmann gefunden haben, der so liebens=
würdig ist, uns an die Hand zu gehen! Du hast
keine Menschenkenntniß, warst nie „draußen", bist
ängstlich und schwerfällig. Denkst Du, ich würde
diesem Manne trauen, würde ich ihm nicht auf
den ersten Blick ansehen, daß er eine so gute, harm=
lose Haut ist, wie ich selber bin?"

„Aber —"

„Still!"

Während so die beiden Reisenden hastig mit
einander flüsterten, plauderte der amerikanische
Oesterreicher mit Fräulein Rosa und schien das
Flüstern der Anderen nicht zu bemerken.

„So," rief er jetzt, — „das größte Gedränge
ist vorüber, gestatten Sie Ihrem Landsmanne,
Ihnen behülflich sein zu dürfen. Die Dampf=
schifffahrts=Gesellschaft verwies Sie wohl an ihre
hiesigen Agenten?"

„Ja, Müller und Compagnie, mit dem Be=

8*

merken, uns nichts von Anderen vorspiegeln
zu lassen!" erwiederte Gruber eilig und mit Be-
tonung.

„Das ist gewissenlos!" rief der Koloß. — „Diese
norddeutschen Bureaux scheren sich den Henker um
das Wohl ihrer Passagiere. Haben sie sie nur
einmal über den Ocean bugsirt, das Andere kümmert sie nicht! Müller und Compagnie sind noto-
rische Schelme, die den Leuten Kongreßland verkaufen, worauf schon Andere sitzen und Geschäfte
treiben, die —! Genug! Und welches Hotel hat
hat man Ihnen angerathen?"

Die Reisenden besannen sich.

„Franklin House!" lispelte Rosa mit heller
Silberstimme.

„Schändlich!" brummte der Riese. — „Das
ist ein geheimes Spielhaus!"

Der geängstigte Gruber schlug erschrocken die
dürren Hände zusammen, sein Freund riß die kleinen Augen noch weiter auf, als zuvor.

„Ich sehe schon, man hat Sie schlecht berathen!"
fuhr der deutsche Amerikaner fort. — „O hier zu
Lande heißt es vorsichtig sein, ich sagte es ja!
Meine Herren, ich sehe es jetzt als meine verdammte Schuldigkeit an, Ihre Sache zu der meinigen zu machen. Sie wären ja sonst verrathen
und verkauft! Und Wienern, meinen guten, ehrlichen Wienern darf so etwas nicht passiren, so

wahr ich Josef Maier heiße und von der Wieden
gebürtig bin."

„Aber wie erkannten Sie denn die Wiener
in uns?" fragte Herr Gruber schüchtern und mit
einem Rest von Widerstand.

„Mein Gott," versetzte der Amerikaner, deſſen
Zungengeläufigkeit sich vermehrte, — „das wäre
wohl eine Kunst, einen Wiener auf Reisen zu er=
kennen, wenn er auch nicht den Mund aufmacht!?
Also vorwärts, darf ich bitten, entschuldigen Sie
meinen Freimuth, das ist einmal so meine Natur,
— geben Sie mir gefälligst Ihre Anweisungen auf
das Gepäck; man muß mit den Burschen umzu=
gehen und zu handeln wissen, die es an's Land
schaffen, es sind alle mehr oder weniger angehende
Rowdies und Hallunken, ich führe Sie in ein an=
ständiges Boardinghouse, zu einer anständigen
Agentschaft, wenn Sie eine solche nöthig haben,
und zu einem Notar, die Respektabilität selber.
Und bei Gott, ich mache vielleicht die kleine Ver=
gnügungstour nach dem Kriegsschauplatze auch
mit, ich habe ja Zeit und Mittel dazu!"

Herr Josef Maier — wie der Koloß sich ge=
nannt hatte — winkte einige nicht ganz unver=
dächtig blickende Kerle zu sich heran, die aber doch
die Abzeichen der Packträger trugen, die Gepäck=
anweisungen wanderten aus den Händen des klei=
nen, dicken Touristen in diejenigen des neuen Freun=

des, und dieser schob mit den Leuten durch das
Gedränge, nachdem er unsere Reisenden ersucht
hatte, ihm zu folgen. Die kleine Gruppe setzte
sich in Bewegung.

Huber war keineswegs ein so praktischer
Tourist, als er Wort haben wollte, er dankte
dem Himmel, aller Sorgen los und ledig zu
sein.

„Wir haben an unserem Landsmann eine wahre
Perle gefunden!" flüsterte er dem dürren Gefähr=
ten zu, während sie das Durcheinander auf dem
Verdecke durchkreuzten. — „Wer thäte uns der=
gleichen, ohne alles Interesse, in Wien? Dieser
Mann hat sich ohne Zweifel — man sieht es ihm
an — aus dem Gröbsten zur Wohlhabenheit em=
porarbeiten müssen, und ward seines Glückes eige=
ner Schmied, wie er selbst sagte. Das aber er=
zeugt Charakter. Die herrlichen Institutionen
seiner neuen Heimat haben ihn zu einem selbst=
ständigen, unabhängigen Manne gemacht, und die
sprichwörtliche deutsche Treuherzigkeit bewahrte ihn
in dem rastlosen Treiben nach Erwerb vor dem
Egoismus. Rede was Du willst, Gruber, nur
in einem Lande, wo Alle gleich sind, kommt
die tüchtige deutsche Natur erst zur vollen Ent=
wicklung!"

„Und was ist das Gesindel, vor dem man uns
gewarnt hat?" höhnte der Andere.

„Findet sich in jeder Stadt!" war die Antwort.

„Ich hoffe, auch in Wien ein Ehrenmann geworden zu sein, so gut, wie Du es bist!" murmelte Gruber gereizt.

„Ganz recht, aber —"

Dem kleinen Touristen ward plötzlich seine Rede abgeschnitten, die unbedingt schön und sehr freisinnig geworden wäre, hätte ein lebhafter Ausruf, der unmittelbar neben Herrn Huber ertönte, sie nicht in der Geburt erstickt.

„Doktor Botherwell!" rief ein Yankee, der die Ueberfahrt auf dem Dampfer mitgemacht hatte und sich nun ebenfalls anschickte, das Schiff zu verlassen.

„Jenkins!" antwortete ein wohlbeleibter Mann mit rothem Gesicht, grüner Brille, schwarzem Frack, weißem Bart und bläulicher Nasenspitze.

Dieser Herr war vermuthlich soeben erst an Bord gekommen, um einen aus Europa avisirten Freund — wahrscheinlich jenen Jenkins — zu begrüßen und in Empfang zu nehmen. Die Beiden Herren lagen einander jedenfalls freudig in den Armen.

Zwei andere Herren wurden aber im gleichen Augenblicke von einem gelinden Entsetzen erfaßt, und diese Herren waren — Huber und Gruber.

„Doktor Botherwell!" ſtammelten Beide faſt lautlos, ſtarrten erſt einander und dann den alle die vorgenannten verſchiedenen Farben ſpielenden, gemüthlich blickenden Herrn an.

Huber ermannte ſich zuerſt. Er nahm ſein ſchönſtes Engliſch zuſammen und trat zu dem Brillenbewaffneten, der gerade mit ſeiner Um= armung fertig war.

„Entſchuldigen Sie, Sir," ſtotterte er — „Sie ſind Doktor Botherwell?"

Der Angeredete blickte den Frager verwun= dert an.

„Ja, Sir," ſagte er.

„Und gibt es in New York noch mehr Doktor Botherwell's?"

„Nein, Sir!"

„Haben Sie die Erbſchaftsſache eines Deutſchen zu ordnen, der Gruber heißt?"

„Gruber — richtig, Sir!"

„Und Sie wiſſen ganz gewiß, daß Sie nicht todt ſind?"

„Zum Henker, ob ich das weiß, Sir!"

Das Antlitz des Doktors färbte ſich dunkel= roth, er hätte jetzt ohne Zweifel eine heftige Frage gethan, aber er kam nicht dazu.

Huber und Gruber ſtarrten einander von Neuem erſchrocken an.

„Unſere Koffer!" ſchrie dann der Letztere und

stürzte zum Vorschiffe, die schöne Rosa, die noch immer an seinem Arme hing, mit sich fortzerrend.

Der kleine Fortschritts=Wiener schoß ihnen nach.

O deutsche Treue, o österreichische Gemüthlich= keit! —

Drittes Kapitel.

Im Boardinghouse.

Ein amerikanisches Boardinghouse — Logis-
und Speisehaus — ist ein ganz eigenthümliches
Ding. In der ganzen alten Welt, und damit
meinen wir unser gutes, kaum noch in seinen
Fugen zusammenhängendes Europa, dürfte nichts
dergleichen zu finden sein, denn die Hôtels garnis
von Wien, Berlin, Paris, die sogenannten „Ci-
vilkasernen," wo Sterbliche beiderlei Geschlechts
ein abgesondertes Leben führen und so das penn-
sylvanische Zellensystem zur praktischen Geltung
bringen, sind ganz etwas Anderes. Nicht einmal
die Londoner Boarding- und Clubbhäuser, in
denen sich auch Versammlungs-, Rauch-, Billard-
und Lesezimmer befinden, haben das Charak-
teristische eines Boardingshouse von New York,
denn in jenen wohnen wohl junge und alte Her-

ren, aber nicht auch junge und alte Damen, junge
Ehepaare oder sogar kleine Familien. Auch das
Leben in einem Hotel ist himmelweit von dem
unterschieden, was man zu führen genöthigt ist,
wenn man ein Boarder oder Kostgänger in den
Vereinigten Staaten geworden, denn die Gesell=
schaft legt Einem allerlei Verpflichtungen auf, die
man als Hotelgast nicht kennt. Man wohnt in
einem amerikanischen Boardinghouse für sich und
bildet doch ein Glied einer mehr oder weniger
großen Familie, die täglich zum Frühstück, Mit=
tagsessen und Abends zum Thee in den Parlors
(Besuch= oder Sitzzimmer), dem dining-room (Speise=
saal) oder drawing-room (Gesellschaftszimmer) zu=
sammenkommt und sich gemüthlich unterhält.
Für ungefähr sechzehn Dollars wöchentlich die
Person hat man die ganze Herrlichkeit. Die Früh=
stücksstunde ist von 8 bis 10 Uhr, man speist um
halb fünf, und von sieben Uhr an steht der Thee
bereit, der auf plattirten Tafelaufsätzen von Bri=
tanniametall paradirt. Ueberall brennt Gas, die
Zimmer sind hübsch und bequem, man findet dort
Damastgardinen, Möbel von Rosenholz und den
in Amerika unvermeidlichen Schaukelstuhl, den
rocking-chair. Auf den Treppen liegen Tep=
piche, die durch Messingstangen und Knöpfe be=
festigt sind. Wohin man nur den Blick wendet,
da gewahrt man einen Spucknapf, auf dem Haus=

flur, den Treppenabsätzen, in den Parlors befin=
den sich ganze Legionen dieses Möbels, denn viel
wichtiger und unentbehrlicher als selbst die Gabe
des Redens ist dem Yankee das Spucken, indem
er es zu einer so bewunderungswürdigen Virtuo=
sität gebracht hat, daß er z. B. ohne irgend Je=
manden zu treffen, im Eisenbahnwaggon oder in
öffentlichen Lokalen über drei oder vier Personen
hinwegspucken kann. Obwohl man im gemein=
schaftlichen Parlor nicht rauchen darf, da die
Damen das nicht für anständig halten, spuckt man
dort doch tüchtig drauf los, ohne sich auf die
Legion der Näpfe zu beschränken, und darin fin=
den die schönen puritanischen Ladies nichts Un=
schickliches. Fühlt man den keineswegs beneidens=
werthen Trieb, diese Nationaltugend in ihren
glorreichsten Folgen kennen zu lernen, so besuche
man das Repräsentantenhaus in Washington un=
mittelbar nach einer Sitzung und sehe sich den
Fußboden an, — ästhetische Rücksichten halten
uns ab, diese mit zertretenen Aepfelresten, Cigar=
renstumpfen, Orangenschalen, Kautabakklumpen
u. s. w. garnirte Schweinerei näher zu beleuchten,
es genüge die Andeutung, daß man nur mittelst
eines Dampfapparates, der in wenigen Augenblicken
das Getäfel des Saales unter Wasser setzt, alles
dasjenige zu beseitigen vermag, was die ehren=
werthen Väter des Landes zurückgelassen haben.

In diesem Punkte würde unbedingt jedes Boardinghouse ein Repräsentantenhaus im Kleinen
sein, wäre nicht auch die Damenwelt dort vertreten, hielte nicht der Frauenkultus die gegen einander rücksichtslosen Männer wunderbar im Zaum.
Für das weibliche Geschlecht sind in der That
die Vereinigten Staaten ein wahres Paradies, die
Herrenwelt Europa's hat für die Damen nicht
den hundertsten Theil jener Verehrung, Rücksicht,
Zuvorkommenheit, mit denen der Yankee seinen
Ladies und Misses entgegen kommt, — man wird
unwillkürlich jeden Moment daran erinnert, daß
es in Amerika eine Zeit gab, in der auf tausend
Männer ein einziges Wesen des zarten Geschlechtes kam, und aus jener Zeit scheint die bisweilen
übertriebene Courtoisie der Yankees herzustammen.
Und so streckt daher der Amerikaner, wenn Damen
im Parlor zugegen sind, seine Füße nicht am
Kaminsims empor oder schaukelnd über Tisch und
Sessel hinweg, was sonst, nächst dem Spucken, in
Mußestunden oder während der Zeitungslektüre
seine liebste Beschäftigung ist.

Im Boardinghouse wohnen also nicht nur
unverehelichte Leute. Ein junger Geschäftsmann,
der kein Vermögen hat, heiratet ein ebenfalls
armes Mädchen. Sie können sich noch nicht ein-
richten, — vielleicht geht das erst binnen Jahr
und Tag, — das Boardinghouse wird vorläufig

ihr häuslicher Herd. Ein reicher Kaufherr besitzt
ein schönes Haus in der fünften Avenue, dem ele=
ganten Stadttheile New Yorks, und eine Villa am
Hudson. Er macht unglückliche Spekulationen, ist
schließlich froh, irgendwo vorläufig als Buchhalter
unterzukommen, bis er wieder auf eigenen Füßen
stehen kann, und zieht mit Frau und Tochter in's
Boardinghouse. Ein alter Herr, der eine kleine
Besitzung auf dem Lande hat, deren Erträgniß
ihm jährlich weniger abwirft, verwandelt sein
Gütchen in Zinsen tragende Papiere und wandert
sammt Nichte oder Enkelin in's Boardinghouse.
Eine Mutter, die sich keiner ausgebreiteten Be=
kanntschaft erfreut, aber ihre schon längst hinläng=
lich heiratsfähigen Töchter endlich an den Mann
bringen möchte, läßt sich mit ihren Misses im
Boardinghouse häuslich nieder, wo immer alte
ledige Rentiers oder Pensionisten logiren, auch
junge Leute, die eine mehr oder weniger verspre=
chende „Zukunft" vor sich haben. So ist denn
ein Boardinghouse, dem die Landlady (die Dame
des Hauses) und ihr Gemal mit Würde vorstehen,
— meistens ein Ehepaar, das die Trümmer eines
ehemaligen Vermögens auf die Errichtung eines
Boardinghouse verwendet hat, — eine kleine Welt,
in der es nach Umständen steif, familiär, angenehm
und langweilig zugeht, und wo sich allerlei Intriguen
abspinnen, wie in der großen Welt ringsum.

Und in einem solchen Boardinghouse, das in der Walkerstreet liegt, eine Straße, welche sich zwischen den New Yorker Hauptpulsadern des Verkehrs, Broadway und Bowery, hindehnt, finden wir die guten Wiener Huber, Gruber und Fräulein Rosa wieder.

Dieses solide Logis hatte ihnen der ehrenwerthe Doktor Botherwell verschafft, der zum Glücke unserer Reisenden während der Landung der Passagiere so unerwartet und plötzlich aufgetaucht war. Sie hatten zwei Zimmer inne, das eine bewohnten die ungleichen Freunde, das andere gehörte der anmuthigen Rosa. Sie waren wohl oder übel der Billigkeit halber genöthigt worden, in das achtbare Boardinghouse einzukehren, denn Doktor Botherwell hatte ihnen erklärt, die Angelegenheit des Herrn Gruber lasse sich nicht im Handumdrehen abthun.

Eine Nacht war in dem neuen Asyle verstrichen, auch das gemeinschaftliche Frühstück im Parlor abgethan, die beiden Wiener befanden sich wieder in ihrem ganz hübsch eingerichteten Zimmer, Rosa leistete ihnen Gesellschaft. Es ward gewissermaßen ein kleiner Familienrath abgehalten.

Der gemüthliche österreichische Goliath war am Tage zuvor schneller als unsere Touristen gewesen, sie hatten weder ihn noch ihre Koffer erwischt und es ließ sich mit ziemlicher Sicherheit

annehmen, daß die New Yorker Polizei auch nicht
eben glücklicher sein werde, als die Wiener Freunde,
oder manche Polizei des alten Welttheiles. Es
wäre auch wohl keine leichte Arbeit gewesen, un=
ter 80,000 in New York lebenden Deutschen, von
denen sicher tausend der altgermanischen Leibes=
beschaffenheit Ehre machten, einen fingirten Maier
herauszufinden, der sich vielleicht sofort nach voll=
führtem Gaunerstreiche in einen Müller oder
Schulze verwandelt hatte und obendrein ein Be=
wohner des verrufenen Stadtviertels Five Points
sein mochte, vor dem selbst die Polizei einigen
Respekt hat und wo es sichere Schlupfwinkel in
Hülle und Fülle gibt.

Daß Herr Huber noch einigermaßen zu lächeln
vermochte, nachdem ihn der hagere Freund seit
dem verflossenen Tage stoßweise mit Vorwürfen
und Stichelreden überschüttet, könnte man ein
Wunder nennen, wäre nicht die leidliche Dickfellig=
keit eines behäbigen Wieners hinlänglich bekannt.
Dennoch hatte der kleine Fortschrittsmann inner=
lich an seinem zuversichtlichen Wesen eingebüßt.
Nur Rosa lachte und scherzte so unbefangen wie
sonst, dem grollenden Freunde ihres Herrn Papa's
zum Trotz.

Der Familienrath also hatte begonnen. Rosa
lehnte in reizend koketter Haltung am Fenster, ihr
Vater saß in einem Rockingchair am Kamin, der

bereits seine wohlberechtigten Ferien hatte, und
schaukelte sich, die Füße mit einiger Anstrengung
an das hohe Messinggitter gestemmt, wie ein echter
Amerikaner, die mit einer Lorgnette bewaffneten
Blinzelaugen auf die Zimmerdecke gerichtet, Gruber
aber schritt im Bewußtsein seiner jetzigen Ueber=
legenheit derartig im Gemache auf und ab, als
habe er Siebenmeilenstiefel an den Füßen.

„Wenn ich bedenke,“ näselte der noch immer
Zürnende erregt — „welche Folgen Deine Leicht=
gläubigkeit hätte nach sich ziehen können! — Es
ist unerhört! Wäre der gute Doktor Botherwell
nicht erschienen, der Mensch hätte uns in eine
Diebeshöhle einquartirt, mich zu einem Schelm
gebracht, der den ehrbaren Notar hätte spielen
müssen, — mir meine Unterschrift entlockt — es
schaudert mir die Haut, wenn ich daran denke!“

„Seit gestern schaudert Dir nun schon die Haut
zum zehnten Male, Freund! Möchtest Du nicht
endlich gefälligst damit aufhören?“ bemerkte Huber,
indem er seine amerikanischen Schaukelstudien so
eifrig fortsetzte, daß er im Gesicht roth wie ein ge=
sottener Krebs ward.

„Aufhören! Ich glaub’s!“ versetzte der Eifernde
grimmig. — „Schmeckt Dir nicht, daß ich Dir nichts
Schmeichelhaftes über Deine stets von Dir auspo=
saunte Menschenkenntniß sagen kann, he? Schöne
Menschenkenntniß! Wie hätte es mir geschmeckt,

wenn ich durch Deinen Leichtsinn um meine Erb=
schaft geprellt worden wäre?"

„Zum Glück steckten die gefüllten Brieftaschen
der Herren nicht in den Koffern!" begann Rosa
lächelnd. — „Bedenken Sie, Herr von Gruber,
daß nicht Sie allein der beschädigte Theil sind und
daß sich geschehene Dinge nicht ändern lassen.
Würde jener Mensch, der uns betrog, nicht an das
patriotische Gefühl meines Vaters appellirt haben,
er wäre ihm sicher nicht in die Falle gegangen!"

„Da hast Du recht, sicher nicht, mein gutes
Kind! Ich bin ein deutscher Patriot!" keuchte
Huber, indem er die Füße noch amerikanischer
emporschob und den Versuch wagte, ganz yankeeisch
über den Kamin hinwegzuspucken.

Man sieht, der kleine Fortschrittsmann hatte
schon während der wenigen Stunden, die er in
New York verweilt, seine Studien gemacht und
war bemüht, sich in Amerika zu acclimatisiren.

„Jedenfalls hat das Verschwinden der Koffer
auch seinen Vortheil," setzte er etwas gezwungen
auflachend hinzu, — „denn wir werden uns nun
amerikanische Kleider, nach amerikanischer
Mode zugeschnitten, kaufen müssen, und Du,
Freund, wirst mir doch dann nicht so ganz und
gar wie ein Severinusmann ausschauen, was wir,
beiläufig gesagt, wegen unserer hier etwa lebenden
liberalen Landsleute —"

„Geh' mir mit unseren Landsleuten!“ fuhr Gruber auf. — „Die haben hier schon eine gehörige Schule des Schwindels durchgemacht, wie mir scheint! Amerika ist ein Sodom —!“

„Weil uns ein deutscher Vagabund betrog?“ warf der Andere herausfordernd hin. — „Verwerfe mir nicht die freien Männer einer großen Nation, die unbedingt den an ihr Land gespülten deutschen Auswurf so gut verachten wie wir!“

„Eine große Nation?“ kreischte Gruber. — „Kauen die Kerle nicht harten Kuchen mit Syrup und Butter zu ihrem Kaffee, der wahrhaftig in den Praterhütten besser ist als hier, — hatten wir gestern beim Nachtessen Servietten und griffen diese Herren Amerikaner nicht das kalte Fleisch, zu dem man uns Käse und eingemachte Früchte vorsetzte, mit den Fingern an? Und haben nicht Alle, Herren wie Damen, geschluckt, als gelte es eine Wette, wer zuerst fertig sein werde? Wie kann ein Volk auf der Höhe der Civilisation stehen, wenn es in seinen Regeln vom gesellschaftlichen Anstand noch so weit zurück ist?“

„Und was verdecken unsere europäischen Anstandsregeln Anderes als moralische Verkommenheit?“ rief Huber erhitzt, indem er seinem Schaukelstuhle einen solchen Ruck nach hinten gab, daß eine beinahe gefährliche Schwingung entstand, die dem Manne die Beine wie aufrechtstehende Palis-

9*

faden in die Luft trieb. — „In der alten Welt
bewegt sich Alles sehr manierlich in auf die Spitze
getriebenen, unnatürlichen Verhältnissen, hier aber
verschmäht man die glatten, heuchlerischen Formen,
weil die Selbstachtung allem Andern voransteht.
— Rosa, ich bitte Dich, — ich bringe das verdammte Ding, den Schaukelstuhl, nicht allein zum
Stehen! — Ja, — die Hauptsache — die Hauptsache —"

Die schlanke Tochter des dicken Touristen verließ lachend das Fenster und hemmte schalkhaft
die Bewegung des Rockingchair.

„Die Hauptsache, meine Herren," fiel sie dem
Vater munter in's Wort, — „ist vorderhand
jedenfalls, daß wir uns aufmachen, die Stadt
durchstreifen und uns würdig für New-York aus-
rüsten. So wie Schiffbrüchige können wir doch
unmöglich bleiben, — ich keinenfalls!"

Gruber blieb stehen und seufzte, seine Miene
ward unruhig. Der Vater Rosa's taumelte auf.

„Ich spüre etwas wie eine herannahende See-
krankheit!" keuchte er. — „Man — muß doch
Alles — erst gewohnt werden!"

„Deutscher Patriot!" brummte Gruber gereizt.

Dann ward seine Miene wieder von einem gewissen ängstlichen Ausdrucke beherrscht.

„Jetzt sollen wir uns von Neuem in dieses
Schwindlertreiben hineinstürzen!" seufzte er.

„Wir werden dieses Mal keine Gefahr laufen,"
rief Rosa schelmisch — „denn ein junger Herr wird
uns begleiten, an dem meine Menschenkenntniß
hoffentlich nicht zu Schanden wird!"

Die beiden Herren machten große Augen.

„Wer —?" stotterte Vater Huber.

„Mr. Surrey, mein gestriger Tischnachbar im
Boardinghouse!" versetzte Rosa leicht erröthend. —
„Er ist ein liebenswürdiger junger Mann und hat
es übernommen uns zu beschützen!"

„Ah — ah —" stammelte Vater Huber —
„sie hat schon einen Beschützer!"

Eine junge und lustige Wienerin ist nicht gar
so leicht aus der Fassung zu bringen. Rosa hätte
daher, als der Vater seine etwas bedenkliche Ver=
wunderung darüber aussprach, daß seine Tochter
bereits einen „Beschützer" gefunden, wohl die
nöthige Dosis Mutterwitz zu einer passenden Ant=
wort bereit gehabt, aber sie ward der Gelegenheit
beraubt, diesen Witz glänzen zu lassen, denn einer
der schwarzen Aufwärter des Hauses schob plötzlich
seinen runden, wollhaarigen Schädel durch den
Spalt der aufgehenden Thüre und grinste die
deutschen Herrschaften so freundlich an, wie ein
Menschenfresser von Neu=Guinea seinen alters=
schwachen Großvater, den er gesonnen ist, dem=
nächst mit einer Zwiebel=Sauce zu verspeisen, da=
mit der gute alte Mann auf eine anständige Art

Gelegenheit finde, sich selber und den Seinen nicht
ferner zur Last leben zu dürfen.

Nicht allein Fräulein Rosa, sondern auch Fort=
und Rückschritts=Wien stießen einen Schrei aus,
als das schwarze Gesicht so unerwartet seine Auf=
wartung machte und die großen noch schwärzern
Augensterne mit den ringsum sichtbaren weißbläu=
lichen Augäpfeln sie anglotzten.

Rosa überwand den kleinen Schrecken sofort
und gab sich einer um so lebhafteren Lustigkeit
hin, als durch das Erscheinen der plattnasigen
Ebenholzfratze muthmaßlich allerlei inquisitorische
Fragen waren unterdrückt worden, die ihr Papa
Lust verspürt haben mochte, über ihre Bekannt=
schaft mit dem Tischnachbarn Herrn Surrey an sie
zu richten. Auch Huber, der schon auf seiner Je=
rusalemer Vergnügungstour mit Negern in natura
verkehrt hatte, kam sogleich wieder zu sich, aber
der ehrbare Reisegefährte, dem die gemalten Söhne
Afrika's der vaterländischen Tabacks=Laden geläu=
figer waren als die Originale, verharrte in stillem
Entsetzen, obwohl er am Tage zuvor im Hafen
und auf dem Wege zum Boardinghouse diese
Menschenspecies hinreichend gesehen hatte, und in
seinem neuen Logis schon wiederholt von dem ehr=
lichen Sam bedient worden war.

Der ehrliche Sam aber hub in dem schmäh=
lich verstümmelten Englisch, das die Neger sprechen,

folgendermaßen an, indem er sich direct an das
blasse Rückschritts=Wien wendete: „Massa Surri
unten im Parlur sagen lassen, Sam gehn auf zu
Gant'man deutschen und Missus deutschen, und
sagen, Massa Surri warten im Parlur, wenn
Gant' und Missus wollen durchgehen in Stadt."

Nach diesen Worten verschwand der schwarze
Wollschädel so blitzschnell, wie er erschienen war.

Viertes Kapitel.

Mister Surrey.

Huber und Tochter brachen in ein lautes Gelächter aus, der Freund aber fühlte sich von dem
„Durchgehen" nicht angenehm berührt, denn es
erinnerte ihn nur zu lebhaft an seinen Koffer.
Zugleich wollte das Negergesicht mit den fletschen-
den Zähnen und den rollenden Glotzaugen nicht
vor seinem inneren Auge verschwinden.

„Mehr als drei Millionen solcher Kerle frei-
zumachen, schlagen sich diese Yankees herum!"
stammelte er erregt. — „Wenn es ihnen gelingen
sollte, die Sklaverei aufzuheben, dann möchte ich,
weiß Gott, als Amerikaner keine Stunde in den
Vereinigten Staaten bleiben, ich wäre ja meines
Lebens bei solcher Gleichberechtigung nicht sicher!
Es ist ein Unsinn, Barbaren zu entfesseln!"

„Es ist eine Niederträchtigkeit, den schwarzen

Mitbruder zu unterdrücken, seine geistige Ent=
wicklung hintanzuhalten!" fuhr Huber auf.

„Ich danke für solchen Bruder, wie der da,
der uns soeben verlassen!"

„Und ich für solchen Bruder, der es wagt,
das Sklaventhum in —"

„Um Gottes willen, meine Herren," unterbrach
Rosa die Streitenden lachend — „Sie zanken um
amerikanische Zustände und haben noch nicht Ge=
legenheit gehabt, sie an Ort und Stelle zu prü=
fen! Ich rathe Ihnen, Herr von Gruber, sich bei
den Konföderirten anwerben zu lassen, und Dir,
Papa, mit den Unionisten zu marschiren, dann
könnt Ihr Euch in Virginien oder sonst wo ganz
prächtig in den Haaren liegen, besser als hier!
Jetzt aber bitte ich zu bedenken, daß Herr Surrey
die Gefälligkeit hat, auf uns im Parlor zu war=
ten, daß Sie nothwendig die Entwicklung unseres
Einkaufstrebens nicht unterdrücken dürfen, Herr
von Gruber, und daß ich um Gleichberechtigung
ersuchen muß, Papa, wenn es sich um Vervoll=
ständigung einer eleganten Toilette und aller jener
Dinge handelt, die der sterbliche Europäer auch
wohl in der Union nöthig hat."

„Ganz recht, ganz recht," murmelte der kleine
Tourist gutherzig und lächelnd. — „Wir dürfen
vor Allem Deinen — Beschützer nicht warten
lassen!"

Rosa entschlüpfte dem Zimmer der Herren, ihrem Vater schalkhaft drohend, und kehrte bald mit Hut, Shawl und Sonnenschirm zurück, also mit Allem, was sie vorderhand besaß.

Dann stieg die kleine Reisegesellschaft die Treppe hinunter und begab sich zum Frontparlor.

An der Thür desselben trat ihnen schon ein junger, ziemlich stutzerhaft gekleideter und hübscher Mann entgegen. Er hatte sehr einnehmende, feine Züge, seine dunklen, lebhaften Augen verriethen Geist, Benehmen und Haltung bewiesen, daß er gewohnt sei, sich in guter Gesellschaft zu bewegen. Obgleich er kaum vierundzwanzig Jahre zählte, sah man ihm doch den Ernst und die Energie des rastlos strebenden und spekulirenden Yankee an, aber er hatte in seinem Wesen nicht jene Steifheit oder unschöne eckige Hastigkeit, die vielen seiner jungen Landsleute eigen ist., auch verstand er anmuthig zu lächeln und einen schmachtenden Blick zu werfen. Genug, er hatte alle Eigenschaften zu einem soliden und interessanten Beau, wie die jungen Amerikanerinnen Denjenigen nennen, der sich um ihre Gunst bewirbt.

Rosa würde ihn jedenfalls noch hübscher gefunden haben, hätte er einen Schnurrbart getragen — denn fast alle Wienerinnen haben eine Schwäche für Schnurrbärte und Uniformen — aber sie fand doch, daß ihm der zierliche, glänzendbraune Backenbart recht angenehm zu seinem Antlitze stehe, das einen zartgefärbten, beinahe mädchenhaften Teint hatte.

Dieses vollkommene Exemplar eines „Beau" trat also den Wienern lächelnd entgegen, murmelte ein paar hastige Worte, bot der jungen Dame den Arm an, spazierte. mit ihr über den Hausflur auf die Straße hinaus, und hatte sich bei der ganzen Sache um die beiden ehrsamen Herren eigentlich nicht viel mehr gekümmert, als man von den grünen Blättern Notiz nimmt, die man vom Rettig wegschneidet, bevor man ihn verspeist, mit welchem Rettig wir übrigens keineswegs Fräulein Rosa vergleichen wollen.

Gruber und sein Reisegefährte blickten etwas verdutzt erst auf einander und dann auf die würdige Mrs. Spruce, die Dame des Hauses, die in der Glorie ihrer Landladyschaft, mit hohem, etwas antiken Kopfputz und weit um sich greifender Glockenkrinoline, auf der Schwelle des Parlors stand und an dem Benehmen des Mr. Ralph Surrey gar nichts Besonderes gefunden zu haben schien.

Und da unsere Wiener von dem faltenreichen Antlitze der Mrs. Spruce nichts herablesen konnten, starrten sie wieder auf einander.

„Was ist das für eine Art?" platzte Gruber heraus.

„Ich — ich erinnere mich," versetzte Huber mit
etwas saurer Miene — „irgendwo gelesen zu haben, daß man in den Vereinigten Staaten den
jungen Damen gestattet, jeden ihnen beliebigen
Herrn zu empfangen und mit ihm auszugehen,
selbst wenn er den Eltern unbekannt, ihnen nicht
einmal vorgestellt sein sollte. Die jungen Damen
sind für sich selber verantwortlich, das — das ist
die amerikanische Erziehung zur Selbstständigkeit,
— das — das ist sehr schön, denn das Gefühl
persönlicher Freiheit führt zur Selbstachtung, während eine despotische Ueberwachung —! Wollen
— wollen wir doch nicht lieber sehen, Gruber,
was aus den Beiden geworden ist —?"

„Alle Wetter, das meine ich denn doch auch!"
murmelte der Andere hastig. — „Denk' an unsere
Koffer!"

Die beiden Herren setzten sich eilig in Bewegung, der kleine korpulente Fortschrittsmann, un-
geachtet er die persönliche Freiheit verfocht, schoß
dennoch seinem hageren, langen Gefährten voraus.

Zehn Schritte vom Boardinghouse erreichten
sie das sorglos plaudernde junge Paar. Und nun
ging es durch die Stadt, vorerst dem nahen Broadway zu, wo ein eleganter Laden sich an den andern reiht, zahllose Omnibusse und glänzende Equipagen rasseln, eine massenhafte Flut mehr oder
minder eleganter Spaziergänger hin und her wogt,

von der Battery und dem Park bis zum fashionablen Union=Place, und wo die New Yorker
Ladies ihre shopping- Ausflüge abhalten, das
heißt sich ihren Modewaaren=Musterungen unter-
ziehen.

Mr. Ralph Surrey hatte jetzt auch Augen und
Worte für die beiden Herren und zeigte und erklärte tausend echt yankeeische Dinge. Die guten
Wiener aber starrten fast verblüfft auf die Häuser,
von denen man vor lauter riesigen Schildern bis
unter's Dach nichts sah, auf die eleganten Keller,
wo stattliche Hummern und Austern lockten, auf
die zehn Fuß langen Plakate mit zwei Fuß großen
Buchstaben, auf die phantastisch gekleideten Männer, die mit auf Stangen befestigten papierenen
Ankündigungen als wandernde Reklamen einhertrabten, auf die meist mit Wachstuchkappen und
Jacken bekleideten Rowdies, Schortboys und Loa-
fers, dieses verwegene Gesindel, das gewöhnlich
an den Straßenecken umherlungert und Nachts
zu Allem fähig ist, selbst zum Morden, auf Bar-
num's an der Ecke der Annastraße gelegenes Mu-
seum, dessen Fronte mit riesigen Thierbildern be-
malt und mit Fahnen besteckt war, und von dessen
Balkon Abends elektrische Sonnen herniederblitzten,
auf das Marmorrathhaus im Park, und endlich
von der luftigen Battery aus auf den Hafen, das
Gewirre der Seeschiffe, die majestätische, glitzernde

Bay, die Inselchen, auf Brooklyn und die jen=
seitigen reizenden, mit Villen und Holzungen ge=
schmückten Ufer.

„Wahrhaftig, man merkt hier nichts von dem
verheerenden Kriege!" rief Huber, als die kleine
Gesellschaft nun wieder in das Gewühl des Broad=
way einlenkte, um endlich die Einkäufe zu be=
sorgen.

Da wies Mr. Surrey wehmüthig lächelnd auf
manche Gestalten, die hier und dort, oft in faden=
scheiniger blauer Uniform, bleich und ernst einher=
hinkten, und die unsere Wiener in ihrer Schau=
luft übersehen hatten.

Und siehe da, nun zog auch ein Regiment
Freiwilliger mit klingendem Spiele und unter be=
geisterten Zurufen des Volkes vorüber.

„Die marschiren nach Virginia, zur Potomac=
armee!" bemerkte Mr. Surrey ernst. — „Und viel=
leicht morgen schon bin auch ich auf der Reise
nach den Rebellenstaaten, ein gefährliches Unter=
nehmen zu wagen, zu dem mich, wenn auch nicht
der Patriotismus, doch mein Herz unabweislich
treibt!"

Fünftes Kapitel.

Ein kühnes Unternehmen.

Rosa blickte theilnehmend und jetzt ohne Koketterie auf den jungen Amerikaner, denn dieser
hatte einen Ton angeschlagen, der keineswegs zu
seinen sonst so stutzerhaften Manieren paßte. Es
war der Ausdruck von Schmerz und Energie, das
sich verrathende tiefe Gefühl eines charaktervollen
Mannes, was sie nun an Mr. Surrey interessirte.

„Sie werden gegen die Konföderirten kämpfen?"
fragte sie lebhaft.

„Nein, Miß!" antwortete Surrey. — „Ich habe
mich einer viel gefahrvolleren Aufgabe zu unter-
ziehen. — Doch hier ist nicht der Ort, davon zu
reden. Besorgen wir die Einkäufe, wenn es Ihnen
jetzt gefällig ist."

„Er muß vielleicht als Spion nach dem Süden!" flüsterte Gruber erregt dem Reisegefährten

ins Ohr. „Dann — dann ist auch dieser kein
Mann für uns!"

„Dummes Zeug!" versetzte Huber ebenfalls flü=
sternd. „Der sieht nicht wie ein Spion aus!"

„Freilich, Du bist ein großer Menschenkenner!"
höhnte der Gefährte.

Die beiden Freunde trabten grollend neben
einander weiter. Ihr Groll sollte sich aber bald
in eine Art Verzweiflung verwandeln. Man ging
von Laden zu Laden, und nun ward freilich un=
seren guten Wienern klar, daß man den Krieg
auch im glänzenden New York empfindlich verspüre.

Welche Preise!

„Ein gewöhnlicher Tuchrock nach österreichischem
Gelde neunzig Gulden!" schrie Gruber entsetzt.

„Ein leinenes Taschentuch mehr als zwei Gul=
den!" lispelte Rosa betroffen. „Dafür hat man
in Wien ein ganzes Dutzend!"

Und so ging es fort in Allem und Allem.

„O Gott, dieser Maier, dieses Kind sehr guter
Leute von der Wieden, dieser Hallunke!" stöhnte
Alt=Wien. — „Ich werde meine halbe Erbschaft
in Kleider und Wäsche anlegen müssen!"

Doch was half es, man mußte zahlen, man
mußte Alles anschaffen, bis zum geringfügigsten
Toilettengegenstand, und neue Koffer obendrein, —
man hatte ja den Yankees gegenüber das wohl=
habende Wien zu repräsentiren. Zum Glück hatte

das in Bremen eingewechselte Gold einen fabel=
haften Cours in den Vereinigten Staaten, wo
man nichts anderes sah, als Papiergeld, wie im
lieben Oesterreich.

So zahlte man denn, überließ es den Kauf=
leuten, alle diese theuren Dinge nach dem Boar=
dinghouse zu besorgen, und wanderte weiter.

Wo findet ein niedergeschmettertes Wiener Ge=
müth am sichersten Trost? Im Wirthshause.

Man war so glücklich, in einem weniger ele=
ganten Stadttheile einen deutschen Biersalon zu
entdecken. Aber dort wütheten zeitig schon schwarze
Musikanten, sogenannte minstrels, und sangen,
oder kreischten eigentlich, entsetzliche Negerlieder.

„Wären solche schwarze Kerle nicht auf der
Welt,“ murmelte Gruber zornig bei seinem Bier,
„wir hätten uns um die Hälfte billiger aus=
rüsten können! Der Henker hole die Gleichberech=
tigung!

„Still! man wird' Dich für einen Konföde=
rirten halten und einsperren!“ rief der kleine Fort=
schrittsmann lachend, denn sein leichter Wiener
Sinn hatte ihn schon wieder über alle ernste Be=
denken hinweggesetzt.

Und wie er nun gesprochen, da trat der schwarze
Absammler zu dem Verächter der Gleichberechti=
gung. Gruber schob dem Manne grollend einige
Cents hin.

Doch wie? In welcher Sprache dankte der Ab=
sammler? Das klang wie krzplzpkſtrſpdrzhwtſchek!

„Iſt das die Sprache der Neger?" radebrechte
der verblüffte Gruber auf Engliſch.

„Nein," antwortete der ſchwarze Abſammler
grinſend und in jenem Deutſch, das den Lehrbuben
Wiens ſo geläufig zu ſein pflegt, „bin ich Böhm,
wie Andres unſrige, was ſich haben angeſtrichen
ſchwarz und aufgeſetzt Perrücken!"

Und der wackere Czaslau=Neger ſchlurfte kratz=
füßelnd weiter.

Dieſe unerwartete Antwort war von ſchlagen=
der Wirkung. Selbſt der Rückſchrittsmann mußte
lächeln. Nur Einer blieb ernſt und ſtill, — Mr.
Surrey. Roſa entdeckte bald in ſeinem Blicke jenes
melancholiſche Aufflackern, das ſchon auf dem
Wege zu den Kaufläden ihre regſte Theilnahme
erweckt hatte. Sie bezähmte ihre angeborene Schalk=
haftigkeit.

Die böhmiſchen Neger machten eine Pauſe,
Roſa benutzte dieſelbe. Sie wendete ſich an den
jungen Mann.

„Sie ſind verſtimmt, Sir," ſagte ſie, „Sie
denken an Ihre Abreiſe, Sie ſcheiden ungern von
New York?"

Surrey lächelte wehmüthig.

„Ich wüßte nicht, was mich hier ſo ſehr feſſeln
ſollte!" entgegnete er. „Ich habe hier weder Ver=

wandte, noch betreibe ich ein Geschäft. Wäre ich
noch im Stande, meinem Vaterlande dienen zu kön=
nen, ich thäte es mit Freuden, ich wäre längst
fort von hier," setzte er lebhaft hinzu, indem seine
Augen blitzten, „aber leider erhielt ich vor zwei
Jahren, als Freiwilliger, während unseres ersten
und unglücklichen Kampfes bei Bull Run eine
Verwundung, die in ihren Folgen nicht gefährlich
für mich ward, mich aber dennoch für die Stra=
pazen eines Lagerlebens untauglich macht. Sie
irren, Miß, wenn Sie wähnen, daß mich meine
baldige Abreise von New York betrübe. Ich dachte
an das einzige Wesen, das mir von meiner Fa=
milie übrig geblieben, — an meine Schwester!"

„Ah, so wohnt Ihre Schwester fern von New
York?" bemerkte Rosa, während ihr Vater und
sein Freund aufmerksam zuhörten.

„Ja," antwortete Surrey, „und aus diesem
Grunde fanden Sie mich auch in der Geselligkeit
eines Boardinghouse, obwohl meine Vermögens=
umstände es gestatten würden, auf einer eigenen
Besitzung zu leben. Meine Schwester aber befindet
sich seit vier Jahren in Virginia, wo das Haupt=
quartier der Rebellen ist und unsere Potomac=Armee
lagert. Wenn ich Ihnen vorher auf dem Broad=
way andeutete, Miß, daß mein Herz mich treibe,
ein höchst gefahrvolles Unternehmen zu wagen, so
wollte ich damit sagen, daß ich fest entschlossen

bin, in nächster Zeit Alles daran zu setzen, meine Schwester aus einer ohne Zweifel unheilvollen Lage zu erretten!"

Huber richtete auf seinen reaktionären Freund einen triumphirenden Blick, der zu sagen schien: Siehst Du wohl, daß er kein Spion ist? Verhöhne nur meine Menschenkenntniß!

Rosa aber, das gutherzige, schöne Mädchen, fühlte sich eigenthümlich bewegt.

„Wie," rief sie, „Ihre Schwester befindet sich in Gefahr? Sie lebt vielleicht gar mitten unter den Feinden der Union?"

„Ja, Miß," erwiederte Surrey ernst, „unter den Konföderirten. Mein Vater starb ungefähr zwei Jahre vor dem Ausbruche des unseligen Bürgerkrieges. Er hinterließ mir und meiner Schwester ein ziemlich beträchtliches Vermögen und unter Anderem eine bedeutende Plantage am Jamesflusse, die ein Bruder unserer längst verstorbenen Mutter verwaltete. Diese stammte aus Virginia, und mein Onkel, selber ein kleiner Pflanzer, hatte einst nur ungern in ihre Verbindung mit meinem Vater gewilligt. Wenige Tage nach dem Ableben des Vaters erschien Onkel Skarlet in New York, erwirkte sich die Vormundschaft über die vierzehnjährige Mary und führte sie nach der Besitzung, die er seither verwaltet hatte und die im Testamente meiner Schwester zugeschrieben war. Ich

erklärte mich damals mit der Ueberſiedelung
Mary's nach Virginia einverſtanden; ich war ein
junger, leichtfertiger Menſch, die Schweſter, ein
halbes Kind, wäre mir — ich geſtehe es mit Be=
dauern — ein wenig zur Laſt und keineswegs bei
mir in der beſten Obhut geweſen! Leider hatte ich
keine Ahnung, daß nicht verwandtſchaftliche Nei=
gung, ſondern Habgier und eine unwürdige Spe=
kulation die Triebfedern der Handlungsweiſe meines
Onkels geweſen waren, — er hatte die ſanfte, rei=
zende Mary nach Virginia gelockt, ſie ſeiner Bot=
mäßigkeit völlig zu unterwerfen, ſie zu einem wil=
lenloſen Geſchöpfe zu erziehen, um über ſie, haupt=
ſächlich aber über ihr Vermögen nach Willkür ver=
fügen zu können!"

„Das iſt ſchändlich!" murmelte Roſa entrüſtet.
„Und Sie erfuhren das erſt jetzt?"

„Erſt vor wenigen Tagen ward mir völlige
Kenntniß von der peinvollen Lage meiner Schwe=
ſter!" erwiederte Surrey. „Würde ich ſonſt nicht
längſt den Verſuch gemacht haben, ſie aus den
Händen meines Onkels zu entfernen? Vor dem
Ausbruche des Krieges wäre das leichter geweſen,
jetzt wird das ein tollkühnes Unternehmen ſein!"

Surrey ſtarrte einige Augenblicke düſter ſinnend
vor ſich hin.

Nicht allein Roſa nahm lebhaftes Intereſſe an
den Mittheilungen Surrey's, ſondern auch unſer

kleine Tourist und Gruber, wenngleich der Letz=
tere nur die Hälfte von dem verstanden, was der
junge Amerikaner erzählt hatte.

„Wie ist es aber möglich,“ rief der dicke Fort=
schrittsmann eifrig — „daß Sie nicht früher von
den egoistischen Plänen Ihres Onkels Kenntniß
erlangten?“

„Bald nach dem Tode meines Vaters ging ich
auf Reisen,“ versetzte Surrey — „besuchte Europa
und den Orient. In nahezu zwei Jahren erhielt
ich von der Schwester nur einen Brief, sie hätte
ohnehin keine lebhafte Correspondenz mit mir un=
terhalten können, denn ich verweilte nirgend lange
genug, daß mich Nachrichten von ihr mit Sicher=
heit hätten treffen können. Und als ich endlich
nach New York zurückkehrte, da wurden die Feind=
seligkeiten zwischen dem Süden und unserem Nor=
den eröffnet, da blieb mir keine Zeit, die Schwe=
ster aufzusuchen. Ich weihte mich voll Begeisterung
der Sache der Union und trat endlich als Frei=
williger in die neugeschaffene Miliz=Armee.“

„Aber Sie hatten doch seit Ihrer Rückkunft von
Europa mit der Schwester Briefe ausgetauscht?“
fragte Rosa.

„Ja, Miß, aber damals kamen von Mary
keine Klagen. Sie schrieb, daß sie sich in der klei=
nen Familie des Onkels glücklich fühle; aber ich
möchte jetzt fast behaupten, daß ihr jene Briefe

diktirt wurden, denn sie waren in gezwungenen
Ausdrücken abgefaßt. Später hörte die Corres=
pondenz auf, da nach Beginn des Krieges jede
Communication zwischen dem Norden und Süden
aufgehoben ward."

„Und Ihr Onkel gehört zu der feudalen,
aristokratischen Secessionisten = Partei?" forschte
Huber.

„Mit Leib und Seele, Sir!" war die Ant=
wort. — „Er haßte stets die Yankees, ich sagte
Ihnen zuvor, daß die Verbindung seiner Schwe=
ster mit meinem Vater ihm ein Dorn im Auge
gewesen."

„Aber wie erfuhren Sie schlimme Nachrichten
über Ihre Schwester?" fragte Rosa gespannt und
fast ungeduldig.

„Vor Kurzem," entgegnete Surrey — „wech=
selten die Rebellen und die Union einige Kriegs=
gefangene aus. Unsere entlassenen Offiziere kamen
aus der Gegend, in der sich die vom Onkel ver=
waltete Pflanzung befindet. Einer dieser Offiziere,
ein Bekannter meines seligen Vaters, suchte mich
hier auf, er brachte mir ein Schreiben Marys,
das sie Gelegenheit gefunden, ihm heimlich zuzu=
stecken. Dieses Schreiben öffnete mir die Augen.
Mary schrieb, daß sie furchtbare Seelenqualen
erdulde, daß der Onkel sie zwingen wolle, seinen
einzigen Sohn zu heiraten, den sie wegen seines

heimtückischen Characters und seiner Grausamkeit
gegen die armen Schwarzen verachte. Sie schrieb,
daß sie gewissermaßen von Skarlet und seiner Frau
auf der Plantage gefangen gehalten werde und
daß dieses Alles von Seiten der schlechten Verwandten nur geschehe, die werthvolle Besitzung an
sich zu reißen. Sie hoffe, schrieb sie mir ferner,
mit bebendem Herzen auf die Siege der Unsrigen,
denn sie sei noch immer die seit frühester Kindheit
nach den Grundsätzen der Union erzogene freiden-
kende Tochter des Nordens, welche das Sclaven-
thum verabscheue. Sie leistete mir schließlich den
Schwur, eher sterben zu wollen, als sich den
nichtswürdigen Plänen jener Menschen zu fügen,
die sie umgeben und jetzt gleich einer Sclavin
halten."

„Und sie hofft," unterbrach Rosa, deren Wangen sich rötheten, den Erzähler lebhaft —. „daß
Sie zu ihrer Befreiung beizutragen im Staude
seien?"

„Wie kann sie das hoffen?" versetzte Surrey.
— „Weiß sie doch, daß die große Armee der Con-
föderirten uns von einander trennt, daß ganz
Virginia südlich vom Rappahannock von Confö-
derirtenschaaren durchstreift wird. Und dennoch
werde ich meine Schwester befreien! Mag die
Plantage in die Hände des rebellischen Onkels
fallen, — er wird sich ohnehin nicht lange ihres

Beſitzes erfreuen, ſo hoffe ich zu Gott, — aber
das Glück, die ganze Zukunft meiner armen
Schweſter ſoll dieſe elende Sippſchaft nicht zerſtö=
ren. An den Worten, die Mary ſchrieb, erkenne
ich, daß ſie eine echte Surrey iſt, voll Energie
und Ausdauer. Auch ich werde mich dieſes Na=
mens würdig zeigen!"

Der junge Mann blickte ſtolz und kühn auf.
Seine ſonſt faſt weibiſchen Züge hatten jetzt einen
eiſernen Ausdruck, es war nichts von einem zier=
lichen Dandy mehr an ihm.

Roſa ſah ihn bewundernd an, ihr Herz ſchlug
höher, ein ihr bisher unbekanntes Gefühl durch=
ſtrömte ſie. Wie ſchön war der junge Amerikaner
in ſeiner Energie!

Herr Gruber riß den breiten Mund auf.

„Wahrhaftig," murmelte er in ſich hinein, —
„es ſcheint, daß die Yankees auch noch an andere
Dinge denken, als an das Geldmachen."

„Und wie gedenken Sie ſo Unerhörtes zu vollbrin=
gen?" ſtammelte der kleine Fortſchrittsmann erregt.

„Ich werde übermorgen in der Lage ſein, New
York verlaſſen zu können, "war Surrey's entſchie=
dene Antwort, — „dann reiſe ich über Waſhington
direct zur Potomac=Armee. Dort werde ich jeden=
falls das Genaueſte über die Stellung der feind=
lichen Truppen erfahren. Ich werde dann in der
Tracht eines Farmers jener Gegend mit Vorſicht

dem Laufe des Rappahannock stromabwärts folgen, über den Fluß setzen und die detachirten Ab-
theilungen und Streifcorps der Rebellen umgehen.
Ich kenne die Richtung genau, die ich zur Plantage einzuschlagen habe. Mein gutes Glück und
kaltes Blut werden das Uebrige thun!"

„Das — das ist interessant, weiß Gott, interessant!" rief Huber.

„Edel und hochherzig!" flüsterte Rosa, indem
ihr flammender Blick beredt auf den schönen Zügen des jungen Mannes ruhte.

„Und wenn man Sie erwischt?" fragte Herr
Gruber unruhig.

„Dann werde ich erschossen!" antwortete Surrey kalt lächelnd. — „Aber fürchten Sie nichts,
wir Yankees unternehmen wohl das Gewagte, doch
nicht das Unmögliche!"

„Das ist abenteuerlich! Ich liebe das Abenteuerliche, Mr. Surrey!" lallte der korpulente Tourist begeistert. — „Sie sind ein braver Bruder,
sehr lobenswerth, ein wackerer Patriot, noch lo-
benswerther! Sie werden die Potomac-Armee
sehen, Gefahren sich aussetzen, — ach, wäre ich
noch jung —!"

„Herr des Himmels," stotterte Gruber, —
„Du möchtest doch wohl nicht gar, daß wir
an der Expedition des Mister Surrey Antheil
nähmen?"

„Nun, wenigstens bis zur Potomac=Armee könnten wir ihm das Geleite geben!" versetzte Fort= schritts=Wien lebhaft. — „Wenn man auf Reisen ist, dann muß man Alles sehen. Und hat man uns nicht schon von Vergnügungstouren zum Kriegsschauplatze gesprochen? Sehen sich nicht, wie es heißt, sehr respectable Leute das Ding dort an? Dein Doctor Botherwell kann erst in Wochen mit Dir abrechnen, hat er gesagt. Es wäre doch eine Schande, wenn wir in Amerika gewesen wären, ohne etwas vom Kriege gesehen zu haben!"

Rosa blickte freudig und eigenthümlich bewegt auf ihren Vater.

„Ja, Papa," rief sie in einer seltsamen Erregung — „reisen wir zur Armee, geben wir dem Mr. Surrey so weit wie möglich das Geleite!"

Der Amerikaner warf einen forschenden und zugleich innigen Blick auf die junge Wienerin, er sah sie unter diesem Blicke erröthen. Auch seine Wangen färbten sich plötzlich lebhafter. Fühlten zwei Herzen in diesem Augenblicke die gleiche Em= pfindung, jenes Gefühl, das oft so wundersam auflodert, — jenes Gefühl, das eine plötzlich auf= keimende Liebe verkündet? Der sonst so ruhige Amerikaner war jedenfalls einen Moment so gut verwirrt, wie die anmuthige Rosa. Ihr Vater aber klatschte freudig in die Hände.

„Wir reisen zum Kriegsschauplatze, wir begleiten Mr. Surrey, abgemacht!" rief er und überlärmte die Proteste des ängstlichen Gruber.

Und nun brach die kleine Gesellschaft auf, denn die Czaslau-Neger begannen wieder zu wüthen.

Surrey gab Rosa den Arm. Als sie auf die Straße traten, flüsterte er seiner holden Begleiterin zu: „Das Glück wird mir günstig sein, denn ein Engel begleitet mich beim Beginne meines Unternehmens!"

Surrey fühlte etwas wie einen zitternden Händedruck.

Sechstes Kapitel.

Zur Potomac-Armee.

Zwei Tage waren vergangen.

Auf dem Fährdampfer, der zwischen New York und dem gegenüberliegenden Jersey City verkehrt und den Hudson in etwa zehn Minuten durchkreuzt, herrschte schon in aller Frühe ein äußerst lebhaftes Treiben, denn das Boot war mit Reisenden beiderlei Geschlechtes überfüllt, welche den von Jersey City nach dem Süden abgehenden Frühtrain benutzen wollten.

Die Leute standen, saßen und drängten sich auf dem Verdeck der Fähre bunt durcheinander; da waren steife Touristen, behäbige Farmer, Neger, Ladies ohne und in Herrenbegleitung, Methodistengestalten, rührige Handelsagenten, blondköpfige Deutsche, abenteuerlich blickende Strolche, Auswanderer, vom Kopf bis zum Fuße in Grau gekleidete Quäker, zu ihren Regimentern zurückkeh-

rende Offiziere der Miliz sowohl, wie der regu=
lären Truppen.

Auch Huber, Gruber und Rosa finden wir
wieder als Touristen, doch diesesmal hat die kleine
Gesellschaft durch Ralph Surrey eine Verstärkung
erhalten.

So ward denn richtig ein Ausflug zur Poto=
mac=Armee unternommen. Der dicke Fortschritts=
mann hatte die Bedenken seines ängstlichen Freun=
des glücklich besiegt, Doctor Botherwell war von
Allem verständigt worden und hatte seinem Klienten
eine glückliche Reise gewünscht, nachdem er die
nöthigen Vollmachten erhalten, während der Ab=
wesenheit Gruber's die Angelegenheiten desselben
abwickeln zu können.

Der Rückschrittsmann blickte noch etwas zwei=
felhaft drein, aber er hatte sich doch schon so ziem=
lich in sein Schicksal ergeben, und er konnte nicht
leugnen, daß er während der zwei Tage seines
Aufenthaltes in New York doch Manches gesehen
und erfahren, das geeignet war, gewisse Vorur=
theile gründlich zu vernichten, die man in Europa
über die Sitten und Institutionen der Amerikaner
zu hegen pflegt. Er war sogar schon dahin ge=
langt, sich nicht mehr so absprechend wie ehedem
über das Yankeewesen auszudrücken, allerlei kleine
Charakterzüge, die er Gelegenheit gehabt hatte,
in der kurzen Zeit zu beobachten, führten ihn zu

seiner eigenen Ueberraschung mehr und mehr dahin,
eine gewisse Freude über das ruhige und stolze
Selbstbewußtsein, die schlichte, prunklose Umgangs=
weise, die geräuschlose Energie, die patriotische Be=
geisterung und den Gemeinsinn dieser so oft ver=
ketzerten Yankees zu empfinden, Alles Dinge, die
er in keinem anderen Staate so durch alle Schich=
ten der Bevölkerung, vom ärmsten bis zum reich=
sten Manne, verbreitet gesehen hatte. Vor Allem
aber konnte er schließlich seine Anerkennung einer
Nation nicht versagen, die trotz aller Freiheiten,
die sie genoß, sich die Achtung vor den Gesetzen
bewahrte, welche sie sich selber gegeben. Herr
Gruber war freilich noch lange kein Bekehrter —
wie hätte er das in einigen Tagen werden kön=
nen? — aber gewisse seiner Grundsätze hatten doch
bereits einen kleinen Stoß bekommen.

Aber auch unser Neu=Wiener war mit sich in
einen Konflikt gerathen. Er hatte an das Wesen
der Nordamerikaner und ihre republikanischen In=
stitutionen alle jene idealen Träumereien geknüpft,
mit denen sich europäische Vollblut=Demokraten
tragen, und war bei seinen ersten Schritten in der
Union gerade so enttäuscht und überrascht worden,
wie es die genannten Herren zu sein pflegen, wenn
sie das Volk der Vereinigten Staaten persönlich
kennen lernen. Das practische, besonnene, mate=
rielle Streben der Yankees erschien ihm nicht als

der wahre Ausdruck republikanischen Lebens, er
hatte geglaubt, man halte an jeder Straße ful-
minante Freiheitsreden und falle einander voll
Gleichheit und Brüderlichkeit tagtäglich um den
Hals. Er vergaß, daß man in der Union nicht
in deutschem Professorenliberalismus mache oder
die Devise des französischen Sansculottenthums
auf das Sternenbanner schreibe, daher verblüffte
ihn so Manches, worüber der Europäer erst nach
jahrelangem Aufenthalte in der Union zur klaren
Einsicht kommt. Herr Huber war daher nahe
daran, die eigentliche Freiheit der freiesten aller
Staaten anzuzweifeln.

Während er aber jetzt auf dem Verdecke des
Fährdampfers stand, glühte sein apfelrundes Ant-
litz freudig, — man dampfte ja zur Potomac-
Armee, man sollte ungewöhnliche Dinge sehen
und erleben, vielleicht gar, mit aller persönlichen
Sicherheit, eine Schlacht.

Auch Rosa scherzte und lachte, doch stahl sich
bisweilen ein besorgter Blick aus ihren reizenden
Augen zu Ralph Surrey hinüber, der sich neben
ihr befand.

Dieser hatte das Ansehen eines ruhigen, heiteren, entschlossenen Mannes, der gewohnt ist, in
keiner Lage des Lebens den Kopf zu verlieren; —
er war eben eine selbstbewußte, kühne und vorsichtige Yankeenatur. Er grübelte jetzt keinesfalls

mehr über die Gefahren und Hindernisse nach), die
zu besiegen er sich vorgenommen.

Der Dampfer erreichte Jersey City, man ge=
langte zum Bahnhofe und fuhr mit dem nächsten
Zuge gen Süden.

Eine humoristische Skizze hat nicht die Auf=
gabe, eine Reisebeschreibung zu liefern. Wir schil=
dern daher weder Philadelphia noch Washington,
welche Städte unsere Wiener Touristen, von Sur=
rey geleitet, flüchtig in Augenschein nahmen, auch
berühren wir nicht mit ihnen die vielen Städtchen
und Ortschaften, die an der Bahn liegen.

Von Washington aus ward die Reise auf
einem Potomacdampfboote fortgesetzt, alle für die
Armee bestimmten Transporte nahmen diesen Was=
sergang.

Bei dem kleinen Orte Aquiacreek wurden end=
lich unsere Touristen, die auf den Rath Surrey's
nur das unentbehrlichste Gepäck mitgenommen
hatten, an's Land gesetzt. Hier aber galt es, mit
einem Fuhrwerk weiter zu kommen; wie ließ sich
jedoch ein solches auftreiben, da die Armee alles
Derartige für ihre Bedürfnisse in Beschlag ge=
nommen?

Ein elender Karren mit einem darüber aus=
gespannten noch elenderen Leinwanddache fand sich
endlich, und die kleine Reisegesellschaft kroch dort
an einem trüben, regnerisch blickenden Tage hinein.

Alle waren guter Dinge, bis auf Herrn Gruber,
den mehr und mehr allerlei böse Ahnungen zu
foltern begannen.

Die Fahrstraßen in Virginien sind nichts weniger als gut, ein großer Theil des Landes hat
einen etwas verwahrlosten Charakter, buschbewach-
sene Strecken, Haidegegend, sandiges Hügelland,
Waldungen, die eigentlich nur aus Unterholz bestehen, sieht man, wohin man kommt. Das Land
ist größtentheils kein geeignetes Terrain für die
Bewegungen einer großen Armee, wenigstens haben
die kriegführenden Parteien sich dort nie so recht
wegen der Unwegsamkeit des sterilen Bodens ihrer
Artillerie bedienen können.

Unsere Reisenden mußten allerlei Foltern erdulden, sie hockten eng an einander gedrängt in
einem kleinen Raume beisammen, der Karren ruhte
selbstverständlich nicht auf Federn, ein Sturmwind
begann zu heulen, Regenschauer peitschten nieder,
das schadhafte Leinwanddach hielt bald nicht mehr
gegen das Unwetter Staub und ward zu einem
Siebe, das da und dort riesige Tropfen durchließ.
Das Fuhrwerk versank bald in die bisweilen tief-
ausgehöhlten Wagenspuren, bald schnellte es wieder an großen, im Wege liegenden Steinen heftig
empor, zu Zeiten neigte es sich so gefahrdrohend
auf die eine oder andere Seite, daß jeden Augenblick ein Umschlagen befürchtet werden mußte und

die armen, bereits durchnäßten Paffagiere fich ge=
nöthigt ' fahen, einander unfreiwillig um- den
Hals zu fallen. Dazu kam noch, daß die Fahrt
fchon deshalb nur langfam vor fich gehen konnte,
weil ein einziger, lungenfüchtiger Gaul, an
dem man alle Rippen zählen kounte, den Kar=
ren zog.

Nur für zwei Perfonen der kleinen Reifege=
fellfchaft fchien diefe troftlofe Fahrt gewiffe Annehm=
lichkeiten zu haben, und diefe Perfonen waren
Rofa und Mr. Surrey. Durch das energifche
Rütteln des Fuhrwerkes kamen fie öfter mit ein=
ander in unmittelbare Berührung, als diefes wohl
unter anderen Umftänden würde der Fall gewefen
fein, es hatte fogar den Anfchein, als ob Rofa,
die neben dem jungen Amerikaner faß, fich
bisweilen mehr als nöthig gewefen wäre, bei
gefährlichen Stellen des Weges an den lie=
benswürdigen Mr. Surrey anklammere. Wer
hätte diefes aber dem fchönen Kinde verdenken
mögen? Ift das fchwache Gefchlecht nicht oftmals
da fchon ängftlich, wo der Mann keinen Anlaß
zur Beforgniß fieht? Was nun die reizende Wie=
nerin auch immer empfunden haben möge, fo viel
ftand feft, daß ihre zierliche Hand, vielleicht zufäl=
lig, faft beftändig in derjenigen Surrey's ruhte,
der keineswegs dadurch beläftigt zu fein fchien.
Jedenfalls führten fie die Strapazen, welche fie

gemeinschaftlich ausstanden, sehr rasch zu einer
gewissen Vertraulichkeit.

Die Freunde Huber und Gruber stritten auf
dem ganzen Wege. Der Erstere befand sich gerade
nicht in seiner gewöhnlichen rosigen Laune, aber
der Gedanke, daß er nun bald die Potomac-Armee sehen werde, schützte ihn doch auch vor Ent-
muthigung. Gruber aber, der wegen seiner dürren Leibesbeschaffenheit am meisten litt, gab sich
einer gelinden Wuth hin.

„Du hast immer verwünschte, excentrische Einfälle, Huber!" knurrte er. — „Und immer bringt
er es dahin, daß ich ihm seinen Willen thu'! Wir
könnten jetzt gemächlich im Boardinghouse sitzen
und meinethalben die abenteuerlichsten Kriegsbe-
richte lesen. — O weh! — Ich komme mir schon
wie eine Kaffeebohne vor, die beim Brennen in
der Trommel um und um geschleudert wird. O
weh!"

Herr Gruber hatte kaum vollendet, als ein
heftiger Stoß des Karrens die Köpfe der beiden
Freunde gegen einander schmetterte. Rosa kam
dabei fast auf den Schooß des Mr. Surrey zu
sitzen. Wir wissen nicht, wie es kam, daß sie nicht
sofort wieder ihren rechtmäßigen Platz fand.

Die Fahrt nahm unter so bewandten Umständen ihren Verlauf; es hörte freilich auf zu reg-
nen, der Himmel erhielt allmälig sein anmuthiges

Blau wieder, aber die Terrainschwierigkeiten häuf-
ten sich. Dazu kam noch, daß zahllose andere
Fuhrwerke der verschiedensten Art zwischen Aquiacreek und dem Lager der Unionisten verkehrten,
daß man bald auf dem unebenen Boden ausweis-
chen, bald eine Stunde fast auf einer Stelle harren mußte, bis irgend ein weiter vorn den Weg
versperrender Wagen, dessen Achse gebrochen, wieder
einigermaßen zur Weiterfahrt in Stand gesetzt
worden.

Aber wie alles Ungemach der Welt doch einmal ein Ende nimmt, so war das auch hier der
Fall. Denn als man endlich gegen Abend ein
kleines Dorf erreichte, dessen Hütten etwas zerstreut
umher lagen, da wendete sich der kutschirende
Eigenthümer des Karrens, ein kleiner, grobknochiger
Virginiamann, zu seinen halbgeräderten Passagieren um und sagte: „So, Gentlemen, hier müssen
wir bleiben, denn eine halbe Stunde hinter dem
Orte beginnt das Lager!"

„Wie?" rief Huber, ein wenig enttäuscht. —
„Wir können also nicht direkt bis zu den Zelten
der Armee fahren?"

„Die Vorposten würden unser Fuhrwerk nicht
durchlassen, Sir!" war die Antwort. — „Und wo
wollten Sie die Nacht zubringen? Haben Sie
Freunde in der Armee, Sir?"

„Teufel, das ist wahr," murmelte der dicke Tou-

rift — „in einem Lager gibt es keine Zelthotels!
Also bleiben wir hier und statten wir den Herren
Unionisten morgen in aller Frühe unseren Be=
such ab!"

Die kleine Reisegesellschaft kroch unter dem
Leinwanddache hervor und verließ den Karren.

Aber da war guter Rath theuer. Wohin sich
wenden? In und neben dem Dorfe thürmte sich
eine förmliche Wagenburg auf. Ueberall wimmelte
es von Menschen.

„Diese kleinen schmutzigen Häuser," rief Huber
umherblinzelnd — „werden sämmtlich überfüllt
sein!"

„Sehr wahrscheinlich, Sir!" versetzte der Vir=
giniamann trocken. — „Die Leute, die nicht
unterkommen können, pflegen auf ihren Wagen
zu schlafen, oder auf dem Feld, darnach die Wit=
terung ist!"

„Verwünscht! Warum sagtet Ihr das nicht
schon, bevor wir von Eurem Neste abfuhren!"
radebrechte Gruber mühsam und ingrimmig in
seinem unglücklichen Englisch. — „Ich wäre, bei
Gott, in Aquiacreek geblieben! Die Felder sind
naß, die Wagenpolster durchnäßt, — hol' der
Henker Deine Ueberspanntheiten, Huber!"

Der dicke Tourist erhielt durch die klägliche
Miene seines Leidensgefährten seinen sorglosen
Wiener Humor wieder. Er lachte hell auf.

„Ei was," rief er — „da wir mit frischem
Muth auf Abenteuer ausgezogen sind, so müssen
wir auch alle kleinen Leiden von der luftigen
Seite nehmen! Und wenn wir auch in einer
Scheune auf Stroh schlafen sollten, so darf uns
das jetzt nicht geniren!"

Und es kam richtig für Alle so, bis auf die
schöne Rosa. Nach einer langen Wanderung durch
den Ort, erlangte man ein winziges Kämmerchen
für die „Miß," die Herren aber wurden in der
Baracke auf einen schmalen Heuboden verwiesen,
durch dessen morsche Bretterwände der mehr als
frische Abendwind pfiff.

„Komme mir nur jemals wieder mit derglei=
chen Unternehmungen!" brummte Gruber den la=
chenden Freund an.

In einer Weise wurden unsere Touristen in=
dessen gut versorgt, — Essen und Trinken gab
es gegen theure Preise genug, hatte doch eine
ganze Karavane von Fuhrwerken, die mit allen
nur erdenklichen guten und schlechten Dingen für
die Armee beladen waren, im Dörfchen Halt ge=
macht.

Und als nun in der kleinen dürftigen Wohn=
stube des Bauernhäuschens Schinken, Brod und eine
etwas schwächliche Punschessenz auf dem wackligen
Tische prangten, da vergaß man die Leiden der
Fahrt — Surrey und Rosa wußten ohnehin nicht

viel davon zu sagen — da fühlte sich selbst Gruber mit seinem Schicksale einigermaßen ausge-
söhnt.

„Wahrhaftig,“ murmelte er — „es schmeckt
mir delikat! Wem aber würde nicht Alles in
der Welt schmecken, wenn er so umgerüttelt ward,
wie wir an diesem unglückseligsten aller Regen-
tage! — Müßte man nur nicht den Schinken mit
den Händen angreifen, und hätte man wenigstens
ein gutes Schwechater Lager —!“

„Dafür werden wir morgen das Lager der
Unionisten haben, Du Ungenügsamer!“ rief der
dicke Tourist lachend. — „Vergiß übrigens nicht,
mein Freund, daß in den Wirthshäusern unseres
civilisirten Praters Messer und Gabeln so gut zu
den Seltenheiten gehören, wie hier in Virginia.
Also nur nicht so zimperlich zugelangt! Was zu
Haufe geht, wird auch hier gehen!“

Siebentes Kapitel.

Ein unerwünschtes Abenteuer.

Die Nacht war schon ziemlich weit vorgerückt, es war nahezu elf Uhr.

Rosa hatte sich schon vor einer Stunde in ihr Kämmerchen begeben und schlummerte jedenfalls schon süß, vielleicht von der armen zu befreienden Mary oder — Surrey träumend.

Der junge Amerikaner war auch längst auf der Leiter zu dem Heuboden emporgeklettert, welcher den Herren zum etwas primitiven Schlafgemach und Boudoir angewiesen war.

Ob Surrey schlief oder ob er an die Gefahren dachte, die ihm bevorstanden, an die besten Mittel und Wege, seine Schwester den habgierigen secessionistischen Verwandten zu entreißen, das wissen wir nicht. Es gehörte auch wohl nicht zu den Unmöglichkeiten, daß er auf seinem einsamen Lager

im Geiste sein Begegnen mit der schönen Wienerin
durchging und sich bemühte, sich von dem eigen=
thümlichen Gefühle ein wenig Rechenschaft abzu=
legen, das ihn zu seiner anmuthigen neuen Be=
kanntschaft so unwiderstehlich hingezogen hatte.

Huber und sein Freund aber saßen noch immer
im Wohnstübchen der Bauernhütte, an dem alten
wackligen Tische. Sie hätten müssen keine Wiener
sein, wenn sie mit einer „kurzen Sitzung" zufrieden
gewesen wären. Selbst Gruber, seither stets ein
so konservativer, ehrbarer Mann und keineswegs
ein loses Kneipgenie, verleugnete doch niemals
seine österreichische Abkunft, wenn es sich um das
Wirthshaus handelte.

Der Punsch, so schwächlich er auch war, hatte
doch schließlich seine Schuldigkeit gethan, nachdem
er in leidlichen Massen vertilgt worden war; —
die Angesichter beider Herren glühten recht lebhaft,
und es ließ sich daraus schließen, daß sie sich gerade
in jener Stimmung befinden mußten, welche eine
gewisse Behaglichkeit durch den Menschen verbreitet
und selbst dem Unentschlossensten und Zaghaftesten
eine Art Spannkraft und Unternehmungslust mo=
mentan verleiht.

Huber leerte sein Glas und blickte den Freund
fragend an, der ebenfalls keinen Tropfen mehr im
Glase hatte.

„Trinken wir noch?" fragte er lächelnd.

„Ich nicht!" war die Antwort. „Mir ist heiß!"

„Mir auch! In dem verwünschten Heu wird uns noch heißer werden!"

„Das habe ich längst gedacht."

„Haſt Du Schlaf?"

„Fällt mir nicht ein!"

„Am liebſten möchte ich hier ſo bis zum Morgen ſitzen bleiben."

„Dann können wir uns morgen nicht rühren, — bedenk', — die Rippenſtöße während der Fahrt, — eine durchwachte Nacht —!"

„Aber der Heuboden —!"

„Hol' ihn der Henker!"

„So gehen wir wenigſtens zur Abkühlung ein wenig vor das Haus. Der Wind hat nachgelaſſen, die Nacht wird ſchön ſein."

„Haſt recht! Aber der Wirth und ſein Volk ſchnarchen nebenan wie die Dachſe. Sie werden das Haus verrammelt haben."

„Ei was, wir kommen ſchon hinaus!"

Der kleine dicke Touriſt erhob ſich, aber er ſchnellte etwas ſchwerfälliger empor als ſonſt. Auch Gruber richtete ſich ein wenig ſteif vom Stuhle auf.

Die Herren verließen das niedere, dumpfe Gemach. Sie hatten nur einen Schritt bis zur Hausthür, dieſe war unverſchloſſen, — vermuthlich gab es bei den Farmersleuten nichts zu ſtehlen.

Jetzt ſtanden die Wiener draußen im Freien.
Eine milde, ſammtweiche Luft wehte ſie an. Die
Nacht war ziemlich finſter, unzählige Sterne flimmerten am Firmamente. Da und dort fiel noch
rother Lichtſchein aus einigen Fenſtern, ſonſt war
das Dorf in Düſter getaucht. Die zahlloſen Wagen, welche auf der Straße und neben den angrenzenden Wieſen ſtanden, glichen ſchwarzen unförm-
lichen Maſſen, manche der Pferde, die keinen Stall
gefunden, waren zum Theil nur abgeſchirrt und
lagen oder ſtanden vor den Fuhrwerken. Dann
und wann bewegte ſich zwiſchen den Karren und
Transportwagen eine ſchattengleiche Geſtalt, —
der Wächter, den die Fuhrleute beſtellt hatten.
Vom fernen Wirthshauſe tönte Geſang und Lärmen herüber, ſonſt war Alles ſtill.

„Komm,“ ſagte Huber, „wir haben nur etwa
zweihundert Schritte bis zu jenem Hügel hinter
dem Dorfe. Die Luft kühlt wohlthätig, gehen wir
dort hinauf, vielleicht ſehen wir die Bivouacfeuer
der Armee. Das muß ein impoſanter Anblick ſein,
denn das Lager dehnt ſich viele Meilen weit aus,
wie mir geſagt wurde.“

Neu-Wien ſetzte ſich ſogleich in Bewegung,
Alt-Wien folgte ohne Widerſtreben.

Die Herren ſchritten bedächtig kreuz und quer
zwiſchen den Fuhrwerken hindurch und verließen
das Dorf. Sie erreichten ohne große Anſtrengung

den Gipfel des sandigen, mit Haidekraut bewachse=
nen Hügels und blieben überrascht stehen.

Ueber Buschwerk hinwegschauend, erblickten sie
südlich von ihnen einen Theil des Zelt= und Hüt=
tenlagers der Unionisten. Aber diese Zeltstadt
dehnte sich jetzt grau und fast unkenntlich aus,
denn kein Licht durfte in so später Stunde dort
brennen, wo die luftigen Straßen derselben stan=
den. Nur von den aufflackernden Wachtfeuern der
Vorposten fiel dann und wann ein Schein auf
die nächsten Zeltreihen und beleuchtete vorüber=
gehend das Lager der Bürgersoldaten. Diese
Wachtfeuer aber schienen sich wie eine feurige Kette
in's Endlose hinzuziehen. Die Wiener Freunde
unterschieden dort deutlich sich hin und her bewe=
gende dunkle Gestalten.

Nicht gar zu weit hinter dem Lager, von dem
Hügel aus gesehen, zog sich ein düsterer Streifen
in Krümmungen durch die Landschaft.

„Das ist ein Fluß, das ist sicher der Rappa=
hannock!" murmelte Huber. — „Dann lagern ja
drüben, dort in jener Gegend, die wir nicht recht
unterscheiden können, die Konföderirten. Das ist
interessant! Und dort ungefähr wird Fredericksburg
liegen, das die Südstaatenmänner noch besetzt hal=
ten. Wahrhaftig, mir ist es so, als sähe ich da
eine Menge von Häusergiebeln!"

Der dicke Tourist wies auf eine schwärzliche

Masse, die in der Nähe der Hügel lag, von denen
der Horizont begrenzt war.

„Ach, das ist interessant!" fuhr er lebhaft plau=
dernd fort. — „Und wir haben wahrhaftig das
Lager der Yankees ganz in der Nähe! Höre, Gru=
ber, was meinst Du dazu, wenn wir zu den Bra=
ven hinunterstiegen, die ich dort an den Wacht=
feuern herumkrabbeln sehe?"

„Bist Du toll!" fuhr der Andere auf. „Bei
der Nacht? Siehst Du nicht, daß wir da durch
allerlei Buschwerk müßten?"

„Ach, Freund, mich kitzelt es so, den Tapferen
die Hand zu drücken und ihnen zu sagen, daß ich
für ihre Sache begeistert bin! Vielleicht, oder ganz
gewiß sind Deutsche dabei, Oesterreicher!"

„Rede nur nicht von amerikanischen Oesterrei=
chern!" brummte Gruber heftig. „Denk' an unsere
Koffer! — Und dann —"

„Und dann — und dann —! Herzens=Gruber,
ich bin in meinem Leben nicht an einem Wacht=
feuer gesessen, Du auch nicht! Denke Dir, Alles
das improvisirt, auf eigene Faust unternommen,
— höchst interessant! Die kleinen Büsche da wer=
den uns auch kein erhebliches Hinderniß in den
Weg setzen!"

„Aber —"

„Du wirst Dich doch nicht fürchten?"

„Ich mich fürchten? Was glaubst Du?!"

Der hagere Gruber streckte sich hoch empor. Der reichlich genossene Punsch hatte eine kleine Wandlung in dem ehrbaren Herrn zuwege gebracht.

Und der genossene Punsch ward auch der Verbündete Huber's, als dieser nun seine ganze Ueberredungskunst aufbot, den Freund für sein Unternehmen zu gewinnen.

„Gehst Du nicht, so geh' ich allein! Es ist ja keine Gefahr dabei!" war das Schlußwort Fortschritt-Wiens.

„Nun denn, es sei!" knurrte Gruber. „Lieber an ein Wachtfeuer, als auf den Heuboden!"

Die Freunde schritten den Hügel hinunter. Sie erreichten die Gebüsche und arbeiteten sich eine Zeit lang durch dieselben hindurch.

„Dort ist ein breiter Pfad!" frohlockte Huber.

Er und Freund Gruber entwanden sich dem Gestrüppe und traten auf einen geebneten Weg hinaus.

Kaum aber war dieses geschehen, als ihnen ein donnerndes „Halt! Wer da?" in gutem Englisch entgegenschallte.

Die ehrlichen Wiener wollten entsetzt zurückweichen. Da sahen sie im Sternenlichte blinkende Gewehrläufe auf sich gerichtet. Im nächsten Augenblicke wurden sie gepackt, von einem halben Dutzend Soldaten umringt.

„Was schleicht Ihr dort herum?" schrie einer
der Männer. „Das ist verdächtig!"

„Das sind Spione, hol' mich der Teufel!"
brüllte ein Anderer. „Vorwärts, Ihr Schufte!
Man wird Euch kurzen Prozeß machen. Morgen
um diese Stunde seid Ihr gehenkt!"

Huber und Gruber stießen einen Schrei hervor.

Noch bevor sie in ihrem Entsetzen Worte finden konnten, fühlten sie sich am Kragen den Pfad
hinabgeschleppt und gestoßen.

Als der erste Schrecken vorüber war, da begannen unsre Wiener sich auf's Protestiren zu legen,
das heißt, zu einem zusammenhängenden Proteste
brachte es eigentlich nur Fortschritt-Wien, denn
Gruber's schwache Kenntniß der englischen Sprache
kam durch seine Angst auf noch schwächere Füße
zu stehen. Aus abgerissenen, unverständlichen Worten und einer Flut von O's und Ach's bestand
seine ganze Rechtfertigung.

Wie aber auch Huber seine und des Gefährten
Schuldlosigkeit betheuern mochte, die Männer der
Streifpatrouille glaubten ihm nicht. Es waren
eifrige Bürgermilizen eines erst kürzlich zum Heere
gestoßenen Massachusets-Regimentes, und sie brann-
ten vor Begier, sich schon als Neulinge bei ihrer
Division hervorzuthun. Der Fang zweier Männer, die ihnen verdächtig erschienen, war für sie
wahrhaftig keine kleine Sache, es war ihnen um

eine etwaige Aufklärung eines Mißverständnisses
weniger zu thun, als um den unzweideutigen Be=
weis ihrer Wachsamkeit und Pflichterfüllung, daher
überschrieen sie den kleinen korpulenten Touristen
und traten mit so vielem Spektakel wie möglich
ihren Marsch zum Lager an, damit noch in selber
Nacht womöglich die ganze bivouakirende Division
von ihrer glorreichen That Kenntniß erhalte.
Nicht viel fehlte daran, so hätte einer dieser dienst=
eifrigen Rekruten sein Gewehr abgefeuert und da=
durch jedenfalls das ganze Hüttenlager allarmirt.

Die armen Wiener trabten keuchend und stol=
pernd durch die Nacht, das Pflichtgefühl der wacke=
ren Söhne Massachusets' ersparte ihnen keineswegs
diverse Rippen= und Kolbenstöße, und diese kerni=
gen Püffe trafen ihre unschuldsvolle Persönlichkeit
um so empfindlicher, als diese schon bedeutend
durch die jämmerliche Fahrt von Aquiacreek war
mitgenommen worden.

Jetzt ging es, nach den üblichen Formalitäten bei
der Vorpostenlinie, an den Wachtfeuern vorüber.

O Ironie des Schicksals! denselben Männern,
denen in aller Wiener Gutherzigkeit die Hand zu
drücken sie noch vor einer Viertelstunde die Absicht
gehegt, erschienen sie jetzt als gefährliche Subjekte,
als eingefangene Spione der Konföderirten, als
Abgesandte der Verfechter eines empörenden Skla=
venthums.

Fortschritts-Huber gerieth besonders über diesen
Gedanken in helle Verzweiflung. Er wollte auch
gegen die Wachtfeuer hin protestiren, man lachte,
höhnte und stieß ihn weiter.

Den Vergnügungszüglern rann der Schweiß
von der Stirn. Das war nun freilich ein Einzug
ins Lager, aber welch ein Einzug!

Traurig trabten sie durch die Zeltreihen, vorn,
hinten und an den Seiten ihre angenehmen Begleiter, bis zu der Baracke des Obersten. Dort
wurden sie nicht vorgelassen und zum Zelte des
Profosen gewiesen; es hieß, am folgenden Morgen
sei es auch noch Zeit, die Gefangenen zu verhören.

Beim Profosen fanden sie Einlaß. Der genannte Herr taumelte halb angekleidet und schlaftrunken vom Feldbette auf, er verstand nicht, oder
wollte nicht die Deklamationen Hubers und die
O's und Ach's seines Freundes verstehen; mit
zwei Worten wurde ihnen Stillschweigen geboten.
Man fesselte die beiden zitternden Leidensgefährten
und führte sie zu einem kleinen Zelte, dort wurden ihnen zwei Mann mit geladenen Gewehren
beigegeben, ein dritter erhielt die Ordre, vor dem
Zelte auf und ab zu spazieren.

Huber und Gruber sanken auf einen harten
Pfühl nieder, dort hockten sie bei einander, denn
sie waren auch an einander gefesselt, und flüsterten
kläglich.

„Da haben wir es nun, gefangen, in Ketten!"
stöhnte Gruber. „O Gott, hätte ich nur den Heu=
boden aufgesucht, wäre ich in Aquiacreek geblieben,
in New York, oder — oder überhaupt in Wien!"

„Es ist schändlich!" murmelte Huber! „Die
Satanskerle thaten gerade so, als rede ich griechisch
mit ihnen, und mein Englisch ist doch verständlich
genug! Verfährt man denn hier im freien Amerika
gerade so mit den Leuten, wie in den absolutisti=
schen Staaten Europas?!"

„Und Alles habe ich Dir zu verdanken, Dir,
Du Unglücks=Huber, Du Phantast!" fuhr Gruber
trostlos fort.

„Still, Freund, still!" beschwichtigte der An=
dere, sich fassend. „Unsere allerdings fatale Lage
kann nur bis zum Morgen währen! Wir werden
ja beweisen können, daß wir die harmlosesten Men=
schen von der Welt sind, daß wir in unserem
ganzen Leben noch keine Konföderirten gesehen
haben, außer in der Leipziger Illustrirten, daß
wir erst vor einigen Tagen den Fuß auf ameri=
kanischen Boden setzten, wir können das ja bewei=
sen, unumstößlich, — Du hast ja doch jedenfalls
Deinen Paß bei Dir!"

Der hagere Gruber fuhr zusammen, als habe
ihn eine Schlange gestochen.

„Wie?" stammelte er. „Meinen Paß?"
„Nun ja doch —!"

12*

„Der — der steckt in meiner Rocktasche —!
Aber Deiner —?"

„Den hat Rosa aufbewahrt!"

„Allmächtiger Himmel!"

„Da schlage das Kreuzdonnerwetter drein!"

„O Gott, wenn wir nicht beweisen können,
wer wir sind, und wenn man sich nicht die Mühe
nimmt, ins Dorf zu Deiner Tochter und Mr.
Surrey zu schicken —"

„Alle Teufel, jetzt sind die Beiden allein, und
ich habe während der Fahrt und am Abende bemerkt,
daß sie einander Blicke zuwarfen, — Blicke —"

„Mensch, wie kannst Du in diesem Augenblicke
an Deine Tochter denken!"

„Erlaube mir, meine Tochter —! Und hier
gefangen — Höllenelement!"

„Und morgen vielleicht gehenkt, wenn Mr. Surrey nicht rechtzeitig erfährt — und man unsere
Erklärungen für Lügen nimmt, — man — man
macht ja mit Spionen kurzen Prozeß, hat der
Soldat gesagt —!"

„Werdet Ihr bald das Maul halten?" donnerte einer der Yankeesoldaten in das Gespräch
hinein, das in deutscher Sprache geführt worden
war und das er daher nicht verstanden hatte.
„Kein Wort der Verabredung mehr, wird Euch
ohnehin nichts nützen, werdet doch gehenkt! Also
aus ist's mit dem Zischeln, sonst —!"

Huber und Gruber seufzten und schwiegen. Sie lehnten sich erschöpft an einander und starrten sorgenschwer auf die Laterne, welche neben den sie bewachenden Milizsoldaten stand.

Das apfelrunde Gesicht des kleinen dicken Touristen bot jetzt einen ebenso tragi=komischen Anblick dar, wie das hagere seines Freundes und Leidensgefährten.

Und das war auch ganz natürlich, denn Hubers Phantasie hetzte sich jetzt womöglich noch ärger mit allerlei düsteren Bildern ab, als diejenige seines doch jedenfalls ängstlicheren Schicksalsbruders.

Aber befand sich denn Huber allein als Mensch in einer Klemme?

Steckte er nicht auch als Vater in großer Verlegenheit?

Was konnte nicht Mr. Surrey, so ehrenwerth ihm dieser auch sonst mochte erschienen sein, jetzt Alles unternehmen, nun die gute Rosa sich selber überlassen war?

Und die gute Rosa hatte das leichte, bewegliche Wiener Blut ihres Vaters, das wußte der arme Huber nur zu gut.

Er verwünschte jetzt im Stillen die Thatsache, daß Töchter auf den Vater zu arten pflegen.

Er verwünschte obendrein seine Neugier, seine Sorglosigkeit in allen Dingen.

Er verwünschte, daß er jetzt vorläufig zum

Schweigen verdammt sei, denn seinen Gefühlen
nicht freien Lauf laſſen können, das war eine
Haupttortur für unſer lebhaftes Männchen.

Aber auch Bürgerſoldaten reſpektirten augen=
ſcheinlich nicht die Gefühle eines vom Schickſal
Heimgeſuchten, und waren in dieſem Punkte nicht
beſſer als die „Schergen des Abſolutismus“. Das
erſchien unſerem liberalen Helden faſt als das
Verwünſchenswertheſte.

Und als ihm nun ſchließlich nichts mehr zu
verwünſchen übrig blieb, da fielen ihm die Augen
zu, da ſank ihm das ſorgenſchwere Haupt auf die
Bruſt nieder, da begann er in zuſammengekrümm=
ter Stellung ſeinen Kummer auszuſchnarchen, da
er ihn nicht hatte ausraiſonniren dürfen.

Gruber that ſchon ſeit einer Viertelſtunde das=
ſelbe.

Man wolle nicht glauben, daß unſer hagere
Freund ſchließlich im Bewußtſein ſeiner Schuld=
loſigkeit und Manneswürde den Muth erlangt,
ſich gelaſſen in ſein Schickſal zu fügen und den
Armen des Schlummers zu übergeben, — die Natur
hatte eben ihr unabweisbares Recht verlangt.

Achtes Kapitel.

Im Lager.

Es war fünf Uhr Morgens, als durch das weithin sich dehnende Lager der Unionisten der Trommelwirbel der Reveille ertönte, der die Schlaftrunkenen unter Waffen vor ihre Zelte und zum Appell ruft, von wo es zum Morgenexercitium geht, das besonders den Herren von der Bürgermiliz nicht zu behagen pflegte.

Nah und fern hämmerten diese Wirbel fast zu gleicher Zeit, und zwar jetzt mit solchem Spektakel in unmittelbarer Nähe jenes Zeltes, in dem unsere Wiener als vermeintliche Spione schlummernd hockten, daß diese erschrocken auffuhren.

Im ersten Momente mochten beide Herren denken, der Erdball gehe krachend aus seinen Fugen, denn sie hatten, noch schlaftrunken, völlig vergessen, wo und in welcher Lage sie sich befanden.

Sie hatten eine dumpfe, unbestimmte Erinnerung von den unglückseligen Ereignissen der vergangenen Nacht, aber sie glaubten nur schwer geträumt zu haben.

Ein Blick aber auf die Wände des Zeltes und ihre sonstige Umgebung rief ihnen ihr ausgestandenes, tragi-komisches Geschick vollständig ins Gedächtniß, das Klirren ihrer Ketten, als sie ängstlich zusammenfuhren, mahnte sie schonungslos daran, daß ihnen das keineswegs beneidenswerthe Vergnügen bevorstehe, in nächster Zeit vor einem Kriegsgerichte erscheinen zu müssen, sich über ihre nächtliche Wanderung zu verantworten.

Ihre Wächter waren längst abgelöst worden, aber es waren wieder andere Soldaten da, eben so martialisch blickend und auch ohne Zweifel mit geladenem Gewehr.

Huber und Gruber starrten erst diese beiden Unionsmänner bleich und bebend an, sodann wandten sie einander den trostlosen Blick zu.

„Das ist eine schöne Geschichte," stammelte Fortschritts-Wien — „die Sache kann ja aber keine bösen Folgen für uns haben, — sie kann es nicht, wenn's — wenn's noch eine Gerechtigkeit auf Erden gibt!"

„Wir können uns nicht legitimiren," brummte Gruber trostlos — „damit ist Alles gesagt! Und wenn Dein Mr. Surrey nicht besser ist als der

verdammte Yankee-Oesterreicher war, wenn er Deine
Tochter sammt unseren Effekten entführt hat —
rede mir nicht drein, — haſt selber gesagt, daß
Rosa mit ihm verständlich genug liebäugelte —
dann —"

„Still!" murmelte Huber, in dessen Gemüth
noch ein Funke von Hoffnung aufblitzte.— „hörst
Du nicht den Spektakel draußen? Am Ende sind
die Konföderirten angerückt, — sie überfallen vielleicht das Lager — dann kommt es zum Kampf,
zur Schlacht —"

„Herr des Himmels, — und wir stecken mitten
drinnen — und aneinander gekettet obendrein!" —
stöhnte Gruber voll Entsetzen.

„Mensch" — flüsterte sein Gefährte, mit dem
besten Willen, aber geringem Erfolg, gegen seine
Muthlosigkeit ankämpfend — „es wäre doch möglich, in dem allgemeinen Tumulte zu —"

„Wollt Ihr verfluchten Kerle wohl ruhig sein?"
donnerte einer der Milizsoldaten in einem so breiten Englisch, daß sich der Irländer leicht daran
erkennen ließ.

Die Schicksalsbrüder ließen eingeschüchtert ihre
Flügel hängen und seufzten.

Sie hatten auch hierzu kaum Zeit, denn nun
trat ein Unteroffizier ins Zelt und forderte die
Gefangenen auf, ihm zu folgen.

Unsere Wiener gehorchten zitternd. Alle Glieder thaten ihnen weh und waren wie erstarrt, aber das Herz entwickelte dagegen eine große Beweglichkeit, freilich keine angenehme!

Eine eisige, Mark und Bein durchfröstelnde Morgenluft schlug ihnen entgegen, ein bleifarbener Himmel war über dem Lager ausgespannt, selbst die Natur zeigte den armen unschuldigen Touristen ein trotziges, feindseliges Gesicht.

„Ein prächtiger Tag, um Johnnys an den Galgen aufzuziehen!" rief der Unteroffizier lachend, indem er auf die Gefesselten einen sonderbar verschmitzten Blick warf.

Johnny ist ein Beiname für den Südstaatenmann, wie Yankee für den Bewohner des Nordens.

Huber und Gruber zuckten bei dem Worte „Galgen" zusammen. Ersterer blickte kläglich umher. Ach, seine Hoffnung schwand völlig dahin! Mit einem Anrücken der Konföderirten, einem Ueberfalle des Lagers war es nichts. Alles ging dort seinen geregelten Gang, wie alle Tage, nur mit dem Unterschiede, daß man an diesem Morgen nicht zum Exerzieren ausrückte, denn es standen in den nächsten Tagen ganz andere, ernstere Strapazen bevor, wovon später die Rede sein wird.

Die Trommeln hatten daher heute nur zur Morgentoilette gerufen und truppweise zogen die noch ziemlich verschlafen aussehenden Krieger, die Uniform ein wenig derangirt, das Haar verwildert,

zum nächstbesten Bache, der hier im Felde Wasch=
tisch und Spiegel vertreten mußte.

Der dicke Huber und sein hagerer Leidensge=
fährte wanderten, unsicheren Schrittes und inmitten
einer kleinen Eskorte, welcher sich jetzt der Profos
anschloß, durch die nächstgelegene Zeltreihe.

In ihrer Niedergeschlagenheit achteten sie nicht
des bunten Gewühles, an dem sie vorüber mußten.

Und bunt kostümirt waren die Männer der
Union in der That noch immer, obwohl seit 1861,
um welches Jahr der Krieg begonnen, die dunkel=
blaue Uniform der regulären Truppen immer ver=
breiteter im Heere geworden war. Den Milizen
und Freiwilligen, welche Anfangs das Recht be=
sessen hatten, sich ihre Offiziere selbst zu wählen,
— wodurch Leute ein Kommando erhielten, die
vom Kriegshandwerke nichts verstanden, — war
es auch bei ihrem Zusammentritte freigestellt wor=
den, die Farbe und den Schnitt der Uniform ihres
Regimentes selbst zu bestimmen, und so hatte sich
denn über die Armee eine gewisse Buntscheckigkeit
verbreitet, die dadurch noch vermehrt worden war,
daß Viele ganz ohne Montur, nur mit Säbel
und Gewehr, bei den Regimentern der Freiwilligen
zugelassen worden. Ja sogar Zuavenabtheilungen,
ganz nach französischer Manier herausstaffirt, be=
wegten sich unter den dunkelblauen Yankees, ame=
rikanische Zuaven, die ein halbes Jahr früher mit

der Elle in der Hand oder der Feder hinter dem Ohre im Laden oder Comptoir gestanden. Zur Zeit, in der sich unsere Wiener im Lager befanden, hatte die Disciplin dieser Milizen und Freiwilligen — und somit auch ihr Aussehen — sich um ein Bedeutendes gegen damals gebessert, als noch der alte, übrigens wackere General Scott den Oberbefehl geführt, doch bot das Heer immer noch mehr den Anblick einer improvisirten Bürgerarmee, als den einer mühselig und kostspielig zusammengedrillten Soldateska. Nichtsdestoweniger hatten diese Bürger schon gezeigt, daß von einer großen Idee begeisterte Männer eingeschulten Landsknechten mindestens an Tapferkeit und Heroismus gewachsen sind.

Unsere beiden Helden schlotterten ziemlich unbeachtet, gesenkten Hauptes vorwärts.

Plötzlich hemmte die kleine Eskorte ihren Schritt.

Ein barsches „Halt!" ertönte.

Aber zugleich auch ließ sich eine weiche, silberhelle, den beiden Herren wohlbekannte Stimme vernehmen.

Huber und Gruber blickten überrascht auf.

Da standen Rosa, Mr. Surrey und ein Oberst der Yankees vor dem Zelte, dem sich unsere gefangenen Wiener bis auf wenige Schritte genähert.

Die schöne Rosa war ein wenig bleich. Aber so gutherzig sie auch sein mochte und so sehr sie auch ihren Vater liebte, mußte sie dennoch jetzt auflachen, als sie die Jammermienen der beiden vermeintlichen Spione und die lange Kette erblickte, welche die ungleichen Freunde zusammenhielt.

Sie sprang zum Vater, umarmte ihn und drückte dem verdutzten Gruber die Hand.

„Ihr Armen!" rief sie in einem Gemisch von Schalkhaftigkeit und Bedauern. — „Wir waren so in Angst um Euch, Mr. Surrey und ich — und hätten wir obendrein geahnt, daß Ihr Euch zum Spioniren in's Lager begeben —!"

„Halt ein!" schrie Huber verwirrt, entsetzt und zürnend zugleich. — „Rede nicht so frevelhaft, Mädchen, — in unseren Umständen —!"

Rosa wendete sich halb zu dem Obersten und Surrey.

„Dein Schicksal ist ja schon besiegelt, Papa!" sagte sie lächelnd.

Die beiden Wiener blickten mißtrauisch und unruhig auf den Obersten, der jetzt an sie herantrat.

„Nehmet den Herren die Ketten ab, Evans," rief der Offizier dem Profos zu — „mein Freund Mr. Surrey hat das Mißverständniß genügend erklärt, den unzweideutigsten Beweis für die Schuldlosigkeit der Herren Reisenden geliefert."

Der Profos gehorchte, während ein breites und ein hageres Antlitz vor Entzücken zu strahlen begannen.

Der Oberst aber wandte sich jetzt im reinsten
Deutsch an die beiden Schicksalsgenossen, die vor
Rührung und freudiger Ueberraschung noch keine
Worte finden konnten.

„Entschuldigen Sie, meine Herren," sagte er,
— „daß der Eifer meiner Rekruten Sie in eine
keineswegs beneidenswerthe Situation versetzte,
doch hoffe ich, Sie werden keinen üblen Eindruck
von hier mit sich fortnehmen, wenn Sie uns ge=
statten, Ihren weiteren Aufenthalt im Lager Ih=
nen so angenehm wie möglich zu machen."

Die Touristen blickten verwundert und freudig
auf den blonden, stattlichen und schönen Offizier.
Huber, dessen Handschellen gerade jetzt klirrend ab=
fielen, erhielt sofort die Redseligkeit und den alten
Wiener Humor wieder.

„Ah," rief er auflachend, indem er nicht übel
Lust zu haben schien, dem Obersten um den Hals
zu fallen — „Sie sind ein Deutscher?"

„Ich bin von Springfield in Illinois, und
dort von deutschen Eltern geboren," war die Aut=
wort, — „viele Männer deutscher Abkunft dienen
in der Unionsarmee, und ich hoffe, sie schlagen
sich nicht am schlechtesten!"

Huber blickte triumphirend auf seinen Gefähr=
ten, der in stillem Entzücken die geräderten Glie=
der nach allen Richtungen auszudehnen sich bemühte,
so daß sie wie Polypenarme umherwanderten.

„Siehſt Du wohl," rief Fortſchritts-Wien —
„wir haben alle Urſache, auf unſer deutſches Element in Amerika ſtolz zu ſein, ich ſagt' es ja, —
auf unſeren einen öſterreichiſchen „Kofferſchnipfer"
kommen tauſend Rechtſchaffene und Tapfere unſerer Nation!"

„Wahrhaftig," bemerkte in gebrochenem Deutſch
ein höherer Offizier, ein echter Yankee, der jetzt
zu der Gruppe trat, und dem Oberſten die Hand
drückte — „ſind Tapferſte von uns all, die
Deutſch, jedenfalls beſt disciplinirt, und patriots,
für Freiheit und Bildung, Union wird immer
ſtolz und dankbar dafür ſein, upon my word!"

„Wir haben von Euch gelernt, was wahrer
Patriotismus und Manneswürde ſind!" verſetzte
der Oberſt beſcheiden und herzlich. — „Wir ſind
es, die der Union Dankbarkeit ſchulden, und indem wir uns bemühen, ſie an Euch abzutragen,
thun wir nur unſere Pflicht!"

Und der Yankee und der Deutſche umarmten
einander, obwohl der Eine von den Regulären,
der Andere von der Miliz war, die während des
ganzen Krieges auf einem etwas geſpannten Fuße
lebten, was ihr gemeinſchaftlicher Patriotismus
keineswegs änderte.

Die beiden Offiziere alſo umarmten einander; das erinnerte unſern beſeligten Neu-Wiener unmitelbar an den ehrenwerthen jungen Ame-

rikaner, der so zu rechter Zeit Hülfe gebracht
hatte.

Im nächsten Augenblicke fühlte sich daher auch
Mr. Surrey umhalst. Dieser hätte es jedenfalls
lieber gesehen, wenn Vater Huber seine Erkennt=
lichkeit der anmuthigen Miß Rosa für ihn in
Kommission gegeben haben würde, es blieb ihm
aber nichts anderes übrig, als sich von der dank=
baren Fleischmasse, die etwas schwer an seinem
Halse hing, abherzen zu lassen.

Und mit Huber war es leider nicht für ihn
abgethan, denn auch Gruber schlotterte heran und
schloß den jungen Mann in seine Knochenarme.
Hatte er ihm doch im Stillen für den schmähli=
gen Verdacht, den er gegen ihn gefaßt und vor
Huber ausgesprochen, Abbitte zu leisten.

Und seine faltigen Wangen rötheten sich tief,
als ihn der Leidensgefährte der vergangenen Nacht
zur Seite zog und ihm neckisch zuflüsterte: „Du,
soll ich dem Surrey sagen, was Du von ihm ge=
dacht hast?"

„Ich bitte Dich, sei still!" murmelte der
Andere.

„So erkläre, daß ich ein großer Menschenken=
ner sei!"

„Ich erkläre, was Du willst! aber ich bitte
Dich, sei still!"

Fortschritts=Wien hatte also wiederum trium=

phirt und seine früheren Niederlagen waren dem
oppositionellen Freunde gegenüber einigermaßen
aufgewogen

„Ich gestatte den Herren nicht eher, das Lager
zu besichtigen," rief jetzt der deutsche Oberst lä=
chelnd, — „als bis sie bei mir gefrühstückt haben!"

„Eine Einladung zum Frühstück schlägt ein
guter Wiener niemals aus," versicherte Huber sehr
feierlich — „und ich denke, Freund Gruber, der
so ausgehungert und erschöpft sein muß, wie ich,
wird beiläufig meiner Meinung sein!"

Und Freund Gruber war sogar sehr dieser
Meinung, was ein wohlgefälliges Grinsen bekun=
dete, das sein hageres Antlitz fast in zwei Theile
spaltete.

Während im Zelte des Obersten eine kleine
Tafel gedeckt ward, zogen Profos und Eskorte
ab, flogen Fragen, Antworten und Erklärungen
in der fröhlichen Gruppe hin und her. Rosa
schilderte die Bestürzung, welche sie erfaßt hatte,
als man sie vor Tagesgrauen geweckt und ihr
mitgetheilt, daß die „alten" Herren verschwunden
seien. Aber sie war doch bald darauf gekommen,
so versicherte sie, die Herren im Lager zu ver=
muthen, und hatte sich daher sofort mit Mr. Sur=
rey und den Handtaschen dorthin aufgemacht.

Jetzt lächelten die beiden Wiener freilich zu
Allem, aber doch kam ein Punkt, der sie sekun=

Schirmer, Aus aller Herren Ländern. III.   13

denlang bedeutend sentimental machte, — Mr.
Surrey erklärte nämlich, er habe auf dem Heu=
boden ganz vortrefflich geschlafen!

Diese Wehmuth stieß aber plötzlich ein Ruf
über den Haufen.

„Zum Frühstück, wenn's beliebt!"

Und es beliebte sehr, besonders dem wackeren
Huber, der trotz seiner Zungenthätigkeit wohl be=
merkt hatte, daß der Marketender — die sutler
oder Marketender besorgen im Unionsheere meist
den Offizierstisch — ganz vortreffliche Dinge in's
Zelt des Obersten hatte schaffen lassen, obwohl es
noch sehr früh am Tage war.

Und als man nun fröhlich beisammen saß, da
gab es wohl keinen Kaffee, dagegen als Ersatz
langhalsige, mit edlem Naß gefüllte Flaschen, —
ein Kapitalverbrechen, denn der Verkauf von gei=
stigen Getränken ist den Sutlern der amerikani=
schen Regimenter untersagt.

Wer kann aber alle Verbote im Felde streng
einhalten? Und handelte es sich hier nicht um
gute Deutsche, die überall eine Ausnahme machen,
wo eine Wein= oder Bierfrage auf der Tagesord=
nung ist?

Genug man tafelte und trank gut, selbst die
schöne Rosa nippte mehr, als sie eigentlich hätte
thun sollen. Auch der ehrsame Gruber befand
sich wieder in jener gehobenen Stimmung, die

ihn beherrſcht hatte, während er in die nächtliche
Expedition eingewilligt. Für die beiden „vom
Galgen Geretteten" war dieſe Erfriſchung an Leib
und Seele übrigens auch dringend nothwendig
geweſen, jetzt fühlten ſie ſich nach all dem ausge-
ſtandenen Ungemach um ſo kreuzfideler und unter-
nehmungsluſtiger, als ihnen das edle Naß zu
einer ganz ungewöhnlich frühen Stunde geperlt
hatte, zu einer Stunde, in der ein Wiener Magen
und Gemüth noch nicht auf ein ſo animirendes
Frühſtück gefaßt zu ſein pflegen.

Endlich brach man auf und verabſchiedete ſich
mit gegenſeitiger Herzlichkeit, denn es galt ja doch
das Lager zu durchſchreiten und dem ſcheidenden
Ralph Surrey, der ſich inzwiſchen über die Stellung der Rebellen ſo gut wie möglich unterrichtet
hatte, ein wenig das Geleite zu geben.

Als die Herrſchaften vor das Zelt hinaustraten,
da glühten ihre Angeſichter ein wenig, aber noch
mehr glühte jetzt die Sonne am blauen Firmamente, denn der Nebel war gefallen und ein reizender Tag über dem Lager aufgegangen. Die
weißen, luftigen Zelte blinkten rings ſo maleriſch,
Alles hatte ein ſo lachendes Anſehen, daß ſelbſt
der ſonſt ſo grämliche Herr Gruber mitlachen
mußte.

Mit freudetrunkenen Blicken und — wir müſſen es ehrlich bekennen — etwas unſicheren
13 *

Schritten eröffneten Neu-Wien und sein konser=
vatives Gegenstück den kleinen Zug. Rosa hing
wieder an dem Arm des Mr. Surrey; einem auf=
merksamen Beobachter wäre es wohl nicht ent=
gangen, daß sie dort mit einer gewissen Berechti=
gung zu hängen schien. Hatte Surrey während
seines Morgenganges zum Lager an der Seite
Rosa's seine Zeit benutzt?

Das war für unsere Helden ein lustiger Marsch
durch's unionistische Lager, besonders nach einem
so vortrefflichen Frühstück, bei so aufgeheiterten
Sinnen.

Und zwischen den Zeltreihen war es ebenfalls
lustig geworden, denn die Frühstücksstunde der Sol=
daten war nun auch da, früher als sonst, weil
keine Uebungen abgehalten wurden.

Da zogen sie in langen Reihen heran zum
Quartier der Regimentsköche, lachend, scherzend,
ausgelassen, ihre Spaßmacher und Rädelsführer
voran, statt der Waffen zinnerne Löffel und Teller
und eiserne Gabeln in den Händen, nach dem
Takte einer höllischen Klappermusik, die sie mit
den genannten Waffen des Friedens ausführten.

Im Quartier der Köche aber, dieser zu stür=
menden Festung, baumelten unter hohen Quer=
stangen riesige Kessel, waren im Freien auf Ti=
schen ganze Berge gesalzenen Fleisches und Brotes
aufgehäuft.

Es mochte wohl nöthig sein, den milchlosen Kaffee, das harte Fleisch und grobe Brot, mit einem Wort die ganze ziemlich spartanische Kost durch Scherz und fröhliches Lachen zu würzen, denn sonst hätte wohl Manchen ein berechtigtes Miß= vergnügen und Sehnsucht nach den gesegneten Fleischtöpfen der Heimat erfaßt; man war im All= gemeinen nicht gut auf die Verpflegung der Armee zu sprechen. Die Miliz und die Freiwilligen, die dreimal mehr kosteten als die regulären Truppen, waren wohl besser daran als diese, und wurden von ihnen auch beneidet und scheel angesehen, sie hatten Geld und die Sutlers zur Hand und konn= ten sich besser verköstigen, wenn sie wollten; aber im Ganzen mußten auch sie etwas Philosophie zu Hülfe nehmen, wenn zu den Mahlzeiten komman= dirt ward. Und an gutem Willen, die Dinge mit Philosophie und Humor zu nehmen, wie sie wa= ren, fehlte es im Lager der Yankees wahrlich nicht, Zuaven, Scharfschützen, Artilleristen, Dragoner sprangen wie toll herum, die bunt zusammenge= würfelten Männer der Freiheit aus Neu=England, Pennsylvanien, Massachusetts, Ohio, Illinois u. s. w. überboten einander an Schelmereien, das waren keine ernsthaften, spekulirenden, fieber= haft hastigen Nordländer mehr, das Lagerleben hatte sie alle verändert, theilweise zu ihrem Vortheil.

Die ganze Zeltstadt mit ihrem Gewimmel, den lustig wehenden Fahnen und dem üblichen Troß gewährte einen malerischen Anblick. Die Abtheilung, welche unsere Reisenden überblicken konnten, und in der eine Division kampirte, war so ziemlich nach Rang und Ordnung aufgeschlagen, wie dies im Lager der Unionisten zu sein pflegte, wenn auch die Reglements im Kriege nicht strenge eingehalten werden. Am Rande eines kleinen Gehölzes, das sich an Hügeln hinabzog, stand eine Zeltreihe, — die Depots des Commissärs und Quartiermeisters und das Hospitalquartier. In nächster Reihe kamen die Zelte des Generals und seines Stabes, dann folgten auf einander das Quartier des Obersten und seiner Begleiter, des Majors, des Oberarztes und seiner Assistenten. Nach der gelben Flagge des Arztes kam die weiße des Kaplans, der mit dem Zahlmeister in einem und demselben Zelte bivouakirte, — es beherbergte Geld, Waffen und Evangelium, von denen nur das erste und letzte in Friedenszeiten zusammenzukommen pflegen. Noch eine offizielle Zeltreihe folgte, die der Hauptleute, dann schlossen sich rechtwinklig die Segeltuchgassen der gemeinen Soldaten an, die Zelte enger zusammengerückt und dichter bevölkert, immer sieben bis acht Mann in einem Zelt. Und obwohl in diesem letzteren Theile des Lagers weniger auf Comfort gesehen ward, als in

den vorerwähnten Quartieren, so kampirte doch
wohl Mancher unter den Gemeinen, der an Ver=
mögen, gesellschaftlicher Stellung und Bildung sei=
nen Vorgesetzten überlegen sein mochte, und der
begeistert für Vaterland und Recht freudig so gut
das Gewehr trug, wie der arme Schuhmacher oder
Schneider oder Fischer, der hier im Zelte sein Schlaf=
kamerad war.

Als die kleine Wiener Gesellschaft und ihr Be=
gleiter Surrey weiter schritten, da machten selbst
die Ausgelassensten höflich Platz, da erlaubte sich
Niemand, die schöne Rosa auch nur dreist anzu=
blicken, — der Yankee versäumt auch im Lager nicht,
seinem Frauenkultus zu huldigen.

Hier und dort saßen oder lagen manche Sol=
daten vor ihren Zelten, sie waren mit der spartani=
schen Kost schon fertig und hatten die unvermeid=
lichen Pfeifen im Munde oder schoben darin den
noch unvermeidlicheren Kautabak hin und her,
auch Gruppen standen beisammen und besprachen
sich lebhaft, und man konnte da in allen Varia=
tionen hören, was unsere Wiener schon an der
Tafel des Oberst erfahren hatten; eifrig besprach
man den in nächster Zeit beabsichtigten Uebergang
der Truppen über den Rappahannock und starrte
dabei über Feld und Fluß hinweg nach den Ver=
schanzungen des Feindes, die auf den Hügelkämmen
den südlichen Horizont begrenzten und von wo

aus jetzt im Sonnenlichte Kanonenläufe und Ge=
wehre hernieder blitzten.

„Man wird sich also jedenfalls dieser Tage
schlagen?" begann Gruber, sich etwas kleinlaut an
Surrey wendend, nachdem er einen Blick auf das
jenseits des Flusses gelegene Fredericksburg, das
die Herren in der Nacht nur undeutlich gesehen,
sowie auf das diesseits des Rappahannock der
Stadt gegenüberliegende Oertchen Falmouth ge=
worfen.

„Gewiß," versetzte Surrey lebhaft. „General
Hooker läßt vielleicht in diesem Augenblicke schon
oberhalb Fredericksburg bei Kelley's Ford Brücken
schlagen und Pontons aufstellen, mit dem Gros
der Armee in die „Wilderneß" bei Chancellorsville
vorzudringen. Und das ist ein Glück für mich,
denn während sich der Feind mit allen Kräften
dorthin wendet, werde ich mich östlich an seinen
Flanken nach Virginia zur Plantage meiner Schwe=
ster stehlen können, sie zu befreien! Und wahrlich,
meine Freunde — setzte er hinzu, wehmüthig auf
Rosa blickend, — ich darf jetzt nicht länger zögern,
mein Vorhaben auszuführen!"

Rosa's Antlitz entfärbte sich, zitternd preßte sie
den Arm des jungen Mannes.

„O Gott," flüsterte sie so leise, daß es nur
Surrey vernahm, „könnte ich die Gefahr mit Ih=
nen theilen!"

Der Amerikaner drückte verstohlen die Hand des Mädchens.

„Wir werden uns wiedersehen!" murmelte er sanft und doch mit Festigkeit.

Huber aber, dessen Wangen noch vom reichlich genossenen Weine glühten, rief beseligt: „Ein Uebergang, eine Schlacht! Das ist herrlich! Gruber, wir bleiben im Lager, das sage ich Dir, wir rücken vielleicht nach, wir schlagen auch Pontons und legen Brücken, wir müssen auch Kugeln pfeifen hören, — Göttergenuß — ich will etwas Denk-würdiges, Welthistorisches erleben, das sage ich Dir, Gruber!"

„Wir — wir begleiten vorläufig unseren jun-gen Freund bis vor's Lager," brummte Gruber, „und dann — dann kehren wir direkt nach unse-rem Boardinghouse in New York zurück, das sag' ich Dir!"

„Thu' was Du willst, ich bleibe!" lallte Neu-Wien. — „Und Rosa wird auch bleiben, — ein Mädchen wird Dich beschämen, Gruber! Aber Du hast recht, — geben wir vorerst dem lieben Mr. Surrey das Geleite, — wenn er denn doch seine gefährliche Expedition beginnen muß!"

„Ich muß!" murmelte Surrey, während Rosa's ängstlich forschende Augen an seinem kühnen, flam-menden Blicke hingen.

Die Gesellschaft spazierte weiter.

Sie hatte jetzt faſt das Ende des Lagers er=
reicht, als ſie durch eine Zeltreihe kam, wo ein
Negerregiment bivouakirte.

Die ſchwarzen Burſchen in ihren lichtblauen
Uniformen nahmen ſich gar ſeltſam aus.

Einige traten heran und glotzten auf die Rei=
ſenden. Gruber fühlte ſich von einer Gänſehaut
überlaufen und wich ſcheu zurück. Sein dicker
Freund aber lachte hell auf.

„Herrgott!" rief er in ſeiner fröhlichen Wein=
laune, „giebts hier zu Lande aber angemalte
Böhmen!"

Dann erfaßte er einen der Burſchen am Kra=
gen und kicherte im echten Wiener Dialect: „Ihr
möchtet mir wohl auch weiß machen, daß Ihr
Neger ſeid? Waſcht Euch, nehmt die Perrücken
herunter und geht nach Eurem Czaslau oder Prze=
mysl! Ein Wiener iſt nicht ſo dumm, Euch zwei=
mal aufzuſitzen!

„Bruder Sam", der natürlich keine Sylbe
verſtand, aber das kugelrunde Herrchen lachen
ſah, ſchien ſich in ſeiner Würde als „bewaff=
neter Staatsbürger" verletzt zu fühlen und rief
ſeinen Kameraden zu, man müſſe den Kerl
lynchen.

Wäre nicht Surrey geweſen, ſo hätte Herr
Huber die Annehmlichkeit der Selbſtjuſtiz zu koſten
bekommen.

Vor dem Sklaven, wenn er die Kette bricht,
Vor dem freien Menschen erzittert nicht!

sang unser dicke Tourist äußerst herzhaft, aber erst
als er sich aus dem Bereiche der Negerfäuste
wußte.

Neuntes Kapitel.

Ein Ueberfall.

Als unsere Reisenden den nordwestlichen Theil des Lagers erreicht hatten, gelangten sie, noch innerhalb der Vorpostenkette, zu dem bunten Troß, der eine Armee zu begleiten pflegt.

Ein großer Theil jener Fuhrwerke hielt dort, welche, mit Victualien und sonstigen Dingen beladen, in der vergangenen Nacht die Straßen des Dörfchens verstellt hatten, von dem aus Huber und sein Freund ihre verhängnißvolle Excursion unternommen. Auch hatten die Sutler dort einige Hütten, die gewissermaßen ihre Magazine bildeten.

Surrey hemmte seinen Schritt und blickte umher.

Da trat ein Mann aus dem Menschengewirre hervor und an ihn heran.

„Es ist Alles bereit, Sir," sagte er — „der Wagen hält hundert Schritte weiter, der Bursche welcher fahren wird, kennt die Gegend auf zwanzig Meilen im Umkreise."

„Was bedeutet das?" fragte Huber, sich neugierig zwischen den Mann und Surrey schiebend. — „Ah, Sie haben schon allerlei Voranstalten getroffen!"

„Natürlich," versetzte Surrey — „in aller Frühe, bevor Miß Rosa und ich das Dorf verlassen."

„Sie können aber doch nicht mit einem Wagen über den Fluß kutschiren, und ohne viele Umstände durch Virginien?!" rief der dicke Tourist erstaunt.

„Freilich nicht," entgegnete der junge Amerikaner lächelnd. — „Das Fuhrwerk wird mich zwei bis drei Stunden unterhalb des Lagers und in der Nähe des Flusses im Walde absetzen. Ein Boot erwartet mich dort am Ufer des Rappahannock, falls die Anordnungen, welche ich in aller Eile treffen konnte, pünktlich befolgt sind. Ich hoffe das indessen, denn für Geld kann man Alles haben!"

„Das ist bei uns in Wien gerade so der Fall!" radebrechte Gruber mit einem Schmunzeln.

„Ist es Ihnen gefällig, Sir, mir sogleich zu folgen?" fragte der Mann, welcher Surrey zuvor angeredet hatte.

„Ich bin bereit!" antwortete Surrey.

Dann wendete er sich zu seinen Begleitern, indem er den Blick wehmüthig auf Rosa haften ließ.

„Vielleicht ist es besser, wir scheiden hier!" sagte er ernst.

Rosa erröthete und schlug den Blick unruhig zu Boden.

„Wie?" rief Huber lebhaft. — „Ich habe geglaubt, wir werden ein Stündchen mit Ihnen zum Lager hinausspazieren, — wir sind Alle, — ehrlich gestanden, von dem reichlichen Frühstück ein wenig echauffirt, — nicht wahr, Gruber? — und da wäre uns die kleine Fußtour ganz gelegen gekommen, — auch — auch wahrhaftig, Mister Surrey, wir haben Sie lieb gewonnen, — nicht wahr, Rosa? — und da trennen wir uns ungern schon jetzt von Ihnen!"

„Sie sind sehr gütig!" murmelte Surrey wie zerstreut, denn sein Blick hing zärtlich an Rosa, die er beklommen und in Verwirrung sah.

„Aber auf Ihrem Wagen wird wohl nicht für uns Alle Platz sein," fuhr der kleine dicke Schwätzer fort.

„Doch, o doch!" versetzte Surrey lebhaft. — „Und es würde mich sehr glücklich machen," — setzte er hinzu, sich mehr an Rosa als zu den Andern wendend — „wenn Sie mir noch ferner das Geleite geben wollten. Ich meinte nur wegen der mißlichen Wege —"

„O das hat nichts auf sich!" stammelte Rosa hastig und ward hinterher blutroth, denn sie hatte fast zu deutlich ihr Gefühl für Surrey verrathen.

„Nun denn, so fahren wir miteinander!" sagte der junge Mann. — „Der Wagen wird Sie ins Lager zurückführen, während ich jenseits des Flusses mein Heil versuche."

„Abgemacht!" rief Huber, obwohl sein hagerer Freund wieder nicht ganz mit ihm einverstanden zu sein schien.

Jetzt trat der von Surrey bestellte Mann nochmals zu ihm und flüsterte einige Worte. Und darauf hin ersuchte der junge Amerikaner lächelnd die kleine Gesellschaft, seiner wenige Minuten zu harren.

Während noch Rosa und die Herren fragend aufblickten, waren Surrey und der Mann bereits in eine der Sutlerhütten verschwunden. Aber es währte nicht lange, da kehrte Surrey in der Tracht eines Farmers zurück. Die Kleidung stand dem jungen Manne vortrefflich, die kleine Gesellschaft hätte ihn fast nicht erkannt.

„Also doch verkleidet!" rief Huber freudig. — „Ah das ist interessant, romantisch —! O Gott, wäre ich noch jung!"

Rosa blickte voll Innigkeit, aber auch in leb=

hafter Beſorgniß auf Surrey, denn ſie gewahrte,
daß aus dem Ledergürtel, den er trug, einige Re=
volver hervorſchauten. Auch Gruber ſah die Waf=
fen blinken.

„Herr des Himmels,“ ſtammelte er erblaſſend,
— „da ſehe ich Mordwerkzeuge! Am Ende iſt es
ſchon dieſſeits des Fluſſes gefährlich! — Huber,
— ich glaube, wir werden dem ſehr geehrten
Herrn Surrey eine Laſt ſein, — wollten wir denn
doch nicht lieber —?“

„Fürchten Sie nichts,“ bemerkte Surrey lä=
chelnd — „nur ſelten haben es kleine Streifkorps
des Feindes gewagt, in der Nähe des Lagers über
den Fluß zu dringen —“

„Alſo doch —!“ ſtotterte Gruber.

„Und es iſt faſt undenkbar, daß der Feind
ſich in dieſer Richtung an unſer Ufer wagen werde,
er iſt überhaupt öſtlicher gezogen, da er von dort
das Vorrücken unſerer Armee zu erwarten ſcheint!“
ſagte Surrey. — „Ich hoffe ja das Terrain, zu
dem ich mich wende, ganz von feindlichen Solda=
ten entblößt zu finden!“

„Nun alſo!“ rief Huber begeiſtert. — „Alſo
vorwärts!“

Man ſetzte ſich wieder in Bewegung. Hundert
Schritte weiter hielt in der That ein kleines of=
fenes Fuhrwerk, das einem jener bunten Steirer=
wagen glich, welche an den Linien Wiens ihren

Standplatz haben. Huber ward deshalb bei dem
Anblicke des Fuhrwerkes gerührt, aber man ließ
ihm nicht viele Zeit, dieser Rührung Ausdruck zu
geben. Surrey packte ihn und den dürren Gru=
ber auf den Wagen, richtete es geschickt so ein,
daß Rosa wieder seine Nachbarin ward, und fort
ging es, wenn auch nicht im sausenden Galopp,
doch wenigstens im scharfen Trabe.

Vorerst fuhr man querfeldein, über eine wel=
lenförmige Haide, die vor dem Zuzuge der Trup=
pen eine ganz üppige Wiesengegend mochte gewe=
sen sein. Man gewahrte südlich den Fluß und
das jenseitige Land wohl etwa eine Stunde lang,
dann aber bog das Fuhrwerk in eine tief ausge=
fahrene, sandige Fahrstraße ein, die sich schlän=
gelud dahinzog. Buschwerk erschien zur Rechten
und Linken und verdeckte die Aussicht auf den
Rappahannock.

Die Sonne brannte glühend hernieder, wie in
Europa im August; unsere Wiener priesen den
Himmel, als das Fuhrwerk endlich eine Waldung
erreichte, die aber freilich nur aus nicht besonders
hohem Unterholze bestand, wie fast überall die
Gehölze in Virginien. Aber das dichte Buschwerk
gewährte doch hinreichenden Schatten.

Ein nur für die Karren der Holzhauer bestimm=
ter Weg zog sich in Krümmungen in den Wald
hinein. Das Fuhrwerk schlug diesen Weg ein.

Man konnte, wegen der Abscheulichkeit des Bo=
dens, nur langsam vorwärts. Die Stöße und
Schwankungen vom vorigen Tage wiederhol=
ten sich.

Gruber blickte ängstlich umher, hinter jedem
Busche vermuthete er einen Secessionisten.

Sein dicker Freund schrie bei jedem hefti=
gen Rucke des Wagens auf, aber das Fettpol=
sterantlitz glänzte doch immer wieder freudig
bei dem Gedanken an die herrlich abenteuerliche
Fahrt.

Surrey war ernst und nachdenklich, wie Rosa.
Ihre Hände hatten sich verstohlen gefunden. Sie
wechselten nur wenige Worte mit einander.
Machte der Gedanke an die nahe Trennung sie
schweigsam?

Zehn englische Meilen waren wohl zurückge=
legt, da hielt der Bursche, welcher die Rosse lenkte,
das Fuhrwerk an.

„Hier, Sir!" sagte er, indem er zu Surrey
umblickte und neben einem altehrwürdigen Hickory=
baume, dessen Laubkrone den Weg beschattete, in
das Gehölz hinein wies.

In wenigen Sekunden war Surrey vom Wa=
gen herab.

Auch die Wiener mußten absteigen, denn etwa
vierzig Schritte weiter, wo sich eine kleine Lichtung
zeigte, hatte das Fuhrwerk umzuwenden, und das

ließ sich nur ohne Belastung desselben auf dem ab=
scheulichen Waldwege bewerkstelligen.

Während der Bursche schweigend seine Pferde
antrieb, standen die Reisenden bei einander. Huber
starrte lüstern auf das wildverschlungene Gesträpp,
dessen Anblick seiner abenteuerwüthigen Phantasie
so viel zu schaffen machte; Gruber aber spähte be=
denklich den Weg entlang, denn auf einer ähnlichen
buschbewachsenen Straße hatte ja ihn und den
Gefährten in der vergangenen Nacht die pflicht=
erfüllte Bürgermiliz von Massachusets beim Kra=
gen genommen.

Rosa und Surrey blieben somit einige Mo=
mente unbeachtet und sie benutzten dieselben, einan=
der durch Blick und Händedruck zu verstehen zu
geben, wie sehr jedes von ihnen die Wucht und
den Ernst des Augenblicks fühle.

„Dort also müssen Sie hinein?" begann end=
lich Huber, auf das Dickicht deutend. — „Da ist
ja weder Weg noch Steg! Wissen Sie auch be=
stimmt, daß Sie dort an den Fluß kommen?"

„In einer Viertelstunde erreiche ich ihn, so hat
man mir gesagt, wenn ich von diesem alten Hickory=
baume aus das Unterholz durchkreuze," versetzte
Surrey, wie aus Träumen auffahrend.

„Wie? Wir sind dem Flusse so nahe?" stam=
melte Gruber ängstlich. — „Dort kommt unser
Fuhrwerk schon wieder zurück, — alle Freundschaft

für den Herrn Surrey in Ehren, — aber schauen
wir denn doch, daß wir etwas weiter von der
gefährlichen Rappahannock=Nachbarschaft wegkom=
men, ich verspüre keineswegs in mir eine Nei=
gung, mich von Konföderirten erwischen zu lassen.
Man sagt, sie behandeln ihre Gefangenen un=
menschlich!"

„Und wenn sie Dich obendrein für einen weiß=
angestrichenen Neger halten sollten," — spöttelte
der dicke Tourist. — „Dein Mund und Deine Nase
haben wahrhaftig einige Aehnlichkeit —"

„Der kann noch schlechte Witze machen,"
brummte Gruber gereizt. — „Ich sehe nicht ein,
weshalb ich stets das Opfer Deiner Extravaganzen
werden soll, — und — es ist mir besonders wegen
Deiner guten Tochter."

„Kann mir's denken!" lachte der Dicke.

„Mister Surrey," unterbrach ihn der Andere
haftig, — „war mir eine besondere Ehre, — der
Himmel geleite Sie und führe Sie uns und die
Miß Schwester wohlbehalten nach New York, —
aber bitte jetzt um Vergebung — man ist sich
selber der Nächste —"

„Nein, das ist jetzt der gefährliche Rap=
pahannock!" fiel ihm Huber auflachend in's
Wort.

„Male nur den Teufel an die Wand!" stot=
terte Gruber verwirrt. — „Gehorsamster Diener,

Mister Surrey, und — und wünsche wohl zu
speisen!"

Diese den Wienern so sehr geläufige Redens-
art, die ihnen so mundgerecht ist, daß sie dieselbe
sogar in der Frühe um acht Uhr schon gedankenlos
unter allen Verhältnissen und nach allen Situatio-
nen einander zuplappern, bildete den würdigen Schluß
der eilfertigen Empfehlung. Dann schoß unser
sorgenerfüllte Mann sofort zu dem Fuhrwerke und
haspelte sich daran empor.

Huber schlug von Neuem ein herzliches Gelächter auf; er mußte sich, als er nun den jungen, ernsten Amerikaner anblinzelte, die Augen
wischen, ob aus Ursache der gemüthlichen Zwerch-
fellerschütterung oder wegen einer herannahenden
Rührung, das ist bis zur Stunde noch nicht aufgeklärt.

Der kleine Neu-Wiener trug ein zusammen-
geknotetes Tuch, das er mit sich vom Wagen genommen, es enthielt einige Lebensmittel für Surrey. Er reichte es ihm jetzt.

„Reisen Sie mit Gott, Sir," sagte das dicke
Männchen herzlich — „drehen Sie den Schurken
von Konföderirten glücklich eine Nase, und —
ich und meine Tochter werden stündlich an Sie
denken!"

Und mit einem Male hing das ganze, nicht
unbeträchtliche Gewicht des guten Herrn Huber an

dem Halfe des Amerikaners. Der ehrliche Wiener schluchzte jetzt sogar vernehmlich, was kein
Historiker der Yankees wagen wird, in Abrede zu
stellen.

Rosa starrte bleich und regungslos auf den
jungen Mann, der sich, unverkennbar ergriffen,
sanft von dem neuen Freunde losmachte.

„Ihr seid gute Menschen, Ihr Deutschen!"
entrang sich den kaum merklich bebenden Lippen
Surrey's.

„Ja, gut, mehr närrisch als gut vielleicht,"
platzte Huber heraus, — „besonders wenn uns
etwas zu Herzen geht! Und das ist jetzt der
Fall —! Leben Sie wohl und lassen Sie sich in
New York bald wieder anschauen, Mister Surrey —,
und damit Gott befohlen!"

Der dicke kleine Mann wollte sich abwenden
und zum Fuhrwerke traben, Surrey hielt ihn noch
einen Augenblick zurück.

Es war, als habe der Amerikaner noch etwas
auf dem Herzen, seine Lippen bewegten sich. Doch
kein Laut kam über dieselben. Er schien sich nur
mühsam zu bemeistern.

Und als er nun von Huber weg und zu Rosa
trat, da murmelte er unvernehmbar vor sich hin:
„Ich stehe mit einem Fuße im Grabe, es wäre
eine Thorheit!"

Der Abschied von Rosa war kurz.

„Wir werden uns wiedersehen, Miß!" sagte
Surrey mit Festigkeit und drückte Rosa die Hand.

Bevor noch das blasse Mädchen eine Antwort
geben konnte, war der Amerikaner im angrenzen=
den Gestrüpp verschwunden. Man vernahm noch
eine Weile das Rascheln und Knistern des Ge=
zweiges, — dann war Alles still.

Rosa stand wie entgeistert da, erst die drin=
gende Mahnung ihres Vaters belebte sie.

Und nun saßen sie wieder lautlos im Wagen;
ein Blick noch auf das undurchdringlich scheinende
Dickicht, in das Surrey sich verloren, und — fort
ging es durch den Wald, auf dem Wege, den man
gekommen war.

Huber nahm wiederholt einen Anlauf zu lusti=
gem Plaudern, aber es wollte ihm nicht recht vom
Herzen gehen; Rosa war ernst und einsilbig, —
das gute Wiener Kind konnte sich eben nicht ver=
stellen, obwohl es merkte, daß des Vaters Auge
bisweilen verstohlen und befremdlich auf ihrem
Antlitze hafte. Huber sagte sich, daß bei der Rosa
wohl nicht Alles in Richtigkeit sei, aber konnte er
mit dem Mädchen schmollen? War ihm nicht
auch der edle Surrey in so kurzer Zeit lieb und
werth geworden? So hockte er denn neben der
Tochter in dem rüttelnden Wagen und mühte sich
vergeblich, so lustig wie sonst zu sein. Gruber
aber saß geradezu grollend da; er mochte auch

wohl von Zeit zu Zeit einige Stoßgebete hersagen, die Vorsehung wenigstens für seine werthe Person günstig zu stimmen.

So ging die Fahrt ziemlich trübselig vorwärts, das Fuhrwerk rüttelte entsetzlich über den harten, tiefspurigen, hockerigen Boden hinweg. Etwa drei Viertelstunden vergingen in dieser Weise, noch immer blieb eine ansehnliche Strecke des Waldes zu durchfahren.

Plötzlich, nach einem heftigen Stoße des Wagens, hielt der Kutscher seine Pferde an.

„Ist eine Achse gebrochen?" stammelte Gruber haftig in gutem Wienerisch, ohne daran zu denken, daß der Bursche ein echter Virginier sei.

Dieser aber antwortete nicht. Er starrte auf das Gestrüpp zur Linken.

„Graue Uniformen!" flüsterte er dann. — „Verdammt, die Konföderirten!"

Mit einem Satze war der Virginier vom Wagen herab. Blitzgeschwind sprang er in das Buschwerk zur Rechten und war fort.

Und nun krachten einige Schüsse, pfiffen Kugeln um die Köpfe unserer Wiener.

Rosa und Gruber schrieen auf, Huber starrte sprachlos und erschrocken zur Seite, die Pferde bäumten sich, dann stürzte einer der Braunen getroffen nieder und wälzte sich vor dem Fuhrwerke.

In der nächsten Sekunde aber durchbrach eine Schaar wildblickender Soldaten das Buschwerk.

Die grauuniformirten, wohlbewaffneten Kerle warfen sich über den Gaul her, der sich bäumte, und umringten den Wagen.

„Da haben wir's!" schrie Gruber. — „Die Konföderirten! — Was hattest Du Satans-Huber den Teufel an die Wand zu malen?!"

Zehntes Kapitel.

Gefangenschaft.

Die Soldaten, welche das Fuhrwerk überfallen hatten, gehörten zu einer Streifabtheilung, die der Konföderirten-General Jackson, wegen seiner Energie und unerschütterlichen Festigkeit auch Stonewall (Steinwall) Jackson genannt, unterhalb des Lagers der Unionisten den Fluß hatte passiren lassen.

Da die Rebellen von den Fredericksburger Höhen aus eine Bewegung im jenseitigen Lager entdeckt, so hatten die Rekognoscirenden die Aufgabe erhalten, auf der anderen Seite des Rappahannock so weit wie möglich im Gehölze vorzubringen, damit man die Gewißheit erlange, daß Hooker nicht die Absicht hege, auch unterhalb Fredericksburg einige Divisionen über den Fluß vorzuschieben.

Als die Plänkler der Konföderirten auf den
Wagen trafen, da waren sie bereits überzeugt, daß
die Unionisten, wenigstens vorderhand, keinen
Uebergang an dieser Stelle des Flusses beab=
sichtigten, und da sie nirgend im Unterholze
den Feind bemerkt, hatten sie auch ohne Be=
denken einige Schüsse auf unsere Reisenden abge=
feuert.

Durch diese war glücklicher Weise Niemand
verwundet worden, wenngleich Gruber schrie, als
stecke er bereits an einem Bajonnete. Die ener=
gische Aufforderung, sich ruhig zu verhalten, und
einige auf ihn gerichtete Gewehrläufe brachten ihn
indessen sofort zum Schweigen.

Man hätte den guten Wienern wohl übler
mitgespielt, als dieses in der Nacht zuvor geschehen,
hätte sie nicht jetzt ein höflicher aber strengblicken=
der Offizier in Schutz genommen.

Er forderte sie auf, das nahezu umgestürzte
Fuhrwerk zu verlassen, er bot sogar, während das
Letztere geschah, der schönen verzagten Rosa mit
einiger Galanterie die Hand.

Doch als nun die Drei auf festem Boden stan=
den, da begann ein kurzes Verhör, das leider in
seinem Verlaufe für unsere Reisenden schlecht aus=
gehen sollte.

„Wo kommen Sie her?" fragte der Offizier
etwas barsch.

Huber und Gruber starrten erst einander und dann Rosa in höchster Verlegenheit an.

„Wir kommen von —!" stammelte Neu=Wien.

„Wir kommen von — daß heißt von —!" stieß Gruber zähneklappernd hervor.

„Was heißt das?" rief der Offizier argwöhnisch. — „Warum stocken Sie? Sie sind Ausländer, wie ich an Ihrer Aussprache höre, —"

„Ja, Sir," stotterte Huber — „ehrliche Wiener, weiß Gott, unschuldige Wiener, Sir! Ist Alles unschuldig in Wien, Sir —"

„Aber Sie werden mir doch sagen können," unterbrach ihn der Offizier in strengem Ton — „woher Sie jetzt kommen?"

„Natürlich können wir das, Sir, sehr natürlich, bedeutend natürlich!" lallte Huber, dem ebenfalls die Angst in alle Glieder gefahren war und in dem, wie bekannt, wohl ein Held steckte, wenn es galt, sich Abenteuer herbeizusehnen, aber kein solcher, wenn es hieß sie zu bestehen. — „Wir kommen von — Sie können sich schon denken — von —"

„Ja, Sie können sich schon denken — von —!" klapperte der hagere Gruber, die Augen verdrehend.

„Von der nächsten Stadt, deren Name uns entfallen ist!" ergänzte Rosa, ihren Muth zusammenraffend.

„Ja, ja, ganz richtig!" betheuerten die beiden Helden.

Der Offizier warf einen zweifelhaften Blick auf die Drei, besonders scharf fixirte er Rosa.

„So, so!" sagte er. — „Ihr Kutscher voll=führte also ein Kunststück, denn dieser Weg ist keine Fahrstraße und hört drei Stunden weiter westlich im Dickicht auf, wo jedenfalls keine Stadt liegt. Wo ist dieses Wunder von einem Kutscher?"

Gruber rieb sich in höchster Angst die Hände, der Schweiß floß ihm in Strömen von der kahlen Stirne herab.

„Ich bitte um Vergebung," gurgelte Huber, — „der — der Fuhrmann ist entsprungen!"

„So so!" entgegnete der Offizier. — „Und von Ihnen, so scheint es, soll ich nicht die Wahr=heit erfahren?"

Nach diesen Worten wendete er sich zur Seite und winkte einige der umherstehenden Grauröcke heran. Es war ein kritischer Moment, Alles stand zu befürchten.

Rosa erlangte einige Entschlossenheit. Sie neigte sich zu ihrem Vater und Gruber, indem sie flüsterte: „Wir werden nicht die Niedrigkeit be=gehen und Surrey verrathen!"

Dem Offizier entging das Flüstern des Mäd=chens nicht.

„Was haben Sie jenen Männern gesagt?"
fragte er barsch.

Rosa trat bleich und stolz einen Schritt vor.

„Sir," antwortete sie mit fester Stimme — „ich
hörte immer, daß man in den Vereinigten Staaten gegen Damen mit zarter Rücksicht verfahre!"

„Diese Rücksicht ist im Kriege beschränkt, Miß,"
war die Antwort — „Sie werden begreifen, daß
man sie zum Beispiel für eine Spionin nicht
haben kann!"

„O Gott," stammelte Huber entsetzt — „heute
kommt meine arme Tochter an die Reihe — gestern
waren wir bei den Unionisten —"

„Wie?"

„Das heißt — ich bitte mich nicht miß —"

„Hoho! Sie kommen also aus dem Lager,
wie ich vermuthet?"

„Nun ja doch," stieß der kleine Tourist unwillkürlich hervor — „wir sind harmlose Reisende,"
setzte er gefaßter hinzu — „die sich das Lager
besahen, wir unternahmen einen kleinen Ausflug
hierher und —"

„In diese Einöde!" warf der Offizier spöttisch
und ungläubig hin.

„Und da uns diese Einöde nicht gefiel," ergänzte Rosa anscheinend gelassen, „so ließen wir
den Kutscher wenden und waren im Begriff dorthin zurückzukehren, von woher wir gekommen.

Wenn wir im ersten Momente der Bestürzung den Sachverhalt nicht offen bekannt, so geschah es, weil wir fürchteten, es werde uns in Ihren Augen unser Verweilen im Lager der Unionisten nicht zur Empfehlung gereichen. Ich hoffe, die Herren des Südens sind ritterlich genug, wehrlose Reisende ungehindert ihres Weges ziehen zu lassen."

"Das — das haben nur die Ritter des Mittelalters nicht gethan!" stammelte Gruber ein wenig ermuthigt, ohne in seiner Beklemmung daran zu denken, daß er eine nichts weniger als conservative Aeußerung gethan.

Auch Huber blickte gefaßter auf. Der Muth der Herren aber, und selbst derjenige Rosa's, sollte im nächsten Augenblicke in schleunigster Weise wieder sinken.

Als der Ueberfall geschehen, hatte sich etwa ein halbes Dutzend Grauröcke in die Gebüsche zur Rechten geworfen; die Flucht des Burschen war augenscheinlich von ihnen bemerkt worden.

Jetzt vernahm man plötzlich ein Knistern, Rauschen, Stampfen von jener Richtung her, und unmittelbar darauf zerrten die Grauröcke, welche Jagd auf den Fuhrmann gemacht hatten, diesen durch's Gestrüpp auf den Weg und vor ihren Hauptmann.

"Kapitain," rief einer der Soldaten, — "die=

fer Schurke hat bekannt, daß er etwa eine Stunde
weiter in den Wald einen bewaffneten Mann,
einen Yankee hat absetzen müssen, der über den
Rappahannock wollte, und daß die Anderen, die
mit ihm gefahren, zu ihm gehören!"

„O mein Gott," murmelte Rosa vor sich hin
— „jetzt ist Alles verloren! Armer Surrey!"

Huber und Gruber blickten einander verzweif=
lungsvoll an und rangen zitternd die Hände. Der
Offizier aber runzelte die Stirn.

„Das ändert die Sache!" sagte er finster zu
den Reisenden. — „Werden Sie unter diesen Um=
ständen den Zweck Ihrer Fahrt erklären?"

Rosa fürchtete die Angst ihrer Begleiter. Hastig
trat sie vor.

„Wir haben nichts zu unserer Aussage hin=
zuzufügen!" sagte sie entschlossen. — „Wir kennen
jenen Mann nicht, den der Kutscher im Walde
absetzte, wir gestatteten ihm, mit uns den Wagen
benutzen zu dürfen."

„Sehr wohl, Miß!" versetzte der Offizier
scharf. — „Die Sache wird sich finden. Es thut
mir leid, daß ich Sie und Ihre Begleiter nöthi=
gen muß, Ihren Ausflug bis jenseits des Rappa=
hannock auszudehnen! — Unteroffizier Slow,
nehmt zwanzig Mann und zum Führer den Schelm
von Kutscher dort, sucht die Spur des Mannes
auf, der tiefer im Walde abgesetzt ward!"

Sprachlos und entsetzt schnitten Huber und sein Gefährte die kläglichsten Grimassen.

„Armer Surrey!" flüsterte Rosa.

Die Touristen wurden von einer Schaar wild= blickender Grauröcke durch's Gestrüpp eskortirt.

―――――――――

Elftes Kapitel.

Auf der Plantage.

Etwa acht Tage waren seit dem zuletzt ge=
schilderten Erlebnisse der Wiener verflossen. Wäh=
rend dieser Zeit hatten sich in der Umgebung von
Fredericksburg bedeutende Dinge ereignet, Hooker
war in der That mit seinem Hauptkorps in den
letzten Tagen des April oberhalb der vorgenann=
ten Stadt über den Fluß gegangen, hatte nur
eine Division unter General Sedgwick am nörd=
lichen Ufer des Rappahannock zurückgelassen, einen
Scheinübergang unterhalb Fredericksburg bewerk=
stelligt, um die Rebellen über seine Operationen zu
täuschen, zugleich aber auch den Reitergeneral Sto=
neman mit einer starken Kavallerieabtheilung
über den Rappohannock gesendet, den Feind zu
umgehen und hinter dem Rücken desselben die

Richmond - Fredericksburger Bahn zu zerstören.
Alle diese Unternehmungen der Unionisten, bis
auf die letztgenannte, die aber zu spät ausgeführt
wurde, um noch den Zuzug der bei Richmond
stehenden Konföderirten verhindern zu können,
waren mißglückt, denn Hooker besaß eben nicht
jenes Feldherrntalent, das zum richtigen Dispo-
niren über große Truppenkörper erforderlich ist.
Das Hauptkorps der Unionisten wurde daher bei
Chancellorsville in der sogenannten „Wilderneß,"
ein bewaldetes, ödes Terrain, in den ersten Tagen
des Mai durch die vereinigten Truppen Lee's und
Jackson's geschlagen, welch Letzterer bei einbrechender Nacht während einer Rekognoscirung von den
Vorposten des eigenen Korps durch ein Mißverständniß erschossen ward. General Sedgwick aber,
der über den Fluß bis zu den von den Konföderirten theilweise verlassenen Höhen hinter Fredericksburg emporgedrungen, ward nach kurzer
Behauptung derselben zurückgeworfen und seine
Division mußte sich so gut wieder zu der alten
Position zurückziehen, wie die geschlagene Haupt-
armee.

Alles dieses hatte sich im Zeitraume weniger
Tage ereignet. Was war aber inzwischen aus unseren Wienern geworden?

Wir finden sie, ziemlich weit von den feindlichen Armeen entfernt, auf einer Plantage wie-

15*

der, die in der Nähe des Jamesflusses zwischen
Richmond und der kleinen Stadt York liegt.

Man hatte sie noch in derselben Stunde, da
sie gefangen wurden, über den Rappahannock ge=
führt. Die Plänkler waren dann zur Armee ge=
stoßen und hatten ihre Gefangenen als verdächtig
abgeliefert; da aber noch an demselben Tage der
Befehl zum Aufbruche nach der Richtung von
Chancellorsville kam, so waren unsere Wiener
ohne weiteres Verhör — man hatte eben keine
Zeit, sich mit solchen Dingen zu befassen — zur
Nachhut der Konföderirten befördert worden.

Dort harrten sie mehrere Tage ihres Schick=
sals. Dann kamen massenhafte Gefangenentrans=
porte, die man von der „Wilderneß" aus gesendet,
und mit einem dieser Züge mußten plötzlich unsere
Helden weiter nach dem Süden aufbrechen, da
jedes Haus, jede Hütte und Scheune in der näch=
sten Umgebung des Kriegsschauplatzes mit Ver=
wundeten überfüllt ward.

Das war ein trauriger Marsch, wie ganz an=
ders war er, als derjenige durch das Lager der
Unionisten, nach dem vortrefflichen Frühstücke
beim deutschen Obersten. Huber und Gruber muß=
ten keuchend und in brennender Sonnenglut zu
Fuß traben, da es nur der schönen Rosa gestattet
worden war, auf einem elenden Karren Platz zu
nehmen.

Richmond war mit gefangenen Unionisten über=
füllt, man hielt die Armen dort sogar unter freiem
Himmel zusammengepfropft, gleich einer Hammel=
heerde, den Regengüssen, der Sonnenglut und
Nachtkühle unmittelbar ausgesetzt, und dieses war
nicht die einzige Tortur, welche die fanatischen
Konföderirten über ihre unglücklichen Opfer ver=
hängten, denn man unterwarf sie auch einem ab=
scheulichen Aushungerungssysteme, sie völlig kraft=
los und zu einer etwaigen Flucht untauglich zu
machen.

Unseren Wienern war es doch besser ergangen,
und zwar auf Verwendung eines höheren Offiziers,
der mit Rosa Mitleid empfand. So hatte man
sie denn, mit etwa vierzig Anderen, von einer nur
geringen Eskorte begleitet, die ein junger Lieute=
nant zweiter Klasse befehligte, zu jener Pflanzung
gebracht, deren zuvor Erwähnung geschah. Fast
alle Pflanzungen und Farmhäuser in der Nähe
des Kriegsschauplatzes waren mit ähnlichen Ein=
quartierungen überfüllt oder dienten als Lazarethe
und Provianthäuser.

Das Herrenhaus oder mansion, von dem hier
die Rede ist, lag fast am Rande ziemlich ausge=
dehnter Holzungen, die bis zum Ufer des James=
flusses liefen. Es war ein altes, verwittert aus=
sehendes, einstöckiges Gebäude aus Backstein, das
hohe Giebel und ringsherum hölzerne Verandas

hatte, wie faſt alle Pflanzerhäuſer des Südens.
Die ſchmutzigen kleinen Negerhütten befanden ſich
an einer Seite des rückwärtigen Gartens, faſt am
Ausgange deſſelben und hinter Gebüſch verſteckt,
damit ihr Anblick nicht das ariſtokratiſche Auge
der Weißen verletze, wenn ſie jenen Theil des
Gartens beſuchten. Ein kleiner etwas verwahr-
loſter Park zog ſich vor dem mansion hin, neben
dem, weiter zurück, Stallungen und andere Seiten-
gebäude lagen. Die roſtige Gitterpforte, deren
Pfeiler aus bröckelndem Sandſtein beſtanden, führte
aus dem Vorpark zu einem tiefſpurigen Wege,
der, an Tabakfeldern vorüber, erſt eine halbe
Stunde weiter in die Fahrſtraße mündete; die
Pflanzungen in Nord- und Süd-Carolina liegen
meiſt abſeiten der Hauptwege und verſteckt. Hinter dem Herrenhauſe und nach Oſten hin dehnten
ſich dieſe Tabakfelder aus, ſie waren jetzt ziemlich
verödet, denn manche der ledigen Sklaven hatten
ſich zu den Unioniſten geflüchtet und der Betrieb
des Tabaksbaues lohnte ſich überhaupt nicht, da
wegen der Blokade der Seehäfen kein Geſchäft mit
dem Auslande zu machen war.

Wir betreten die Plantage zugleich mit dem
Transporte der Gefangenen.

Als der bartloſe, ſechzehnjährige Lieutenant,
der ſich ſelbſt im Kriegsdienſte ſein ſüdcaroliniſches
geſchniegeltes Stutzerweſen bewahrt hatte, mit dem

ihm anvertrauten Trupp vor der Fronte des
alten verwitterten mansion erschien, trat ihm ein
kleines, hageres Männchen mit scharfgeschnittenen
Zügen und tückischem Blick unter der Veranda
entgegen.

„Sie sind Mr. Skarlet?" fragte der Lieute=
nant, überreichte nachlässig einen Zettel vom
Generalkommando und setzte hinzu: „Sie werden
uns eine Zeit lang behalten müssen, Sir. Sie
wurden ohnehin, wie mir scheint, bis jetzt nicht in
Kontribution gesetzt.

„Sie irren, Lieutenant!" antwortete der Pflan=
zer scharf. — „Man verlangt das Unmögliche
von uns! Seit drei Tagen erst ist ein ganzer
Schwarm fort, der hier durch vier Wochen Quar=
tier machte. Woher nehmen bei dieser entsetzlichen
Theuerung?"

„Ich hoffe, Sie sind kein Abolitionist, Sir,"
warf der junge Lieutenant hochmüthig hin, —
„und fügen sich opferwillig der Regierung?!"

„Möge Lincoln hängen!" brummte der Pflan=
zer grimmig. — „Aber die Politik unserer Herren
kostet uns den Hals!"

Der Lieutenant lachte und folgte dann dem
Pflanzer, der ihn durch eine Handbewegung ein=
lud, in das Haus zu treten.

Rosa hatte mit der gespanntesten Aufmerksam=
keit auf das Gespräch gehorcht. Schon bei den

erſten Worten des Lieutenants war ſie betroffen
aufgefahren. Jetzt vermochte ſie kaum ihre Aufregung zu verbergen.

Sie wandte ſich haſtig zu ihrem Vater und
ſeinem Freunde, als der Lieutenant unter die
Veranda trat.

„Habt Ihr gehört," flüſterte ſie in deutſcher
Sprache, „der Lieutenant nannte jenen Mann
Skarlet. Ich zweifle keinen Augenblick, daß wir
uns auf der Beſitzung Mary Surrey's befinden!"

„Wie? der Schweſter unſeres Freundes?" ſtammelte Huber, der ſichtlich an Körperfülle und Humor eingebüßt hatte und eine äußerſt niederge-
ſchlagene Miene zeigte.

„Von deſſen Schickſal wir garnichts wiſſen,
der vielleicht längſt erſchoſſen iſt!" ergänzte Gruber kläglich, deſſen Erſcheinung jetzt bedeutend an
die Skelette anatomiſcher Muſeen erinnerte.

Roſa erbebte.

„Wer weiß?!" murmelte ſie beklommen. —
„Wenn er doch lebte? Es ſteht feſt, daß er jenen
Männern entging, die ihm jenſeis des Rappahannock nachgeſendet wurden! Wenn es ihm bereits
gelungen wäre, die Schweſter zu befreien?! Die
nächſte Stunde wird es lehren!"

Der Lieutenant und der Pflanzer kehrten bald
aus dem Hauſe zurück, mit ihm aber waren jetzt
eine ältliche Dame, die Frau des Pflanzers, und

ein junger breitschulteriger und rothhaariger Mann,
der Sohn des Skarlet.

Die Dame, gleich ihrem Gatten ein schwäch-
liches Wesen mit ziemlich scharf ausgeprägten Zügen, hatte eigenthümlich verschleierte Augen, die
lauernd und unstät unter halbgesenkten Lidern her-
vorsahen, ihre Miene verrieth Gleißnerei, ihr gelb-
licher, krankhafter Teint ließ auf eine Ueberreiztheit
ihrer Nerven und Uebellaunigkeit schließen.

Der Sohn zeigte sich in seinem Auftreten über-
müthig und roh, seine Züge, obgleich keineswegs
unschön, hatten doch etwas Abstoßendes durch den
Ausdruck von Härte, der in ihnen lag.

Dieser Sohn war augenscheinlich herbeigerufen
worden, für seinen Vater das Wort zu führen.
Er geberdete sich auch jetzt wie der Herr der
Plantage.

„Wie können Sie nur denken, Lieutenant," rief
er, indem er mit musterndem Blicke den harrenden Trupp überflog, „daß wir im Staude seien,
all' diese Kanaillen aufzunehmen?"

Der jugendliche, stutzerhafte Offizier ward bis
in Stirn und Schläfen hinein feuerroth, sein mäd-
chenhaftes Antlitz verfinsterte sich.

„Wen meinen Sie mit diesem Ausdruck, Sir?"
fragte er in höchster Gereiztheit.

„Nun, die tapfere Armee, welche Sie befehli-
gen, keinesfalls!" versetzte der Rothhaarige lachend.

Der Lieutenant biß die Zähne übereinander.
Als galanter Stutzer hatte er während des Marsches der schönen Rosa wiederholt und unzweideutig den Hof gemacht, obwohl das arme Mädchen ihm, wie sich von selbst versteht, keine Er-
munterung dazu gegeben. Der junge Mann, der
sich trotzdem einen Erfolg versprach, besonders
während der Dauer einer langwierigen Einquartierung, glaubte in den Augen der schönen Deutschen nur gewinnen zu können, wenn er sich jetzt
zu ihrem Ritter aufwarf.

„Sir," sagte er daher heftig, „Sie übersehen,
daß sich unter meinen Gefangenen eine Dame befindet!"

Der Rothhaarige glotzte die unter seinem fre-
chen Blicke erröthende Rosa an.

„Ah, eine Dame!" sagte er dann verächtlich.
„Man weiß, welche Damen den Troß der Armee
begleiten und —"

„Sie sind ein Unverschämter, Sir!" unterbrach
ihn der Lieutenant, „und Sie scheinen von der
Art, wie wir Krieg führen, keinen Begriff zu
haben. Sie sind jung und stark, Sie thäten besser,
für unsere heilige Sache das Gewehr auf die
Schulter zu nehmen, statt hier den feigherzigen
Popanz zu spielen!"

Der Rothhaarige ward bleich, aber er antwortete nicht, ein sicheres Zeichen, daß der junge stutzer-

hafte, doch jetzt so entschlossene Lieutenant das
Rechte getroffen

„Werden Sie noch zögern, uns Quartier an=
zuweisen?" fuhr er gelassen fort, sich an Vater und
Sohn wendend.

Der Pflanzer und seine Frau zitterten, der
Rothhaarige aber antwortete trotzig: „Und wenn
ich mich weigere, dies zu thun?"

„Dann zünden wir Ihnen das Haus über
dem Kopf an und überliefern Sie dem Militär=
gerichte, Sir!" war die trockene Antwort.

In diesem Augenblicke öffnete sich die vom
Hanse zur Veranda führende Thür. Eine junge
Dame, heftig erregt und bleich, trat heraus und
zu der Gruppe.

Die Dame, ein reizendes, brünettes Mädchen
von schlanker Gestalt und mit edlen, regelmäßigen
Zügen, mußte von einem der Parterrefenster aus,
hinter den halbgeschlossenen Jalousien, Alles gesehen
und gehört haben.

„Edwin," rief sie mit Festigkeit und in schö=
nem weiblichen Stolz, „Du hast kein Recht, in
dieser Weise aufzutreten, denn noch bin ich die
Herrin dieser Besitzung. Herr Lieutenant, ich stelle
Haus und Hof zu Ihrer Verfügung, und jene
Dame," setzte sie in sanftem Tone hinzu, sich Rosa
nähernd, „jene arme Gefangene wird mein Zimmer
mit mir theilen!"

Der rothhaarige Sohn des Pflanzers wendete
sich zu der Sprecherin. Er zuckte unter ihren
flammenden Blicken zusammen und runzelte die
Stirn.

„Gut," erwiederte er finster, „so habe ich hier
überhaupt nichts zu thun, und Du magst selber
mit dem Herrn dort Alles in Ordnung bringen!"

Und damit wandte er sich hochmüthig ab und
kehrte in das Haus zurück.

„Ein trotziger Geselle," rief der Milchbart la=
chend, „ich hoffe, er ist nicht Ihr Bruder, Miß?"

„Nein," versetzte die junge Dame ruhig, „er
ist der Sohn meines Oheims, der die Güte haben
wird, Ihnen und Ihren Begleitern die nöthigen
Quartiere anzuweisen!"

Sie sagte die letzten Worte mit fester Beto=
nung, indem sie einen scharfen Blick auf das Eltern=
paar des Rothhaarigen richtete.

Der Pflanzer und seine Frau erwiederten die=
sen Blick in tückischer Weise, aber sie antworteten
dem Mädchen nicht.

Der Mann trat vor und sagte mit gleißnerischer
Höflichkeit: „Ich bin bereit, Kapitain!"

Der Lieutenant lachte auf.

„Für die Gefangenen ist die Stallung gut
genug," rief er dann, „man wird sie dort auch
jedenfalls am besten bewachen können, ich selber
bin mit einem kleinen Salon, einem Schlaf= und

Ankleidezimmer zufrieden und bitte nicht zu ver=
geffen, daß meine Leute keine Nigger sind, die Gott
verdammen möge, sondern brave Vertheidiger un=
serer Rechte. Für die deutsche Miß haben Sie
übernommen zu sorgen," setzte er hinzu, sich an
die Nichte des Pflanzers wendend, und fuhr mit
einem feinen, doch etwas unverschämten Lächeln
fort: „Ich hoffe, Sie quartieren dieselbe nicht allzu
fern von meinen Zimmern ein, denn ich werde die
Bewachung der jungen Dame persönlich über=
nehmen!"

Rosa erröthete tief und blickte stolz auf den
milchbärtigen Lieutenant, der davon keine Notiz zu
nehmen schien und nach einer leichten Verbeugung
mit dem Pflanzer davonschreiten wollte.

Die junge Wienerin aber trat jetzt rasch ent=
schlossen vor, nachdem sie einen ermuthigenden
Blick auf ihren Vater und Gruber geworfen hatte,
die in höchster Unruhe zagend und rathlos in der
ersten Reihe des harrenden Transportes standen.

„Ich muß an Ihren ritterlichen Sinn zu Gun=
sten meines Vaters und seines Freundes appelli=
ren, Sir!" sagte sie, ruhig doch entschieden sich zu
dem Lieutenant wendend. „Man hat sie weder
bewaffnet noch als Feinde der Südstaaten aufge=
griffen, hat uns ohne Verhör hierher geschleppt,
uns, die harmlosen Reisenden! Und da ich mich
in derselben Lage mit meinem Vater und jenem

Herrn dort befinde, so kann ich hier eine Vergün=
stigung nur annehmen, wenn ich sie mit ihnen
theilen darf!“

Der junge stutzerhafte Lieutenant blickte einiger=
maßen enttäuscht auf, er sah die glänzenden Augen
der beiden Misses, die gleich schön und liebenswür=
dig waren, voll Zuversicht auf sich gerichtet, und
befand sich einen Moment, trotz seiner Dandyschaft,
oder wohl noch richtiger wegen derselben, in einer
gewissen Verlegenheit. Er schien unschlüssig, was
zu thun sei.

Dieser Unschlüssigkeit ward durch ein geschick=
tes Manöver der jungen Amerikanerin ein rasches
Ziel gesetzt.

„Ich sehe,“ sagte sie, indem sie lächelnd Ro=
sa's Hand ergriff und dem milchbärtigen Krieger
des Südens einen Blick zuwarf, den kein Stutzer
der Welt zu seinem Nachtheil gedeutet hätte, „daß
wir es mit einem Kavalier zu thun haben, der
nicht so strenge und ungalant ist, zwei armen
Mädchen einen bescheidenen Wunsch abzuschlagen.
Wenn Ihrer Pflicht durchaus zu nahe getreten
werden sollte, Sir,“ setzte sie schalkhaft hinzu, „so
will ich dagegen Ihre Verantwortlichkeit theilen
und mich bereit erklären, jene Herren in eigener
Person zu überwachen, während die liebenswürdige
Miß dort Ihre Gefangene bleiben mag!“

Der eitle Dandy Süd=Carolina's schien um

einige Zoll zu wachsen. Er strich sich mit einem
feiner zarten Händchen über die Oberlippe, als drehe
er einen Bart, der thatsächlich nicht vorhanden
war, und antwortete geziert und lächelnd: „Es
sei, Miß, ich gefährde freilich meine Stellung, aber
ich fühle, daß es Ihnen gegenüber nutzlos ist,
einer Gefahr ausweichen zu wollen!"

Nach diesen Worten verbeugte er sich sehr regel-
recht und mit vielsagenden Blicken gegen die Damen, und schritt mit dem Pflanzer fort, vorläufig
die Localitäten zu besichtigen.

Unsere Wiener athmeten auf, durch ihre Jammermienen blitzte eine Art Verklärung.

„Gott sei Dank," murmelte Huber, „ich kann
ein Auge auf meine Tochter und den Lieutenant
behalten! So freu' Dich doch, Gruber!"

„Hol's der Henker," seufzte dieser, „ich hab'
keine Tochter, ich hab' in New York eine Erbschaft
zu erheben!"

Rosa aber neigte sich zu der Nichte des Pflanzers und flüsterte: „Miß, Sie sind Mary Surrey,
— Ihr Bruder Ralph ist in Virginien, Sie zu
befreien!"

Die junge Amerikanerin starrte Rosa einen
Moment betroffen an.

„Kommen Sie, Miß," sagte sie alsdann laut
und scheinbar unbefangen, „ich werde Ihnen Ihr
Zimmer anweisen!"

Zwölftes Kapitel.

Ein gefährliches Wiedersehen.

Drei Tage waren nach der Ankunft des Gefangenentransportes auf der Plantage verstrichen. Die armen Unionisten, unter denen sich mehr als Einer befand, welcher der besseren Klasse angehörte, hatten ein gerade nicht beneidenswerthes Logis erhalten, aber sie dankten doch dem Himmel, die Nächte wenigstens unter einem Dache verbringen zu können. Sie mußten freilich auf dem harten Erdboden der Scheunen und Stallungen ohne Streu schlafen, und hatten von der Hitze und dumpfen Atmosphäre viel zu leiden; aber würden sie nicht im Freien allen Launen der Witterung ausgesetzt und ebenfalls genöthigt worden sein, auf nackter Erde zu ruhen, wie ihre unglücklichen bei Richmond gefangen gehaltenen Kameraden?

Unsere Wiener Herren hatten es nicht schlecht,

obwohl sie die karge Kost der Gefangenen erhielten,
sie bewohnten doch eine Kammer im Herrenhause
und durften, wie die Anderen, täglich eine Stunde
im Hofe umhergehen, auch mußte ihnen Mary
Surrey in aller Stille einige kleine Erleichterungen
ihrer Lage zu verschaffen. Huber und Gruber
wurden übrigens so scharf bewacht, wie ihre Lei=
bensgefährten, — vor und hinter den Gebäuden
der Pflanzung waren Tag und Nacht Soldaten
mit geladenem Gewehre aufgestellt.

Die Nichte des Pflanzers hatte die junge
Wienerin in ihr eigenes Zimmer genommen, nicht
aber zu großer Befriedigung des milchbärtigen
Lieutenants, der den ganzen Tag keine der beiden
Damen ohne die Andere zu sehen bekam. Da er
aber eine nicht geringe Dosis Zuversicht und Eitel=
keit besaß, so tröstete er sich bald über jenen Um=
stand und war innerlich überzeugt, auch die ver=
einten vorsichtigen Kräfte durch seine unwidersteh=
liche Liebenswürdigkeit besiegen und so einen dop=
pelten Triumph feiern zu können. Er zeigte sich
daher nicht allein gegen Rosa, sondern auch gegen
Mary Surrey ausgesucht galant und benützte jede
sich darbietende Gelegenheit, Beiden seine Huldi=
gungen darzubringen. Der junge Mann war
eben noch etwas „grün", wie man zu sagen pflegt,
und erst ein Neuling in der Rouéschaft, die er so
sehnlichst anstrebte. Und Rosa und Mary besaßen

Lebensklugheit genug, diesen Vortheil zu erkennen
und kluger Weise die Illusionen des Milchbartes
nicht sofort zu vernichten.

Ganz anders, und zwar drohend, gestaltete sich
das Verhalten des Lieutenants und des Rothhaarigen zu einander. Der kleine, bei ihrem ersten
Begegnen unter der Veranda stattgefundene Konflikt hatte eine Kette von Mißhelligkeiten in seinem
Gefolge, der junge Skarlet und der Milchbart
schienen einander instinktartig zu hassen, und sie
gaben dies ziemlich unzweideutig zu verstehen, wenngleich der feige Sohn des Pflanzers einen eigentlichen Eclat vermied. Mit scharfen, mißtrauischen
Blicken beobachtete er die Galanterien, welche der
Lieutenant der schönen Mary erwies, die er, trotz
ihres bisher gezeigten Widerstrebens gegen ihn,
als seine Braut betrachtete.

Es war um die Dämmerungsstunde, als die
beiden Mädchen in ihrem Zimmer beisammen saßen.
Sie hatten längst kein Hehl mehr vor einander,
sie waren durch die Beziehungen, in welchen Beide
zu Ralph Surrey standen, rasch innige Freundinnen
geworden, Rosa hatte der Schwester desselben sogar
erröthend gestanden, daß ihr der edle und muthige
Reisegefährte nicht gleichgültig sei und daß sie aus
seinen Blicken etwas mehr als eine aufkeimende
Freundschaft für sie herausgelesen.

Und wie nun die jungen Damen so bei einan-

der saßen, Hand in Hand, da besprachen sie leb=
haft ihre Lage und den kühnen Plan Surrey's,
da bewegte eine Welt wehmüthigen Entzückens
und düsterer Befürchtungen ihre Herzen.

Plötzlich schreckten sie zusammen. Leise, vorsich=
tig ward die Thür ihres Gemaches geöffnet, eine
dunkle Gestalt huschte bis dicht vor sie hin.

Die Mädchen beruhigten sich, — die Person,
welche sich schattengleich ihnen näherte, war eine
junge Negerin der Plantage.

„Was gibt's, Lucy?" fragte die Nichte des
Pflanzers beinahe unwillig.

Die Negerin blickte sekundenlang scheu hinter sich.

„Missus," flüsterte sie dann — „wie Lucy ist
gangen allein vor fünf Minuten durch Feld hin=
ter Hütte vom alten Nig Toby, ist mit einmal
vor ihr gestanden fremder weißer Mann und hat
gesagt: Still, nicht schreien! — und hat gesagt:
Liebst Du Missus Mary, Deine Herrin? — hat
Lucy gesagt: O Lorry, Lucy und alle arme Nigger
hier sterben für Missus Mary, wenn es sein muß!"

„Mein Gott —!" stammelte Mary erblassend
und ahnungsvoll — „weiter!"

„Hat weißer Mann gesagt: Geh', sag' der
Missus heimlich, Ralph ist da und Missus soll
kommen heimlich zu ihm, er warten ganzen Abend,
ganze Nacht im Feld!"

Die Mädchen schnellten in höchster Aufregung

16*

von ihren Sitzen empor. Obwohl sie stündlich ein
Lebenszeichen von Surrey erwartet hatten, waren
sie doch jetzt bestürzt.

„Ihr Bruder ist da!" murmelte Rosa bebend.
— „Er hat es gewagt, hierher zu schleichen, ob=
gleich Haus und Hof von Soldaten besetzt sind!
Himmel, — wie wird das enden!"

Die Bestürzung Mary's währte nur sekunden=
lang. Sie war so herzhaft wie schön. Im näch=
sten Moment strahlte Entschlossenheit aus ihren
Blicken.

„Glücklich, so Gott will!" antwortete sie mit
Festigkeit. — „Die Dämmerung ist angebrochen,
jetzt ist der günstige Augenblick, Ralph zu spre=
chen, ich werde nicht zögern. Begleite mich, Lucy!"

Die Sklavin wich zur Seite, Mary schritt
hastig der Thür zu.

Plötzlich hemmte die Nichte des Pflanzers ihren
Schritt, sie kehrte zu Rosa zurück und erfaßte beide
Hände des zitternden Mädchens.

„Muth, meine Freundin!" sagte sie. — „Em=
pfangen Sie hiermit mein Ehrenwort, daß Ralph
und ich nicht fliehen werden ohne Sie, Ihren
Vater und seinen Freund, was auch immer ge=
schehen möge."

Die Mädchen umarmten einander, Rosa schluchzte
laut.

„Still, um Gottes willen, still!" flüsterte

Mary und drängte die junge Wienerin haftig zu
ihrem Sitze. — „Wenn Ralph Sie liebt, woran ich
nicht zweifle, so wird er Alles auch an Ihre Be=
freiung setzen!"

„O das ist es nicht, was mich ergreift, —"
stammelte Rosa. — „Er darf sich und Sie nicht
meinethalben gefährden — und wenn —"

„Still, meine Freundin!" unterbrach sie Mary
haftig. — „Die Vorsehung hat es nicht umsonst
so gefügt, daß Sie gerade hierher kommen sollten!
Ralph wird sich ein edles Herz, wie das Ihre,
muthvoll verdienen!"

Die Lippen Mary's berührten leise und heiß
die Stirn Rosa's.

Dann verließ das junge herzhafte Mädchen
haftig das Gemach, von der schwarzen Dienerin
gefolgt.

Rosa aber sank neben ihrem Stuhle nieder
und betete inbrünstig.

Draußen im Hofe, vor den Fenstern des Zim=
mers, in dem der kleine dicke Tourist und sein
Freund sich in Haft befanden, patrouillirte eine
Schildwache auf und ab. Auch weiterhin, vor
den Thüren der Nebengebäude, schritten einige
Soldaten hin und her, am Ende der Stallungen,
dort wo der parkartige, verwilderte Garten be=
gann, stand ebenfalls ein Posten.

Mary schritt, die Sklavin hinter sich, an den

dienstthuenden Konföderirten vorüber, und zu den abseiten gelegenen Negerhütten.

Manche der armen Schwarzen saßen vor ihren elenden Bretterwohnungen. Sie grüßten die Herrin ehrerbietig, die Kinder sprangen lachend und schäkernd heran und hingen sich an die geliebte „Missus". Diese wehrte sie freundlich ab und umging die Hütten, nach dem nächsten Tabakfelde sich wendend.

Niemand von dem schwarzen Volke blickte ihr neugierig nach oder folgte ihr, mit Ausnahme Lucy's; die unglücklichen, geknechteten Wesen hätten sich eher zerstückeln lassen, als daß sie ihren Schutz= engel, die „Missus", würden verrathen haben, wäre ihnen ihr Vorhaben bekannt gewesen.

Am Rande des Tabakfeldes blieb Lucy als Wächterin stehen. Mary aber tauchte in die Nacht der Stauden.

Da raschelte es neben ihr, — ein Mann in Farmerkleidung bog das Tabakgestrüpp ausein= ander.

„Mary, füße Mary!" lispelte eine weiche Stimme.

„Ralph!" hauchte das Mädchen, von Wonne= schauern und Angst überwältigt.

Mary Surrey sank an die breite Brust ihres Bruders. Welches Wiedersehen!

Dreizehntes Kapitel.

Weiberlist.

Nicht viel mehr als eine Viertelstunde war seit der geheimen Zusammenkunft Ralph Surrey's mit seiner Schwester verflossen, als diese wieder in dem Herrenhause erschien, jedoch jetzt ohne Lucy.

Ihre Miene war sehr ruhig und unbefangen.

„Wo ist Mr. Edwin?" fragte sie einen schwarzen Diener des Hauses.

„Massa Edwin?" entgegnete der Bursche. „Im Drawing-Room, Missus!"

„Wer ist bei ihm?"

„Niemand, Missus! Massa Skarlet und Leutnant sind in Bibbultekzimmer, in alt' Bücher kramen und Missus Skarlet in Küche, für Mannschaft und Bobolitionist kochen."

„Gut!"

Mary verließ den Hausgang und trat in das Drawing-Room oder Wohnzimmer.

Sie fand, wie es ihr der Neger verkündet hatte, den Sohn ihres Oheims allein.

Ihre Züge nahmen jetzt den Ausdruck einer düstern, heftigen Erregung an, ihre Lippen bebten, ihr Blick glühte. Das war aber Alles erkünstelt, doch vermochte sie jetzt um so leichter eine solche scheinbare Indignation zur Schau zu tragen, als in der That ihr Herz fast hörbar vor ängstlicher Erwartung schlug.

Der Rothhaarige saß an einem Tische und starrte beinahe trotzig auf die Eintretende. Er gewahrte sofort den ungewöhnlichen Ausdruck ihrer Züge, die ihm einen heftigen Auftritt zu weissagen schienen.

Er richtete das Haupt hochmüthig empor.

„Ah," sagte er in einem gereizten Tone „meine Cousine Mary kommt nicht in friedlicher Absicht!"

Mary trat dicht vor ihn hin. Ueber ihr schönes, so eben noch düsteres Antlitz glitt jetzt ein eigenthümlicher Ausdruck — es hatte nun den Anschein, als sei sie sekundenlang bekümmert, verwirrt, beschämt.

„Edwin," begann sie mit zitternder Stimme, indem sie den Blick zu Boden schlug, „ich komme, Dir Abbitte zu leisten!"

Der Sohn des Pflanzers stutzte.

„Abbitte?" fragte er zögernd — „wofür?"

„Ich verfuhr hart mit Dir, unziemlich, an dem Tage, als die Einquartierung hier erschien, — nicht allein damals, auch früher schon — vergib mir!"

Die Züge des Rothhaarigen drückten unverholen ein lebhaftes Erstaunen aus. Dann runzelte er plötzlich die Stirn.

„Entweder Du willst mich verhöhnen," murmelte er — „oder — oder — wie soll ich das deuten?"

„Deute es im besten Sinne, Edwin," erwiederte Mary mit Wärme — „und vergelte nicht Böses mit Bösem. Seit jener Lieutenant hier ist, bin ich zur Erkenntniß gekommen, daß ich Dich verkannte. Du bist gut" fuhr sie mit gepreßter Stimme fort — „Du bist werth, Edwin, — daß man Dich liebe —!"

Ueber das Antlitz des Pflanzers lief es wie verklärender Sonnenschein, sein Auge blitzte, hastig sprang er auf.

„Mary!" stieß er freudig hervor, indem er die Hände des Mädchens erhaschte — „Mary — wäre es möglich!"

Plötzlich durchzuckte ein Gedanke sein Gehirn, der den kräftigen jungen Mann erbeben machte. Seine Züge nahmen einen dämonischen Ausdruck an.

„Diese Wandlung kommt nicht von ungefähr!" rief er heftig. — „Du bist erregt, Du zitterst, Du warst außer Dir, als Du eintratest! Was hat Dir der Lieutenant angethan?"

Mary zuckte zusammen, als überkomme sie eine düstere Erinnerung. Dann flammte ihr Blick, ernste Entschlossenheit erschien in ihren Zügen.

„Ich muß fort von hier," sagte sie hastig — „um meinet= und um — Deinetwillen, Edwin!"

Des Rothhaarigen Augen begannen wie glühende Kohlen zu leuchten.

„Was hat Dir der Lieutenant angethan?"

„Er hat mich beschimpft, — ich — bin vor seinen Nachstellungen nicht mehr sicher!" stammelte Mary.

„Höll' und Teufel, ich erschieße den Hund auf der Stelle!" rief Edwin und ließ das Mädchen los. — „Auf der Stelle —"

„Das wäre Wahnsinn!" fiel ihm Mary in's Wort. — „Seine Soldaten würden Dich, mich, Deine Eltern ermorden und das Haus in Brand stecken! Nein, Edwin, ich muß fort von hier, auf einige Wochen, bis diese Einquartierung sich entfernt hat. Ich beschwöre Dich, unternimm keine Gewaltschritte!"

Mary hätte wohl kaum nöthig gehabt, so leidenschaftlich von einem Gewaltschritte abzurathen, Edwin Skarlet war ohnehin nicht ein Mann küh=

ner That. Die Intrigue und eine auf Schleich=
wegen ihr Ziel erreichende Rache lagen mehr im
Bereiche seiner Denkungsart.

„Fort von hier —?" murmelte er finster sin=
nend — „fort —"

„Ja, führe mich hinweg, Edwin," beschwor
Mary — „o, könnte es heute noch sein! Aber
ich weiß, das ist unmöglich — doch morgen —
morgen! Du hast Freunde auf den Plantagen der
Umgegend — am Jamesflusse —"

„Höll' und Teufel —!" stieß der Pflanzer her=
vor. — „Meine Braut beschimpfen —! Und ich
sollte nicht sofort —?"

Dann sann er einen Augenblick nach.

„Gut!" murmelte er. — „Ich bringe Dich
zu Thomas Wilson, fünfzehn Meilen westwärts
am Flusse, — dort bist Du sicher — Wilson hat
sich durch eine namhafte Summe von aller Ein=
quartierung freigemacht. Du bist ein braves Mäd=
chen, Mary — o wie ich Dich liebe!"

Mary duldete es, daß seine heißen Lippen ihre
Wangen berührten.

„Doch Du wirst mich nur heimlich von hier
fortschaffen, Edwin," flüsterte Mary. — „Du be=
greifst, der Lieutenant würde, — wenn er eine
Ahnung hätte, — zu verhindern suchen, vielleicht
mit Gewalt, — er hat seine Soldaten hinter
sich —"

„Ich begreife, Mary. O, es ist schändlich!
Doch vor morgen Abend kann ich nichts unter=
nehmen, — ich habe den Fischer Baslin benach=
richtigen zu laffen, daß er fein Segelboot bereit
halte, denn wir müssen auf dem Fluß weiter, das
Land ist unwegsam —"

„Gut, morgen also, in der Nacht. Doch
schwöre mir, daß Niemand davon ein Wort er=
fährt, — nicht einmal Deine Eltern —"

„Ich schwöre es Dir!"

„Daß Du scheinbar unbefangen bleiben wirst
und keine Händel mit dem Lieutenant suchen —"

„Ich schwöre es! Doch wie! wenn nun der
Schurke hier längere Zeit verweilen sollte? Wäre
es nur möglich, ihn wenigstens in kürzester Frist
von hier zu entfernen!"

„Du hast recht!" flüsterte das Mädchen sinnend.

„Wenn ich ihn verderben könnte!" fuhr der
junge Pflanzer hämisch fort.

„Halt, Edwin, ich hab's!" begann Mary haftig.
— „Sagte er nicht, daß seine Stellung durch die
Nachsicht gefährdet sei, die er aus Galanterie für
mich, den deutschen Gefangenen erweise? Sie sind
minder bewacht als die Anderen, in den Gängen
des Haufes steht keine Wache, — Edwin, wenn
wir die Deutschen mit uns entfliehen ließen!"

„Teufel, welcher Einfall, Mädchen —!"

„Sie unbeachtet aus dem Haufe zu schaffen,

das sei meine Sache; ein Weib in Gefahr ist
erfinderisch, und ich werde dafür sorgen, daß weder
auf uns noch Deine Eltern ein Verdacht fallen
kann. Von Wilson's aus kann es ihnen möglich
werden, in der Nacht auf dem Flusse nach Hamp=
ton Roads zu entkommen, wo die Blokadeflotte
der Yankees liegt. Du aber wirst hierher zurück=
kehren, wirst offen und ruhig erklären, daß Du
Deine Braut fortgeführt, sie vor Nachstellungen
zu sichern, im Stillen aber General Lee oder Jef=
ferson Davis die Anzeige von der Fahrlässigkeit
des Lieutenants machen, den man dann jedenfalls
kassirt oder doch durch einen andern Offizier er=
setzt. Das sei Deine Rache!"

Ueber die Züge des Pflanzers verbreitete sich
der Ausdruck einer wilden, dämonischen Freude.

„Mädchen, das ist ein kühner Einfall," flüsterte
er — „aber er ist herrlich und ausführbar, was
meinen Theil an der Sache betrifft, — doch ich
begreife nicht, wie Du jene Deutschen —"

„Still, Edwin! Willigst Du ein? Es gilt
meiner Ehre, Deiner Ruhe und — Rache!"

„Ja, Rache!" murmelte der Rothhaarige. —
„Ich willige ein! Morgen Nachts halte ich Alles
bereit! Doch wir müssen uns noch über das Nähere
besprechen."

„Gewiß! — Ich höre Deinen Vater und den
Lieutenant, leb' wohl! Gedenke Deines Schwures!"

Mary warf einen zärtlichen Blick auf den jungen Pflanzer, der sich durch das plötzlich vor ihm auftauchende Glück wie betäubt fühlte, und verließ eilig das Gemach.

Als sie eine Minute später in ihr Zimmer trat, fiel sie der neuen Freundin bewegt um den Hals.

„Binnen achtundvierzig Stunden sind wir frei," flüsterte sie, — „ich habe bereits nach einem Plane meines Bruders gehandelt!"

Vierzehntes Kapitel.

Ein Handstreich.

Und wieder war es Abend. Nur der Lieutenant und die alten Skarlets befanden sich im
Speisezimmer beim Nachtmahle, denn Edwin hatte
schon zeitig Nachmittags die Wohnung verlassen
und erklärt, er werde von seinem Besuche in der
Nachbarschaft erst spät in der Nacht heimkehren;
Mary Surrey aber war unter dem Vorwande
nicht erschienen, daß die deutsche Miß sich unpäß-
lich fühle und sie derselben Gesellschaft leisten
müsse.

Ueber diesen letzteren Umstand war der Milchbart höchst verdrießlich, denn er sah sich nun mit
seiner Unterhaltung ganz und gar auf das ihm
sehr langweilige Skarlet'sche Ehepaar angewiesen,
das ihm ohnehin beständig mit mürrischem Wesen
eine Art passiven Widerstandes entgegensetzte. Er

trank daher in seiner Verzweiflung von dem schwe=
ren Weine ein Glas nach dem andern, bis er je=
denfalls mehr als genug hatte und in einen ge=
wissen schwerfälligen, nebelhaften Zustand versank.
In diesem aber war er noch nicht gelaunt, sich
nach beendigtem Nachtmahle schlafen zu legen, und
so mußten denn, wohl oder übel, Skarlet und
Frau ein Whist à trois mit ihm beginnen,
das nach aller menschlichen Berechnung den An=
schein hatte, bis spät in die Nacht hinein zu
dauern.

Die zehnte Abendstunde war kaum gekommen,
— die Whistspielenden hockten noch fest beisam=
men — als zwei schlanke, leichtverhüllte Mädchen=
gestalten, gefolgt von zwei schwarzen Dienerinnen,
das Herrenhaus verließen, ohne unter der rück=
wärtigen Veranda zu verweilen, den Hof betraten
und dem wildbewachsenen, weitläufigen Garten
zuschritten.

Die Wachen am Hause und den Nebengebäuden
sahen die Damen und die beiden Negerinnen an
sich vorübergehen und blickten ihnen ziemlich gleich=
gültig nach, bis sie im Parke hinter den Büschen
verschwanden. Höchstens daß der Eine oder der
Andere der aufgestellten Soldaten sich dachte:
Unser Lieutenant ist doch ein verfluchter Kerl,
trotz seiner sechzehn Jahre; gleich wird er ihnen
in den Garten nachkommen, gestern Abend war

es gerade fo, die Mädchen legen es darauf an.
Wer doch nur Lieutenant wäre!

Mary und Rosa hatten in der That am
Abend zuvor einen Spaziergang gemacht und sich
ebenfalls von schwarzen Dienerinnen begleiten
lassen, nicht ohne eine schlau berechnete Absicht,
wie der Leser errathen wird. Daß von den bei=
den Negerinnen, welche ihnen jetzt folgten, die
eine ungemein korpulent und die andere, obwohl
sie sich gebückt hielt, doch auffallend lang und
hager war, beachteten die Wachen nicht, da es
ziemlich finster war und überdies ihr Blick mehr
auf den anmuthigen Erscheinungen der jungen
Ladies haften blieb, als auf den beiden Reprä=
sentantinnen der schwarzen, verachteten Race.

Als die vier weiblichen Gestalten sicher sein
konnten, daß sie kein Blick der Soldaten mehr zu
erreichen vermöge, da fingen sie an, ihren Weg
in höchster Eile fortzusetzen, die Damen huschten
leichtfüßig dahin, die dicke Negerin setzte sich in
einen schwerfälligen Galopp, während die lange
und hagere Riesenschritte machte, die unmöglich
ein Frauenzimmer hätte vollführen können.

Und die beiden Schwarzen waren denn auch
Niemand Anderes als unsere guten Wiener.

„O Gott,“ stöhnte Neu=Wien, — „das wird
eine Hetzjagd werden! Meine Füße verwickeln
sich immer in diesen verdammten Weiberrock, und

jeden Augenblick schwebe ich in Gefahr, das Kopf=
tuch zu verlieren, diesen Satans=Turban, der schon
anfängt, mir über die Augen herabzurutschen!
Und diese Revolver und Bowiemesser, die ich da
unter dem Weiberkittel in den Gürtel habe stecken
müssen, drücken mich unausstehlich! Wenn bei
meinen Sprüngen eine der Pistolen losgehen sollte,
dann fährt mir die Kugel direkt durch den Bauch!
Dir kann am Ende dasselbe geschehen, Gruber,
o weh!"

„Hör' auf, um Gottes willen!" ächzte der An=
dere. — „Ich werfe die Dinger, die geladenen
Waffen, von mir, — sie machen mir Angst!"

„Das darfst Du nicht!" keuchte Huber. —
„Weißt Du nicht, daß wir sie zu jenem Hand=
streich nöthig haben, den Mr. Surrey mit seiner
Schwester verabredet hat?"

„Schrecklich, was uns noch Alles bevorsteht!"
jammerte Gruber beinahe athemlos. — „Wenn
uns nur der Rothhaarige keinen Querstrich macht!
— O mein Gott, wir haben die armen Böhmen
verspottet, und jetzt laufen wir da selber mit ge=
schwärztem Gesicht und als Negerweiber obendrein,
— es ist eine Herabwürdigung — achtbarer
Männer, Wiener Bürger, — o Gott, wenn sie
das in Wien wüßten!"

„Still!" murmelte Huber. — „Die Herab=
würdigung hole der Henker, bitten wir den

Himmel, daß wir mit heiler Haut davon kommen!" —

Die Mädchen schlüpften nun durch ein Seiten-
pförtchen des Parkes und eilten von dort aus
auf einem schmalen Wege, einer Furche, die sich
durch die Tabaksfelder hinzog, rastlos weiter;
Alt- und Neu-Wien trabten beständig hinter
ihnen drein.

Endlich gelangten sie, wohl eine Viertelstunde
von dem Mansion entfernt, an das Ende des
Feldes und zu einem Fahrweg, der daneben hinlief, das bebaute Land von den angrenzenden Ge-
hölzen trennend.

Als die Flüchtlinge vom Felde auf den Weg
hinaustraten, stieß Mary Surrey einen leisen
Freudenruf aus.

„Ach, dort wartet schon mein Vetter!" —
murmelte sie.

In der That hielt etwa zwanzig Schritte
weiter das kleine Fuhrwerk, mit dem sich der Rothhaarige am Nachmittage von der Pflanzung entfernt hatte. Ein Negerjunge stand bei den Pferden.

Rosa blickte ängstlich umher und auf das nahe
Gestrüpp des Gehölzes.

„Und Surrey?" flüsterte sie.

„Still," entgegnete Mary leise, — „er ist uns
jedenfalls längst auf dem ihm von mir bezeich-
neten Wege voraus. Beeilen wir uns!"

17*

Sie erreichten das Fuhrwerk, der junge Skar=
let trat ihnen dort entgegen und mußte auflachen,
als nun die unglücklichen keuchenden „Negerweiber"
heranstolperten und sich haftig bemühten, den klei=
nen Wagen zu erklimmen.

„Bei Gott," murmelte er, — „Ihr schwarzen
Schönheiten scheint mir ganz besonders besorgt,
Eure Tugend in Sicherheit zu bringen."

Gruber seufzte. Er ließ dabei die Augen der=
art ängstlich umherrollen, daß er wirklich einer
verfolgten Negerunschuld glich.

Der Rothhaarige half den Damen in den
Wagen, und als nun alle saßen, ging es in vol=
lem Galopp auf dem holperigen Wege in die
Nacht hinein. Bald war die Plantage mit ihren
Feldern verschwunden, stand hohes Buschwerk rechts
und links; der Weg führte in Krümmungen zum
Flusse, wo des Fischers Hütte lag, der auch dort
jederzeit eine Fähre zu Ueberfahrten bereit hielt.

„Ich habe das Jollboot bestellt und einen zu=
verlässigen Mann dazu, murmelte der junge Skar=
let, während er auf die Pferde einhieb. — „Der
kleine Schuft Scipio, der verschwiegen ist, wird
das Fuhrwerk zurückbringen und sagen, ich sei bei
Faircombs geblieben, wie das ja schon oft ge=
schehen."

Während der Wagen auf dem schlechten Wege
hin und her geschleudert ward, wurde nur wenig

gesprochen, selbst Mary war zu erregt, als daß sie hätte viele Worte machen können.

Um Mitternacht gelangte man zur Hütte des Fischers. Das Häuschen schien wie ausgestorben, kein Licht brannte dort.

Der Sohn des Pflanzers sprang vom Wagen, auch die Andern stiegen eilig ab.

„Wie," brummte Edwin unwirrsch, — „sollte Cäsar meinen Auftrag nicht ausgerichtet haben? Wir werden das Gesindel hier aus den Betten treiben müssen."

Er hatte kaum vollendet, als ein Mann in einer Blouse, den Hut tief ins Gesicht gedrückt, aus dem Schatten der Hütte trat.

„Sar," sagte er im breiten Dialekte des gemeinen Mannes, — „das Segelboot liegt bereit, ich warte schon hier eine Stunde."

Rosa erbebte bei dem Klange dieser Stimme.

„Es ist Surrey!" sagte sie sich, kaum fähig, ihre Angst zu beherrschen.

Auch Huber's und Gruber's Gesichtsmuskeln zuckten heftig. Nur Mary war ruhig und kalt.

„Fort also!" flüsterte sie.

„Wer seid Ihr?" fragte der Rothhaarige, einen forschenden Blick auf den Blousenmann richtend. — „Gehört Ihr hier in das Haus?"

„Der neue Knecht!" brummte der Blousenmann und schritt ohne weiteres zum Ufer, wo

die Flut neben der Fähre eine mäßig große Jolle
schaukelte.

„Das ist nicht eben ein höflicher Patron!" murmelte der junge Pflanzer, und folgte dem Blousen-
manne, wie die Anderen.

Fünf Minuten später kutschirte der Negerjunge das Fuhrwerk zur Plantage zurück, glitt
das Boot, das die Flüchtlinge und den Blousenmann aufgenommen, auf dem Jamesflusse durch
die Nacht dahin.

Die Ufer des Flusses lagen düster da, Hol-
zung wechselte mit Feldern ab, nur selten zeigte
sich, vom Gebüsche halb versteckt, ein vereinzeltes
Haus.

Das Boot hatte natürlich nur ein einziges,
leicht regierbares Segel, das jetzt ein frischer und
günstiger Nachtwind blähte. Der Blousenmann
saß am Steuer, dicht vor ihm hatte der Rothhaarige Platz genommen, Mary aber saß nicht neben
ihm, sondern hatte unseren dicken Touristen genöthigt, sich an die Seite des jungen Pflanzers
zu setzen. Auch Gruber war in unmittelbarer
Nähe desselben, auf der nächsten Bank. Die ver-
kleideten Wiener schienen sich auf ihren Plätzen
sehr unbehaglich zu fühlen, ihr Zittern konnte
ebensowohl der kühlen Nachtluft als einer zu er-
wartenden Katastrophe zuzuschreiben sein.

Mary und Rosa befanden sich, ganz gegen

Wunsch und Willen Edwin's, im Boote am wei=
testen von ihm entfernt, sie saßen Hand in Hand
und vermochten vor innerer Aufregung kaum zu
reden, während der Sohn des Pflanzers sich ge=
sprächig zeigte und sich über die unglücklichen
„Wiener Negerinnen" lustig machte.

Den jungen Mädchen entging es nicht, daß
ihnen der Blousenmann hinter dem Rücken Edwin's
Zeichen der Beruhigung gab, aber sie wagten
kaum zu ihm hinüber zu blicken, aus Furcht, ihre
Erregung dem Rothhaarigen zu verrathen.

Man hatte in dieser Weise etwa vier englische
Meilen zurückgelegt, als das Boot, das sich nicht
ganz in der Nähe des Ufers gehalten hatte, die=
sem jetzt zuschoß. Dem lachenden und scherzenden
Pflanzer war das im ersten Momente entgangen,
dann aber blickte er flüchtig umher. Der Fluß
beschrieb an jener Stelle eine leichte Krümmung,
so weit das Auge in der Dunkelheit reichen konnte,
war keine menschliche Wohnung zu sehen, am
nahen diesseitigen Ufer drängten sich Gebüsch und
stattliche Baumgruppen bis zum Flusse vor.

„Zum Teufel," rief Edwin, ein wenig den
Kopf zurückwendend, „wo steuert Ihr uns hin,
Kerl? Wenn Ihr nicht vom Ufer abhaltet, so rennt
Ihr ja die Jolle fest! Ihr versteht nichts vom
Schifferhandwerk, laßt mich an's Steuer!"

Edwin stand im Begriff sich zu erheben. In

demselben Momente aber fühlte er sich auf seinem
Sitze zurückgerissen; zwei kräftige Hände hielten
ihn am Halse gepackt und drückten ihn auf den
Boden des Fahrzeuges nieder, — der Blousenmann
war blitzgeschwind hinter ihm aufgetaucht und
hatte ihn in wenigen Sekunden überwältigt. Zugleich aber richteten sich die Mündungen zweier
Revolver auf den Rothhaarigen, Huber und Gruber nämlich thaten ihre Schuldigkeit, wenn auch
zitternd und selber in Angst vor den geladenen
Mordwaffen, welche sie nach Verabredung gezwungen waren, auf den Pflanzer anzuschlagen.

Edwin wollte schreien, er vermochte unter dem
Griffe des Blousenmannes nur zu röcheln. In
einem Nu war der Rothhaarige mit Stricken gebunden, die der verhängnißvolle Fährmann schon
vor dem Einsteigen in das Boot mußte bereit gelegt haben. Und nun wurde ein Knebel in den
Mund Edwin's geschoben, der sich nicht zu rühren
vermochte und vor Angst und Wuth schäumte,
denn er erkannte jetzt, nun er einigermaßen zur
Besinnung gekommen, an dem Benehmen der sich
ganz ruhig und passiv verhaltenden Mädchen, daß
dieser Anschlag auf ihn mit dem Wissen Mary's
ausgeführt sei.

Diese aber erhob sich nun im Boote. Ihre
ersten Worte belehrten den Gebundenen, wer der
Mann sei, welcher ihn überwältigt.

„Du willſt ihn an das Land ausſetzen, Bru=
der?" ſagte ſie. „Ich beſchwöre Dich, thu' es
nicht! Iſt er gleich ein ſchlechter Menſch, ſo ſoll
er doch nicht in der Wildniß umkommen! Von ihm
haben wir jetzt keine Gefahr mehr zu beſorgen,
Ralph, ſende ihn von Hampton Roads aus
zurück!"

„Es ſei!" murmelte Surrey. „Möge Gnade
für Recht ergehen! Und nun trachten wir nach
der Mitte des Fluſſes, noch in der Nacht müſſen
wir, gehe es wie es wolle, an der Station und
den Erdwällen der Konföderirten vorüber, die ober=
halb Hampton Roads den Fluß beherrſchen.

Eine Minute ſpäter glitt das Boot in die
Strömung des Jamesfluſſes hinein.

Nachtrag.

Es bleibt uns nicht viel mehr von unſeren
Wiener Touriſten zu berichten übrig.

Die kühn unternommene Fahrt ward glücklich
vollbracht, das Blokadegeſchwader der Union nahm
die Flüchtlinge auf, der überliſtete Skarlet ward in
einem Parlamentärboote den Konföderirten zurück=
geſendet, Alt= und Neu=Wien aber, Mary, Roſa
und Surrey kehrten mit dem nächſten Dampfer.

den der Commodore der Flottille abschickte, nach
New York zurück.

Noch vor Beginn dieser letzteren Fahrt sprach
sich Surrey gegen den Vater Rosa's in Bezug auf
die sehnlichsten Wünsche seines Herzens aus, und
man kann sich denken, daß unser gemüthliche Tou=
rist seinem Befreier keine abschlägige Antwort er=
theilte.

Als der Dampfer im Angesichte New York's
erschien, da stand unter dem Sonnenzelte des Hin=
terdeckes ein liebeseliges Paar und starrte träume=
risch auf die vom Golde des Abendlichtes beglänzte
Weltstadt, die der anmuthigen Rosa eine zweite
Heimat werden sollte.

Mary aber fühlte sich glücklich, obwohl nun
ihr Besitzthum am Jamesflusse für sie vorläufig so
gut wie verloren war, — sollte sie doch jetzt wie=
der im Lande der Freiheit leben, all jene Stätten
wiedersehen, wo sie ihre ersten Jugendträume
dachte, an der Seite eines glücklichen Bruders und
einer jungen Freundin, die sie beide einem dauern=
den Glücke entgegengehen sah.

Huber und Gruber waren natürlich längst keine
Negerinnen mehr, sie hatten bereits auf der Blo=
kade=Fregatte, die sie und ihre Begleiter aufnahm,
ihre Metamorphose, so gut es dort möglich war,
bewerkstelligt, und dankten dem Himmel, wenig=
stens einigermaßen reputirlich einhergehen zu kön=

nen, und nicht in Turban und Weiberkleidern.
Es läßt sich denken, daß sie ohnehin seinerzeit die
Heiterkeit der unionistischen Seeleute mehr erregt
hatten, als ihnen wünschenswerth gewesen war.
Sie fühlten sich eigentlich erst wieder menschlich
und athmeten erst recht auf, als sie nach der An=
kunft in New York das Boardinghouse der Mrs.
Spruce erreicht.

„Schwört uns," war die dringende Bitte un=
serer Wiener an die andern Schicksalsgenossen, „daß
Ihr niemals erzählen werdet, in welcher kläglichen
Weise wir beide von der Plantage unseren Rück=
zug nehmen mußten."

Surrey, Rosa und Mary beschworen in ihrer
Glückseligkeit Alles, was die Herren Huber und
Gruber nur wollten.

Der Letztere faud in seinem Bevollmächtigten,
dem Doktor Botherwell, einen gewissenhaften
Mann, und faud bald Gelegenheit, sich mit der
hübschen Erbschaft, die er einkaffirte, für die aus=
gestandenen Strapazen zu entschädigen. Er blieb
noch in New York, bis Rosa und Surrey verhei=
ratet waren, dann aber drang er energisch auf die
Abreise nach Wien.

Und Huber?

„Ich muß mit nach Wien, meine gute Rosa!"
rief dieser eifrig, „ich kann mir nicht helfen! Ich
habe allen Respekt vor Eurem Kriege und Eurem

Kriegsschauplatze, und bevor Ihr Eure Sache mit dem Süden nicht ausgemacht habt, danke ich schönstens für diese Gegend! Weine nicht, Rosa, mach' mich nicht auch weich, und denke daran; daß solch unverbesserlicher Tourist, wie ich, der kreuz und quer durch die Welt fährt, Euch doch plötzlich wieder auf dem Halse sitzen wird, und bis dahin haltet Euch munter und vergeßt den Alten nicht!"

Und Huber hat Wort gehalten, bis vor vier Wochen spazierte er in Wien umher, — jetzt ist er auf dem Wege nach New York.

Wenn aber Surrey, Mary und Rosa über das Abenteuer der „Negerinnen" reinen Mund halten mußten, woher weiß denn da der Erzähler dieser Begebenheit die ganze Geschichte?

Die alte gutherzige Plaudertasche Neu-Wien hat sie ihm selber in einer schwachen Stunde verrathen.

„Sie mögen es der Welt erzählen," setzte er hinzu, „daß ich als altes Negerweib die Flucht ergreifen mußte, — ich tröste mich mit Jefferson Davis!"

Ende.

Druck von C. E. Elbert in Leipzig.

Lightning Source UK Ltd.
Milton Keynes UK
UKHW031826280119
336340UK00011B/1022/P